전통연희 시리즈 1

한국연극사 연구

사진실

태학사

사진실

1965년 대전 출생으로 서울대 국문과를 졸업하고, 같은 대학원에서 석·박사 학위를 받았다. 중앙대 예술대학 전통예술학부 교수 및 음악극연구소 소장을 역임했다. 버클리대학 한국학센터 객원연구원과 하버드 옌칭연구소 방문학자를 지냈다. 대통령 직속 미래기획위원회 위원으로 활동했으며, 공연기획사 '꿈꾸는 산대'를 설립했다. 민속문화와 궁정문화를 아울러 연극사 및 공연문화 연구에 몰두해 왔으며, 공연기획자 및 창작자로 전통 연희를 재창조하는 일에도 관심을 기울여 왔다.

한국연극사 연구

초판 1쇄 발행 | 1997년 11월 25일
초판 2쇄 발행 | 2017년 3월 17일
지은이 | 사진실
펴낸이 | 지현구
펴낸곳 | 태학사
등 록 | 제406-2006-00008호
주 소 | 경기도 파주시 광인사길 223
전 화 | 마케팅부 (031)955-7580~82 편집부 (031)955-7585~89
전 송 | (031)955-0910
전자우편 | thaehak4@chol.com
홈페이지 | www.thaehaksa.com

값은 뒤표지에 있습니다.

ISBN 978-89-5966-877-9 94680
ISBN 978-89-5966-876-2 (세트)

'전통연희 시리즈'를 출간하며

사진실 교수는 신선들이 산다는 봉래산(蓬萊山)에 가 있다. 그곳에 가기 전 사진실 교수는 봉래산을 닮은 공연문화의 거대한 산대(山臺)를 지어, 그 위에 공연예술사의 뿌리 깊은 나무를 심고, 전통연희 재창조라는 눈부신 꽃을 기기묘묘하게 피워냈다. 봉래산에 먼저 간 사진실 교수가 지금은 어떤 화려한 산대를 꾸미고 신선광대들을 불러 모이 한판 신나는 악(樂)·희(戱)·극(劇)을 꿈꾸고 연출하고 있을지, 훗날 그곳에 가볼 일이다.

본 전통연희 시리즈는 고(故) 사진실 교수의 연구 성과를 총 9권으로 나눠 집대성한 것이다. 공자는 50세에 '하늘의 명을 깨달아 알게 되었다'(知天命)고 했다. 학문의 도정(道程)에 비유하자면, 어디에도 유혹되지 않으며 자신이 궁구하여 왔던 학문의 도정에 마침내 이름표를 붙이는 나이가 50세에 해당할 것이다. 사진실 교수가 명운(命運)을 달리한 것은, 바로 그런 '지천명'의 나이에 들어선 직후였다.

그런데 사진실 교수는 자신의 예정된 명운보다 천명을 먼저 깨달았던 것임에 틀림없다. 공연문화의 지속과 변화를 밝힌 저서들과 전통연희에 대한 치밀한 연구 논문, 또 그것을 현대적으로 어떻게 재현하고 창조할 것인가에 대한 각종 평론과 아이디어로 이미 50세 이전에 확고하게 자신의 학문적 천명을 제시하고 실천했기 때문이다.

사진실 교수에게 '지천명'은 신체적 나이가 아니었던 것이다. 사진실 교수가 실행한 그 학문적 천명이 공연문화를 연구하는 후학들과 전통연희의 재창조를 꿈꾸는 예술인들에게 얼마나 새롭고 넓으며 환한 길을 열어주었는지는 부연할 필요가 없을 듯하다. 사진실 교수의 전통연희 저작집 발간을 학계나 공연예술계에서 목마르게 기다려 온 것도 어찌 보면 당연한 일이다.

그럼에도 한 뛰어난 연구자가 생전에 남겨 놓은 각종 연구물을 원저자의 의도에 걸맞게 구성하는 것은 결코 쉽지 않았다. 사진실 교수의 학문적 장도(長途)가 워낙 깊고 넓어 그 어느 것도 빠뜨리지 않은 채 충분히 반영하여 집대성한다는 자체가 여간 부담스러운 일이 아니었기 때문이다.

무엇보다 사진실 교수는 전통연희에 관한 한 전문연구자이면서 전문실천가로 살아가는 삶을 자신의 학문적 천명으로 정하였던 까닭에 그 업적들을 섞이지 않게 오롯이 선별해내는 것도 난제였다. 전통연희에 관한 학문적 성과를 체계적으로 정리해 보여주면서도, 아울러 전통연희를 현대화하려는 실천적 의도까지를 저작집에 담아내야 했던 것이다. 그러다보니 저작집 간에 내용상 다소 중첩되는 부분이 있을 수밖에 없었다. 그러나 전체 저작집을 구성하고 있는 9권 각각은 책 제목이 표방하고 있는 대로, 낱권으로서의 완성도를 갖추었음은 물론이다. 9권 각각에 대한 간략한 설명을 제시하면 다음과 같다.

제1권 『한국연극사 연구』와 제2권 『공연문화의 전통 樂·戱·劇』은 생전에 간행되었던 책이다. 제1권은 조선시대의 화극(話劇)을 다룬 석사논문과 조선시대 서울지역의 연극을 다룬 박사논문을 핵심 내용으로 하여, 우리의 연극을 통시적으로 조망하고자 한 책이다. 제2권은 악(樂)·희(戱)·극(劇)의 갈래 구분을 통해 한국의 연극사를 혁신적 방법론으로 분석·체계화한 것으로, 사진실 교수의 대표 저서이다. 이후의 연구논문과 아이디어는 이 책의 방법론에 기반하고 있다고 해도 과언이 아니다. 악·희·극이야말로 한국 연극의 지속·발전·변용의 과정에서 핵심 요소를 차지하고 있다고 보았기 때문이다.

제3권 『조선시대 공연공간과 공간미학』은 전통연희가 연행되는 공간과 그러한 공간을 통해 표출되는 미학의 성격을 중점적으로 해명하려고 한 책이다. 제4권 『전통연희의 전승과 성장』은 고려시대부터 조선시대에 걸쳐 전통연희가 어떻게 전승되어 왔고 성장해 갔는가를 통시적으로 조망한 책이다. 제5권 『전통연희의 전승과 근대극』은 조선후기와 근대에 초점을 두고 전통연희가 지속되고 변용되는 측면을 고찰한 책이다. 제6권 『봉래산 솟았으니 해와 달이 한가롭네 -왕실의 연희축제-』는 한국학중앙연구원의 지원을 받아 '왕실문화총서' 중의 하나로 소개될 예정이었으나 발간되지 못했다. 왕실에서 행해진 전통연희를 대중들에게 쉽게 소개할 목적으로 만들어진 교양서 성격의 책이다.

제7권 『융합형 공연제작실습 교육을 위한 전통연희 매뉴얼』은 예술현장에서 전통연희와 관련된 문화콘텐츠를 개발할 수 있게 하는 수업을 염두에 두고 만들어진 책이고, 제8권 『융합형 교육을 위한 공연문화유산답사 매뉴얼』은 학부생을 대상으로 한 수업에서 전통연희의 이론적 기초를 제공할 목적으로 만들어진 책이다. 제9권 『전통연희의 재창조를 꿈꾸다』는 전통연희를 현대적으로 재창조하기 위한 아이디어를 소개하고 있는 책이다.

　본 전통연희 시리즈를 기획한 시점은 사진실 교수가 작고한 후 3개월 정도 지나서였다. 사진실 교수의 부군(夫君)의 부탁도 있었지만, 존경하는 선배의 연구 업적과 아이디어가 그냥 묻히는 게 안타까워 자청했다고 보는 게 옳을 것이다. 그 과정에 함께 동참하여 자료를 정리해 준 이유진 문학박사, 최어진 서울대 국문과 조교에게 고마운 마음을 전한다. 또한 교정에 참여해 주신, 사진실 교수의 동생 사성구 선생님께도 고마운 마음을 전한다. 사진실 교수의 아들 주효성 군도 최종교정에 참여하여 큰 도움이 되었다. 아울러 출판계의 불황에도 불구하고 흔쾌히 본 저작집 발간을 승낙해 주신 태학사 지현구 사장, 편집과 교정에 힘써주신 최형필 이사께도 고마운 마음을 전한다. 부군인 주형철 형님이 늘 말해온 대로, 사진실 교수가 이 저작집을 정말 마음에 들어 했으면 좋겠다. 아무쪼록 이 저작집을 발판으로 삼아, 사진실 교수가 꿈꾸었던 학문적 여정을 뒤이을 연구자를 기대해 본다.

2017년 3월 17일

최원오 (광주교대 국어교육과 교수)

머리말

史·眞·實, 이름 때문일까, 역사에 매달리는 것은. 박사학위논문과 몇몇 논문을 묶어 책으로 내려고 보니 모든 관심이 연극의 역사에 쏠려 있었다.

『한국연극사연구』…… 어렵게 구비구비 돌아 여기에 섰는데 돌아보니 그 여정은 이미 예정되어 있었던 듯도 하다. '한국·연극·역사'는 청소년 시절 이후 내 성신의 뿌리와 이어져 있었던 것이다.

아버지 서재엔 우리 조상들의 문학, 철학, 역사, 종교, 그림 등에 관한 색색의 책들이 있었다. 어려서는 놀이감으로, 사춘기에는 그럴듯한 마음의 양식으로 그 책들을 넘겨다 보려니 어느새 한국의 전통에 빠져 버린 소박한 국수주의자 여고생이 되어 있었다. 그런데 그 여고생은 못다한 '놀이'가 한이었던지, 참으로 고상하지 못하게도(?) 우리 조상들의 '놀이'에 골몰하게 되었고 급기야는 '옛날 사람들이 어떻게 놀았는지 공부할 수 있는' 학과를 수소문하기에 이르렀다.

그래서 온 국문과였는데 사정은 달랐다. 가까이서 보는 선후배들이 대부분 문학에 젖어 있었고 작가가 되고 싶다고 말하기도 했다. 스스로 중심에 서 있지 못하다는 생각에 힘들었지만 어느새 문학의 테두리 안에 접어들어 있었다. 석사과정 입시 면접 때는 '문학이 어떤 이유로 발전하게 되는지 그 이유를 연구하고 싶다'는 그럴듯한 포부를 내세우게 되었던 것이다. 그것은 바로 문학의 역사적 발전 과정과 그 동인을 밝히는 '문학사' 연구에 대한 관심이었다.

턱걸이로 들어온 석사과정, 엉뚱하게도 '연극'을 하겠다고 선언했고 마침 서울대로 오신 조동일 선생님의 지도를 받게 되었다. 알고 보면 엉뚱한 것이 아닌 게, '놀이'와 '문학'이 만나는 지점에 '연극'이 있었던 것이다.

석사학위논문의 주제는 궁정의 공연 양식이었던 '笑謔之戲'의 공연 방식과 희곡의 특성을 밝히는 연구였다. 지도 교수 선생님의 매질을 피해 가면서 능장을 부리다가 써낸 논문이었지만 탈고했을 땐 칭찬도 많이 해 주셨다. 당근과 채찍이 모두 힘이 되어 '학생'으로서의 마지막 임무를 완성한 것이다.

박사과정에 들어온 이후 주어진 화두는 '학자가 될 것인가, 학생으로 머무를 것인가'였다. 입학과 동시에 박사학위논문 주제를 두고 매진해야만 했던 터라 불만도 많았다. 학위논문주제를 놓고 한달에 한 번씩 적어도 한학기에 두 번씩 계속된 만 6년간의 세미나……. 말할 수 없이 어렵고 두려운 시절이었다. 여유있게 이것 저것 공부하고 싶었다. 공부가 익었을 때 일필휘지로 학위논문을 써내려갈 수 있을 것 같기도 했다. 그것이 바로 '학생'의 생각이었는지 모른다.

학위논문의 주제는 '조선시대 예능 집단의 분포와 활동 양상'에서 시작되었고 수없이 고쳐지기를 거듭했다. '조선 후기 연행예술의 전개 양상과 예술사의 구조', '조선 후기 공연예술의 역사적 전개와 상관관계'……. 어느덧 연극의 역사적 전개 과정과 그 동인을 밝히는 '연극사' 연구의 입장에 서 있었다. 박사학위논문인 '조선시대 서울지역 연극의 공연상황 연구'는 서울의 궁정과 시정을 구분하여 서로 다른 연극 양식을 향유하고 창출한 공연문화의 특성을 고찰하고 그 역사적 전개 과정을 밝히는 한편, 그 동인으로서, 사회사적 기반과 병행하는 공연상황의 문제를 다룬 연구이다. 마침내 '한국의 전통', '놀이', '문학', '역사'에 대한 오랜 관심의 항로를 거쳐 '한국연극사'를 연구하는 자리에 서게 된 셈이다.

이 책은 한국연극사에 관한 몇편의 연구 논문을 모아 이루어졌다. 오래 전에 쓰여진 논문은 수정하고 새로운 생각을 더했다. 15세기에서 20세기 직전까지 연극 양식의 공연방식과 공연상황을 주로 다루었고, 연극의 제의성을 다룬 논문과 근대 희곡을 분석한 논문을 덧붙였다.

'한국연극사'라는 이름을 빌어 책을 낸다는 것은 여전히 송구스럽다. 하지만 '연구'를 떼어낸 『한국연극사』를 저술하겠다는 약속으로, 이름의 무게를 감당해내고자 한다. 현재 학술진흥재단의 재정적 도움과 유민영 선생님의 배려로 '개화기 한국연극의 근대적 발전 양상'에 관한 연구를 진행 중이다.

배우·관객·작품의 세 축이 이루어내는 공연상황을 중심으로 전통극과 근대극의 지속성을 밝혀내고자 한다.

처음으로 책을 낸다는 설레임과 버거움 탓인지 개인적인 감회에 젖고 말았다. 연극 또는 공연예술에 대한 나의 가치관, 연구자로서의 사명감 등은 책의 곳곳에 스며 있는 내용으로 대신하고자 한다.

큰 도움을 주신 많은 분들과 어려움을 함께 한 가족들께 감사를 드린다. 특히 가족들에게는 아직도 어려움이 끝나지 않았음을 미안한 마음으로 전하며……

1997년 11월 11일 해뜰무렵

사 진 실

차 례

'전통연희 시리즈'를 출간하며

머리말

I. 북청사자놀이의 제의적·곡예적·연극적 성격과 그 의미 _ 13

  1. 서론 _ 13
  2. 제의적 성격과 그 의미 _ 15
    1) 模擬人身供義 _ 15
    2) 인간의 기원과 신의 위용 _ 18
    3) 민속제의의 결합 _ 20
  3. 곡예적 성격과 그 의미 _ 23
    1) 초기 사자놀이와 곡예적 성격의 전승 _ 23
    2) '구경거리'로서의 각종 춤 _ 27
  4. 연극적 성격과 그 의미 _ 28
    1) 신의 生死와 인간의 갈등 _ 28
    2) 재담에 나타난 극적양상 _ 32
  5. 결론-의미의 상관관계 _ 35

II. 笑謔之戲의 공연 방식과 희곡의 특성 _ 41

  1. 서론 _ 41
    1) 문제제기 _ 41
    2) 자료 및 연구방법 _ 44

2. 공연 방식 _ 52
   1) 공연의 계기 _ 52
   2) 공연의 이유 _ 60
   3) 배우와 관객 _ 65
   4) 공연 장비 _ 72
3. 희곡의 특성 _ 77
   1) 劇의 진행 방식 _ 77
   2) 事實과 虛構 _ 85
   3) 笑劇的 특성 _ 91
   4) 소재와 주제 _ 102
4. 笑謔之戲의 연극사적 위치에 관한 추론 _ 109
5. 결론 _ 118

III. 조선 전기 궁정의 무대공간과 공연의 특성 _ 123
   - 나례의 변별 양상을 중심으로

1. 서론 _ 123
2. 나례의 변별 양상 _ 126
   1) '觀儺'의 용례와 개념 _ 126
   2) '觀儺', '設儺', '驅儺'의 변별 양상 _ 129
3. 무대공간과 공연미학 _ 137
   1) '觀'과 '設'의 공연미학 _ 137
   2) 무대공간의 단일성과 복합성 _ 145
   3) 공연 종목의 성격 _ 150
4. 결론 _ 159

IV. 조선시대 서울지역 연극의 공연상황 _ 161

1. 서론 _ 161

　　1) 연구 과제 _ 161

　　2) 연구 대상 _ 166

　　3) 연구사 검토 _ 170

2. 용어 및 개념 논의 _ 181

　　1) 宮廷, 市井, 外方 _ 182

　　2) 俳優, 優人, 才人 _ 189

　　3) 演行, 公演, 興行 _ 199

3. 조선 전기 연극의 공연상황 _ 209

　　1) 배우의 활동 유형과 공연 관리 기구의 기능 _ 209

　　　(1) 京中優人 _ 209

　　　(2) 外方才人 _ 232

　　2) 공연의 재정적 기반과 작품의 생산 과정 _ 249

　　　(1) 지속적인 후원 _ 251

　　　(2) 계기적인 지원 _ 265

　　　(3) 임의적인 보상 _ 273

　　3) 공연 공간의 특성과 연극의 유통 방식 _ 281

　　　(1) 폐쇄공간 _ 282

　　　(2) 준폐쇄공간 _ 288

　　　(3) 개방공간 _ 297

　　　(4) 준개방공간 _ 300

4. 조선후기 연극의 공연상황과 그 변천 과정 _ 303

　　1) 배우의 활동 유형과 공연 관리 기구의 기능 _ 303

　　　(1) 공연 활동의 자율성 확보 _ 303

　　　(2) 공연 관리 기능의 축소와 전환 _ 316

　　2) 공연의 재정적 기반과 작품의 생산 과정 _ 331

　　　(1) 후원과 지원 주체의 변모 _ 331

　　　(2) 새로운 양식과 대본의 창출 _ 346

　　3) 공연 공간의 특성과 연극의 유통 방식 _ 367

　　　(1) 폐쇄공간의 축소와 개방공간의 확장 _ 367

    (2) 유통 방식의 市場性 추구 _ 376
  5. 결론 _ 395

V. 18·19세기 재담 공연의 전통과 연극사적 의의 _ 401

  1. 서론 _ 401
  2. 개념 논의 _ 405
  3. 재담의 공연 양상 _ 408
    1) 재담 공연의 전문성 _ 408
    2) 재담의 배우 _ 412
    3) 재담의 창작과 전승 _ 419
  4. 결론 – 연극사적 의의 _ 425

VI. 〈달아 달아 밝은 달아〉의 구조와 의미 _ 429
  - 패러디의 구조와 '희생양'의 의미

  1. 서론 _ 429
  2. 패러디의 구조 _ 432
  3. '폭력'과 '희생양' _ 441
  4. '희생양'의 현실적 의미 _ 447
  5. 결론 _ 451

  참고 자료 및 논저 _ 453
  찾아보기 _ 459

Ⅰ. 〈북청사자놀이〉의 제의적·곡예적·연극적 성격과 그 의미

1. 서론

사자놀이는 독립된 놀이로 전승될 뿐 아니라 각종 탈춤에서 공통적인 과장으로 삽입되어 전승되고 있다. 기원적으로 사자놀이는 서역의 영향으로 이루어졌다고 알려져 왔으나, 현전하는 사자놀이는 지역마다 공연방식과 내용에서 차이점이 나타난다. 이것은 비교적 이른 시기에 받아들여진 외래의 사자놀이가 전승되면서 지역에 따라 제각기 발전하였기 때문이라고 하겠다.

독립적인 사자놀이는 한반도 이북지방의 여러 지역에서 연행된 것으로 알려져 있는데1) 1950년대 이후 남하한 연희자들에 의해 한반

---

1) 김일출, 『조선민속탈놀이』, 과학원출판사, 평양, 1958, 67면. '사자놀이' 장에서 사자놀이의 분포를 문제 삼았는데 전국 각지에서 삼십 여 종이 전승된 것으로 나타난다. 본격 사자놀이와 탈놀이에 포함된 사자놀이로 구분하였는데 본격 사자놀이의 경우 이북지방에 현저히 많은 분포를 보이고 있다.

도 이남 지방에도 전수되었다. 그래서 본격적인 사자놀이라면 보통 〈북청사자놀이〉를 떠올리게 되었는데 실제로도 춤사위 등 여러 면에 있어서 뛰어나다고 알려져 있다.

각종 탈춤 속의 사자놀이는 물론, 〈북청사자놀이〉에 대한 연구 역시 별로 활발하지 않았다. 기존의 연구논문은 대부분 〈북청사자놀이〉 및 각종 탈춤 속의 사자놀이를 아울러 다룬 것이었는데[2] 각각의 대상을 비교하여 다루지 않고 다만 개별적인 특성들을 열거한 것이었다. 〈북청사자놀이〉를 다룬 경우는 대사와 공연현장을 채록하여 소개하는 등 개괄적으로 고찰하거나, 현장론적인 입장에서 대본의 원형을 재구하는 연구가 이루어졌는데 연희양상의 심층적인 의미분석에는 나아가지 못하였다.

사자놀이가 연구대상으로서 별로 주목받지 못한 것은 먼저, 여느 탈춤에 비하여 연극성이 떨어져 보인다는 이유에서 온 것이다. 즉, 대사가 빈약한데다 사람탈이 아닌 짐승탈이 중심이 되어 진행되므로 단순하게 辟邪意識을 드러내는 주술적인 놀이로 인식되었기 때문이다. 물론 이러한 선입견적인 판단이 완전히 틀린 것은 아니다. 그러나 연극의 안팎에는 단순한 놀이나 祭儀의 모습이 혼재되어 있고 민속극을 연구 대상으로 삼을 때는 더욱이 이러한 상황을 고려해야 하며 긍정적으로 수용해야 한다. 근대적인 연극에 있어서는 문학으로서의 희곡 연구와 연행 예술로서의 연극 연구가 구분될 수 있으나 민속극의 경우 그러한 재단을 가하면 한 작품의 총체적인 모습을 파악하는 데 장애가 되기 때문이다. 〈북청사자놀이〉의 작품론에 들어

---

2) 심우성, 「사자놀이」, 『공간』 통권 6호, 공간사, 1974.
　　이두현, 「북청사자놀음」, 『김재원박사 화갑논문집』, 1969.
　　박미라, 「사자무에 관한 연구」, 중앙대 교육대학원 석사학위논문, 1982.
　　최임규, 「북청사자놀음」, 『강원민속학』 창간호, 강원도 민속학회, 1983.
　　강인숙, 「사자춤에 관한 연구」, 이화여대 대학원 석사학위논문, 1983.
　　전경욱, 「북청사자놀음의 연희양상」, 『한국민속학』 18, 민속학회, 1985.
　　이 외에 각종 연극사에서 개괄적인 고찰이 이루어졌다.

감에 있어 바로 이러한 점에 유의하고자 한다. 다시 말하면, 〈북청사
자놀이〉는 민속극의 한 종류이므로 그것이 지니는 다양한 측면의 성
격을 모두 고려할 때 비로소 완결된 작품론이 가능하다고 할 것이다.

본고의 논의는 〈북청사자놀이〉가 제의적 성격, 곡예적 성격, 연극
적 성격이라는 복합적인 면모를 갖추고 있다는 데서 출발한다. 먼저
이 세 가지 측면을 통해 작품의 실상을 고찰하여 그 의미를 파악하
고 다음으로 그 의미의 상관관계를 추출하고자 한다.

〈북청사자놀이〉의 대본은 전편이 완벽하게 채록된 것이 드물다.
한국문화재보호협회의 채록본은 그 가운데 비교적 완전한 연행 과정
과 대사를 보여주고 있다. 이 채록본을 주요 대상 자료로 삼고 필요
한 경우 이두현, 서연호, 전경욱, 김일출이 보고한 내용을 함께 인용
하기로 한다.

2. 제의적 성격과 그 의미

1) 模擬人身供犧

〈북청사자놀이〉에는 강한 제의적 성격이 나타난다. 먼저, 마당에
등장하여 위용을 자랑하는 사자에게 양반이 토끼를 던져 주어 먹게
하는 장면에 주목할 필요가 있다.

> 양반   과 — 연, 맹수의 웅장한 춤이로구나 — 얼 — 시구 좋다
> 꼭쇠   (사자춤 중장이 끝날 무렵) 쳉 — 양반 — 사자가 허기진 것 같소이
>   다, 먹을 것, 주셔야 합니다 —
> 양반   오 — 냐 — 주구말구 — (양반이 토끼를 들고 들어 와서)— 옛다.
>   (양반이 준 토끼를 꼭쇠가 두 사자의 한복판에 갖다 놓는다. 결국

한 마리의 사자가 앞발로 교묘하게 으르다가 잡아먹는다)3)

양반이 사자에게 토끼를 준 행위는 단순한 야생짐승에게 먹이를
준 것 이상의 의미를 지닌다. 神格인 사자에게 제물을 바쳤다고 볼
수 있다. 사자는 호랑이처럼 한국 고유의 동물은 아니지만 사자에 대
한 관념 및 사자놀이의 전래와 더불어 숭배의 대상으로 여겨져 왔다.
더욱이 未知의 동물이 주는 신비감으로 인해 그 위력을 더하여 왔다
고 하겠다.4) 그러므로 이 장면은 사자神에게 희생물을 바치는 제의
가 모의적으로 연행된 부분이라고 할 수 있다. 동해안 지방의 범탈굿
에서도 호랑이에게 희생물인 닭을 던져 주는 장면이 나타난다. 여기
서의 호랑이는 나중에 포수에게 잡혀 가죽마저 벗겨지는 것으로 되
어 있어 신격으로서의 위엄이 떨어지고 있다. 그러나 이 때 불려지는
무당의 노래에 의하면 호랑이의 영민함과 힘에 대한 신앙적 기원이
내포되어 있어, 호랑이는 신격으로서 형상화되었음을 알 수 있다.5)
한편, 김일출, 이두현, 서연호의 보고에 의하면 토끼가 아니라 어
린이나 여자를 바치는 모습이 나타난다.

사자는 날래고 재빠른 급한 동작으로 환희에 넘치는 검모리춤을 춘다. 여
기서 아이 하나가 마당 가운데 나온다. 사자는 달려들어 아이를 잡아 삼킨다.
병영 뜰 앞에서 놀때는 관가에서 기생을 내어 준다. 사자는 기생을 잡아 삼키

---

3) 한국문화재보호협회, 『탈춤대사집』, 1980, 99면.
4) 『三國史記』 44권, 列傳 異斯夫條, "至十二年壬辰 爲阿瑟羅州軍主 謀幷于山國 謂
其國人 愚悍 難以威降 可以計服 乃多造木偶獅子 分載戰船 抵其國海岸 詐告曰
汝若不服 則放此猛獸踏殺之 其人恐怖則降"을 통해서, 이른 시기부터 사자에 대
한 외경심이 팽배해졌고 또한 용맹함의 상징으로서 이용되었다는 사실을 알
수 있다.
5) 김태곤, 『한국무가집』 4, 집문당, 1980, 218~230면.
서대석・최정여, 『東海岸巫歌』, 형설출판사, 1974, 36~38면.
이두현, 「동해안 별신굿」, 『한국문화인류학』 3권, 172면.
서연호, 『서낭굿탈놀이』, 열화당, 1991, 86면 참조.

는 동작을 한다. 희생을 받은 사자는 즐거워 날 뛸 사이도 없이 곧 체기(滯氣)로 말미암아 병들어 쓰러진다.6)

> 양반 ……獅子에게 토끼를 먹인다. (前에는 아이를 먹였으나 너무 잔인하다고 생각하여 토끼로 바꾸었다고 한다. 그러나 中國民俗獅子놀음의 例로 보아 원래 獅子에게 아이를 먹이면 壽命長壽한다고 생각한 俗信과 關聯이 있었다고 생각된다.)7)

> 사자는 여러 가지 장단에 맞추어 춤을 춘다. 사자는 주위에 있는 아이들을 집어삼키는 시늉을 하면서 날뛰다가 滯氣에 걸려 바닥에 쓰러진다.8)

위의 인용문을 통해서 볼 때 사자에게 토끼를 바치는 의식 이전에 사람을 바치는 의식이 존재했다는 것을 확인할 수 있다. 결국 토끼를 던져주는 행위는 단순히 사자의 곡예적인 농작을 다양화하기 위한 장치로서가 아니라 사자신에게 제물을 바치는 제의로서 模擬的으로 연행된 것이다. 더구나 제물이 사람이라면, 이 제의는 인간에게 더욱 절박한 것으로서, 人身供犧의 직접적인 模擬행위로 볼 수 있다. 설화나 민속극 등 구비문학 속에 이러한 제의의 형태가 녹아들어 있다는 것이 이미 논의된 바 있는데9) 탈춤에서도 인신공희의 간접적인 모의 행위가 나타난다고 할 수 있다.

---

6) 김일출, 앞의 책, 77면.
7) 이두현, 앞의 논문 「북청사자놀음」, 514면. 한국연극사에서도 이러한 내용을 소개하고 있다(이두현, 『한국연극사』, 학연사, 1987, 196면).
8) 서연호, 앞의 책, 85면.
9) 박종성, 「사신설화의 형성과 변이」, 서울대 석사학위논문, 1991.
 또한 1991년 박사과정 강의 <전통극연구>의 발표에서, 야류와 오광대의 영노나 노장에게서 蛇神의 정체를 엿볼 수 있으며 영노가 양반을 잡아먹으려는 행위나 노장이 소무를 탐내는 행위 등이 사신의 식욕과 성욕에 관련된 인신공희를 모방하였다고 하였는데 이것을 간접적인 모의라고 할 수 있다.

2) 인간의 기원과 신의 위용

사자가 인신공희의 제의를 받는 신격이라는 해석의 연장선상에서
볼 때 〈북청사자놀이〉의 제의적 성격은 다른 장면에서도 나타난다.
이두현 채록본과 한국문화재보호협회 채록본에 의하면, 〈북청사자
놀이〉는 애원성 마당과 사자놀이마당 둘로 나뉜다. 애원성 마당에는
보통 애원성 춤, 사당춤, 무동춤, 꼽새춤, 칼춤 등이 속하는 것으로
되어 있다. 각종 춤의 한마당을 애원성 마당이라 이름 붙인 것으로
보아 그 중에서 애원성 춤이 가장 중요한 비중을 차지하고 있다는
것을 짐작할 수 있다. 또한 애원성 마당에 속한 여타의 춤과는 달리
애원성 춤은 노래가사와 함께 약간의 서사성을 수반한다는 점에서
두드러진다. 강인숙은 연희자와의 개인면담을 통하여 애원성이 원래
노래로만 이루어져 있었는데 나중에 춤이 첨가되었다는 사실에 주목
하고 있으며, 애원성 노래가 "남편을 멀리 군방에 보내고 안타까운
마음으로 기다리는 여인의 심정을 읊은 노래"10)라고 하였다.

> 에에 오만낙조에 의함한하니/진북명진에 何日휘오
> 에에 춘하고국은 천구후에/하처강산에 비아수라(馬義洙唱)
> ......
> 에에 추성이 낙목처에/안역은 추궁청초주라
> 에에 누역불능 이지탕이요/심역불능 위지애라
> 에에 청산백수는 과부곡이요/목수호도에 호마출이라
> 리리리리 리리리리 리리리(董泰善唱)11)

시대의 거센 흐름에 밀려 전장에 나가거나 그로 인해 상처를 안고
남편을 기다리는 것은, 하층민이 당한 수난 중의 하나이다. 남편을
기다리며 노래 부르는 것은 그의 무사함을 비는 것이며 파괴된 가정

---

10) 강인숙, 앞의 논문, 10면.
11) 이두현, 앞의 논문, 511~512면.

의 회복을 원하는 경건한 기도이다. 앞의 논의에서 사자는 신격의 의미를 지닌다고 하였는데, 그와 관련시켜 본다면 여인의 기도는 神인 사자를 향한 것이라고 볼 수 있다. 결국 애원성 춤은 인간들이 獅子神에게 자신의 소원을 전달하는 제의절차에 해당한다고 하겠다.[12]

한편, 애원성 마당이 끝나면 사자춤이 이어지는데 이 부분 역시 제의적 의미를 지닌다.

> 꼭쇠 자 — 풍류가 철철 흐르는 — 승무 듭시오 — (승무가 들어와서 사
> 자춤을 인도한다)
> 꼭쇠 (사자춤 초장이 끝날 무렵) 자 중장도 좋을시라 — 얼 —시구 좋다
> — (「사자춤가락」 중장을 분다)
> 양반 과 — 연, 맹수의 웅장한 춤이로구나 — 얼 — 시구 좋다
> 꼭쇠 (사자춤 중장이 끝날 무렵) 젠 — 양반 — 사자가 허기진 것 같소이
> 다, 먹을 것, 주셔야 합니다 —[13]

사자춤은 초·중·종장으로 이루어져 있으며 초장과 중장은 별다른 등장인물 없이 사자춤이 중심이 되며 승무가 곁들여진다. 이때 사자는 온갖 기량을 펼쳐 보이며 위용을 자랑한다. 애원성춤의 제의적 의미와 관련시켜 볼 때, 이 부분은 사자가 신격으로서 자신의 모습을 드러내어 신통력을 과시하는 부분이라고 하겠다. 승무가 함께 등장하는 것은 사자가 불교적 색채를 띠고 있음을 말해 준다. 이것은 사자신을 섬기는 민속제의적 성격과 불교적 성격이 습합되어 있음을 보여 주는 것으로 해석할 수 있다. 사자는 단순한 놀음을 노는 동물이 아니라 위엄 있는 神格으로서 표상되고 있다고 하겠다. 따라서 인간들은 사자의 신통력이 자신들의 기원을 들어주기를 바라면서 제물을

---

12) 애원성춤뿐 아니라 사당춤, 무동춤, 칼춤, 꼽추춤 등도 이와 관련하여 설명할
   수 있으나 근거가 희박하다. 오히려 이들 춤은 <북청사자놀이>가 오락화하면
   서 나중에 끼어든 것으로 봄이 바람직할 것이다.
13) 한국문화재보호협회, 『탈춤대사집』, 99면.

바쳐 模擬人身供犧를 연출하는 것이다.

3) 민속제의의 결합

모의인신공희를 통하여 사자신을 추앙한 행위는 호별 방문의 민속
으로 이어지는데 여전히 사자는 신격으로서 나타나 제의성을 유지하
고 있다.

> 北靑獅子놀음은 舊正月 14日 달이 뜬 뒤(보통 밤 8時-9時)부터 獅子놀음을
> 시작하면 15日 새벽까지 놀고 書堂·道廳廣場에서 酒食을 갖추어 놓고 논 뒤
> 解散하는데 16日 以後는 招請하는 有志家를 돌며 논다. (…중략…) 이 때 아
> 이를 태워주면 壽命이 길다고 하여 태우기도 하고 사자털(布片)을 몰래 베어
> 다 두면 壽命長壽한다는 俗信이 행하여지며 또 壽命長壽를 빌어 五色布片으로
> 된 털을 매어주기도 한다.14)

〈북청사자놀이〉가 무대에 올려져 더 이상 실제의 민속으로 기능하
지 못하게 되었을 때에도 이러한 민속제의의 표현은 계속된다.

> 양반   과 ─ 연, 흥겨운 놀이로구나 ─ 얼 ─ 시구 좋다 ─ (사자춤 말장
>   이 끝날 무렵, 한쪽에 농가 한집이 가설된다. 마지막으로 사자가 엎
>   드렸다가 일어서는 장면까지 말장 춤사위가 끝나면 거사 2인과 승
>   무는 물러나가고 징 신호에 따라 퉁소 가락이 정지된다. 이때, 농가
>   의 대문이 열리면서 영감, 노친이 손자를 데리고 나간다.)
> 노장   일년 내 ─내─ 페난하구 재수있게 ─ 우리 집에 와서 놀아 줍새 ─
> 꼭쇠   알겠음메 ─ 걱정맙 ─ 쩨 ─ 자 ─ 길을 비켜라 ─ 사자가 들어간
>   다 ─ (영감, 노친, 손자 세 사람이 얼른 대문 옆에 비켜선다. 꼭쇠
>   가 앞장서서 방안으로 뛰어 들어 가는데 사자가 쏜살같이 그 뒤를
>   따른다. 사자가 방을 거쳐 부엌까지 휙 휙 돌며……)15)

---

14) 이두현, 앞의 논문, 5면.
15) 한국문화재보호협회, 앞의 책, 102~103면.

위의 장면은 실제 민속을 놀이로 재현한 것이다. 무대에 올려지면
서까지 민속적 제의의 형식을 떼어버리지 못하는 것 역시 <북청사자
놀이>가 제의적 성격을 강하게 가지고 있음을 의미한다.

그런데 이러한 제의적 성격은 외래의 사자놀이가 우리 민속의 영
향을 받아 이루어 낸 부분이라고 할 수 있다. 즉, 소놀이굿, 거북놀이
등과 같이, 동물탈놀이와 함께 집집마다 돌아다니며 재수를 빌어주
고 잡귀를 몰아주고 그 대가로 음식, 쌀 등을 받아내던 민속놀이의
방식을 받아들여 생겨난 것이라 하겠다. 특히 소놀이굿은 북청이 있
는 함경도를 비롯하여 경기도, 황해도, 평안도에서 전승되는 민속제
의임으로 그 가능성이 높다. 경기도 양주나 황해도 평산의 소놀이굿
은 경사굿의 일부로서 제석거리와 결합하여 놀아진다고 한다.16) 이
두현은 이러한 양상에 내하여, "독자의 형식을 갖춘 소놀이굿이라는
놀이가 慶事굿의 帝釋巨里와 組曲되어 지금과 같은 演戱 形態를 갖추
기에 이른 것 같다"고 하였다.17) 이러한 견해를 통하여 볼 때, 외래
의 사자놀이가 소놀이굿 등의 영향을 받아 민속제의와 결합하였으리
라는 추정이 더욱 확실해진다.

한편, 模擬人身供犧의 모습이 나타나는 것도 이 지방의 지역적 특
성 및 제의적 특성과 관련이 있다고 하겠다. 김일출은 호랑이를 섬기
는 산신제가 호랑이춤 또는 사자춤과 관련을 맺었을 가능성을 시사
하고 있다.

  당시의 강원도 지방에 있은 예에서는 호랑이 숭배가 제천행사와 병행되었
다. 제천행사에 밤낮으로 계속되는 춤과 노래가 동반되었다면 호랑이를 제사
하는 행사에서도 가무가 있었던 것으로 보아야 할 것이다. …… 이와 같은 류
추가 허용된다고 하면 호랑이춤은 또한 원시인들의 숭배의 대상이었던 호랑

16) 이두현, 「양주소놀이굿」, 『국어국문학』 39 · 40호, 169~182면.
　　____, 「황해도 평산소놀음굿」, 『이응백교수 정년퇴임논문집』, 1988, 565~
594면.
17) 이두현, 앞의 책, 『한국연극사』, 115면.

이의 동작을 흉내 낸 춤이었을 것이다.[18]

아울러 현전 사자탈의 모습 중에 호랑이 또는 고양이의 모습을 한 것이 있는 사실을 지적하고, 전래의 호랑이춤과 외래의 사자춤이 습합했을 가능성을 암시하고 있다. 그렇다면 앞의 모의인신공희는 그 지방의 호랑이 산신제 또는 호랑이춤의 모습과 관련을 맺는다고 할 수 있다. 다시 말하면, 산신제나 호랑이춤에 들어 있었을 供犧의 의식이 호랑이춤과 사자춤의 습합에 의해 현전 〈북청사자놀이〉의 모의인신공희로 나타났다는 것이다. 산신제에 실제 공희의 의식이 있었다면 호랑이춤에는 모의공희의 의식이 있었을 것이다.

수영야류에 속한 사자놀이의 경우도 이와 같은 방식으로 제의적 성격을 해명할 수 있다. 송석하와 강용권에 의하여, 수영야류는 그 지역의 지형적 특성과 전설 등 俗信과 관련이 있음이 보고되었다.

> 水營의 獅子에 如下한 傳說이 있으니 '自古로 水營 近處에 虎岩이라는 바위가 있는 故로 虎患이 甚한 모양이니 獅子假面을 쓰고 놀면 범의 侵入을 防禦하게 되리라고 하여 獅子를 創設하였다'한다.[19]

> 이 사자춤은 타지방의 그것과는 달리 수영의 지세에 연유하고 있다. 수영 동남쪽에 백산(白山)이 있는데 수영으로서는 앞산〈前哨山〉임에도 불구하고 그 형상이 마치 사자가 마을을 등지고 달아나는 모양으로 되어 있기 때문에 그 사자신〈山神〉을 위로하기 위하여 범(담보)을 제수(祭需)로 치제(致祭)하는 내용으로 꾸민 것이라 한다.[20]

전자의 경우 호랑이를 대상으로 하는 것으로 보아 〈북청사자놀이〉와 마찬가지로 호랑이에 대한 산신제와 관련이 있다고 추정할 수 있

---

18) 김일출, 앞의 책, 11면.
19) 송석하, 「오광대 소고」, 『한국민속고』, 일신사, 1976, 218면.
20) 강용권, 『오광대와 들놀음 연구』, 집문당, 1986, 92면.

다. 그런데 다른 점은, 호랑이에 대한 무조건적인 숭배가 아니라 위협이 나타나 있다는 것인데 그것 역시 신에 대한 제의의 성격을 띤다. 주지하다시피, 신에 대한 위협은 일종의 주술로서 그 전통은 「龜旨歌」에 나타나 있다. 후자의 경우 사자신을 숭배하여 호랑이를 제물로 바치는 것으로 되어 있는데, 제물을 바친다는 점에서 <북청사자놀이>의 경우와 비슷하다. 사자의 비위를 맞추기 위해 호랑이를 제물로 바친다는 것은 호랑이신보다 사자신에게 더 큰 신격을 부여한 것이라 하겠다. 이는, 관념으로만 익혀온 미지의 동물에 대한 신비감과 외경심이 전통적인 동물의 위엄을 압도했기 때문이다.

이러한 현상을 가지고 수영야류와 <북청사자놀이>가 직접 영향을 주고받았다고 말할 수는 없다. 우선 지역적으로 차이가 있을 뿐더러, 동물을 신으로 섬기는 것은 영향관계가 아니 자연발생으로 처리되는 것이 더욱 바람직하다고 하겠다.

3. 곡예적 성격과 그 의미

1) 초기 사자놀이와 곡예적 성격의 전승

<북청사자놀이>는 다른 사자놀이에 비해 곡예적 성격 역시 강하게 나타난다. 사자춤 마당에서, 사자는 등장하자마자 각종 춤과 동작을 보여 온갖 기교를 연출한다. 사자탈을 쓴 연희자들의 기술이 고도로 발휘되는 부분이다.[21] 두 사람의 연희자 중, 앞채는 사자의 머리를 잡고 조종하는 한편, 사자의 혀를 움직여야 한다. 뒷채는 허리를 굽

---

21) 강인숙, 앞의 논문에서 무보를 채록하여 부록으로 실었다. 이 사자춤 부분은, 사자채기, 입사기 등 15가지의 춤사위가 동원되는 것으로 되어 있다.

히고 서서 한 손으로 앞채를 잡고 다른 손으로 사자꼬리를 움직여야
한다. 초기 사자놀이가 그랬듯이, 사자탈을 놀리는 것은 고도의 숙련
된 기술을 필요로 하므로, 사자탈 속의 연희자가 서로 조화를 이루어
춤과 동작을 연출해 내는 것 자체가 신기한 구경거리이며 곡예라고
할 수 있다.

> 사자 발 띄는 법은 전진 후퇴할 때는 앞채와 뒷채가 좌우 발을 같이 뛰며
> 좌우로 움직일 때는 목어름이라 하여 두 사람이 동시에 춤가락에 맞추어 두
> 발을 모듬뜀을 뛰어서 좌우로 움직인다. (…중략…) 앞채가 뒷채의 어깨 위에
> 올라가 앉고 뒤채는 서서춤으로 해서 사자가 일어선 모습을 보기도 하고 앉
> 아서 한쪽다리를 들어 몸을 긁는다든가 머리를 돌려 혀로 몸을 핥는다든가
> 하는 여러 가지 몸짓을 하기도 한다.[22]

〈북청사자놀이〉를 포함하여 국내에 전승되는 사자놀이는 모두 이
와 같은 곡예적 성격을 갖고 있는데 이는 사자놀이가 외래에서 유입
될 당시부터 지니고 있던 본래의 모습이라고 할 수 있다. 그런데, 傳
起風의 『中國雜技史』에는 당나라와 영향을 주고받을 당시 우리나라
사자춤의 모습이 나타나 있다.

> "오방사자"는 唐代 동물탈놀이의 대표가 되며 기세가 웅장하고 아름다와
> 비범하다. ……당시에는 사자춤은 龜玆樂과 胡裝을 사용했는데 서역 使臣이
> 조정에 사자를 보내왔다는 사실을 알려준다; 그 춤은 전국에 보급되었고 각
> 지방의 연출 가운데에는 춤 사이에 馬隊(馬術을 전문으로 보여주는 무리; 역
> 자 주)가 들어가는데 진짜와 가짜가 섞여 있어 소리의 위세가 대단하다. "오
> 방사자" 외에 "茀綝獅子"가 있는데 로마의 사자춤이다. "新羅狛"은 조선의 사
> 자춤으로 단 한명이 연기한다. 사자머리탈을 제외하고 양손과 양발에 각각
> 사자의 머리형상이 달려 있다. 〈樂府雜錄〉에 기록된 '머리 아홉 달린 사자'가
> 이 종류와 관계가 있다.[23]

---

22) 문화공보부 문화재관리국, 앞의 책, 122면.
23) 傳起風 外, 『中國雜技史』, 上海人民出版社, 1989, 156~157면. "五方獅子爲唐代

唐代의 宮廷 雜技를 다루면서 사자춤을 언급한 부분이다. '신라'라
는 고유이름을 가진 사자춤이 당나라 궁정에서 연희되었을 정도라면,
우리나라의 사자놀이가 일방적으로 중국으로부터 전래했으리라는 견
해에는 재고의 여지가 있다. 그러나 사자가 전통적인 동물이 아닌 이
상, 사자춤이 자생적인 것이라고 할 수는 없으니, 결국 '신라박'은 서
역으로부터 직접 들여와 신라에서 고유하게 발전시킨 사자춤이라고
보아야 할 것이다.[24) 또한, 신라의 사자춤이 당나라의 사자춤 및 로
마의 사자춤과, 같은 시대·공간에서 연희되면서, 서로 영향을 주고
받았을 가능성이 있기 때문에 당나라 '오방사자무' 및 기타 지역 사
자춤과의 관련성도 부정할 수 없다.

그러므로 '오방사자무'와 '신라박'의 연희양상은 우리나라의 초기
사자춤의 모습을 살펴보는데 주요 자료가 될 것이다.『舊唐書』29권,
樂志 2에 나타난 기록[25)을 통해 오방사자무의 연희양상을 추출하면
다음과 같다.

    가) 사자의 수: 다섯마리
    나) 사자탈: 털을 얽어 매어 제작, 오방색
    다) 연희자의 수: 두사람
    라) 사자인도자: 두사람, 검은색 복장

喬粧動物戲의 代表, 氣勢雄壯, 絢麗非凡 …… 當時獅子舞用龜茲樂和胡裝, 反映了
西域使者送獅來朝的風貌;其舞已普及全國, 各州的演出中, 常加入馬隊于其間, 眞假
混雜, 聲威更壯. 除五方獅子'外, 尙有弗·森獅子, 爲羅馬的舞獅子形象; '新羅狛'則
爲朝鮮半島的獅子舞, 僅一人扮演, 演員除頭罩獅形外, 雙手雙足均各有獅頭, 〈樂府
雜錄〉中所記的九頭獅子當系比類"

24) 사자춤이 직접 서역으로부터 들어왔다는 추정에 대하여 확실한 논증작업이
   있어야 하겠으나, 본고는 사자춤의 기원을 따지는 데 목적이 있지 않으므로
   보류한다.

25)『舊唐書』卷29, 樂志 2. "太平樂亦謂之五方師子舞. 師子鷙獸, 出于西南夷天竺, 師
   子等國. 綴毛爲之, 人居其中, 像其俯仰馴狎之容, 二人持繩秉拂爲習弄之狀. 五師子
   各放其方色, 百四十人歌〈太平樂〉, 舞以足, 持繩者服飾作崑崙象."(傳起風의 책에
   서 재수록)

마) 동작표현 : 사자-머리를 숙이고 쳐들고 (사자인도자에게) 길들여져 친
하게 구는 모양 / 인도자-줄을 잡아 흔들어 익숙하게 (사자
를) 놀리는 모양
바) 백 사십인의 歌舞團 존재

다섯 마리의 사자가 놀아진다는 것과 백 사십 인의 가무단이 등장
한다는 것을 제외하면 〈북청사자놀이〉의 연희양상과 비슷하다. 탈속
의 연희자와 사자인도자가 행하는 여러 가지 모습은 사자춤의 춤사
위 혹은 놀이동작이라 하겠는데 이는 또한 〈북청사자놀이〉의 곡예적
성격과 통한다.
앞의 인용문에서 추출할 수 있는 '신라박'의 연희양상은 다음과
같다.

가) 사자의 수 : 한마리
나) 사자탈 : 가리26)처럼 만든 본래 사자머리와 함께 네 발에 각각 사자머
리의 형상이 달림
다) 연희자의 수 : 한사람

사자탈의 모습이 기이한 것이 특색이다. '오방사자무'에 등장하는
다섯 마리 사자의 변형으로서 머리가 다섯 달린 사자의 모습이라고
도 할 수 있으나 "머리 아홉 달린 사자의 춤"이 있다는 것으로 볼 때,
다섯이라는 수는 특별한 의미가 없다고 여겨진다. 조형적으로 사자의
모습을 변개했다는 것은, '신기한 구경거리'를 제공한다는 측면에서도
효과가 있어 사자춤의 곡예적 성격을 강화시키는데 의의가 있다고
하겠다. 또한 연희자가 한사람이라는 것은 '오방사자무'와 비교할 때,
그 곡예적 성격이 다르게 발휘된다는 것을 의미한다. 두 사람이 사자
의 한 몸에 들어가 조화를 이루며 온갖 춤과 동작을 보이는 것은 그
자체가 곡예라 할 수 있다. 반면 한사람이 사자 몸에 들어가 연희자

---

26) 대나무를 엮어 만든 닭의 어리나 고기잡이 통발.

의 손과 발이 사자의 네 발이 되었을 때는, 인간이 할 수 있는 어떠한 동작과 춤이라도 사자의 모습을 빌어 행할 수 있다. 이때는 평범한 동작과 춤으로는 흥미를 끌 수 없으므로 더욱 묘기적인 곡예를 연출해 내야 한다. 따라서 '신라박'의 곡예적 성격 역시 <북청사자놀이>의 곡예적 성격과 통한다고 하겠다.

결국 국내에 유입될 당시 사자놀이의 모습에는 곡예적 성격이 강하게 나타나며 이는 <북청사자놀이>에 그대로 전승되고 있다고 할 수 있다.

2) '구경거리'로서의 각종 춤

앞서 언급했듯이 <북청사자놀이>의 애원성마당은 각종 춤의 한마당으로 되어 있다. 애원성춤은 다른 춤과 달리 노래가사와 약간의 줄거리를 지니고 있어서 이를 제의적 의미로 파악할 수 있었다. 다른 춤들은 이와는 다른 의미를 지닌다고 하겠다. 채록본에 따라 춤의 종류가 일치하지 않는 경우가 있는데 이것은, 실제 연행될 때에 사정에 따라 임의로 레퍼토리가 달라졌다는 사실을 암시한다. 결국 이러한 각종 춤은, 여러 가지 기교를 보여줌으로써 사자놀이의 흥을 돋구는 역할을 한다고 하겠다. 특히 무동춤이나 칼춤의 경우, 춤 이상의 곡예적인 성격이 두드러진다고 하겠다.

> 처음에는 칼을 땅에 놓고 손을 저어 얼르면서 춤을 춤다음 허리를 굽혀 칼을 들고 일어서 춤을 추는데 양손에 칼을 들고 천천히 휘젓기도 하고 머리나 허리 양옆을 칼끝으로 찌르고 돌기도 한다.[27]

보통사람으로서는 할 수 없는 고도의 기술을 보여줌으로써 곡예적

---

27) 문화공보부 문화재관리국, 앞의 책, 123면.

기능을 담당하고 있다고 하겠다.

　한편 양반과 꼭쇠는 이러한 각종 춤의 연행을 이끌어가는 공동사
회자의 역할을 하고 있다.

> 양반　춤추는 사람은 없느냐?
> 꼭쇠　없을리 있읍니까 ― 이제부터 들어 옵니다 ―
> 양반　어서 보고싶구나 ―
> 꼭쇠　자 ― 가슴을 도려내는 ― 애원성춤 ― 듭시오 ……
> 꼭쇠　자 ― 간드러진 ― 거사, 사당 ― 듭시오 ……
> 꼭쇠　자 ― 여름에도, 서릿발 서는 ― 칼춤 ― 듭시오 ……
> 꼭쇠　예 ― 알겠읍니다. 젊은이의 기상 ― 사자가 들어간다[28]

　마치 현대의 상업적 쇼(Show)에 등장하는 공동사회자의 역할과 방
불하다. 이러한 면모를 통해, 각종 춤과 사자춤이 관객에게 곡예적
성격을 지닌 '구경거리'로서도 그 의미를 갖는다는 사실을 확인할 수
있다.

4. 연극적 성격과 그 의미

1) 신의 生死와 인간의 갈등

　〈북청사자놀이〉에서 연극적 성격은 거의 주목받지 못하였다. 그러
나 연극적 성격 역시 제의적·곡예적 성격 못지않게 두드러진다고
하겠다. 전체 놀이중의 후반부에 해당하는 사자놀이마당은 다시 두
부분으로 나눌 수 있다. 앞서 고찰한 바, 곡예적 성격이 두드러지는

---

28) 한국문화재보호협회, 앞의 책, 98~99면.

초·중장의 사자춤 부분을 하나로 본다면 다른 하나는 종장의 극적
인 놀이부분이라고 하겠다. 놀이 부분은, 사자가 던져진 토끼를 잡아
먹고 쓰러지는 부분에서 여러 사람들의 노력으로 소생하기까지의 극
적 상황이다. 춤부분과 달리 놀이부분에서는 사자의 동작이 다양하지
못하며 몇 가지 동작 역시 춤동작이라 하기보다는 사실적인 극적 행
위라고 할 수 있다. 이 부분은 악기 연주가 수반되지 않으므로 동작
은 장단에 구애받지 않는다.[29] 이러한 면모를 통해 볼 때 이 부분은
춤보다는 동작이나 대사 등 사실적인 행위의 진행에 관심을 모으고
있다고 하겠다.

사자에게 희생물을 바치는 供犧의 의식에서 끝나지 않고 사자의
병으로 이어지는 장면은, 사자의 죽음과 삶이 갈등하는 극적 사건을
마련한 것이라고 하겠다.

> 꼭쇠   얼 — 시구 — 좋다 — 절 — 시구 좋다 — (토끼를 먹고, 한참 신
>   나게 춤추던 사자 한 마리가 비실비실 쓰러진다. 정지신호에 따라
>   퉁소 가락이 정지된다)
> 양반   꼭쇠야 —
> 꼭쇠   예 —
> 양반   큰 일 났구나 — 사자가 쓰러졌다 — 어쩌면 좋으냐?
> 춤추는 사람들 (전원이 사자주위에 원을 이루어 뺑 둘러서고, 사자 한 마리는
>   쓰러진 사자 주위를 맴돌면서 엎드렸다 섰다 안절부절 못한다. 원
>   밖에 서 있는 악사들까지도 전원이 사자만을 주시한다)[30]

이는 神 중심이 아닌 인간중심의 사건이다. 앞에서 신으로 군림했
던 사자가 쓰러졌고 그 죽음과 삶의 갈등을 해결하는 것이 인간의
몫으로 떨어졌기 때문이다. 신에게 희생물을 바치는 것은, 재앙으로
부터 벗어나 생활의 안정을 찾기 위해서이지만 희생을 요구하는 신

---

29) 강인숙, 앞의 논문, 부록: 舞譜.
30) 한국문화재보호협회, 앞의 책, 100면.

자체가 더 큰 재앙이라고 할 수 있다. 이러한 사실에 대한 자각과 함께 신에 대한 반발 내지 보복으로서 사자가 쓰러지는 극적 사건이 나타난다. 이러한 극적 사건의 배후에는 인간의 내면적 갈등이 자리 잡고 있었다고 하겠다. 첫째, 위협적인 사자신에게 보복하고 그를 징치함으로써 그 품안에서 벗어나려는 급진적이고 자주적인 인간의 면모이다. 둘째, 신의 위엄과 혜택 안에서 안녕을 보장받으려는 보수적이고 수동적인 인간의 면모이다. 이러한 갈등의 상황에서 전자의 힘에 의해 사자가 쓰러지는 설정이 이루어진 것이다.

앞서 인용했듯이 동해안 지방의 범굿에서도, 인간인 포수가 神格인 호랑이를 징치하는 장면이 설정되어 있다. 그러나 이 경우 호랑이는 총을 맞아 죽는 것으로 끝나 버리고 더 이상의 극적 발전이 이루어지지 않는다. 반면 〈북청사자놀이〉의 경우 사자의 재앙은 끝이 아니라 새로운 극적 발전의 시작이 되는 것이다.

이어지는 장면에서는 양반과 꼭쇠, 스님, 의원 등이 백방으로 힘써 사자를 살려내려는 모습이 표현되고 있다.

꼭쇠 젠 — 양반 — 정말 — 정말, 큰일 났습니다 — 횃불 채에 맞아 죽게 생겼습니다

양반 이거 — 큰 험턱 쓰게 되었구나 — 축문이나 고해 보겠다 (양반이 사자 옆에 서서 두손을 마주 잡고, 하늘을 쳐다보면)……

춤추는 사람들 (큰 소리로 합창하며, 양반 뒤를 따라, 두번씩 절한다. 꼭쇠는 원 밖에서 빙빙 돌며 앉았다 섰다 걱정스러운 표정을 한다)

스님 예 — 알겠습니다 — 염불해 올리겠습니다.……

춤추는 사람들 (경을 외우기 시작하면 불교식으로 일제히 합장하고 말없이 천천히 함께 절한다)
……

의원 예 — 그렇게 하지요, 사관을 트고, 중완침을 놔봅시다 —
(의원이 거드름을 피우며 침을 놓는다. 사자는 아파서 다리질을 한다)

의원 예 — 먹여봅시다. (의원이 약을 먹이려고 사자 입을 벌린다)

양반 꼭쇠야 — 사자머리를 단단히 붙잡아라31)

이 부분에서 사자는 매우 소극적인 모습으로 나타난다. 신나게 춤 추던 위용은 간데없고 인간의 손놀림에 몸을 맡긴 채 고통에 다리를 떠는 동작만이 이루어질 뿐이다. 이에 반해 인간의 모습은 능동적이 며 활동적으로 나타난다. 먼저 유교식으로 축문을 올리는 것으로 시 작하여, 양반의 지시에 의해 꼭쇠는 바쁘게 스님과 의원을 데리러 다 닌다. 스님과 의원 역시 분주하게 자신의 능력을 발휘하고자 한다. 자신에게 일어난 재앙조차 물리치지 못하는 나약하고 무능력한 신의 모습과 신에게 닥친 재앙을 해결하려고 시도하는 인간의 모습이 대 립적으로 표출되고 있다고 하겠다. 이 대립은 사자와 기타 등장인물 간에서 표면적으로 노골화되어 있지는 않다. 그러나 관객의 입장에서 바라보면 사자와 인간의 대립은 주요한 의미를 지닌다. 사자놀이의 서두에서 위협적인 신으로 군림하면서 인신공희까지 요구하던 신이 무능한 모습으로 갑작스런 재앙으로 쓰러져 있을 때, 이를 바라보는 관객은 앞서 언급했던 두 가지의 내면적 갈등과 유사한 갈등을 곧바 로 경험하게 된다. 첫째, 이미 신의 재앙을 방치하여 신을 죽음에까 지 이르게 하려는 마음의 일면이다. 둘째, 나약해진 신을 동정하고 그를 다시 살려 그의 보호 안에서 안주하고자 하는 마음의 일면이다. 관객에게는 이러한 내면의 갈등을 던지면서, 극적 사건은 후자의 편 으로 진행된다. 결국 의원의 침술로써 사자는 회생되는 것이다.

꼭쇠 의원 아바이 — 맥이 났음메 — 잘 갑쎄 (의원이 물러간다 의원의 뒤를 따라 춤추는 사람들이 일렬종대로 물러 나간다.)
양반 (사자를 살펴본 다음, 양팔을 번쩍 쳐들고 식식거리며) 꼭쇠야 꼭쇠 야 — 사자 입술에 — 생기가 좀 도는구나 —
      ......

---

31) 한국문화재보호협회, 앞의 책, 100~101면.

> 양반 이젠 근심이 없어졌구나 — 한바탕 신나게 놀아보자꾸나
> 꼭쇠 예 — 좋습니다 — 자 말장이 올라간다 — 얼 — 시구 좋다 — (이
>   때부터 '사자춤가락' 말장을 불기 시작하며 승무가 다시 들어온다.)
> 거사 신나게 춤추는 사자와 승무를 한복판에 두고 거사 2인이 주위를 빙
>   빙빙 돌며 소고춤을 춘다.)[32]

갈등의 해결로서 사자가 살아나고 사자와 사람들의 춤이 어우러진
다. 이 해결방식은 화해와 공존을 추구한 것이며, 추락한 사자의 신
격을 다시 제자리에 되돌리는 것을 의미한다. 사자를 살려낸 행위는
결국, 인간의 우월성 및 자립성을 입증하는 기회가 된 것이 아니라
신에게 인정받기 위한 행위가 되어 버리는 것이다.

그런데 이러한 화해와 공존의 선택은, <북청사자놀이> 전체가 신
의 문제로부터 벗어나 더욱 연극다운 연극으로 발전할 수 있는 가능
성을 좌절시켰다고 할 수 있다. 신의 생명까지 살려내는 경험을 통해
인간이 자신의 능력을 확인하고, 이미 무능해진 신을 버리는 장면으
로 설정되었더라면 <북청사자놀이>의 전체적인 면모까지 완전한 연
극적 성격을 띠게 되었을 것이다. 즉 인간과 자연, 곧 신의 갈등을
주술적으로 해결하려는 굿에서, 인간과 인간의 갈등을 예술적으로
표현하려는 극[33]으로 발전한다는 것이다.

2) 재담에 나타난 극적 양상

양반과 꼭쇠의 재담에 주목할 때 그 연극적 의미를 추출해 낼 수
있다. 꼭쇠는 양반의 하인으로서 시종일관 양반과 대사를 주고받으면
서 <북청사자놀이>를 이끌어간다. 이들의 관계는 각종 탈춤의 양반과

---

32) 한국문화재보호협회, 앞의 책, 102면
33) 조동일, 「포수의 구실과 그 변모과정」, 『탈춤의 역사와 원리』, 홍성사, 1979,
    30면.

장에 등장하는 양반과 말뚝이의 관계와 연장선상에 있다. 말뚝이형
인물은 탈춤에 따라 그 인물의 형상화에서 차이를 드러내는데 이에
대해서는 김성룡이 논의한 바 있다.[34] 그는 말뚝이형 인물의 형상화
방식을 네 가지로 나누어 방자형, 마부형, 노비형, 시정 잡배형 등으
로 보았다. <북청사자놀이>의 경우 방자형에 속한다고 하면서, "꼭쇠
는 양반과 수작을 주고받지만 언어 단위 속에서까지 갈등을 표현하
지는 못한다"고 하였다. 그러나 사실상, 꼭쇠는 양반과의 갈등의 양
상을 그의 언어와 행동을 통해 표출하고 있다.

가)
양반 (양반이 부채를 흔들고 거드름을 피우며) ― 꼭쇠야 ―
꼭쇠 예 ―
양반 양반을 정하게 모시려무나 ― 어째서 삐뚝 ― 삐뚝 ― 갈 지지 걸
      음을 하는고?
꼭쇠 예 ― 이렇게 모시면 되겠음메? (꼭쇠가 등으로 밀쳐서 양반을 넘
      어뜨린다)
양반 이눔 버릇 없는 놈 같으니 ― 어서 부축하지 못하겠느냐?

나)
꼭쇠 (양반을 끌고가던 멜끈을 놓고, 동네 사람들을 둘러보며) 저쪽, 아바
      이 이쪽, 아망이 저기 서있는, 성넘네들 이런, 쉐미르 본일이 있음
      메? (양반의 수염을 만지작거리며) 실루 좋슴메 젠 양반네 쉐미하고
      바꿈쎄
양반 이눔 철딱상이 없는 소릴 작작 해라
꼭쇠 이눔 저눔 하지맙쎄 사람 팔자 알 수 있음메? 젠양반이라구 꼭쇠
      신세 되지말란 법 있음메?

다)
양반 꼭쇠야

_____

34) 김성룡, 「말뚝이의 형상화 원리를 통해서 본 탈춤의 미학적 원리」, 1991년 박
   사과정 강의 <전통극 연구> 발표요지.

꼭쇠 예

양반 웬 일인지, 몹시, 싱숭생숭하구나 이 마을에도 사자놀이란게 있느냐?

　　　　……

꼭쇠 예 좋습니다 보여드리지요, 헌데 쳰양반 사자놀이를 구경하려면 코를 이렇게 잡고 이렇게 뺑 돌아야만 사자가 나온답니다. (꼭쇠가 코를 잡고 뺑 돌며 시범한다)

양반 이눔 버릇없는 농담, 작작해라

꼭쇠 예? 뭐라구요? 그럼, 그만 두시구려 (꼭쇠가 손을 저으며 밖으로 도망친다)

양반 꼭쇠야, 꼭쇠야 이리오너라 네가 하란데로 할께 제발 부탁이다 그러면 코를 잡고 뺑돌라는 말이지?

꼭쇠 물론이지요

양반 알겠다 (양반이 바른 손에 부채를 펴들고, 왼손으로 코를 잡고 천천히 선자리에서 한바퀴 뺑돈다)35)

　　가)와 나)에서 꼭쇠는 상전인 양반을 밀치거나 수염을 잡아 다니는 등의 행동을 보임으로써 양반의 위엄을 격하시키고 있다. 양반이 반발하는 것으로 보아 꼭쇠의 행위는 친근감의 표현이 아니라 적대감의 발로라고 하겠다. 또한 나)에서 양반의 위치와 자신의 신세를 대비하여 표현한 것은 신분의 격차에 대한 반발심을 나타낸 것이라고 볼 수 있다. 다)에서는 양반을 속여 우스꽝스런 행동을 하도록 유도하고 있다. 특히 양반이 꼭쇠의 놀림을 제대로 알아차리지 못하는 어리숙한 인물로 나타나고 있다. 이러한 특징들은 양주별산대나 봉산탈춤 등의 양반과장에서 말뚝이와 양반의 갈등을 이끌어가는 주요 표현방법이 된다. 특히 다)의 재담은 '양반의 부름－꼭쇠의 대답－양반의 요구－꼭쇠의 놀림－양반의 반발－(꼭쇠의 변명)－양반의 수용」으로 이어지는 골격을 지닌다고 하겠다. '꼭쇠의 변명' 부분이 미약하기는 하지만 이는 다른 탈춤에서 나타나는 재담 진행의 원리와 같다.

---

35) 한국문화재보호협회, 앞의 책, 96～97면.

다시 말하면, 〈북청사자놀이〉에서 양반과 꼭쇠의 재담은 각종 탈춤 양반과장에 등장하는 양반·말뚝이의 재담과 동일한 선상에 놓인다. 물론 발전정도에 차이가 있음은 인정해야 한다.[36] 그러나 이러한 재담은 양반과 말뚝이의 연극적 갈등을 형상화하는 대표적인 방법으로서 〈북청사자놀이〉에 연극적 의미를 더해주고 있다고 할 것이다.

5. 결론─의미의 상관관계

개별적으로 검토한 제의적·곡예적·연극적 성격과 의미를 종합하여 그 상관관계를 파악하고자 한다. 우선, 〈북청사자놀이〉 전체를 몇 과정으로 정리하면 다음과 같다.

> 가) 애원성춤을 비롯, 각종 춤의 한마당이 벌어진다.
> 나) 사자춤을 통해 사자의 위용이 펼쳐진다.
> 다) 양반이 사자에게 토끼(또는 아이)를 준다.
> 라) 사자가 토끼(또는 아이)를 잡아먹는다.
> 마) 사자가 탈이 나서 쓰러진다.
> 바) 양반이 축문을 고하여 고치려 한다.
> 사) 스님이 염불을 외어 고치려 한다.
> 아) 의원이 약으로 소생시킨다.
> 자) 한바탕 춤이 어우러진다.
> 차) 호별방문의 민속제의가 벌어진다.

앞서의 논의에 의하면 가)와 나)는 제의적 성격과 곡예적 성격을 동시에 갖고 있다. 가)의 애원성 노래는 사자신에게 소원을 전달하는

---

36) 〈북청사자놀이〉의 재담 부분은 《민속경연대회》 이후 다른 탈춤을 모방하여 추가되었다는 보고가 있다.

제의 절차이며 그 춤으로 인해 '보여주기'로서 관객의 흥미를 끄는 곡예적 성격도 지닌다고 하겠다. 각종 춤은 애원성 마당의 본령이 아니며 뒤늦게 첨가되었을 가능성이 크다. 이를 뒷받침해 주는 것이 애원성의 변모양상이다. 애원성은 원래 노래로만 불리워지다가 춤까지 추어졌다고 하니 이러한 변모와 더불어 각종 춤이 끼어든 게 아닌가 생각된다. 그러나 각종 춤 역시 제의적 의미를 지니고 있다. 즉, 여러 가지 재미거리를 베풀어 娛神하는 과정으로 볼 수 있다. 나)의 제의적 의미는 사자가 신격으로서 자신의 신통력을 과시하는 것이다. 이 부분은 사자놀이 곡예의 본령이기도 하다. 다)와 라)는 가장 강력한 제의적 성격을 지닌다. 사자신에 대한 모의인신공회의 의미를 띠고 있기 때문이다. 그런데 가)에서 라)의 과정에서 〈북청사자놀이〉의 연극적 성격이 완전히 배제되는 것은 아니다. 이 과정에서 나타난 제의의 양상이 실제 제의가 아니라 模擬祭儀라는 점에 주목하여야 한다. 모방이란 예술적 형상화의 초보단계라 할 수 있으며 그 형상화는 연극적 면모를 띠고 있다 할 것이다. 그러나 이러한 면모는 부수적인 것이며 강한 제의적 성격에 밀려나 있다. 또한 양반과 꼭쇠의 갈등은 가)에서 시작하여 시종일관 계속되는 것으로서 〈북청사자놀이〉 전체에 연극적 의미를 주고 있다.

마)에서 아)의 과정은 연극적 성격이 두드러진다. 이 과정에서는 신과 인간의 갈등이 중심이 되어 있다. 즉, 신의 죽음과 삶을 둘러싼 인간의 내면적 갈등으로 표상되어 있다. 결국 인간은 신을 죽음에서 구해냄으로써, 신의 위력과 보호아래 안주하고자 한다.

한편, 여기서 사자의 神性이 변모를 일으키고 있다. 위력과 공포의 대상이었으며 감히 범접하지 못할 존재였던 사자는, 인간과 친화한 신으로서 사람들 사이에 나서게 된다. 실제로 호별방문의 제의에서 사자는 福의 상징이 되며 어린아이를 등에 태우고 놀리는 친밀한 모습을 보여주는데, 처음 등장하여 어린이를 잡아먹는 모습을 보였던 것과 대조를 보인다. 이러한 의미에서, 사자의 병과 그 치료로 이어

지는 연극적인 부분은 제의적인 측면에서도 의의를 갖고 있다. 모의
인신공희의식에서 호별방문의 축원·벽사의 민속제의로 이어지는 전
체적 맥락으로 볼 때, 그 중간과정으로서 필수적인 설정이라고 할 수
있다. 惡神을 섬기는 것보다는 善神을 섬기는 것이 인간에게는 유리
한 것이며 바람직한 것이다. 그러므로 이 장면은 위력과 공포의 악신
을 친화의 선신으로 변모시켜주는 필수적인 설정이었다고 하겠다.

자)를 기점으로 하여 인간은 신과의 화해와 공존을 선택하게 되며
사자의 신격은 회복된다. 차)에서는 사자가 인간에게 친밀한 선신으
로서 기능하게 된다.

<북청사자놀이>가 지니는 제의적·곡예적·연극적 의미의 상관관
계를 그림으로 표시하면 다음과 같다. (아래 표 참조)

가)에서 차)에 이르는 전체 과정에서 주목을 요하는 부분은 마)와
자)이다. 두 단락을 분기점으로 삼아 가)에서 마)에 이르는 과정은 모
의제사의식으로, 마)에서 자)에 이르는 과정은 극적 사건으로, 자)에
서 차)로 이어지는 과정은 민속제의로 구분된다. 세 단계의 과정을
거치면서 <북청사자놀이>의 제의적·곡예적·연극적 성격과 그 의미
는 변모를 일으키며 사자와 인간의 모습이 다르게 형상화된다.

<모의제사의식>의 단계는 사자신에 대한 인신공희가 중심을 이
룬다.

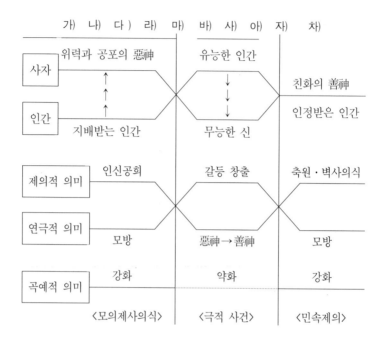

이때 등장인물과 사자의 행위는 실제 제의가 아닌 그것의 모방이
므로 연극적인 형상화의 초보 상태를 보여준다. 그러나 제의적 의미
는 매우 강력하여 연극적 의미를 누르고 있다. 곡예적 의미는 강하게
나타난다. 모의인신공희에 앞서 진행되는 인간의 기원과 신의 위용
이 노래와 곡예적인 춤으로 나타나 있기 때문이다. 한편, 사자는 위
력을 지닌 신으로서 인간을 구원해 주는 위치에 있다. 또한 그 대가
로 인신공희를 요구하는 공포의 신으로 드러난다. 반면 인간은 수난
에 처하여 신에게 구원을 기원하는 존재이며 그것을 위해 다른 희생
을 감수해야 한다. 신에게 지배받는 인간의 모습이다. 따라서 힘의
방향이 사자에게서 인간으로 향하고 있다.

〈극적 사건〉의 단계는 사자신이 뜻밖의 재앙을 맞이하면서 시작된
다. 사자의 삶과 죽음을 놓고 인간의 내면적 갈등이 대립되고 있다.
제사의식이 아닌 새로운 사건을 설정했다는 점에서 그리고 갈등이

창출되었다는 점에서, 그 연극적 성격이 강화되어 있으며 그 의미가 심각하다. 이 극적 사건을 통하여 惡神이었던 사자가 善神으로 변모된다. 이는 제의적으로도 의미를 지녀 제의절차상의 필수적 장치로 나타난다. 그러나 제의적 의미에 비하여 연극적 의미가 우위를 차지하는 역전이 이루어지고 있다.

극적 사건이 전개되는 동안 노래나 춤 등의 '구경거리'는 제공되지 않으며 따라서 곡예적 의미는 매우 약화되어 있다. 한편 악신에서 선신으로 변모하는 과정에서, 사자는 소극적이고 무능한 모습을 드러낸다. 위엄을 갖추지 못하고 있으며 그의 신격은 땅에 떨어져 있다. 이때 인간은 오히려 적극적이고 유능한 일면을 발휘하여 신보다 우월한 위치에 서 있다. 이때는 힘의 방향이 인간에게서 사자에게로 향하고 있다. 앞의 단계와는 역진된 현상인 것이다.

민속제의의 단계에서 사자는 다시 신격으로 회복된다. 이제는 더 이상 인간에게 희생을 요구하지 않으며 친밀한 모습으로 인간을 축원하는 모습으로 나타난다. 인간 역시 더 이상 지배받는 모습이 아니다. 신과 인간은 수평의 관계를 유지하며 함께 어울린다. 다시 제의로 돌아갔다는 점에서 제의적 성격이 강화된다. 한편 극적 사건이 끝나면서 연극적 의미는 약화되며 다시 모방의 차원으로 떨어진다. 민속제의에서는 다시 노래와 춤의 한마당이 벌어지고 이에 따라 곡예적 성격은 다시 강화된다.

<북청사자놀이>의 세 가지 성격은 발생상에서 차이를 지닌다. 3장에서 언급했듯이 곡예적 성격은 사자놀이가 우리나라에 유입될 당시부터 나타났고 그것은 <북청사자놀이>에 그대로 이어져 왔다. 반면 제의적 성격과 연극적 성격은 우리나라에서 고유하게 만들어진 것이다. 제의적 성격의 경우, 우리나라의 민속제의의 영향을 받아 형성되었고 연극적 성격의 경우, <북청사자놀이>가 고유하게 발전시킨 것이라 하겠다. 앞의 도표의 <극적 사건>단계에서는 곡예적 성격이 약화되어 그 흐름이 거의 끊겨 있다. 국내 유입될 당시의 초기 사자놀이

는 곡예적 성격이 시종일관 나타났을 터인데, 여기에 극적 사건이 끼어들면서 그러한 공백 상태가 생겨났다고 할 것이다. 사자놀이가 지니는 성격의 변천 양상을 통하여 사자놀이의 역사적 전개 과정을 밝히는 작업이 과제로 남아 있다.

II. 笑謔之戲의 공연 방식과 희곡의 특성

1. 서론

1) 문제제기

笑謔之戲에 대해서는 개별적인 논문을 통한 집중적인 연구가 전혀 이루어지지 않았다. 다만 연극사를 저술하는 가운데 개괄적으로 기술되거나, 儺禮에 대한 연구 논문 속에서 간략히 언급되는 정도에 그쳐 있다. 연극적 실체로서의 소학지희에 대한 관심은 다음의 선행 연구에서 찾아볼 수 있다.

趙元庚[1]은 나례에 대한 종합적인 검토를 꾀하였다. 그의 연구는, 나례와 山臺都監劇의 직접적인 상관관계를 내세운 김재철의 논지[2]를 반박하기 위하여 이루어졌다. 그는 나례의 상연물, 상연장소, 소도구

---

1) 趙元庚, 「儺禮와 假面舞劇」, 『學林』 4, 연세대 사학과, 1955.
2) 金在喆은 『朝鮮演劇史』에서, 나례의 공연종목들이 가지는 특성들을 종합하여 그것이 곧 山臺都監劇을 형성하였다고 하였는데 오히려 연극적 측면이 두드러지는 소학지희에 관해서는 전혀 인식하지 못하고 있었다.

및 출연자 등을 문헌을 통하여 증명하였다. 나례의 상연물에는 '笑謔之事'가 있어서 歲末宮中儺禮와 迎使儺禮 때 행해졌다고 주장하고 있다. 趙元庚이 말한 소학지사는 주로 『조선왕조실록』의 기사에서 드러나는 자료로 추정된 것이었다. 그는 소학지사를 '엉뚱한 內容 等을 지껄이는 才談'으로 정의하고 배역이나 정해진 대사가 없는 것으로 보았다.

梁在淵[3]은 "上代의 민중오락적인 歌舞百戲가 신라에 이르러 Pageant 的인 집합적 연희로 정리되어 거행되면서 형성되었다"는 山臺戲를 한국연극사의 주요 맥락으로 설정하였다. 그는 이 산대희와 후대의 山臺都監劇이 동일한 것이라고는 하지 않았지만 산대희가 민간에 전승되면서 유전되는 동안에 산대도감극과 판소리가 형성되었다고 보았다. 또한 후대로 와서 산대희가 나례와 이름이 혼용되었다고 지적하고 그 내용을 몇 가지로 분류하였다. 舞樂伎, 假面劇, 卽興劇이 그것이다. 그가 말한 즉흥극은 正史書 뿐 아니라 개인의 문집에서 뽑아낸 자료를 근거로 추정한 것이었는데 "임기응변하는 융통성"을 강조하며 사회적 성격이 반영되었다는 점에 주목하고 있다.

李杜鉉[4]은 나례를 規式之戲와 笑謔之戲로 나눈 『문종실록』 기사에 주목하면서 소학지희를 연극적 실체로 규정하고 있다. 그에 따르면 소학지희는 '배우들이 일정한 인물과 사건에 관련된 주제를 전개하는 연극'이다. 또한 고려시대의 調戲와도 맥락이 닿으며 조선 후기의 산대도감극 형성에 있어 대사적 측면에서 참여하였다고 하였다. 이는 한국연극사에 있어서의 話劇的 전통을 시사한 것이었다.

조동일[5]은 소학지희가 "재담으로 웃기는 놀이"라고 규정하고 그 양상을 개괄적으로 검토했다. 또한 광대가 민간에게 재주를 팔면서

---

3) 梁在淵, 「山臺戲에 就하여」, 『國文學研究散稿』, 日新社, 1976.
4) 李杜鉉, 『韓國演劇史』, 學研社, 1987.
＿＿, 『韓國假面劇』, 文化公報部 文化財管理局, 1969.
5) 조동일, 「연희의 양상과 연극의 저류」, 『한국문학통사』 2, 지식산업사, 1983.

하던 것이 궁중 놀이로 채택되었다고 하여 소학지희의 전개 과정에
관심을 가졌다.

한편, 고정옥6)은 우리 민간연극의 전통을 가면극, 인형극, 화극, 민
속극 및 영희(그림자극) 등으로 구분하고 그 연극적 양상을 고찰했
다. 그가 말한 話劇이란 가면이나 인형의 수단을 빌리지 않고 배우가
직접 연기하되, 노래나 춤 위주가 아닌 대사위주의 연극으로 본고에
서의 소학지희를 말한다. 그는 문헌에 전하는 기록을 토대로 話劇 작
품을 재구하여 자세한 분석을 꾀했다. 그러나 그의 분석은 작품의 주
제 및 사상적 배경에 치우쳐 있다.

권택무7)는 고정옥의 관점과 동일한 맥락에서 연극사를 바라보았
다. 그는 민간극의 전통을 가면극, 인형극, 극으로 나누었다. 고정옥
의 연구에 비해 진전된 측면은 이들 민간극의 史的인 전개에 관심을
두었다는 것이다. 그러나 그가 설정한 연극의 계보는 내용과 형식상
의 철저한 검증 위에서 이루어진 것이 아니라 주로 공연방식의 유사
관계를 근거로 한 것이었다.

이와 같이 연희사적 또는 연극사적 맥락에서 소학지희를 바라보는
시각 또한 하나로 정립되지 못하여, 완전한 연극적 실체로서 인정하
기도 하는 한편, 단순한 잡희의 형태로 간주해 버리기도 한다. 그러
나 단순한 잡희로 여긴다 할지라도 소학지희가 다른 놀이에 비해 문
학적 측면이 탁월하다는 사실을 부정할 수 없으며, 바로 그 사실 때
문에 현전하는 전통 공연양식의 기원 문제에 자주 거론되었다고 할
수 있다. 그러므로 소학지희의 정체를 밝히는 작업은 한국연극사를
풀어 나가기 위하여 해결해야 할 중요한 과제가 된다고 하겠다.

지금까지 연극에 관한 개별 연구는 탈춤이나 꼭두각시놀음에 치중
되어 있었다. 그것은 연극이 오늘날까지 전수되어 대본이 전해지는

6) 고정옥, 『조선구전문학연구』, 과학원출판사, 1962.
7) 권택무, 『조선민간극』(조선문학예술동맹사), 한국민속극연구소, 1989.

까닭에 연극의 실상 및 대본의 문학적 연구가 쉽고 정확하기 때문이다. 그러나 이러한 편중은 자칫 우리나라에는 진정하게 연극이라 할 만한 것이 탈춤이나 꼭두각시놀음밖에 없다고 말하는 오류를 범할 수 있다. 기능 전수자가 남아 있고 대본이 채록되어 연극의 현장이 눈앞에 재생되어야만 그것이 연극의 유산이고 연구의 대상이 되는 것은 아니다.

소학지희는 현재까지 전승만 되지 않을 뿐 연극적 상황 및 대사 내용 등을 드러내주는 자료가 적지 않다. 그러므로 연극으로서의 소학지희를 복원하여 그 공연방식과 희곡의 특성을 밝히는 일이 가능한 것이다. 연극의 연구가 문학 연구와 관계를 맺기 위해서는 희곡의 분석이 중요하다. 희곡이라는 용어는 좁은 의미로 연극 연출을 위한 기록된 대본을 가리킨다. 그러나 구비전승된 민속극에 있어서도, 한 편의 연극을 공연하는 데 기초가 되는 관습적인 약속과 대강의 줄거리를 희곡이라고 할 수 있다.

한편, 소학지희는 개별적인 연구의 대상으로 주목받지는 못하였지만, 탈춤이나 판소리의 발생문제를 두고 논란거리가 되어왔다. 그러나 소학지희의 내용이나 형식에 관한 구체적인 고찰이 뒷받침되지 않아 미흡한 점을 노출시켰다고 할 수 있다. 판소리 및 탈춤과의 관련성을 비판적으로 검토함과 아울러 연극사적 맥락에서 소학지희의 위치를 추적하는 일이 필요하다 하겠다. 이는 소학지희의 발생과 그 행방을 규명하는 작업이기도 한 것이다.

2) 자료의 범위와 연구방법

본고에서 다루는 연극적 실체에 대하여 잠정적으로 소학지희라는 명칭을 사용해왔다. 이것은 최근의 우리 학계에서 거의 공식적으로 사용하는 명칭이기도 하지만 한번 검토하고 넘어갈 필요가 있다. '笑

謔之戲'라는 말은『문종실록』기사에서 유일하게 쓰였다.

> 廣大, 西人의 注吒, 弄鈴, 斤頭 등과 같은 規式이 있는 놀이[規式之戲]는 예
> 전대로 하고 水尺, 僧廣大 등의 웃고 희학하는 놀이[笑謔之戲]는 늘여 세워서
> 그 인원수만 갖추어 놓기만 하면 될 것이다.
> 如廣大消印注吒弄鈴斤頭等 有規式之戲 則依舊爲之 如水尺僧廣大等 笑謔之戲
> 則列立備數而已可也[8]

國喪을 당한 즈음에 중국사신을 맞이하면서 綵棚儺禮를 간소화하
는 방법을 의논한 것이다. 이와 같이 儺禮를 행할 때 "규식이 있는
놀이", 즉 規式之戲와 "웃고 희학하는 놀이", 즉 笑謔之戲가 존재했다
는 것은 널리 알려진 사실이다. 그러나 그것이 어떠한 연희 양식에
대한 고유명사였다면 한 두 번은 더 용례가 보여야 할 것이다. 결국
소학지희라는 말은 당시 사람들이 특정한 공연양식에 부여한 명칭이
아니라는 사실이 판명된다.

> ……또한 大喪을 당하여 웃기는 놀이로 말장난을 하는 것[笑戲謔謔]은 마
> 음이 실로 편안하지 못합니다. 중국에서 비록 우리나라가 喪 때문에 綵棚을
> 세우지 못한다는 것을 들었을지라도 또한 옛 제도와 禮文에 없는 일을 가지
> 고 책임을 묻지는 않을 것입니다. 이미 純吉로써 황제의 명을 맞이할 禮를
> 갖추었으니 禮밖의 놀이로써 말장난 하는 일[戲謔之事]은 잠시 정지해야 합
> 니다.
> 且值大喪 笑戲謔謔 心實未安 中朝雖聞我國因喪不構彩棚 亦必不以無告制禮文
> 之事爲責矣 旣以純吉備禮 迎命乃以大喪 姑停禮外戲謔之事[9]

'笑謔之戲'는 앞의 인용문에서 보이는 '戲謔之事'나 '笑戲謔謔'나 마찬
가지로 "농짓거리를 하여 웃기는 놀이"라는 정도의 연극적 성격을 드
러낸 어휘였을 뿐이다. 그러므로 초기의 연구자들은 '戲謔之事', '卽興

劇, '劇, '笑謔之戲' 등으로 그 명칭을 다르게 사용한 것이다. 연구가
누적되고 소학지희라는 명칭이 공식화되면서 마치 그것이 예로부터
있어온 연희 또는 연극의 명칭인 것처럼 사용한 사실은 다시 고려할
필요가 있다.

그러나 연구의 편의상 본고에서 다루는 연극적 실체에 대한 명칭
이 필요하고 선행 연구에서 불리워진 명칭 중에서는 '笑謔之戲'가 가
장 명확하게 그 특성을 살리고 있다고 여겨 계속 이 용어를 사용하
기로 하겠다. 새로이 쓰여지는 명칭 '笑謔之戲'의 개념을 기존의 연구
를 토대로 가정하면 다음과 같다.

> 가) 가면이나 인형의 수단을 빌리지 않고 배우가 직접 연기하되
> 나) 일정한 인물이나 사건을 소재로 하여
> 다) 재담으로 관중을 웃기고
> 라) 풍자적이고 비판적이며
> 마) 어느 정도 즉흥적인 연극

이러한 개념은 기존 연구에 의해 세워진 가설이지만 본고의 결론
으로 확정지어야 할 것이기도 하다. 이러한 가정을 검증하기 위하여
채택할 수 있는 자료의 범위는 그리 넓지 않다. 본고에서 다루는 소
학지희 자료는 다음과 같다.[10]

---

10) 이 자료 가운데는 한편의 완결된 연극의 실상을 알려주는 것도 있고 파편적인
모습만 보여주는 것도 있다. 놀이의 이름은 편의상 붙인 것으로 원문에서 제
목이 될만한 구절이 있으면 뽑아서 이름을 지었다. 권택무는 『조선민간극』에
서 바)를 〈봉물진상〉 사)를 〈노복의 항거〉 아)를 〈무포〉 자)를 〈정평부사가
말안장을 사다〉 차)를 〈도목정사〉라고 이름 붙였다. 특히 차)의 경우는 극중
인물의 모델이 된 실제 인물의 직함을 붙여 명명하고 있으나 실제로 소학지희
의 공연은 실제 상황을 미리 밝히지 않은 채 진행되었으므로 그 대본을 가리
키는 이름에 '정평부사'라는 구체적인 직함이 들어가는 것이 적합하지 않다.
본고에서는 정평부사가 표상하는 인물의 특성을 일반화하여 〈貪官汚吏놀이〉
라고 했다. 여기서 제시한 자료는 본문에서 거론할 때 특별히 각주를 달지 않
도록 하겠다.

가) <盲人醉人之狀>

이에 이르러 修德이 와서 아뢰기를, "冶匠 高龍은 본래 배우로 장님이나 술취한 사람의 모습을 놀이로 하는데 玉 등이 그것을 보고 즐거워하여 자꾸 놀이를 시킵니다. 만약 그만 두지 않는다면 끝내는 잡희를 갖추어 이르지 않는 바가 없지 않을까 두렵습니다. 청컨대 다른 사람으로 대신하게 하소서."

至是 修德來啓曰 冶匠高龍本優人 戱爲盲人醉人之狀 玉等見而悅之 累使作戱 若此不已 恐終備呈雜戱無所不至 請以他人代之

—(『세조실록』 14년 5월 17일 기사)

나) <刑曹郎廳놀이>

"…… 廳訟하는 관리가 일의 曲直을 분변하지 않고 한갓 關節과 苞苴의 유무로써 승부를 결정하니, 원통하고 억울한 자가 어떻게 원통함을 펼 수 있겠습니까? 세조 때에 優人이, 형조 낭청의 청송이 공정하지 않은 상황을 놀이하였습니다. 세조께서 그럴 것이라 여기고 낭청이 사사로이 용납하는 술책을 방지하고자 명을 내려 堂上과 같은 장소에서 송사하는 자의 供辭를 취하게 하였습니다. 그러나 訴牒이 구름같이 쌓여 형세상 어려운 바가 있어서 항구한 법은 될 수가 없었습니다."

廳訟官吏 不辨事之曲直 徒以關節苞苴之有無 爲勝負 冤抑者 何所得伸乎 世祖朝 優人戱刑曹郎廳聽訟不公之狀 世祖然之 欲防郎廳容私之術 命與堂上同處以取訟者供辭 然訴牒雲委 勢有所難 不可爲恒久之法也

—(『성종실록』 44권 7장, 洪允成의 상소문)

다) <堂上官놀이>

戊子年에 優人 수 십 명이 儺를 하면서 모두 堂上官의 章服을 갖추고 궁궐의 뜰에 입장하여 서로 놀이하기를, "영감은 언제 당상관이 되었길래 장복을 이렇게 차렸소?" 하였다. 다른 사람이 응대하기를, "나는 경진년에 무과시험에 급제하고 신사년 겨울에 양전경차관이 되었다가 정해년 가을에 이시애를 붙잡아서 마침내 당상관에 이르렀소." 하였다. 듣는 사람 치고 웃지 않는 사람이 없었다.

戊子年間 有優人數十 因儺 皆具堂上官章服 入殿庭相戱曰 令公何時做堂上官章服乃爾 有一人應之曰 予於庚辰年中武科及第 辛巳冬量田敬差官 丁亥秋捕李施愛 遂至於此 聞者莫不齒冷

—(『예종실록』 4권 33장)

라) <誦憫農詩 等>

왕이 仁陽殿에서 儺禮를 구경하고 전교하기를, "오늘 儺禮를 구경할 때에 배우 孔潔이라는 자가 李紳의 憫農詩 '벼를 김매는데 오정이 되니/벼포기 아래로 땀이 떨어지누나/그 누가 알아주랴, 소반 위의 쌀밥이/한알 두알 모두가 辛苦인 것을'이라는 구절을 외고 또한 三綱領 八條目 등의 말을 논하였다. 承傳色을 시켜 묻기를, '네가 문자를 아느냐? 글은 몇 책이나 읽었느냐?' 하니 潔이 서서 대답하기를, '문자는 알지 못합니다. 전해들은 것 뿐 입니다.'라고 하였다. 물러가 놀이를 하라 명하여도 따르지 않았으니 자못 무례하다. 義禁府에 내려 보내고 곤장 60대를 때려 驛卒에 소속시켜라." 하였다. 承旨 등이 아뢰기를, "潔은 배우로서 단지 놀이하는 것을 알 뿐인데 어찌 예절로써 책망하오리까?" 하였다.

王觀儺于仁陽殿 傳曰 今日觀儺時 優人孔潔者 誦李紳憫農詩 鋤禾日當年 汗滴禾下土 誰知盤中飧 粒粒皆辛苦之句 又論三綱領八條目等語 令承傳色問曰 汝解文字 其讀幾書 潔立對曰 不知書 但傳聞之耳 令退而呈戲 亦不從命 頗無禮 令下義禁府杖六十屬驛卒 承旨等啓 潔優人 但知呈戲耳 豈可責之以禮

—(『연산군일기』 35권 33~34장)

마) <老儒戲>

배우 孔吉이 老儒戲를 하며 하는 말이, "전하는 堯舜같은 임금이요 저는 皐陶같은 신하입니다. 堯舜은 언제나 있지는 않지만 皐陶는 언제나 있을 수 있습니다." 하였다. 또한 論語를 외어 말하기를, "임금은 임금다와야 하고 신하는 신하다와야 하고 아비는 아비다와야 하고 자식은 자식다와야 한다. 임금이 임금답지 않고 신하가 신하답지 않으니 비록 곡식이 있은들 먹을 수가 있으랴" 하였다.

優人孔吉 作老儒戲曰 殿下爲堯舜之君 我爲皐陶之臣 堯舜不常有 皐陶常得存 又誦論語曰 君君臣臣父父子子 君不君臣不臣 雖有粟 吾得而食諸

—(『연산군일기』 60권 22장)

바) <進上놀이>

恭憲大王이 大妃殿을 위하여 대궐 내에서 進豊呈을 펼쳤다. 서울의 배우인 貴石이 俳優戲를 잘하여 進豊呈에 나갔다. 풀을 묶어 꾸러미 네 개를 만들었는데 큰 것이 두 개, 중간 것이 하나, 작은 것이 하나였다. (貴石이) 자칭 수령이라 하며 東軒에 앉아서 進奉色吏를 불렀다. 한 배우가 자칭 進奉色吏라

하고 무릎으로 기어 앞으로 나왔다. 貴石이 소리를 낮추고 큰 꾸러미 하나를 들어 그에게 주며 말하기를, "이것은 이조판서에게 드려라." 하고 또 큰 꾸러미 하나를 들어 그에게 주며 말하기를, "이것은 병조판서에게 드려라." 하였다. 또한 중간 것 하나를 주며 말하기를, "이것은 대사헌에게 드려라." 하였다. 그리고 나서 작은 꾸러미를 주면서 "이것은 임금께 진상하여라" 하였다.

恭憲大王 爲大妃殿 陳進豊呈於闕內 京中優人貴石 以善俳戲進 束草爲苞四 其大者二 中者一 小者一 自稱守令 坐於東軒 召進奉色吏 有一優人 自稱進奉色吏 膝行匍匐而前 貴石低聲 擧大苞一 與之曰 此獻吏曹判書 又擧大苞一 與之曰 此獻兵曹判書 又其中者一 與之曰 此獻大司憲 然後 與其小苞曰 以此進上

—(柳夢寅, 『於于野談』)

사) <宗室兩班놀이>

貴石은 宗室의 종이다. 그 주인은 試藝하는 데 참여하여 품계가 높아졌다. 그러나 아직 실제 관직이 없었고 봉록도 더해지지 않은 채 거느리는 종도 없이 여러 陵과 殿의 제관으로 뽑혀 거의 겨를이 없었다. 貴石이 進豊呈에 들어가 여러 배우와 약속을 하였다. 한 명이 試藝宗室이라고 하고 비루먹은 말을 탔다. 貴石은 종이 되어 고삐를 쥐고 갔다. 한 명은 宰相이 되어 준마를 탔고 가마꾼들이 길을 옹위하며 갔다. 앞선 졸개가 길을 피하라고 외치는데 宗室이 걸려 들자 貴石을 잡아다가 땅에 엎드리게 하고 곤장을 쳤다. 貴石이 큰 소리로 하소연하며 말하기를, "소인의 주인은 試藝宗室로서 관직이 대감보다 낮지 않은데 봉록을 받지 못해 거느리는 종도 없이 陵이며 殿에 제관으로 뽑혀 한가한 날이 없으니 오히려 試藝가 되기 전보다 못합니다. 소인에게 무슨 죄가 있습니까?" 재상을 맡은 배우가 경탄하여 그를 놓아 주었다. 얼마 안 있어 특명이 내려 그 주인에게 실제 관직이 주어졌다.

貴石宗室之奴也 其主參試藝陞資 而未有實職 俸祿不加 趨率不備 而差祭於各陵殿 殆無少假 貴石入進豊呈 與諸優約 一稱試藝宗室乘瘦馬 貴石爲奴 自持轡勒而去 一作宰相乘俊馬 輿徒擁路而去 前卒辟路 而宗室見犯 挐貴石而去 仆地而杖之 高聲而訴曰 小人之主試藝宗室也 官高不下於令公 而俸祿不加 趨率不備 差祭於各陵各殿 殆無閑日 反不如不試藝之前 小人何罪 宰相之優 驚歎而釋之 未幾 特命加其主實職

—(柳夢寅, 『於于野談』)

아) <巫稅布놀이>

세상에서 전하기를, 관청에서 巫稅布를 걷어 들이는 것이 매우 심하다고 하였다. 매번 관청의 차사원이 문에 이르러 외치면서 들이닥쳐 무너뜨리면 온 집안이 쩔쩔매고 분주하며 술과 음식을 갖추어 주고 기한을 늦추어 달라고 애걸했다. 이와 같은 일이 하루걸러 혹은 연일 계속되기도 하여 괴로움과 폐해를 헤아릴 수 없었다. 歲時를 맞아 배우가 궁중의 뜰에서 이것을 놀이로 하였다. 이에 임금이 巫稅布를 면제하도록 명하였으니 배우도 또한 백성에게 유익함이 있다고 하겠다. 지금까지 배우들이 놀이를 전하면서 고사로 삼는다.

俗傳 官府收巫稅布甚重 每官差到門叫呼嗔突 一家蒼皇奔走 具酒食 以勞乞緩 程期 如是者 間日或連日 苦害多端 適歲時 優人作此戲於御庭 於時 命除其稅 優 亦有益於民矣 至今優人尙傳其戲 以爲故事

—(魚叔權,『稗官雜記』)

자) <貪官汚吏놀이>

中宗 때 定平府使 具世璋은 탐욕스럽기가 끝이 없었다. 어떤 말안장 파는 사람을 관가의 뜰로 끌고 들어가서 친히 값을 흥정하면서 싸다느니 비싸다느니 따지기를 며칠이나 하다가 끝내 관가의 돈으로 샀다. 배우가 歲時에 그 상황을 놀이로 만들었는데, 임금이 묻자 대답하기를, "정평부사가 말안장을 산 일입니다" 하였다. 마침내 명을 내려 그를 잡아다가 심문을 하고 처벌을 했다. 배우 같은 자도 능히 貪官汚吏를 규탄하고 공박할 수 있다.

中廟朝 定平府使具世璋 貪黷無厭 有賣鞍子者 引來府庭 親與論價 詰其輕重者 數日 卒以官貸買之 優人於歲時 戲作其狀 上問之 對曰 定平府使買鞍子事也 遂命 拿來拷訊竟贓罪 若優者又能彈駁貪汚矣

—(魚叔權,『稗官雜記』)

차) <都目政事놀이>

임금이 심기가 불편하여 침울함을 참고 있다가 명을 내려 倡優戲를 펼치게 하였다. 임금이 조금도 웃음을 보이지 않자 倡優가 이에 간청하여 이조와 병조의 都目政事놀이를 행하였다. 자리를 마련하여 注擬(反第者에게 벼슬을 선정해주는 것)하는 즈음에 이조판서라고 일컬은 자가 장부를 들고 병조판서더러 말하였다. "대감은 들으시오. 내게는 조카가 있는데 文에도 武에도 쓸 만한 재주가 없소이다. 다만 그 숙부가 이조판서가 되어 조카의 이름 하나를 고쳐주지 못하니 마음에 편안하지 않습니다. 듣자니 西山監役에 빈자리가 있다

고 하는데 대감이 배려해주지 않겠소?" 병조판서가 눈을 껌벅이며 웃고 대답
했다. "그렇게 합죠." 곧이어 병조판서가 장부를 들고 이조판서에게 말했다.
"내 셋째사위가 재주와 인물됨이 대감의 조카와 꼭 같은데 내 자리와 위치로
도 사위의 이름을 고쳐주지 못하니 일이 심히 못마땅합니다. 듣자니 繕工監役
에 자리가 있다는데 대감께서 배려해주시오." 이조판서가 웃으며 말했다. "내
가 감히 따르지 않을 수 있겠소." 잠시 후에 望筒이 내려왔고 天點을 갖추어
받았다. 이조판서가 기뻐하며 병조판서에게 말했다. "네 조카와 당신의 사위
가 모두 벼슬을 얻게 되었소" 병조판서가 크게 웃으면서 말했다. "말씀 마시
오, 말씀 마시오. 서로 손을 바꿔 하는 일인데 뭐가 어렵겠소, 뭐가 어렵겠
소." 임금이 그것으로 인해 크게 웃었다.

　　上不豫時 靡堪沈鬱 命陳倡優戱 未嘗一笑 倡優乃請爲吏兵都目政事 開坐注擬
之際 所謂吏判擧帳謂兵判曰 大監聽之乎 吾有兄子 不文不武 實無用之才 第其叔
父爲吏判 使其侄不得改一名 於心不安 聞四山監役有闕云 大監思之否 兵判瞬目而
笑曰 如敎 須臾 兵判擧帳謂吏判曰 吾之第三婚 才地人物與大監之侄爲一馱 吾坐
此地 不改婚之名 事甚不宜 聞繕工監役有箂云 大監思之 兵判笑曰 吾敢不從 俄而
望筒下俱受天點 吏判喜謂兵判曰 吾侄爾婚皆爲之 兵判大笑曰 勿言勿言 換手之事
何難何難 上爲之大笑

　　　　　　　　　　　　　　　　　　　　　　　　　　─(『芝陽漫錄』)

　그밖에 연극의 실상을 알려주는 부차적인 자료로는 『조선왕조실
록』과 『儺禮廳謄錄』을 참고로 했다. 『나례청등록』은 나례를 준비할
때 필요한 물품과 인원을 조달하는 과정에서 담당 관아 사이에서 오
고간 공문서를 정리해 놓은 기록이다. 이 기록을 통해서 간접적으로
나마 소학지희의 배우, 무대와 소도구 등에 관해서 추정할 수 있다.
무대에 관해서는 문헌자료 외에 宮中의 풍속화가 중요한 자료가 될
것이다.
　거듭 말해서, 본고의 작업은 소학지희의 연극적 양상을 복원하고
희곡적으로 분석하여 그 연극사적 위치를 가늠해보는 것이다. 이 논
문의 구체적인 진행 순서는 다음과 같다.
　2장에서, 소학지희의 공연을 둘러싼 여러 문제를 다루는데, 공연의
계기와 공연의 이유를 살펴보는 한편 배우와 그 양성, 관객의 문제를

살펴보고 무대, 소도구 등 공연장비에 관해 검토할 것이다. 그리고
제3장에서 희곡으로서의 특성을 다루어 劇의 진행 방식, 事實과 虛構,
笑劇的 특성, 소재와 주제를 살펴볼 것이다. 3장까지의 논의에서는 많
은 경우, 다른 민속극의 특성과 비교하여 논의를 전개할 것이며, 이
것을 토대로 4장에서는 소학지희의 연극사적 위치를 추론해 보고자
한다.

2. 공연방식

1) 공연의 계기

소학지희는 여러 연구자들에 의해 나례 때 행해진 공연물이었다는
사실이 밝혀졌다. 따라서 나례가 행해진 상황을 살펴보는 것은 소학
지희의 공연계기를 살피는데 핵심이 된다고 하겠다. 나례는 辟邪進慶
의 의식으로 궁중뿐만 아니라 민간에도 행해졌던 풍습이다. 궁중의
나례는 중국 나례의 영향으로 그 형식을 갖추었다.

> 高麗 靖宗 6년(1040)에는 이미 "歲終儺禮"가 거행된 사실이 高麗史 季冬大
> 儺儀條에 기록되어 있는 것으로 보아 그 傳來는 그보다 앞섰던 것으로 추정
> 된다. 『高麗史』 禮志(券64, 志券 第18, 禮6)의 季冬大儺儀條와 後漢書 禮儀志에
> 보이는 儺禮를 비교하여 보면, 高麗의 儺禮는 中國의 그것을 자기의 특수사정
> 에 적합하도록 약간 변형하였을 뿐 2~3세기경의 後漢에서 거행되던 儺禮와
> 기본적으로 큰 차이가 없음을 알 수 있다.[11]

---

11) 李杜鉉, 『韓國假面劇』, 118면.

그러나 중국의 나례와 비교해 차이가 없는 것은 驅儺儀式에 국한된 것이다. 高麗 叡宗 때 이르면 나례가 구나의식에만 머무르지 않고 오락적인 행사가 곁들여진 사실이 나타난다.

宦者가 儺를 나누어 좌우로 만들고 경쟁하니 王이 또한 친왕에게 명하여 이를 나누어 주관하게 하였다. 모든 倡優와 雜伎, 外官의 遊妓에 이르기까지 징발되지 않는 자가 없어 멀고 가까운 곳에서 모두 모여드니 깃발이 길에 뻗혀 禁中에 가득찼다. …… 왕이 樂을 관람하고자 하니 좌우가 분연히 다투어 먼저 기예를 보이려고 하니 도무지 조리가 없어 다시 사백여인을 내쫓았다.

宦者分儺 爲左右 以求勝 王又命親王 分主之 凡倡優難伎 以至外官遊妓 無不被徵 遠近坌至 旌旗亘路 充斥禁中 …… 王將觀樂 左右紛然 爭呈伎 無復條理 更黜四百餘人[12]

좌우로 나뉘어져 서로 보이려고 다투었다는 기예란 『문종실록』에 나타난 規式之戱와 관련이 있다. 나례가 구나의식 외에 여러 가지 오락적 歌舞百戱로 이루어져 있음은 李穡의 詩 「驅儺行」에도 나타난다. 이와 같이 오락적인 연희의 부분을 가지게 된 나례는 조선 초기에는 이미 辟邪進慶의 구나의식에서 오락적인 연희의 부분이 분리되는 모습을 보인다.

가) (太祖가) 웃으며 여러 장수에게 말하기를, "적을 친 것이 참으로 이와 같이 되었다."고 하니 여러 장수가 감복하였다. 물러나 軍樂을 크게 일으키고 儺戱를 베푸니 군사들이 모두 만세를 불렀다.

笑謂諸將曰 擊賊固當與是 諸將感服之 退而大作軍樂 進儺戱 軍士皆呼萬歲[13]

나) 淸州에 이르자 목사 陳汝宣과 판관 閔道生 등이 儺禮를 준비하여 북쪽 교외에서 맞았다. 노인들이 가요를 바치고 가마 앞에서 절을 올렸다.

至淸州 牧使陳汝宣判官閔道生等 備儺禮迎北郊 父老進歌謠拜于駕前[14]

---

12) 『고려사』 64권, 志 18권.
13) 『태조실록』 총서.

다) 임금이 말하기를, "山臺儺禮가 만약 神主를 위한 것이라면 좋지만 과인
을 위한 것인 즉 행하지 말라." 의정부에서 아뢰기를, "祔廟儀式은 대대로 내
려온 법으로, 吉禮로서 성대함이 이와 같은 것이 없으니, 폐지하는 것은 불가
합니다."

上曰 山臺儺禮 若爲神主則可 若爲寡人則其除之 議政府啓曰 祔廟之儀萬世之
法 吉禮之盛莫此若也 不可廢也15)

가)는 싸움에서 승리를 올리고 군사들을 위안하기 위하여 儺戲를
펼친 것이다. 나)는 태조가 조선을 건국하고 천도하기 위해 새로운
도읍지를 물색하던 중 청주목사 등이 나례를 베풀어 환영을 하는 장
면이다. 다)는 祔廟후 환궁할 때 나례를 베푼 것이다. 세 가지 사례는
모두 歲末에 행하던 辟邪進慶의 驅儺儀式과는 무관하게 이루어졌다.
그러나 여전히 나례라는 명칭이 쓰이고 있는 것으로 보아 나례는 종
합적인 오락연희물의 대명사로 정착되었다고 할 수 있다.

나례는 辟邪進慶 및 送舊迎新의 구나의식과 분리되었지만 여전히,
엄숙한 제사의식 뒤에 이어지는 오락적 여흥의 기능을 담당하고 있
다고 하겠다. 앞서 인용한 다)의 경우 祔廟 후에 행해지는 나례가 신
주를 위한 것임을 강조한 것은, 그것이 의식 뒤의 여흥으로 가능했음
을 입증한다. 祔廟儀式 뿐 아니라 중국사신을 영접하는 의례나 親祭,
각종 行幸, 胎室安太 등도 특정한 의식 절차를 지니고 있다. 이러한
엄숙한 의식절차와 오락적인 여흥이 결합하는 관계는 인류학적인 보
편성과 통한다.

종합적인 오락 연희물로서 나례가 베풀어질 때 행해진 공연 종목
은 크게 세 가지이다. 즉, 『문종실록』 기사에 나타나는 規式之戲, 諧
謔之戲, 音樂部가 그것이다. 趙元庚은 나례의 상연물을 검토하면서 歲
末 宮中儺禮와 彩棚儺禮로 나누었다.16) 전자는 辟邪進慶의 구나의식을

14) 『태조실록』 총서.
15) 『태종실록』 20권 4장.
16) 趙元庚, 「儺禮와 假面舞劇」, 25~49면.

포함하는 본격적 나례를 말하고 후자는 그 외에, 구나의식에서 분리
되어 각종 의식절차 뒤에 연행된 오락 연희물로서의 나례를 말한다.

또한 宮中儺禮와 彩棚儺禮의 상연물들을 각각 고찰하였는데, 그가
말한 百戱는 規式之戱와, 戱學之事는 笑謔之戱와, 鶴舞·處容舞·敎坊
歌謠 등은 音樂部와 연결 지을 수 있다.

梁在淵도 山臺戱,[17] 즉 나례의 내용을 고찰하였는데, 處容舞와 敎坊
歌謠 등을 포함하는 舞樂伎, 處容舞戱라고 한 假面戱, 그리고 곡예, 요
술 등을 내용으로 하는 雜戱, 卽興劇 들을 꼽았다.[18] 역시 큰 범주로
묶을 때, 舞樂伎와 假面戱를 포함하는 音樂部와, 소학지희라고 생각되
는 즉흥극, 기타 규식지희인 잡희로 구분할 수 있다. 梁在淵은 처용
무가 鶴蓮花臺合設에서 분리되어 단독으로 공연되면서 춤보다는 놀
이에 가까워진 것을 지적하고 있어서 춤과 노래, 악기연주 등을 주로
하는 음악부에 분류하는 것은 문제가 될 수 있다. 그러나 假面戱로서
놀이화한 處容戱는 이미 나례에서조차 독립하여 공연된 것으로 보이
므로 나례의 종목에서 중요하게 문제 삼지 않는 것이 좋겠다.

한편 나례는 규모가 크고 꾸밈새가 큰 것을 자랑으로 삼았고 일종
의 Pageant적 성격을 갖고 있었으므로 그 본질은 'Spetacle Show'라고
하겠다. 구경거리가 장관을 이루기 위해서 규식지희와 음악부가 나례
의 본령을 이루었던 것은 미루어 짐작할 수 있다.

笑謔之戱는 가면이나 인형의 수단을 빌리지 않는 대사 위주의 연
극이었으므로 화려함이 극도에 달하는 나례의 행사 목적에서는 벗어
나 있다. 비록 소학지희가 나례의 본질적 측면과 맞아 떨어지지는 않
는다 해도 그 나름대로 가지는 놀이로서의 성격은 무시할 수 없다.

---

17) 나례 혹 나희는 본래의 구나축역의 뜻을 벗어나 산대희의 별칭이 되었다. 때
　　로는 두 명칭이 겹치기도 하고 혼동되기도 하였다. 산대희는 나례가 수입되기
　　이전부터 국가 경축일에 온갖 놀이를 하던 행사를 가리키므로 나례라는 명칭
　　보다 더 포괄적이다.
18) 梁在淵, 「山臺戱에 就하여」, 34~42면.

소학지희의 웃음과 풍자는 한 순간의 무질서를 연출한다. 무질서, 즉 난장판이 되는 것은 엄숙한 의식 절차 다음에 오는 오락적 공연물로서의 기능을 강화한다.

> 제의절차는 神聖에 바쳐진 엄숙한 형식이지만 극히 인간적인 반면 놀고 떠드는 난장판의 축제는 그로서 오히려 일상적인 삶과 날카롭게 대립되는 성스러운 것이기 때문이다. …… 그럴 때 그런 무질서를 연출한 놀이의 황홀과 도취, 그리고 그 축제의 난장판은 신성한 것이다.19)

그렇다면 의식 뒤의 놀이는 의식의 엄숙함과 신명함을 감소시키는 것이 아니라 오히려 충만하게 하는 셈이다. 또한 의식에 참여한 사람들 사이의 유대감을 확고히 하는 기능도 갖는다. 이러한 까닭에 엄숙하고 장엄한 의식 뒤에는 화려하고 난장적인 놀이가 이어지는 것이다. 使臣迎接, 祔廟, 胎室安太 등의 儀式 뒤에 오락적 연희물로서 나례가 베풀어진 것도 제의와 놀이의 결합으로 이해할 수 있다.

한편 음악부와 규식지희가 나례의 주요 공연물로 상연되는 가운데 소학지희는 그 중간에 삽입되어 연행되었다고 여겨진다. 소학지희의 연극적 성격에 관해서는 뒤에 다루겠지만 한마디로 웃음과 풍자를 동시에 전달한다고 말할 수 있다.

짤막한 풍자적 笑劇이 공연된 예는 세계연극사 안에서 공통적으로 찾아낼 수 있다. 일본 연극의 경우 '狂言(Kyogen)'이라고 하는 연극 양식이 있다. 이는 풍자적 재담을 위주로 하는 소극으로서 '能(No)'가 상연되는 중간에 삽입되는 양식이다. 물론 能(No)와는 줄거리 전개상 전혀 관련이 없이 독자적인 내용을 갖는다.20)

한편, 서양 연극에서의 笑劇, 즉 '파르스(Farce)'는 어원이 "끼워넣다"에 있다고 하는데 실제로 종교극 사이에 우스운 일화로서 삽입되

---

19) 李相日, 『韓國人의 굿과 놀이』, 139~140면.
20) Faubion Bowers, *Japanese Theatre*, 26~28면.

어 연행되기도 하였다.21) 笑劇이 일반 희극과 다른 점은 웃음이 줄곧 계속해서 터져 나오는데 있다. 극이 길어지면 지속적인 웃음과 짜릿한 풍자를 전달해내기란 어렵다. 그러므로 이러한 소극의 분량은 짧을 수밖에 없고 다른 여러 가지 공연물 사이에 삽입되어 공연되었다고 생각되며 이것이 소극의 효과를 높이는 방법이기도 하였을 것이다. 나례의 경우 음악부는 유장하고 화려한 분위기를 줄 수밖에 없었고 규식지희의 곡예나 묘기는 긴장감을 자아내게 했을 것이다.

그런 가운데 짧게 삽입된 소학지희는 관객과 배우 모두에게 파격의 분위기를 연출했을 것으로 본다. 狂言(Kyogen)의 경우도 能(No)의 비장함을 단절시키면서 역시 파격적인 웃음으로 긴장을 풀었던 것이다. 서구의 파르스 역시 본격적인 연극이 진행되는 중간에 끼어서 이와 같은 역할을 했다고 하겠다.

소학지희는 나례의 본령이 아닐 수도 있고 규식지희나 음악부의 중간에 삽입되어 공연되었을 가능성이 있지만 관객의 관심은 매우 컸던 것으로 보인다. 소학지희는 그저 '보여주기' 위하여 진열되는 것이 아니라 언어 즉, 대사를 통하여 관객과 정신적인 의사소통을 이루게 된다. 그러므로 문제적 내용은 임금 자신이나 조정 대신들의 논란거리가 되기도 했고 일종의 정치적인 수단으로 기능하기도22) 하였다.

史臣이 이르기를, 임금이 九重에 깊숙히 살아서 政治의 得失이나 風俗의 美惡을 듣지 못하는 것이 있다. 따라서 비록 배우의 말이나 어떤 것은 規諷의 뜻이 있어 채용하지 않을 수 없는 일이다. 이것이 바로 儺禮를 설치하는 까닭이다. 요즘 들어 본 뜻을 잃어버리고 단지 奇技와 淫巧로 마음과 눈을 요란하게 하니 설치하지 않는 것만 못하도다.
史臣曰 人君深居九重 政治之得失風俗之美惡有不可得以聞 則雖俳優之言 或有規諷之意 而亦無不採用之事焉 此儺禮之所以設也 末世失其本意 徒以奇技淫巧 侈

---

21) Jessica Milner Davis(홍기창 옮김), 『笑劇』, 27면.
22) 崔正如, 「山臺都監劇 成立의 諸問題」, 25면.

蕩心目 不若不設之爲愈也23)

배우의 말, 즉 소학지희에 담긴 規諷의 뜻을 받아들이고자 하는 것이 나례를 설치한 본뜻이라고까지 하였다. 일반적으로 임금이나 중국 사신의 행차 때 환영 행사로 쓰인 나례의 경우, 화려함과 번성함을 추구하는 규식지희나 음악부가 중심이 될 것이다. 그런데 위의 인용문에서는 배우의 대사로 진행되는 소학지희에서 나례의 본령을 찾고 있다. 바로 이 지점에서 오락적인 공연 행사인 나례를 또다시 변별할 필요성이 생긴다.

한편, 소학지희는 나례의 종목으로서만 공연된 것은 아니었다. 소학지희는 독립된 공연 양식으로서 進豊呈 때에도 공연되었다. 그러한 사실은 앞서 제시한 소학지희 자료 가운데 〈進上놀이〉 등이 공연된 계기를 통하여 확인할 수 있다.

진풍정은 年初에 大妃殿을 위하여 올리는 宴享으로, 지금까지는 거기에도 나례가 쓰였다고 단정해왔다. 그러나 나례는 진풍정과 별개의 행사이다. 진풍정은 의식이 아니라 그 자체가 연향이며 공연 행사로서, 의식 절차 뒤의 난장놀이로서 기능하는 일반적인 나례가 쓰일 이유가 없다.

> 史官 두 명을 掌樂院과 義禁府에 나누어 보내어 進豊呈과 儺禮의 習儀를 살펴보게 하였다. 史臣이 이르기를, 두 가지 禮는 모두 배우의 놀이로 무릇 里巷의 천하고 더러운 일을 이루어내지 않는 것이 없어 본래 볼 만한 것이 없다.
> 分遣史官二人于掌樂院義禁府 察視進豊呈及儺禮習儀 史臣曰 二禮皆俳優之戲 凡里巷鄙藝之事 無不爲之 本無足觀24)

---

23) 『명종실록』 27권 70장.
24) 『명종실록』 27권 69장.

진풍정과 나례를 분명히 다른 두 개의 실체로 인식하고 있는 것이 드러난다. 본질은 유사하다고 하면서 굳이 다른 명칭을 사용한 것을 보면 나례에는 고유의 특성이 있는 것으로 간주된다. 진풍정은 주로 기녀의 呈才가 중심이 되므로 장악원에서 주관하였다고 한다면, 나례는 의금부에서 주관하였다고 할 수 있다.

또한 특정한 행사가 아니고도 수시로 공연되기도 하였다. 『芝陽漫錄』에 있는 〈都目政事놀이〉는 그 실례라 하겠다.

> 임금이 심기가 불편하여 침울함을 참고 있다가 명을 내려 倡優戱를 펼치게 했다. 임금이 조금도 웃음을 보이지 않자 倡優가 이에 간청하여 이조와 병조의 都目政事놀이를 행하였다.

창우들의 〈都目政事놀이〉는 진풍정이나 나례라는 공식적인 공연 행사의 일환으로 공연된 것이 아니다. 어느 날 불편한 임금의 심기를 달래기 위하여 문득 공연된 것이다. 소학지희를 공연하는 데는 거대한 무대설비와 대규모의 인원 및 물자가 필요하지 않으므로 수시적인 공연이 가능했다고 본다.

그렇다면 특정한 행사에서 공연된 소학지희와 수시적으로 공연된 소학지희는 그 성격을 달리 했을 가능성이 있다. 순수한 향연의 공연 종목으로 연행된 소학지희의 경우는 앞의 경우에 비해 오락성이 강화되었을 가능성이 짙다. 그러나 기록에 남겨진 소학지희 자료만으로는 이러한 사실을 증명할 수 없으므로 다만 추정에 머무를 수밖에 없다.25)

---

25) 궁중에서 행해진 제사의식의 풍속뿐만 아니라 민간에서 행해진 제사의식, 특히 무당굿의 특성을 고찰한다면 의식이, 그에 따르는 연희의 성격을 규정하는 문제에 관하여 많은 도움을 얻으리라고 본다.

2) 공연의 이유

공연계기를 살펴보면서, 특정한 나례의 경우 笑謔之戱가 그 중심 공연 종목으로 부각되었음을 밝혔다. 그것은 소학지희가 다른 공연 종목과 달리 배우의 말, 즉 언어를 주요 표현 수단으로 사용하기 때문이다. 이로 인해 직접적인 의사 전달이 가능하고 배우와 관객 사이에는 정신적인 의사소통이 이루어진다고 하겠다.

한편, 조선시대 많은 궁정 공연예술이 유교적으로 명분화 되어감에 따라 소학지희도 그런 명분으로 치장되었다고 할 수 있다. 천한 백성과 임금 사이의 직접적인 言路로서 기능화 할 가능성이 있는 것이다. 배우가 천민인 반면, 관객은 임금을 위시한 최상층의 신분이었으므로 특별한 계기를 마련하지 않고는 의사 전달이 가능하지 않다. 나례를 계기로 대면한 임금과 천민 배우는 각각 언어로서 매개되는 놀이, 즉 소학지희에 특별한 기능을 부여했다고 하겠다. 이것을 소학지희가 담당한 정치적 기능이라고 할 수 있겠다. 소학지희의 정치적 관련성에 관해 다음과 같은 선행 연구가 있다.

> 儺禮 笑謔之戱部와 音樂部의 設置도 世宗의 이와 같은 施策下에 된 것이라 믿어지며 다만 文宗卽位年에 文士들의 記錄이 보일 뿐일 생각한다. …… 性理學이 極盛하는 成宗・宣祖年間에 笑謔之戱가 또한 그 때에 盛行하였다는 것은 笑謔之戱가 分明히 聖賢之道의 具顯策으로 存立하였다는 것을 立證해주는 것이라 하겠다. …… 이와 같이 優人들의 彈駁貪汚의 戱事는 有益於民하는 存在로 評價받게 되니 이 歲時儺禮戱場의 笑謔部는 이런 面에서 存立의 意義를 가지는 것이다.[26]

소학지희가 治政을 목적으로 世宗 때 설치되었고 성리학이 극성함에 따라 성행하였다는 견해는, 소학지희의 표면적인 명분을 그대로

---

26) 崔正如, 「山臺都監劇 成立의 諸問題」, 23면.

수용한 것으로 다분히 근시적이다. 앞 절에서 살펴보았듯이, 소학지
희는 의식이 끝난 후 이어지는 거대한 오락 연희물 중의 하나로 채
택된 것이었는데 궁중에서 즐기는 주요 종목이 되면서 정치적으로
채색되었다고 볼 수 있다. 그러나 소학지희가 어느 정도는 聖賢之道
의 구현책으로서 기능하였던 것은 사실이다.

> 임금이 비현합에서 나희를 구경하였다. 세자가 종친, 재상들과 함께 입시
> 하였다. 우인이 놀이를 하였는데 항간의 비루하고 세밀한 사건을 늘어놓기
> 도 하고 또한 풍자하는 말도 있었다. 임금이 즐겁게 듣고 베 50필을 내려
> 주었다.
> 御丕顯閤 觀儺戲 世子如宗宰入侍 優人因戲 或陳閭閻鄙細之事 又有規諷之言
> 上樂聞之 賜布五十匹27)

"즐거이" 들었다는 말을 소학지희에 담긴 풍자의 뜻을 기꺼이 받
아들이겠다는 의미까지 포함할 것이다. 앞서 소개한 『명종실록』 27
권 70장, 16년 12월조의 기사에도 소학지희에 "規諷의 뜻이 있어 채
용하지 않을 수 없다"고 한 언급이 있어 이와 통한다. 소학지희에 나
타나는 規諷의 뜻을 받아들이겠다는 소극적인 자세를 넘어서 백성의
어려움을 친히 듣고 대책을 세우겠다는 적극적인 태도가 나타난다.

> 가) 지시하기를 "나희를 구경할 때 정재인으로 하여금 민간의 고통, 흉년
> 을 구제하는 절차, 나라의 빚을 거두어들이고 나누어 주는 등의 형상을 보이
> 도록 할 것이다. 또한 內農作이 비록 〈豳風七月圖〉를 그려 만든 것이라고 하
> 지만 어찌 그 모습을 곡진하게 다 나타낼 수야 있겠는가. 〈빈풍칠월〉은 주공
> 이 지은 것으로서 농사의 어려움을 갖추어 싣고 있다. 내가 상세히 보려고 하
> 니, 반드시 〈칠월도〉를 모방하여 상세히 갖추어 만들고 이후 영구한 모범으
> 로 삼을 것이다."라고 하였다.
> 傳曰 觀儺時 令呈才人 陳民間疾苦及救荒節次公債斂散等狀 且內農作雖象豳風
> 七月圖爲之 然豈能曲盡其狀乎 豳風七月乃周公所陳 備載稼穡之艱難 予欲詳觀 須

---

27) 『세조실록』 32권 12장.

一倣七月圖 詳備爲之 此後 永爲恒式28)

나) 의금부에서 올린 나례단자를 승정원에 내려 보내면서 말하였다. "단자
의 잡희에서 뺄 것도 있고 보탤 것도 있는데 이는 선대 임금들 때부터 실행
하던 일들이다. 〈빈풍칠월〉을 그린 것은 주공이 임금으로 하여금 농사의 어
려움을 알도록 하자던 것이었다. 지금 농사짓고 누에치는 놀이를 하는 것도
이것을 모방한 것이다. 대궐 안에 있는 병풍 그림에 〈빈풍칠월도〉를 그린 것이
있다. 나례가 끝낸 뒤 별로 할 일이 없으므로 이것을 본떠 놀이하게 하고 싶다.
'七月流火'에서 마지막 장의 '鑿氷冲冲'까지 미리 연습시키도록 할 것이다."
　　以義禁府儺禮單字 下于政院曰 單字中 雜戲有可減者有可加者 此乃祖宗朝所爲
之事 畵豳風七月 周公所以使人君知稼穡之艱難也 今戲爲農作養蠶 亦似倣此 內藏
畵屛 有畵豳風七月圖者 儺禮畢後 別無所爲之事 欲使倣此爲戲 自七月流火 至卒
章之鑿氷冲冲 使之預習29)

　　內農作은 〈豳風七月圖〉에 그려진 산천초목과 농사짓는 형상을 본떠
장식적인 설치물을 만드는 행사이다. 周公이 「빈풍칠월편」을 지어 바
친 내력을 본받아 농사일의 어려움을 임금에게 알리는 역할을 하는
것이 본래 목적이었다. 소학지희 역시 이러한 관습에서 준거를 찾는
것으로 그 공연을 합리화하려 하였다. 다만 농사일 뿐 아니라 "民間의
疾苦 및 그 구휼의 절차, 세금징수 등" 더욱 구체적이고 사실적인 내
용을 보이는 데 의의가 있다. (가)와 (나)에서 각각 모범이 될 표본을
만들고, 「빈풍칠월편」을 익히게 하라는 언급은 聖賢之道의 구현책으로
서 소학지희를 활용하려는 배려라고 보겠다. 실제로 소학지희가 행해
진 결과 그 안에 들어 있는 불만 내용이 바로잡아진 실례들이 보인다.

　　가) 배우가 궁중 뜰에서 이것을 놀이로 지어 보였다. 이에 임금이 무세포
를 면제하라는 명을 내렸다.
　　　　　　　　　　　　　　　　　　　　　—(〈巫稅布놀이〉)

28) 『중종실록』 60권 6장.
29) 『중종실록』 80권 37장.

나) 배우가 歲時에 그 형상을 놀이로 지어 보였다가 임금이 묻자 대답하기를, "정평부사가 말안장을 산 일입니다." 하였다. 마침내 임금은 명을 내려 그를 잡아다가 심문을 하고 처벌을 했다.

—(《貪官汚吏놀이》)

다) 귀석이 진풍정에 들어가게 되었다. 여러 배우들과 약속을 하여 한명이 試藝宗室이라 칭하고 비루먹은 말을 탔다. 귀석은 종이 되어 고삐를 쥐고 갔다. ……얼마 안 있어 특별히 명이 내려 그 주인에게 實職이 더해졌다.

—(《宗室兩班놀이》)

笑謔之戱의 내용이 놀이로서 끝나지 않고 놀이의 바깥, 즉 현실에 영향을 미쳤다. 즐기기 위해서가 아니라 백성의 고통을 알고 善政을 베풀기 위해서 소학지희를 관람한다는 명분을 뒷받침해 준다.

이와 같이 유교도덕적인 기능을 담당했던 소학지희는 정반대의 폐단으로 지탄을 받기도 한다.

史官 두 명을 掌樂院과 義禁府에 나누어 보내어 進豊呈과 儺禮의 習儀를 살펴보게 하였다.

史臣이 이르기를, 두 가지 예는 모두 배우의 놀이로 무릇 里巷의 천하고 더러운 일을 이루어내지 않음이 없으니 본래 볼 만한 것이 없다. 그런데도 內庭의 禁密한 곳에서까지 쓰이는 데 이르렀으니 淸明에 累가 됨이 이미 크게 되었다. 史臣은 (임금의) 말과 행동을 기록하니 그 임무가 매우 중한데, 잡희나 살펴보게 하니 잃는 것이 심하다.

分遣史官二人于掌樂院義禁府 察視進豊呈及儺禮習儀 史臣曰 二禮皆俳優之戱 凡里巷鄙褻之事 無不爲之 本無足觀 而至用於內殿禁密之地 其爲淸明之累 已大矣 史臣記言動 其任至重 而使察觀雜戱 其失甚矣[30]

최근에 나례가 그 본뜻을 잃고 헛되이 奇技와 淫巧를 일삼아 마음과 눈을 현혹하니 설치 않는 것만 같지 못하다.

末世失其本意 徒以奇技淫巧 侈蕩心目 不若不設之爲愈也[31]

---

30) 『명종실록』 27권 69장.

政治의 得失에 관한 내용보다는 風俗의 美惡에 관련된 "이항의 천하고 더러운 일"이 소학지희의 배우들에게는 익숙해 있고 놀이로 만들기에 수월했을 것이다. 그러므로 후자를 내용으로 하는 소학지희가 자연히 성행하였고 결국 폐단으로 지적되는 사태에 이른 것이다.

소학지희를 질적인 면에서 변화시킨 요인은 이미 내재되어 있었다. 우선 공연상황에서 있어서 오락적인 역할을 수행했다는 것이고 관람자에게 끊임없이 웃음을 선사하는 笑劇의 방식을 채택하였다는 사실이다. 가장 중요한 것은 소학지희의 내용을 꾸미고 연기를 수행한 담당자가 천민 배우들이었다는 점이다. 명분에 얽매이지 않는 삶의 방식에 익숙한 이들은 정치적 명분과는 상관없이 오락적인 내용에 치중하였을 것이다.

한편, 천민 배우들이 지니는 사회적 기반과 현실적 특성에 의하여, 위에서 아래로의 정치적 기능이 아니라 아래에서 위로의 정치적 기능을 발휘하게 된 사정을 간과할 수 없다. 정치적인 명분으로 열어놓은 言路를 상층 관료에 대한 비판을 토로하는 효과적인 방편으로 활용할 수 있는 것이다.[32] 이것은 소학지희가 지닌 이면적 주제와 통한다고 하겠다.

언어적 측면에 의하여 소학지희에는 특별한 정치적 기능이 부여되었음을 살펴보았다. 이러한 기능은 무의식적으로 발현된 것이 아니라 위로부터의 정책적인 배려에 의하여 이루어진 것으로서 소학지희가 공연된 주요인으로 작용했다. 정책적인 배려는 내용상 의미를 주입시키는 것 외에 소학지희의 형식적 측면을 변개시키고 세련시켰을 가능성이 있다.

---

31) 『명종실록』 27권 70장.
32) 소학지희는 이른바 궁정연극이라고 할 수 있기 때문에 임금 앞에 나서는 공연에 앞서 많은 연습 과정을 거친다. 그 과정에서 관료들에 의하여 대본이 제시될 경우 소학지희가 정치적으로 이용될 가능성도 있다.

3) 배우와 관객

공연 오락물의 집합체라 할 수 있는 나례를 베풀기 위해서는 전국
각지에서 재인들을 불러 모아야 했다. 민간에서 재주를 팔다가 나례
가 거행될 때마다 상송되었던 재인들은 공동체에 뿌리박고 있거나
혹은 유랑하면서 민간의 공연문화를 유지했다고 할 수 있다. 그러나
유랑연예인에 비해서 향촌에 거주하는 재인이 上送才人의 주류를 이
루었다고 할 수 있다. 『儺禮廳謄錄』의 부록에는 각지에서 징발한 재
인들과 장인들의 명단이 수록되어 있다.

京畿 才人
　　廣州　日㝖
　　　　　乙男
　　　　　思郞同　竹山에서 이주해 옴
　　　　　億從　　龍仁에서 이주해 옴
　　楊州　萬福　　京男으로 이름을 고침33)

才人들은 경기, 충청, 전라, 경상도 등에서 읍면단위로 차출되었다.
다른 읍면으로 거주지를 옮기는 것이 기재가 될 정도라면 이들 재인
은 유랑연예인이라고 할 수 없다. 만약 근거지만 있되 떼를 지어 떠
돌아 다녔다고 한다면, 그들이 집단으로 상송되지 않고 개인별로 차
출된 사실이 문제가 된다.

우리 이웃에 함북간이라는 사람이 있는데 東界에서 왔다. 피리를 좀 불 줄
알고 우스갯소리와 광대놀음을 잘 할뿐 아니라 남의 행동거지를 볼 때 마다
문득 흉내를 내면 진짜인지 가짜인지 구분할 수 없었다. ……매번 궁궐의 內
庭에 들어가 많은 상을 받았다.
　　吾隣有咸北間者 自東界出來 稍知吹笛 善談諧倡優之戱 每見人容止 輒效所爲

33) 『儺禮廳謄錄』 부록.

則眞贋莫辨 ……每入內庭 多受賞賜34)

지역에 뿌리박고 있으면서 개인적으로 궁정의 행사에 뽑혀간 예가
되겠다. 이와 같은 정황으로 미루어, 나례에 상송된 才人은 유랑연예
인보다는, 지역에 뿌리박고 민간의 연희를 주도해 나간 부류였다고
할 수 있다.

> 임금이 지시하기를 "근래에는 해마다 흉년이 들었기 때문에 나례를 할 때
> 정재인들을 단지 서울에 사는 사람들로만 출연시키게 하였지만 올해는 농사
> 가 좀 잘 되었으니 선대의 예를 따라 경기의 각 고을과 서울의 정재인이 함
> 께 하도록 할 것이다.
> 傳曰 近來年歲凶歉 故儺禮時呈才人 只以京中居者爲之矣 今年則稍稔 其依祖
> 宗朝例 以京畿各官及京中呈才人並爲之35)

재인이 나례에 상송될 때에는 그 거주지에서 경비를 부담하므로,
농사에 실패한 고을에서는 재인을 올려 보낼 수 없게 된다. 재인들은
일정한 생산이 없으며 농사를 짓지도 않지만 놀이를 팔아먹고 사는
정해진 거주지, 또는 관할 구역이 있었다는 셈이 된다. 이러한 측면
에서, 향촌에 거주하는 재인은 주로 巫家와 관련되었을 가능성이 있
다. 世襲巫인 경우 무당 자신의 관할 구역을 갖고 있었고 무당의 굿
은 주술적인 의식과 아울러 비공식적인 민간 연희의 場으로 기능하
였다. 그러므로 巫家에서 직업적인 예능인인 재인이 배출되었다는 사
실이 명백해진다.36) 무당은 관할 구역을 가지고 굿을 벌이면서 개인
차원의 민간적인 후원 또는 지방 관청의 지원을 받았으므로 巫家에

---

34) 成俔, 『慵齋叢話』, 5권.
35) 『중종실록』 64권 8장.
36) 金東旭이 「판소리 發生考」(『韓國 歌謠의 硏究』)에서, 재인들을 구성하는 대부
  분의 인원이 巫系로부터 나왔음을 밝혔다. 그러나 유랑연예인과 특별히 구분
  짓지 않고 한데 묶어 다루었으므로, 관할구역을 가지고 향촌에 정착하고 있는
  무당이나 그 남편인 무부가 유랑하여 생활했다고 말하는 모순을 드러냈다.

서 양산된 재인 역시 유랑하여 걸식하지 않아도 생계를 유지하였으
리라 생각된다.

민간에서 뽑힌 재인들은 掌樂院의 樂工, 妓 등과 함께 각각 나례의
공연 종목을 분담하여 공연하였다. 나례의 공연 종목 중에서 음악부
는 특별한 법식을 지닌 궁정 공연예술로서 연행되는 것이므로 공식
적인 훈련을 통하여 그 기능을 전수하였다.

> "妓의 무리는 아침에 와서 일하고 저녁이면 파하는데 각자 음악을 배우는
> 수고로움이 더욱 심해집니다. 청컨대 醫女에게 의탁하여, 재주가 우수한 자
> 오십 인에게 급료를 주십시오. 妓衣가 몇 벌 있는데, 진흙땅을 오면서 말을
> 탈 수가 없으므로 …… 악공의 의관은 모두 갈아야 합니다. 典樂之官은 어떤
> 모양으로 해야 하겠습니까?……"
> 妓輩朝仕夕罷 各學音樂勤苦尤甚 請依醫女取才優等者五十人給料妓衣有數 而
> 泥路不乘馬 …… 樂工衣冠則皆改矣 典樂之官 當作何樣[37]

위의 기록은 掌樂院 提調의 간언으로 장락원에서 훈련하는 기녀와
악공에 대한 처우개선 문제를 거론한 것이다. 기녀와 악공은 공식적
이고 지속적인 후원을 받는 대신 계속되는 연습에 응해야 했고 재능
이 질적으로 떨어지게 되면 처벌을 받기까지 했다.

> 전교하기를, "처용무에 능한 자에게 상을 논하고 능하지 못한 자는 違令律
> 로서 단죄를 논하라." 하였다.
> 傳曰 處容舞能者論賞 不能者以違令律論斷[38]

한편, 음악부 외에 규식지희와 소학지희는 본래적인 궁정 연희가
아니라 민간 연희에 근간을 둔 것으로서 민간에서 뽑힌 재인에 의해
서 행해졌다. 소학지희가 오락적 효과와 아울러 정치적 기능으로 관

---

37) 『연산군일기』 56권 30장. 10년 12월.
38) 『연산군일기』 56권 33장. 10년 12월.

심을 끌게 되면서 소학지희를 전담하는 전문 배우가 양성되었을 가
능성이 있다.

예전의 관례에, 儺禮는 실행을 앞두고 2개월 동안 연습을 하였는데, 왕이
연습할 필요가 없다고 여겨 12월 15일부터 연습을 시작하도록 명했었다. 이
에 이르러 의금부가 와서 아뢰기를, "기한이 이미 임박하였는데 才人 중에 빠
진 자가 많아 미리 선정하여 충원하지 않을 수 없으니 전례대로 연습할 것을
청합니다." 하였다.
　舊例 儺禮前期二朔隸習 王以爲不須肄習 命自十二月十五日始習 至是義禁府啓
期限已迫 才人多缺 不可不預先充定 請依前例肄習39)

舞와 樂을 담당한 기녀와 악공은 장락원에 매어 있으면서 평상시
에 기능을 수련해왔다. 그러므로 나례가 실시되기 2개월 전부터 연
습에 들어가는 공연 종목은 주로 규식지희와 소학지희에 해당한다.
규식지희와 소학지희는 재인들이 민간의 활동을 통하여 익숙한 놀이
므로, 연습 기간을 통해서 새로운 기능을 가르쳐 받지는 않았다고 할
수 있다. 주로 나례를 거행할 때 절차상의 문제를 정비하는 데 주력
했을 것이다. 특히 소학지희에 있어서는, 배우 스스로 준비해온 대본
의 내용을 검열하거나 각색하였을 가능성이 있다. 지금까지 소학지
희는 즉흥극이라고 단정되었으나, 정치적인 공연 이유를 지녔다는
사실과 더불어, 공연방식과 희곡에 있어서의 여러 가지 관습40)들이
존재했다는 것을 염두에 둘 때 임기응변식의 즉흥극이라고 보기에는
어렵다. 연습 기간을 통하여 소학지희 대본 및 배우에 관하여 일정한

---

39) 『연산군일기』, 8년 11월. 위 기록과 비슷한 내용이 『光海君日記』 12년 12월조
　　에 보인다. 이 시기에는 이미 笑謔之戲가 儺禮의 주요종목으로 부각되었으므
　　로 笑謔之戲에 관한 별도의 정비가 이루어졌다고 하겠다.
40) 여기서 관습이란 Anne C. Burson이 말한 model의 개념과 통한다. 소학지희는
　　한편의 연극을 마련하는데 기준이 되는 관습적인 대강의 약속 또는 전례를
　　통해 전승되었다고 하겠다; 「Model and Text in Folk Drama」, 『Journal of
　　American Folklore』 93 참조.

교육이나 정책적인 배려가 더해졌다고 할 수 있다.

> 의금부에서 올린 나례단자를 승정원에 내려 보내면서 말하였다. "……대궐
> 안에 있는 병풍 그림에 〈빈풍칠월도〉를 그린 것이 있다. 나례가 끝난 뒤에
> 별로 할 일이 없으니 이것을 본떠 놀이하게 하고 싶다. '七月流火'에서 마지막
> 장의 '鑿氷冲冲'까지 미리 연습시키도록 할 것이다."
> 以義禁府儺禮單字 下于政院曰 …… 內藏畵屛有畵豳風七月圖者 儺禮畢後 別無
> 所爲之事 欲使倣此爲戲 自七月流火 至卒章之鑿氷冲冲 使之預習[41]

『詩經』「豳風七月篇」의 의미를 본받아 소학지희에 정치적 기능이
부각되었다는 것은 이미 밝혔다. 이러한 기능을 더욱 정밀하게 수행
하기 위하여 소학지희 배우에게 「빈풍칠월편」의 내용을 익히게 하라
는 의도적인 배려이다. 소학지희가 나례의 중심종목이 되면서 그것
을 담당한 배우에게도 관심이 집중되었다.

> 지시하기를, "나례를 벌이는 것은 본래 놀이를 위한 것이므로 아무리 잡희
> 가 지나쳐도 구경하는 것이다. 優人 은손이란 자는 본디 여러 가지 놀이를 잘
> 하였는데 이미 죽었다. 은손을 좇아 기예를 전하는 사람이 있는가?"라고 하였
> 다. 승지 이손이 보고하기를 "우인 중산이 그 기예를 대강 전합니다."라고 하
> 였다. 지시하기를 "내일 담당 승지가 의금부에 가서 중산의 놀이가 은손과 대
> 등한가 못한가를 시험해 볼 것이다."라고 하였다.
> 傳曰 儺禮之設 本爲戲事 雖極雜戲而觀之 優人銀孫者 素能百戲而已死 其有從
> 銀孫傳術者乎 承旨李蓀啓 優人仲山粗傳其術 傳曰 明日色承旨往義禁府 試觀仲山
> 之戲與銀孫等否[42]

재인의 기능 전수 문제에 왕이 친히 관심을 갖은 것이다. 『儺禮廳
謄錄』에 의하면, 그러한 문제는 각 道의 監司 차원에서 처리한 것이
었다.

---

41) 『중종실록』 80권 37장.
42) 『연산군일기』 35권 32장.

戱子 등을 關文 뒤에 기록하니 새로 소속된 자 및 업을 이은 자식들을 아
울러 미리 갖추어 놓았다가 다시 공문을 보내는 즉시 빨리 상송할 것. 경기,
충청, 전라, 경상, 강원 등 도의 감사에게 공문을 보냄.

戱子等乙 關後錄爲去乎 新屬及繼業子枝 幷以預先整齊爲有如可 更行移卽時
急急上送事 京畿忠淸全羅慶尙江原等道監司處 移文43)

명단에 오른 才人은, 경기에서 30명, 충청에서 52명, 경상에서 32
명, 전라에서 170명 등 거의 300명에 이른다. 나례의 공연종목을 위
하여 上送되는 많은 재인 중에서 왕의 관심은 주로 소학지희 배우에
게 끌렸다고 여겨진다. 소학지희는 그것이 지닌 내용, 즉 언어적 측
면에 의해 관객의 관심을 불러 모을 수밖에 없다. 연산군 때의 孔潔
이나 孔吉, 그 이전의 咸北間,44) 明宗 때의 貴石 등은 모두 당대의 유
명한 소학지희 배우로 이름난 사람이었다고 할 수 있다.

소학지희의 관객은 임금 이하 세자, 종친, 재상들로 임금의 명령에
따라 그 밖의 고위 관리가 초청되기도 했다.

임금이 明政殿 처마 밑에 나아가 儺를 관람했다. 세자가 입시하였다. 대비
전은 殿의 왼쪽 협실에 발을 드리우고 관람했다. 중궁이 세자빈과 더불어 모
셨다. 임금이 승정원에 지시하기를, "지난번에 儺를 관람할 때는 전례에 따라
輪木戱를 했는데 오늘 또한 그것을 하겠다." 마침내 명을 내려 종친과 재상
및 시종들이 입시하게 하고, 輪木을 던져서 차등 있게 물품을 하사하였다. 呈
才人 등에게도 역시 물품을 하사하였다.

上御明政殿簷下觀儺 世子入侍 大妃殿垂簾 于殿左夾室 中宮率世子嬪侍焉 傳
于政院曰 前者觀儺時 例爲輪木戱矣 今日亦爲之 遂令入侍宗宰及侍從 擲輪木 賜
物有差 呈才人等亦賜物45)

---

43) 『나례청등록』, 8장 뒷면.
44) 咸北間의 활동시기를 정확히 알 수 없으나 『용재총화』의 저자인 성현이 성종,
    연산군 연간에 활약한 것으로 보아 그렇게 추정할 수 있다.
45) 『중종실록』 60권 7장.

임금은 놀이를 벌인 배우에게 의복이나 다른 물품들을 내려 상으로 주었던 것을 알 수 있다. 이러한 것을 배우에 대한 관객의 보상이라고 할 수 있겠다. 이러한 보상은 모든 배우에게 공평하게 분배된 것은 아니었다. 배우에게 내려진 상품은 그 공로에 따라 차등이 있었던 것이다. 반대로 임금의 진노를 사면 벌을 받기까지 하였다. 연산군 때 孔潔과 孔吉이 불손하다는 죄를 쓰고 징계를 당한 것을 그 예로 들 수 있다.

이와 같이 공연이 벌어진 즉석에서 상을 받거나 벌을 받는 것은, 배우들이 재능을 다투는 데 독려가 되었다고 하겠다. 이와 아울러 나례에 참가한 모든 배우들에게 균일한 보상이 주어지기도 했다. 그것은 주로 서울로 상송되어 지내는 기간 동안 입고 먹을 의복과 식량으로 분배되었다고 여겨진다. 『나례청등록』에는 나례를 거행하는데 동원된 才人과 匠人 및 皂隷와 助番에게 지불할 價布와 價米의 운반46) 등에 관해 자주 언급된다.

나례의 거행에 필요한 여러 가지 물품과 인력은 모두 민간에게 거두어 들였다. 그러나 민간에서 개인의 필요에 의해 자발적으로 후원한 것이 아니고 국가의 공식적인 제도로써 매개되어 있었으므로 민간의 후원이 아니라 국가의 후원으로 보아야 한다. 나례는 재인들이 보유하고 있는 민간의 놀이가 궁정 연희로 차용되어, 내용과 형식에서 세련화 될 수 있는 계기를 제공했다고 하겠다.

---

46) 『儺禮廳謄錄』 9장 앞면, "一 兵曹爲相考事 節到付關內 今此天使時 皂隷助番價 依上年例 輸送事 關據相考爲乎矣 上年天使時 皂隷助番價 因本廳 啓下 關據 弊曹無皂隷價布乙仍于 義禁府儺禮廳使喚皂隷乙良 報大同廳受出宜當事 入啓 蒙允 移文貴廳及大同廳爲有如乎 今此天使時 皂隷助番 依上年 上下事 移文大同廳爲去乎 貴廳段置 報大同廳受出爲只爲 到付"

4) 공연 장비

일반적인 연극에 있어, 한편의 상연을 위해 필요한 공연장비는 무대 설비 및 무대장치, 소도구, 분장 도구 등이다. 소학지희에 있어서도 이러한 공연장비에 관한 특성을 고찰해야 할 필요가 있다.

소학지희는 나례가 거행될 때 그 공연 종목의 하나로서 연행되었으므로 나례의 무대 설비 및 무대장치를 우선 살펴보아야 한다. 환영 행사로 벌어진 대규모의 나례를 준비하기 위해서는 언제나 특별한 시설물이 가설되었다. 주로 山臺 또는 綵棚이라고 불렸는데 이들 명칭이 동일한 시설물을 가리키는 것인지 아닌지는 아직 밝혀지지 않았다.

梁在淵과 趙元庚은 각각 산대 혹은 채붕의 구조에 관해 고찰하고 있는데 두 명칭을 같은 것으로 취급하고 있다.[47] 또한 권택무는 산대와 채붕을 구별하여, 산대를 무대로 보는 한편 채붕은 무대장식으로 보았다.[48] 그러나 이에 대해 전혀 근거를 제시하고 있지 않다. 단지 채색을 가했다고 보여지는, 綵棚의 '綵'로부터 그러한 추측을 해낸 것으로 보여진다. '棚'이란 보통 가로지른 시렁 따위를 의미하여 더 나아가 누각, 또는 누각으로 지어진 관람석을 의미한다. 그러므로 채붕은 나례를 구경하기 위한 觀覽樓로 보아야 할 것이다.

한편, 山臺의 기능 및 명칭의 문제에 관해서도 별로 확정적인 해답이 나오지 못하였다. 산대를 재인들이 올라서는 무대로 보는 경우와 놀이마당을 배경처럼 둘러싼 장식물로 보는 경우가 있었다. 혹은 山과 관련된 지리적 구역에 연극을 연출하기 위하여 세운 설치물로 보는 견해가 있었다.

산대를 무대로 보고 그 구조를 복원한 것은 梁在淵과 趙元庚이다. 그들은 『세종실록』과 『문종실록』, 『광해군일기』의 기사에 드러나는

---

47) 梁在淵, 「山臺戲에 就하여」, 29~34면; 趙元庚, 「儺禮와 假面舞劇」, 69~81면.
48) 권택무, 『조선민간극』, 39면.

소용 재료와 산대 배열의 상태를 근거로 하여 산대의 모습을 想像圖
로 그려내었다.49) 사용된 재료 이름만을 가지고 산대의 구조를 복원
한 것은 큰 성과라고 하겠다. 그러나 전통 공연예술의 공연 상황에
관심을 두지 않았으므로, 산대가 일면적인 프로시니엄 무대라고 단
정해 버리는 오류를 가져왔다. 특별한 장치를 필요로 하는 꼭두각시
놀음을 제외하고는, 전통 공연예술의 무대공간은 사면이 트인 마당
을 형성하는 것이 특징이다.

산대를 山이라는 지리적 특성과 관련지은 것은 宋錫夏의 견해이
다.50) 나례의 상연장소, 즉 산대가 세워진 장소는 주로 궁궐문 밖이
나, 행사가 벌어지는 沿路로서 평지라는 사실이 이미 밝혀졌으므로51)
재론할 여지가 없다.

〈水原陵幸圖〉52)는 8曲 병풍의 그림으로, 능행가는 행차로부터 還宮
때 연희가 벌어지는 장면이 정밀하게 그려져 있다. 이때의 연희 장면
은 기녀들이 呈才를 하는 모습이므로 규식지희나 소학지희의 무대와
동일하다고는 볼 수 없다. 그러나 그 장면에 나타난 시설물을 통하여
산대 등의 모습을 유추해 볼 수 있다. 〈수원능행도〉의 연희 장면을
略圖로 제시하면 다음과 같다.

49) 梁在淵,「山臺戲에 就하여」, 30면; 趙元庚,「儺禮와 假面舞劇」, 77~78면.
50) 宋錫夏,「處容舞・儺禮・山臺劇의 關係를 論함」,『韓國民俗考』, 292면.
51) 趙元庚,「儺禮와 假面舞劇」, 70~71면.
52) 국립중앙박물관 소장.

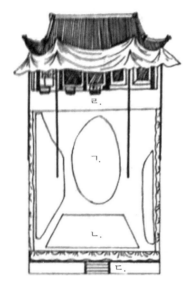

ㄱ. 舞臺
ㄴ. 樂官席
ㄷ. 계단
ㄹ. 임금의 관람석

仁政殿進賀圖(水原陵幸圖 八曲屛 中)

이 무대는 궁전의 넓은 마당에 네모난 壇을 평평하고 넓게 구축하고 네 모퉁이에 높은 기둥을 세운 다음 지붕처럼 장막을 쳤다. 이때 단은 지상으로부터 어느 정도 솟아 있으나 산을 연상하리만큼 높지는 않다. 단상에 오르는 몇 개의 계단이 마련되어 있고 단의 사방에는 연희 장면을 넘겨다 볼 수 없을 만큼의 낮은 장막이 둘러쳐 있다. 단 밑은 보이지 않으나 그 위에서의 공연을 위하여 튼튼한 버팀목들이 채워졌을 것이다. 네 모퉁이에 세워진 기둥은 궁전의 꼭대기에 닿을 만큼 높이 솟아 있는데 그 위에 장막을 두른 모습이 높은 산모양으로 나타나 있다. 李穡의 詩 「山臺雜劇」에는 산대의 모양에 대하여 "蓬萊山 같다"는 표현이 나온다. 일단 산대의 외견상 모습이 산의 모양이라는 것이 확인된다. 앞서 제시한 풍속화의 무대그림도 꼭대기가 산봉우리 모양으로 보인다는 사실과 견주어 볼 때, 산대의 모습이 그 구조와 크게 다르지는 않았으리라 여겨진다.

임금이 관람하는 자리는 궁전의 안쪽에 고정되어 있었지만, 그 곳
만을 관람석으로 하는 일면적인 무대가 이루어진 것은 아니었다. 사
면이 트인 연희장이라고 하겠다. 단 위에 악공 및 기녀가 둘러앉아
있으며 연행할 차례가 된 재인은 계단을 통해 올라와 단 위에서 공
연을 하게 되어 있던 것 같다.

한편, 소학지희는 성대한 구경거리가 아니므로 화려하고 웅장한 연
희장이 반드시 필요한 것은 아니었다. 복잡한 절차를 거치지 않고도
수시로 공연되기도 했다는 사실은 이미 밝혔다. 결국 소학지희는 공
연장소 및 무대에 관한 제약을 받지 않았다고 하겠다. 나례의 연희장
에는 雜像 등 장식물에 늘여 세워졌지만 소학지희를 포함하여 나례
의 공연종목과 직접적인 관련을 갖는 것이 아니므로 무대장치라고
할 수 없다. 실제를 방불하게 하는 무대장치를 갖추지 않는 것은 한
국 전통극의 전반적 특성이다. 소학지희는 무대장치를 갖추지 않아
극적 사건으로의 몰입이 이루어지지 않을 뿐 아니라 탈이나 인형 등
도 사용하지 않아 극중인물로의 전환 역시 단번에 이루어지지 않는
다. 소학지희가 탈이나 인형 등을 사용했는가 하는 문제에 관해서는
직접적인 기록은 없으나, 현전하는 작품을 분석해 볼 때 그러한 도구
가 필요하지 않음을 알 수 있다. 소학지희에 등장하는 극중인물은 탈
춤이나 꼭두각시놀음처럼 전형화되어 있지 않고 현실성을 띠므로 탈
이나 인형을 수단으로 극중인물을 형상화할 수 없는 것이다.

대신 극중인물로 전환하기 위하여 간단한 분장은 이루어졌다고 할
수 있다. 『儺禮廳謄錄』의 물품 중에는 臙脂[53] 및 각종의 채색용품들
이 있다. 이것이 소학지희를 할 때 배우의 분장에 쓰였다는 기록은
없으나 다양한 채색들이 발달되어 있는 상황으로 미루어 얼굴 분장
에 대한 인식도 그만큼 뒤따랐을 것이기 때문이다.

극중인물에 맞게 의복을 갖추어 입는 것도 극중인물로 전환하는

---

53) 『儺禮廳謄錄』 6장 뒷면.

방법이 된다. 〈堂上官놀이〉는 기록의 서두에서부터 "優人 수 십 명이 儺를 하면서 모두 堂上官의 章服을 갖추고" 나오는 것으로 되어 있으며 그들이 차린 당상관의 복색이 남루한 현실이 작품의 소재가 되고 있다. 〈도목정사놀이〉나 〈진상놀이〉, 〈종실양반놀이〉 등 비교적 상세한 대본의 모습을 보여주는 자료들의 경우 복장을 통하여 극중인물을 표현하였을 가능성을 많이 보여준다.

『儺禮廳謄錄』에는 才人들의 衣笠과 容物을 마련하라는 조항54)이 있다. 나례에 쓰일 물품들은 일률적으로 미리 준비되었고 나례 때마다 다시 사용되었는데 소학지희의 경우, 무대 의상을 갖추자면 작품에 따라 새로운 의상을 마련해야 한다. 그러므로 『나례청등록』에 기록된 衣笠과 容物은 소학지희에 쓰일 것은 아니라고 하겠다. 나례에 참가한 재인은 그 신분이나 역할을 나타내기 위하여 특정한 衣笠과 容物을 사용했다고 할 수 있다.

소도구는, 소학지희의 연행에 있어서 비교적 적극적으로 사용되었다. 작품의 소재가 일상적인 생활과 근접해 있으므로 일상용품이 소도구로 쓰일 수가 있었고, 다른 용도를 위하여 마련된 물품을 대신 사용하거나 즉석에서 만들어 사용했다고 하겠다. 〈도목정사놀이〉에서는 이조판서와 병조판서가 들고 있는 도목 장부가 소도구로 사용되었다. 그 장부는 관료 사회의 일상용품이라고 할 수 있다. 궁정에서 벌어지는 소학지희에서 관료 사회의 일상용품을 활용하는 일은 어려운 일이 아니다. 〈進上놀이〉에는 풀 꾸러미 네 개가 소도구로 쓰였다.

풀을 묶어 꾸러미 네 개를 만들었다. 큰 것 두 개, 중간 것 하나, 작은 것이 하나였다.

문맥으로 봐서는 본 연극을 연행하기 직전 즉석에서 마련한 소도

---

54) 『儺禮廳謄錄』 3장 뒷면, "才人衣笠及容物乙良 令戶曹進排事".

구라고 할 수 있다.

　이는 실제 물건을 사용한 것이 아니므로 배우와 관객 사이의 암묵적인 약속에 의해 의미를 지닌다고 하겠다.

　〈宗室兩班놀이〉에서는 말(馬)이 두 필이나 필요한 극적 사건이 벌어진다. 그러나 무대의 여건이나 다른 소학지희 자료의 경향과 견주어 볼 때 실제로 말을 등장시켰을 가능성은 희박하다. 이 경우 역시 소도구로 대신했거나 아니면 종실양반이나 재상으로 등장한 배우가 말을 타는 흉내를 냄으로써 표현했을 수 있다. 『儺禮廳謄錄』에 '허리 잘린 말'(折要馬)이라는 준비물이[55] 보인다. 折要馬에 소용되는 것으로 꿩 깃털, 거위 깃털, 魚膠, 黃蜜, 麻絲, 眞粉 등이 아울러 기록되어 있다. 절요마란 허리 부분을 잘라 뒤집어 쓸 수 있게 만든, 말(馬) 모양의 너울이라고 할 수 있겠다. 원래 지목되기는 연회장을 장식할 雜像의 하나로 사용하기 위해서이겠지만 필요에 따라서는 소학지희의 연행에 사용되었을 가능성을 배제할 수 없다.

3. 희곡의 특성

1) 劇의 진행방식

　소학지희의 진행방식에 관해서는 구체적인 고찰이 이루어지지 않았다. 다만 혼자서 自問自答하거나 다수의 인물이 등장하여 극을 이끌어 나갔을 것이라는 정도로 추정하고[56] 있다. 이는 문헌에 전해지

---

55) 『儺禮廳謄錄』 12장 앞면, "一 廳爲上下事 天使時所用 五色注之及小注之一 平凉子五十介 折要馬廣大等所入與彩色乙 比上年謄錄所用 則五十分之一二減磨鍊 關後錄委去乎 曺以 別遣篔員 一一擲奸 依數上下事 移文戶曹"

는 기록으로 보아 정당한 결론이라 하겠으나 더 구체적인 진행방식
을 추적해 보는 일이 가능할 것이다.

소학지희의 진행방식을 보여주는 직접적인 단서를 마련해 주는 기
록은 다음과 같다.

> 잡희가 함께 시작되어 밤 二鼓에 역귀를 쫓았다. 우인이 놀이를 통하여 서
> 로 문답하면서 관리들이 탐오하는 모습이나 민간의 자질구레한 일에 이르기
> 까지 들추어내지 않는 것이 없었다.
> 雜戱俱作 夜二鼓 逐疫 優人 因戱 自相問答 官吏貪廉之狀 閭里鄙細之事 無所
> 不至[57]

스스로 묻고 대답하였다는 사실로 미루어 등장인물은 한명이었다
는 것이 명백하다. 또한 배역을 정해서 화제를 이끌어 나갔음을 알
수 있다. 이러한 一人多役의 연극에서는 극중인물의 전환이나 사건의
배경설명 등을 위해 관객을 직접 상대하여 서술해 나가는 敍事的인
형식이 개입되지 않을 수 없다. 그것은 흡사 무당굿놀이에서, "골매
기 할매 혼자서 설명도 하고, 자기 말도 하고, 며느리 말도 하는 서사
적인 전개방식"[58] 이루어지는 것과 같다. 이러한 一人多役의 형태는
소학지희의 초기적인 모습으로 여겨지는데 연행이 거듭되어 후대로
내려옴에 따라 발전된 모습으로 多人多役의 형태가 나타난다.

一人多役의 형식말고도 多人多役의 형식에서도 서사적인 전개방식
이 이루어지고 있다. 미리 살펴보았다시피 소학지희를 연행할 때에는
그럴듯한 무대장치가 사용되지 않았다. 소학지희는 단막극이므로 점
진적인 순차를 밟아 사건의 발단과 전개로 돌입하기 어렵다. 배우는
어떤 방식으로든 관객에게, 진행될 연극적 상황에 대한 배경을 설명
하는 것이 편리하다. 설명도 역시 배우가 대사를 말하고 있는 것이지

---

56) 李杜鉉,『韓國演劇史』, 97면; 조동일,『한국문학통사』2, 471면.
57)『세조실록』34권 52장.
58) 조동일,『탈춤의 역사의 원리』, 166면.

만 연극적 사건이 진행되면서 상대역에게 말을 하거나 혹은 혼자서
말을 하는 것과는 분명히 차이가 있다. 이는 관객에게 직접 전달하는
서술방식, 즉 서사적인 전개방식이 개입될 소지를 보여주는 것이다.
서사적 전개방식이란, 敍事的 自我가 존재한다는 말이다. 희곡에 서사
적인 수법이 개입되는 것은 아직 희곡, 즉 연극으로서 완성이 덜 된
상태라고 볼 수 있다. 그러나 연극의 상황과 기능에 부합하기 위하여
고착된 특수한 연극적 장치로 보는 것이 더 타당할 것이다.

> 풀을 엮어 꾸러미 네 개를 만들었는데 큰 것이 두 개, 중간 것이 하나, 작
> 은 것이 하나였다. (귀석이)자칭 수령이라고 하며 東軒에 앉아서 進奉色吏를
> 불렀다. 한 배우가 자칭 進奉色吏라 하고 무릎으로 기어 앞으로 나왔다.
> —〈進上놀이〉

밑줄 친 부분이 바로 서사적 자아의 서술이 전제되었을 부분이다.
위의 인용문이 들어 있는 출전의 성격상, 글이 묘사적이지 못하고 간
단한 기록에 머물렀다는 점과 한문 자체가 가지는 축약성 등을 고려
해야 한다. 그렇다면 이 짧은 언급의 배후에 숨어 있는 풍부한 연극
의 상황을 추측해낼 수 있다. '自稱'이라고 한 것은 연극의 줄거리 전
개상 필요한 발언이 아니며, 상대역에게 말해지는 것도 아니다. 이는
관객에게 직접 전달되는 설명이라고 할 수 있다. 풀꾸러미 네 개를
들고 등장한 배우는 우선 자기가 어느 고을의 수령인데 이러저러해
서 이곳에 있다는 이야기로부터 시작하여, 극중 장소인 관청 東軒을
설명하여 지정할 것이다. 이는 재담의 형식으로 이루어졌을 것이며
이때 그는 배우로서가 아니라 극중인물의 목소리를 갖게 된다.
처음 등장해서 자신이 등장한 내력을 설명하는 장면은 우리나라의
여러 민속극에서 공통으로 나타나는데, 서로 비교하면 소학지희의
서사적인 전개방식을 파악하기가 쉬울 것이다.

가) 그러면 이 거리라도 아무 때나 아무나 나서서 매기는 것이 아니라 거리 매기는 사람은 초추 검분(根本)이 있어야 되거든 초추 검분이 어떻게 있어야 되느냐 거리 매긴다는 그 강관에 벼슬을 해야 된다.

내가 본래 어데 살았는고 하니 저 우두두둥 우둥둥 하늘 우에 하는 우에 벼락 지끈 대신을 모시고 있던 옥황상제의 말썹제자지.

······ 내가 식자가 유식하게 들었는데 그러다 보니 내가 제자를 거닐었지 제자를 어떤 제자를 거닐었는고 하이 내가 또 칼찬 제자를 거닐었다.

······ 여덟 제자를 거늘인데는 내가 속에 식자가 잇으니 책방을 안 차려 놓고야 어떻게 제자를 거늘일 수가 있나. 그래 내 책방을 떡 차리는데 이렇게 꾸며 놨다.59)

나) 허 허 허 내가 웬 영감이 아니라 내가, 살기는 저 웃녁 산다.

······ 아하 여보게 한양으로 일러도 八門안에 억만 家口가 다 내집일 리 있겠는가 내 사는 곳을 저저히 일러줄 테니 들어 보게. ······ 아랫 벽동, 윗 벽동 다 제쳐 놓고 가운데 벽동 사는 朴閑良 朴主事라면 모르는 사람 빼놓고는 다 안다.

······ 나는 부모 슬하에서 글자나 배우고 호의호식하다가 부모님이 돌아가서 선산발치 뫼셔 놓고 고사당에 하직하고 신사당에 허례하고 발뒤꿈치로 문을 닫고 마당 가운데 시기를 두고 팔도강산 유람차로 나왔네.60)

다) 少年當上 애기 道令 전후좌우 벌려서 말 잡아 장고 메고 소잡아 북메고 안성맞춤 꽹쇄치고 雲峰내고 징치고 술빚고 떡 거르고 遮日 치고 덕석 깔고 鴻門宴 높은 잔치 項壯士 칼춤출제, 이 몸이 한가하야 草堂에 비껴 앉아 古今事를 생각하니 이 어떤 제미를 붙고 금각 대녕(潭陽)을 갈 이 양반들이 밤이 맞도록 웅방캥캥하는 소리 양반이 잠을 이루지 못하야 이미 나온지라 이 사람 四寸들61)

가)는 무당굿놀이 대사의 일부로 〈訓長거리〉의 도입부분이다. 배우로 등장한 男巫는 극중인물로서62) 자신의 내력과 그가 놓인 상황에

---

59) 崔正如·徐大錫, 『東海岸巫歌』, 284~285면.
60) 沈雨晟, 『韓國의 民俗劇』, 291~292면.
61) 沈雨晟, 『韓國의 民俗劇』, 94면.
62) 巫堂 자신이 신령한 능력을 부여받기까지의 내력을 설명한 것이라 하여 訓長

대하여 상당한 분량을 이야기한다. 이 대사는 극중 장면을 구성하는
대화의 일부로 행해지는 것이 아니라 관객에게 직접 전달하는 서술
로서 행해진다. 訓長의 서술을 유도해 나가고 들어주는 것은 표면상
助巫인 반주자로 되어 있다. 그러나 반주자는 극중인물이 아니면 관
객을 대표하는 역할을 한다.

나)는 〈꼭두각시놀음〉의 도입부분이다. 박첨지 역시 자신을 소개
하면서 이야기를 시작한다. 여기서도 산받이에 의해서 박첨지의 서
술이 이끌어진다. 꼭두각시놀음에서는 산받이의 역할이 더욱 중대해
져서 극중 인물의 서사적인 발언을 받을 뿐만 아니라 극중 사건에
적극적으로 참여하고 있다. 그러나 극중인물로서 갈등에 휘말리는
것이 아니므로 역시 관객의 일부로 보아야 한다.

다)는 탈춤 대사의 일부분으로 〈동래야류〉에서 원양반의 대사이다.
그 역시 자신이 등장한 내력에 대하여 말하고 있으나 비교적 짤막하
다. 관객의 일부인 반주자에게 설명하는 형식이 아니라 극중인물의
독백 정도로 처리되어 있다. 이는 탈춤에 서사적인 전개방식이 거의
도입되지 않는다는 사실[63]을 말해 준다.

극형식에 서사적인 전개방식이 쓰이고 쓰이지 않았다는 것이 연극
이 발전되었다거나 그렇지 않다거나 하는 문제를 드러내는 것은 아
니다. 나름대로 그러한 연극적 장치를 사용해야 하는 이유를 찾아볼
수 있을 것이다. 무당굿놀이는 가면이나 인형을 사용하지 않으며 소
도구의 사용도 아주 절제되어 있다. 그러므로 배우가 극중인물로 전
환하기 위해서는 자세한 설명으로 주위를 환기시켜야 한다.

꼭두각시놀음이나 탈춤의 경우, 인형이 무대에 올려지거나 탈을

을 巫堂 자신으로 보면(『東海岸巫歌』, 50면) 극중인물로서 전환이 이루어졌다
고 볼 수 없다. 그러나 전개되는 극적 사건이 이미 사실을 떠나 허구화된 사
건이므로 그 주인공 역시 극중인물로 허구화되었다고 할 수 있다.
63) 무당굿놀이, 꼭두각시놀음, 탈춤에 있어서의 서사적인 전개방식에 대해서는
조동일의 「무당굿놀이, 꼭두각시놀음, 탈춤」(『탈춤의 역사와 원리』) 참조.

쓴 배우가 출현함으로써 바로 극으로의 전환이 이루어진다. 그러므로 처음 등장한 극중인물이 자신의 내력이나 그가 처한 상황에 관하여 길게 설명할 필요가 없다. 뿐만 아니라 작품이 다루는 내용이 전형적이고 세태적이므로 장황한 설명이 필요하지 않다.

소학지희의 경우, 가면이나 분장, 소도구 등을 적극적으로 사용하여 실제와 방불한 극적 상황을 연출하는 연극이 아니었기에 무당굿놀이에서와 같이 자세한 서사적인 설명이 활용되지 않을 수 없다. 더구나 소학지희에서 다루는 사건은 무당굿놀이의 사건보다 더욱 구체성을 띠므로 서사적인 서술 부분은 더욱 긴요하게 쓰였을 것이다.

소학지희의 실제 연극적 진행상황을 보여주는 자료는 많이 발견되지 않았는데 〈進上놀이〉, 〈宗室양반놀이〉, 〈都目政事놀이〉는 연극적 상황이 비교적 실감나게 기록되었다.

> 임금이 심기가 불편하여 침울함을 참고 있다가 명을 내려 倡優戲를 펼치게 하였다. 임금이 웃음을 보이지 않자 倡優가 이에 간청하여 이조와 병조의 都目政事놀이를 행하였다. 자리를 마련하여 注擬[64]하는 즈음에 이조판서라는 자가 장부를 들고 병조판서더러 말하였다.

밑줄 그은 부분은 현실 속의 공연장소가 극중장소로 바뀌어서 극적 사건을 준비하는 부분이다. 관념적인 전환이 되겠지만 각종의 서사적인 설명과 극중인물에 대한 흉내 내기를 통하여, 이후 벌어질 중심적인 사건을 준비하는 것이다.

연극의 극중인물들은 자기를 드러내기 위해 스스로 말하며 극중에서 벌어지는 사건에 대한 그의 태도는 활동적인 참여라고 하겠다. 극중인물의 적극적인 참여는 집중적인 사건을 만들어 내게 된다. 소학지희에서도 극중인물의 활동적인 참여에 의해 이루어지는 집중된 사건이 나타난다. 앞서 인용한 〈都目政事놀이〉에서는 시작 부분에 이어

---

64) 급제자에게 벼슬을 선정해주는 것.

극중인물의 대화로 이루어지는 극적 사건이 벌어진다.

> 이조판서라는 자가 장부를 들고 병조판서더러 말하였다. "대감은 들으시오. 내게는 조카가 있는데 文에도 武에도 쓸 만한 재주가 없소이다…… 듣자니 四山監役에 빈자리가 있다고 하는데 대감이 배려해 주지 않겠소?" 병조판서가 눈을 껌벅이며 웃고 대답했다. "그렇게 합죠." 곧이어 병조판서가 장부를 들고 이조판서에게 말했다. "내 셋째사위가 재주와 인물됨이 대감의 조카와 꼭 같은데…… 繕工監役에 자리가 있다는데 대감께서 배려해 주시오." 이조판서가 웃으며 말했다. "내가 감히 따르지 않을 수 있겠소."…… 병조판서가 크게 웃으면서 말했다. "말씀 마시오, 말씀마시오. 서로 손을 바꿔 하는 일인데 뭐가 어렵겠소. 뭐가 어렵겠소."

극중인물인 이조판서와 병조판서는 각각 자신의 대사와 행동으로 사건을 만들어 낸다. 서사적인 설명이 필요하지 않은 상황이다. 이와 같은 장면이 여러 개 있어서 서사적인 설명을 고리로 하여 연결되었을 수가 있다. 貴石의 〈進上놀이〉도 〈宗室兩班놀이〉의 기록과 같은 체제로 되어있어, 서사적인 설명 이후에 전개되었을 집중된 사건을 추출할 수 있다. 〈進上놀이〉의 경우는 동헌에서 수령이 아전을 불러 아전이 무릎을 기어가 대령하고 선물꾸러미를 차별하여 바치도록 명령받는 장면이 바로 집중된 사건이다.

〈宗室兩班놀이〉의 경우, 종실량반과 재상이 길에서 맞부닥쳐 종실 량반의 종인 귀석이 매질당하면서 항변하고 재상이 기특하게 여겨 놓아주는 데까지가 집중된 사건이다.

한편, 〈宗室兩班놀이〉의 연극적 상황이 기술되기 전에 전제되어 있는 서설, 즉 貴石이 종실의 종이며 종실량반이 어떠한 상황에 처해 있다는 사실 등은 극중에서 서사적인 설명으로 처리되었을 것이다.

『稗官雜記』에 실린 〈巫稅布놀이〉나 〈貪官汚吏놀이〉는 앞서 언급한 세 편의 기록과는 그 체제가 다르게 기록되어 있어 집중된 사건이 장면화하여 나타나 있지 않다. 그러나 구체적이고 묘사적으로 기술된

부분이 있어서, 어떤 장면이 극적 사건으로 이루어졌을지 짐작하게
해 준다.

> <巫稅布놀이> 관가 차사가 문에 이르러 외치면서 들이닥쳐 무너뜨리면 온
> 집안이 쩔쩔매고 분주하게 술과 음식을 갖추어 대접하면서 기한을 늦추어 달
> 라고 애걸했다.
> <貪官汚吏놀이> 貪官汚吏가 말안장 파는 사람을 관가로 불러들여 친히 흥
> 정하는데 비싸다느니 싸다느니 며칠 동안 값을 따지다가 끝내 관가의 돈으로
> 샀다.

물론 위의 사건을 이끌어 갈, 극중인물의 대사와 동작이 적절하게
고안되었을 것이다. 한편, 연산군 때 배우 孔潔이 「민농시」를 외고
『大學』의 강령을 희롱거리로 삼은 기록과, 孔吉이 임금과 신하를 堯
舜과 皋陶에 비유하고 논어의 한 구절을 외어 불경한 죄를 썼다는
기록은 그 자체로 완결되는 것이 아니다. 기록에 남은 내용은 소학지
희에서 극적 사건을 이루는 대사의 일부로 보아야 한다.

> 孔吉이 老儒戲를 하며 하는 말이 "전하는 堯舜같은 임금이요, 저는 皋陶같
> 은 신하입니다." 하고 또 『논어』를 외어 말하기를, "임금은 임금다와야 하
> 고…… 임금이 임금답지 못하고 신하가 신하답지 않으니 아무리 곡식이 있더
> 라도 먹을 수가 있으랴."

특히 위에서 인용한 것은 늙은 선비라는 극중인물이 된 공길이 관
객인 임금을 직접 상대한 대사로서 선비가 서사적 자아로서 이야기
한 것이다.

이상에서 살펴본 것을 종합하면, 소학지희는 敍事的인 설명부분과
극중인물의 대화로 이루어지는 집중된 사건의 장면이 같이 진행된다.
집중된 사건은 주제를 집약적으로 보여주는 부분이며 엄격히 말해
연극의 본질적 부분이다. 서사적 설명에서는 집중된 사건을 이끌기

위하여 선행되어야 하는 극중인물과 극중장소의 설정, 집중된 사건
의 前史 등이 제시된다. 이러한 서사적인 설명이 개입되지 않을 수
없는 까닭은 세 가지로 말할 수 있다. 첫째, 소학지희는 가면이나 인
형, 무대장치 등을 사용하지 않으므로 극으로의 전환은 배우의 대사
로써 이루어질 수밖에 없다. 둘째, 소학지희는 구체적이고 새로운 일
을 소재로 삼기 때문에 설명 부분이 없이는 극적 사건을 제대로 이
해하기 힘들다는 사실이다. 셋째, 소학지희의 본질은 박진한 입심에
의한 재담에 있기 때문이라고 생각한다. 재담을 늘이기 위해서는 극
중인물의 대화보다 관객을 상대로 하는 서사적 설명부분이 더 유리
할 것이다.

2) 事實과 虛構

일반적인 연극에 있어서, 작가는 인간에 고유한 기호들(표정, 동작,
언어, 행동방식, 의상, 분장 등)을 조작하여 허구적인 극중인물을 만
들어내고 극적 사건을 형상화한다. 그렇게 본다면 소학지희의 극중인
물과 극적 사건은 허구적인 창조물이 아닐 수 있다. 高龍이 잘 놀았
다고 하는 〈盲人醉人之狀〉은 간단한 소학지희의 형태로 보여지는데,
이 경우 고룡은 취한 사람의 모습이나 장님의 모습을 실제인 것처럼
흉내 내는 것을 장기로 삼았을 것이다. 〈老儒戱〉에서 孔吉은 역시, 늙
은 유생의 전형적인 모습을 흉내 내어 극중인물을 연출해 내었을 것
이다. 〈貪官汚吏놀이〉에서는 실제인물인 定平府使 具世璋을 극중인물
로 형상화하였다. 구세장은 매우 탐욕스럽고 염치가 없는 인물로 성
격이 뚜렷하므로 흉내 내어 극중인물로 표현하기에 적합하다. 이렇듯
소학지희의 극중인물은 주로 전형성을 띤 익명의 인물이나 실제로
존재했던 특징적인 인물의 모습을 흉내 내어 형상화 하였다. 이러한
방법은 극중인물을 만들어내는 가장 초보적인 형태라고 여겨진다. 소

학지희의 극중인물은 작가에 의해서 창조된 허구의 인물이 아니며 실제인물과 긴밀하게 맺어져 있다.

극적 사건의 경우도 마찬가지이다. 많은 경우 소학지희의 극적 사건은 실제사건, 즉 時事之事에 기반을 두고 있다. 실제사건이 소학지희의 극적 사건으로 그대로 채용된 사실은 〈종실양반놀이〉, 〈巫稅布놀이〉, 〈貪官汚吏놀이〉 등에 대한 기록에서 드러난다.

가-1) 세상에서 전하기를 관청에서 巫稅布를 걷어 들이는 것이 매우 심하였다고 한다. 〈매번 관원의 문에 이르러 외치면서 들이닥쳐 무너뜨리면 온 집안이 쩔쩔매고 분주하게 술과 음식을 갖추어 대접하면서 기한을 늦추어 달라고 애걸했다.〉 이와 같은 일이 하루 걸러 혹은 연일 계속되기도 하여 괴로움과 피해가 아주 심했다.

가-2) 歲時를 맞아 배우가 궁중의 뜰에서 이를 놀이로 만들어 보였다. 이에 임금이 巫稅布를 면제하도록 하였으니 배우도 또한 백성에게 유익함이 있다고 하겠다. 오늘에까지 배우들이 놀이를 전하므로 그 일이 故事가 되었다.

—(〈巫稅布놀이〉)

나-1) 中宗 때 定平府使 具世璋은 탐욕스러움이 끝이 없었다. 〈어떤 말안장 파는 사람을 관가 뜰로 끌고 들어와서 친히 흥정하면서 비싸다느니 싸다느니 며칠동안 값을 따지다가 끝내 관가의 돈으로 샀다.〉

나-2) 배우가 歲時에 그 상황을 놀이로 꾸몄다가 임금이 묻자 대답하기를, "정평부사가 말안장을 산 일입니다." 하였다. 마침내 임금은 명을 내려 그를 잡아다가 심문을 하고 처벌을 했다. 배우같은 자도 능히 貪官汚吏를 규탄하고 공박할 수 있다.

—(〈貪官汚吏놀이〉)

가, 나 항에서 1)은 문제가 된 사건, 즉 時事之事를 기록한 부분이고, 2)는 그 사건을 놀이로 꾸몄다는 사실과 그 사회적 기능 내지 파급 효과에 대한 기사 부분이다. 여기서 문제가 되는 것은 1)의 실제 사건이 어떤 방식에 의하여 놀이, 즉 연극으로 꾸며졌는가이다.

〈貪官汚吏놀이〉에 대한 기록에서, 임금이 관람을 마치고 묻자 "정평부사가 말안장을 산 사건"이라고 설명했다. 결국 그 사건은 연극의 내용이 되는 사건이기도 하고 문제를 일으킨 실제사건이기도 하다. 1)에서 괄호로 묶은 부분이, 실제사건으로서 연극으로 각색될 만한 상황이다. 〈貪官汚吏놀이〉의 경우 말안장 값을 두고 며칠씩 질기게 흥정하는 모습은 연극으로 표현하기에 알맞다. 〈巫稅布놀이〉에서 역시 관원이 사납게 날뛰며 닥달하는 모습과 그로 인해 허둥대는 무당의 모습이 극적이다. 이와 같이, 소학지희에서는 연극 속의 허구세계가 현실의 실제사건을 모방한 것임이 드러난다.

한편, 배우의 놀이인 소학지희를 보고 실제적인 조치를 취했다는 것은 극적 사건이 그 책임을 질 만큼 실제사건에 기대고 있음을 증명한다. 이러한 현상은 소학지희의 연행이 정규화함에 따라 가해진 정치적인 의미부여에 힘입은 바 크다. 소학지희의 관객인 임금이 친히, '政治의 得失'과 '風俗의 美惡' 내지 '民間의 고통'과 '흉년을 구제하는 절차'를 알고자 했던 것이므로 소학지희를 연출한 배우는 실제 사건을 최대한 그대로 재현한다는 것이 책임이었을 것이다. 따라서 극적 사건의 형상화에 있어서 허구적인 창조가 어렵게 되어 있었다.

그런데 소학지희의 극중인물과 극적 사건이 실제인물 또는 실제사건과 긴밀히 맺어져 있지만 현실 그대로의 모사라고 볼 수는 없다. 허구적인 형상화의 가능성이 엿보이는 것이다.

우선, 극중인물이 실제인물의 모방에서 형성된 경우라도 구체적인 實名을 사용하지 않은 사실에 주목해야 한다.

> 배우가 歲時에 그 상황을 놀이로 꾸몄다가 임금이 묻자 대답하기를, "정평부사가 말안장을 산 일입니다." 하였다.
> —(〈貪官汚吏놀이〉)

임금이 묻고 나서야 실명을 가진 구체적인 인물이 밝혀졌다. 실제인물을 다루었지만 놀이로서의 독립성을 유지했다는 말이 된다. 즉,

놀이는 놀이 자체로서 흥미롭게 진행되고 일반화된 의미를 가질 수 있었다는 사실이다. 소학지희는 時事之事를 소재로 하여 비판적인 정론을 담고 있으나 그 방식은 사건을 직접 전달하는 보고형식이 아니라 놀이, 즉 연극으로 인식되었던 것이다.

貴石의 〈宗室兩班놀이〉에서도 극중인물인 종실양반과 그 종인 귀석은 실제인물이기도 하며 현실에서의 맥락을 그대로 유지한 채 극중인물로 편입되었다. 그러나 역시 누구라고 실명을 밝히지 않은 채 대사와 동작으로 연극을 이끌어 나갔을 것이다.

이 경우 역시 연극이 끝난 후 종실양반에게 실제 관직이 주어지는 현실적인 효과를 거두고 있다. 처음에는 놀이 자체로서 진행되었겠지만 유래를 밝히게 되자 실제인물에 대하여 영향을 미쳤다고 볼 수 있다. 이렇게 볼 때, 소학지희는 현실의 연장으로서 사실을 드러낸 것도 아니고, 현실을 뛰어넘는 완전한 허구도 아니다. 결국, 사실과 허구를 넘나들고 있다고 하겠다. 희곡장르는 특정한 내용 즉 허구적 내용으로 완전히 전환된 세계를 가져, 현실에 대하여 '完全한 特定轉換表現'[65]이 되어야 한다. 그러나 소학지희는 '非轉換表現'을 주로 하는 교술장르의 특성을 함께 지닌다고 해야 할 것이다. 특히 〈宗室兩班놀이〉의 경우, 사실과 허구가 교차하는 관계를 여실히 드러내준다고 하겠다. 고귀한 신분이면서도 실제 관직을 얻지 못한 채 불합리한 생활을 하고 있는 종실양반의 처지를 사실적인 배경으로 유지한 채 그 처지를 첨예하게 부각시켜 줄 허구의 극적 사건이 설정되었을 가능성이 크다.

〈進上놀이〉와 〈都目政事놀이〉는 한층 더 나아가 허구적인 형상화의 가능성을 보여준다. 실제사건을 그대로 모방하는 방식에서 벗어나 있을뿐더러 극중인물도 현실적인 맥락을 지닌 실제인물이 아니다. 극중인물과 극적 사건이 모두 허구로 형상화되었다.

---

65) 조동일, 「18 · 19世紀 國文學의 장르體系」, 79~80면.

가) 풀을 묶어 꾸러미 네 개를 만들었는데 큰 것이 두 개, 중간 것이 하나, 작은 것이 하나였다. (귀석이) 자칭 수령이라 하며 東軒에 앉아서 進奉色吏를 불렀다. 한 배우가 자칭 進奉色吏라 하고 무릎으로 기어 앞으로 나왔다. 貴石이 소리를 낮추고 큰 꾸러미 하나를 주며 말하기를, "이것은 이조판서께 드려라" 또 큰 꾸러미 하나를 주며 말하기를, "이것은 병조판서께 드려라." 그리고 나서 작은 꾸러미를 주고서는, "이것을 임금께 올려라."라고 말했다.

―(〈進上놀이〉)

나) 倡優가 이에 간청하여 이조와 병조의 都目政事놀이를 행하였다. 자리를 마련하여, 注擬하는 즈음에 이조판서라는 자가 장부를 들고 병조판서더러 말하였다. …… 잠시 후 望筒이 내려왔고 天點을 갖추어 받았다. 이조판서가 기뻐하며 병조판서에게 말했다. "내 조카와 당신 사위가 모두 벼슬을 얻게 되었소."

―(〈都目政事놀이〉)

가)의 〈進上놀이〉에 등장하는 守令과 進奉色吏는 실제인물이 아니다. 守令은 정당한 방법으로서가 아니라 뇌물을 바쳐 목적을 달성하려는 정직하지 못한 자들의 표상이다. 극적 사건 역시, 공식적으로 바치는 진상품을 소홀히 여기고 개인적인 뇌물에 신경쓰는 현실을 반영한 것이다. 실제의 현실은 더 복잡하게 얽혀 있을 것이지만 현실에 대한 불만을 나타내기 위하여 간략하면서도 효과적인 설정을 했다. 진상품을 올리는 것은 지방수령의 공식적인 임무이며 뇌물을 바치는 것은 私的인 일이므로 꼭 동시에 수행할 까닭이 없다. 그러나 같은 상황에서 반복적인 행위를 통해 진상품과 뇌물을 바치는 사건을 설정하고 있다. 이로써 가치가 전도된 그릇된 현실이 첨예하게 부각되는 것이다.

나)의 〈都目政事놀이〉 역시 극중인물인 이조판서와 병조판서가 실제인물이 아니다. 극적 사건도 이미 세태화된 현실을 반영한 것이다. 이조판서가 들고 있던 장부는 바로 都目이며 그것은 관리 등을 등용할 때 임금의 비준을 받기 위하여 만드는 관리 임명 장부를 말한다.

매관매직을 일삼는 자들이 뇌물을 받거나 혹은 뒷공론으로 都目에
기입된 내용을 찢거나 덧쓰고 지우고 하여 都目내용을 알아볼 수 없
게 되는 경우가 있었다고 한다. 그래서 도목책이 먹투성이인 墨冊이
되어 버리기도 했는데 세상 사람들이 이러한 부정한 관리등용 문제
를 비꼬아 '墨冊政事'라고 하였다는 것이다.66) 〈都目政事놀이〉는 이렇
듯 익히 알려진 현상을 집약적으로 풍자하기 위하여 이조판서와 병
조판서라는 등장인물을 설정하였고 극적 사건도 적절하게 고안하였
다. 이 경우는 事實에서 虛構로의 '完全한 特定轉換表現'이 이루어졌다
고 할 수 있다.

소학지희의 극중인물과 극적 사건은 실제인물과 실제사건에 밀착
되어 있어 어떤 경우는 사실과 허구의 중간에 서는 '非轉換表現'의 특
성을 보이기도 했다. 그러나 실제인물이나 실제사건을 그대로 재현하
는 것이 아니라, 이미 있는 현실을 반영하되 극중인물과 극적 사건을
새로이 설정하는 허구적인 형상화가 이루어지기도 했다.

허구적 형상화 또는 예술적 형상화는 실제인물이나 실제사건과 직
접·간접으로 관련을 맺지 않을 수 없다. 창작행위가 이루어지는 경
우, 생활 속의 각양각색의 실제인물·실제사건의 모사를 부정할 수
없다. 현실 생활을 바탕으로 하는 허구적 형상화란 현실생활 중의 실
제인물·실제사건에 대하여 전형화를 진행하고 예술형상을 빚어낸
것임을 알아야 한다. 소학지희는 현실을 토대로 하여 그 전형을 설정
하거나 허구를 창조함으로써 다시 사실성을 획득하는 단계로 나아가
는 모습을 보여준다고 하겠다.67)

---

66) 『고려사』 열전 37권 최안도條에 그러한 사례가 보인다. 도목이 비준되어 내려
온 다음에는 권세 있는 자들이 서로 앞 다투어 내용을 지우고 째고 덧쓰고 하
여 너덜너덜하게 된 것이 도저히 알아볼 수 없게 되었다고 한다. 당시 사람들
은 이것을 '黑冊政事'라 하였다는 것이다. 이러한 현실은 이미 고려 말부터 세
태화한 것으로 보이는데, 고려 충숙왕 때에는 〈墨冊謠〉 또는 〈黑冊〉이라는 비
판적인 노래가 유행하였다고 한다.
67) 고정옥은 봉건시대 笑謔之戲의 話劇的 전통이 외래의 선진 경험 즉 사실주의

3) 笑劇的 특성

실제 연행된 소학지희의 자료들은 거의 풍자적이고 비판적인 내용을 담고 있다. 그러나 소학지희가 그러한 심각한 의미만을 전달하는 것으로 연행되었으리라고는 생각할 수 없다. 소학지희의 관객은 임금이나 세자, 종친, 재상 등 높은 신분의 사람들이었는데 그들 앞에서 천민인 배우가 풍자와 비판을 감행한다는 것은 가능하지 않다.

다만 풍자와 비판의 의미가 웃음이라는 형식에 담겨질 때 그 연극의 연행이 용인될 수 있었다고 본다.[68] 한편 소학지희는 엄숙한 의식 뒤에 이어지는 亂場的인 오락물로서 공연되었다. 그것이 묘기를 연출해내는 곡예가 아니고 배우의 대사로 이끌어 나가는 話劇인 점을 생각할 때, 끊임없이 웃음을 유발시켜 관객을 흥분시키는 것만이 난장적인 오락물로서의 기능을 다하는 것임이 명백해진다.

본고에서 다루는 연극형태에 대항 '笑謔之戲'라는 명칭을 채택한 것은 바로 '웃음'의 특성을 본질적인 것으로 생각했기 때문이다. 그러나 소학지희가 주는 '웃음'은 지금까지 별로 주목받지 못했는데, 한국 민속극의 전통상 어떤 형태든 웃음을 주고 있는 것이 사실이므로 문제의식이 약화되었다고 생각할 수 있다. 웃음을 주는 것, 즉 笑劇的[69] 특성은 소학지희의 본질을 추구해 나가는데 중요한 역할을 한다. 笑劇的 특성은 웃음을 만들어 내는 방식에 달려있다고 할 수 있다.

문학에 고무되어 1920년대에 높은 사실주의 예술이 개화하기 시작했다고 보고 있다.
68) 앞 장에서 다루었지만, 笑謔之戲가 정치적인 기능을 하도록 공인해주기도 하였다. 그러나 그것은 명분론에 불과하다. 원래부터 정치적인 소명을 띠고 笑謔之戲가 연행된 것은 아니다.
69) 여기서의 笑劇이란 서양연극사에서 규정하는 "farce"의 번역어이나 본고에서는 새롭게 의미 규정한다. "farce"는 특정한 역사적·사회적 배경 아래 생겨난 것이라면, 본고에서의 笑劇은 "끊임없는 웃음을 선사하는 연극" 정도의 일반적인 개념으로 쓰인다.

소학지희의 배우는 劇作 및 演出, 演技를 거의 도맡아 하였다. 전문
적인 배우 양성의 제도가 마련되지도 않았으므로 그러한 기능은 대
개 일대일로 전수되기 마련이었다.

또한 소학지희의 극중인물과 극적 사건은 거의 실제인물이나 실제
사건을 모방하고 있다. 사건이란 인물들의 言行으로 이루어지기 마련
이다. 소학지희의 연기방식은 '흉내 내기'가 주를 이룬다. 연기방식이
세련되고 복합화되지 못한 단계에서는 실제인물을 흉내 내는 것이
유일한 인물 묘사 방법이라 하겠다.

세조 때 高龍은 〈盲人醉人之狀〉을 잘 놀아서, 冶匠이며서 俳優로 뽑
혀 다녔다. 그는 장님, 혹은 취한 사람을 흉내 내는 데 명수였던 것이
다. 『慵齋叢話』에 보이는 기록에 의하면 咸北間이라는 사람 역시 흉
내 내는 재주가 뛰어났다.

> 우리 이웃에 함북간이란 사람이 있는데 東界에서 왔다. 피리를 좀 불 줄
> 알고 우수갯소리와 광대놀음을 잘 할 뿐 아니라 남의 행동거지를 볼 때 마다
> 문득 흉내를 내면 진짜인지 가짜인지 구분할 수 없다. …… 번번히 궁궐의 內
> 庭에 들어가 많은 상을 받았다.
> 吾隣有咸北間者 自東界出來 稍知吹笛 善談諧唱優之戲 每見人容止 輒效所爲
> 則眞贗莫辨 …… 每入內庭 多受賞賜[70]

그는 배우였을 것이고 내정에 들어가 펼쳐 보인 놀이는 소학지희
라고 하겠다. 다른 사람을 그럴듯하게 흉내 내는 것은 특별한 재주로
취급되었던 것이다. 소학지희의 극중인물은 이러한 흉내 내기의 방법
으로 형상화 되었다고 하겠다.

실제인물을 흉내 낼 때는 일정한 전형화의 단계를 거치게 된다. 이
러한 전형화에서는 실제인물의 특징이 추출되어 다시 조립된다. 笑劇
의 경우 이 과정에서 인물의 특성, 특히 그의 약점이 과장된다. 약점

---

70) 成俔, 『慵齋叢話』, 5권.

이 과장된 인물, 즉 어리석은 인간이 등장하는 것은 소극의 일반적인
허상이다. 실제로 소학지희에서 등장한 지방수령, 이조판서, 병조판
서, 재상, 관원, 종실양반 등은 어리석은 인간의 표상이 아니고 그들
이 연루된 사건 역시 그 자체로서 우스운 것은 아니다. 그러나 소극
은 "그것에 의하지 않을진댄 불유쾌한 주제가 될법한 그런 素材를 유
쾌하게 다룰 수 있는 바로 그러한 方法"71)에 의해 웃음을 준다. 소학
지희가 다룬 소재는 대부분 지탄 받아야 할 부정적 인물과 그들의
행위로서, 유쾌한 것이 못된다. 이러한 불유쾌한 재재를 유쾌하게 다
루는 방법의 하나가 바로 '흉내 내기'에 있다고 하겠다. 앙리 베르그
손은 흉내를 내는 것이 주는 웃음의 효과에 관해 말했다.

> 그 自體로서는 우스꽝스러운 요소가 없는 몸짓이 다른 사람에 의해 흉내
> 내어질 때 우스워지는 이유도 역시 여기에 있다. 어떤 사람을 흉내 낸다는 것
> 은 그의 人格 속에 자기도 모르게 스며들어가 있는 機械的 動作의 部分을 드
> 러내는 것이다.72)

흉내를 낸다는 것은 주로 연기의 구성요소 중에서 주로 몸짓의 부
분에 해당한다. 베르그손은 몸짓 말고도 표정, 말 등에 의해서 웃음
이 유발될 수 있다고 하여 그 喜劇的 性格을 분석하였다. 소학지희가
다른 전통 민속극들에 비해 더욱 笑劇的일 가능성이 거기에 있다. 웃
음을 유발시키는 온갖 요소들은 배우가 해낼 수 있는 모든 演技 행
위와 밀접한 관련이 있다.

웃음을 유발시키는 연기 행위는 가면이나 인형의 수단으로 인해
오히려 제약받는다. 탈춤의 경우 몸짓이나 말에 있어서는 자유롭지
만 가면으로 가리워진 배우의 얼굴은 표정의 연기를 할 수 없다. 정
상적인 얼굴을 가진 사람이 흉내 낼 수 있는 모든 기량은 희극적일

---

71) Eric Bentley, *The Life of the Drama*, 239면.
72) 앙리 베르그손, 『웃음 : 희극의 의미에 관한 시론』, 22면.

수 있는데[73] 그것이 바로 표정의 연기이다. 꼭두각시놀음의 경우는 표정과 몸짓에서 자유스럽지 못하다. 가면이나 인형 등의 수단을 빌리지 않고 배우들이 직접 연기하는 소학지희는 표정이나 몸짓, 말 등 모든 연기행위를 동원할 수 있다. 따라서 笑劇的 특성을 강화해 나가는데 유리하다 하겠다. 무당굿놀이 역시 가면이나 인형을 주된 수단으로 사용하지 않으며 배우가 표정, 몸짓, 말 등으로 연기한다. 무당굿놀이 역시 제약받지 않는 연기행위를 통해 笑劇的 특성을 확보하는 것이다.

> 巫劇의 전반을 支配하는 雰圍氣는 웃음이다. 여기에는 엄숙하거나 경건하다는 感情은 一切 排除된다. 여기에서 웃음을 자아내는 本質은 自己卑下이다. 즉, 主人公이 자신의 無識을 드러내고 自身의 失手와 失敗를 보여줌으로써 관중을 즐겁게 한다. 이러한 性格은 現代笑劇(farce)과 마찬가지다.[74]

> 무당굿놀이 역시 주로 '흉내 내기'의 방법을 통하여 인물을 형상화하여 주목된다. 무당굿놀이의 배역은 一人多役인 경우가 일반적인데 한명의 극중 인물이 남의 행동을 흉내 내는데 열을 올리고, 자기의 일이라도 남의 일을 흉내 내듯이 나타낸다.[75]

> 巫劇內容은 漁村民들 스스로의 生活이며 日常的인 體驗의 再演이다. 그렇기 때문에 그들은 巫劇을 好奇心을 가지고 對하는 것이 아니고 演技者가 얼마나 그럴듯하게 自己들의 生活을 描寫하는가에 關心을 둔다.[76]

"흉내 내기"가 몸짓의 영역에 있어 웃음을 유발시키는 방식인 한편, 말의 영역에 있어서도 笑劇的 특성을 찾을 수 있다. 그것은 바로 재담적 성격인데 그러한 성격은 한국 민속극 일반에 적용된다.

---

73) 앙리 베르그손, 『웃음 : 희극의 의미에 관한 시론』, 16면.
74) 徐大錫·崔正如, 『東海岸巫歌』, 50면.
75) 조동일, 『탈춤의 역사와 원리』, 170면.
76) 徐大錫·崔正如, 『東海岸巫歌』, 57면.

가) 가면극의 대사의 언어는 풍자, 해학적 효과를 거두기 위해서 동음이의
어 및 전통적 속담을 무시로 이용하고 있는 것으로 특징적이다. 가면극은 인
민들의 언어생활에서 달성된 예술적 성과들을 효과적으로 이용하고 있을 뿐
만 아니라, 인민들의 풍부한 회화어의 긍정적 특질들을 훌륭하게 계승하고
있다.77)

나) 이처럼 自己대로의 創意的 見解가 본래의 意味와 전연 다른 뜻으로 나
타날 때 그리고 그 創意성은 본래 의미를 잘못 알고 융통성을 부린 것일 때
우리는 웃음을 참지 못한다.78)

가)는 가면극 대사의 재담적 성격을 말했고, 나)는 무당굿놀이의
滑稽的 성격을 다룬 부분으로 대사에 관한 것이다. 나)는 특히 同音
異議語를 활용한 발상난을 시징한 것으로 가)의 내용과 통한다. 이처
럼 한국 민속극은 대사의 재담적 성격에서 일치하지만 그 정도에서
는 차이를 나타낸다. 탈춤은 본질적으로 舞踊劇이라 할 수 있다. 판
의 흥을 돋구어 어우러지는 춤은 탈춤의 대방놀이적 성격과 밀접하
게 관련된다. 꼭두각시놀음 역시 춤과 노래, 재담이 함께 섞인 종합
예술적 성격을 띠고 있다.79)

반면 무당굿놀이는 배우의 몸짓과 말을 위주로 演行되었다. 약간
의 노래가 삽입되었으나 그것은 唱 자체의 묘미가 관객에게 주는 효
과를 노린 것으로 무당굿놀이의 본질과 직접 관련이 있지 않다고 본
다. 탈춤과 꼭두각시놀음에 비하여 무당굿놀이는 대사가 차지하는 비
중이 더 크다고 생각된다.

소학지희는 무당굿놀이와 마찬가지로 배우의 몸짓과 말을 위주로
한 연극이므로 그 안에서 대사가 차지하는 비중은 매우 컸을 것으로
추측된다. 소학지희의 대사에서 그 재담적 성격을 밝혀내는 것은 어

77) 고정옥, 『조선구전문학연구』, 250면.
78) 徐大錫·崔正如, 『東海岸巫歌』, 52면.
79) 고정옥, 『조선구전문학연구』, 253면.

려운 일이다. 정착된 대본이 전해지지 않기 때문이다. 연극의 상황을
그대로 묘사한 듯한 기록이 몇 개 있어서 극중 인물의 대사로 실어
놓기도 했다. 그러나 한자로 표기되어 있어서 그 언어적 특징을 제대
로 파악할 수 없다. 한자 자체가 갖고 있는 축약성과 기록자의 의도
적인 첨삭이 또한 문제된다.

그러나 소학지희의 대사[언어]에 관한 간접적인 기록이나 다른 민
속극, 특히 공연방식이 유사한 무당굿놀이의 대사를 보기로 하여 그
재담적 특성을 밝힐 수 있다.

소학지희에 쓰인 언어에 대하여 다음의 기록이 있다.

> 검토관(檢討官) 이창신(李昌臣)이 아뢰기를, "…… 요즈음 歲時에 나례를 볼
> 때 優人들이 임금 앞에서 속된 말[里巷語]로 놀이를 펼쳐 보이는데 혹은 의복
> 과 물품으로 상을 내립니다. 비록 상을 내리는 것이 절도가 없는 데까지는 이
> 르지 아니하였습니다만, 그러나 옳지는 못한 것입니다."
> 檢討官李昌臣啓曰 今歲時觀儺 優人乃以里巷語呈戲於上前 或以衣物賞之 雖不
> 至賞賜無度 然且不可[80]

里巷語란 시골의 구석구석에서 백성들이 사용하는 일상언어를 말
한다. 따라서 소학지희의 대사는 구어체였음이 분명하다. 그것도 속
어, 비어, 사투리를 포함하는 진정한 의미의 구어[81]였을 것이다. 소
학지희를 포함한 잡희를 담당한 부류는 전국 각지에서 뽑아 올린 천
민 광대들이었다. 그들은 다양한 언어 습관에 길들어져 있었을 것이
당연하다. 나례가 국가적인 행사이므로 관청을 따로 설치하고 행사의
준비와 진행을 전담하게 했다고 해서 언어까지 교정시키려 하지는
않았을 것이다. 오히려 속어나 비어, 사투리를 사용함으로써 파생한
효과가 컸으리라 본다.

80) 『성종실록』 98권 13장.
81) 김병국, 「국문소설의 문체와 구성」, 『韓國文學硏究入門』, 440면.

병조판서가 크게 웃으면서 말했다. "말씀 마시오, 말씀 마시오[勿言勿言]. 서로 손을 바꿔 하는 일[換手之事]인데 뭐가 어렵겠소, 뭐가 어렵겠소[何難何難]."

口語인 대사가 한자로 표기된 까닭에 그 묘미가 축소되었음에도 불구하고 "換手之事"라는 속어적인 표현이 드러난다. "勿言勿言"이나 "何難何難"이라는 반복적인 기술도 구어적 표현의 잔영이라 하겠다. 이렇게 속어나 비어 심지어 욕설까지 포함하는 것은 대사의 재담적 성격을 형성하는 기본이 된다.

그만 일어날나니 귀찮시러워 어머이 지랄하고 그 전에 동에 동산에 돋던 해가 갑자기 오늘 해는 씹두던에 돋나 왜 저 지랄하고 일나라 누바라 생발광을 허고 있노. 할 수 없이 이험하러 부시시 일어나지 일어나가 머어뜩 정지에 빨리 갈 거 아이가 애면 애만 자꾸 뚜드린다. 자자 고만 호냥년의 작자야 고만 자거라. 밤새도록 빨어 처먹었노니 젖도 안나는구만 지랄하고 삐쩡 마른 거 뭐 있다고 어뜩 처먹고 자거라.[82]

무당굿놀이의 한 대사이다. 거침없는 욕설과 비어가 난무하는 이러한 대사는 민중들의 일상적인 모습일 수 있다. 그러나 그것이 대중 앞에서 공연의 형태로 나타날 때는 웃음이 유발된다. 욕설이나 비어의 사용은 일종의 금기 사항이다. 금기 사항이 공공연하게 드러났을 때 행하는 사람과 보고 듣는 사람은 同志的이고 음모적인 웃음을 웃을 수 있다. 한편, 욕설과 비어가 섞인 대사는 난폭하고 공격적인 효과를 준다. 기본적으로 笑劇은 축제적인 동시 공격적인 것[83]으로 폭소를 터뜨리게 하는 이면에는 야유와 조롱, 풍자와 비판이 들어있게 마련이다.

소학지희의 웃음 역시 그 이면에 야유와 비판의 공격성이 자리잡

---

82) 徐大錫·崔正如, 『東海岸巫歌』, 321면.
83) Jessica Milner Davis, 『笑劇』, 27면.

고 있다고 하겠다. 소학지희의 대사에 쓰였을 진정한 의미의 구어, 즉 里巷語는 그 내면에 품고 있는 비판, 풍자의 공격성을 뒷받침해 준다고 하겠다.

性의 노출 등을 비롯하여 외설적인 내용을 직접적으로 말하는 것 역시 재담적 성격이다. 외설스러운 내용의 소학지희가 연행된 직접적인 자료는 남아 있지 않다. 그러나 "閭里의 비루하고 세세한 일"이니 "里巷의 천하고 더러운 일"이라 하여 내용에 대한 암시를 준다.

> 史臣이 이르기를, 두 가지 예[나례와 진풍정; 인용자 주]는 모두 배우의 놀이로 무릇 異巷의 천하고 더러운 일을 이루어내지 않음이 없으니 본래 볼 만한 것이 없다. 그런데도 內庭의 禁密한 곳에서까지 쓰이는 데 이르렀으니 淸明에 累가 됨이 이미 크게 되었다.
>
> 史臣曰 二禮皆俳優之戲 凡里巷鄙褻之事 無不爲之 本無足觀 而至用於內殿禁密之地 其爲淸明之累 已大矣[84]

"淸明에 累"가 된다고 경계한 것으로 보아 "천하고 더럽다"는 표현은 '신분적으로 낮은 백성의 일'이라는 뜻을 넘어서 도덕적인 가치평가가 개입된 표현이다. 궁궐의 禁密한 곳에서 연행되었다는 사실은 그 내용이 공공연하게 드러내놓기에는 민망한 금기 사항과 관련되었다는 사실을 입증한다.

> 左正言 겸 世子左正字인 金孝芬이 아뢰었다. "臣이 지금 書筵에 入直하였사온데 해가 기울도록 세자께서 아직도 書講에 나오시지 않기에 그 까닭을 물었더니 內殿에 들어가 儺戲를 보신다고 합니다. …… 전하께서 나희를 보는 것도 오히려 온당치 않은데 하물며 세자께서는 나이가 바야흐로 어리고 執德함이 아직 굳지 않으니 마땅히 요사한 것을 멀리하고 미리 덕성을 기르셔야 합니다. 지금 儺戲를 보는 것으로 인해 마음을 잃고 학업을 폐한다는 것은 불가하다고 생각합니다."

---

84) 『명종실록』 27권 69장.

左正言兼世子左正字金孝芬啓 臣今入直書筵 日幾仄 世子尙不書講 問其故則曰
入內殿觀儺戱也 …… 殿下之觀儺戱猶爲不可 況世子年方幼沖 執德未固 宜遠妖邪
預養德性 今因觀儺 喪心廢學 臣爲不可[85]

소학지희를 포함한 나희의 내용이 요사하여 나이 어린 세자에게
보여서는 안된다는 것이다. 궁중에서 연행되는 오락물에, 함부로 드
러내지 못할 금기적인 내용이 들어있었다는 사실을 보여준다. 본능
적 욕구에 대하여 자유로이 표현하고 性을 노출시키며 음탕한 언행
을 일삼는 것은 笑劇 일반의 특징이다. 거기서 유발된 웃음 역시 동
지적이고 음모적이다. 탈춤에서도 性의 금기를 파괴하는 자유분방한
면모가 드러나는데, 오히려 대사보다는 춤동작에 가까운 행동으로 그
러한 모습을 연출한다. 小巫의 유혹에 빠져비린 老丈이 소무의 다리
사이로 고개를 내미는 동작이나 원숭이가 소무에게 달려들어 性행위
를 하는 흉내를 내는 것, 오랜만에 만난 영감과 미얄할멈이 노골적인
음란행위를 흉내 내는 것[86] 등을 예로 들 수 있다. 반면 대사에서 직
설적인 외설표현은 주로 금기시되는 신체부분을 호칭하거나 하는 笑
劇적인 방법으로 이루어진다.

무당굿놀이의 경우 性的인 행동이 춤으로 형상화된 예는 볼 수 없
으며 행동으로 그러한 분위기를 연출하는 것도 보조적이다. 주로 연
기자의 박진감 넘치는 입심에 의하여 性을 노출시키는 재담이 이루
어진다.

　이 자식 보래이 아 밤새도록 그냥자지 싫건 자다가 밥하러 나갈라카면 실
끌어당기는게 장관이지 왜 세상에 환장하지. (관중들 중에서 청년 하나를 불
러 부부처럼 같이 눕는다.) 자 이래 누었지 지랄하고 새벽녁에 또 나를 끌어
당긴데이[87]

85) 『세종실록』 46권 6장.
86) 沈雨晟, 『韓國民俗劇』, 탈춤대본.
87) 徐大錫·崔正如, 『東海岸巫歌』, 321면.

대사에 있어서는 탈춤보다 더욱 직설적이고 집중적인 性의 노출을 이루어낸다. 탈춤에서는 춤이 가장 본질적이라면 무당굿놀이에서는 배우의 재담이 중요하기 때문에 생긴 차이라고 볼 수 있다. 공연방식을 살펴볼 때 소학지희는 탈춤보다는 무당굿놀이와 비슷한 방식으로 외설적인 내용을 취급했을 것이다.

그밖에도 同音異議語나 소위 문자 속을 사용한 말재주는 한국 민속극의 대사에 웃음을 부여하는 일반적인 방식이다. 소학지희도 이 경우에서 예외가 아닐 것으로 생각한다. 소학지희의 대사를 고찰하는데 따르는 어려움은 앞서 언급한 바 있다. 민중들의 일상어로 연행된 소학지희의 대사를 한자로 기록할 때는 이미 문장의 구조나 말의 선택에 따른 말재주의 묘미는 사라져 버린다.[88] 더구나 소학지희의 대사를 대본으로 정착시키겠다는 의도로 쓰여진 것도 아니고 간단한 기술로 끝내버린 경우라면 문제는 더욱 심각해진다. 그러나 문장의 구조나 말의 선택에 관련된 자세한 검토는 가능하지 않아도 그에 따르는 단서는 발견할 수 있다.

　가) 왕이 仁陽殿에서 儺禮를 구경하고 전교하기를, "오늘 儺禮를 구경할 때에 배우 孔潔이라는 자가 李紳의 憫農詩를 외우기를, …… 三綱領 八條目 등의 말을 논하였으므로 承傳色을 시켜 묻기를, "네가 문자를 아는구나, 글은 몇 책이나 읽었느냐?" 하니 결이 서서 대답하기를 "문자는 알지 못하고 다만 전해 들은 것 뿐입니다." 했는데……

　　　　　　　　　　　　　　　　　　　　　　　—〈誦憫農詩 等〉）

　나) 배우 孔吉이 老儒戲를 하며 하는 말이, "전하는 堯舜같은 임금이요, 저는 皐陶같은 신하입니다. 堯舜은 어느 때나 있는 것이 아니지만 皐陶는 항상 있는 것입니다." 하고 또 논어를 외어 말하기를, "임금은 임금다와야 하고 신

88) 앙리 베르그손, 『웃음: 희극의 의미에 관한 시론』 65면. 언어에 의해 단순히 표현되는 희극과 언어가 창조하는 희극을 구분하였는데, 후자의 경우는 번역이 불가능하다고 하며 문장의 구조나 말의 선택을 그 요인으로 들고 있다.

하는 신하다와야 하고 아비는 아비다와야 하고 자식은 자식다와야 한다. 임금이 임금답지 않고 신하가 신하답지 않으니 아무리 곡식이 있더라도 먹을 수가 있으랴." 하였다.

—(〈老儒戱〉)

가)에서 삼강령 팔조목을 논했다고 하는 것은 그 이치를 따졌다는 말이 아니라 삼강령 팔조목의 말을 희롱거리로 삼았다는 말이다. 글을 알지도 못하면서 전해들은 말을 두고 이야깃거리로 삼았다는 사실과 결부된다.

나)에서는 堯舜과 皐陶의 고사를 이용하고 『論語』의 한 구절을 이용하여 임금의 부덕함을 경계하는 데까지 이르고 있다. 한낱 배우로서 임금에게 직언을 한다는 것은 우회적인 방법이 아니고는 불가능하다. 배우들의 警戒는 우회적인 풍자에 의해서 가능했을 것이다. 즉 표면상 웃음을 주는 형식을 빌려야 한다. 가)와 나)에서의 대사는 소위 문자 속을 사용한 말재주가 개입되었던 것이다.

소학지희의 공연상황을 생각할 때 소학지희의 '웃음'은 우연히 파생되는 것이 아니다. 그것은 소학지희의 기능 및 연극적 장치의 특성과 관련되어 있다. 소학지희가 난장적인 오락물로서 가능하려면 관객으로부터 유발시켜야 하는 웃음은 필수적이다. 또한 탈이나 인형을 사용하지 않는다는 것은 배우의 동작·표정·언어 등을 자유로이 활용할 수 있다는 이점이 된다. 그러므로 소학지희는 무당굿놀이와 아울러, 다른 민속극에 비해 笑劇的 특성이 강화되어 있다고 본다. 그러한 笑劇的 특성을 유지하는 방식을 크게 두 가지로 들 수 있다. 첫째는 '흉내 내기'의 방식으로서 주로 몸짓과 표정의 연기에 해당한다. 둘째는 대사의 재담적 성격이다. 재담적 성격을 이루는 하위방식으로는 욕설, 사투리, 비어 등의 사용과 직설적인 외설 표현, 그리고 同音異意語나 문자 속을 사용한 말재주 등을 꼽을 수 있다.

4) 소재와 주제

앞 절에서 소학지희가 본질적으로 관객에게 끊임없이 웃음을 선사하는 笑劇的 특성을 갖추고 있음을 보았다. 그러나 웃음은 즐거움만을 가져오는 단순한 신체적 행위는 아니다. 웃음 속에는 반어, 풍자, 해학 및 기지로 이루어진 비평정신이 있다. 소학지희의 웃음은 정치적 기능과 아울러 풍자 및 비판의식을 담고 있다. 이러한 정치적 기능과 풍자·비판의식은 소학지희의 소재와 주제로 연결된다.

소학지희의 모든 소재는 표면상, 임금이 善政을 베푸는데 도움이 될 만한 세세한 일들이라고 할 수 있다.

> 가) 임금이 九重에 깊숙히 살아서 政治의 得失이나 風俗의 美惡을 듣지 못하는 것이 있다. 그러므로 비록 俳優의 말이나 어떤 것은 規諷의 뜻을 담고 있어 채용하지 않을 수 없는 일이다. 이것이 바로 儺禮를 설치는 까닭이다.
> 史臣曰 人君深居九重 政治之得失風俗之美惡有不可得以聞 則雖俳優之言 或有規諷之意 而亦無不採用之事焉 此儺禮之所以設也[89]
>
> 나) 雜戱가 함께 시작되었고 밤 2鼓에 역귀를 쫓았다. 優人이 잡희를 통하여 스스로 서로 問答하면서 관리의 탐오하고 청렴한 모양이나 閭里의 더럽고 자질구레한 일까지 들추어 내지 않는 것이 없었다.
> 雜戱俱作 夜二鼓 逐疫 優人 因戱 自相問答 官吏貪廉之狀 閭里鄙細之事 無所不知[90]

가)에서 말하는 "政治의 得失"과 "風俗의 美惡"은 각각 나)에서의 "관리의 탐오하고 청렴한 모양"과 "여리의 더럽고 자질구레한 일"과 일치한다. 소학지희의 소재는 대체로 위의 두 가지로 분류되지만 실제로는 상당히 다양했던 것으로 본다.

---

89) 『명종실록』 27권 70장.
90) 『세조실록』 34권 52장.

　소학지희는 일정하게 정치적인 기능을 담당하였고 하층민들의 비판, 풍자의식이 표출되는 그릇이기도 했다. 그러므로 소학지희는 형식뿐만 아니라 내용의 측면에 큰 비중이 있었던 것으로 보인다. 그것은 새로운 소재에 대한 관심의 집중을 의미한다.

　다른 민속극에 있어서는 소재나 주제에 대한 깊은 천착이 별로 드러나지 않는다. 탈춤의 경우 소재와 주제의 변동이 없이 거의 하나의 '텍스트'가 고정 전승[91]되고 있다. 탈춤의 본질은 춤에 있으며 그 효과도 관객과 배우가 혼연일체가 되는 대방놀이의 기능과 관련된다. 그러므로 새로운 소재를 취하여 새로운 주제를 발전시키는 것이 관습화하지 않은 것이다. 꼭두각시놀음은 배우가 인형을 다루는 기술의 절묘함을 볼 수 있는 구경거리라는 데 의의가 있다. 역시 소재와 주제에 대한 관심이 덜 생길 수밖에 없다.

　소학지희는 하나의 '텍스트'가 고정되어 전승되지 않았다. 소학지희를 공연할 계기가 주어질 때마다 새로운 소재를 가지고 꾸며진 새로운 연극을 만들어야 했다. 즉, '모델'로서 전승이 이루어졌다고 하겠다. '모델'이란 하나의 연극을 마련하는 관습적인 대강의 약속(또는 前例)이라고 하겠다. 그렇게 해야만 소학지희에 가해진 정책적인 배려에 부합할 수 있었다. 즉석에서 소학지희가 공연되기도 하였지만 즉흥적인 창작이 이루어졌을 가능성은 희박하다. 그렇다고 오랜 창작과정을 거쳤을 가능성은 없지만, 소학지희에 능한 배우들은 연극으로 꾸밀 새로운 소재를 찾기 위하여 견문을 넓히는데 힘쓰지 않을 수 없었을 것이다. 무당굿놀이의 경우는 탈춤이나 꼭두각시놀음처럼 고

---

91) Anne C. Burson, *Model and Text in Folk Dram.* 여기서의 텍스트란 구비문학의 전승과 변이의 측면을 모두 포괄하는 것으로 '대본'보다 의미가 크다고 하겠다. Anne C. Burson은 민속극이 text로 전승될 뿐 아니라 model로서 전승된다고 하였는데 이 때 model이란 하나의 연극을 마련하는 관습적인 대강의 약속(또는 前例)을 말한다. 대학 축제에서 벌어지는 촌극같은 경우 Text 전승이 아닌 Model전승이 이루어진다는 의미에서 민속극의 범주에 넣을 수 있다는 것이다. 笑謔之戱 역시 이와 같은 Model 전승의 민속극이라 하겠다.

정적인 '텍스트'를 전승하고 있지는 않다. 그러나 소학지희처럼 새로운 소재를 찾아내는 데 힘쓴 것도 아니다. 무당굿놀이에서 다루어지는 시사적인 내용이란 소학지희처럼 뚜렷한 소재를 가지고 확장, 전개된 것이 아니라 단편적으로 삽입된 것들이다.

소재에 관하여 집중된 관심이 쏠렸으므로 그만큼 소학지희의 내용은 다양했으리라 믿어지는데 그에 따라 주제 역시 다양하였으리라 생각된다.

소학지희는 궁중에서 공연되었고 관객은 임금 이하 世子, 宗親, 宰相 등 지위가 높은 사람들이었다. 그러므로 소학지희는 일차적으로 그들의 기호에 맞아야 했다. 반면, 소학지희를 연출하고 연기한 배우는 최하층 천민이었으므로, 주제 의식에 있어 二重性을 지니게 된다. 이는 판소리가 민중의 예술이면서 상층의 취미에 부합하여 그들에게 봉사하기 위하여 '표면적 주제'와 '이면적 주제'[92]를 함께 갖은 것과 유사하다.

소학지희의 표면상 주제 의식은 앞서 고찰한 공연 이유와 밀접한 관련이 있다. 즉, 정치적 기능을 수행한다는 명분아래, 聖賢之道 및 王道政治를 구현한다는 의식이 표출되는 것이다. 한편, 이면적인 주제는 소학지희를 담당한 천민 배우들의 사회적 기반에 근거한 것이라고 하겠다. 여기서는 무능하고 부정한 상층관료들의 행태에 관한 비판정신이 드러난다. 주로 부패한 관료가 부정적 인물로 등장하여 스스로의 언행을 통해 자신의 허약성을 희극적으로 드러내는 것이 특징이다.

<進上놀이>에서는 뇌물을 주고받는 것이 횡행하는 관료세계의 부패된 현실을 고발하였다. 임금에게 올리는 진상품보다, 이해관계가 얽혀있는 상전에게 바치는 뇌물에 비중을 두는 세태를 풍자한 것이

---

92) 조동일은 「興夫傳의 兩面性」(『啓明論叢』 5)에서 판소리는 固定體系面과 非固定體系面으로 나눌 수 있다고 하고 唱者에 따라 非固面이 확장될 수 있다고 했다. 非固面으로부터 판소리의 裏面的 主題의 도출이 가능하다.

다. 역으로는 지방 수령에게서까지 뇌물을 받지 않고는 관리의 임명
등을 비준하지 않는 중앙 고관들의 비루한 탐욕을 신랄하게 폭로하
였다.93) 〈都目政事놀이〉는 이조판서와 병조판서를 직접 풍자의 대상
으로 선택하고 있다. 이조판서와 병조판서는 각각 자신의 조카와 사
위를 서로 엇바꿔서 관리에 올려놓으려고 한다. 이때 이조·병조판서
의 언동은 조카와 사위의 무능함을 폭로함과 아울러 고급 관료로서
의 자신들의 위엄조차 깨뜨려 버린다.

> "…… 내게는 조카가 있는데 文에도 武에도 쓸만한 재주가 없소이다. 다만
> 그 숙부가 이조판서가 되어 조카의 이름하나를 고쳐주지 못하니 마음이 편안
> 하지 않습니다. 들자니 四山監役에 빈자리가 있다고 하는데 대감이 배려해 주
> 지 잎겠소?" 병조판서가 눈을 끔뻑이며 웃고 대답했다. "그렇게 합죠." 곧이
> 어 병조판서가 상부를 늘고 이조판서에게 말했나. "내 셋째사위가 재주와 인
> 물됨이 대감의 조카와 꼭같은데……" 이조판서가 기뻐하며 병조판서에게 말
> 했다. "내 조카와 당신의 사위가 모두 벼슬을 얻게 되었소." 병조판서가 크게
> 웃으면서 말했다. "말씀 마시오, 말씀마시오. 손을 바꿔 하는 일인데 뭐가 어
> 렵겠소, 뭐가 어렵겠소."
>
> —(〈都目政事놀이〉)

이조판서가 병조판서에게 못난 조카에게 병조가 관할하는 벼슬을
달라고 하자 병조판서 역시 기다렸다는 듯이 제 사위를 이조판서에
게 부탁한다. 둘은 결국 공모자가 되어 스스로 "손을 바꾸어 하는 일
[換手之事]" 운운하며 비밀을 지키자고 속삭거린다. 그들의 음모는 관
객에게 들킨 셈이 되고 자연히 이조·병조판서의 권위가 떨어지게
된다.

不正에 관한 조소와 고발은 이조판서나 병조판서의 지위를 넘어서
임금에게까지 직접적인 발언을 하는 데에 이른다.

---

93) 고정옥, 『조선구전문학연구』, 266면.

배우 孔吉이 老儒戲를 하며 하는 말이, "전하는 요순같은 임금이요, 저는 고요같은 신하입니다. 요순은 어느 때나 있는 것이 아니지만 고요는 언제나 있는 것입니다." 했다. 또한 『논어』를 외면서 하는 말이, "임금은 임금다와야 하고 신하는 신하다와야 하고 아비는 아비다와야 하고 아들은 아들다와야 한다. 임금이 임금답지 않고 신하가 신하답지 않으면 아무리 곡식이 있더라도 먹을 수 있으랴"? 하였다.

—(〈老儒戲〉)

임금은 따로 배역을 정하여 戲化할 수 없으므로 孔吉이 늙은 선비의 입을 빌어 直言을 하였다. 이 때문에 孔吉은 유배까지 가게 되었다. 연산군 때의 일로 같은 날짜의 기록에서 연산군은 "儺禮가 배우의 장난으로 볼만한 것이 없다"는 등의 이유를 들어 나례를 중지할 것을 명하였다. 배우의 놀이를 즐기는 동시에 風俗의 美惡이나 政治의 得失을 살펴 민정을 파악하고자 하는 명분을 내세우고 있었던 터에 임금 자신에게까지 풍자가 미치자 소학지희를 유익하지 못한 배우의 장난으로 치부해 버렸던 것이다.

부정적인 인물만을 등장시켜 그 스스로 죄악을 폭로하게 할 뿐만 아니라, 긍정적인 인물을 함께 등장시켜 대립하는 양상을 보이기도 한다.

〈巫稅布놀이〉의 경우, 무세포를 징수하러 와서 횡포를 부리는 관원이 부정적인 인물이 되고 더 나아가 무세포를 징수하는 현실이 부정적인 주체가 된다. 이 때 무세포를 부당하게 징수당하는 무당은 긍정적인 이물이 된다. 무당의 고통은 바로 "봉건 관료정치의 희생이 되고 있는 인민의 생활 형편"[94]을 대표적으로 드러내준다.

〈貪官汚吏놀이〉 중에서 탐욕스럽고 염치없는 정평부사는 부정적 인물로 "소위 법적 명목도 없이 마구다지로 빼앗는 봉건 관료"[95]의 표상이다. 말안장 파는 사람이 긍정적 인물로 드러나며 그 역시 착취

---

94) 고정옥, 『조선구전문학연구』, 263면.
95) 권택무, 『조선민간극』, 90면.

당하는 민중의 대표자이다.

〈宗室兩班놀이〉의 경우, 표면상으로는 실직을 얻지 못해 힘이 없는 종실양반의 처지가 문제로 대두된다. 그러나 제 때에 길을 비키지 못했다고 하여 노복을 잡아다가 무조건 매질하는 재상의 횡포 역시 문제적이다. 이 때 재상을 부정적 인물로 볼 수 있으며 노복은 긍정적 인물로 재상의 횡포에 대하여 항거한다.

"소인의 주인은 試藝宗室로 관직이 대감보다 낮지 않은데 봉록이 더해지지는 않고 거느리는 종 더 없이 능이며 전에 제관으로 뽑혀 거의 한가한 날이 없으니 시예가 되기 전보다 못합니다. 소인은 무슨 죄가 있습니까?"
—(〈宗室兩班놀이〉)

노복은 주인인 종실양반의 처지를 빌미로 항거하고 있으나 억울하게 매를 맞는 데 대한 울분을 터뜨린 것이다. 재상보다 낮지 않은 지위를 가진 종실양반이 나서지 못하는 것을 천한 노복으로서 재상에게 항거하는 적극적인 모습이 부각되었다.

부정적 인물과 긍정적 인물이 대립되는 경우, 긍정적 인물은 힘없이 당하는 모습으로 그려져 한계를 드러낸다. 〈巫稅布놀이〉에서 부정적 인물의 횡포에 대응하는 긍정적 인물의 행동은 "창황하고 분주하게 술과 음식을 갖추어 대접하고 기일을 늦추어 달라고 애걸하는" 모습을 보일 뿐이다. 〈貪官汚吏놀이〉에서 말안장 파는 상인은 자신의 의지와 무관하게 며칠씩 관가에 붙잡혀 말안장 값을 두고 흥정을 벌여야 했다. 〈宗室兩班놀이〉에서 노복은 재상에게 항거하는 모습을 보여 그저 당하고만 있지는 않았다. 그러나 노복의 말을 들은 재상이 경탄하면서 그를 놓아주는 화해의 분위기가 연출되어 갈등이 와해되어 버린다.

이와 같이, 소학지희에서는 부정적 인물과 긍정적 인물이 대립하는 양상이 보이지만 긍정적 인물이 부정적 인물을 극복할 만한 힘을 갖추지 못했던 것은 한계가 되어 버린다. 탈춤의 경우, 긍정적 인물로서의 말뚝이는 부정적 인물인 양반들보다 우위에 서며 끊임없는 풍자와 조롱으로 시종일관 공격적이다. 말뚝이가 민중의 전형으로 성장하면서 탈춤은 민중 사상을 특히 잘 나타내는 연극이 된 것이다. 긍정적 인물의 성격이 뚜렷하게 부각되지 않음으로써 드러난 笑謔之戱의 한계는 배우와 관객의 관계에서 온 것으로 이미 내포되어 있던 것이었다. 긍정적 인물이 부정적 인물을 퇴치할 능동적인 모습을 보이지 않는 것은, 소학지희 배우가 관객 집단에 종속되어 있었던 사실과 관련이 있다. 소학지희는 관객 집단의 필요에 의하여 주문 생산된 대본을 만들어내었으며, 그 주문이란 정치 현실이나 민간의 풍속을 고발하는 것이었다. 부정적인 인물을 고발하면 그만이지 그 퇴치 여부는 현실 속의 위정자인 임금에게 달려 있었던 것이다.

관료들의 부정을 폭로하는 정치적인 문제말고도 이른바 風俗의 美惡을 다룬 소학지희도 많았음이 드러난다. "里巷의 천하고 더러운 일"이라거나 "奇技와 淫巧를 일삼는다"고 하는 것은 바로 민간의 풍속을 다룬 소학지희에 해당하는 말이다. 그것은 소학지희를 공연한, 나례를 폐지해야 한다는 공론이 대두될 만큼 파급 효과가 큰 소재였으리라 보여지는데 실제로 내용이 남겨진 예가 없다. 조선시대의 유교도덕률에 의거하여, 의도적으로 음란한 내용을 제거함에 따라 외설적인 내용의 소학지희는 기록에 남지 않은 것 같다. 외설적인 내용이 주가되었을 "閭巷의 천하고 더러운 일"이란 갖가지 「滑稽傳」에 전하는 음담패설류와 같았다고 생각된다. 이러한 음담패설류가 유행하는 것은 본능적인 삶을 외면하지 않고 삶의 발랄한 모습을 존중하는 민중의식이 긍정적으로 반영된 결과라고 하겠다.

소학지희는 그것이 수행한 정치적 기능에 부합하기 위해 고정된 '텍스트'로서가 아니라 내용상 유동적인 '모델'로서 전승된다. 그러므로 다양한 소재가 발굴되어, 계기가 주어질 때마다 새로운 극적 사건이 꾸며졌다. 한편, 소학지희는 위로부터의 정책적인 배려에 의해 정

치·사회적 명분을 유지하지만 천민 배우가 연행을 담당하였으므로
그들의 사회적 기반에 근거한 주제 의식을 갖고 있었다. 그것은 첫
째, 부정한 상층관료에 대한 비판정신이며 둘째, 본능적인 삶을 외면
하지 않고 삶의 발랄한 모습을 존중하는 민중의식이라고 할 수 있다.

4. 笑謔之戱의 연극사적 위치에 관한 추론

소학지희는 문헌에 남아 있는 어떤 놀이보다 문학적 측면이 두드
러져 보이므로 탈춤, 판소리 등 현저하는 공연 양식의 발생 문제를
두고 많은 논란이 되었다. 그러나 소학지희의 내용과 형식에 대한 구
체적인 고찰을 토대로 하지 못했으므로 확정적인 해답을 제시했다고
보기 어렵다. 본고에서는 지금까지의 논의에서, 소학지희의 공연방식
과 희곡의 특성에 관하여 다루었으므로, 그러한 쟁점들을 검토할 수
있는 토대를 마련했다고 하겠다.

연극사의 맥락 속에서 소학지희가 거론된 것은 크게 두 가지의 경
우이다. 우선, 소학지희가 판소리 형성의 모체였다는 설이다. 金東旭
은 소학지희가 "mime적 요소에 詞와 노래가 가미된 형식"[96]임을 가
정하고 이러한 잡희적 요소가 하나의 주제를 가지고 선명하게 唱劇
化하여 판소리를 발생시켰다고 했다. 그러나 소학지희의 동작은
'mime적 요소'로서의 특성을 넘어서 사실적인 연기로 전문화되었다.
판소리 연행에 있어서 동적의 요소인 '발림'은 이에 반해 'mimc'의 단
계에 머무르고 있으니 오히려 동작 연기의 기능이 축소된 셈이 된다.
동작과 표정 연기로 타인을 흉내 내는 것은 소학지희의 웃음을 창출

96) 金東旭, 『韓國歌謠의 研究』, 319~323면.

하는 주요 극작술이다. 또한 소학지희는 잡희적 복합체가 아니라 분
명한 話劇이다. 소학지희는 극중인물의 대사와 동작연기가 주요 표현
수단이 되므로 그 본질적 요소들을 축소시키면서, 또 다른 본질적 요
소로서의 唱을 위주로 하는 판소리를 발생시켰을 가능성은 희박하다.
한편 연행방식에 있어 극중인물의 대사 및 설명이 노래로 불리워졌
다는 증거가 전혀 없다. 노래가 삽입되었을 가능성은 있지만, 그것은
한국 민속극 전반에 걸친 특징으로 唱이 주요 표현수단이 되는 판소
리의 삽입가요와는 차이가 있다.[97]

다음은 소학지희가 탈춤, 즉 山臺都監劇의 형성에 영향을 끼쳤다는
설이다. 이 경우는 다시 두 가지 견해로 세분된다. 먼저, 金東旭은 唱
과 白으로 잡극형태를 이룬 소학지희가 시대적으로 科·白으로 시대
성을 띠면서 변이·전래하여 산대도감극이 정립되었다[98]고 했다. 판
소리의 발생문제에서와 마찬가지로 여기서 논의의 출발은 소학지희
가 唱을 위주로 하는 연행 양식이라는 점에 있다. 이 경우, '소학지희
가 규식지희의 默劇的 요소 및 敎坊歌謠를 모방한 가사·민요의 連唱
形式 위에 詞를 중심으로 하여 발생했다'[99]는 가설이 뒷받침하고 있
다. 그러나 규식지희의 默劇的 요소인 동작은 소학지희의 사실적인
동작 연기와는 거리가 있으며 교방가요에서 모방하여 가사 및 민요
가 연창되었을 가능성에 대해서도 근거가 희박하다. 앞 장의 논의에
서 밝힌 바와 같이 소학지희는 대사 및 동작 연기가 강화된 話劇의
면모를 보이고 있는 것이다.

李杜鉉은 伎樂의 俗樂化와 더불어, 전래하는 선행예능인 가무백희

---

97) 劇의 특성에 따라 이러한 삽입가요의 기능이 달라질 수 있다. 탈춤의 경우 삽
입가요는 서사적인 맥락과 무관하게 불리워지며 한바탕의 춤이 수반된다. 이것
은 무용극으로서의 탈춤의 본질과 연결된다. 무당굿놀이나 꼭두각시놀음의
경우 삽입가요는 서사적인 맥락과 연결되어 극적 장면을 고조시키는 기능을
했다.
98) 金東旭, 앞의 책, 314면.
99) 金東旭, 앞의 책, 291면.

의 전통 속에서 山臺都監劇이 형성되었다고 했다. 특히 規式之戲와
笑謔之戲의 영향으로 각각 舞와 詞의 측면이 형성되었다[100]는 것이
다. 규식지희와 소학지희는 본래 민간에서 창출해낸 기능을 바탕으
로 하는 놀이이다. 굳이 宮中 演戲의 개념으로 끌어올려서 그것이 산
대도감극을 형성하여 침강적인 문화전파가 이루어졌다고 볼 이유가
없다.

한편, 무당굿놀이는 소학지희와 유사한 공연방식 및 희곡적 특성
을 갖고 있어 주목된다. 공연방식에 있어서 첫째, 제사의식 뒤의 亂
場的인 여흥으로서 기능한다는 사실이다. 무당굿놀이는 주로 굿의 뒷
전거리에서 연행되는 것이 일반적이다. 뒷전거리는 본 굿에서 대접하
지 못한 雜鬼들을 풀어 먹인다는 의의를 지니는데 제의의 연장이면
서 연극의 양상을 지녀서 참석한 사람들에게 베풀어지는 오락으로
가능하다. 둘째, 실제를 방불하게 하는 무대장치나 가면, 인형 등을
사용하지 않는다는 것이다. 무당굿놀이에서는 간혹 가면이 사용되기
도 하지만, 주요한 공연 장비가 되지는 못한다. 셋째, 배역에 있어서
일인다역의 면모를 보인다는 것이다. 단 소학지희의 경우 발생초기의
모습에서 그러한 면모가 보인다. 희곡적 특성에 있어서는 첫째, 극중
인물의 설명적인 서술이 나타나 서사적인 전개방식이 개입된다는 것
이다. 둘째, 동일한 笑劇的 특성을 갖는다는 것이다. 공연계기를 생각
할 때, 소학지희와 무당굿놀이가 주는 '웃음'은 우연하게 파생되는 것
이 아니라 기능 및 연극적 장치의 특성과 긴밀하게 연결된다. 소학지
희의 笑劇的 특성을 강화하는데 동원되는 '흉내 내기'의 방식과 대사
의 재담적 성격 역시 무당굿놀이의 표현수단이 된다. 셋째, 時事의 일
을 내용으로 다룬다는 점이다. 이러한 유사성은 소학지희와 무당굿놀
이의 발생계통이 같다는 추측을 가능하게 한다.

이러한 추측은 소학지희와 무당굿놀이의 배우에 관하여 고찰할 때

---

100) 李杜鉉,『韓國假面劇』, 135~136면;『韓國演劇史』, 132~136면.

더욱 확실해질 수 있다. 조선시대의 연희문화는 公式的인 演戱文化와 非公式的인 演戱文化로 나누어 볼 수 있다. 公式的인 演戱文化가 중앙 및 지방의 관차원에서 주도되었다면 非公式的인 演戱文化는 민간차원의 후원에서 이루어졌다고 하겠다. 나례가 국가적인 연희문화를 주도해 나갔다면 민간의 연희문화를 유지해 나간 것은 굿이라고 하겠다. 공식 연희문화의 연행자는 평소 官에 매어 있는 기녀와 악공 그리고 행사가 있을 때마다 차출되는 일반 才人들이었다.101)

비공식 연희문화를 이끌어간 주역은 일반 才人들102)이었다. 민간의 비공식 연희문화를 유지해 나가면서 공식 연희문화에도 참가한 재인은 동일한 부류이며 각종 기능에 따라 전문적인 재인으로 분화되어 있었다. 이들 재인들을 구성하는 대부분의 인원이 巫系로부터 나왔음은 이미 밝혀진 사실이다. 무당 및 무당의 남편인 巫夫는 민속예술을 이끌어간 주역이 되었던 것이다.103) 이들은 조정에 행사가 있을 때마다 상송되어야 하는 소임에 응하기 위해 전국적으로 巫契를 조직하기도104) 했다. 공식 연희문화와 비공식 연희문화를 두루 걸치는 재인들 중에서 특히 무당과 무부에 의해 양측 연희문화의 교류가 이루어졌다고 본다.

굿을 보조하면서 무당굿놀이 중에서도 뒷전거리를 연행한 巫夫는 소학지희의 배우로 전문화 되었을 가능성이 크다. 결국 무당굿놀이의 기능과 형식이 나례에 채용되어 소학지희가 발생했다고 볼 수 있

---

101) 才人들 역시 官을 통해 관리되었지만 정기적인 훈련을 받으며 그 기능을 키워 가지 않았으므로 官에 매어 있다고 할 수 없다.
102) 여기서는 전문기능인만을 고려한 것이다. 아마추어로서 非公式演戱文化를 이끌어나간 부류로, 농촌탈춤을 이룩해낸 농민들을 들 수 있다.
103) 金東旭은 「판소리 發生考」(『韓國歌謠의 硏究』)에서 才人과 巫系의 관련성에 관하여 깊이 고찰했다. 무당의 굿 자체가 민속예술적인 구실을 함과 아울러 巫夫는 巫堂의 보조역할이나 樂工으로 봉사하는 기능으로 말미암아 직업적 배우나 唱者로 나서게 되었다는 것이다
104) 李杜鉉, 『韓國演劇史』, 98면.

겠다.

한편, 『高麗史』列傳 廉興邦條의 기사는 고려 말에 이미 소학지희와 비슷한 놀이가 벌어졌음을 소개하고 있다.

> 興邦 家의 노비와 李琳의 사위인 判密直 崔濂 家의 노비들이 富平에 살면서 권세를 믿고 방자하게 횡포가 심했다. …… 興邦이 일찍이 아비가 다른 형인 李成林과 함께 집에 갔다가 돌아오는데 말과 마부가 길에 가득 찼다. 어떤 사람이 優戲를 하며 극세가의 노비가 백성을 괴롭혀 조세를 거두는 모양을 보였다. 成林은 부끄러워 하였는데 興邦은 즐겁게 구경하면서 깨닫지 못하였다.
>
> 興邦家奴 李琳女婿判密直崔濂家奴 居富平 恃勢恣橫 …… 興邦嘗與異父兄李成林 上家而還驛騎滿路 有人爲優戲 極勢家奴隷剝削民收租之狀 成林忸怩 興邦樂觀不之覺也[105]

恭愍王 때의 일로서 거리, 즉 민간에서 행해진 이 놀이는 時事性을 띠어 당대 권세가의 횡포를 폭로하고 있다. 이 놀이가 연행된 구체적인 상황을 밝혀낼 수 없으나 여러 가지로 추측이 가능하다. 첫째, 종합적인 민간연희의 場인 무당굿에 포함되어 뒷전거리, 즉 무당굿놀이로서 연행되었을 가능성이 있다. 둘째, 직업적인 배우 집단의 놀이판에서 공연종목의 하나로 연행되었을 가능성이 있다. 두 가지 가능성을 다 포괄할 수 있으나 그 지방의 時事之事를 다루었다는 점을 미루어 볼 때 직업적인 유랑연예인 집단이 주체가 되었다고 하기에는 무리가 있다. 그러므로 향촌에 뿌리박고 있는 연희 담당자인 무당이나 巫夫에 의해 時事之事를 풍자하는 놀이가 이루어졌다고 할 수 있다. 그렇다면 이 놀이는 바로 무당굿놀이였다고 하겠다. 그러나 이 놀이가 지닌 강한 시사 풍자의 성격은 무당굿에 결합되어 내려온 무당굿놀이보다는 궁중에서 연행된 소학지희의 모습과 더욱 닮아 있다. 이는 무당굿놀이가 굿에서 독립하여 파생할 수 있는 가능성을 내포하

---

105) 『고려사』 126권, 열전 39권, 염흥방조.

고 있는 것이다. 그러므로 이미 고려 말에 話劇으로서의 무당굿놀이
가 굿에서 벗어나 하나의 공연 종목으로 부상할 수 있는 단초가 생
겨났다고 하겠다. 이를 통해 더 추정해 본다면 고려 말 이후 조선 초
까지는 무당굿놀이(혹은 소학지희)가 대체로 세 경우의 서로 다른 공
연상황에서 연행되었다고 볼 수 있다. 첫째, 굿에 속하며 이미 오래
전부터 있어왔던 무당굿놀이. 둘째, 굿으로부터 독립성을 획득해 나
가면서 내용을 풍부히 해나간 무당굿놀이. 이 경우는 정규적인 연행
이 이루어지지는 않았다 할지라도 굿에 주어지는 후원 외에 놀이 자
체에 대한 대가가 주어졌을 가능성이 있다. 셋째, 궁중 연희에 차용
되어 연행된 무당굿놀이, 곧 소학지희이다. 이러한 상황 속에서 궁중
에 올려져 적극적인 후원을 얻게 된 소학지희가 연극의 한 갈래로서
독립하게 되었다고 하겠다.

소학지희의 발생은 그에 대한 필요성을 동인으로 하여 신성한 제
사의식과 난상석인 여흥의 관계를 매개로 이루어졌다고 하겠다. 발
생시기를 단정할 수 없으므로 발생의 필요성을 검증하지 못하겠으나
대체로 두 가지 측면에서 추측이 가능하다. 궁중연희인 나례의 수용
자와 담당자의 양측에서, 소학지희 발생에 관한 필요성을 인식하고
있었다고 하겠다.106)

소학지희가 파생된 이후에도 무당굿놀이와 영향관계를 주고받았다
고 보여진다. 〈巫稅布놀이〉에 관한 기록은 소학지희와 무당굿놀이의
관계를 드러내주는 단서가 된다.

優人이 宮庭에서 이를 놀이로 만들어 보였다. 이에 임금이 巫稅布를 면제

---

106) 민간의 연희문화가 공동체적 참여로 이루어졌다면 궁중의 연희문화는 관객과
연희자, 즉 수용자와 생산자가 분리되었다고 볼 수 있다. 수용자의 입장에서
는 오락적인 필요와 함께 왕도적 명분을 드러내는 治政의 수단으로서 필요를
느꼈다고 하겠다. 담당자의 입장에서는 임금에게 직접 통하는 言路로서 활용
할 필요성을 지녔다고 할 수 있겠다.

하도록 하였으니 배우도 또한 백성에게 유익함이 있다고 하겠다. 오늘날까지
배우들이 놀이를 전하므로 故事가 되었다.

—(〈巫稅布놀이〉)

巫稅布는 무당에게서 거두어들이는 稅이므로 〈巫稅布놀이〉에서 설
정된 불만스러운 상황은 무당에게 가장 절실한 것이다. 그러므로 위
기록의 배우는 무당 자신이거나 巫家에 속한 사람이었다고 할 수 있
다. 또한 임금 앞에서 연출했다가 좋은 결과를 얻은 놀이를 계속하여
전승했다는 사실에 주목해야 한다. 〈巫稅布놀이〉를 故事로 삼은 전승
은 바로 무당굿놀이의 형식을 빌어 이루어졌음에 틀림없다. 소학지
희에 대한 정책적인 배려는 언제나 새로운 소재를 요구하게 되므로
일단 공연된 소학지희는 그 의의를 잃게 된다. 따라서 기념할 만한
놀이는 그 연행자인 무당 혹은 부부를 통해 민간으로 내려와 무당굿
놀이로 전승되었을 가능성이 크다고 하겠다.107)

한편, 소학지희와 무당굿놀이의 차이점을 지적할 수 있다. 첫째,
소학지희에 비해 무당굿놀이는 배역의 분화가 덜 이루어졌다는 사실
이다. 소학지희도 一人多役의 면모를 보이고 있으나 활발하게 연행이
이루어진 中宗, 明宗 때의 작품을 보면 최소한 두 명으로 배역이 분
화되어 있다. 무당굿놀이에서는 관객 중에서 즉석으로 발탁하여 배
역을 맡기는 일이 있지만 보조 역할에 불과하다.108) 둘째, 똑같이 時
事의 일을 내용으로 삼으면서도 소학지희는 그것을 소재로 채택하여
극적 사건을 구성하는 한편, 무당굿놀이에서는 시사적인 내용이 소재
로 발전하지 못하고 단편적인 기사로 삽입될 뿐이다.

107) 이때의 무당굿놀이는 笑謔之戲인 〈巫稅布놀이〉를 그대로 再演한 것은 아닐 것
이다. 〈巫稅布놀이〉를 궁정에서 연출한 전후 사정과 그 파급 효과에 대한 배
우(무당)로서의 자부심을 나타내는 서사적인 설명이 덧붙여졌을 것이다.
108) 〈도리강관원놀이〉 등의 경우 극중인물이 다수 등장하는 것으로 나타난다. 그
러나 그 내용과 형식을 미루어 볼 때 그것은 판소리 등으로부터 차용된 것이
지 무당굿놀이 고유의 모습이 아니라고 하겠다.

이러한 차이는 무당굿놀이가 유지한 祭儀性과, 소학지희가 부여받은 政治性 간의 차이에서 비롯했다고 본다. 나례는 이미 고려 말부터 오락 연희적인 내용이 풍부해져 갔으므로 고유의 제의성에서 벗어날 수 있었다. 그 대신 여러 가지 다른 제사의식과 결합하게 되었지만 이미 나례는 종합적인 오락 연희물로서 기능하게 되어 독자적인 위치를 확보하기에 이르렀다고 할 수 있다. 이러한 변모는 나례가 국가적 차원의 후원을 받은 거대한 행사였으므로 가능했다.

반면, 비공식적인 민간 연희의 場으로 기능했던 굿은 민간 차원의 후원에 의한 것이었는데 이때의 후원은 특정한 제의·주술적인 효용을 위하여 주어지기 마련이며 소규모의 행사였다. 그러므로 민간의 굿은 고유의 제의성에서 벗어나 연희·오락적인 기능을 강화하기가 비교적 어렵다고 하겠다. 소학지희는 종합적인 오락·연희물인 나례의 한 종목으로서 특히 정치·사회적인 기능을 부여받았으므로 제의성에 구애받지 않고 연극의 형식에서 자유로울 수 있었다. 반면, 무당굿놀이는 굿의 제의 주술성에서 크게 벗어날 수 없었으므로 연극의 형식 역시 굿의 제의성과 관련된다.

무당의 굿은 주로 信託者인 한 명의 주재자에 의해 진행되기 마련이다. 무당굿놀이는 굿 뒤에 이어지는 여흥으로 기능하였지만 제의의 연장이라는 측면에서 본다면 雜神을 위한 굿이라고 할 수 있다. 그러므로 굿의 진행방식을 따라서 한명의 극중인물이 중심이 되어 극을 이끌어가는 관습으로 이어졌다고 본다.

시사적 내용을 채용하는 방식의 차이 역시 이와 같은 맥락에서 설명할 수 있다. 제의성을 청산하지 못했으므로 무당굿놀이의 극중인물은 무당 자신이거나 雜神이며 그들이 이끌어가는 사건 역시 제의성 및 주술성과 관련이 있다. 이러한 것들은 무당굿놀이의 틀이라 할 것이다. 이러한 틀은 고정된 채 마을 단위의 시사적인 내용이 첨가되었다고 할 수 있다. 결국, 극중인물과 극적 사건이 그러한 틀로써 고정되었으므로 시사적인 내용이 제대로 발전되지 못하고, 단편적으로 기술되는데 그치는 것이다.

 그에 반해 소학지희는 제의성에서 멀어졌을 뿐더러 정치, 사회적인 기능을 부여받게 되었으므로 다양한 시사적 내용을 찾아 그것을 소재로 하여 새로운 연극을 꾸며야 했다. 그렇게 해야 정책적인 배려에 부합할 수 있었기 때문이다. 결국 극적 사건이 다양해지고 배역의 분화가 두드러져 대화극의 면모를 보인다는 점에서 소학지희는 무당굿놀이보다 더욱 발전되었다고 할 수 있다.

 이러한 변모는 민간적인 후원아래 연행된 무당굿놀이가 공식적인 궁중연희에 채용되면서 소학지희로서 더욱 체계적이고 막강한 후원을 받게 되었던 것에 기인한다. 그러므로 이러한 국가적인 후원이 사라지게 됨에 따라 소학지희는 쇠퇴할 수밖에 없었다. 궁중연희에 차용되어 공식적인 후원을 받으며 발전한 소학지희는 사라졌지만 무당굿놀이는 여전히 지속되어 왔다. 민간에서 행해지는 굿이 많이 축소되기는 하였어도 그 주술적 효과에 기대는 민간의 후원이 계속되었기 때문이다.

 임금이 하교하기를 "옛부터 儺禮가 있었는데 이것은 孔子 성인이 '마을사람이 儺禮를 할 때면 朝服을 입고 계단에 서 있었다'고 한 까닭이다. 이 禮는 周나라 때부터 있었는데 지난 甲戌에 없애도록 명령했다. 또한 깃발을 세우고 인형놀음을 벌이는 등속도 그 유래가 오래되었으나, 지난해에 없앴다."
 上下敎曰 古有儺禮 此孔聖所以鄕人儺朝服而立於階者也 此禮自周有之 而昔於甲戌除之 亦春幡艾俑之屬 已其來久矣 昔年除之[109]

 위의 기록은 英祖 35년(1759)의 일로 이미 그 이전에 나례가 정규적인 공연 행사로서의 의의를 잃게 되었음을 드러낸다. 나례의 폐지는 재인에 대한 국가적인 후원이 사라지게 된 것을 의미한다.[110] 소

109) 『영조실록』 94권 22장.
110) 甲戌에 儺禮가 폐지되었다고 했는데 그것이 日字일 수도 있으나 年度일 가능성이 크다. 그렇다면 1754년에 儺禮가 폐지되었다고 할 수 있다.

학지희는 나례의 공연종목으로 포함되어 연행되었을 뿐만 아니라 독립적으로 연행되기도 하였다. 그러나 소학지희 배우의 후원자는 궁정의 관객 집단이었으므로 나례의 폐지는 소학지희의 쇠퇴에 있어 주요인이 되었다고 하겠다. 한편, 공식 연희문화로 채용되면서 세련된 소학지희의 연극적 면모는 다른 공연 양식에 간접적이나마 영향을 미쳤으리라 볼 수 있다. 연극사적 맥락에서 소학지희의 위치를 조망하는 것은 한국연극사에서 대화극의 전통을 밝혀내는 작업이 된다. 어떤 방식으로든 소학지희 배우들은 민간에서의 공연 활동을 계속하였으리라 여겨지는데, 조선 후기 서울 시정의 예능 활동을 통하여 그러한 맥락의 일단을 발견할 수 있을 것이다.

5. 결론

소학지희는 나례의 공연종목의 하나로서 연행되었다. 원칙적인 나례의 중심은 驅儺儀式이었지만 이미 고려 말(14세기 중엽)에 이르면 나례는 送舊迎新의 구나의식에서 독립하여 종합적인 오락 연희물로서 기능한다. 그러나 순수한 오락 연희물로서 단독으로 거행된 것이 아니라 또 다른 의식, 즉 중국 사신의 迎接, 祔廟, 行幸 등이 이루어지고 난 후에 이루어졌다. 엄숙한 제사의식과 그 뒤에 이어지는 난장적인 축제의 관계가 맺어진 것이다 축제로서의 난장판을 이루기 위해서는 소학지희보다 규식지희나 음악부의 공연이 나례의 중심이 되어야 했다. 그러나 궁중에서의 모든 연희를 유교적으로 명분화 하려는 추세 아래, 소학지희는 나례 공연종목의 중심으로 부각된다.

소학지희는 나례의 다른 공연종목과 달리 주로 배우의 말, 즉 언어를 매개로 하므로 배우와 관객 사이의 정신적인 의사소통이 이루어

진다. 그러므로 소학지희는 일종의 정치적인 기능을 부여받기도 했고
문제가 되는 내용은 임금 자신이나 조정의 논란거리가 되기도 했던
것이다.

 나례의 공연종목들은 약 2개월간의 연습기간을 거쳐 정비되었는데
소학지희도 예외가 아니었던 것 같다. 소학지희 배우의 기능에 대한
관리 및 전수 문제를 중앙관청인 의금부에서 담당하기도 했다. 소학
지희를 포함한 나례의 관객은 임금이하 世子, 宗親, 宰相들로 별도의
명령에 따라 그 외의 고위관리가 초청되기도 하였다.

 나례의 공연종목들을 연행하기 위해서 산대나 채붕과 같은 무대
설비가 이루어졌다. 소학지희는 이러한 무대공간에서 공연되기도 하
였지만 그러한 설비 없이 즉석에서 공연되기도 하였다. 소학지희는
무대에 관한 제약을 받지 않았던 것으로 보인다. 또한 탈이니 인형
등이 사용된 흔적이 보이지 않으며 소도구의 사용도 절제되었다.

 劇의 進行에 있어서는, 서사적인 설명 부분과 극중인물의 대화로
이루어지는 집중된 사건의 장면이 아울러 진행된다. 집중된 사건은
주제를 집약적으로 보여주는 부분이며 엄격히 말해 연극의 본질적
부분이다. 서사적 설명에서는 집중된 사건을 이끌기 위하여 선행되
어야 하는 극중인물과 극중장소의 설정, 사건의 前史 등이 제시된다.

 소학지희의 극중인물과 극적 사건은 실제인물 및 실제사건에 밀착
되어 있어 어떤 경우는 事實과 虛構의 중간에 서는 非轉換表現的인
특성을 보이기도 한다. 그러나 실제인물이나 실제사건을 그대로 재현
하는 것이 아니라, 이미 있는 현실을 반영하되 극중인물과 극적 사건
을 새로이 설정하여 주제를 부각시키는 허구적인 형상화가 이루어지
기도 했다.

 공연계기를 생각할 때, 소학지희의 웃음은 우연하게 파생되는 것
이 아니다. 그것은 소학지희의 기능 및 연극적 장치의 특성과 긴밀하
게 관련된다. 소학지희가 난장적인 오락물로서 기능하려면 관객으로
부터 유발시켜야 하는 웃음은 필수적인 것이다. 또한 탈이나 인형을

사용하지 않는다는 것은 배우의 표정, 동작, 언어 등을 자유로이 활용할 수 있다는 이점이 되므로 다른 민속극에 비해 笑劇的 특성이 강화된다. 笑劇的 특성을 유지하는 방식을 크게 두 가지로 들 수 있다. 첫째는 "흉내 내기"의 방식으로 주로 동작과 표정을 수단으로 극중인물을 과장하여 흉내 내는 것이다. 둘째는 대사의 재담적 성격이다. 재담적 성격을 이루는 하위 방식으로는 속어, 사투리, 비어 등의 사용과 각종 말재주 등을 꼽을 수 있다.

소학지희는 위로부터의 정책적인 배려에 의해 정치 사회적 명분을 유지하였지만 천민 배우가 연행을 담당하였으므로 그들의 사회적 기반에 근거한 이면적인 주제의식을 갖고 있었다. 우선 부정한 상층관료에 대한 비판정신이 드러난다. 주로 부패한 관료가 부정적 인물로 등장하여 스스로의 언행을 통해 자신의 허약성을 폭로한다. 부정적 인물뿐만 아니라 긍정적 인물이 등장하여 서로 대립하는 양상을 보이기도 한다. 그러나 긍정적 인물은 부정적 인물을 퇴치할 능동적인 모습을 보이지 않는다. 이것은, 소학지희 배우가 관객 집단에 종속되어 있었던 사실과 관련이 있다. 소학지희는 관객 집단의 필요에 의하여 주문 생산된 대본을 만들어내었으며, 그 주문이란 정치 현실이나 민간의 풍속을 고발하는 것이었다. 부정적인 인물을 고발하면 그만이지 그 퇴치 여부는 현실 속의 위정자인 임금에게 달려 있었던 것이다.

무당굿놀이는 笑謔之戲와 유사한 공연방식 및 희곡적 특성을 갖고 있어 笑謔之戲와 무당굿놀이의 발생 계통이 같다는 사실을 추정하게 해준다. 굿을 보조하면서 무당굿놀이, 특히 뒷전거리를 연행한 巫夫가 笑謔之戲의 배우로 전문화되었을 가능성이 있다. 소학지희로 공연되었다가 좋은 결과를 얻은 내용은 무당굿놀이로 내려와 연행되었을 가능성도 있다.

또한 笑謔之戲와 무당굿놀이는 차이점도 드러내는데, 그 차이는 무당굿놀이가 유지한 祭儀性과, 笑謔之戲가 부여받은 政治性간의 차이에서 비롯하였다고 할 수 있다. 소학지희는 제의성에서 멀어졌을 뿐더러 정치적이고 사회적인 기능을 부여받으면서 연극의 형식에서 자유로울 수 있었으므로 무당굿놀이보다 발전되었다. 발전되었다는 것은 극적 사건이 다양해지고 배역의 분화가 두드러져 話劇으로서의 면모를 갖추었음을 말한다.

궁정의 공연문화에 편입되면서 세련된 소학지희 대사의 재담적 성격이나 배역의 분화 등은 탈춤 등 민속극에 간접적이나마 영향을 미쳤으리라 볼 수 있다. 또한 소학지희 배우는 궁정의 후원이 사라진 다음에도 민간에서 활발한 예능 활동을 벌였다고 할 수 있는데 조선 후기 서울 시정의 공연상황을 통하여 구체적인 사실을 밝힐 필요가 있다. 한국연극사의 맥락에서 소학지희의 위치를 조망하는 것은 가면극이나 인형극이 아닌 대사를 위주로 하는 화극의 전통을 밝히는 과제가 된다고 하겠다.

Ⅲ. 조선 전기 궁정의 무대공간과 공연의 특성
― 나례의 변별 양상을 중심으로

1. 서론

 나례는 조선시대 공연 문화의 중심으로 알려져 왔으므로 연극사의
전개에서 매우 중요하게 다루어지는 항목이다. 나례와 관련된 개별적
연구들은 주로 나례가 연극의 형성과 발달에 미친 영향을 고찰하는
데 관심을 기울였다. 개별적인 연극 양식인 탈춤(또는 山臺劇)이 나례
의 직접적인 전통을 계승했는지 아닌지의 논쟁은 연극 연구의 초기
부터 최근에 이르기까지 이어지고 있다.[1] 그 동안의 성과는 나례가

---

1) 나례에 대한 개별적인 연구 업적으로는 다음의 논문들이 있다.
　安　廓, 「山臺戲と處容舞と儺」, 『朝鮮』, 昭和 7년 2월.
　宋錫夏, 「處容舞・儺禮・山臺劇의 關係를 論함」, 『韓國民俗考』, 日新社, 1960.
　趙元庚, 「儺禮와 假面舞劇」, 『學林』 4, 1955.
　梁在淵, 「山臺戲에 就하여」, 『國文學研究散稿』, 日新社, 1976.
　田耕旭, 「탈놀이의 形成에 끼친 儺禮의 影響」, 『民族文化研究』 제28호, 高麗大
　民族文化研究所, 1995. 12.

지니는 연극사적 의의를 충분히 가늠할 수 있게 해 주었다. 나례가 조선 전기 공연문화의 제도적인 중심이었던 만큼 긍정적인 계승이든 부정적인 극복이든 공연예술의 발달에 미친 영향이 컸다는 사실을 인정해야 할 것이다.

그러나 나례에 대한 연구는 이제 방향의 수정이 요구된다. 12세기에서 18세기 중반에 이르는 나례의 전통은 어떠한 연극 양식 하나를 배태하기 위하여 존재했던 것이 아니며, 그 자체로서 존재 의의를 지니고 변천해왔기 때문이다.[2] 나례는 통시적인 변화를 겪은 것은 물론이고 동시대적으로도 다양한 모습을 지니고 있었다.

나례가 제의이기도 했고 놀이이기도 했다는 사실은 두루 알고 있는 사실이다. 그러나 이러한 성격을 모두 아울러 나례의 실체라고 말하는 것은 막연한 일이다. 제의인 나례와 놀이인 나례는 어떻게 변별되며 어떤 관계가 있는지 밝혀야 할 필요가 있다. '나례는 제의와 놀이가 결합된 형태인데 점차 놀이가 제의를 압도하게 되었다'는 언술만으로는 당대의 기록에 나타나는 다양한 정보들을 제대로 분석하기 어렵다.

또한 놀이인 나례라도 행사가 벌어지는 목적에 따라 어떠한 변별 양상을 보이는지도 파악할 필요가 있다. 나례는 단일한 공연물이 아니라 여러 가지 기예와 연극을 집합적으로 공연한 제도적 장치이기 때문이다. 공연의 의도에 따라 그 공연 종목이 달라질 수 있다. 나례의 실체를 제대로 파악한 후에, 공연예술 특히 연극의 발달에 미친 나례의 영향을 구체적으로 가늠할 수 있을 것이다.

---

2) 그렇다고 해서 나례로부터 개별적인 연극 양식의 전통을 찾는 작업을 부정하는 것은 아니다. 희곡 또는 연극 양식의 내적인 형식과 내용을 통하여 연극사를 재구하는 작업이야말로 더욱 본격적인 연구가 될 것이다. 그러나 개별적인 양식을 존재하게 하는 공시적이고 통시적인 사회사적 접근이 선행되거나 뒷받침되어야 본질에 도달할 수 있다고 하겠다.

이 논문은 바로 나례의 변별 양상을 밝혀 그 실체를 확인하는 데 목적이 있다.3) 연구 대상이 되는 시기는 조선 전기이다. 조선 전기란 구체적으로 광해군 때까지를 가리킨다. 임진왜란으로 인해 내외적인 국가의 위상이 달라졌으나 여전히 궁정 중심의 공식적인 제도가 그 힘을 발휘하고 있었기 때문이다. 나례라는 제도적 장치를 중심으로 공연 환경의 통시적 변모 양상을 고찰하고자 할 때, 이 시기까지는 그 기준 시점이 된다고 할 수 있다.

나례는 몇 세기에 걸쳐 국가 전체의 공연 환경을 조성하는 근간이 되었다. 국가적인 공연 행사였던 나례의 번성과 쇠퇴의 과정은, 공연 예술의 변화와 발전 양상을 담고 있는 것이다. 공연 행사로서의 나례 를 둘러싼 관습의 변화, 사회적 관계의 변화 등은 당대의 공연 환경 을 만들어내고 개별적인 연극 또는 공연예술 양식을 창출하는 기반 이 된다고 할 수 있다. 공연 환경의 변천을 통하여 연극 등 공연예술 의 변모 과정을 고찰하는 것은 커다란 과제가 될 수 있다. 이 논문의 작업은 이러한 과제를 수행하기 위한 기초 작업에 해당한다.

본 논의는 두 단계로 나뉘어진다. 먼저 나례의 공연 실태를 고찰 하여 계기와 목적에 따른 변별 양상을 파악하고, 이어서 각각의 나례 가 지니는 무대 공간의 특성과 그에 따르는 공연 종목의 성격을 고 찰할 것이다.

---

3) 이 논의는 지방의 곳곳에서 이루어진 逐疫儀式인 나례들은 논의에서 제외한 다. 다만 궁중의 驅儺는 제의이지만 나례의 변별 양상을 드러내기 위하여 함 께 다룬다.

2. 나례의 변별 양상

1) ‘觀儺’의 용례와 개념

‘觀儺’는 『조선왕조실록』 등에서 자주 보이는 표현으로 ‘나례를 보다’ 또는 ‘나례를 구경하다’고 해석되어 아무런 차별적인 주목을 받지 못하였다. 그러나 다음의 자료들은 ‘觀儺’가 고유한 용어로 쓰여 특정한 행사를 가리킨다는 사실을 말해준다.

(가) 지시하기를 “사정전에 觀儺를 배설하는 것은 옛 관례라고 하더라도 사정전은 경연을 여는 곳이므로 적합하지 않는 것 같다. 이전에도 후원에 설치한 때가 있었으니 이번에도 후원에 설치하는 것이 좋겠다.”고 하였다.

傳曰 思政殿觀儺排設 雖是舊例 殿卽經筵處也 似不合矣 古亦有設於後苑之時 今亦設於後苑 可也[4]

(나) 승정원에 지시하기를 “금년 歲時에 觀儺를 하고자 하다가 큰나라 사신이 나오는 것과 관련하여 일이 바쁘기 때문에 하지 않기로 하였었다. 그런데 이제 다시 생각하여 보니 큰나라 사신은 정월 보름 이후에야 올 것 같다. 지금 외방의 정재인이 다수 서울로 올라와 있는데 까닭없이 모인 것이 아니다. 큰나라 사신이 왔을 때 놀이할 것을 세시에 구경하고자 하니 그 정재 절차를 써서 보고하라고 의금부에 말할 것이다.”

傳于承政院曰 今年歲時 欲爲觀儺 而天使出來多緊要 故不爲矣 今更料之 天使必於正月望後來矣 今外方呈才人 多數上來 非故爲聚之也 天使時所戲 欲於歲時觀之 其呈才節次書啓事 言于義禁府[5]

(가) 원문의 ‘觀儺排設’, (나) 원문의 ‘欲爲觀儺’에서 ‘관나’는 명사 또는 명사구로 번역된다. ‘관나’가 다만 ‘나례를 구경하다’라는 사실 전

---

4) 『중종실록』 43권 46장.
5) 『중종실록』 83권 22~23장.

달의 의미만 지니고 있었다면 '儺禮排設'이나 '欲觀儺'라고 쓰는 것이
온당할 것이다. 그런데 위와 같이 쓰일 수 있었던 것은 '관나'가 고유
한 의미를 가지기 때문이다.

(나)의 기록에 나타나는 '觀儺'의 용례를 '나례를 구경하다'라는 일
반적인 언술로 받아들인다면 위의 기록은 다음과 같은 사실을 전달
해준다.

> ① 세시에 나례를 구경하고자 하였다.
> ② 중국 사신이 올 때 대접하는 일이 바빠 나례를 구경하지 않기로 하였다.
> ③ 중국 사신은 정월 보름 이후에야 올 것 같으므로 한 달 이상의 여유가
>   있어 <u>나례를 구경하기로 하였다.</u>[6]

겉으로 보기에는 무리 없는 전달 사항이다. 그런데 문제는 중국 사
신이 올 때 나례를 거행한다는 사실이다. '큰나라 사신이 나오는 것
과 관련하여' '외방의 정재인이 다수 서울로 올라와' 있는 것은 바로
사신을 영접하는 나례를 위해서이다. 그렇다면 모순이 생긴다. (2)와
(3)을 보면, 나례가 설행되면 나례를 구경하지 않고, 나례가 설행되지
않으면 나례를 구경하겠다는 뒤죽박죽한 사실이 전달되고 있다.

결국 '觀儺'를 '나례를 구경하다'는 사실의 전달로만 받아들여서는
안된다는 것을 알 수 있다. '관나'를 특정한 행사를 가리키는 고유한
용어로 파악해야만,[7] 사신을 접대하는 나례와 '관나'가 배타적인 관

---

6) ③의 밑줄 부분은 '觀之'라고 표현되었으나 앞뒤의 정황으로 보아 '觀儺'를 대
   신한 말이다.
7) 앞에서 든 '觀儺'의 용례를 보면 고유명사라고 말해도 될 것이다. 명사로 번역
   될 수 있는 부분을 예시한 것은 특정한 행사를 가리키는 고유한 용어라는 사
   실을 명확히 드러내기 위해서였다. 실제로 '觀儺'는 '서술어+목적어'로 쓰인 용
   례가 많다. 그러나 이 경우도 명사로 쓰인 '관나'와 동일한 개념을 내포한다는
   사실은 명백하다. 따라서 '서술어+목적어'로 쓰인 '觀儺'를 번역하는 데 있어서
   는 "나희를 구경하다"고 해도 무방하지만 그 의미를 받아들일 때는 일반적인
   나례와 변별하여 인식해야 할 것이다.

계에 놓이는 상황을 이해할 수 있게 된다. '관나' 또는 '나례를 구경하
는 행사'는 일반적인 나례와 같고도 다르기 때문에 동시에 실시되거
나 시기를 겹쳐 벌일 수 없는 것이다.

'觀+목적어'의 造語로 특정한 행사를 나타내는 방식은 '觀火'에서도
발견된다.

> (가) 전교하기를, "그대들이 말한 것은 매우 의리가 있다. 그러나 관나와
> 관화는 놀이를 즐기기 위한 것이 아니고 다만 양전을 위해서 逐邪하기 위함
> 이다. ……"
>
> 傳日 爾等所言深有義理 然觀儺觀火 非以玩戲而爲之 只爲兩殿逐邪耳[8]

'觀火'는 '불놀이를 구경하는 행사'로서 불놀이의 종목으로는 '葡萄
火'와 '火山臺'가 있다.[9] 成俔의 『慵齋叢話』에 의하면,[10] 불놀이는 장
치와 기구를 절묘하게 사용하여 폭죽을 터트리고 불꽃을 일으키는
구경거리이다. 따라서 '觀+목적어'의 造語는, '볼거리를 구경하는 행
사'를 의미하는 고유한 명칭이 되는 것이다.

成俔의 시 제목인 「觀儺」도 이러한 맥락에서 의미를 파악할 수 있
다. 시 「관나」는 '관나'의 행사를 두고 지어진 것이다. 다음의 기록은
이와 관련한 흥미 있는 정보를 제공하고 있다.

---

8) 『성종실록』 248권 17장.
9) 『연산군일기』 28권 38장,
　　 지시하기를 "葡萄火 불놀이를 나는 처음에 간단히 설치하고 구경하려고 하
　　 였는데 지금 굉장하게 설치하였으니 아주 옳지 않다."라고 하였다. 승지 신수
　　 근 등이 제의하기를 "軍器寺에서 지시를 받지 않고 마음대로 굉장하게 설치하
　　 였으니 매우 옳지 않습니다. 신문하기 바랍니다.'라고 하였다. 지시하기를 "올
　　 해에는 공교롭게도 하늘의 재변이 있어서 火山臺 불놀이도 매우 낭비하는 것
　　 이기 때문에 이미 간단히 설치하라고 지시하였었는데 지금 어찌하여 이렇게
　　 되었느냐. 그런 전례가 있는가를 물어보고 신문하는 것이 좋겠다."라고 하였
　　 다. 이날 밤에 왕이 후원에서 觀火하였는데 승지와 사관들은 참가하지 않았다.
10) 『용재총화』 1권, 『대동야승』 1, 민족문화추진회, 23~24면.

임금이 창경궁 인양전에 나아가서 나희를 구경[觀儺戲]하니, 월산 대군 이
정, 덕원군 이서, 오산군 이주, 옥산군 이제, 사산군 이호, 정양군 이순, 운산
군 이계, 강양군 이축, 팔계군 이정, 남천군 이쟁, 영춘군 이인, 연성군 이적,
덕진군 이활, 회원군 이쟁, 수안군 이당, 당양위 홍상, 상당부원군 한명회, 청
송부원군 심회, 영의정 윤필상, 좌의정 홍응, 우의정 이극배, 영중추 노사신,
승지와 입직한 여러 장수 이 입시하였다. 명하여 輪木을 던져서 內帑의 물건
을 걸고 내기하게 하고, 이어서 '觀儺'를 제목으로 칠언 율시를 짓도록 명하
였다.

　上御昌慶宮仁陽殿 觀儺戲 月山大君婷 德原君曙 烏山君澍 玉山君躋 蛇山君李
灝 定陽君淳 雲山君李誠 江陽君潚 八溪君淨 南川君崝 永春君仁 蓮城君적 德津
君李활 會原君崝 遂安君讚 唐陽尉洪常 上黨府院君韓明澮 青松府院君沈澮 領議
政尹弼商 左議政洪應 右議政李克培 領中樞盧思愼 承旨入直諸將等入侍 命擲輪木
賭內帑 命製觀儺七言律詩[11]

임금이 觀儺 행사의 끝에 입시한 종친과 재상들로 하여금 '觀儺'라
는 제목으로 시를 짓게 하였다는 것이다. 성현의 시 「觀儺」는 바로
이러한 절차를 통하여 지어진 것이라고 할 수 있다. 위 기록의 연대
는 성종 17년으로, 成俔의 활동 연대와 겹치지만, 열거된 인물에 성
현이 언급되지 않는 것으로 보아 觀儺 때 칠언 율시 「觀儺」를 짓는
일이 어느 정도 관습이 되었던 것 같다.

이와 같이 觀儺가 특정한 행사를 가리키는 고유한 명칭인데도 지
금까지는 '관나'의 개념을 변별하여 인식하지 못했기 때문에 여타의
나례와 전혀 구별되지 않았던 것이다. 이제 觀儺의 행사가 기존에 인
식되어 온 나례와 어떻게 변별되는지 알아 볼 필요가 있다.

2) '觀儺', '設儺', '驅儺'의 변별 양상

기존의 연구에서 나례는 대략 두 가지로 구분되었다. 첫째, '季冬儺

11)『성종실록』198권 14장.

禮' 또는 '歲末 宮中儺禮'라고 하여12) 해마다 연말에 벌이는 나례, 둘째, 각종 행사에 수반되는 잡희로서의 나례이다. 먼저 행차 때의 나례와 觀儺의 차별성을 고찰하기로 하겠다.

'觀儺'의 용례가 나타나는 『조선왕조실록』의 기사는 날짜별로 헤아려서 50조항이 넘는다.13) 그런데 주목할 것은, 觀儺의 공간이 예외없이 궁중으로 되어 있다는 사실이다. 뒤집어서 생각하면, 행사에 수반되는 나례에는 '觀儺'라는 표현을 사용하지 않았다는 뜻이 된다. 행사에 수반되는 나례도 구경할 수 있으므로 사실 전달의 의미에서라도 '觀儺戲', '觀儺禮'라는 표현을 쓸 수 있을 것인데, 조사한 바에 의하면 그러한 용례가 전혀 없었다.14)

그 대신 '設儺戲'(『세종실록』 1권 27장), '設儺'(『연산군일기』 60권 22장), '設儺禮'(『정조실록』 51권 6장), '用儺·呈儺戲'(『문종실록』 2권 10장), '儺禮則陳……'(『연산군일기』 31권 21장), '進儺禮'(『광해군일기』 23권 3장) 등의 표현이 쓰였다. 設, 用, 呈, 陳, 進 등의 여러 가지 동사가 사용되었지만 '觀'이 한 번도 사용되지 않았다는 사실은 매우 시사적이다. 행사에 수반되는 나례를 표현하는 어휘는 고정되지 않았지만, 적어도 '觀儺'라는 명칭의 사용을 제한함으로써 또 다른 나례임을 명백히 하고 있는 것이다.

이러한 차별성을 적극적으로 드러내기 위하여 행사에 수반되는 나례에 대해서는 '設儺'라는 명칭을 사용하고자 한다. '設儺' 또는 '設儺禮'는 행사에 수반되는 나례를 가리키는 가장 일반적인 표현일 뿐 아

12) 이두현과 조원경이 각각 이 용어를 사용하였다. '季冬儺禮'는 『고려사』 禮志 64권 志 18권 禮6에 나오는 용어에 근거를 두었고(이두현, 『한국의 가면극』, 일지사, 72~73면) '歲末 宮中儺禮' 또는 '宮中 歲末儺禮'는 연구자의 시각으로 다듬은 용어이다.
13) '觀儺戲', '觀儺禮'가 쓰인 경우를 포함하여 50조항이다. 이들 용례는 '觀儺'를 풀어쓴 것일 뿐 기사의 정황이 '觀儺'와 동일하기 때문이다.
14) '觀之', '觀雜戲' 등의 표현은 있었으나, '觀儺'라고 쓰인 법은 없었다. 이러한 사실을 통해서도 '觀儺'가 고유한 용어로서 차별적으로 쓰였음을 알 수 있다.

니라 觀儺라는 명칭과 좋은 대비가 되기 때문이다.15)

觀儺와 設儺의 차이는 일단 행사가 벌어지는 장소에 있다. 앞서 말했듯이 觀儺는 공간적으로 궁중에 제한된다는 특성을 지닌다. 반면, 設儺는 궁궐 밖의 외부에서 벌어진다. 각종 행차가 지나는 연도에서 환영 행사로서 치루어졌기 때문이다.

장소의 측면에서 보자면 觀儺는 계동나례와 유사하다. 계동나례는 궁중에서 벌어지는 逐疫 또는 驅儺의 儀式과 잡희를 아울러 가리키는 것으로 알려져 왔다.16) 따라서 觀儺에 대한 기록들은 모두 계동나례의 기록으로 취급되었던 것이다. 그러나 계동나례와 관나는 분명히 다른 행사이다.

觀儺가 계동나례와 똑같은 행사라면, 逐疫과 그에 따르는 잡희가 하나의 절차로 묶여 있어야 한다. 잡희가 없는 축역의식은 있을 수 있지만, 축역의식 없는 잡희는 있을 수 없다. 그러나 觀儺는 逐疫과 무관하게 이루어졌다는 사실에 주목해야 한다.

(가) 지시하기를 "입춘날에 창덕궁과 경복궁에서 逐疫 행사를 진행할 것이다."라고 하였다.
지시하였다. "『주례』에는 방상씨가 儺를 주관하여 역귀를 몰아낸다고 하였으니 逐疫 행사와 儺는 원래 두가지일이 아니다. 나라의 풍속에는 축역 행사가 있는데 또 나례를 벌이고 있다. 축역 행사는 옛 재앙을 몰아내고 새 경사

15) 다만 편의상 이러한 명칭을 부여하는 것이 아니라 뒤에 논의할 공연의 특성과 밀접한 관련이 있다.
16) 조원경은 '逐疫儀式이 끝난 後 宮中에서 處容舞를 추고 百戱 雜戱와 戱謔之事를 하였고 이 處容舞와 百戱 雜戱까지를 儺禮라고 指稱'한다고 하였다(「나례와 가면무극」, 『학림』 4, 1955, 27면).
이두현은 '季冬儺禮는 凶年 其他의 有故時에 停罷되는 예는 있었으나 거의 定例的으로 매년 除夕에 거행되고, 逐疫 외에 雜戱 즉 儺戱가 隨伴되었다'고 하여 역시 이러한 입장을 취하였다(『한국연극사』, 민중서관, 1973, 74면).
한편, 필자도 조원경의 견해를 소개하는 가운데 세말의 궁중나례를 '辟邪進慶의 驅儺儀式을 포함하는 본격적 나례'라 하여(「소학지희의 공연방식과 희곡의 특성」, 13면) 이러한 견해를 그대로 수용하였다.

를 맞이하는 일이니 풍속대로 해도 괜찮겠지만 나례같은 행사는 다 배우들의
놀음이니 한가지도 볼만한 것이 없다. 뿐만 아니라 優人들이 수도에 무리로
모여 도적이 되고 마니 이제부터 나례를 그만둠으로써 그전에 있었던 폐단을
없앨 것이다."

傳曰 周禮方相氏掌儺以逐疫 則逐疫與儺固非二事 而國俗旣逐疫又設儺 逐疫者
逐舊災迎新慶 雖循俗行之猶可 若儺禮則皆是俳優之戲 無一事可觀 且優人群聚京
城 票竊爲盗 自今勿設儺禮 以革舊弊[17]

(나) 검토관 이창신이 아뢰기를, "……儺의 풍속은 전래한 지 오래 되었습
니다. 『주례(周禮)』에는 방상씨가 이를 담당하였고, 공자 때에도 있었습니다.
옛날에도 이미 그러하였으니, 驅儺는 갑작스럽게 폐지할 수 없습니다. 그러나
지금 歲時의 觀儺는 優人들이 이에 속된 말로 성상 앞에서 놀이를 보이는데,
혹은 의복과 물품으로 상을 내리니, 비록 상을 내림이 절도가 없는 데까지는
이르지 아니하였습니다만, 그러나 옳지는 못한 것입니다."

檢討官李昌臣啓曰…… 儺之來久矣 周禮 方相氏掌之 至孔子時 亦有之 古旣如
是 驅儺不可遽廢 然今歲時觀儺 優人乃以里巷語 呈戲於上前 或以衣物賞之 雖不
至賞賜無度 然且不可[18]

(다) 내전에서 小簡을 내어 이르기를, "24일에 해가 바뀌니 종친으로 하여
금 擊棒하고, 26일에 觀儺하고, 27일에 豊呈, 28일에 觀儺하고 逐疫하고, 29일
에 擊棒하고 小宴을 열고 觀火하겠다." 하였다.

內出小簡曰 二十四日交年令宗親擊棒 二十六日觀儺 二十七日豊呈 二十八日觀
儺逐疫 二十九日擊棒小宴觀火[19]

(가)에서는 축역의식과 관나의 관계를 드러내준다.[20] 축역과 관나
가 같으면서도 다르다고 하였는데, 같다는 것은 관나의 기원을 말해

---

17) 『연산군일기』 60권 22장.
18) 『성종실록』 98권 13장.
19) 『세조실록』 34권 51장.
20) (가)자료의 '儺禮'는 행차 때의 나례나 계동나례를 가리키는 것이 아니라 잡희
    만을 보여주는 '觀儺'를 가리킨다. 임금이 나례에 대하여 불만을 표시하는 것
    은 전날 觀儺 때에 배우 공길이 임금을 풍자하는 등 불손한 태도를 보였기 때
    문이다.

주는 것이라면, 다르다고 언급한 부분이 바로 당대의 용례에 해당한
다. 觀儺는 근본적으로 逐疫 즉 驅儺에 딸린 난장놀이에 불과하였지
만, 이제 완전히 분리되어 배우들의 놀이만으로 특화된 것이다.

　(나)에서도 觀儺와 驅儺가 따로 언급되어 별개의 행사라는 사실이
드러난다. 驅儺와 觀儺가 동시에 대비된 것은 歲時에 치루어지는 행
사로서의 起源이 일치하고 辟邪進慶의 의미가 같기 때문이다. 驅儺에
딸린 잡희는 무당굿의 뒤풀이와 마찬가지로 잡귀를 풀어먹인다는 의
의를 지니며 엄숙한 제의에 대한 난장 놀이의 기능을 가진다. 그러나
잡희의 부분이 觀儺의 행사로 독립되면서는 기원적인 의의와 기능은
거의 사라졌다고 할 수 있다. 결국 驅儺는 표면적인 의의와 실제 행
위가 일치하는 儀式이기 때문에 허용할 수 있으나, 觀儺는 본래적인
의의와는 달리 순전한 오락 행사가 되었으므로 배격의 대상이 된 것
이다.

　(다)의 기록은 (가), (나)에 비하여 훨씬 앞서는데 이미 觀儺가 逐疫
과는 별개의 독립적인 행사로서 거행되고 있었다. (다)는 歲末 궁중
행사의 일정을 보여주고 있다. 행사들은 모두 묵은해를 보내고 새해
를 축하하는 의미를 지닌다고 할 수 있지만 그 행사의 성격은 제각
기 다르다. 28일에는 觀儺와 逐疫을 함께 거행하리라고 하였지만 행
사의 관련성은 없다고 할 수 있다. 29일의 일정에서 보는 바와 같이
각각의 행사를 열거하는 기술 방식을 취하고 있기 때문이다.[21] 26일
의 일정에서 觀儺가 단독으로 벌어지는 것이나 이틀 사이에 두 번 거
행하는 것을 보아도 觀儺가 儀式과는 무관한 배우들의 잡희일 뿐이라
는 사실을 알 수 있다.

　觀儺가 거행되는 시기를 보아도 계동나례와 일치하지 않는다. 관
나의 기원상 세말에 벌어지는 경우가 가장 많았지만 10월 말(『세종

---

21) 『조선왕조실록』의 국역본에는 "28일에는 나례(儺禮)하여 역귀(疫鬼)를 쫓는 것
　　을 구경"한다고 번역하기도 하였으나 "28일에는 나례를 구경하고 역귀를 쫓
　　는다(觀儺를 하고 逐疫을 한다)"고 번역해야 한다.

실록』 46권 6장)이나 1월 중순(『세조실록』 32권 12장)에 거행되기도
하였던 것이다.

결국, 기원적으로는 관나가 逐疫儀式 뒤의 난장 놀이였다고 해도,
조선시대 이후에는 축역과 무관한 공연 오락 행사로 바뀌었으므로
계동나례와는 별개의 행사가 되었다고 하겠다.[22] 오히려 계동나례라
는 명칭은 驅儺와 동일한 개념으로 쓰여 역귀를 쫓는 儀式으로만 인
식되고 있음을 알 수 있다.

> 觀象監이 아뢰기를, "매년 季冬儺禮는, 평시의 경우에는 左右隊의 온갖 기
> 구들을 다 준비하여 御所와 빈 궁궐의 각처에 크게 진설하여 놓았었습니다.
> 그러나 근년에는 단지 禳謝하는 물건만 준비하여 進排하였습니다. 다만 지난
> 해 12월 27일 逐疫할 때에 내리신 전교에 '倡師와 방상씨를 준비하여 진배하
> 라.'고 하였습니다만, 기일이 이미 촉박하여 미처 준비하지 못하였다는 이유
> 를 입계하니, 이에 대한 전교에 '그렇다면 우선 준비하지 말고 있으라.'하였습
> 니다. 금년에는 창사와 방상씨를 미리 준비해 두도록 承傳을 받들어 시행하게
> 하는 것이 어떻겠습니까?" 하였다.
> 전교하기를, "윤허한다. 창사와 방상씨 등 몇몇 가지 제구를 대략 준비하
> 라." 하였다.
> 觀象監啓曰 每年季冬儺禮 平時則悉備左右隊諸具 時御所及空闕各處 大張爲之
> 而近年則只備禳謝之物 進排矣 但前年十二月二十七日 逐疫臨時 傳敎內 倡師及方
> 相氏 準備進排 而日朔已迫 不得及備之由 入啓則 傳曰 然則姑爲勿備事 傳敎矣
> 今年則倡師及方相氏等 預爲措備事 捧承傳施行 如何 傳曰允 倡師方相氏某某具
> 從略爲之[23]

계동나례의 준비 절차에 언급된 倡師와 方相氏의 존재를 보아서도

---

22) 세시에 행하는 '축역'과 '관나'를 합하여 넓은 의미에서의 계동나례라고 하자는
   견해가 있을 수 있다. 그러나 연구자의 시각에서 정리하는 것과 실제로 쓰임
   이 그러했다는 것은 차이가 있다. 당대의 쓰임에는 '축역'과 '관나'를 합하여
   달리 '-나례'라고 부른 예가 없다. 당대의 쓰임에 주목하는 것은, 남겨진 기록
   자료를 정확히 분석하기 위해서 필수적인 일이다.
23) 『선조실록』 180권 33장.

그렇고 啓를 올린 관청이 觀象監이라는 것도 계동나례가 바로 驅儺
또는 逐疫만을 가리킨다는 사실을 알려 준다.24)

선행 연구의 구분에 의하면, 궁중에서 벌어진 나례에 대한 모든
기록은 계동나례의 것으로 취급되었다. 그러나 실제로 계동나례라고
언급한 것은 驅儺에 한정될 뿐이며, 궁중의 나례에 대한 수많은 기록
들은 거의 觀儺에 해당한다. 당대의 용례와 의미를 정확히 파악해야
남겨진 기록 자료를 분석할 때 오류를 범하지 않을 수 있다.25)

이상의 논의에 의하면, 觀儺는 계동나례인 驅儺와도 다르고 행사에
수반되는 나례인 設儺와도 다르다. 즉 조선시대의 나례는 觀儺, 設儺,
驅儺로 변별할 수 있는 것이다. 觀儺, 設儺, 驅儺는 행사의 성격이 제
의인가 공연 행사인가에 따라 나누어진다.26) 驅儺는 본래적 의미의
나례인 역귀를 쫓는 제의이며, 나머지 둘은 공연 행사이다.

구나에 俳優와 같은 민간 예능인이 참여하지 않았다고 단언할 수

---

24) 『광해군일기』 159권, 12년 12월 17일의 기사에도 관상감에 계동나례를 준비
   시키는 내용이 나오고 있어 이러한 사실을 뒷받침한다.
   간혹 나례의 담당 기구를 언급하면서, 원래는 나례도감에서 주관하다가 선조
   때부터 觀象監에서 주관하였다고 하는 경우를 보게 된다. 그것은 위에서 인용
   한 『선조실록』 기사에서 관상감이 계동나례에 대하여 계를 올린 사실을 근거
   로 하는 것이다. 그러나 이때의 계동나례는 驅儺를 말하며 관상감은 驅儺에
   대하여 제안했을 뿐이다. 관상감이 구나를 주관한 것은 成俔의 『慵齋叢話』에
   도 나타나므로 선조 때에 비롯된 일이 아닐 뿐더러, 나례도감이 나례를 주관
   한 것은 선조 연간을 지나 인조 때까지 이어졌다.
25) '계동대나의'의 사례로 인용된 기사인 『성종실록』 136권 13장, 12년 12월 28
   일조와 『중종실록』 43권 46장, 16년 12월 14일조(이두현, 『한국연극사』, 73면)
   는 '觀儺'의 사례에 해당하고, '궁중 세말나례'의 사례로 인용된 기사(조원경, 「나
   례와 가면무극」, 22면)는 '觀儺'와 '驅儺'의 사례가 섞여 있다. '觀儺'가 다른 나
   례와 변별되고 驅儺와는 별개의 행사인데도, 기존 연구에서 이를 인식하지 못
   한 채 함께 다루었으므로 나례의 실체와 공연 실태를 파악하는 데 오류가 생
   겨났다.
26) 제의와 공연 행사를 구분하기 위해서는 그것이 관객에게 내보이기 위한 것인
   가 아닌가를 따져야 할 것이다. 제사의식에도 구경꾼이 존재하지만 그들은 넘
   겨다보는 것일 뿐 연행의 객체인 관객이라고 할 수 없다.

는 없으나, 『傭齋叢話』의 기록에 의하면 주로 樂工이 중심이 되었다.[27] 악공은 민간의 악기 연주자에서 선발된 부류가 아니고 일반인으로서 음악인으로 양성된 부류이므로 궁정에서 필요한 예능을 전수받고 익힐 뿐이다.

악공이 주축이 되어 驅儺를 거행한 것은 그것이 놀이가 아니고 祭儀였기 때문이다. 제의는 정해진 절차와 형식을 엄격히 준수해야 그 주술성이 유지된다. 궁정에 복무하는 악공은 궁중의 오락을 위해 존재하기보다는 엄숙한 儀式을 위하여 존재하였다. 驅儺의 법식을 익히게 하여 정기적으로 반복하기 위해서는 민간 예능인보다는 궁정 예인인 악공에게 유리한 점이 있었다고 할 수 있다.

반면, 觀儺와 設儺는 순전한 공연 행사로서 배우들이 주축이 되어 출연하였다. 다만 설나는 儀典 행사로서 벌어지는 공연이었기 때문에 의례와 놀이의 차원이 교차되어 있다고 할 수 있다. 그러나 의례라고 할지라도 놀이로 표현된 것이기 때문에 驅儺의 형식과는 다르다.

觀儺와 設儺는 엄숙하고 진지한 제의가 아니었기 때문에 정해진 절차와 형식을 엄수해야 할 필요가 없었다. 물론 궁정 공연문화의 범주에 속해 있었기 때문에 민간에서의 공연처럼 자유스러울 수는 없었을 것이다. 그러나 기존의 형식을 변형하고 새로운 놀이를 개발할 수 있는 토대가 마련되어 있었다. 궁중의 공연문화가 이미 정해진 공연 종목이나 관습을 강요한다 할지라도 그 출연자들은 스스로 기예를 만들어 파는 민간 예능인이었기 때문이다.

그렇다면 조선시대 나례의 제도를 통하여 궁정과 민간의 공연문화가 교류하였다는 사실을 전제로 할 때, 그 역동적인 양상을 포착할

---

27) 驅儺의 일은 觀象監에서 주관하는 것인데, 섣달그믐 전날 밤에 창덕궁과 창경궁의 뜰에서 한다. 그 규제는 붉은 옷에 가면을 쓴 악공 한 사람이 唱師가 되고, 황금빛 네 눈의 곰껍질을 쓴 方相人 네 사람은 창을 잡고 서로 친다. …… 또 악공 10여 명은 복숭아나무 가지를 들고 이를 따른다(『용재총화』 1권, 『대동야승』 1, 22~24면).

수 있는 대상은 驅儺가 아니라 觀儺와 設儺라고 할 수 있다. 그러나 이 두 가지의 행사도 공연의 특성에서는 서로 다른 양상을 보인다. 이하의 논의에서는 觀儺 및 設儺의 공연 의도와 목적, 무대공간과 공연 종목을 중심으로 논의를 진행하고자 한다.

3. 무대공간과 공연미학

1) '觀'과 '設'의 공연 미학

觀儺와 設儺는 오락적인 공연 행사라는 점에서 일치하지만 공연이 도달하고자 하는 목적에서 차이가 있다. 개별적인 공연예술이 아닌 집합적인 공연 행사에 대하여 공연 미학을 말한다는 것은 어려운 일처럼 보인다. 공연 행사의 공연미학이란 행사가 추구하는 美的 도달점과 그 과정이라고 할 수 있다.

관나와 설나의 차이를 알려주는 단서는 바로 '觀'과 '設'이라는 동사의 사용에 있다. 전자는 나례를 관람한다는 사실에 중점을 두었다면, 후자는 나례를 벌인다는 사실에 중점을 둔 표현이다. 어떤 나례든 장소를 정하여 장치나 기구를 갖추고 연행하므로 '設'의 행위는 차별성을 지니지 못한다.

그러나 '觀'의 행위는 허용되기도 하고 제한되기도 하는 차별성을 지닐 수 있다. 적어도 공식적인 규정에 의하여 관람의 여부가 달라질 수 있는 것이다. 觀儺는 '관람이 공식적으로 규정된 나례'라고 할 수 있다. 반면, 設儺는 설치하는 데 의의가 있을 뿐 관람을 목적으로 하지는 않는다고 하겠다. 조선시대의 공식문화로서 나례는 임금의 거동과 밀접한 관계에 있으므로, 관람 여부의 기준이 되는 관객은 바로

임금이다. 다음의 자료에서는 設儺의 거행 절차와 그에 따르는 임금
의 행동 규정을 찾아볼 수 있다.

(가) 예조에서는 태종의 신주를 종묘로 들여가는 의식절차에 대하여 올렸
다. "…… 행차가 대궐로 돌아올 때에 의금부와 군기감에서는 종묘의 길어귀
에서 나례의 잡희를 벌이며 성균관 생도들은 종루의 서쪽거리에서 가요를 올
리고 교방에서는 혜정교가에서 가요를 부르는 동시에 정재를 하며 경복궁 문
밖의 좌우편으로는 산대를 세웁니다. 전하가 대궐로 돌아와서는 절차대로 축
하를 받으며 뒤이어 지시문과 대사령을 내리고 제사를 지낸 관리들과 절차를
거든 여러 사람들에게 연회를 차려줍니다."

禮曹啓太宗祔廟儀…… 還宮時 義禁府軍器監 進儺禮雜戲於宗廟洞口 成均館生
徒等 進歌謠於鍾樓西街 教坊進歌謠於惠政橋邊仍呈才 又於景福宮門外左右山臺
殿下旣還宮 受賀禮如儀畢 仍頒敎書及宥旨 賜享官諸執事宴28)

(나) 궁전으로 돌아올적에는 모든 관리들이 예복차림으로 걸어서 뒤따랐으
며 채붕을 만들고 나례를 벌여 맞이하였다. (…중략…)
교방에서도 또한 가요를 올렸다. 길가에 장막으로 帳殿을 만들어 놓은 다
음에 상왕이 노상왕과 함께 나와서 구경하였다. 임금이 그 장전 앞에 이르자
행차를 멈추었으며 여러 가지의 음악이 울리고 잡희가 벌어졌다. 임금이 輦
에서 빠른 걸음으로 장전을 지난 후에 다시 연에 올라타니 악대들이 연 앞에
서 춤도 추고 노래도 불렀다.

還宮百官朝服步從 結綵棚設儺禮…… 敎坊亦獻歌謠 設帳殿於道傍 上王奉老上
王臨幸觀之 上至帳殿前停輦 張衆樂雜戲 上降輦趨過帳殿乘輦 樂部歌舞陳於輦
前29)

(다) 왕이 공성왕후의 관복을 종묘에 고하였으며 제사가 끝나자 행차가 나
갔다. 큰길에 綵棚과 香山을 설치하고 優倡의 여러 가지 놀이를 성대하게 벌
였다. 왕이 곳곳에서 輦을 멈추고 종일토록 구경하였다.
사간원에서 제의하기를 "오늘은 비록 큰 경사날이라고 하더라도 밤을 지
새우면서 제사를 지내어 반드시 건강에 해가 많을 것입니다. 그런데 오래동

---

28) 『세종실록』 24권 28장.
29) 『세종실록』 1권 27~28장.

안 연을 멈추고 이런 우창과 여악을 구경하는 것은 사실 거룩한 덕행이 아닙니다. 빨리 정전으로 돌아와서 신하와 백성들의 축하를 받기 바랍니다."라고 하였다.

사헌부에서 제의하기를 "오늘 채붕을 세우고 향산을 설치한 것은 큰 경사를 자랑하기 위한 것입니다. 그렇지만 큰 경사날의 기본은 오직 종묘에 고하고 축하하는 데 있는 만큼 채붕과 향산은 구경할 필요가 없습니다. 빨리 정전으로 돌아와서 축하를 받음으로써 큰 경사의 의식을 마치게 하기 바랍니다." 라고 하였다.

王以恭聖冠服告于太廟 祭畢駕出 盛陳綵棚香山優倡百戱于大路 寸寸駐輦終日而觀之 司諫院啓曰 今日雖曰大慶 達夜行祭爲多玉體之傷 而良久駐輦 觀此優倡女樂 實非聖德之事也 請速還正殿 以受臣民之賀 司憲府啓曰 今日之建綵棚設香山 所以侈大慶也 然而大慶之本唯在於告廟陳賀 則綵棚香山非所當觀也 請速還宮受賀 以完大慶之禮30)

종묘에 제사하는 의식을 거행하고 환궁하는 연도에서 나례 등을 벌이는 기록들로서 바로 設儺에 해당한다. (가)는 부묘의식에 따르는 절차에 관하여 예조에서 啓를 올리는 기록이다. 부묘 후에 환궁할 때는 나례를 올리고 歌謠를 바치며 呈才를 한다고 하였는데 이 행사들은 모두 「五禮儀」에 규정되어 있는 의례적인 절차이다.

그런데 (나)와 (다)에는 이러한 행사에 임하는 임금의 행동이 대비되어 나타난다. (나)를 보면, 임금은 輦을 타고 가다가 帳殿 앞에 오자 멈추고 내려서 걸어갔다. 輦을 멈추고 내려선 것은 장전에 나와 있는 상왕과 노상왕에게 공경을 표하기 위해서이지 잡희를 구경하기 위해서가 아니다. 연이 멈추자 음악과 잡희가 벌어졌지만 임금은 '빠른 걸음으로 장전을 지난 후에 다시 연에 올라타'게 됨으로써 시간을 두고 잡희를 관람할 여유가 없어지게 된다. 칭송과 환영을 받는 대상인 임금은 행렬과 함께 궁궐을 향해 진행하게 되어 있는 것이다.

(다)의 임금은 여러 차례 輦을 멈추고 하루 종일 잡희를 구경하였

30) 『광해군일기』 119권 5장.

으므로 사간원과 사헌부의 간언이 계속되었다. 이 날의 간언은 사간원, 사헌부, 홍문관, 승정원에서 각각 세 번씩이나 거듭되었는데, 급기야 임금은 "감히 큰소리로 대바른체하는 행동을 하여 마치도 이전에 이런 일이 있었다는 소리를 듣지 못했다가 갑자기 보고서 깜짝 놀라는 것처럼 하였다. 임금에게 고하는 말이 충성스럽고 미덥지 못한 것 같아서 멀고 가까운데서 보고 듣는 모든 사람들은 아주 온당치 않게 여긴다"고 불만을 터트리게 되었다.[31]

設儺 등 환영 행사에서 (다)의 임금처럼 행동하는 것은 규례에 어긋나는 행동인 것을 알 수 있다. 행사의 목적은 (다)에 나타나듯이 '큰 경사를 자랑하기 위한 것'이다. 즉, 뜻깊은 의식을 수행하고 돌아가는 임금을 환영하고 칭송하며 왕실의 위엄을 만방에 알리기 위한 것이다. 재인들이 路上이나 산대에서 재주를 부리고, 儒生, 기생들이 가요를 바침으로써 온 백성이 기뻐하고 있다는 뜻을 임금에게 전하게 된다. 지금도 벌어지는 연도의 환영행사와 같은 것이다.

임금의 행차는 유생이나 노인들이 가요를 바치는 장면에서 가끔 멈춰서기도 하지만 나례의 잡희를 벌이는 곳에서는 오래 멈추지 않아야 한다. 백성에게 드러내놓고 잡희를 즐기는 모습은 바람직하다고 여기지 않았기 때문이다. 또한 設儺는 야외에서 벌어질 뿐 아니라 민간에게 노출되어 있기 때문에 임금의 행동거지 및 신변보호에 각별한 주의를 기울여야 하기 한다. 결국 設儺는 칭송과 환영의 목적으로 설치하는 데 의의가 있을 뿐 관람하기 위한 것이 아니라는 사실이 명백해진다.

그러나 觀儺는 임금의 관람을 목적으로 벌이는 행사이다. 觀儺의 설치 자체를 반대할 수는 있지만, 이왕 벌여진 행사에 대하여 구경하지 말라고 간언할 수는 없다. 임금은 觀儺에서 벌어지는 여러 가지 공연 종목에 대한 정당한 관객이다.

비현합에서 나희를 구경하였다. 세자가 종친, 재상들과 함께 참가하였다. 우인이 놀이에 담아 항간의 비루한 사실을 엮어대기도 하고 또한 풍자하는 말도 하였다. 임금이 즐겁게 듣고 베 50필을 주었다.

御丕顯閤 觀儺戲 世子如宗宰入侍 優人因戲 或陳閭閻鄙細之事 又有規諷之言 上樂聞之 賜布五十匹[32]

임금과 세자, 종친, 재상 등이 모두 관나의 관객이 되어 있다. 배우들의 놀이에 깃들여진 풍자하는 뜻을 기꺼이 받아들이기 위해서는 진지하고 충실한 관객이 되어야 한다. 設儺 때의 행동 규정처럼 애써 배우들의 잡희를 외면해야 할 의무가 없는 것이다. 임금의 관람을 목적으로 거행되는 행사이기 때문이다.

따라서 설나와 달리 관나의 행사는 고정적인 관람석이 마련된다.

임금이 便服으로 仁陽殿 처마 밑에 나아가고 두 大妃는 발을 드리우고 殿에 나아가 전 곁의 조금 북쪽에서 儺를 구경(觀儺)하였다. 장막을 치고 또 그 북쪽 긴 복도에 발을 드리워서 초청받은 內外의 부인들이 儺를 구경할 곳(觀儺之處)을 만들고 종친과 재상 2품 이상과 入直한 여러 장수, 승지, 주서, 사관 등이 입시하였다.

上以便服御仁陽殿簷下 兩大妃垂簾御殿 觀儺於殿傍小北 張帳幕又其北長廊垂簾 爲內外命婦觀儺之處 宗宰二品以上 入直諸將承旨及注書史官等入侍[33]

관나의 장소를 알려주는 기사는 예외 없이 殿의 처마 밑에 임금의 자리가 고정된다. 왕비 등 부녀자들은 殿에서 조금 비껴난 장소나 협실에 발을 치고 '觀儺之處'를 마련하여 관람하게 된다. 설나 때 관람석이 마련되지 않는 사실과 대비된다. 규정에 어긋나게 設儺의 공연 종목을 관람하려는 임금이라 할지라도 타고 가던 輦을 멈추고 그 안에서 구경할 수밖에 없는 것이다.

---

32) 『세조실록』 32권 12장.
33) 『성종실록』 235권 19장.

큰 의식이 있을 때마다 設儺의 행사가 치루어지지만, 임금의 도리
로는 상세히 볼 수 없어 아쉬우므로 배우들의 놀이를 보는 공식적인
행사로서 觀儺가 부각되었다고 할 수 있다. 물론 원래 관나는 驅儺에
딸린 의식 절차의 일부인 잡희에서 비롯되었다고 하겠다. 관나를 거
행하는 의미의 변천을 살펴보면 다음과 같다.

驅儺에 딸린 잡희는 이중의 의의를 지닌다. 표면적인 의의는 邪鬼
를 물리치기 위한 것이라면 이면적인 의의는 놀이 자체를 구경하고
즐기기 위한 것이다.

(가) 전교하기를, "그대들이 말한 것은 매우 의리가 있다. 그러나 관나와
관화는 놀이를 즐기기 위한 것이 아니고 다만 양전을 위해서 逐邪하기 위함
이다. ……" 하였다.
傳曰 爾等所言深有義理 然觀儺觀火 非以玩戲而爲之 只爲兩殿逐邪耳34)

(나) 지시하였다. "…… 관나가 비록 잡스러운 놀이이기는 하지만 그것도
옛날의 풍속이다. 하물며 그것을 보는 사람이라고 다 음탕하여지겠는가. 세시
가 삭막하기 때문에 예로부터 이 놀이를 한 것이지 구경에 빠져서가 아니다.
그러나 3정승과 의논해서 처리하겠다."
傳曰 …… 觀儺雖曰雜戲 亦是古風 況見之者 豈皆爲流蕩乎 歲時索寞 故自古爲
之 非是貪玩也 然當議諸三公處之35)

(가)에서 邪鬼를 쫓기 위하여 관나를 실시한다고 한 것은 관나의
표면적인 의의에 해당한다. (나)에서는 세시의 삭막함을 달래기 위하
여 실시한다고 하였고, 관나가 배우들의 잡희이므로 자칫하면 구경
에 빠져 음탕해질 수 있다는 사실을 암시하고 있다. 이면적인 의의에
해당한다. 관나가 독립적인 행사로서 逐疫儀式과 무관하게 되면서 새
로운 표면적인 의의가 부가된다.

---

34) 『성종』 248권 17장.
35) 『중종실록』 1권 54장.

임금이 충순당에서 儺를 구경(觀儺)하였다. (…중략…)

史官은 말한다. "임금은 깊숙한 대궐 안에 앉아 있으면서 정사의 잘잘못이나 풍속이 좋은가 나쁜가에 대하여 알 길이 없기 때문에 비록 배우들의 말이지만 은근히 잘못된 것을 깨우쳐주는 뜻이 있어 역시 참작하지 않을 수 없는 일이다. 이것이 나례를 설치하는 까닭이다. 그런데 말세에 와서 그 본의를 놓쳐 버리고 그저 기이하고 음란한 재주로 사람의 마음과 눈을 들뜨게 만들고 방탕한데로 이끌어가고 있으니 그런 놀이를 차라리 하지 않는 것이 좋겠다."

上於忠順堂觀儺……使臣曰 人君深居九重 政治之得失 風俗之美惡 有不可得以聞 則雖俳優之言 或有規諷之意 而亦無不採用之事焉 此儺禮之所以設也 末世失其本意 徒以奇技淫巧 侈蕩心目 不若不設之爲愈也[36]

'정사의 잘잘못이나 풍속이 좋은가 나쁜가'를 알기 위하여 觀儺가 존재한다고 합리화하고 있는데, 이것은 관나에 새로이 부가된 표면적 의의가 된다고 할 수 있다. 관나는 임금의 관람을 공식적으로 표방한 행사였으므로 이러한 정치적인 구실을 붙여 정당성을 얻고자 하였던 것이다. 실제로 '관나'의 계기를 이용하여 선정을 베푼 사례가 제법 나타난다.[37]

그러나 순전히 오락적인 측면에서 배우들의 놀이를 접하는 행사였고, 민간 예능인들이 임금에게 가장 가까이 다가가는 기회가 되었으므로, 신하들의 우려가 만만치 않은 행사이기도 하였다. '말세에 와서 본뜻을 잃었다'고 史官이 개탄한 것은 '잡희를 구경한다는' 이면적 의의가 표면적 의의를 능가하게 되었기 때문이다.

"…… 요즈음 들으니, 부녀자들이 빈집에 모여 광대의 놀이를 보면서 '어찌

---

36) 『명종실록』 27권 70장.
37) 사진실, 「소학지희의 공연방식과 희곡의 특성」, 17~21면에서 笑謔之戲의 정치적 기능에 관하여 언급하였다. 소학지희는 觀儺의 표면적 의의를 달성하기 위한 전략적인 공연 종목이라고 할 수 있다. 소학지희에 드러난 정사의 잘잘못과 풍속의 좋고 나쁨에 따라 임금이 즉각적으로 대처한 사례가 자주 나타난다.

우리만 보겠느냐. 궐 안에서도 이 놀이를 보니, 그렇다면 궐 안의 일도 그르
냐.' 한다고 합니다. 이것으로 보면 바깥 사람들은 궁 안의 일을 무엇이나 다
본받는 것입니다. 이번 연등이 작은 일이라고는 하나, 아랫 백성들이 마음이
쏠려 본받아 마지 않는다면, 장래의 폐단을 어찌 이루 말할 수 있겠습니까."
　　하니, 상이 이르기를, "궁 안의 일이란 바깥에서 본받는 것이 있다. 그러나,
優戲를 본다고 이르는 것은 궁 안에서는 없었던 일이다. 다만 세시의 觀儺는
예전부터 하여 온 일이니, 지금 생겨나 의리를 해치는 것이 아니다."
　　近聞婦人會於空家 觀優人之戲曰 豈獨吾儕之所爲乎 闕內亦觀此戲 然則闕內之
事 亦非乎云 以此觀之 外人視效宮中之事 無所不至 …… 上曰 宮中之事 外間果有
效之者也 然所謂觀優戲之事則宮中未嘗有也 但歲時觀儺自是古事 非自今創之而
害於義者也38)

　　민간의 부녀자들이 배우의 놀이를 즐기면서 궁중을 본받았으니 떳
떳하다고 했다는 기록이다. 觀儺의 행사에 여러 가지의 표면적 의미
를 부여했다 할지라도 결국 일반인들의 눈에는 다만 놀이를 구경하
는 공공연한 오락으로 비쳤다는 사실을 알 수 있다.
　　또한 관나는 구경할 뿐 아니라 직접 놀이함으로써 오락을 즐기는
행사였다.

　　임금이 편복으로 인양전 처마 밑에 나아가고 두 대비는 발을 드리우고 전
에 나아가 전 곁의 조금 북쪽에서 儺를 구경(觀儺)하였다. (…중략…) 내전에
서 표피, 아다개, 별조궁, 대호피, 소록피, 모마장, 이마 제연을 내어서 注를
삼아, 侍宴하는 여러 신하들로 하여금 윤목을 던져서 내기하게 하였다. 시연
하는 문신에게 명하여 迎祥詩를 짓게 하였는데 來자로 운을 삼았다. 검열 남
궁찬의 시에, '九譯이 모였는데 玉帛이 온다'라는 글귀가 있었는데, 명하여 옥
배의 술로 벌하게 하였다.
　　上以便服御仁陽殿簷下 兩大妃垂簾御殿 觀儺於殿傍小北 …… 內出豹皮阿多介
別造弓大虎皮小鹿皮毛馬粗理馬諸緣爲注 使侍宴諸臣擲輪木睹之 命侍宴文臣製迎
祥詩 以來字爲韻 檢閱南宮璨詩有九譯會同來玉帛之句 命罰以玉杯酒39)

38) 『중종실록』 83권 66장.
39) 『성종실록』 235권 19장.

관나 때에는 으례히 輪木戱를 하거나 운자를 내어 시를 지어 상벌을 주는 등 君臣간에 격식 없는 친목을 도모하였던 것이다. 成俔의 시 「觀儺」의 구절에 "여러 신하와 더불어 태평성대를 즐긴다네(要與群臣享太平)"라고 한 것을 보아도, 관나의 공연이 오락성의 추구에 있다는 사실을 알 수 있다.

이상의 논의를 통하여 觀儺와 設儺의 공연 미학을 고찰할 수 있었다. 관나는 구경하고(觀) 즐기는 데 공연의 도달점이 있다면, 설나는 늘여 세우고(設) 과시하는 데 그 도달점이 있었다. 관나는 배우들의 놀이를 구경하기 위한 공식적인 오락 행사였고, 설나는 중요한 행차를 환영하고 칭송하기 위한 儀典的인 행사였던 것이다. 그러한 도달점을 추구하기 위하여 공식적이거나 관습적인 규정이 필요했다.

이렇게 공연의 도달점이 구별되었기 때문에 관나와 설나의 무대공간은 적지 않은 차이가 나타났을 것이다. 다음의 논의에서는 관나와 설나의 무대 공간을 고찰하고 그것이 어떤 특성을 지니는지 살펴보기로 하겠다.

2) 무대공간의 단일성과 복합성

다음의 기록을 통하여 관나와 설나의 무대공간을 짐작할 수 있다.

(가) 임금이 便服으로 仁陽殿 처마 밑에 나아가고 두 大妃는 발을 드리우고 殿에 나아가 전 곁의 조금 북쪽에서 儺를 구경(觀儺)하였다. 장막을 치고 또 그 북쪽 긴 복도에 발을 드리워서 초청받은 內外의 부인들이 儺를 구경할 곳(觀儺之處)을 만들고 종친과 재상 2품 이상과 入直한 여러 장수, 승지, 주서, 사관 등이 입시하였다.

上以便服御仁陽殿簷下 兩大妃垂簾御殿 觀儺於殿傍小北 張帳幕又其北長廊垂簾 爲內外命婦觀儺之處 宗宰二品以上 入直諸將承旨及注書史官等入侍[40]

---

40) 『성종실록』 235권 19장.

(나) 세 번째 신호의 북이 울리는데 따라 魯山이 원유관과 강사포 차림을 하고 輦을 타고 나오면 모든 관리가 모두 몸을 굽히고 연이 지나가면 몸을 편다. 이때 연은 절차 때와 마찬가지로 호위한다. 대열 앞과 뒤에 있는 취주 악대가 한꺼번에 연주하며 山棚을 끌고 앞서 가면서 잡희를 한다. (…중략…) 연이 광화문밖에 이르렀을 때 왼쪽과 오른쪽의 채붕에서 동시에 잡희를 하였고 기생들과 우인들이 함께 근정전의 뜰로 들어갔다. 임금이 근정문에서 연을 멈추고 그것을 구경하였다.

鼓三嚴 魯山具遠遊冠絳紗袍 乘輦以出 百官皆鞠躬 輦過平身 侍衛如常儀 前後 鼓吹沓奏 曳山棚前導 雜戲具呈…… 輦至光化門外 左右綵棚百戲具作 女妓優人 俱入勤政殿庭 駐輦勤政門觀之[41]

(가)는 관나의 기록으로 그 무대는 궁전의 뜰이다. 殿의 처마 밑에 임금의 관람석을 마련하고, 왕비 등 부인들의 자리는 궁전의 곁에 장막을 치거나 발을 쳐서 따로 마련한다. 종친과 재상 등 신하들이 관람하는 자리는 명시되지 않았지만 임금 가까이에서 좌우로 둘러앉는 형태를 짐작할 수 있다. 관람석의 관객들은 걷거나 서지 않고 앉아서 관람하게 되어 있다. 관객이 움직이지 않고 장소가 고정되어 있으므로 관나의 무대공간은 단일하다.

(나)는 설나의 기록이다. 설나의 무대는 길위나 길가이다. 설나의 무대 활용 방법은 두 가지로 구분된다. '山棚을 끌고 앞서 가면서 잡희를 한다'고 한 것을 보면, 임금의 행차를 포함하는 행렬이 진행함에 따라 무대가 이동한다는 사실을 알 수 있다. 또한 '왼쪽과 오른쪽의 채붕에서 동시에 잡희를 하였다'고 한 것을 보면, 무대는 고정되어 있지만 동시에 최소한 두 군데에서 공연이 벌어지고 있다.[42]

이동하면서 공연하는 무대는 하나가 아니라 여러 개로서 복합적이라 할 수 있다. 이동하는 순간마다 무대공간이 바뀐다고 할 수 있기

---

41) 『노산군일기』 11권 38~40장.
42) 『광해군일기』 156권 1~2장에 의하면, 좌우에 春山, 夏山, 秋山, 雪山의 네 개 山臺가 세워진다고 하였으니 좌우에서 동시에 잡희가 벌어진다고 했을 때, 다만 두개의 무대만이 아니고 더 많은 무대를 상정할 수도 있다.

때문이다. 이동하다가 잠시 멈춰 공연하고 다시 이동하는 경우도 마찬가지라고 하겠다. 동시에 여러 군데에서 공연하는 무대 역시 복합적이다.

결국 관나의 무대공간은 단일 공간, 설나의 무대공간은 복합 공간이라고 할 수 있다. 전자는 공연물의 시작과 끝이, 정해진 하나의 공간에서 이루어지므로 현대 연극의 가장 일반적인 무대공간과 같다. 후자는 무대공간이 고정되어 있지 않아 공연물의 시작과 끝을 동일한 공간에서 관람할 수 없다. 행진하면서 공연하는 가장행렬이나 거리 곳곳에서 벌어지는 해프닝의 무대공간과 같다고 할 수 있다.

단일하거나 복합적인 무대공간은 몇 가지 부수적인 특성에서도 차이를 나타내는데, 첫째, 배우와 관객 사이의 물리적 거리, 둘째, 배우와 관객이 동시에 현존하는 시간의 길이이다. 먼저 배우와 관객의 물리적 거리에 대하여 논의하겠다.

단일 공간인 관나의 공연물과 관객은 일대일의 대응을 이루기 때문에 殿의 뜰과 같은 좁은 장소에 觀儺의 행사가 수용될 수 있었다. 따라서 관나의 배우와 관객은 殿의 뜰과 처마 밑 정도의 가까운 거리를 유지하게 된다.

복합 공간인 설나의 공연물과 관객은 일대일의 대응을 이룰 수 없을 만큼 시간과 공간의 차별이 존재하고 있다. 그러므로 시간에 따른 무대의 이동과 동시적인 여러 개의 무대를 수용하기 위해서는 제한 없는 넓은 장소를 선택해야 한다. 따라서 설나에서는 배우와 관객의 물리적 거리가 멀게 된다. 노천의 綵棚 및 山臺와 임금이 타고 있는 輦의 거리는 일정하지 않아 예측할 수 없지만 관나에 비하여 멀다고 할 수 있다.

배우와 관객의 물리적 거리는 공연을 보고 들을 수 있는 可聽, 可視의 거리를 확보할 수 있는가 하는 문제와 직결된다.

정원에 전교하였다. "중국의 사신이 올 때에 채붕에서 베풀어지는 놀이 행

사가 매우 많으나 요란한 속에서 자세히 구경하지 못할 것이다. 이번에 천사
가 올 때는 더 가설하지 말고 전에 만든 것을 수리하여 사용하도록 하라."
　傳于政院曰 天使時 綵棚之設戱事甚多 擾擾之中 必不詳翫 今天使時勿令加設
仍前所造之物 修補用之 可也[43]

　사신 접대를 위한 設難의 무대공간이 요란하기 때문에 자세히 구
경하기 어려운 사정을 말해 주고 있다. 설나의 무대공간이, 행차가
지나는 연도이므로 可視的이고 可聽的인 거리를 확보하는 데 불리하
고 떠들썩한 분위기 역시 관객의 주의 깊은 관람을 방해하게 된다.
이러한 분위기가 조성될 수밖에 없는 것은 설나의 무대공간이 복합
공간이기 때문이다. 그러나 설나의 공연 의도가 진지한 관람에 있지
않고 번성함을 과시하는 데 있다는 사실에 비추어 볼 때, 이러한 조
건은 공연에 장애가 되지 않는다. 이러한 무대공간의 조건에 맞게 공
연 종목이 발달하였기 때문이다.
　관나는 배우와 관객의 물리적 거리가 가까우므로 可聽的이고 可視
的인 거리를 확보할 수 있다. 그것은 관나의 필수 조건이기도 하다.
관나는 임금 등 관객의 관람을 목적으로 하기 때문에 관객이 공연을
보고 들어 즐길 수 있어야 하기 때문이다. 더구나 배우의 공연을 통
하여 '정사의 잘잘못'과 '풍속의 좋고 나쁨'을 파악하기 위해서는 배
우들의 대사 하나하나까지도 세밀히 들을 수 있는 분위기가 조성되
어야 하는 것이다.
　이제 배우와 관객이 현존[44]하는 시간의 길이에 대하여 논의하기
로 하겠다. 현존 시간이란 배우가 공연을 하기 위하여 실존하고 관객
이 그것을 보기 위하여 실존하는 시간을 말한다. 공연 시간과 일치하
는 듯 보이지만 실은 다르다. 관객의 실존을 전제하지 않아도 공연은

---

43) 『중종실록』 89권 48장.
44) '현존'의 개념은 이인성, 「연극학 서설」, 『연극의 이론』(이인성 엮음), 청하, 1992,
　　29~30면에서 가져왔다. '연극성'을 논의하는 가운데 배우와 관객의 '이중의
　　현존'에 대하여 언급하였다.

이루어질 수 있기 때문이다. 현존 시간은 배우와 관객이 소통하는 의미있는 공연 시간을 말한다.

관나는 공연의 의도에서부터 관객의 관람을 전제하고 있으며, 단일 공간의 무대이므로 관객의 주의를 집중하기에 유리한 점이 있다. 따라서 배우와 관객의 현존 시간이 일정하여 예측할 수 있고, 현존 시간 안에 공연 종목이 완결되는 시간을 확보할 수 있다. 관객은 배우의 공연을 관람하기 위하여 객석에 앉아 있고, 배우는 그 기대를 충족시키기 위하여 준비하고 공연한다.

설나는 다만 설치하는 데 공연 의도가 있고 복합 공간의 무대이므로 관객의 관심을 한 곳에 모으는 데 불리하다. 배우와 관객의 현존 시간을 예측할 수 없는 가운데 매우 짧거나 순간적이어서 현존 시간 안에 공연 종목이 완결되는 시간을 확보할 수 없다. 배우의 공여은 언제나 관객의 현존을 기대하지만, 이동하는 가운데 여러 개의 무대를 접하는 관객으로서는 한 무대의 공연물에 지속적인 관심을 보이기 어렵다.

> 대열 앞과 뒤에 있는 취주악대가 한꺼번에 연주하며 山棚을 끌고 앞서 가면서 잡희를 한다. (…중략…) 연이 광화문밖에 이르렀을 때 왼쪽과 오른쪽의 채붕에서 동시에 잡희를 하였고 기생들과 우인들이 함께 근정전의 뜰로 들어갔다. 임금이 근정문에서 연을 멈추고 그것을 구경하였다.
> 前後鼓吹沓奏 曳山棚前導 雜戲具呈 …… 輦至光化門外 左右綵棚百戲具作 女妓優人俱入勤政殿庭 駐輦勤政門觀之[45]

광화문 밖의 채붕은 고정된 무대 구조물이지만, 임금의 행차가 그 앞에 멈춰 섰을 때만 배우와 관객의 관계가 성립된다. 그런데 설나의 규정은 잡희 앞에 임금이 멈춰서는 것을 금기시하고 있으며 가마를 멈추고 관람한다 하더라도 오랜 시간 지속될 수 없다. 따라서 배우와

---

45) 『노산군일기』 11권 38~40장.

관객이 공연물을 매개로 현존하는 시간을 예측할 수 없는 것이다. 한편, 길가에서 벌어지는 잡희는 임금이나 주요 인물의 행차를 기다려 공연을 시작했다가 멀어지면 마치게 되므로 공연 종목 자체의 완결성을 보장할 수 없다. 행차의 진행에 따라 유동적인 공연을 벌여야 하는 것이다. 山棚의 잡희는 임금의 행차 대열과 함께 행진하므로 관객으로부터 일정한 거리 이상을 벗어나지는 않는다. 그러나 이동하는 가운데서 관객의 지속적이고 진지한 관람 태도를 기대하기 어렵다.

이상의 논의에 의하면, 관나와 설나의 무대공간은 단일 공간과 복합 공간의 차이가 있었다. 단일 공간은 배우와 관객의 물리적 거리가 가까워 可視的이고 可聽的인 거리를 확보할 수 있는 반면, 복합 공간은 그 거리가 멀어 가시적이고 가청적인 거리를 확보하기 어렵다. 또한 단일 공간은 배우와 관객의 현존 시간이 일정하여 예측할 수 있으며 비교적 길다. 그러나 복합 공간은 현존 시간을 예측할 수 없으며 매우 짧게 된다.

이러한 무대공간의 특성은 관나와 설나의 공연 의도와 맞물려 있으면서 공연 종목의 차별화를 초래한다고 할 수 있다. 이하의 논의는 공연 종목의 차별성을 고찰하되 연극의 양상을 중심으로 검토하도록 하겠다.

3) 공연 종목의 성격

지금까지 나례의 변별 양상을 중심으로 논의하였고 특히 觀儺와 設儺의 공연에서 나타나는 차별성을 부각시켰다. 그러나 관나든 설나든 민간의 예능인들이 주축이 되어 출연하는 행사였기 때문에 그 공연 종목의 대부분이 중복되었을 가능성은 충분히 예측할 수 있다. 그럼에도 불구하고 역시 공연 종목의 차별적인 성격을 드러내고자 한다. 여러 가지 공연 종목이 겹치는 가운데서도 관나에서만 혹은 설나에서만 무대에 올려질 수 있는 종목들을 분별해 내고자 하는 것이다. 그렇게 함으로써 나례가 연극 또는 공연예술 전반의 발달에 끼친 영향을 정당하게 평가할 수 있다고 생각하기 때문이다.

고려 말 李穡의 「驅儺行」은 觀儺가 독립적인 오락 행사로 분리되기 이전의 공연을 보여 주는 것으로, 驅儺儀式과 처용무, 각종 잡희가 어우러져 있다.[46] 그러나 조선시대 관나의 공연 종목은 구나의식과 처용무가 빠진 잡희만으로 이루어져 있다. 먼저 관나와 처용무가 따로 거행된 사실을 알 수 있는 근거는 다음과 같다.

乙未. 왕이 세 대비를 모시고 창경궁 인양전에서 나례를 구경[觀儺]하였다. 종친과 재상들, 승지, 사관 등이 참가하였다. 표범가죽 등 물건을 내려보내서 놀이를 하며 내기를 하게 하고 창우들에게 물선을 주라고 지시하였다. 해가 저물어서야 그만두었다. 이날밤에 또 세 대비를 모시고 인양전에서 처용희를 구경하였다. 여러 군들과 부마들을 불러 참가하게 하고 창우에게는 물건을 차등있게 주었다.

丙申 (…중략…) 이날 밤에 왕이 후원에서 불놀이를 구경[觀火]하였는데 승지와 사관들은 참가하지 않았다.

王奉三殿 觀儺于昌慶宮仁陽殿 宗宰承旨史官等入侍 命下豹皮等物 賜戲以賭之 倡優等賜物 日暮乃罷 是夜 又奉三殿 御仁陽殿 觀處容戲 命召諸君駙馬入侍 賜倡優物有差…… 是夜 上御後苑 觀火 承旨史官不參焉[47]

서술의 구조로 보아서, 12월 28일 을미일에 임금이 구경했다는 행사는 두 가지이다. 觀儺를 먼저 거행하였는데 날이 저물어서 끝냈다고 명시하였다. 그리고 그날 밤에 새로이 처용희를 보는 행사를 가졌다. 다음날 밤에는 觀火의 행사를 가졌다. 관나, 관처용희, 관화의 행사는 각각 除夜에 알맞은 의미를 지니고 거행된 것일 뿐 서로 다른

46) 李惠求, 「牧隱先生의 驅儺行」, 『韓國音樂研究』, 國民音樂研究會, 1957. 이후 李杜鉉, 『韓國의 假面劇』, 一志社, 1985에서 「驅儺行」에 나타나는 驅儺儀式과 잡희, 처용무의 존재를 확인하였다.
47) 『연산군일기』 28권 30장.

행사이다. 또 다른 기록에서는 관나가 벌어진 다음날 관처용, 관화의
행사를 가졌다고 하였는데,48) 觀儺와 觀處容戱의 행사가 같은 날 벌
어진 것도 정해진 규정이 아니라는 사실을 말해준다. 관나와 마찬가
지로 처용희도 구나의식에서 분리하여 독립적인 공연 종목으로 부각
된 사실을 알 수 있다.49) 이상의 근거로써 관나에 처용무가 들어 있
지 않았다는 사실을 알 수 있었으나 설나의 경우는 확인할 수 없다.50)
   설나와 관나의 공연 현장을 보여주는 자료로는 중국 사신인 董越
의 「朝鮮賦」와 成俔의 「觀儺」가 있다.51) 동월은 성종 19년에 사신으
로 나왔다고 하는데, 성현 역시 성종 연간에 활동하였으므로 두 시는
비슷한 시기의 공연 현장을 보여주는 자료로서 더욱 비교의 가치가
있다고 할 수 있다.
   「조선부」에 나타난 공연은 사신을 맞이하는 나례로서, 환영과 칭
송의 의미로 행차가 지나가는 연도에 설치하므로 設儺에 해당한다.
성현의 「관나」가 '나례를 보며' 쓴 시가 아니라 '관나'라는 특정한 행

48) 『중종실록』 60권 7장, 12월 29~30일 기사.
49) 연산군 때에는 처용희를 豊頭戱라고 하여 가면의 모양과 크기, 음악을 수정하
   는 등 여러 가지로 정비하였다. 왕이 스스로 풍두무를 추어 즐기는 등 처용무
   가 오락적인 공연 종목으로 발달하였음을 알 수 있다.
50) 처용무는 의상과 춤, 동작 등이 장관을 이루고 가창이 중심이 되어 세밀한 언
   어 전달이 필요 없기 때문에 設儺의 무대 조건에 제약받지 않는다. 따라서 설
   나에서는 처용무가 공연되었을 가능성이 있다.
51) 「朝鮮賦」
   ……駢闐動車馬之音 曼衍出魚龍之戱以下皆言陳百戱迎詔 鰲戴山擁蓬瀛海日光化
   門外東西列鰲山二座高興門等極其工巧 猿抱子 飮巫山峽水人兩見立二童子舞 翻
   筋斗不數 相國之能嘶長風 何有鹽車之驥 沿百索輕若凌波仙子 蹋獨趫 驚見跳梁
   山鬼 飾獅象盡蒙解剝之馬皮 舞魁鷲 更簇參差之雉尾 蓋自黃海西京兩見其陳率舞
   而皆不若此之善且美也平壤黃州皆設鰲山棚 陳百戱迎詔 而惟王京爲勝 (董越, 『東
   國輿地勝覽』 1권, 京都 上)
   「觀儺」
   秘殿春光泛綵棚 / 朱衣畵袴亂縱橫 / 弄丸眞似宜僚巧 / 步索還同飛燕輕 / 小室四旁
   藏傀儡 / 長竿百尺舞壺觥 / 君王不樂倡優戱 / 要與群臣享太平 (成俔, 『虛白堂集』 詩
   集 卷7)

사에 참여하고 쓴 시라는 사실은 이미 언급하였다.

기존의 연구에 의하면, 「조선부」에는 吐火, 魚龍曼衍之戲, 舞童, 원숭이 놀이, 땅재주, 곰 놀이, 줄타기, 목발(踊趨), 사자놀이, 코끼리 놀이 등이 나타난다고 한다.[52] 이들 놀이의 공통점은 볼거리 위주의 장관을 이룬다는 데 있다.[53] 그 화려함과 기교는 이동하며 스쳐 지나가는 가운데서도 충분히 만끽할 수 있어 진지한 관객이 아니더라도 즐길 수 있는 것이다. 이러한 성격은 복합적인 무대공간이 지니는 여러 가지 조건들, 즉 배우와 관객의 물리적 거리가 멀다는 사실, 배우와 관객의 현존 시간을 예측할 수 없고 매우 짧다는 사실이 장애가 되지 않는다. 볼거리 위주이기 때문에 잘 들리지 않아도 관람에 지장을 주지 않고, 배우들의 표정을 살필 수는 없지만 춤동작이나 곡예, 장식물의 모양, 색깔 등을 구별할 정도의 거리만 유지하면 되기 때문이다.

이러한 설나의 공연 종목은 대략 두 종류의 무대 위에서 연출되었던 것으로 보인다.

> 예조에서 아뢰기를, "貞熹王后의 신주를 祔廟할 때에 산대, 나례, 결채 등의 일을 모두 정지하라고 명하셨는데, 신 등은 생각하건대 부묘는 중한·예식이므로 조종조에서 모두 이 예식을 썼으니, 大山臺는 비록 쓸 수 없을지라도 曳山臺, 茶亭山臺, 결채, 나례, 女妓 呈才 등의 일은 조종조의 예에 의하여 행하는 것이 어떻겠습니까?'
> 貞熹王后祔廟時 山臺儺禮結彩等事 竝命停之 臣等意祔廟重禮 祖宗朝皆用此禮 大山臺雖不可 如曳山臺茶亭山臺結彩儺禮女妓呈才等事 依祖宗朝例行之 如何[54]

---

52) 김일출, 『조선민속탈놀이연구』, 과학원출판사, 1958, 100면; 李杜鉉, 『韓國의 假面劇』, 一志社, 1985, 85~86면.
53) 이두현은 사자 놀이, 코끼리 놀이 등이 假象을 진열하는 가면 놀이였을 것이라고 추정하였다. 나례청등록에도 雜像을 준비하는 작업이 매우 큰 비중을 차지하는 것으로 보아 타당한 견해이다. 실제로 동물을 놀리는 놀이보다 잡상을 진열하거나 뒤집어 쓰고 하는 놀이는 더욱 장관을 이룰 수 있다.
54) 『성종실록』 174권 23~24장.

대산대는 일반적으로 알고 있는 거대한 규모의 산대로서 행차가 지나는 연도에 고정시켜 놓은 무대이다. 관객과 배우의 물리적 거리가 먼 대신 큰 규모의 무대를 설치하여 장관을 이루게 함으로써 설나의 의도에 맞추었던 것이다. 예산대는 바퀴를 달아 끌고 다니는 무대이다. 앞에서 인용한 단종실록의 기사에서 '끌고 앞서 가면서 잡희를' 하였다는 '山棚'은 바로 예산대를 가리키는 것이다. 예산대는 대산대에 비하여 소규모였을 것이며 그 위에서 배우들이 잡희를 벌였던 것 같다.

왕이 친히 종묘의 공성왕후의 신주에 제사를 지내고 명나라에서 보내온 고명을 고하였다. 대궐로 돌아올 때 노인, 유생, 기생들이 상전문 두루마리를 올리고 칭송하였다. 기생들의 칭송에는 倡優도 섞여 있었으며 山車와 花隊는 아주 사치하였다. 왕이 輦을 멈춰세우고 종일 구경하였다. 그래서 가까이 모시는 신하들과 장수와 군사들은 말에서 내려 대궐로 돌아가게 하였다.
　王親祭宗廟恭聖室 告聖朝誥命 還宮時耆老儒生妓坊獻軸稱頌 其妓坊之頌雜以倡優 山車花隊窮極侈巧 王停輦終日以觀之 令侍臣將士下馬還宮[55]

'山車' 역시 曳山臺의 일종으로 이동식 무대였을 것이다.[56] 『儺禮廳謄錄』을 보면, "山上人物이 입을 有文段, 紅色黑段, 青段, 藍段, 黃紗 各七尺……"이라고 하여 '山'위에 올라가는 인물이 입을 옷을 만드는 데 필요한 옷감을 열거하고 있는데, 이때의 '山'이란 '山車'일 가능성이 크다.[57] 요즘도 가장행렬을 할 때, 화려하게 꾸민 이동식 구조물 위

---

55) 『광해군일기』 95권 4장.
56) 張衡의 「西京賦」에 묘사된 平樂觀의 놀이 광경 가운데 '山車'가 나온다. "華山이 우뚝하고, / 봉우리 들쑥날쑥한데, / 신기한 나무와 신령스런 풀 자랐고, / 붉은 과일 주렁주렁 달린 山車가 있네. / 신선들의 歌舞놀이 다 모아놓은 듯 하니, / 표범 재롱피고 큰 곰 춤추며, / 흰 범이 瑟을 타고, / 푸른 용이 퉁소를 부네. ……"
여기서의 산거 역시 이동식 무대로 보인다. 재인이이 각종 동물의 모습으로 분장하고 춤을 추었을 가능성이 크기 때문이다.
57) 『儺禮廳謄錄』, 4~5면, "上色才人帶次唱夫竹甘伊十二疋 用後還下 …… 軒架山上

에 올라가 있는 인물이 있는 사실로 미루어, '산상인물'은 산거 위에서 노래하고 춤추는 배우일 것이다.

설나는 볼거리 위주의 장관을 연출하는 데 치중하였으므로 배우들의 공연 외에 여러 가지 모양을 나타내는 雜像을 만들어 진열하는 데 힘을 기울였다. 『나례청등록』의 기록을 보면 나례청의 준비 작업으로 산대 등 무대 구조물과 잡상을 만드는 절차가 가장 세밀하게 기록되어 있다. 이와 같이 설나의 공연 종목은 공연의 미학과 무대공간의 특성에 맞게 마련되었음을 알 수 있다.

성현이 묘사한 「관나」에는 춤, 공놀이(弄丸), 줄타기, 꼭두놀음, 竹竿戲 등의 공연 종목이 나타난다.[58] 設儺와 비교할 때, 대략 겹치는 종목이 있는 반면, 魚龍曼衍之戲나 각종 동물 놀이와 같이 화려한 장관을 추구하는 공연 종목이 사라졌다. 관나는 殿의 뜰에서 벌어지므로 공간의 한계가 있기 때문에 거대한 대산대를 세우거나 이동식 예산대를 활용할 수 없기 때문이다.

그 대신 관나에는 단일 공간에서 즐길 수 있는 연극이 발달하였다. 성현의 「관나」에도 꼭두각시놀음, 즉 인형극이 공연되었다는 사실을 밝히고 있다.[59] 인형극은 인형을 다루는 기교의 측면에서 보면 곡예에 해당한다고 할 수 있지만, 멀리서도 볼 수 있고 이동하면서도 즐길 수 있는 공연 종목이 아니므로 설나의 공연 종목에는 맞지 않는

人物 所着 有文段 紅色黑段 靑段 藍段 黃紗 各七尺 飜紅五尺 金縇五尺"
　조원경은 「仁祖時代의 儺禮瞻錄」(『鄕土서울』 제4호, 1958)에서 '산상인물'이 雜像의 일종일 것이라고 하였으나 그렇지 않은 것 같다. '산상인물'의 옷 문제가 잡상에 소용되는 물품에 들어 있지 않고, 우두머리 재인인 '上色才人'의 옷과 함께 언급되고 있기 때문이다.

58) 김일출, 『조선민속탈놀이연구』, 과학원출판사, 1958, 100~101면; 李杜鉉, 『韓國의 假面劇』, 一志社, 1985, 86면.
59) '傀儡'란 인형극의 인형만을 의미하지는 않는다. 假像으로 만들어진 각종 인물이나 동물들도 '괴뢰'라고 할 수 있다. 그러나 「관나」시에서는 '小室四旁藏傀儡'이라고 하여 인형 조종자와 여러 가지 인형들을 감추어 주는 무대 장막을 나타내 주고 있어 '괴뢰'가 인형극의 극중인물임을 알게 해 준다.

다. 인형 조종자의 대사와 노래를 듣고 작은 인형의 움직임을 보기
위해서는 배우와 관객 사이의 물리적 거리에 한계가 있기 때문이다.
인형극은 객석과 무대가 고정되고 관객과 배우의 물리적 거리가 가
까운 곳에서 연출해야 그 묘미를 느낄 수 있는 공연 종목이므로 관
나에 알맞다.

관나의 행사는 인형극 뿐 아니라 언어 전달을 위주로 하는 연극을
공연하기에 적합하다. 실제로 지금까지 소개된 소학지희 자료의 경
우 대부분이 관나에서 공연되었다.60)

소학지희는 언어의 묘미를 살린 연극이므로 可聽的인 거리가 확보
된 무대에서만 연출할 수 있다.

(가) (귀석이) 자칭 수령이라 하며 동헌에 앉아서 진상을 맡은 아전을 불렀
다. 한 배우가 아전이라고 하고 무릎으로 기어 앞으로 나왔다. 수령이 소리를
낮추고 큰 꾸러미를 하나 주며 말하기를, "이것은 병조판께 드려라." 또 큰
꾸러미 하나를 주며 말하기를, "이것은 이조판께 드려라." 중간 꾸러미를 하
나 주며 말하기를, "이것은 대사헌께 드려라." 그리고 나서 작은 꾸러미를 주
고서는 "이것은 임금께 올려라."라고 말했다.

自稱守令坐於東軒 召進奉色吏 有一優人自稱進奉色吏 膝行匍匐而前 貴石低聲
擧大苞一 與之曰 此獻吏曹判書 又擧大苞一 與之曰 此獻兵曹判書 又其中者一 與
之曰 此獻大司憲 然後 與其小苞曰 以此進上61)

(나) 이보다 앞서 공길이라는 우인이 〈老儒戲〉를 만들어가지고 말하기를,
"전하는 요순같은 임금이고 나는 고요같은 신하입니다. 요순과 같은 임금은
항상 있는 것이 아니지만 고요와 같은 신하는 언제나 있을 수 있습니다."라고
하였다. 또 『논어』를 외우면서 말하기를 "임금이 임금답고 신하가 신하답고

<hr/>

60) 觀儺의 행사가 아닌 경우로 進豊呈을 들 수 있는데, 이 행사는 임금이 대비를
위하여 베푸는 것으로서 관나와 마찬가지로 殿의 뜰에서 놀이를 펼쳤다. 행사
의 이름은 다르지만 무대 공간의 특성은 관나와 동일하다고 할 수 있다.
소학지희의 구체적인 내용과 희곡의 특성에 관해서는 사진실, 「소학지희의 공
연방식과 희곡의 특성」, 서울대 석사학위논문, 1990 참조.
61) 유몽인, 『於于野談』, 俳優條.

아버지가 아버지답고 아들이 아들다워야 합니다. 임금이 임금답지 못하고 신하가 신하답지 못하면 설사 쌀이 있은들 내가 먹을수 있겠습니까."라고 하였다. 왕은 말이 공경스럽지 못하다고 해서 형장을 치고 먼 지방으로 귀양을 보냈다.

先是優人孔吉作老儒戱曰 殿下爲堯舜之君 我爲皐陶之臣 堯舜不常有 皐陶常得存 又誦論語曰 君君臣臣父父子子 君不君臣不臣 雖有粟吾得而食諸 王以語涉不敬杖流遠方62)

(가)에서는 사태의 반전이 가져다주는 소극적 특성이 중요하기 때문에 처음부터 끝까지 관람하여야 공연의 효과를 거둘 수 있다. 따라서 관객과 배우의 현존시간이 일정하면서 비교적 길다고 할 수 있는 관나의 무대공간이 적합하다. 관객이 중간에 다른 무대에 눈을 돌리거나 이동하는 가운데 있다면 이러한 연극은 공연의 의의가 없다.

관나의 무대공간은 가정적이고 가시적인 거리가 확보되기 때문에 (나)와 같이 배우가 직접 임금에게 말을 건넬 수 있었던 것이다. 관객인 임금은 또한 관람을 위하여 관나에 참여하였으므로 배우의 연기와 대사를 경청할 수 있었고 불경하다는 생각을 갖게 되었던 것이다.

그러나 설나의 무대공간은 관객과 배우의 현존시간을 예측할 수 없고 짧기 때문에 극적 구성을 이루며 언어를 위주로 하는 연극을 공연하는 데 불리한 점이 많다. 대사를 듣지 못하거나 임의로 어느 한 부분만 관람해서는 의의가 없게 되기 때문이다.

한편, 관나는 공식적으로 임금의 관람을 위하여 준비된 공연 종목을 연출하므로 그 내용과 공연방식에 일차적인 검열이 전제되었다.

지시하기를 "思政殿에 觀儺를 배설하는 것은 옛 관례라고 하더라도 사정전은 경연을 여는 곳이므로 적합하지 않는 것 같다. 이전에도 후원에 설치한 때가 있었으니 이번에도 후원에 설치하는 것이 좋겠다. 라고 하였다.

그리고 儺戱單子를 내려 보내면서 말하기를 "농사짓는 형상은 「빈풍 7월편」

의 내용에 의하여 만들며 고을원이 굶주린 백성을 구제하는 형상도 함께 만
드는 것이 좋을 것이다.''라고 하였다. 또 儒生 及第의 형상에 대한 첫째 조항
을 지적하면서 말하기를 "이것은 비록 先生들이 新來를 놀려주는 형상이기는
하지만 戱夫들이 채색옷을 입는 것과 같은 문제를 진실성 있게 만들어 아이
들의 장난처럼은 하지 말 것이다."라고 하였다.

傳日 思政殿觀儺排設 雖是舊例 殿卽經筵處也 似不合矣 古亦有設於後苑之時
今亦設於後苑 可也 且下儺戲單子曰 農作形狀 須依豳風七月篇 而守令賑救飢民之
狀 幷爲之 可也 且指儒生及第一條曰 雖如此事先生弄新來之狀 戱夫服綵等事者
實爲之 毋如兒戲爲也63)

觀儺의 공연 종목 가운데 특히 소학지희의 내용을 임금이 직접 관
여하고 있다. 위의 기록에 의하면, 임금이 그 해의 관나에서 보게 될
연극의 내용은 대략 세 가지이다. ① 농사짓는 형상, ② 고을원이 굶
주린 백성을 구제하는 형상, ③ 儒生 及第의 형상. 이 가운데 비준을
받기 위하여 임금에게 올려진 내용은 ①과 ③이다. 임금은 ②의 내용
을 덧붙일 것을 요구하면서 동시에 ③의 내용을 연극으로 꾸밀 때
사실성 있게 할 것을 당부하고 있다. 소학지희는 관나의 공연에 정당
성을 부여할 수 있는 유일한 공연 종목으로서 민간의 풍속을 살피고
정치의 득실을 헤아린다는 정치적인 목적이 언제나 강조되었던 것이다.
설나는 공연의 의도에서부터 임금의 관람이 목적이 아니고 무대공
간의 특성상으로도 진지하게 관람할 수 있는 기회가 될 수 없었기
때문에 공연의 제약이 적었다고 할 수 있다. 山車를 설치하여 그 위
에서 공연한다든가 하는 큰 계획은 공식적으로 규정되었지만 구체적
인 세부 종목에서는 민간 예능인의 자율성이 보장되었을 것이다. 설
나를 위하여 전국적으로 민간 예능인을 동원하는 이유가, 그들의 발
랄하고 생동감 있는 잡희를 통하여 화려하고 번잡한 분위기를 연출
하려는 데 있었기 때문이다.

---

63) 『중종실록』 43권 46장.

4. 결론

국가적인 공연 행사였던 나례의 번성과 쇠퇴의 과정은, 공연예술의 변화와 발전 양상을 담고 있다. 공연 행사로서의 나례를 둘러싼 관습의 변화, 사회적 관계의 변화 등은 당대의 공연 환경을 만들어내고 개별적인 연극 또는 공연예술 양식을 창출하는 기반이 된다고 할 수 있다. 공연 환경의 변천을 통하여 연극 등 공연예술의 변모 과정을 고찰하는 것은 커다란 과제가 될 수 있다.

이 논문은 장기적으로 이러한 연구 과제를 수행하기 위한 기초적인 고찰에 해당하며 우선 조선 전기 나례의 변별 양상과 공연의 특성을 고찰하고자 하였다.

'觀儺'는 『조선왕조실록』 등에서 자주 보이는 용어로 '나례를 보다' 또는 '나례를 구경하다'고 해석되어 아무런 차별적인 주목을 받지 못하였다. 그러나 실제로는 관나가 고유한 용어로 쓰여 특정한 행사를 가리킨다는 사실을 알 수 있었다. 관나는 근본적으로 逐疫 즉 驅儺에 딸린 난장놀이에 불과하였지만, 조선시대에 오면 완전히 儀式에서 벗어나 배우들의 놀이만으로 분화된 것이다.

기존 연구가 구분했던 나례의 양상과 비교 논의르 통하여 조선시대의 나례는 觀儺, 設儺, 驅儺로 변별할 수 있다는 사실을 밝혔다. 驅儺는 본래적 의미의 나례인 역귀를 쫓는 儀式이다. 觀儺와 設儺는 순전한 공연 오락물로서 배우들이 주축이 되어 출연하였다. 관나는 물론 독립적인 공연 오락 행사였고, 의식 절차 뒤의 난장 놀이나 환영 행사로 기능한 나례도 그 자체로는 독립적인 오락 행사였다.

觀儺와 設儺의 공연 미학을 파악한 결과 관나는 구경하고(觀) 즐기는 데 공연의 도달점이 있다면, 설나는 늘여 세우고(設) 과시하는 데 그 도달점이 있었다. 관나는 배우들의 놀이를 구경하기 위한 공식적인 오락 행사였고, 설나는 중요한 행차를 환영하고 칭송하기 위한 儀

典的인 행사였던 것이다.

한편, 관나와 설나의 무대공간을 고찰하고 그에 따르는 공연 종목의 성격을 파악하려 하였다. 관나의 무대는 단일 공간으로서 관객과 배우의 물리적 거리가 가까우며 관객과 배우가 동일한 공간 내에 동시에 현존하는 시간이 정해져 있고 비교적 길다고 할 수 있다. 설나의 무대는 복합 공간으로서 관객과 배우의 물리적 거리가 멀고 현존하는 시간이 정해져 있지 않아 예측하기 어렵고 비교적 짧다고 할 수 있다.

이러한 무대공간의 특성은 무대 위의 공연 종목의 성격을 규정한다. 지금까지 알려진 나례의 공연 종목을 보자면, 소학지희와 같은 언어가 중심이 되는 연극은 觀儺에 가장 적합한 공연 종목이었다. 설나는 볼거리 위주의 장관을 연출하는 데 치중하였으므로 배우들의 공연도 춤과 노래가 중심이 되었고 雜像을 늘여 세우는 형식적인 측면에 치우쳤다.

관나는 공식적으로 임금의 관람을 위하여 준비된 공연 종목을 연출하므로 그 내용과 공연방식에 일차적인 검열이 전제되었다. 그러나 설나의 경우, 큰 계획은 공식적으로 규정되었지만 구체적인 세부 종목에서는 민간 예능인의 자율성이 보장되었다고 보인다. 관나와 설나는 모두 궁중 공연문화와 민간 공연문화가 교류하는 장이 되었다. 그러나 민간 예능인의 자율성이 보장되는 정도에 따라 그 반향이 상당히 달라졌으리라 여겨진다. 이러한 문제에 관해서는 계속적인 관심을 갖고 고찰할 것이다. 특히 논란이 되어 왔던 탈춤과 나례의 관련성에 대해서도 관나, 구나, 설나의 변별 양상을 토대로 재검토할 필요가 있다.

Ⅳ. 조선시대 서울지역 연극의 공연상황

1. 서론

1) 연구 과제

이 연구는 조선시대 서울지역 연극의 공연상황과 그 변천 과정을 밝히고자 하며, 궁극적으로 한국연극사를 새롭게 조망하겠다는 목적을 달성하기 위한 중간 과정으로 이루어진다.

한국연극사의 서술은 다른 분야의 역사적 연구에 비하여 부진한 편이라고 할 수 있다. 특히 전통연극사 부분은 김재철의 『朝鮮演劇史』, 이두현의 『韓國演劇史』 이후 획기적인 저술이 이루어지지 못했다고 할 수 있다. 그러나 한국연극사의 반쪽이라 할 수 있는 근대연극사 부분은 비교적 관심을 불러 모으는 가운데 저술이 거듭되고 있다.[1] 특히 전통극과 근대극을 연속적으로 바라보고자 하는 바람직한

---

[1] 가장 최근에 이루어진 근대연극사 저술로 유민영의 『韓國近代演劇史』(단국대학교출판부, 1996)가 있다. 지금까지의 연극사 서술이 史觀과 藝術觀이 제대

전환을 시도하고 있어[2] 전통극의 역사를 바라보는 시각에 새로운 자극을 주고 있다고 할 수 있다. 그러나 개화기 전통극의 발자취를 찾아내는 작업만으로 전통연극사 전체의 위상을 바로잡을 수는 없다. 한국연극사가 제대로 드러나기 위해서는 근대연극사 저술의 성과와 병행할 만한 전통연극사의 저술이 이루어져야 할 것이다.

그런데 전통연극사의 저술은 극복해야 할 어려운 문제를 안고 있다. 첫째는 연구 대상인 자료가 미흡하다는 사실이다. 통시적으로 연속되어 있거나 공시적으로 다양한 작품들이 존재하지 않으므로, 불연속적으로 돌출되어 있는 작품들을 가지고는 내재적인 발전 관계를 따지는 일이 미흡할 수밖에 없다. 또한 연극과 관련된 주변 자료 역시 연극 양식의 기원, 형성, 발전의 과정을 고찰하는 데 있어 많은 정보를 제공해주지 못한다. 자료들을 활용하는 데 있어서도 혼란이 생겨서, 같은 자료를 가지고 서로 다른 견해를 입증하는 근거로 삼는 일이 생기기도 한다.

그러한 난관은 연극사를 기술할 史料와 작품이 부족한 상태에서 고증적인 방법에 의존했기 때문에 나타난 것이다. 微視的인 접근으로는, 작품과 자료가 부족한 데서 오는 어려움을 극복할 수 없다. 연구 방법이 부재하다는 것이 전통연극사 저술이 안고 있는 두 번째의 어려움이라고 할 수 있다.

연극사의 문제는 개별 양식에 몰두하고 현재 눈으로 확인할 수 있는 현상만 가지고는 해결할 수 없다. 자료를 바라보는 안목을 높여, 보이지 않는 진실에 접근하기 위해서는 당대 공연문화의 흐름에 주

로 나타나지 않고 대체로 연대기적인 수준을 크게 벗어나지 못했다고 지적하면서 역사의 흐름에 따른 일관적인 시각을 통하여 연극의 발전 과정을 밝혀내고자 하였다.

2) 유민영은 『한국근대연극사』에서, 개화기 전통극의 변모를 방대하게 다루어, 전통극이 1900년 이후 옥내 극장의 무대에도 관객에게 인기 있는 흥행물로 계속 공연되었다는 사실을 밝히고 있어, 연극사의 전통 단절론을 극복한다는 측면에서 큰 의의를 지닌다.

목하여야 한다. 결국, 거시적인 틀을 마련하여 세부 항목으로 접근해
나가는 방법을 모색할 필요가 있다고 하겠다.

이 논문에서는 공시적인 층위를 이루는 문화의 교섭 양상을 통하
여 연극사를 바라보고자 하는 것이다. 연극 등 공연예술을 향유하는
현상도 문화의 일부이므로 서로 다른 층위의 문화가 교섭하는 양상
을 통하여 그 발전 과정을 드러낼 수 있다.

이러한 입장에서, 이 연구는 연극의 외부적인 양상을 포괄하는 공
연상황을 문제삼고 있다. 공연상황은, 공연이 성립되는 과정과 공연
이 이루어지는 순간까지 연극의 양식 및 유통 방식에 영향을 주는
환경적 요인을 말한다. 곧, 배우와 관객의 위상, 공연의 제도와 관습,
공연에 필요한 재정적 기반, 공연 공간의 특성 등을 들 수 있다.

공연상황은, 연극의 존재 양상을 직접 규정하므로 일반적인 사
회·경제적 배경보다 구체적인 환경적 요인이다. 그러나 사회·경제
적 배경과 맞물려 있으므로 그 실상에 기대어 간접적인 자료를 가지
고도 정당한 결론에 도달할 수 있다. 공연상황의 양상과 변천 과정에
대한 가설을 전제하고 증명하여, 그 테두리 안에서 개별적인 연극 양
식의 존재 양상에 관한 개연성의 폭을 좁혀나가는 작업이 가능하다.
그것은 돌출되어 있는 작품과 파편적인 자료들의 관계를 정립하고
그 위상을 바로 잡는 길이 될 것이다.

공연상황의 변천을 통하여 연극의 변모 과정을 고찰하는 것은 연
극사의 연속선을 확보하는 데 있어서 매우 유리하다. 개별적인 연극
양식은 단절되기도 하고 새로운 연극 양식이 수입되기도 하지만 공
연상황은 단절되거나 수입될 수 없다. 공연상황은 여러 가지 요소들
의 상관관계이기 때문에 그 양상은 달라질 수 있어도 관계 자체가
소멸되지는 않는다. 공연상황은 개별적인 연극 양식의 단절과 이질적
인 연극 양식의 이식까지도 포용하여 연극사의 연속선을 유지할 수
있게 한다.[3]

이 연구는 연극사에서 제기된 논쟁을 해결하기 위하여, 예술사 전

반의 추이에서 공연상황의 문제를 거쳐 연극 작품의 내적인 변모 양
상을 역추적 하는 방식을 채택하고 있다. 마지막 도달점에 직접적인
의의를 둘 수 있지만, 공연상황의 양상과 변천 과정을 밝히는 작업에
서, 공연예술 전반 및 예술사의 분야에 기여하는 측면을 기대할 수
있다.

공연예술은 전통적으로도 또한 현재의 시점에서도 매우 우세한 예
술 양식이다. 그러나 전통적인 공연예술은 그 존재 여부 및 가치가
사장되어 있었다. 지배층의 문화에서는 문학과 철학, 사상이 부각되
었고, 저변을 이루는 민중의 문화에서는 자연 발생적인 민속예술이
가치를 인정받았다. 그런데 상층과 하층이 두루 관여하고 즐기는 공
연예술의 입장에서 대상에 접근한 사례는 드물었다고 할 수 있다. 물
론 바라보는 입장이 바뀐다고 해서 개별적인 양식의 실체가 변하지
는 않을 것이다. 그러나 같은 공연예술이면서 문학으로, 연극으로, 음
악으로 갈라져 연구된 대상들을 동질적으로 다루어서 얻을 수 있는
성과를 기대할 수 있다.

현대의 공연예술은 매우 각광을 받으며 무대에 오르고 있지만, 이
론은 미비한 채 실천만 이루어지고 있어 그 예술적 기반이 불안정하
다고 할 수 있다. 대중예술에 관한 이론적 공부가 유행처럼 번지기도
하였지만, 외국의 이론을 적용하고 실천하는 어려움이 뒤따른다고

---

3) 연극사의 전통단절론을 극복하고자 한 유민영의 시도(유민영, 앞의 책, 3~96
면 참조)는 공연상황의 변천 과정을 통하여 연극사의 연속선을 확보할 수 있
다는 이 논문의 입장과 일치한다. 다만, 전통극 또는 전통 공연예술이 얼마나
후대까지 공연되었는지가 중요한 것이 아니라 현재 우리가 향유하는 연극 양
식들을 이루어내는 데 얼마만큼 중추적인 역할을 수행하였는지가 중요하다.
박람회나 민속 경연대회에 출품된 작품으로서 전통극은 화석에 불과하다. 그
것은 과거의 한 시점에 멈춰진 유물을 보여주는 것에 지나지 않는다. 전통이
라고 선언할 필요가 없을 만큼 저절로 스며들어 있어야 전통을 계승했다고 할
수 있다. 따라서 1900년 대 이후의 무대에 올려진 연극 양식들 가운데 가장
자연스럽게 전통극의 면모를 계승한 작품들을 찾아 그 위상을 바로잡는 작업
이 요구된다.

하겠다. 전통적인 공연예술에 관심을 갖는 것은 연구의 분야를 개척한다는 측면에서도 효과를 기대할 수 있고, 우리의 경험과 전통에 기반을 둔 공연예술의 이론을 만들어낼 수 있다는 점에서 의의가 있다. 공연예술의 이론은 현대 공연예술의 원리와 미학을 찾는 원천이 될 것이며 배우, 관객, 공연 공간의 관계를 조화시켜 공연예술 시장을 활성화하는 데 활용될 수 있다.

  예술적 전통이 현재적 의미로 거듭난다는 사실을 염두에 둘 때, 연극은 매우 주목할 만한 연구 대상이다. 과거에서 현재에 이르기까지 가장 큰 폭의 변화와 발전을 이룩한 영역이기 때문이다. 연극은 절제된 儀式과 난만한 놀이에 두루 걸쳐 기반을 두고 있으며, 동시대의 상층과 하층을 모두 관객으로 끌어들이는 흡인력을 지니고 있었다. 상층과 하층이 연극을 통하여 얻고자 했던 효용과 감동의 차원이 다르며 그것은 상층 문화와 하층 문화의 교섭 양상을 고찰할 단서가 될 수 있다.

  연극의 발전은 예술사 전반의 발전과 맞물려 있으며 사회사의 추이를 반영한 것이다. 과거와 현재의 격차가 큰 만큼, 연극의 변모 양상과 그 과정이 예술사에 던져주는 의미는 자못 크다고 하겠다. 그 의미는, 연극의 전통이 과거에서 현재에 이르기까지 연속되었다는 전제 아래에서만 유효하다. 변모 양상의 의미는 과거와 현재라는 두 좌표 사이의 간격에서 나타나는 것이 아니라, 좌표를 잇는 연속선을 따라 드러나기 때문이다. 이 논문의 연구 대상은 조선시대에 국한되어 있지만 발전 양상의 구조와 원리는 현재의 시점과 맞닿아 있다. 사실을 확인하면서 설정될 과거 시점의 좌표와, 눈에 보이는 현재 시점의 좌표는 연속선의 공식을 규정하며 그 공식이 바로 발전의 구조와 원리이기 때문이다.

2) 연구 대상

이 논문에서 다루는 연극은 주로 笑謔之戱와 본산대탈춤이다. 소학지희가 가리키는 대상은, 넓게 보면 俳優戱 전반을 가리킨다고 할 수 있고, 좁게 보면 배우희 가운데서 상층 문화가 발달시킨 궁정연극이라고 할 수 있다.4) 이 논문에서는 후자의 의미를 채택하고 있다. 본산대탈춤은, 그 형성 과정이 어떻게 판별되든지, 민간에서 성행하였으므로 민간연극이라고 할 수 있다. 두 양식은 각각 상층 문화와 하층 문화의 산물로서, 문화의 교섭 양상과 연극사의 발전 과정을 극명하게 드러내 줄 것으로 기대할 수 있으므로 이 논문의 연구 방법에 잘 부합한다.

기녀의 呈才를 연극의 범주에 넣는다면 상층 문화에 속한 궁정연극의 대표적인 양식으로 손꼽을 수 있다. 또한 판소리도 탈춤과 더불어 주요한 민간 공연예술 양식이다. 조선시대 공연예술사의 흐름을 파악하기 위해서는 어느 한 가지 공연예술 양식도 소홀히 할 수 없다. 다만, 이 논문은 연구 주제를 연극으로 명시하였고, 이 두 양식은 장르 설정에서부터 논란의 여지가 있으므로 중심적인 연구 대상에서 일단 제외하였다.

그러나 이 논문에서 다루는 공연상황이란, 공연예술 전반을 염두에 둔 것이므로 이들 공연예술을 모두 포괄하여 상관관계를 다루는 일이 과제로 남는다. 다양한 공연예술을 담당한 예능인 집단들의 변별성, 예능의 종류, 집단 간의 상관관계 등에 대하여 개별적으로 고찰하는 작업도 뒤로 미룰 수밖에 없다. 이 논문에서도 배우 집단의 존재 양상을 다루고 있지만, 상층 문화와 하층 문화의 차별성 및 조선 전기와 후기의 변천을 극명하게 드러내기 위하여 크게 서울과 지방, 또는 궁정과 민간으로 나누어 그 관계를 파악하고자 한다.

---

4) '笑謔之戱'의 용례와 개념에 대해서는, 史眞實, 「笑謔之戱의 公演方式과 戱曲의 特性」, 서울대 석사학위논문, 1990, 3~5면 참조.

소학지희와 본산대탈춤은 연극사 연구에서 해결해야 할 당면 과제를 안고 있다. 소학지희는 가면극이 아닌 話劇의 전통을 확인할 수 있는 중요한 연극 양식이다. 그러나 선행 연구에서는 소학지희를 탈춤이나 판소리의 모체로 보는 등 그 종속 관계를 강조하였으므로 쟁점이 생겨난다. 따라서 소학지희의 후대적 변모 양상과 본산대탈춤의 형성 과정을 밝히는 한편, 공연상황의 차이에 따른 두 양식의 존재 양상을 밝힐 필요가 있다. 그 결과 소학지희와 본산대탈춤의 관계가 드러날 것이다.[5]

탈춤은 선행 연구에서 가장 주목받은 연극 양식이며, 그 기원 및 형성 과정에 대해서는 연극사 연구의 초기부터 최근에 이르기까지 논란이 거듭되고 있다. 여러 가지 견해 가운데 가장 큰 쟁점이 되는 사항은, 현전 탈춤이 문화의 상승 작용을 통해서 형성되었는가 또는 침강 작용을 통하여 형성되었는가의 문제이다.

한편, 이들 양식의 변별성 및 상관관계, 형성 민 변천 과정의 문제를 해결하기 위하여 중요하게 다루어야 하는 대상이 바로 나례이다. 이 논문에서는 祭儀로서의 나례보다는 궁정의 공연 행사로서의 나례에 접근할 것이다.[6] 소학지희는 나례의 공연 종목이었으므로 나례와 밀접한 관계가 있다. 또한 탈춤의 형성 문제를 해결하는 데 있어, 나례는 긍정적이든 부정적이든 논란의 대상이 되었다. 특히 '山臺戲 기원설'에 의하면 나례의 폐지를 계기로 본산대탈춤[山臺都監劇]이 지방

---

5) 사진실, 「소학지희의 공연방식과 희곡의 특성」, 소학지희가 독립적인 연극 양식이라고 주장하여, 탈춤이나 판소리의 모체가 되었다는 견해를 부정하였다. 그럼에도 불구하고 그동안 소학지희와 탈춤의 관계가 계속 거론되었으므로 탈춤과 함께 다루어 미흡한 점을 보완하고 논의를 다질 필요가 있다.

6) 궁정에서 거행되는 나례가 매우 광범위한 용도로 쓰인다는 사실은 이미 알려졌으나 제의 또는 각종 의전 행사와 무관하게 궁정의 공연 오락 행사로서 존재했다는 사실에 대해서 새로이 주목할 필요가 있다. 나례의 변별성에 대해서는 사진실, 「조선 전기 儺禮의 변별 양상과 공연의 특성」, 『구비문학연구』 3, 구비문학연구회, 1996 참조.

으로 퍼져 나갔다고 하므로, 나례의 공연 종목을 밝히고 나례의 축소
나 폐지와 관련된 변천 과정을 드러내어 공연문화에 끼친 영향을 확
인하는 일이 큰 과제이다.

서울지역은 궁정의 나례가 벌어지고, 소학지희와 본산대탈춤이 공
연되었던 지역이다. 이 논문의 거시적인 틀인 문화적인 층위와 그 교
섭 양상이 분명하게 드러나는 지역이라고 할 수 있다. 서울은 조선시
대 행정의 중심지이며 공식적인 문화의 중심지였으므로 국가적인 각
종 행사를 위하여 많은 예능인을 모아들여 공연하게 하였다. 또한 서
울은 가장 발달한 상업 도시였기 때문에 市場을 중심으로 각종 오락
적 예능을 갖춘 예능인들이 모여들었다고 할 수 있다. 이러한 환경은
시대의 선후를 달리 하면서 상층과 하층의 문화적 전통을 교류하게
하는 요인이 되었다고 할 수 있다.

전반적인 문화 교류의 흐름을 말할 때는 상층과 하층의 전통이 상
호 작용하였다는 사실이 진리가 될 수 있지만, 구체적인 연극 양식의
형성과 변천 과정을 따질 때는 그 작용 방향이 어느 쪽인지 밝혀야
만 한다. 개별적인 연극 양식들은 나름대로의 형성 배경을 지니고 浮
沈하였기 때문이다. 논쟁의 대상이 되어 있는 탈춤의 기원 및 형성
논의도 근본적으로는, 문화적 전통의 작용 방향을 어떻게 설정하고
있는가 하는 문제와 직결되어 있다. 서울지역이 지니는 다층적인 위
상은 연극 양식의 '침강' 혹은 '상승'의 양상을 밝히는 데 좋은 배경이
될 수 있다.

소학지희, 본산대탈춤, 나례에 관한 미해결의 문제들은, 별도의 집
중적인 논의가 필요한 만큼 중요하지만, 별개로 다루어 해결하기 어
려운 복합적인 양상을 띠고 있다. 또는 한 가지를 해결하면 다른 문
제들이 연쇄적으로 해결될 연결 고리를 갖고 있다고도 말할 수 있다.
따라서, 이 논문에서는 이러한 미해결의 문제들을 한꺼번에 다루고
자 하는 것이다.

낱낱의 사실들에 파묻히지 않고 전체의 흐름을 바로잡기 위해서는

몇 가지의 기준을 설정할 필요가 있다. 공시적이고 통시적인 몇 가지 축을 중심으로, 이질적인 연극 양식의 존재 양상과 그 변천 과정을 드러내고자 한다. 공시적인 축은 공연상황의 요소들인데, 각각 배우(생산자), 관객(수용자), 공연 현장(생산과 수용의 현장)으로 나누어 설정하였다. 배우에 대해서는 연극을 연행하는 배우의 활동 유형을, 관객에 대해서는 공연의 재정적 기반에 기여하는 측면을, 공연 현장에 대해서는 공연이 벌어지는 공간의 특성을 다루고자 한다. 이러한 항목들이 동시대적으로 드러내는 몇 가지의 양상들을 설정하여 고찰함으로써 궁정연극과 민간연극의 존재 양상 및 그 변천 과정을 밝힐 수 있다.

통시적으로는 임진왜란이 끝난 후인 17세기 초를 기준으로 조선 전기와 후기로 나누어 고찰하고자 한다. 17세기는 중세에서 근대로의 이행기가 시작되는 시기이다. 이러한 시기 구분은 문학사를 바라보는 선행 연구7)에 힘입은 바 크지만, 수동적인 적용은 아니다. 전반적인 공연문화의 특성을 살필 때 실제로 이 시기부터는 새로운 모순과 갈등이 시작되었음을 파악할 수 있다. 예를 들어, 공연문화의 공식적 제도는 존속되었지만 실질적인 통제와 관리가 불가능한 상황이 일어나기 시작했던 것이다.

이러한 갈등이 생겨나기 시작하는 漸移 지점에 있는 史料를 이용하는 데는 원칙이 필요하다. 예를 들어, 나례의 경과를 기록한 『儺禮廳謄錄』은 인조 4년(1626)의 책으로, 이 논문에서 구분한 조선 후기의 자료에 해당한다. 그러나 사신을 영접하는 나례의 준비와 과정, 재인의 명단 등이 기록되어 있어 나례의 제도에 관하여 알려주는 중요한 자료이다. 이 경우, 『나례청등록』의 편찬 시기는 조선 후기라 할 지라도, 그 내용은 조선 전기부터 전해 내려오는 제도적인 절차에 관한 것이므로 조선 전기의 양상을 살피는 데 활용해야 할 것이다.

---

7) 조동일, 『한국문학통사』(제3판) 1~5, 지식산업사, 1994.

『조선왕조실록』의 사료를 이용하는 데 있어서도 같은 원칙을 두고자
한다. 특히, 17세기 초인 광해군 때의 기록은 조선 전기와 후기의 점
이적인 특성을 고루 나타내고 있다. 하나의 사료 가운데서도, 이전
시기에서부터 유지된 제도의 측면과 그것이 흔들리고 타파되는 측면
을 동시에 추출할 수 있다. 그러므로 제도적인 양상에 관해서는 조선
전기 공연상황의 자료로, 변화의 양상에 관해서는 후기 공연상황의
자료로 활용하게 될 것이다.

본론의 논의는 2장에서 용어 및 개념 논의를 하는 것으로 시작하
는데, 기본 용어를 확정할 뿐만 아니라 전체 논의를 이끌어가는 개념
적인 틀을 제시하고자 한다. 3장에서는 조선 전기의 양상을 다루는
데, 앞서 언급했던 공연상황의 요소와 연극 공연의 관계를 고찰할 것
이다. 4장은 조선 후기의 양상을 다루는데, 전기와 후기의 지속성과
변화의 측면을 함께 고찰하여 그 의미를 파악하고자 한다.

3) 연구사 검토

이 논문은 공연상황과 연극 양식의 상관관계를 추구한다. 그러나
공연상황의 가변성과 영향력을 인정하고 연극의 양식적 특성 및 그
변모 과정과의 상관관계를 다룬 논의는 드물다. 따라서 연구사는 서
울지역 연행예술의 공연상황을 다룬 논의8)와 연극의 변모 과정을 다

---

8) 공연상황 역시 연극의 공연이 중심이지만 연극의 공연상황이라고 한정할 수는
   없다. 전통적인 공연문화에 있어서 연극이 따로 공연되는 경우가 드물었을 뿐
   만 아니라 각종 공연예술의 종목마다 예능인이 엄격히 구분되지 않았기 때문
   이다. 연출된 결과물인 공연예술 가운데서 연극을 찾아내는 일은 가능하지만,
   그러한 결과물이 산출되기까지의 복합적인 환경 요인들을 공연종목별로 나누
   어 생각하기는 어렵다. 따라서 연극을 포함한 공연예술의 공연상황을 고찰하
   되, 그러한 환경적 요인과 영향을 주고받는 공연종목 가운데 연극을 부각시켜
   다루고자 한다.

룬 논의를 나누어 검토하도록 하겠다.

임형택은 〈柳遇春傳〉을 분석하면서 18세기 예술사를 조망하고자
하였고, 음악가인 유우춘의 정신세계와 연주 활동을 추적하여 18세기
의 음악이 지니는 문화 운동의 위상을 파악하였다.[9] 그 결과 18세기
의 예술사적 상황은 예술적 가치와 상품적 가치가 서로 갈등하였다
고 하였는데, 예속적인 예능인에서 자유로운 예술가로의 전환은 현실
기반이 마련되어야 한다고 함으로써 두 가치가 모순되면서도 상호
보완적이라는 사실을 말하였다. 결국 18세기 서울 시정의 도시민적인
향락 소비 생활은 예술의 수요를 창출했고 예술의 상품화는 예술가
의 예술적 성취도를 자극하는 현실 기반이 되었다는 말이다.

음악 연주는 공연예술이지만 자족적인 취미 예술이 될 수 있다는
점에서 연극과 다르고 문학과 비슷하다. 연주자 자신이 스스로 즐기
면서 예술적인 완성을 갈망하게 되므로, 근대적 성격을 드러내는 여
러 가지 단초 가운데 예술가의 내면적 갈등이 가장 두드러질 수 있
었다. 연극과 같은 전문 공연예술은 남에게 오락물로 제공되었으므로
예술적 성취와 관련된 내면적 고뇌가 더디게 나타나는 대신 물질적
보상에 대한 관심과 집착이 더욱 두드러졌으리라 여겨진다.

임형택의 논의에서 받아들일 수 있는 점은 18세기 예술사를 바라
보는 총체적인 시각이다. 또한 이 시기 서울의 소비 향락적 생활이
특정한 음악의 유형을 선택하여 수요를 창출하였다는 사실은 매우
설득력이 있다. 그러나 18세기 예술사를 다루면서 興行의 측면을 소
홀히 다루었다고 여겨진다. 막연한 수요를 상정하는 데서 나아가 구
체적인 예술 상품 매매의 현상에 접근할 필요가 있다. 그러기 위해서
는 음악인의 연주 활동보다 직업 배우의 예능 활동을 연구 대상으로
삼는 것이 유리하다.

9) 林熒澤, 「18세기 藝術史의 視角」, 『李朝後期 漢文學의 再照明』, 창작과비평사,
1983.

강명관은 서울의 도시적 유흥의 발달 양상을 재구하고 그 주체인
중간계층에 대하여 고찰하였다.[10] 그는 조선 후기 오락 연예를 장악
한 왈자의 존재에 주목하였으며 그들이 중간계층에서 나왔다고 하였
다. 그의 논의에 의하면, 왈자는 기술직 중인에서 시전 상인에 이르
기까지 분포되어 있는데, 폭력성을 띤 개인적 성향과 함께 어떠한 동
질적인 부류로서의 사회집단적 성격을 지닌다. 왈자들은 군악대의
조직을 장악하거나 妓夫가 됨으로써 당대의 연예계에 큰 권력을 행
사하였고 유흥적인 분위기를 확산하는 데 주도권을 행사했다고 하
였다.

풍부한 논거 자료와 분석을 통하여 볼 때, 왈자를 중심으로 하는
일군의 사람들이 도시 유흥을 장악했다는 사실은 매우 정당한 결론
이라 여겨진다. 그는 미해결의 과제를 남기면서, 중간계층이 유흥의
주소비자로 등장한 경제적 토대의 성격과 중간계층의 역사적 성격을
규명해야 한다고 하였다. 그러나 그가 말하는 중간계층이 역사 담당
층인지 국지적인 집단인지 구분하기 어렵다. 그 성격이 비교적 퇴행
적이어서 역사 담당층이 지니는 진보성을 발견할 수 없기 때문이다.
이러한 성향이 일관된 것이었는지 변질되어 나타난 것인지 해명할
필요가 있다. 한편, 중간층이 도시의 오락과 유흥을 주도했다고는 하
지만 그것은 수용자의 측면일 뿐이다. 실제로 오락과 유흥을 위한 연
행예술을 공연한 것은 기녀나 배우, 악공 등의 예능인인데 이러한 생
산자의 측면이 고려되지 않았다.

김흥규는 일련의 논문을 통하여 판소리의 전개 과정에 영향을 끼
친 청중층의 성격을 파악하고자 하였다.[11] 특히 「19세기 前期 판소

---

10) 강명관, 「조선 후기 서울의 중간계층과 유흥의 발달」, 『민족문학사연구』 2집,
    1992.
11) 김흥규, 「판소리의 사회적 성격과 그 변모」, 『세계의 문학』, 1978 겨울.
    _____, 「19세기 前期 판소리의 演行環境과 사회적 기반」, 『어문논집』 30, 고
    려대 국어국문학연구회, 1991.

리의 演行環境과 사회적 기반」에서는 판소리가 음악과 연기를 동반
한 연행예술임을 전제하고 판소리 연구에 있어서 판소리계 소설과
판소리를 구별하여야 한다고 하였다. 또한 판소리의 전개 과정을 증
명하기 위해서는 작품의 내재적 해석에 의존해서는 안되며 외부적인
증거들을 채택해야 한다고 주장하였다.

그가 선택한 외부적인 증거는 판소리를 지탱하고 후원한 수용 측
면의 환경으로서, 계급적 특징이나 경제적 지위 등에 따르는 청중의
역할, 연행 공간의 제도적 정비, 보상 방식 등을 다루고 있다. 공연예
술 활동의 기반이 되는 전반적인 사회 배경을 다룬 것이 아니라 공
연 활동과 직접 관련이 있는 요소들을 다루었다는 데 의의가 크다고
하겠다.

그러나 역시 판소리의 연행 환경을 수용의 측면에만 의존하여 파
악하였다는 점에서 문제를 제기할 수 있다. 연행 환경은 생산의 측면
을 아울러 논의하여야 한다고 하겠다. 판소리의 연행자가 시대에 따
라서는 수동적인 위치에 있었다 할지라도 연행의 주체는 바로 그들
이기 때문이다. 더구나 많은 논의를 통하여, 19세기는 예능인들이 예
술가로서의 자의식을 갖고 자신의 예능을 예술적으로 고양하기 위하
여 노력했다는 사실이 드러났다. 연행자 집단의 위상이 변모하는 양
상을 파악할 필요가 있다.

김종철은 고증적인 연구 방법을 기초로 하여 판소리의 변모 과정
을 사회사적으로 고찰하였다.[12] 16·17세기에서 20세기에 이르기까
지 판소리와 판소리 창자, 수용자의 측면을 모두 포괄하여 그 변모
양상을 밝히고자 하였다. 판소리의 측면에서는 연행 방식과 사회적
위상의 변모를 고찰하였는데, 판소리는 탈계층의 성격을 지니며 대중
예술로서의 위상을 확보하게 되었다고 하였다. 특히 앞의 논자들이
주목했던 바와 같이, 중간층이 도시 유흥을 이끌면서 판소리의 수요

---

12) 金鍾澈, 「19~20세기 초 판소리 변모양상 연구」, 서울대 박사학위논문, 1993.

에 따르는 유통 구조를 주도했다는 사실을 밝혀내었다.

그러나 문제는 이러한 현상을 바라보는 논자의 시각에 있다. 20세기 초의 극장주나 극장 경영자가 조선시대의 중간층에서 나왔고 그 역할 역시 이전 시기 중간층이 주도한 유흥 문화의 전통을 이었다고 하면서, 논자는 변화의 측면보다 지속의 측면을 강조하였다. 지속의 측면에서 바라보자면 20세기의 상황은 18 · 19세기의 연장선 위에 있다는 사실을 알려 줄 뿐이다.[13] 그러나 변화의 측면으로 보자면 여러 가지 의미를 추출할 수 있고 판소리의 성격에 국한되지 않는 공연예술 전반에 관한 발전의 원리를 발견할 수 있을 것이다.

예술사의 추이를 살펴보는 입장에서 서울지역에 관심을 갖은 논의들은 주로 18세기 이후 서울의 도시적 양상을 부각시키고자 하였다. 서울의 위상은 도시적 양상을 대표하는 지역으로서만 의의가 있는 것이 아니라, 제도 및 행정의 중심지로서도 의의를 갖는다. 서울이 지니는 위상의 변모 양상을 아울러 다루어야 공연상황 및 그 변모 과정을 고찰할 수 있다. 연극 등 공연예술은 조선 후기가 되어서야 활성화된 것이 아니라 그 이전부터 공식문화의 주요한 예술 양식으로 전승되고 있었다. 따라서 중요한 것은 그 성격의 변천을 살피는 일이다.

공연상황과 관련된 논의들은 주로 음악과 판소리에 관하여 이루어졌다. 그러나 주로 수용자의 측면에서 공연상황을 파악하려 하였다는 점에서 문제를 제기할 수 있다. 계급적 특징이나 경제적 지위에 따르는 청중의 역할, 보상 방식 등은 공연상황을 결정하는 주요한 요

---

13) 김종철은 판소리의 연행 기반을 형성했던 중간층이 20세기에 가까워 오면서 점차 시민층으로 전환되었을 가능성이 있다고 하면서 판소리의 중간층 기반은 판소리가 시민문학 내지 시민예술로 성장할 기반을 마련한 것이라고 하였다. 18 · 19세기 중간계층의 역할과 20세기 극장주의 역할을 지속성의 측면에서 파악하려 한 것은 이러한 중간계층에서 시민을 찾고 판소리에서 시민 문학을 찾으려는 의도와 관련이 있는 것 같다.

소들이지만 수용자의 측면을 강조하다 보면 생산자의 역할이 축소될
우려가 있다.

　연극의 분야에서는 공연상황 등 사회사적 여건과 관련시켜 고찰한
논의는 미흡하다. 사회사적 연구는 주로 수용층과 관련되어 있는데,
한국연극의 연구사는 수용층에 관심을 갖기가 어려운 전통을 지니고
있다. 현전하는 연극이 주로 민속극의 형태로 남아있어서 생산자와
수용자를 분리하여 논의할 필요를 느끼지 못했기 때문이다. 민속예
술은 생산자와 수용자가 일치하는 특성을 지니므로 민속극의 연행자
와 관객은 동일한 집단으로 파악되었다. 중요한 것은 그 집단이 농민
이냐 상인이냐 吏屬이냐에 달려 있었을 뿐이다.

　그러나 전통극은 시종일관 민속극으로 존재했던 것이 아니고 궁정
연극으로도, 시정의 상업적인 연극으로도 존재하였다. 이렇게 다양한
연극의 층위를 모두 보여주는 공간이 바로 서울지역이다. 연극의 변
모 과정에 관한 연구사는 서울지역에서 공연한 연극 및 그 담당자인
직업 배우에 관한 논의를 중심으로 다룬다.[14]

　먼저 탈춤의 변모 과정에 대한 연구사를 검토하도록 하겠다. 서울
지역은 탈춤의 기원 및 형성 논의에서 큰 비중을 차지한다. 궁정의
나례 산대희와 탈춤의 관련성 문제가 아직도 쟁점으로 남아 있기 때
문이다. 탈춤이 궁중의 산대 나례에서 비롯되어 형성되었다는 견해
는, 궁중에 올라가 나례의 공연에 참가했던 재인들이 나례가 폐지되
자 지방에 분산되어 탈춤을 형성하고 퍼뜨렸다고 보았다. 이 견해는
재인 집단의 존재 방식에 주목하였다는 점에서 의의가 있으나, 그들
을 연극의 주체로 파악하지는 않았으며 그 위상의 변모에도 관심을
두지 않았다. 이와 같은 침강문화적 형성 논의는 김재철, 송석하에서

---

14) 연구사 검토에서는 지방의 민속예술을 중심으로 거론된 탈춤의 기원론은 다
　루지 않겠다. 탈춤 등 전통극 전반의 연구사는 전경욱, 「가면극 연구사」(『한국
　학보』 40집, 1985)와 박진태의 『탈놀이의 起源과 構造』(새문社, 1990)를 참고
　할 수 있다.

이두현에 이르기까지 반복되고 보완되었는데,15) 궁정 등 상층이 일방적으로 공연문화의 주도권을 쥐고 있다는 가정을 전제로 하는 것이다. 사회사적 변동에 따라 문화의 주도권이 민간 부문으로 넘어가는 등 변화가 있을 수 있다는 점을 간과하였다.

김일출은 민간 예능인의 존재 양상, 곧 지방에 분포되어 있으면서 중앙에 상송되는 양상에 착안하여 오히려 민간의 탈놀이가 궁중의 산대희에 영향을 주었다는 견해를 제기하였다. 민간의 탈놀이 등 민속예술이 궁중의 산대잡극을 형성했고 그 이후로도 산대잡극과 민속 탈놀이는 서로 영향을 주고받았다는 것이다.16)

탈춤의 형성을 나례와 관련지은 것은 이두현과 김일출이 동일하나, 민간 예능인들의 수직 이동을 바라보는 입장이 달라진 것이다. 수직 이동을 통하여 이루어지는 작용의 방향이 위에서 아래인지, 아래에서 위인지에 따라 견해의 차이가 생겼다고 할 수 있다.

또한 민속예술로서의 탈춤을 논의에 포함시켰다는 데서도 이두현과 김일출이 공통적이다. 그러나 이두현은 서낭제 탈놀이와 산대도감계통극을 나누어 그 계통을 달리 설명했다면, 김일출은 민속 탈놀이(서낭제 탈놀이)가 산대극(산대도감계통극)을 형성하는 모체가 되었다고 설명한 것이다.

김일출의 견해가 성립되기 위해서는 나례에 상송된 직업 배우들이 어떠한 상황 속에서 민속 탈놀이를 익히게 되었는가를 밝혀야 한다. 직업 배우나 일반 평민이나 하층민에 속해 있지만 서로의 생활 방식과 사회적 위상이 달랐고 서로 다른 공동체를 이루고 살았기 때문이다. 이두현의 견해가 성립되기 위해서는 서낭제 탈놀이와 산대도감계통극에 나타나는 공통적인 성격을 어떻게 설명할 것인지가 중요하

---

15) 金在喆, 『朝鮮演劇史』, 學藝社, 1933.
　　宋錫夏, 「韓國演劇槪觀」, 『韓國民俗考』, 日新社, 1960.
　　李杜鉉, 『韓國의 假面劇』, 一志社, 1985.
16) 김일출, 『조선민속탈놀이』, 과학원출판사, 1958.

다. 서로 다른 계통으로 보고 상호 관계를 부정하기에는 많은 공통점
이 드러나기 때문이다.

조동일은 산대 나례와의 관련성을 배제한 채, 농촌의 풍농굿으로
부터 기원한 농촌탈춤의 존재를 상정하였다.17) 농촌탈춤은 이전의
논자들이 명명한 민속 탈놀이나 서낭제 탈놀이와 같은 부류에 속하
면서도 발전 과정에서 서로 다른 의의를 갖는다. 각 논자들이 사용한
용어와 그 대상을 표시하면 다음과 같다.

	현전 탈춤	모태 또는 다른 계통의 탈춤
김일출	산대극	민속 탈놀이
이두현	산대도감계통극	서낭제 탈놀이
조동일	도시탈춤	농촌탈춤

나례 산대희와의 관련성을 전제로 하였다는 점에서는 김일출과 이
두현의 견해가 같은데, 이두현은 제의적인 민속으로 전해지는 탈춤
을 현전 탈춤과 별개의 계통으로 처리하였다는 차이가 있다. 현전 탈
춤의 모태를 농촌의 민속 탈춤에서 찾았다는 점에서는 김일출과 조
동일의 견해가 일치하는데, 조동일은 산대 나례와의 관련성을 배제
하였다는 점에서 차이가 있다.

한편, 조동일은 농촌탈춤과 도시탈춤을 매개한 떠돌이탈춤의 존재
에 대하여 언급하였다.18) 떠돌이탈춤의 연행자는 산대 나례에 동원
되었던 직업적인 예능인이었는데, 산대 나례에 동원되었다는 자부심
을 나타내기 위하여 '산대'라는 명칭을 차용하였을 뿐 실제 탈춤의
형식은 농촌탈춤에서 가져와 공연하였다고 하였다. 내용이나 형식의
측면에서 나례의 영향을 전적으로 배제한 것은 탈춤이 지니는 민중
예술적 성격 때문이다. 탈춤의 기원이나 형성 과정에서 궁정을 거쳐

---

17) 조동일, 『탈춤의 역사와 원리』, 弘盛社, 1979; 기린원, 1988.
18) 조동일, 『한국문학통사』 3(제3판), 지식산업사, 1994.

왔다면 남아 있을 정제된 양식의 흔적이 보이지 않은 것이다.

그러나 현전 탈춤과 궁정 공연문화의 관련성을 전적으로 부정하는 것은 문제가 있다. 탈춤의 궁정 공연 여부가, 탈춤의 형성 과정을 판가름하는 기준은 될 수 없기 때문이다. 현전 탈춤의 어떤 부분이 나례 산대희에서 공연되었다는 것이 사실로 입증된다 할지라도, 탈춤이 궁정 공연의 산물이라고 말할 수는 없다.

한편, 서울지역의 연극문화가 지방에 영향을 주었을 가능성에 대하여, 탈춤을 침강문화재로 보는 입장이라고 한 견해도 수정할 필요가 있다. 서울지역은 궁정을 중심으로 하는 상층 문화만 존재한 것이 아니고, 상업지역을 중심으로 하는 민간문화도 존재하였기 때문이다.

서울지역의 떠돌이탈춤인 본산대탈춤의 면모는 탈춤의 형성 및 발전 과정에 관하여 주요한 단서를 제공할 것으로 기대할 수 있다. 본산대탈춤에 대해서는 최근에 밝혀진 자료인 姜彛天의 서사시 「南城觀戲子」를 계기로 논의가 활발해졌다.

윤광봉은 「南城觀戲子」를 분석하여 서울의 상업 지역을 중심으로 산대놀이가 성행하였고 서울의 탈춤이 각 지방 탈춤의 始源이 된다고 하였다.[19] 그런데 서울의 도시적 양상 가운데 탈춤이 성행했다는 사실을, 종래의 나례 산대희 기원설과 연결시켜 침강문화적 입장을 고수한 것은 납득할 수 없다. 앞서 지적했듯이 서울지역이 지니는 문화적 성격은 단일하지 않다. 서울이 곧 궁정이며 상층 문화의 중심이라는 선입견은 수정되어야 한다.

그의 논의는 첫 부분에서 산대희가 공식적인 의례로서 중지되고 이에 종사하던 무리들이 패거리를 이루어 지방에 흩어졌다는 전제를 함으로써 오류를 범하게 되었다고 할 수 있다. 직업 배우의 존재에 대한 기존의 연구가 미흡했기 때문이다. 지금까지 그들의 존재 양상

---

19) 尹光鳳, 「18세기 漢陽을 중심으로 한 산대놀이 양상」, 『문학 작품에 나타난 서울의 형상』, 한국고전문학연구회 편, 한샘출판사, 1994.

에 대해서는, 나례도감이라는 임시적 기구를 통하여 상송되었고 평상
시에는 유랑하며 연예를 팔았다는 사실 외에 드러난 것이 없다. 그러
한 정보의 질과 양은 김재철의『조선연극사』이후 변함이 없다고 할
수 있다.

전경욱은 탈놀이의 나례 산대회 기원설을 지지하는 입장에서, 나
례의 어떤 요소가 어떻게 탈놀이에 영향을 주었는가 증명하고자 하
였다.[20] 중국의 나례에서 시작하여 우리나라의 궁정, 관아, 민간에서
거행된 나례에 대하여 고찰하면서 현전 탈놀이의 등장인물이나 극적
형식과 유사한 측면들을 찾아내었다. 지금까지 알려진 자료 및 새로
운 자료들을 총괄하여 현장의 탈놀이와 연결시킨 작업은 후속될 연
구에 좋은 토대가 되었다고 할 수 있다.

전경욱의 논의는 궁중뿐만 아니라 민간의 나례까지 다루었으므로
이전의 나례 산대희기원설이 지니는 침강문화적 입장과는 다른 것처
럼 보인다. 그러나 문화적 영향 관계에 대한 입장을 견지하지 않은
채 궁중, 관아, 민간의 나례 및 나희를 차별하지 않고 다루었기 때문
에 오히려 혼돈을 증가시킨 측면을 지적할 수 있다. 더구나 논자가
제시한 자료들은 '儺禮, 儺戲, 儺 따위의 문자에 근거를 두어 선정한
것인데, 그 가운데는 민속으로 전래한 일반적인 의미의 귀신 쫓는 의
식을 가리킨다고 추정할 수 있는 '儺도 있다.

먼저 자료의 범주를 설정하여 나누고 문화적 층위 및 제도 관습에
따라 각각의 나례가 어떤 의미를 지니고 있으며 통시적인 문화적 변
천의 과정 가운데 해당 자료가 어느 지점에 위치하고 있는지 검증해
야 한다. 탈놀이가 중국, 우리나라의 궁중, 관아, 민간의 나례와 두루
흡사한 점을 밝혔다고 해서, 중국에서 들어온 나례가 궁중, 관아, 민
간에서 널리 성행하며 전승되는 동안에 탈놀이가 형성되었다는 견해

---

20) 田耕旭, 「탈놀이의 形成에 끼친 儺禮의 影響」, 『민족문화연구』 제28호, 고려대
학교 민족문화연구소, 1995.

가 성립될 수는 없다고 본다. 만약에 탈놀이 또는 그 모태가 되었음 직한 놀이가 궁중 또는 민간에서 확인된다면, 그 공연상황을 고찰하 여 공연의 주체가 누구이고 어떤 사회적 관계 속에서 공연이 성립하 였는지 등을 함께 밝히면서 형성 과정을 논의할 수 있을 것이다.

이상의 검토에 의하면, 연극사의 논쟁을 해결하기 위하여[21] 서울 지역의 연극, 특히 본산대탈춤과 나례의 관계를 해명하는 일이 매우 중요하다는 사실이 드러난다. 본산대탈춤의 형성 과정은 연행자의 존재 양상, 관객의 지원 정도, 공연 공간의 특성 등 당대 공연상황의 성격과 변천 과정을 추적하여 밝혀낼 수 있다.

문헌에 나타나는 직업 배우의 연극으로 笑謔之戲가 있다. 필자는 소학지희의 공연방식을 고찰하면서, 공연의 계기 및 이유, 배우 및 관객에 대하여 다루었다.[22] 대상으로 삼은 소학지희 자료가 모두 궁 정에서 연행된 것이었으므로, 배우와 관객 역시 궁정에 제한하여 고 찰할 수밖에 없었다. 나례 등의 국가적 행사 때 차출된 才人이 모두 소학지희를 담당했던 것이 아니며 그들 중에 어떠한 부류가 소학지 희를 맡았는지 모르는 상황에서 上送된 才人 일반을 다룰 수밖에 없 었던 것도 자료의 한계에 속한다.

한편, 소학지희를 전문으로 하는 배우가 없다가 재인이나 장인들 이 여기로 남의 흉내를 내며 재담을 곁들여 흥미를 끌다가 전문화하 였다는 추정은 미흡한 것이었다. 이후에 밝혀진 자료들에 의하면 소 학지희 등의 優戲는 전통적으로 배우의 주요 예능이었으며 조선 초 기부터 나례의 주요 종목으로 자리 잡았던 것이다.

또한 소학지희의 사회적 기반을 궁정으로 한정하여 나례 등을 통 한 국가적인 후원이 사라지게 되자 쇠퇴하였다고 단정한 것은 성급

---

21) 지금까지 기원론과 관련된 많은 탁견들이 있어왔고, 민속극으로서의 탈춤이 보여주는 공연 방식과 민중사적 의의 등을 따지는 논의가 축적되었으므로, 그 성과를 보완하기 위하여 이러한 연구가 필요한 때가 되었다.
22) 사진실, 「笑謔之戲의 공연방식과 희곡의 특성」, 서울대 석사학위논문, 1990.

한 일이었다. 당시가 18세기 후반이라는 사실을 상기한다면, 공연 오락에 대한 민간의 수요를 무시할 수 없기 때문이다. 연행자와 관객의 사회적 기반과 그 변모 과정을 드러낼 수 있다면 소학지희의 행방과 전승에 관한 의문이 풀릴 수 있다. 재인을 상송하는 구조를 통하여 야기되는 공식문화와 비공식문화의 관계를 해명하는 것도 미해결의 과제로 남았다. 이러한 연구는 소학지희에만 국한된 것이 아니므로 판소리나 본산대탈춤 등을 연행한 다른 재인들의 존재 양상을 밝히는 작업과 아울러 이루어져야 한다.

조선시대 직업 배우들은 매우 밀접한 관계를 가졌을 것이며, 그들이 담당한 공연 종목의 형성과 발전, 쇠퇴의 문제는 당대의 연극문화 속에서 상관성을 따지는 가운데 밝혀질 수 있다. 공연상황의 측면에서 가장 앞선 논의의 수준을 보여주는 판소리 관련 논의는 소학지희, 탈춤 등 연극의 공연상황을 고찰하는 데 큰 본보기가 될 수 있다. 물才, 판소리 등은 조선시대의 공연예술이라는 동질성을 지니고 있으면서, 각각 궁정과 민간에서 공연되거나 시기를 달리하여 성행한 이질성 때문에 주요한 단서를 제공할 것으로 기대할 수 있다.

2. 용어 및 개념 검토

선행 연구의 업적을 보완하면서 연구사의 문제를 해결하는 논의를 위하여 몇 가지 기본 용어를 변별하여 개념적인 틀을 마련하고자 한다. 먼저 동시대적인 서울지역 공연문화의 층위를 밝히기 위하여 서울의 宮廷과 市井 및 外方의 성격과 그 관계를 검토하며, 직업 배우의 존재 양상을 살피기 위하여 優人, 才人 등 그들을 가리키는 명칭과 개념을 파악할 것이다. 또한 연극을 하는 행위의 성격과 변천을 규명하기 위하여 演行, 公演, 興行의 개념을 변별하여 검토하겠다.

1) 宮廷, 市井, 外方

서울지역의 특성은 다층적이어서 그 내·외부적으로 여러 가지 관계를 형성하고 있다. 따라서 서울지역이 내포하거나 관계를 맺는 별개의 문화적인 공간을 설정할 수 있다. 동시대 안에서 구분되는 문화적 층위가 교섭하고 대결하는 가운데 통시적으로 공연상황이 변천하고 연극의 존재 양상이 변모한다고 보기 때문이다.

봉건 사회에서 문화적인 공간은 지리적인 공간의 경계와 관련이 깊다. 서울은 宮廷과 市井으로 나뉘어진다. 서울지역은 都城을 경계로 도심부와 城底十里로 나뉘어져 있었다고 하므로 사실상 서울의 지리적 경계는 성저십리까지 포함하는 것이다. 그러나 서울을 여타의 지방과 구별해주는 특성이 궁정과 시정에 있으므로 일단 성저십리를 제외하고자 한다. 성저십리는 농촌 지역으로 오히려 서울보다는 지방의 성격을 띠고 있다고 할 수 있다.

서울의 都城 안쪽은 궁궐과 주요 관아를 포함하는 궁정과, 상점이 밀집한 시정으로 이루어져 있다. 시정은 궁궐과 관아에 필요한 물품을 공급하기 위하여 계획된 市廛을 중심으로 형성된 공간이다. 한편, 서울과 각 지방은 '京'과 '外'의 이원적 구조를 이루고 있었다. 서울과 마찬가지로 外方[23]도 단일한 성격의 공간은 아니다. 서울의 城底十里 지역이 농촌 지역이었던 것처럼, 외방에도 관아를 둘러싼 행정 중심지가 있고 장시가 발달하기도 하였다.

---

23) 이 용어 대신 '지방'을 사용하는 것이 객관성을 띤 선택일 수 있다. 그러나 봉건 사회의 행정 체계에서 지방의 위상은 하나의 수도에 종속되었다고 보는 것이 있는 그대로의 실상이며, 당대의 용어를 존중한다는 측면에서 '외방'을 채택하였다.

지리적인 여건이나 행정적인 구조의 차이에 의하여, 나라 전체는 서울과 외방으로 나뉘어지고 서울은 궁정과 시정으로 나뉘어진다. 본 논문에서는 宮廷, 市井, 外方을 동시대의 문화적 층위를 이루는 공간으로 설정하고자 한다.24) 실제로는 궁정, 시정, 외방을 동등한 공간으로 나누기는 어렵다. 그러나 이러한 구분의 목적은 역사적인 사실을 탐구하려는 것이 아니고 논의를 전개하기 위한 틀을 마련하려는 것이다. 곧, 궁정, 시정, 외방의 용어는 지리적으로 또는 행정 구조상으로 실재하는 공간의 개념에서 가져왔지만, 이 논문에서는 연구를 위한 개념적인 틀로써 다시 정의하고자 한다. 따라서 문화 공간으로서의 특성은 실재하는 공간의 특성과 완전히 일치하지는 않는다고 할 수 있다.

궁정은 공시적인 통치 질서를 토대로 하는 신분적 상하 관계로 맺어진 공간이다. 시정은 물질적인 거래를 중심으로 하는 경제적인 관계로 맺어진 공간이다. 시정은 제도적으로는 궁정에 종속되어 있었지만 실질적으로는 궁정과는 다른 문화적 공간을 이루고 있었다고 할 수 있다.25) 공적인 질서가 서울의 궁정에서부터 나온 것이라면, 민간의 질서는 시정을 중심으로 확산되었다고 할 수 있다.

외방은 노동력을 기반으로 하는 공동체적 관계로 맺어진 공간이다. 물론 관아가 설치된 행정 중심지와 상업 활동이 이루어지는 장시가 있고 조선 후기에 이르면 지방 상업 도시가 형성되기도 한다. 또

---

24) 이 논문은 서울지역을 대상으로 한다고 하였으므로 궁정과 시정까지만 해당한다. 외방에 대해서는 궁정이나 시정과의 상관성을 통해서만 거론하게 될 것이다.

25) 박희병은 조선 후기 游俠의 존재를 부각시키면서 그들이 서울 시정의 도시적 발달과 더불어 당대의 문제적 인간형으로 성장하였다고 하였다. 또한 그들은 국가 권력과 공적인 질서에 대항하여 도시의 상공인이 추구하는 새로운 민간 질서의 옹호자로서 역할을 수행하였다고 하였다. 「조선 후기 民間의 游俠崇尚과 游俠傳의 성립」, 『韓國漢文學硏究』 제9·10합집, 韓國漢文學硏究會, 1987, 321~327면.

한 노동 공동체만 존재하는 것이 아니라 관아에 파견된 중앙 관료가
있고 지방에 거주하는 사대부 및 향리가 존재하며,26) 場市나 浦口에
는 시정과 비슷한 인물 군상이 존재한다.

여기서 실재 공간인 외방과 연구 용어로서의 외방을 구분할 필요
가 있다. 지방 관아는 궁정의 권한을 위임받아 행정적인 역할을 수행
하였으므로 궁정의 연속으로 보아 무방할 것이다. 장시나 포구는 상
업 활동이 이루어졌다는 측면에서는 서울의 시정과 같은 성격이다.
지방 상업 도시의 발달은 문화 공간으로서의 시정이 확장되는 현상
으로 파악할 수 있다. 따라서 문화 공간으로서의 외방은 대다수 거주
자의 생활 방식을 따라 노동 공동체의 공간으로 설정한 것이다.

경제생활의 패턴을 살펴보면, 궁정은 소비 중심,27) 시정은 유통 중
심, 외방은 생산 중심의 생활을 영위하였다고 할 수 있다. 외방은 생
산과 소비를 함께 하는 자급자족의 구조를 이루었지만, 궁정과 시정
은 생산을 하지 않았기 때문에28) 외방의 생산품에 의존할 수밖에 없

26) 여기서 사대부의 문화 공간을 별도로 설정할 것인가 하는 문제가 생긴다. 사
대부나 향리는 외방에서 노동 공동체의 문화와 관련을 맺기도 하면서 변별되
기도 하기 때문이다. 뿐만 아니라 서울에서도 사대부나 아전층이 향유하는 문
화는 궁정이나 시정의 그것과는 일치하지 않을 수 있다.
그러나 이 논문은 한 시대의 문화를 형성하는 모든 하위문화를 변별하여 설
명할 수 없다. 가장 두드러진 문화적 층위의 상호 작용을 드러내기 위하여 각
각의 하위문화를 거론할 수는 없다는 것이 이 연구의 입장이다. 문화 공간을
가리키는 용어로서, 문화 향유 집단의 명칭을 채택하지 않고 지리적으로 또는
행정 구조상으로 구분되는 물리적 공간의 명칭을 채택한 것도 그러한 입장과
관련이 있다. 사대부의 문화는 상층 문화에 속한 하위문화라고 할 수 있으며
상층 문화의 공간을 대표하는 용어로 '궁정'을 사용하고 있다.
27) 조성윤, 「조선 후기 서울 주민의 신분 구조와 그 변화」, 연세대 사회학과 박사
학위논문, 1992, 24면. 서울 주민의 대부분은 왕실과 각종 관아에 속한 관료와
이에 딸린 인구, 그리고 노비와 군병이 차지하는데, 이들은 소비 계급으로서
의 특징을 갖는다고 하였다.
28) 생산을 하지 않았다는 것은 식료품 등 소비재 물자를 말한다. 시정에서도 관
영 수공업자들이 수공품 정도는 생산하였다.

었다.

궁정은 통치 질서를 앞세워 외방과 시정으로부터 강제로 물품을 거두어들였다면, 시정은 경제적인 거래를 통하여 외방의 생산품을 유통시키고 그들 자신이 구매자가 되었다. 예술 또는 오락도 이상적인 생활을 영위하기 위하여 필요한 無形의 생산품이라고 할 수 있으므로 그 향유 과정도 이러한 특성을 지닌다고 가정할 수 있다.

궁정, 시정, 외방의 행동 규범은 각각 '제도', '계약', '관습'이라고 할 수 있다. 궁정의 '제도'는 공식적인 규정과 절차를 수반하기 때문에 매우 고착적이다. 더구나 통치 질서를 유지하기 위해서 강제성이 부여되어 있다. 그러나 필요에 따라 일시에 바꿀 수 있다는 특성이 있다. '계약'29)은 상호 이익에 따라 유동적이다. 정해진 규범이 있다면, 계약을 이룬 당사자 간의 신의30)를 지키는 것일 뿐 행동의 규정이나 절차를 정할 필요가 없다. 상호 이익이 되는 합의점을 찾아 수시로 변화하게 된다. 외방의 '관습'은 쉽게 변하지 않고 잘 유지된다는 점에서 제도와 비슷하지만, 강제성이 없고 일시에 변화하지 않는다는 점에서 다르다. 관습은 뿌리 깊은 전통과 공동체의 결속력에 의하여 거의 변함없이 유지될 수 있다. 예술 또는 오락을 향유하는 양상도 그러한 행동 규범의 영향을 받아 類型性을 나타낸다고 가정할 수 있다.

궁정, 시정, 외방이라는 문화 공간은 공식적이고 비공식적인 차이를 들어 다시 분류할 수 있다. 한 시대의 문화를 상층의 공식문화와 하층의 비공식문화로 나누어 파악하는 것은 매우 일반적인 입장이다. 피터 부룩은, 초기 근대 유럽(16~17세기)에 두 개의 문화적 전통이

---

29) 여기서의 계약은 합법적이고 정당한 계약 말고도 불법적인 암거래 행위도 포함한다.
30) 박희병, 「조선 후기 民間의 游俠崇尙과 游俠傳의 성립」, 『韓國漢文學硏究』 제9·10합집, 韓國漢文學硏究會, 1987, 324면. 시정에서 대두한 새로운 민간 질서와 윤리의 핵심으로 신의에 바탕한 인간적 결속을 들었다.

존재하였다고 하면서 대전통(great tradition)과 소전통(little tradition)
으로 구분하였다. 대전통은 당대의 지배층이 전수하는 공식문화였다
면 소전통은 주로 평민들이 전수하는 비공식문화였다.31) 바흐찐도
문화를 크게 고급문화와 하급문화(민속문화)의 두 층위로 나누는데
이것은 문화의 공식성과 비공식성이라는 차이가 있다고 하였다.32)
공식문화는 제도적인 官의 문화이며, 비공식문화는 제도 밖에 있는
民의 문화를 말한다.

　전통적인 사회에서는 신분적인 차이가 문화의 차이를 의미하였다.
상층은 당대의 제도를 만들어내는 계층이며 교육을 받을 기회를 독
점하였다. 그들이 누리는 문화는 공식문화이며 엘리트문화이다. 반면,
하층은 제도의 지배를 받는 계층이며 교육을 받을 기회가 적다. 그들
이 누리는 문화는 비공식문화이며 비엘리트문화이다. 공식성과 비공
식성의 기준으로 볼 때, 궁정은 공식문화로 분류되며, 시정과 외방은
비공식문화로 분류된다. 궁정은 사회의 지배층을 이루는 상층을 표
상하는 대표성을 띠고 있다. 궁정은 왕실을 의미하는 것이 아니라 공
식문화의 공간을 의미한다. 같은 비공식문화의 공간인 시정과 외방
을 나눈 것은 그 차이를 드러내기 위해서이다.

　시정은 상업 활동의 중심지로 존재하므로 다양한 인간 군상이 나
름대로의 이익을 좇아 모여들게 된다. 반면, 외방은 노동력을 투자하
는 생산 현장이 중심이 되므로 공동체를 이루는 구성원의 성격이 유
사하고 결속력이 강하다고 할 수 있다. 시정과 외방은 예술을 향유하
는 방식에도 차이가 있다. 시정은 상품을 매매하는 공간이므로 예술

---

31) Peter Burke, *Popular Culture in Early Modern Europe*, London; Temple Smith,
　　1978, 28면.
32) 이러한 틀은 라블레의 소설을 분석하기 위하여 마련되었는데, 두 문화 사이에
　　는 끊임없는 긴장과 갈등이 존재하며, 공식적이고 진지한 풍조가 지배할수록
　　우스꽝스럽고 속된 표현이 두드러진다는 사실을 밝혔다. Mikhail Bakhtin,
　　Helene Iswolsky(trans.), *Rabelais and His World*, Indiana UP, 1984; 김욱동,
　　『대화적 상상력』, 문학과지성사, 1994 참조.

역시 상품으로서 고안하여 팔고 사는 성격이 강하다고 할 수 있다. 외방은 자연 발생적인 민속예술을 향유한다. 민속예술은 연기자와 비연기자가 함께 즐기는 것이므로 상품으로 팔고 사지 않는다. 한편, 궁정은 예술을 고안한다는 측면에서는 시정의 특성과 일치하고, 상품성을 추구하지 않는다는 측면에서는 외방의 특성과 일치한다.

외방은 문화의 상승(rising) 현상을 지지하는 사람들이 믿는 '창조성의 원천인 민속문화'를 만들어내는 공간으로 비공식문화의 중심에 있다. 궁정은 공식문화의 중심에 있다. 시정은 비공식문화에 속해 있으면서도 누구에게나 열려 있다는 점에서, 官의 공식문화와 民의 비공식문화를 매개하는 역할을 담당하였다고 할 수 있다.

피터 부룩은 초기 근대 유럽의 문화적 전통을 두 갈래가 아닌 세 갈래로 파악하면서 매개자 역할을 하는 문화적 전통을 상정하였다. 文化史를 침강(sinking) 또는 상승(rising)이라는 일방적인 흐름으로 파악하고자 했던 기존의 논쟁을 되풀이하지 않는 대신, 상층문화와 하층문화의 지속적인 상호 작용을 강조하는 가운데 매개자의 역할이 중요하다는 사실을 언급하였다. 그는 매개 역할을 맡은 문화를 'chap book culture' 또는 'semi-literite culture'라고 부를 수 있다고 하였다.[33] 'chap book'이란 가볍게 읽을 수 있는 소설이나 俗謠 등이 실려 있는 책자로서 가두에서 판매되었다고 한다. 돈만 내면 거리에서 쉽게 구해볼 수 있고 어설픈 정도의 문자 해독 능력만 있어도 읽을 수 있는 책자로 상징되는 문화란, 이 논문에서 다루는 시정의 문화와 상통한다고 하겠다.

시정에서는 자신이 속해 있는 사회 계층과 무관하게 문화를 향유할 수 있다. 상층은 시정을 통하여 비공식문화에 참여하게 된다. 시정에서 문화를 향유하는 규범은 거래 또는 계약으로서, 대가를 지불하면 누구나 시정 공연예술의 관객이 될 수 있기 때문이다.[34]

---

33) Peter Burke, 앞의 책, 63면.

외방에서도 지방의 관료나 사대부가 농민의 문화에 관여할 수는
있지만 시정과 같은 양상으로 참여할 수 있다고 보기는 어렵다. 외방
에서 향유하는 민속문화의 특징은 생산과 수용이 일치한다는 것과
생활과 예술을 분리하기 어렵다는 것이다. 외부 집단은 노동 공동체
가 전승하는 민속예술을 수용할 수는 있으나 생산하지 못한다는 점
에서 민속문화의 진정한 향유자라고 할 수 없다. 외방의 민속문화는
역시 생활에서 분리된 예술 양식을 창출하여 시정에 진출함으로써
문화적 층위를 벗어난 광범위한 관객을 확보할 수 있다고 하겠다.

　문화적 층위 및 그 교섭 양상이 연극 등 공연예술 양식의 발전 과
정에 영향을 미치는 정도는 시대에 따라 달라질 수 있다. 봉건 사회
에서는 어떤 문화적 전통에 속하는 일이 제도적으로 강요되었으므로
그 영향이 더욱 컸다고 하겠다.35) 궁정, 시정, 외방으로 나누어지는
문화적 층위는 사회가 다변화하면서 그 경계가 사라지게 마련이다.
처음에 설정한 뚜렷한 구분 자체가 무너지는 변화가 예측된다고 해
서 이러한 구분이 무의미한 것은 아니다. 궁정, 시정, 외방은 이 논문
전체를 통하여 고정적인 공간의 구획으로 지정한 것이 아니라 상호
관계 속에 교섭하고 대결하는 역동적인 개념으로 설정하였기 때문이
다. 그 가변성을 통하여 연극의 공연상황을 밝히고 연극 양식의 변천
과정을 드러낼 수 있다.

---

34) 피터 부룩은 상층인 엘리트 집단이 민간문화에 참여하게 되는 공간으로 교회,
　　선술집, 장터 등을 들었다. 교회, 장터 등에서의 민간문화는 누구에게나 열려
　　있어, 공식문화를 향유하는 상층이 동시에 비공식문화를 향유할 수 있게 하는
　　환경이 조성되었다는 것이다(Peter Burke, 앞의 책, 27~28면). 그의 이론에서,
　　두 문화를 병용하는 집단의 존재는 매우 중요하다. 우리의 문화적 전통에서도,
　　사찰과 같은 종교적인 장소가 공식문화와 비공식문화의 중개 공간으로서 역
　　할을 수행하였다고 할 수 있으나 이 논문에서는 다루지 못하였다.
35) 제도에 의한 신분적 차별이 없어진 현대에도 다양한 문화적 층위가 생겨나게
　　된다. 그러나 그것은 제도적인 강제성과는 무관하며 각 층위의 문화가 폐쇄적
　　이지도 않다. 따라서 어떤 문화가 특정한 연극 양식을 선택하여 향유한다거나
　　지배적인 영향을 미치기 어렵다고 할 수 있다.

2) 俳優, 倡優, 才人

각종 문헌자료에서 전통적인 민간 예능인을 가리키는 용어로 優人, 俳優, 倡優, 광대, 才人, 呈才人, 伶人 등이 쓰였다.[36] 이 가운데 보편적으로 공식화된 용어는 '광대'와 '재인'이다.[37] 그런데 '재인'에 관해서는 예외 없이 '水尺' 또는 '禾尺'과 동일하게 다루고 있는 것을 보게 된다.[38] '재인'과 '화척'의 관계는 재인의 발생 기원을 다루는 정도에서 끝내야 한다. 조선 초기에 이미 재인이 전문적인 직업인 집단을 이루었으며 화척과는 구분되어 있다.[39] 이 논문은 조선시대 이후를 연구의 대상으로 삼았으므로 '수척'이나 '화척'을 다루지 않는다.

언어의 역사성에 따라 이들 용어가 내포하는 개념도 많은 변천이 있었다고 할 수 있다. 용어와 개념은 애초에 어떻게 규정되었는가도 중요하겠지만 어떻게 인식되고 어떻게 쓰여왔는가가 더욱 중요하다고 할 수 있다. 따라서 조선시대의 문헌에 나오는 용례를 중심으로 논의하도록 하겠다.

'俳優', '優人', '倡優'는 어원적으로 모두 같은 말이라고 한다.[40] 그

---

36) 이 용어들은 주로 문헌자료에 나타나는 한문 용어이다. 민간 예능인의 면모를 살피기 위해서는 구전자료에 나타난 용어들의 개념을 밝혀야 할 것이다. 그러나 구전자료가 나타내주는 실상은, 일러도 조선 후기 이전으로 올라갈 수 없고 이 논문에서 다루는 자료가 대부분 문헌자료이므로, 자료를 다루는 기준을 마련하는 의미에서 문헌자료의 용어를 중심으로 논의하고자 한다.
37) 그 두 가지 명칭만, 문화 관계 사전이나 역사 관계 사전에 표제어로 수록되어 있음을 보아서 알 수 있다.
38) 『한국민족문화대백과사전』의 경우, '재인'의 항목에 '화척'이나 '수척'에 관한 기록을 구분 없이 첨가함으로써 혼돈을 초래하게 한다.
39) 『태조실록』 2권 6장에서는 재인과 화척을 구분하여 언급하고 있다. 그들이 간혹 함께 취급되는 것은 동일한 집단이어서가 아니라, 농사를 짓지 않아 항상적인 산출이 없다는 공통점 때문이다.
40) 중국의 용례를 보면 "以其戲言之 爲之俳 以其樂言之 爲之倡 或爲之優 其實一物也"(『中文大辭典』, 中國文化大學印行)라 하여 '배우'나 '창우'를 차별 없이 사용한다고 하였다.

렇게 본다면 이들 용어가 가지는 개념의 동질성이나 차별성을 밝히
는 일은 무의미한 작업이 된다. 그러나 비슷한 종류의 용어도 관습과
풍속에 맞게 달라진 부분이 있게 마련이다. 따라서 같은 대상을 가리
키는 용어라는 그 용례의 차이를 논의할 필요가 있는 것이다.

먼저 優人의 용례를 보이면 다음과 같다.

(가) 비현합에서 儺戲를 구경하였다. 세자가 종친, 재상들과 함께 입시하였
다. 優人이 놀이에 담아 항간의 비루하고 세세한 사실들을 늘어놓기도 하고
풍자하는 말도 하였다.

御丕顯閤 觀儺戲 世子與宗宰入侍 優人 因戲 或陳閭閻鄙細之事 又有規諷之
言[41]

(나) 戊子年에 優人 수십명이 儺를 하면서 모두 堂上官의 章服을 갖추고 궁
궐의 뜰에 입장하여 서로 희롱하기를, "영감은 언제 당상관이 되었길래 장복
을 이렇게 차렸소?" 하였다. 다른 사람이 응대하기를, "나는 경진년에 무과시
험에 급제하고 신사년 겨울에 양전경차관이 되었다가 정해년 가을에 이시애
를 붙잡아서 마침내 당상관에 이르렀소." 하였다. 듣는 사람 치고 웃지 않는
사람이 없었다.

戊子年間 有優人數十 因儺 皆具堂上官章服 入殿庭相戲曰 令公何時做堂上官
章服乃爾 有一人應之曰 予於庚辰年中 武科及第 辛巳冬 量田敬差官 丁亥秋 捕李
施愛 遂至於此 聞者莫不齒冷[42]

(다) 前 經歷 李仁畦를 접견하면서 일본의 일을 물으니 대답하기를, "……
신이 또 7월에 황제의 나들이를 보았는데, 輦을 타고 다녔으며, 優人이 우리
나라 朝官과 婦人의 옷을 입고 그 앞에서 演戲하였습니다.

引見前經歷李仁畦 問日本之事 對曰 …… 臣又於七月 見皇帝出遊 乘輦而行 有
優人 著我國朝官及婦人服 作戲於前[43]

---

41) 『세조실록』 32권 12장.
42) 『예종실록』 4권 33장.
43) 『성종실록』 101권 3~4장.

(가)와 (나)에서는 優人들이 儺 또는 儺戲에 참여한다는 사실을 언
급하고 있다. 그들이 벌인 놀이는 바로 소학지회이다. 기존에 알려진
소학지회 자료에서도 하나를 제외하고는 모든 기록에서 그 연행자를
優人이라고 하였다.[44]

(다)의 자료는 사신의 일행에 속하여 일본에 다녀온 이인규가 임금
에게 보고하는 내용의 일부이다. 일본에서 우리나라 사신을 접대하면
서 놀이를 보였는데 이인규는 그 연행자를 優人이라고 하였다. 우리
나라의 조관과 부인의 옷을 입었다는 것은 극중인물로 분장하였다는
사실을 말해 준다. 소학지회와 비슷한 일본의 교겐(狂言)이 아니었나
싶은데, 우리나라 사신 일행에 대한 예우로 특별히 연출한 연극이었
으리라 여겨진다.

이상의 자료를 통하여 볼 때, '優人'은 연기자를 가리키는 용어라고
할 수 있다. 어떠한 극적 사건을 구성하여 연기하는 예능인을 '優人'
이라고 하였던 것이다. 소학지회의 연극적 특성이 말해주듯이 그들의
연기는 주로 笑劇的인 것이다. 소극을 연출해내기 위하여 가장 중시
된 재능은 바로 口辯이었고 滑稽였다고 하겠다.

'優人'이 지니는 용례상의 개념은 어원적인 개념과도 일치하고 있
다. 중국 춘추시대의 優孟, 優旃 등은 滑稽를 잘하여 능란한 화술과
언변으로 군주를 諷諫하였다고 한다.[45] 『史記』「滑稽列傳」에 의하면
'滑稽'라는 용어는 다음과 같은 의미를 지니고 있다.

> 滑은 어지럽힌다는 것이고, 稽는 같다는 것이다. 말 잘하고 재빠른 사람이
> 그른 것을 옳다고 말하고 옳은 것을 그르다고 하니, 말이 능히 同異를 혼란시
> 킨다.
> 滑亂也 稽同也 言辯捷之人 言非若是 說是若非 言能亂同異也[46]

---

44) 사진실, 「笑謔之戲의 公演方式과 戱曲의 特性」, 5~8면.
45) 『史記』 126권, 「滑稽列傳」 第66.
46) 앞의 주)와 같음.

滑稽는 俳諧이다…… 말로써 익살을 부리는 것이 유창하며 智計가 쏟아져
나오기에 골계라 한다.

滑稽猶俳諧也 …… 以言 諧語滑利 其智計疾出 故云滑稽也[47]

'골계'란 지략이 뛰어난 사람이 고의적인 목적을 가지고 시비를 혼
란시키는 것이다. 후자에서는 골계를 통하여 익살을 부린다는 의미를
강조하고 있다. 優孟의 故事는 優人의 기원을 알게 해주는 자료인데,
그는 언어적인 골계의 차원을 넘어서서 극중인물로 분장하고 연기하
여 군주를 깨우치고 있다.[48] 이 극적 사건은 笑劇的이라고 할 수는
없다. 그러나 우맹이나 우전은 본래 우스갯소리를 전문으로 하는 궁
정배우였기 때문에[49] 그들로부터 파생된 優人의 개념에 우스갯짓과
우스갯소리로 극적 사건을 연출한다는 의미가 부가되었을 것이다.
'俳優'란 용어는 '優人'의 개념에 '俳'의 개념이 덧붙여진 것이다.

秦漢시대 에서 볼 수 있는 공연 예능인은 倡, 俳, 優, 象人, 女樂 등이다. 倡
은 樂舞연출을 위주로 하고; 優는 滑稽的인 언어풍자를 위주로 하며; 俳는 滑
稽小戲를 위주로 하고; 象人은 동물이나 사람으로 분장하여 對象과 舞象을 연
출한다; 여악은 악무를 연출하는 女流들을 가리키는데, 다시 倡, 歌女, 舞姬,
歌舞者 등으로 불린다.[50]

'俳'와 '優'는 모두 滑稽를 공통으로 하지만 각각 언어의 측면과 동
작의 측면으로 나뉘어진다고 보았다. 말하자면 '俳'는 우스갯짓이 중

---

47) 『史記』 126권, 「滑稽列傳」 第66 索隱.
48) 우맹은 재상을 지낸 孫叔傲의 아들이 가난하게 사는 것을 알고, 손숙오로 분
    장하고 莊王 앞에서 연기를 하여 왕을 깨우치게 하고 손숙오의 아들에게 살
    방도를 열어주게 하였다.
49) 『史記』 126권 「滑稽列傳」 第66, "優孟 故楚之樂人也 長八尺 多辯 常以談笑諷
    諫……索隱 按 優者 倡優也 孟字也 其優旃亦同 旃其字耳 優孟在楚 優旃在秦
    也……優旃 秦倡侏儒也 善爲笑言 然合於大道……"
50) 段玉明, 中國市井文化與傳統曲藝, 吉林教育出版社, 1992, 97면.

심이라면 ‘優’는 우스갯소리가 중심이 된다고 할 수 있다. 그러나 우
리나라의 용례에서는 ‘우인’과 ‘배우’가 거의 동일한 의미로 쓰였다.
그런데 ‘우인’과 ‘倡優’의 관계는 ‘우인’과 ‘배우’의 관계와 다르다. 후자
는 완전히 일치하는 용어로서 가리키는 대상과 내포하는 의미가 모
두 같다. 전자는 가리키는 대상은 같지만 내포하는 의미가 다르다고
할 수 있다.
　앞에서 인용한 내용에 의하면 ‘倡은 樂舞연출을 위주로’ 하는 예능
인으로 춤과 노래를 주로 맡았다고 하였다.

　(가) 임금이 성균관에 가서 공자사당에 참배하고 酌獻禮를 진행하였으며
선비들에게 시험을 보여 권성 등 여덟 명이 급제하였다. 날이 저물어서야 대
궐로 돌아왔는데, 문무 급제자들이 임금의 가마 앞에 나뉘어 늘어서고 倡優들
의 노래와 음악이 번삽하게 떠들썩하였다.
　　上行成均館 謁先聖行酌獻禮 試士 權憎等八人及第 日暮始還宮 文武及第分列
于駕前 倡優聲樂雜沓喧咽51)

　(나) 진사 급제의 방이 나면 細樂手와 광대, 才人을 거느리고 遊街를 한다.
광대란 倡優를 말하는데, 비단옷과 황초립에 머리에는 비단으로 만든 꽃과 공
작 깃털을 꽂고 어지럽게 춤추며 익살을 떤다. 才人은 줄타기와 땅재주 등 여
러 가지 놀이를 한다.
　　進士及第放榜 遊街帶細樂手廣大才人 廣大者倡優也 錦衣黃草笠 揷綵花孔雀羽
亂舞詼調 才人作踏索筋斗諸戲52)

　(가)에서는 창우가 聲樂 즉 노래를 한다고 하였고 (나)에서는 창우
가 춤추고 익살을 부린다고 하였는데, 춤과 노래는 ‘倡’, 익살은 ‘優’의
예능에 해당한다. 예능인을 가리킬 때, ‘優人’이나 ‘俳優’는 演技를 강
조하여 나타낼 때 쓰인다면, ‘倡優’는 노래와 춤을 강조하여 나타낼
때 쓰였다고 여겨진다.

---

51) 『숙종실록』 18권 42장.
52) 柳得恭, 『京都雜識』 1권 遊街條.

소학지희 자료에 나타나는 거의 모든 연행자가 '優人'으로 기록된
것에 다시 주목할 필요가 있다. 어떤 연행자가 俳優戲인 소학지희를
공연하였다는 사실만을 전달할 때에는 예외 없이 '優人'이라는 용어
를 사용하였다. 소학지희 자료이면서 '倡優'라는 용어를 사용한 〈都目
政事놀이〉의 경우,53) 처음에는 여러 가지 倡優戲를 하다가 임금이 반
응이 없자 소학지희를 하게 되었으므로, 포괄적인 용어인 '창우'를 사
용했다고 할 수 있다.

한편 '창우'는 '唱夫' 또는 '倡夫'와 혼용되었는데, 이는 '倡優'의 용례
가운데 노래의 측면을 차별화한 용어라고 할 수 있다.

> 허경 등 네 명을 뽑았다.……여러 유생들이 별도로 서있는 가운데서 허경
> 등을 불러내니 궁궐 앞을 향하여 엎드렸다가 곧 상원문 밖으로 나가서 관복
> 을 갖추고 궁궐 앞으로 나와 네 번 절하였다. 四館의 관리에게 지시하여 북쪽
> 섬돌 아래에서 新來를 불러 놀게 하였다가 곧 그만두게 하였다. 허경 이하 여
> 러 사람들은 서쪽 못가의 소나무 그늘 밑으로 가서 唱夫와 天童을 데리고 차
> 례로 나갔다.
>
> 取許坰等四人 …… 呼出許坰等 於諸生別立之中 向殿前俯伏 卽出上苑門外 具
> 冠服入殿前四拜 命四館官員 於北階下 呼新來呈戲 俄命止之 許坰以下 歸西池畔
> 松陰下 率唱夫天童 以次而出54)

위의 기록은 모두 과거 급제자의 遊街에 관한 기록이다. 배우를 지
칭하여 '唱夫'가 쓰인 것은, 遊街에서 배우의 예능은 노래가 중심이었
다는 사실을 알려 준다. 유가는 거리를 돌며 급제의 영광을 사방에
알리는 것이므로, 목적을 달성하는 데는 노래가 가장 유리하며 편리
한 예능이었다고 할 수 있다.

판소리 광대를 가리키는 용어로도 '倡優'와 '唱夫'가 쓰였다.

---

53) 사진실, 「笑謔之戲의 公演方式과 戲曲의 特性」, 9면.
54) 『중종실록』 82권 30장.

옛 樂府에는 이 調가 없었는데, 부채를 치며 길게 읊조린다 하여 항간에서
이르기를 打詠이라 하였다. 우리나라의 倡優는 항간에서 唱夫라고 하며 또는
광대라고도 한다. 春陽打詠을 으뜸으로 꼽는다.
　古樂府無此調 而打扇長詠 故俗謂打詠 我國倡優 俗謂唱夫 亦曰廣大 以春陽打
詠爲第一調55)

　우리나라 倡優의 놀이는 한 사람이 서고 한 사람이 앉아서 하는데, 선 사
람이 唱을 하고 앉은 사람이 북을 쳐 반주한다. 잡가 열두 곡조가 있는데 香
郞歌가 그 으뜸이다.
　朝鮮倡優之戲 一人立一人坐 立者唱 坐者以鼓節之 凡雜歌十二腔 香娘歌卽其
一也56)

　모두 순조 때의 기록으로, 앞에서 든 용례들에 비하여 후대에 속한
다. 판소리 광대를 '倡優'리고 한 것은 두 가지 해석이 가능하다. 첫째,
그들이 전통적인 전문 배우의 계통을 이었기 때문에 지극히 자연스
럽게 판소리 광대를 '倡優'라고 불렀을 것이다. 둘째, 전통적인 배우의
계통과 무관하지만, 판소리의 연행방식이 연기와 노래, 춤이 어울린
다는 점에서 '倡優'의 놀이라고 불렀을 것이다.57)
　이상의 고찰을 통하여 알 수 있는 사실은, 언어와 동작을 통한 演
技를 주로 하며 춤과 노래의 재능을 겸비한 전통적인 배우58)가 존재
했다는 사실이다. 이들의 예능이 아직 분화되지 않았던 것은 사실이
지만, 궁극적으로 요구된 역할은 우스갯소리와 우스갯짓을 통하여 골

55) 趙在三, 『松南雜識』; 鄭魯湜, 『朝鮮唱劇史』, 7면.
56) 尹達善, 『廣寒樓樂府』序; 鄭魯湜, 『朝鮮唱劇史』, 7면.
57) 전자의 경우 판소리의 형성과 관련되어 있어 매우 민감한 문제이므로 더 이상
　　논의하지 않기로 한다. 여기서 지적할 것은, '倡優'라는 명칭이 가리키는 대상
　　을 선별하여야 한다는 것이다. 판소리 발생 이후라 해서, 문헌에 나오는 '倡優'
　　나 '唱夫'를 모두 판소리 광대로 파악하는 것은 오류의 우려가 있다.
58) 때로는 '俳優', '優人', '倡優'가 곡예 등의 예능인까지 포함하는 민간 예능인의
　　총칭으로 쓰이기도 하였다. 그러나 그것은 여러 가지 예능인 가운데 대표성을
　　띤 용어로 사용했기 때문이지 개념의 확대라고는 볼 수 없다고 생각한다.

계를 연출하는 것이었다고 할 수 있다.59) 같은 대상을 가리키면서도,
'창우'라는 명칭에 비하여 '배우'나 '우인'의 명칭은 바로 이러한 배우
본연의 예능을 부각시킨 것이라 할 수 있다.

'才人'이라는 용어는 특정한 예능을 지시하고 있지 않으므로 불
특정한 다수의 예능인을 가리킬 때는 가장 흔하게 쓰였다고 할 수
있다.

(가) 민수가 말하기를 "外方才人은 儺禮를 위하여 서울로 모입니다. 이러한
흉년에 양식을 구하기가 어려울 뿐 아니라 다음 해에 명나라 사신이 오면 또
서울로 올라올 것입니다. 해마다 서울로 올라오는 것은 폐단으로 되니 올해
나례는 그만두기 바랍니다."라고 하였다.
敏手日 外方才人 以儺 皆集京師 如此歉年 得粮爲難 且明年天使之來 必又上
來 年年上京有弊 請停今年儺禮60)

(나) 儺禮都監에서 제의하였다. "儺禮를 할 때 軒架와 呈戲는 전적으로 戲
子들이 맡아 하는 일입니다. 때문에 종묘에 아뢰는 大禮를 이달 9월 16일로
택일한 뒤에 각 도의 才人들을 기일 전에 올려보내라고 심지어 말까지 내주
면서 독촉하였습니다."
儺禮都監啓曰 儺禮之時 軒架呈戲 專掌戲子之事 故告廟大禮 今九月十六日擇
日之後 各道才人 前期上送事 至於發馬督促61)

(가)의 자료는 명나라 사신을 맞이하여 벌이는 나례에 관한 기록
이다. (나)의 자료는 종묘 제사를 거행한 뒤에 벌이는 나례에 관한 기
록이다. 규모가 큰 행사를 축하할 때에는 外方, 즉 지방에서 여러 가
지 종목의 예능인들을 불러 올렸던 것이다. 인조 4년의 『儺禮廳謄錄』
에도 지방에서 올려 보내는 민간예능인의 명단을 기록하면서 '재인'

---

59) 배우의 연기와 노래, 춤의 분화되지 않았다고 해서 노래나 춤을 전담한 예능
　　인이 없었다는 것은 아니다. 그것은 다른 차원의 문제이다.
60) 『연산군일기』 47권 9장.
61) 『광해군일기』 144권 7장.

이라고 총칭하였다. 나례에서 벌어지는 예능은 規式之戱 및 笑謔之戱
에 두루 걸쳐 있으므로 재인 가운데는 '배우'도 있었고 곡예를 전문
으로 하는 부류도 있었다고 할 수 있다. (나)에 나오는 '戱子'는 '才人'
과 같은 개념이라고 할 수 있다.

앞에서 인용한 『경도잡지』에 의하면, 18세기 중반에 '재인'은 줄타
기나 땅재주 등 곡예를 맡은 부류만을 가리킨다고 하였다. 이는 조선
후기로 내려오면서 나타난 分業 현상[62]에 따른 것이지만, 그렇다고
이전에는 민간예능인의 예능이 분업화 하지 않았다고는 볼 수 없다.
적어도, 언어를 다루는 '배우'와 곡예를 하는 기타의 재인은 구분되어
활동하였을 것이다.

앞 절에서 살펴 본 바와 같이 '배우'도 언어와 동작의 연기 외에 노
래와 춤을 겸비하였다고 하였으나 곡예 등을 함께 했다고 보기는 어
려울 것 같다. 물론 조선시대 이전으로 거슬러 올라가 '재인'의 기원
을 따지자면 모든 예능이 하나로 뭉쳐져 있을 것이다. 그러나 이 논
문이 다루는 조선시대 이후에는 분명히 '배우'의 존재가 독립되어 나
타난다. 이것은 서울을 중심으로 한 현상이며 지방의 경우는 사정이
조금은 달랐을 수도 있다.

한편, '呈才人'은 '재인'보다 더 포괄적인 용어이다. '재인'이라고 할
때는 보통 남자만을 가리키지만 '정재인'은 妓女를 포함한 개념으로
쓰인다.

의금부에서 卓文兒를 신문하니 말하였다. "……南怡가 저에게 말하기를 '네
가 어째서 나를 깔보느냐? 내가 너를 양인 신분으로 만들어주면 이러지 않을
것이다'고 하기에 제가 대답하기를 '어전의 呈才人을 어떻게 良人 신분으로
만들 수 있는가?' 하였더니, 남이는 '너만이 아니라 네 애비까지도 내가 마음
대로 할 수 있다'고 하였습니다."

義禁府鞫卓文兒云…… 怡語我云 汝何蔑視我 我使汝爲良 則不如是矣 我答云

---

62) 李杜鉉, 『韓國演劇史』, 民衆書館, 1973, 80면.

御前呈才人 何以爲良 怡云 非唯汝身 至於汝父 我當擅便矣63)

예종 때 '南怡의 獄사건'에 연루되어 신문을 받은 妓生이 자신을 '呈才人'이라고 부르고 있다. '呈才'라는 말은 '재주를 보인다'는 일반적인 글귀이지만, 기생들이 중심이 되어 연행한 공연물을 '唐樂呈才' 또는 '鄕樂呈才'라고 하였으므로 고유명사가 되었다. 그런 까닭에 '정재인'에 기녀가 포함되어 쓰인 것 같다. 고종 때에는 기녀를 '呈才女伶'이라고 부르기도 했다.

이상의 논의를 살펴볼 때, 민간 예능인을 가리키는 용어는, 규칙성을 찾아내기 어려울 만큼 용례가 다양하다. 그렇다고 해서 모든 용어를 동일한 것으로 취급할 수는 없다. 더구나 이 용례들은 주로 한문으로 기록된 문헌자료를 중심으로 파악된 것이다. 문헌자료의 용어와 용례는 식자층이나 지배계층의 입장에서 기술한 것이므로 예능인의 실상에 비하여 천편일률적인 용어가 사용되었다고 볼 수도 있다. 조선 후기의 구전자료에 아주 다양한 용어가 등장하는 것을 보면64) 예능인의 집단이 매우 세밀하게 분화되어 있었다고 여겨진다.

공식문화의 중심인 궁정에서는 樂工, 妓女, 歌童, 舞童 등 여러 가지 예능인이 구분되어 있었고 정규적인 수련까지 받았다. 이러한 분위기 속에서 배우의 예능을 변별하는 것은 당연한 일이다. 그러나 공식문화의 영향에서 벗어나 있는 지방의 경우 연기를 전문으로 하는 배우의 분화가 더디게 진행되었을 것이다. 예능인 집단의 분화는 고유의 정체성을 모색해 나가는 과정을 통하여 이루어진다. 이러한 과정이 바로 연극의 발전과 맞물려 있다고 하겠다.

이하의 논의에서는 용어를 통일하여 사용할 것이다. '우스갯소리와 우스갯짓을 통하여 골계를 연출'하는 부류인 것이 확인되면 '俳優'를

---

63) 『예종실록』 1권 40장.
64) 판소리 〈박타령〉을 보면, 검무장이, 북장이, 풍각장이, 각설이패, 초라니패 등 민간 예능인이 다양하게 나타난다.

사용하고,65) 확인이 불가능하거나 민간 예능인 전반을 가리킬 때는
'才人'을 사용하기로 하겠다.

3) 演行, 公演, 興行

사전적 정의에 의하면,66) '演行'은 "① 배우가 연기를 하는 것 ② 연
출하여 행하는 것"이다. 두 가지 정의 가운데서 현재 학계에서 통용
되는 개념은 후자 쪽이다. '연출'은 "(어떤 상황을) 만들어 내는 것"이
라 하였으므로 결국 演行은 "어떤 상황을 만들어 내어 행하는 것"이
다. 곧, 연행은 의도적으로 고안된 행위에 해당한다. 의도적으로 고안
된 행위는 예술적 행위의 모태가 된다.67)

그렇다면 '연행'이 가리키는 구체적인 행위가 어떤 것인지 살펴볼
필요가 있다. 선행 연구에서는 탈춤을 추거나 판소리를 부르는 행위,
시가를 읊거나 노래 부르는 행위, 설화를 이야기하는 행위 등을 연행
이라고 하였다.68) 그밖에 무용, 악기 연주 등을 하는 행위를 연행이

---

65) 이제부터 '배우'란 명칭은 연극의 연행자를 가리킨다. 같은 부류인 '우인', '배
 우', '창우'의 명칭 가운데 대표로 '배우'를 사용하는 것은, '배우'가 전통극과 근
 대극에 두루 통할 뿐 아니라 그 의미도 연속선상에 있기 때문이다.
66) 금성판 『국어대사전』, 금성출판사, 1991.
67) 영어로 번역하자면, 'artistic performance'라고 할 수 있을 것이다. '연행'을 다
 만 'performance'로 번역하는 것은 예술행위와 관련하여 사용한다는 전제가
 있는 경우에 해당한다. 개념을 따지자면 'performance'라고만 하는 것은 정확
 하지 않다. 'performance'는 기계의 동작, 일의 성취 등을 포함하는 개념이기
 때문이다.
 Paul Thom은 *For an Audience : A Philosophy of the Performing Arts*(Phil-
 adelphia; Temple UP., 1993.)에서, 'artistic/nonartistic performance' 및 'per-
 forming/ nonperforming arts'를 구분하였다. 그는 일상생활에서 벌어지는 많은
 행위들을 'performance'라고 하였고 그 가운데 'artistic performance'를 분별하
 는 기준을 제시하였다. 그가 말한 'artistic performance'는 우리 학계에서 사용
 하는 '연행'과 일치한다.

라고 할 수 있다.

그런데 연행의 사례로 열거된 행위들은 다시 나눠어진다. 같은 연
행이라도 설화를 이야기하는 행위와 연극이나 무용을 하는 행위는
차이가 있기 때문이다. 설화를 이야기하는 사람의 얼굴 표정, 동작
등은 정해진 틀이 없다. 구연하는 상황과 구연자에 따라 달라질 뿐만
아니라, 같은 구연자라 할지라도 특정한 장면에서 보여주는 표정과
동작이 고정되어 있지 않다. 그러나 연극이나 무용을 할 때는 장면에
따라 연행의 부분이 정해져 있어 반복적으로 실시된다.

설화를 연행할 때는 행위의 부분이 우연적으로69) 발생하여 일회
로 끝난다면, 연극이나 무용을 할 때 행위의 부분은 별도로 고안된
것으로서 거듭 되풀이된다. 전자의 행위는 이야기의 내용을 전달하
기 위한 보조 수단이라면 후자의 행위는 그 자체가 樣式을 이루고 있
는 것이다. 곧, 연행의 여러 가지 요소들이 하나의 구조를 이루고 있
다고 할 수 있다. 따라서 연극이나 무용은 연행 자체가 예술적인 양
식을 이루고 있어 본격적인 연행예술이라고 할 수 있다. 설화를 이야
기하는 행위는 '문학의 연행70)'이라고 할 수 있다. 문학을 연행하는

---

68) '연행'을 제목으로 드러낸 논문이 다루는 대상을 통하여 그러한 사실을 알 수
있다.
천혜숙, 「이야기꾼의 이야기연행에 관한 고찰」, 『계명어문학』 1, 1984.
전경욱, 「탈춤과 판소리의 演行文學的 性格 比較」, 韓國精神文化硏究院 附屬大
學院 석사학위논문.
박경주, 「景幾體歌의 演行方式과 性格 變化」, 서울대 석사학위논문, 1990.
김흥규, 「19세기 前期 판소리의 演行環境과 사회적 기반」, 『판소리 어문논집』
30, 고려대 국어국문학연구회, 1991.
69) 연행이란 '의도적'인 행위라고 전제해놓고 설화의 연행이 '우연적'이라고 한 것
은 모순처럼 보인다. 전자는 어떤 대상을 행위를 통하여 드러내려는 최초의
생각이 의도적이라는 것이고, 후자는 언어 텍스트와 행위의 결합이 정해져 있
는 것이 아니므로 우연적이라는 것이다.
70) '문학의 연행'이라고 하면 문학과 연행이 순차적으로 이루어지는 상황을 가리
키는 것처럼 보인다. 그러나 여기서 문학은 미리 글로 씌여진 작품, 기억 속의
언어 텍스트, 즉흥적으로 만들어진 언어 텍스트 등을 모두 포함한다.

방식은 口述 말고도 吟詠, 歌唱71) 등을 들 수 있다.

그런데 연행예술 가운데는 언어 텍스트를 가지고 있는 양식이 있어 '문학의 연행'과 혼동하기 쉽다. 문자가 생기기 이전의 구술문화로 거슬러 올라가면 언어 텍스트를 지닌 연행예술과 '문학72)의 연행'이 뿌리가 같을 수 있다. 또는 서로 겹치기도 하고 어느 쪽으로의 발전이 이루어지기도 하여 구분이 쉽지 않을 것이다.

그러나 연행을 단지 수단으로 사용한 문학은, 문자가 생긴 이후에 문자로 씌어져 구술성을 벗어버리고 기록문학으로 전환될 가능성이 크다. 기록문학으로 곧바로 전환되지 않는다고 해도 점차 그렇게 발전하게 될 것이다. 반면, 연행예술은 口述性의 문화에서든 文字性의 문화에서든 그 본질을 잃지 않는다. 문자가 생긴 이후 언어 텍스트가

Walter J. Ong의 관점을 빌자면, 말이 문자로 씌어지지 않는 구술문화의 산물에 대하여 '文學(literature)'이라는 용어를 사용하는 것조차 모순이다. 그는 구비문학(oral literature)이라는 용어가, 말로 조직된 것의 유산이 쓰기와는 전혀 관계가 없을 때 조차도 그 유산을 쓰기의 한 변종으로 밖에는 인식하지 못하는 모자람을 드러낸다고 하였다(Walter J. Ong, *Orality and Literacy*, London and New York; Methuen, 1986, 11면).

그러나 용어는 그 용례에 따라 개념을 확장할 수 있으므로, '문학'이 '쓰기'에서 시작되었다고 할지라도 쓰기와 관련이 없는 설화나 민요도 '문학'이라고 부를 수 있다. 문자문화에서의 문학과 연속성을 드러낸다는 측면에서도 그러한 확장적인 개념을 용납할 수밖에 없다.

71) 노래를 부를 때, 언어 텍스트를 제외한 음악적 선율과 리듬을 문학을 향유하기 위한 보조 수단으로 볼 것인지 예술 양식으로 볼 것인지는 별도의 언급이 필요하다. 선율과 리듬은 그 자체로서 美感을 느끼게 하므로 언어 텍스트의 보조 수단이라고 하기에 미심쩍은 바가 있다. 또한 언어 텍스트에 맞추어 고안되어 있고 거듭 되풀이된다는 측면을 강조한다면 양식화되어 있다고 할 수 있기 때문이다.

그러나 口述, 吟詠, 歌唱은 모두 목소리의 높낮이, 長短, 强弱 등으로 표출되므로 같은 차원의 행위라고 보아 무방하다. 다만 歌唱은 그러한 요소들을 적절히 배합함으로써 선율과 리듬을 만들어내는 점이 다를 뿐이다.

72) 이 시점은 문자가 쓰이지 않는 때이므로 '문학'은 기억 속의 언어 텍스트, 즉흥적으로 만들어진 언어 텍스트만을 말한다.

글로 씌어진다고 해서 그 언어 텍스트만 단독으로 문학 양식을 이루
지는 않을 것이다. 연행예술의 언어 텍스트는 여전히 연행예술에 속
한 일부분으로 남게 될 것이다.

그러한 추정을 뒷받침해 주는 사례를 俗樂歌詞와 時調에서 발견할
수 있다. 시조가 한글 창제 이전에 발생했다는 입장에서 선다면, 시
조와 속악가사는 말에 맞는 문자가 생기기 이전의 구술문화73)에서
노래로 불렸다는 차원에서 똑같다. 그러나 속악가사는 '연행예술의
언어 텍스트'에 해당하고 시조는 '연행된 문학'에 해당한다. 시조는
문학을 향유하기 위하여 음영이나 가창의 연행 방식을 선택한 것이
라면, 속악가사는 연행예술인 俗樂呈才의 일부분을 이루고 있었던 것
이다.

한글 창제 이후 시조는 문자로 기록되었고 단일한 시가 양식 안에
서 다양한 작품들을 산출하였다. 시조창의 전통이 오래도록 계속되
었던 것으로 보아 시조가 곧바로 기록문학으로 향유되었다고 할 수
는 없지만 결국 기록문학으로 오늘날에 전승되었다.

속악가사 역시 문자로 기록되면서 마치 독립적인 문학 양식처럼
도드라져 보이기도 하였다. 그러나 속악가사는 단일한 양식을 이루
었다고 할 수 없고 지속적으로 작품을 만들어내지도 않았다.74) 속악

---

73) 옹(Ong)은 한 언어의 발전 과정에서 드러나는 구술성과 문자성에만 주목하였
다. 다른 나라의 문자를 공동 문어로 받아들여 사용하는 경우, 또는 문자가 이
미 만들어진 이후라 하더라도 동시대적으로 구술성과 문자성이 공존할 수 있
는 경우를 염두에 두지 않았다. 문명권의 중심에서는 일차적인 구술성에서 문
자성으로의 이행이 매우 이른 시기에 일어났기 때문에 그것에 수반되는 연행
또는 연행예술의 변화의 양상을 탐구하기 어렵다. 우리나라와 같이 공동 문어
를 사용하다가 늦게 서야 자국어의 문자를 사용한 경우는 이러한 측면에서 이
로운 점이 있다.
74) 속악가사의 대부분이 고려가요이므로 조선시대에 새로이 창작되고 유통되지
않는 것이 당연하다는 생각은 옳지 않다. 속악가사 가운데 일부를 고려가요라
고 할 수 있는 것은 고려 때 만들어졌다는 사실 때문이지 고려까지만 전승되
었다는 사실과 무관하다. 속악정재가 조선 말기까지 전승되었으므로 그 노래

가사는 속악 정재의 언어 텍스트로서 전체 양식 안에 갇혀 있어 자가 발전을 이룰 수 없었다고 할 수 있다. 연행예술은 새로운 작품을 산출하는 단위가 언어 텍스트가 아니라 연행예술 전체인 것이다. 속악 정재에서 연행과 언어 텍스트는 분리하기 어려우며, 연행은 보조 수단이 아니라 본질이다.[75]

연행예술의 언어 텍스트는, 연행을 수단으로 전달된 문학과 혼동하기 쉽지만, 그 본질이 다른 만큼 다른 방식으로 접근하여야 할 것이다.[76] 연행예술에서 언어 텍스트만 추출한 문학적인 연구 역시 의의가 있지만, 그 본질을 추구한다는 측면에서는 불리한 점이 있다. 연행예술을 연구하는 입장에서, 언어 텍스트를 포함하는 연행예술의 원리와 미학을 탐구할 필요가 있다.

그렇다면 '연행문학'이라는 용어로서, 문학과 연행이 관련된 많은 양식들을 무차별하게 취급하는 것은 잘못이다. '演行文學'을 "몸짓과 말 즉 行動을 통해서 전달되는 문학"[77]이라고 할 때, 연행은 매우 소

말인 속악가사 역시 조선시대 내내 향유되었다고 할 수 있다. 그럼에도 불구하고 속악가사는 속악정재에서 독립하여 문학 양식으로 전환되어 향유되지 않았다.

75) 정재의 양식에 따라 언어 텍스트의 형식이 맞추어져 있으므로 속악가사의 형식은 통일될 수 없다. 따라서 속악가사라는 이름에 걸맞는 단일한 양식을 규정할 수 없다. 또한, 속악가사 가운데 몇몇 작품을 '고려가요' 또는 '고려속요'라고 부를 때, 그것은 '고려 때 만들어진 노래' 정도의 의미로 받아들일 수 있을 뿐, 단일한 시가 양식의 이름으로 간주할 수는 없다.

76) 특히 우리나라 詩歌의 전통은 두 가지 방향에서 연행과 관련을 맺고 있다. 고전시가의 演行性에 착안한 연구가 많이 이루어지고 있는데, 이럴 경우 연행예술의 언어텍스트와, 연행을 수단으로 전달하는 문학을 구분해야 한다.
신은경은 '演行의 場'이라고 규정한 '風流房'을 중심으로 고전시가를 통합적으로 고찰하려는 試案을 내놓았다(신은경, 「風流房藝術과 風流集團」, 『문학과 사회집단』, 한국고전문학회 편, 집문당, 1995). 기록된 문자의 문학으로만 다루어져 온 고전시가를 '연행'이라는 입체적인 현상과 '연행의 장'이라는 현장을 중심으로 다루려는 의도는 매우 탁월하였다고 여겨진다. 그러나 연행예술에 속한 언어텍스트는 여타의 시가와 구별해야 한다.

77) 전경욱, 「탈춤과 판소리의 연행문학적 성격 비교」, 1면. 이 논문은 탈춤과 판

극적이고 보조적인 의미를 띠게 된다. 문학을 전달하기 위한 수단으로서 채용된 것에 불과하기 때문이다. 이러한 입장에서 탈춤이나 판소리를 바라본다면, 그 실체는 언어 텍스트인 문학이고 춤이나 동작, 노래와 악기의 선율, 공간의 활용 방법 등은 그것을 전달하는 보조 역할을 할 뿐이다. 그러나 실제로 탈춤과 판소리가 주는 미적 감흥에서 연행이라는 실천 자체가 차지하는 비중은 매우 크다고 할 수 있다. '연행문학'이라는 용어는 '연행된 문학', '연행하기 위하여 만들어진 문학' 등으로 해석될 수 있지만, 어느 것도 문학 이전에 연행예술로서 존재하는 대상을 가리킬 수 없다.

지금까지의 논의에 의하면, '연행'은 그 자체로서 예술 양식을 이루기도 하고 문학 등을 전달하는 수단으로 쓰이기도 하였다. 따라서 적층적인 민속 예능에서 개인의 창작 예술에 이르기까지 두루 미친다. 또한 '연행'은 행위를 하는 주체의 입장만을 나타내기 때문에 일상 생활의 연장으로 이루어지거나 직업 예능인의 생업 활동으로 이루어지는 경우를 모두 포괄한다. '연행'에 포함되면서 어느 정도 제한적인 쓰임을 갖고 있는 용어로 '公演'을 들 수 있다.

'公演'이란 公衆을 향하여 연행하는 것이다. 곧 공연은 관객을 전제로 하는 연행이다. 예능을 타인에게 내보이는 일은 전문성이 요구될 뿐만 아니라 전통적으로 천한 업종에 속하였기 때문에 '공연'은 주로 전업적인 예능인의 몫이었다. 모든 연행예술은 공연될 수 있으며, 공연된 연행예술을 공연예술이라고 할 수 있다.

공연예술은 연출과 관람, 즉 생산과 수용의 행위가 동일한 시공간 속에서 이루어진다. 문학이나 미술도 수용의 행위가 전제되지만 서로 다른 공간에서 시간차를 두고 일어난다. 문학이나 미술을 동시적

소리를 대상으로 하였으므로, 연행이 보조적인 수단으로 다루어져서는 안되고 실제 논문의 작업에서도 대상들의 연행적 특성이 주요하게 다루어졌다. 그러나 적어도 '연행문학'의 정의를 내리는 데 있어서는 연행을 소극적으로 취급하였다.

으로 수용하기 위해서는 연행이 수반되어야 한다.[78] 공연예술의 공
연 현장에 참여한 연행자와 관중은 직접적이고 동시적인 상호작용을
한다. 예상되는 독자나 애호가가 아닌 실재하는 관객에게 發話하며,
상상 속의 작가가 아닌 눈앞의 연행자에게 반응하는 것이다.

공연 공간에서 동시에 현존하는 배우와 관객을 구분하기 위하여
무대가 필요하다. 여기서 무대는 물질적이고 可視的인 시설만을 말하
지 않는다. 연행자와 관객을 분리하여 공연을 보장해주는 별도의 공
간을 무대라고 할 수 있다. 그것은 관습적인 약속에 의한 심리적인
공간일 수도 있다. 무대의 구조, 무대가 속한 공연 공간의 물리적 조
건 등에 따라 공연 종목의 성격, 배우와 관객의 관계 등이 달라질 수
있다. 따라서, 모든 예술이 그것을 배태한 환경의 영향을 받지만 특
히 공연예술은 가장 직접적인 영향을 받는다고 할 수 있다. 본 논문
에서는, 연행예술을 생산하고 수용하는 배우와 관객, 공연이 이루어
지는 시간과 공간을 모두 연구의 대상으로 삼기 위하여 공연이라는
용어와 개념을 채택하였던 것이다.

그렇다면 결과적으로 '공연'의 상황을 설명하기 위하여 '연행'의 개
념부터 거론한 셈이 되었다. 전문 공연예술을 다루면서 연행이 문제
가 되는 것은 국문학 연구의 전통과 관련이 있다. 지금까지 연극 등
공연예술은 구비문학의 한 분야로서 연구되었다. 설화의 口演과 판소
리, 탈춤의 공연이 같은 분야의 연구 대상이 되었으므로 전문적인 예
능 활동인 공연을 따로 구분할 필요가 없었다. 처음부터 연극학이나
공연예술의 분야가 독립되었다면 그 연구가 직업적이고 전문적인 예

---

78) 문학의 경우 시를 낭송하거나 설화를 구연하는 것, 미술의 경우 행위예술 등
은 연행되는 문학 또는 미술이 된다. 이러한 행위가 전문성을 띠고 公衆을 향
해 이루어진다면 결국 공연예술의 범주에 들게 된다고 하겠다. 곧, 연행예술
이 아니라 할지라도 모든 연행은 공연예술이 될 수 있다. 그러나 연행예술이
아닌 연행의 행위를 무대에 올리는 일은 이미 연행 자체가 양식화한 연행예
술에 비하여 모험적이며 번거로운 일이 될 수밖에 없다.

능에서 출발하였을 것이므로 민속예술의 연행을 염두에 두지 않아도
되었을 것이다. 서구 연극의 연구자가 上演(presentation)과 公演
(performance)의 의미차에만 관심을 갖고 演行이라는 용어와 그 개념
에 관심을 갖지 않은 것은 당연하다. 연극학이 독립되어, 전문 공연
예술로서의 연극을 연구 대상으로 삼기 때문에 민속예술까지 포괄하
는 '演行'의 개념을 거론할 필요가 없었기 때문이다.

그러나 공연예술의 원리에 관한 최근의 연구 가운데 우리의 '연행'
개념으로 시야를 넓힌 사례가 있어 주목된다. 폴 돔(Paul Thom)은 공
연예술의 철학(philosophy of the performing arts)을 개진하면서 공연
의 전통적인 구조79)를 벗어난 공연의 존재를 확인하고자 하였는데,
작가와 작품80)이 존재하지 않거나 관객이 존재하지 않는 공연을 예
로 들었다. 공연에 관한 서구적인 접근 방식, 곧 공연의 전통적인 구
조에서는 공연이라는 실천 자체가 지니는 미학적 가치를 무시하였으
므로, 구조에서 벗어난 공연의 사례를 들어 그 가치를 보이고자 한
것이다. 곧, 작가와 작품이 존재하지 않는 상황에서 공연이 이루어진
다고 하였을 때, 연행자 및 공연이라는 실천적 행위가 공연예술의 전
부이기 때문이다.

그런데, 작가와 작품이 없이도 이루어지는 공연은 우리나라 공연
의 전통에서 흔히 볼 수 있는 현상이며, 관객을 상정하지 않는 공연
은, 지금까지 밝힌 바에 의하면, '연행'의 영역에서 '공연'의 영역을 제
외한 나머지 부분에 해당한다. '연행'과 '공연'을 구분하여 그 개념 관
계를 확인하는 작업은, 국내에서 이루어진 선행 연구의 장점을 살린
다는 점에서도 의의가 있다.

한편, 공연예술은 일찍부터 타인을 위한 예술로 존재했다. 문학이
자족적인 예술의 성격을 지니고 발전한 것과 차이가 있다. 공연예술

---

79) Paul Thom, 앞의 책, 12면.
80) 여기서 작품이란 공연의 기초가 되는 대본이나 악보 등 有形의 작품을 말한다.

의 연행자는 사회 구조 속에 타인을 위하여 복무하도록 규정되어 있거나 어떤 형태로든 보상을 받게 되어 있다. 결국 연행자와 관객은 경제적이고 사회적인 관계를 형성하는 것이다. 이와 같이 '공연'은 연행자와 관객의 역할이 나뉘어 있는 상태이므로 공연예술을 상품으로 팔고 사는 '興行'의 상태로 쉽게 전환될 수 있다.

'흥행'은 영리를 목적으로 하는 공연이다.[81] '연행'하는 종목 가운데 '공연'하는 것과 그렇지 않은 것으로 나뉘어지듯이, '공연'하는 종목 가운데 '흥행'을 목적으로 하는 것과 그렇지 않은 것으로 나뉜다. 현재의 시점에서는 거의 모든 공연이 입장권을 발급하므로 흥행과 직결되어 있는 것처럼 보인다. 그러나 무료 공연이나 자선 공연 등이 있으므로 흥행을 전제로 하지 않는 공연이 있다는 사실을 알 수 있다.

또한 연행자가 특정한 집단에 예속되어 있으면서 그 집단의 필요에 복무하는 경우, 관객이 구분되어 있어 '공연'이라고 할 수 있지만 돈을 벌기 위한 목적이 아니므로 '흥행'이라고 할 수 없다. '흥행'은 적어도 공연 종목 또는 공연예술이 상품으로 매매되는 시기 또는 그러한 공간에서 사용할 수 있는 용어이다.

'흥행'은 '공연'이나 '연행'의 범주에 속해 있지는 않다. 흥행할 수 있는 종목으로 영화나 스포츠가 있기 때문이다. 영화는 '연행'한다고도 '공연'한다고도 할 수 없지만 '흥행'한다고 할 수 있다. 극예술이라는 측면에서는 영화나 TV드라마 등이 연극의 전통을 이었다고 하겠지만 연극이 본래 지니고 있는 연행 또는 공연의 성질을 기준으로 볼 때는 매우 이질적이다.[82]

---

81) 흥행은 앞의 두 용어와 행위의 차원이 다르다. '연행예술'과 '공연예술'에서 '연행'과 '공연'의 행위는 예술을 생산하는 직접적인 행위이지만 '흥행예술'에서 '흥행'은 예술을 생산하는 직접적인 행위가 아니라 예술을 수단으로 하는 간접적인 행위이다.
82) 영화 또는 녹화된 연행이 연행의 범주에 들 수 없다는 사실은 폴 돔(Paul

앞에서 궁정, 시정, 외방을 서로 다른 문화 공간으로 나누었는데, '연행', '공연', '흥행'의 활동과 관련지을 수 있다. 연행은 가장 포괄적인 개념이므로 궁정, 시정, 외방의 어디에서나 발생할 수 있다. 공연은 적어도 배우와 관객, 곧 생산자와 수용자의 구분이 이루어지는 상황에서 가능하다. 외방에서는 공연과 흥행을 제외한 연행 활동이 주로 이루어진다고 할 수 있다. 농어촌 지역의 공동체가 향유하는 민속예술은 생산자와 수용자가 일치하는 특성을 갖기 때문이다. 따라서 배우와 관객이 분리되는 공연이나 돈을 받고 하는 흥행은 외방의 예술 향유 방식과 들어맞지 않는다.

궁정에서는 흥행을 제외한 공연 활동이 중심이 된다. 궁정은 신분적인 상하 관계로 이루어진 공간이므로 수평적인 공동체가 형성될 수 없다. 관객과 배우가 나뉘어져 있으므로 공연이 이루어지지만, 공연의 목적, 계기가 제도적인 강제성을 띠므로 돈을 벌기 위한 흥행이 이루어질 수 없다.

시정은 흥행 활동의 중심이 된다. 상호 이익을 전제로 하는 계약과 거래가 모든 행동의 규범이라 할 수 있으므로 거의 모든 공연 활동이 돈을 벌기 위한 목적으로 이루어진다고 하겠다. 외방의 연행 활동이 관습적인 전통을 지켜나가고 궁정의 공연 활동이 제도적인 강제성을 띠고 있지만 시정의 흥행 활동은 관습과 제도의 통제 밖에 있었다고 할 수 있다. 이러한 자율성은 시정에서의 예능 활동에 경제적인 풍요와 활력을 가져다주는 동인이 되었으며 그 안에서 흥행을 목적으로 하는 새로운 공연예술이 탄생할 수 있었던 것이다.

Thom)의 견해를 통하여 명백해진다. 그는 연행(artistic performance)가 "개별적인 혹은 집합적인 행위들의 연속"이라고 하였다. 따라서 연행을 완성하기 위해서는 일정한 양의 시간이 소요되며 그 시간이 지난 뒤에 더이상 연행은 존재하지 않으며 변개할 수도 없다고 하였다. 반면, 녹화물은 변개가 가능하고 자체적인 편집이 가능할 뿐 아니라 다른 녹화물이나 영상물을 가져와 결합시킬 수도 있다는 것이다. 따라서 영상물이나 녹화물은 예술작품은 될 수 있어도 연행은 아니라고 하였다(Paul Thom, 앞의 책, 4~6면).

3. 조선 전기 연극의 공연상황

1) 배우의 활동 유형과 공연 관리 기구의 기능

(1) 京中優人

『儺禮廳謄錄』의 재인 명단에는 서울지역과 서울 이북 지역의 재인이 들어 있지 않다. 서울 이북의 지역은 중국에서 육로로 서울에 들어오는 길목에 있다. 특히 황해도나 평안도의 경우 자체적으로 산대를 세우고 使臣을 환영하는 행사를 벌이게 된다. 그러므로 그 지역의 재인들이 서울로 上送되지 않은 것이다.

그러나 서울지역의 배우가 세외되어 있는 것은, 나례와 재인에 대한 기존의 입장만으로는 납득하기 어려운 사실이다. 나례도감이 전국에 퍼져 있는 재인들을 동원하여 나례를 치른다고만 하였을 뿐, 서울과 지방의 재인을 구분하여 다루지 않았기 때문이다. 『나례청등록』의 재인 명단은 나례에 출연하는 재인의 명단이 아니라 나례도감을 통하여 지방에서 올려지는 재인의 명단이었으므로 당연히 서울의 재인은 제외될 수밖에 없다.

그렇다면 서울의 재인은 어떤 경로로 나례에 출연하였는지가 문제이다. 그들이 이미 서울에 있었다 할지라도 '떠돌면서 놀이를 팔아먹고 사는'[83] 재인들을 불러 모으는 일은 저절로 이루어지는 것이 아닐 것이기 때문이다. 아니면 서울에는 재인이 없었는가? 서울에서 활동은 해도 재인은 서울에 살 수 없었을 것이라는 추정이 가능할 수도 있다.

다음의 자료들은 제기된 문제에 대한 해답을 제시하고 있다.

---

83) 재인의 존재 양상에 때한 일반적인 인식에 의거한 표현이다.

(가) 恭憲大王이 大妃殿을 위하여 대궐 내에서 進豊呈을 펼쳤다. 서울의 배우〔京中優人〕인 貴石이 俳戱를 잘하여 진풍정에 나아갔다.
　　恭憲大王 爲大妃殿 陳進豊呈於闕內 京中優人貴石 以善俳戱進[84]

(나) 승정원에 전교하였다. "금년에는 儺禮를 행하지 말라고 이미 명했지만 예로부터 전해 내려오던 일을 매번 폐할 수 없으니, 다만 서울의 남녀 재인〔京中男女才人〕들을 빠뜨리지 말고 이름을 기록하여 아뢰라."
　　傳于政院曰 今年儺禮已命勿爲 古來之事 不可每廢 只京中男女才人等 無遺列名抄啓[85]

(다) 승정원에 전교하였다. "儺禮는 조종조로부터 행하여 왔으되, 어찌하여서 설치하였는지를 알지 못하겠다. 지금 흉년이 들었는데도 외방의 재인〔外方才人〕이 나례를 위하여 많이 성중에 도착하였다. 그러나 먹을 것이 없으니, 궁하면 반드시 도적질을 할 것이다. 금년의 나례는 중지하도록 하고 다만 내간의 아이들이 보려고 하니 서울에 사는 우인〔京居優人〕을 가리어 간략하게 하라."
　　傳于承政院曰 儺禮自祖宗朝行之 未知何爲而設 今者年凶 外方才人 爲儺禮 多到城中 無以爲食 窮則必爲盜竊 其停今年儺禮 但內間兒輩欲見之 其擇京居優人 略爲之[86]

(가), (나)의 기록에는 각각 '京中優人', '京中男女才人' 등의 용례가 있어, 서울에서 활동하는 배우의 존재를 확인하게 해 준다.

(나)는 서울에 있는 재인들의 명단을 적어 올리라는 임금의 전언이다. 『나례청등록』에 서울의 재인이 등장하지 않은 것은 그들이 이미 서울에 있었기에 굳이 불러 모을 필요가 없어서가 아니다. 지방의 재인과 서울의 재인을 관리하고 동원하는 조직 체계가 달랐기 때문이다.

(다)에서는 서울에 사는 재인에 대비하여 지방에 거주하는 재인을

---

84) 柳夢寅, 『於于野譚』, 俳優條, 萬宗齋.
85) 『명종실록』 27권 59장.
86) 『성종실록』 184권 11장.

'外方才人'이라고 하였으므로, 전국의 재인을 外方과 京中으로 나누어
파악한 실상을 알 수 있다. 조선시대의 행정 구역은 서울 및 8도로
나뉘어 있었지만, 실제 행정상으로나 인식 상으로 '경중'과 '외방'이라
는 이원적 구조를 가지고 있었다. 재인을 관리하는 방법에 있어서도
마찬가지여서 京中優人과 外方才人은 차이가 있었다고 할 수 있다.

(다)에는 '京居優人'이라 하여 그들이 서울에 거주하면서 활동한다
는 사실을 분명히 하고 있는데, 실제로 서울의 어디까지 진출하여 살
았는지 알아 볼 필요가 있다.

(가) 밤에 강도 수십명이 優人 최을송의 집에 들어가 家財를 겁탈한 것을
영순군 溥가 듣고서 아뢰니, 명하여 都城의 네 문을 닫고 크게 찾게 하였다.
夜 强盜數十人 入優人崔乙松家 劫奪家財 永順君溥聞之以啓 命閉都城四門 大
索87)

(나) 승정원에서 아뢰었다. "어제 저녁에 경기감사 류근이 다녀온 보고를
하기 위하여 승정원에 와서 신 등을 보고 비밀리에 말하기를 '…… 서울 동대
문 안에 사는 재인 김의산이라는 사람도 역시 장수로 정한 자이며 데리고 있
는 도적도 역시 많다고 하였습니다. 만약 드러내놓고 급보한다면 혹시 놈들
이 빠져나갈가 걱정되어 수원에서 급히 왔습니다.……'라고 하였습니다. 류근
이 하는 말도 역시 면밀하게 처리하려는 생각에서 나온 것이기 때문에 감히
아룁니다."
政院啓曰 昨夕 京畿監司柳根 爲復命到院 見臣等密言曰……京中東大門內居才
人 金義山稱名人 又是定將者 而所率亦多 若泛然馳啓 則恐致脫漏 以此自水原馳
來…… 柳根所言 亦出於詳密處置之計 敢啓88)

(가)에서, 배우의 집에 침입한 강도를 잡기 위하여 四大門을 닫았
다고 한 것을 보면, 배우의 집이 서울의 성안에 있었음을 알 수 있다.
(나)에서도 '서울의 동대문 안에 사는 재인 김의산'이라 하여 역시 서

87)『세조실록』45권 35장.
88)『선조실록』56권 16장.

울의 사대문 안에 재인이 거주하였음을 알 수 있다. 외방재인이 서울
의 四大門 밖에 모여 사는 일도 사회적인 문제가 되었던[89] 시기에
서울의 성문 안에 살 수 있었던 것은 커다란 특권이라고 하겠다.

경중우인은 궁중에서 벌어지는 각종 연회나 공연 행사에 출연하였
다. 궁중에서는 의례적인 절차나 제사의식 외에 임금과 대비, 종친
등이 즐기는 오락 행사가 벌어졌다. 觀儺[90]의 행사나 進豊呈이 그것
인데, 연말이나 연초에 임금과 대비, 종친 등이 모여 배우들의 놀이
를 구경하고 친목을 도모하는 행사였던 것이다.

(가) 恭憲大王이 大妃殿을 위하여 대궐 내에서 進豊呈을 펼쳤다. 京中優人
인 貴石이 俳戲를 잘하여 진풍정에 나아갔다.
恭憲大王 爲大妃殿 陳進豊呈於闕內 京中優人貴石 以善俳戲進[91]

(나) 명숭이 말하기를 "儺禮優人들이 식량을 지고 올라온 자가 많은데 서
울에서 머무르기란 매우 곤란합니다. 돌려 보내는 것이 어떻습니까?"라고 하
였다. 임금이 말하기를 "儺禮는 선대 임금 때부터 해오던 것인 만큼 경솔히
고칠 수 없다. 우인들이란 본래 농사를 짓는 것도 아니고 양식을 빌어서 먹고
있으며, 또 먼곳의 사람들도 아니고 모두 경기 안의 이틀길 안팎에 사는 사람
들이다. 이미 올라왔으니 正朝나 지난 후에 내려 보내는 것이 좋겠다."고 하
였다.
命崇曰 儺禮優人 贏糧上來者多 留京甚難 還送何如 上曰 儺禮 自祖宗朝行之
不可輕改 凡優人本不業農 乞糧而食 且非遠地人 皆居京畿二日程者 發已來京 過
正朝後 下送爲便[92]

---

89) 외방재인의 존재 양상에 관해서는 다음 절에서 논의될 것이다.
90) 사진실, 「조선 전기 儺禮의 변별 양상과 공연의 특성」, 『구비문학연구』 3집, 1996. '觀儺'가 배우들의 놀이가 중심이 되는 오락 행사를 가리키는 고유한 명칭이라고 하여 그 밖의 나례와 구분하였다. 곧, 연도의 환영 행사로 벌이는 나례를 '設儺', 제사의식인 나례를 '驅儺', 놀이를 구경하기 위한 나례를 '觀儺'로 구분하였다. 관나의 공연 의도나 공연 종목에 대해서는 이 논문에서 밝힌 바를 따른다.
91) 柳夢寅, 『於于野譚』, 俳優條, 萬宗齋.
92) 『성종실록』 136권 6장.

(다) 義禁府에서 儺禮前例單字를 가지고 들어와 보고하였다. ……임금이 지시하기를 "근래에는 해마다 흉년이 들었기 때문에 나례를 할 때 정재인들을 단지 서울에 사는 사람들로만 출연시키게 하였지만 올해는 농사가 좀 잘 되었으니 선대의 예를 따라 경기의 각 고을과 서울의 정재인이 함께 하도록 할 것이다.

　義禁府儺禮前例單子入啓 …… 傳曰 近來年歲凶歉 故儺禮時呈才人 只以京中居者爲之矣 今年則稍稔 其依祖宗朝例 以京畿各官及京中呈才人 並爲之[93]

(가)에서는 경중우인이 진풍정에 참여한다는 사실을 명시하고 있다. (나)와 (다)는 모두 관나의 기록이다.[94] 나례도감을 설치하는 나례는 경기뿐 아니라 충청, 전라, 경상도에서 재인을 모아들인다. 그런데 (나)에 의하면, 관나에는 경기 지역 가운데 이틀길 안팎에 사는 재인들이 참여한다는 사실을 알 수 있다.[95] 경기도 이틀길 거리에 있는 재인에는 경중우인이 포함된다.

(다)에서는 관나 때 경중우인과 경기지역의 외방재인을 동원하는 것이 조상 때부터의 전례인데, 흉년 등 유사시에는 경기의 재인을 불러 모으는 일도 번잡하여 경중우인만으로 행사를 치렀다고 하였다. 觀儺는 대규모의 나례[96]에 비하여 규모가 작고 궁궐 내부에서 벌이

---

93) 『중종실록』 64권 8장.
94) (나)는 성종 12년 12월 17일의 기사인데 11일 뒤인 28일에 觀儺를 실시한 기록(『성종실록』 136권 13장)이 있어 이 기사의 논쟁이 관나에 대한 것임을 알수 있다. (다)는 중종 23년 윤10월 15일의 기사로, 이후 관나가 벌어진 상황을 확인하지는 못했지만, 祔廟나 使臣 迎接 등의 행사가 없었고 의금부가 나례단자를 올린 사실을 보아 觀儺의 기록임을 알 수 있다.
95) 모든 優人들이 경기 안에 살았던 것이 아니라 觀儺 때 동원되는 우인들이 서울과 경기의 우인들이었기 때문에 그렇게 말한 것이다.
　觀儺와 設儺의 변별성을 모른 채 이 기록을 접하면 혼돈의 우려가 있다. 시기의 선후와 상관없이, 어떤 나례는 전국적으로 외방재인을 불러 모은다고 하였고 어떤 경우는 경기 안에 국한되어 있다고 했기 때문이다.
96) 대규모의 나례, 곧 임금이나 사신의 행차 때 연도에서 벌이는 나례는 觀儺와 대비하여 設儺라고 할 수 있다. 이에 관해서는 사진실, 앞의 논문(1996)에서 밝혔다. 그러나 設儺의 용례와 개념은 연구자의 시각에서 지정한 것이므로 논

는 행사이기 때문에 전국적으로 외방재인을 불러들일 필요가 없었던 것이다. 반면, 나례는 임금이나 중국 사신의 행차를 환영하기 위하여 벌이는 행사이므로 전국의 외방재인을 동원하여 장대하게 치르게 된다.

觀儺는 연말이나 연초에 행해지는 것이 상례였지만 필요에 따라 수시로 벌어졌다. 10월,[97] 1월 중순[98]에 거행하기도 하였고 이틀 사이에 두 번 거행하기도 하였던 것이다. 또한 행사의 명분 없이도 임금의 심기가 불편하여 즐거움을 주기 위해서 배우가 불려지기도 했는데[99] 이때의 배우 역시 경중우인이었다고 할 수 있다. 수시적인 부름에 응하기 위해서는 기동성이 필요하기 때문이다.

경중우인의 위상은 우연히 확보되는 것이 아니었다. 경중우인이 되는 방법은 대략 두 가지로 파악된다. 첫째, 경중우인으로 양성되는 방법, 둘째, 기존의 재인 가운데서 선발되는 방법이다. 전자의 예로 들 수 있는 인물은 바로 명종 때 경중우인인 貴石이다.

> 예로부터 배우의 놀이를 벌인 것은, 보고 즐기기 위해서가 아니라 世敎에 도움을 주기 위해서인데, 優孟과 優旃이 그렇다. 恭憲大王이 大妃殿을 위하여 대궐 내에서 進豊呈을 펼쳤다. 京中優人인 貴石이 俳戱를 잘하여 진풍정에 나아갔다. …… 귀석은 宗室의 종이다. 그 주인은 試藝하는 데 참여하여 품계를 얻었으나 실제 관직이 없었고 봉록도 더해지지 않은 채 주위에 거느리는 종도 없이 여러 능침의 제사 지내는 데 뽑혀 거의 겨를이 없었다. 귀석이 진풍정에 들어가게 되었다.
>
> 自古優戱之設 非爲觀笑 要以裨益世敎 優孟優旃是也 恭憲大王 爲大妃殿 陳進豊呈於闕內 京中優人貴石 以善俳戱進 …… 貴石宗室之奴也 其主參試藝陞資 而

의의 객관성을 위하여 일단 사용하지 않기로 한다. 따라서 設儺의 행사에 대해서는 나례라는 일반 명칭을 사용하겠다.
97) 『세종실록』 46권 6장.
98) 『세조실록』 32권 12장.
99) 사진실, 앞의 논문(1990), 16면. 〈都目政事놀이〉가 연출된 배경은 공식적인 행사가 아니라 임금의 불편한 심기를 달래기 위해서였다.

未有實職 俸祿不加 趍率不備 而差祭於各陵殿 殆無少暇 貴石入進豊呈[100]

같은 자료에서 귀석은 경중우인이라고 하였고 다시 종실의 종이라
고 하였다. 이것은 기록의 오류가 아니라, 종실의 종이면서 배우인
존재, 곧 개인에게 예속되어 길러진 경중우인의 존재를 말해준다고
하겠다. 고려의 귀족이나 조선시대의 사대부가 개인적으로 歌婢를 두
었던 것과 유사한 형태라고 할 수 있다. 조선시대의 歌婢는 私家에서
歌舞를 연습시켜 양성하거나 이전에 官妓였던 사람을 받아들여 집에
두었다고 하는데,[101] 귀석과 같은 배우는 전자에 해당한다고 할 수
있다.

특히 귀석의 주인이 왕족인 宗室이며, '試藝하는 데 참여'하였다는
것을 보면, 배우 등의 예능인을 양성할 바탕을 충분히 갖추고 있었
다. 예능인의 기예를 시험할 수준의 예술적 감각을 지닌 것은 물론이
다. 또한 종실은 궁정의 각종 행사에 빠지지 않고 참여하는 존재이므
로 개인적으로 배우를 기르고 있다가 觀儺나 進豊呈 등의 기회가 있
을 때 내보내어 과시하였을 것이다. 개인적으로 가까이 두고 즐기지
만 않고 궁정의 연회에 내보냈다는 점에서는 조선 전기 掌樂院 妓女
의 존재 양상과 유사하다. 조선 전기의 종친이나 사대부들은 기녀
들의 妓夫가 될 수 있었는데 기녀는 妓夫의 집에 의탁하고 있다가 장
악원의 가무 연습에 참여하고 공적인 연회에 참여하여야만 했다. 그
러나 妓夫는 기녀를 私有한 것이 아니라 일시적으로 맡고 있었던 것
에 불과하므로 사사로이 첩으로 만드는 일은 불법이었다.[102]

---

100) 柳夢寅, 『於于野譚』, 俳優條, 萬宗齋.
101) 김동욱, 「李朝妓女史 序說」, 『아세아여성연구』 5집, 숙명여대 아세아여성연구
    소, 1966; 신은경, 「風流房藝術과 風流集團」, 『문학과 사회집단』(한국고전문학
    회 편), 집문당, 1995.
102) 『연산군일기』 53권 27~28장, 종친들과 조정의 관리들이 妓夫가 되어 평상시
    에 기녀를 데리고 있다가 장악원에서 연습하게 하고 궁정의 연회에 내보내는
    것이 정해진 관습이었던 것 같다. 이때 기녀를 사사로이 첩으로 둔 妓夫 이세

임금의 宗親이 배우를 길러 가까이 두는 것은 왕족이 지니는 특권
에 해당하였다고 하겠다. 앞에서 언급한 배우 최을송과 영순군에서
도 그러한 관계를 확인할 수 있다. 미천한 배우의 집에 강도가 든 일
을 영순군이 직접 세조에게 알리고 세조가 명을 내려 도둑을 찾게
하였으므로, 영순군이 최을송의 배후에서 그의 생계와 활동을 보장
하고 있었던 사실을 알 수 있다.

임금의 종친 뿐 아니라 임금 자신도 배우를 길러 가까이 두는 사
례가 있었다. 세조 때 安孝禮는 서리 출신으로 풍수학을 업으로 하였
는데 중앙 관청에 등용되었다가 임금의 총애를 받는 배우가 되었다.

> 효례는 처음에 軍資監 令史로서 풍수학을 업으로 삼다가 또 경진년에 武科
> 에 급제하였다. 위인이 기만적이고 口辯이 있어 알지 못하는 것도 아는 것처
> 럼 우기며, 말에 농담을 섞어 하였다. 임금이, 잔치를 할 때나 한가한 때에 효
> 례를 시켜 남과 더불어 논란하게 하였는데, 자기 소견을 고집하여 큰 소리 치
> 며 굽히지 않고, 억지로 말을 끌어다가 맞추어 자기 주장을 내세웠다. 임금이
> 항상 俳優로서 그를 길렀다.
> 孝禮 初以軍資監令史 業風水學 又中庚辰年武擧 爲人詭譎口給 强其不知以爲
> 知 語雜詼諧 上每於燕閒 令孝禮與人論難 固執所見 大言不屈 牽合傅會 以濟其說
> 上常以俳優畜之[103]

안효례의 장기는 滑稽로서, '말 잘하고 재빠른 사람이 그른 것을
옳다고 말하고 옳은 것을 그르다고 하여 同異를 혼란시키는'[104] 口辯
이라고 하겠다. 어원적으로나 실제 용례에 있어서 '俳優'는 滑稽를 주
로 하는 예능인을 가리킨다.[105] 안효례는 신분이 천민이 아니고 원래

결이 죽음을 당하였는데, 史官은 연산군이 '기녀들과 제멋대로 놀려고 모든
妓夫에게 벌을 주는 가운데 기부의 명단을 보다가 적선아를 사사로이 첩으로
두었다는 것을 알고 더욱더 격분해서 그를 죽였다'고 하였다.
103) 『세조실록』 34권 7장.
104) 『史記』 126권, 「滑稽列傳」 제66.
105) 사진실, 「조선 후기 才談의 公演樣相과 희곡적 특성」, 『敬山史在東博士華甲紀

배우도 아니었지만 임금이 俳優로 양성하여 즐겼던 것이다. 그는 물론 벼슬이 堂上官까지 올랐고 맡은 직무가 따로 있었겠지만 때때로 그가 입궐하는 이유는 본래의 직무를 수행하기 위해서가 아니고 임금의 불편한 심기를 풀어 웃게 만들기 위해서였다.106)

관직이 있는 벼슬아치로서 임금의 배우가 된 안효례의 사례는 고려 말 충혜왕 때 영태의 사례와 같다.107) 영태는 將仕郎이라는 武班의 관직이 있었으나 그가 하는 일은 배우의 일이었다. 임금은 영태를 곁에 두어 어릿광대로 부리면서 그의 滑稽를 즐겼고 때로는 난처한 상황에 빠뜨려 그를 골탕 먹였다. 세조의 경우도 안효례를 골탕 먹여 오락으로 삼은 일화를 남기고 있다.108)

임금이 가까이에 배우를 두고 우스갯짓이나 우스갯소리를 즐기는 전통은 동서양에 두루 걸쳐 나타나는 현상이다. 우리나라의 경우도 예외가 아니었고 그 전통이 조선 전기까지 이어졌던 것이다. 어릿광대로서 배우의 역할은 임금이나 왕족 등 최고위층에 종속되어 오락 기능을 수행하는 것이었다. 이들은 고려 때 궁정배우의 전통을 이었다고 할 수 있다.109)

念論叢 - 韓國敍事文學史의 研究』, 中央文化社, 1995, 1730~1734면 참조. 俳優가 滑稽를 전문으로 하는 예능인이며 조선 후기의 자료에 나타나는 才談의 공연이 배우들에 의한 것이었다고 하였다.

106) 『세조실록』 47권 17장, 임금은 안효례와 최호원을 俳優로서 가까이 두고 '不豫'한 이후로 항상 입시하게 하여' 그 앞에서 嘲謔하게 하였다고 한다. '不豫'할 때 불러들여 우스갯소리를 하게 하였다는 표현은 『芝陽漫錄』의 〈都目政事놀이〉가 벌어진 상황과 같다.

107) 『慵齋叢話』 2권, 大東野乘 1, 민족문화추진회, 63~64면.

108) 『세조실록』 47권 17장, 안효례가 鬼物이 두렵지 않다고 호언하자 세조가 밤에 사람들을 시켜 귀물로 변장하고서 안효례를 기습하여 놀래키게 하였다.

109) 김일출과 이두현에 의하면, 고려 때는 배우가 관에 소속되어 있었다고 하였는데 이들을 궁정 배우라고 할 수 있다(김일출, 『조선민속탈놀이』, 104면; 이두현, 『한국의 가면극』, 79면).
경중우인 가운데는 전적으로 궁정 또는 지배계층에 예속되어 고려 때의 궁정 배우와 똑같은 부류가 있는 반면, 활동이 비교적 자유로운 가운데 궁정의 수

배우를 私有한 특권층은 개인적인 연회나 遊街 등 행사 때마다 배
우를 불러들여 예능을 완상하였다. 경중우인은 그들의 예능에 따라
두 부류로 나눌 수 있는데, 전통적인 배우의 예능을 갖춘 부류와 그
외의 곡예나 묘기를 부리는 부류이다. 전자는 골계를 주로 하는 口辯,
표정이나 동작을 통한 연기, 노래와 춤을 겸비하고 있었다. 임금이나
왕족 등 최고위층에 의하여 양성되는 부류는 주로 이러한 예능을 갖
추었다고 할 수 있다. 私的으로 배우들의 예능을 완상하기 위해서 적
합하기 때문이다.

지금까지의 논의는 경중우인이 되는 경로 가운데 임금이나 임금의
종친 등 왕족에 의하여 배우로 양성되는 방식에 관한 것이었다. 경중
우인이 되는 다른 경로는 외방재인 가운데서 발탁되는 방식이다. 성
종 때의 배우 咸北間이 그러한 사례이다.

우리 이웃에 咸北間이라는 사람은 동계에서 왔다. 그는 피리도 좀 불 줄
알고 농담과 倡優의 놀이를 잘하여, 매양 사람들의 용모나 행동거지를 보고
문득 그 하는 짓을 흉내 내면 진짜와 가짜를 분간하기 어려울 정도였다. ……
매번 궁궐의 내정에 들어가 상을 많이 받았다.
吾隣有咸北間者 自東界出來 稍知吹笛 善談諧倡優之戲 每見人容止 輒效所爲
則眞贋莫辨 …… 每入內庭 多受賞賜[110]

이 기록은 상당히 많은 정보를 지니고 있다. 먼저 함북간이 內庭에
들어가 놀이를 하였다고 하였으니 그는 경중우인이거나 경기의 외방
재인이다. 전국에서 외방재인이 동원되는 나례는 內庭에서 벌어지지
않는다. 임금이나 사신의 행차를 칭송하고 환영하는 큰 규모의 행사
이기 때문에 행차가 지나가는 연도에서 벌어지는 것이다. 內庭의 행
사는 觀儺나 진풍정 등의 궁정 오락 행사이며 경중우인 중심으로 치

___
요에 응하는 부류가 있었을 것이다. 궁정 배우가 민간에서 활동하고 민간 배
우가 궁정에 올라가는 과정의 변모에 관해서는 별도의 논의가 필요할 것이다.
110) 成俔, 『慵齋叢話』 5권.

러지고 규모를 확대했을 경우 경기의 외방재인까지 출연한다.

한편, 이 기록을 남긴 성현은 성종 당시 관직에 있었고 서울에 거
주하였다. 함북 간이 성현의 이웃에 산다고 하였으니 그는 서울에 거
주하며 활동하는 경중우인인데 東界, 곧 함경도 지방에서 이주해왔다
고 하였다. 그런데 다음의 기록을 보면, 외방재인이 서울에 이주하여
사는 일이 자유롭지 못했음을 알려 준다.

　　형조 판서 정괄 등이 와서 아뢰기를, "…… 재인과 백정들이 都下에서 나그
네처럼 寓居하다가 그대로 머물러 사는 자가 제법 있는데, 재인과 백정들은
거의 모두가 도적이므로, 구별하여 두지 않으면 아니됩니다. 청컨대 그들을
찾아내어 원래 살던 곳으로 돌려보내소서." 하였다. 전교하기를, "재인과 백정
들은 京都에 섞여 살 수 없음이 이미 법에 있으니, 그것을 조사하여 아뢰라."
하였다.
　　刑曹判書鄭佸等 來啓曰…… 才人白丁 旅寓都下 因仍留住者 頗有之 才人白丁
類皆寇盜 不可不區別 請刷還原居 傳曰 才人白丁不得雜處京都 已有法 其考
啓111)

서울의 성문 안에 들어서기는커녕 서울의 도성 밑에 모여 사는 것
조차 매우 엄격하게 금지되었음을 알 수 있다. 재인들이 서울에 밀려
드는 일이 문젯거리가 되었다는 사실은 그만큼 재인의 활동을 규제
하는 일이 힘겨워졌음을 반증한다고 할 수 있다. 그러나 이러한 현상
은, 재인들이 사람을 대상으로 놀이를 팔아먹고 살기 때문에 사람들
이 많이 사는 서울로 모이려는 자연스러운 현상으로 보아야 한다. 외
방재인에서 경중우인이 되는 일이 쉬워졌다고 볼 수는 없다. 서울에
서 활동을 했다고 해서 경중우인이 되는 것이 아니며 경중우인의 籍
에 올라야 궁궐의 내정에 들어가 공연할 수 있기 때문이다.

결국 함북간은 함경도의 외방재인으로서 경중우인으로 발탁된 사
례라고 하겠다. 물론 외방재인이 경중우인으로 발탁되는 계기는 전

---

111) 『성종실록』 232권 10장.

국의 외방재인이 동원되는 나례를 통해서 마련되었다. 정기적이지는
않지만 적어도 일 년에 한번 정도는 대규모의 나례가 치러졌고, 나이
가 들어 은퇴하기까지 반복적으로 上送되었으므로 뛰어난 재인을 발
탁하는 일이 어렵지 않았다고 할 수 있다.

공연문화의 제도를 좌우하는 임금의 성향에 따라 외방재인이 대거
서울로 옮겨지는 경우도 있었다.

> 대신들이 제의하였다. "…… 폐묘를 철거할 때 외방의 재인과 백정이 서울
> 로 옮겨와 살고 있었는데 요즘 도적의 무리들이 밤낮으로 횡행하고 있는 만
> 큼 모두 찾아내어 原籍으로 되돌리기 바랍니다." 임금이 그 의견을 따랐다.
> 大臣等啓曰 …… 廢主撤居時 外方才人白丁等 移居京師 近來明火賊徒 晝夜恣
> 行 請一切刷還原籍 上從之[112]

중종이 연산군을 폐위하고 나서, 서울에 대거 올라와 있던 외방재
인들을 原籍地로 되돌려 보냈다는 기록이다. 외방재인의 서울 출입을
엄격히 제한한 이전의 임금과 달리 연산군은 외방재인을 서울에 옮
겨 살도록 허락하였던 것이다. 다채로운 놀이를 벌이기 위해서 외방
재인들이 자주 동원되어야 했고 그들이 지방에 있으면 매번 불러들
이기가 불편하였다고 할 수 있다. 이들 외방재인의 서울 거주는 적극
적인 정책에 의해서가 아니라 移住를 방치함으로써 일어난 현상인
것 같다. 그러나 이러한 과정을 통하여 어느 때보다 서울의 궁정과
시정에서 많은 공연을 할 수 있었으며, 기예를 인정받아 경중우인으
로서 정착한 사례가 발생하였을 것이다.

이렇게 서울로 올라온 재인들도 역시 권세가에 의탁하여 살면서
상층의 오락에 봉사하는 기능적인 주변 집단이 되었다고 할 수 있다.
『태종실록』 33권 17~20장, 17년 2~3월의 기사는 양녕대군이 배우
의 무리와 어울려 다니면서 위신을 실추시킨 사건이 크게 다루어졌

---

112) 『중종실록』 3권 15장.

다. 배우인 이오방과 이법화 등은 "유희나 잡기를 가지고 세자에게 아첨하여 옳지 않은 구렁텅이에 빠지게" 하였다는 죄로 의금부에 갇혔고 이들 배우의 무리를 매개로 양녕대군에게 접근하여 권세를 노리던 사람들도 잡혀 중형을 받았다. 이들 배우들은 스스로 오락을 제공할 뿐 아니라 유흥을 주선하는 역할도 하고 있었다. 또한 그들은 권력의 힘을 빌고자 하는 집단에게 정치적으로 이용되기도 하였던 것이다.

이 사례는 배우 집단이 최고위층과의 친연 관계를 빌미로 부정을 저지른 경우이지만, 서울의 권력부를 중심으로 포진되어 있는 경중 우인의 역할과 위상을 알려 준다고 하겠다. 다음의 자료는 그러한 역할이 부각되어 나타난다.

> 효녕이 임금에게 말하기를, "伶人 이법화의 아들 오마지는 나의 伴黨으로, 세자가 항상 법화의 집에 와서 혹은 묵어 가기도 하고, 혹은 잔치도 벌이는데, 오마지는 매양 이웃사람을 속여 말하기를, '우리 主公 효녕대군이 우리 집에 왔다'고 한다는 것입니다. 나의 다른 반당 한 사람이 염탐해서 알고, 겉으로 모르는 체하며 오마지더러 말하기를, '나도 주공을 뵙고자 한다'고 하니, 오마지는 온갖 계책으로 들여보내지 아니했습니다. 새벽이 되어 세자가 궁으로 들어가려고 하는데, 그 사람이 역시 따라가 말하기를, '주공을 뵙고 싶다'고 하니, 오마지는 말 옆에 서서, 어찌할 바를 몰랐답니다."라고 하였다.
> 孝寧謂上曰 伶人李法華之子吾麻智 我之伴黨也 世子常常至法華家 或經宿或宴樂 吾麻智每誑隣人曰 我主公孝寧大君 至我家 我之他伴黨一人 詗知之 陽若不知 謂吾麻智曰 我亦欲見主公 吾麻智百計防之不納 及曉世子將入宮 其人亦隨而呼曰 欲見主公 吾麻智在馬側 無如之何[113]

이법화는 양녕대군 사건의 주동 인물이었다. 효녕대군이 양녕의 사건과 관련하여 언급하는 가운데 이법화의 아들 오마지를 伴黨으로 거느렸고 오마지는 효녕대군을 主公으로 섬겼다는 내용이 나타난 것

---

113) 『세종실록』 3권 9장.

이다. 배우[伶人]의 직업이 세습된다는 전제만 성립된다면 대군 등 왕족이 배우를 반당으로 거느렸다는 사실이 입증된다.

외방재인의 경우 직업이 세습된다. 그것은 자녀의 선택이라기보다는 다른 집단에 의하여 배척되었기 때문에 생겨난 불가피한 세습이었다.114) 비록 경중우인과 외방재인의 존재 양상이 달랐다고는 하지만, 그것은 실제적인 위상을 말하는 것이다. 경중우인이나 외방재인이나 제도적으로는 천민이었다는 사실은 일치하므로 경중우인도 그 직업이 세습되었다고 할 수 있다. 효녕대군은 배우인 오마지를 반당으로 거느렸던 것이다. 오마지는 북경으로 가는 사신의 일행으로 참가하기 위하여 뇌물을 이용하다가 투옥되기도 하는데,115) 권력자의 주변 집단이라는 특성을 이용하여 경제적 정치적 위상을 확보하려는 시도를 하였다고 할 수 있다.116) 외방재인이 경중우인이 되고 권력자들과 관계를 맺게 되면, 신분적인 보장과 함께 경제적인 이득을 얻을 수 있었지만 예능 활동의 측면에서는 많은 제약이 뒤따랐다고 할 수 있다.

경중우인은 중앙 관청인 의금부의 관리를 받았다. 의금부는 捕盜 및 禁亂, 推鞫 등을 담당하는 사법기관으로 알려져 있다. 그러나 궁정의 행사와 관련되어 재인들을 동원하고 관리하는 역할을 맡았다는 사실에 주목해야 한다.

승정원에 지시하기를 "금년 세시에 儺를 구경하고자 하다가 중국 사신이

---

114) 조정에서는 사회적 물의를 일으키는 외방재인을 양민으로 편입시키기 위하여 양민과의 통혼을 적극적으로 권장했다. 그러한 권장 사항이 조선 태조 때부터 몇 백년간 거듭되는 것을 보면 실제로 재인이 양민과 결혼하여 정착하는 경우는 드물었다고 할 수 있다.

115) 『세종실록』 9권 33~34장.

116) 「음애일기」(『대동야승』 2, 146~147면)에는 김석철이란 인물이 본래 배우였다가 "권세 있는 사람을 섬겨서" 우도절도사가 되었다고 하였는데 아마 실력자의 伴黨으로서 복무하여 그러한 결과를 얻었을 것이다.

나오는 것과 관련하여 일이 매우 긴요하기 때문에 하지 않기로 하였다. 그런데 이제 다시 생각하여 보니 중국 사신은 정월 보름 이후에야 올 것 같다. 지금 외방의 정재인이 다수 서울로 올라와 있는데 까닭없이 모인 것이 아니다. 중국 사신이 왔을 때 놀이할 것을 歲時에 구경하고자 하니 그 呈才 절차를 써서 보고하라고 義禁府에 말하라." 하였다. …… 義禁府에서 정재 절차를 글로 써서 보고하였다. "평상시에 정재인들은 의금부에서 모두 모아들였는데 지금은 군기시에 나누어 소속되었습니다. 그래서 본 의금부에 소속된 정재인들의 정재 절차만 써서 보고합니다." 지시하기를, "중국 사신이 왔을 때는 의금부와 군기시에서 한 편씩 나누어 가지기 때문에 정재인들이 각각 소속이 있다. 觀儺 才人 같으면 의금부에서 전적으로 맡아 단속하지만, 중국 사신이 왔을 때야 숱한 재인들을 어떻게 일일이 다 단속할 수 있는가. 군기시의 담당 관리가 의금부의 말을 듣고 따라 단속하는데, 일체 드나드는 것은 전부 상원문으로 해서 드나들게 하되 의금부 관원을 시켜 쓸데 없는 사람들이 드나드는 것을 금지하는 것이 옳다."고 하였다.

傳于政院曰 今年歲時 欲爲觀儺 而以天使出來 事多緊要 故不爲矣 今更料之 天使必於正月望後來矣 今外方呈才人 多數上來 非故爲聚之也 天使時所戱 欲於歲時觀之 其呈才節次書啓事 言于禁府 …… 禁府 以呈才節次書啓曰 常時呈才人 府爲摠集矣 今則分屬于軍器寺 故但以府所屬呈才節次書啓 傳曰 天使時則義禁府軍器寺分邊 故呈才人各有所屬矣 如觀儺才人 義禁府專主檢擧 天使時 許多才人 豈能一一檢擧乎 軍器寺次知官員 聽禁府之言 從而檢擧 一應出入之事 皆於上苑門出入 而令義禁府官員 禁止雜人亦可也[117]

위의 자료는 나례와 담당 기구의 관계를 드러내주고 있다. 위의 표현에 따라 짝을 지으면 다음과 같다.

(가)	(나)	(다)
常 時	觀儺 才人	의금부
지 금	중국 사신이 왔을 때의 숱한 재인	의금부, 군기시

117) 『중종실록』 83권 22~23장.

(가)는 재인을 동원하는 행사를 시점에 따라 구분한 것이다. '지금'
은 중국 사신이 와서 나례를 벌여야 하는 상황이다. '常時'는 대규모
의 나례 외에 일상적인 행사 때를 말한다. 觀儺가 대표적이다. (나)는
(가)에 동원되는 재인을 구분한 것이다. 觀儺 등 상시에 동원되는 재
인에 비하여 지금 나례에 동원되는 재인은 숫자가 많다. 觀儺 才人은
경기의 재인이 추가되기도 하지만 경중우인만으로 구성되기도 하므
로 비교적 적은 수라면, 나례에는 전국의 외방재인이 모두 동원되므
로 많은 수이다. (다)는 재인을 동원하고 공연을 주관하는 공연 관리
기구이다. 일상적인 행사인 觀儺와 같은 때는 의금부에서 관리하고
대규모 나례는 의금부와 군기시가 함께 관리한다고 하였다.

觀儺는 의금부가 경중우인을 동원하여 거행하는 정기적인 행사였
다. 觀儺, 驅儺, 設儺는 통틀어 나례라고 불려 지기도 하지만, 실제로
는 행사의 성격과 출연자, 관리 기구에 있어서 차이가 있다.118) 지금
까지의 연구에서는 나례가 벌어질 때마다 나례도감이 설치된다고 여
겨졌으나119) 실상은 그렇지 않다. 의금부가 觀儺의 행사를 주관하는
일은 나례도감의 설치와 무관하게 이루어졌다. 중종 16년(1521년) 12
월의 사례는 이러한 상황을 확인하게 하는 근거가 된다.

(가) 12월 10일 중국 사신이 돌아가게 되어 임금이 모화관에서 작별 연회
를 차렸다.120)
(나) 의금부에서 儺戱單子를 올렸다.
(다) 12월 14일 '관나'에 대한 임금의 비준이 이루어졌다.121)

---

118) 觀儺, 驅儺, 設儺의 변별 양상과 행사의 성격에 관해서는 사진실, 「조선 전기
나례의 변별양상과 공연의 특성」 참조.
119) 기존 논의에서는 '觀儺'라는 용어와 개념을 인식하지 않았기 때문에 기록에 나
타난 모든 나례를 동질적인 것으로 파악했다. 그러므로 모든 나례는 나례도감
을 설치하여 주관한다고 여길 수밖에 없었다.
120) 『중종실록』 43권 46장, 임금이 모화관에서 큰 나라 사신을 위하여 작별 연회
를 가졌다는 기록이 있다.
121) 『중종실록』 43권 46장, 의금부에서 올린 儺戱單子를 내려 보내면서 몇 가지

(라) 12월 15일 나희를 중지하자는 홍문관의 제의가 들어왔다.[122]

(마) 觀儺를 실시하지 않았다.

(가), (다), (라)는 기록에 의거하였고 (나), (마)는 정황을 미루어 짐작하였다. '儺戲單字'란 '儺禮單字'라고도 하는데, 나례 때 실시할 공연 종목 등 나례의 절차와 관련된 항목을 적어 올리는 글이다. 의금부에서 작성하고 임금의 비준을 받았다.

10일까지는 중국 사신이 머물러 있었으므로 겨를이 없었을 것이고, 14일에 비준을 받았으니, 11일에서 13일 사이에 의금부의 나희단자가 제출되었을 것이다. 10일에 임금이 모화관에서 작별 연회를 차렸다고 하였으니 사신 접대를 위한 나례를 벌인지가 얼마 되지 않은 시점이있다. 인새와 물품의 소모가 많았으므로 (4)와 같은 제의를 한 것이다. 실제로 12월 말에는 觀儺를 행한 기록이 없다.[123]

成宗 이후 관나는 보통 12월 28일이나 29일에 한번 실시하였다. 그런데 나희단자를 올린 것은 불과 15일 전이고 그나마도 실시 여부가 불투명한 상태였다. 그런데도 의금부에서는 나희단자를 작성하여 올렸던 것이다. 앞서 인용한 『중종실록』 83권 22~23장의 기록처럼 사신 접대의 나례와 일상적인 觀儺가 연달아 벌어지리라는 예측을 하고 觀儺를 하지 않겠다는 명령을 내렸더라면 의금부의 나희단자 마련이 헛수고가 되지는 않았을 것이다. 觀儺는 궁궐 내부의 정기적인 행사이므로 특별한 명령이 없는 이상 일상적으로 준비하였다고 할 수 있다.

만약 홍문관의 제의가 없었다면 관나는 2주일의 준비 과정을 거쳐 실시되었을 것이다. 약 2개월의 준비와 연습 과정을 거치는[124] 다른

___

공연 내용을 추가하였고 진실성 있게 꾸밀 것을 당부하였다.

122) 『중종실록』 43권 46장 참조.

123) 『조선왕조실록』에서 '觀儺' 또는 '觀火'에 대한 기록은 그와 관련한 특별한 사건이 없어도 늘 기록되었으므로 기록에 없는 것은 실시하지 않았다는 것이다.

124) 사진실, 「소학지희의 공연방식과 희곡의 특성」, 24면.

나례에 비하여 매우 짧은 기간이다. 그만큼 행사의 규모가 작다는 것
이다. 그런데 都監이란 조직은 큰 役事가 있을 때 조직되는 임시적인
기구이며, 나례도감은 역시 대규모의 나례를 벌일 때만 조직된다. 의
금부의 觀儺 관련 준비는 비교적 가벼운 일상적인 업무였기 때문에
나례도감을 설치할 필요가 없었다고 하겠다.

중국 사신이 다녀간 지 얼마 안되는 시점이었다고 해서 이미 결성
된 나례도감이 觀儺 관련 업무를 맡았다고 말할 수는 없다. 앞 장에
서 인용한『중종실록』83권 22∼23장의 기록에서 보았듯이, 사신 접
대의 나례와 觀儺는 조직 계통이 다르기 때문이다. 더구나 도감의 업
무는 특정한 행사의 시작에서 끝까지의 절차를 맡아보는 것이므로,
실시 여부도 모르는 일상적인 행사까지 예측하여 준비했을 가능성은
없다.

觀儺는 비록 소규모이지만 임금과 세자, 종친, 재상 등이 어울려
친목을 도모하는 계기가 되기 때문에 매우 중요한 행사였다.

> 지시하기를, "나례를 구경할 때 義禁府 判事 정응두가 참가하지 않아서는
> 안된다. 그런데 이번에 종묘 제사에 獻官으로 임명되었으니 딴사람으로 바꾸
> 어 임명하는 것이 좋겠다."고 하였다.
> 史官은 말한다. 임금의 이 지시가 애석하도다. 종묘 제사는 마땅히 직접 집행해야
> 하는 것으로, 병이 있다면 대행시킬 수는 있으나, 이번에는 觀儺를 거행하는 일 때문
> 에 종묘 제사의 헌관을 교체하려는 것이다. 나례를 맡아볼 관리로 어떤 딴사람이 없
> 어서 꼭 응두를 시켜 주관하게 해야한단 말인가.
> 傳曰 觀儺時 判義禁府事丁應斗不可不入 而今差宗廟獻官 改差可也 史臣曰 惜乎 上之
> 此教也 宗廟之祭 所當親之者也 而若有疾 則間有攝行之時矣 今爲觀儺之擧 敢遞太廟獻官
> 掌儺之官 豈無他人 而必以應斗主之乎[125]

의금부 판사란 의금부의 최고 책임자이다.[126] 의금부가 觀儺를 주관하는

---

125)『명종실록』27권 69장.
126) 李相寔, 「義禁府考」, 『역사학연구』6집, 1975년 12월, 49∼53면. 세조 12년 이
    후 의금부는 判事를 정점으로 하는 책임있고 계통있는 운영을 위한 제도적

일은 하급 관리가 맡아 하는 말단적인 일이 아니라 최고 책임자까지 개입하
는 중요한 업무였다는 사실을 알 수 있다. 경중우인이 임금이나 임금의 종친
과 지니는 친연 관계로 보아도 그들이 출연하는 觀儺의 비중을 짐작할 수 있
다. 또한 觀儺는 공연의 의도상 임금 등 관객에게 보이고 알리기 위한 행사였
으므로 그 내용이 政事에 반영되기도 하였으므로 경중우인에 대한 의금부의
역할은 매우 큰 것이었다. 경중우인이 進豊呈에 참여할 때도 의금부의 감독을
받았다.

史官 두 명을 掌樂院과 義禁府에 나누어 보내어 進豊呈과 儺禮의 習儀를
살펴보게 하였다.
分遣史官二人 于掌樂院義禁府 察視進豊呈及儺禮習儀[127]

진풍정과 나례의 연습 장면을 점검하기 위해 장악원과 의금부에
나누어 보냈다고 하였다[128] 進豊呈과 觀儺[129]에는 가가 기녀와 아공,
배우가 필요하다. 진풍정에도 배우의 놀이가 들어간다는 것은 소학지
희인 〈進上놀이〉와 〈宗室兩班놀이〉가 연행된 행사가 바로 진풍정이
었다는 사실로 알 수 있다.[130] 장악원과 의금부에서는 관나와 진풍정
에서 공연할 소속 예능인들을 연습시키고 있었다고 하겠다. 진풍정도
연례적인 정기 행사이지만, 의금부에서 전적으로 주관하지는 않고 필
요한 재인을 공급하여 진풍정 절차의 한 부분을 채우는 역할을 맡았
다고 할 수 있다. 악공이나 기녀에 대하여 장악원이 하는 역할을 경
중우인에 대하여 의금부가 맡아 했다고 하겠다.

보완이 이루어졌다고 하였다.
127) 『명종실록』 27권 69장.
128) 인용문에 언급된 진풍정과 나례는 별개의 행사이다. 따라서 진풍정 때 나례가
    쓰였다는 견해(李杜鉉, 『韓國의 假面劇』, 83면)는 받아들일 수 없다. 진풍정 때
    나례가 쓰였다고 한다면 儀式 뒤의 亂場놀이로서 나례가 있었다는 말인데, 진
    풍정은 儀式이 아니라 그 자체가 향연이기 때문이다.
129) 위의 기록은 명종 16년 12월 26일인데, 명종실록 27권 70장의 기록을 보면 3
    일 뒤인 12월 29일에 임금이 觀儺에 참여하였다고 하였다. 따라서 이때의 나
    례는 設儺가 아니라 觀儺임을 알 수 있다.
130) 사진실, 앞의 논문(1990), 6~7면 자료 참조.

경중우인은 의금부에 전속되어 있었던 것은 아니다. 의금부는 개인에게 예속되어 있거나 독립적으로 활동하는 경중우인의 명단을 확보하여 관리하고 있으면서 유사시에 모아들여 행사를 준비하였던 것이다. 그러나 빈번한 공식 행사에 동원되어야 했고 한 번의 공연마다 여러 번의 習儀를 거치게 되어 있으므로 경중우인은 거의 상시적으로 의금부의 관리를 받았다고 할 수 있다. 의금부가 일상적으로 재인을 관리한 근거는 다음의 자료에서 찾아볼 수 있다.

(가) 남원군 양성지가 〈親祀文廟頌〉을 바쳤는데, 그 서문에 이르기를, "…… 자운 등이 擧子 4인의 시권을 바치고 계를 올리니, 성상께서 권건을 으뜸으로 삼으시고, 아울러 3인에게 급제를 내리시었습니다. 곧 吏曹에 명하셔서 권건을 사헌부 감찰로 제수하고 軒에 임하시어 방을 부르게 하시고, 각각 內廐의 안장 갖춘 말을 하사하셨습니다. 巡軍에서는 伶人을 올리고, 都官에서는 天童을 갖추며, 禮賓寺에서는 꽃을 만들고, 乘轝司에서는 日傘을 올렸습니다. 4인의 급제자들이 모두 은사를 받고 遊街하는 것을 흉내 내어 명을 받들고 나왔습니다. ……"

南原君梁誠之 獻親祀文廟頌 幷其序日 …… 子雲等 以擧子四人試卷進啓 上 以權建爲第一人 幷賜三人及第 卽命吏曹除建司憲府監察 臨軒放榜 各賜內廐鞍馬 巡軍進伶人 都官備天童 禮賓寺造花 乘轝司進蓋 四人者俱受恩賜 擬遊九街 承命而出[131]

(나) 지시하기를 "맏아들이 피접해 가서 있는 곳에 나례 잡희를 보내주라."고 하였다.

傳日 儺禮雜戱 送於元子避寓處[132]

(가)는 遊街를 나가기 앞서 나라에서 차비를 차려주는 장면이다. '巡軍'이 伶人을 바친다고 하였는데, 영인은 바로 배우이며, 巡軍은 의금부를 말한다.[133] 의금부에서는 배우 및 재인들을 관리하고 있다가

---

131) 『성종실록』 83권 5장.
132) 『연산군일기』 41권 20장.
133) '巡軍'은 의금부의 前身인 巡軍萬戶府의 약칭이다. 성종 때는 이미 의금부로 개

과거급제자의 유가 때 배우를 내주었던 것이다.

(나) 기록의 날짜는 12월 18일이다. 歲時를 맞아 맏아들에게 나례 잡희를 하는 재인들을 보내어 구경하게 하라는 지시이다. 이것은 환영 행사인 나례가 아니고 관람을 목적으로 하지만, 정기적인 觀儺는 아니다. 정기적인 행사도 아니고 미리 예측된 행사도 아니므로, 갑작스런 지시에 응하기 위해서는 평소에 재인을 동원할 수 있는 기반을 갖추고 있어야 한다.

연례적인 정기 행사인 觀儺와 진풍정, 일상적인 소규모의 수요 때마다 경중우인을 동원했다고 한다면, 의금부가 경중우인을 상시 관리하지 않고는 어려운 일이었다고 할 수 있다. 경중우인은 의금부에 전속되어 있지 않았지만 의금부의 조직 체계를 통하여 통제되었다고 할 수 있다.

의금부가 배우를 동원하고 관리한 기능은 고려시대부터 비롯된 전통이었다.

(가) 崔瑩이 개선하니 禑가 宰樞에게 명하여 天水寺에 장막을 배설하고 巡衛府에서 여러 가지 놀이를 갖추게 하였다. 임진강에서 맞아들이는데, 마치 詔使를 영접하는 예식과 같았다.
崔瑩凱旋 禑命宰樞 供帳于天水寺 巡衛府具雜戲 迎于臨津 如迎詔使禮[134]

(나) 경인일 17일에 임금이 친히 5군을 통솔하고 서울을 출발하여 昇天府에서 머물고 신묘일 18일에는 白馬山에서 머물고 임진일 19일에는 芒蒲峰에서 머물렀다. ……계사일 20일에는 安國寺峰에 머물고 갑오일 21일에는 引月串에 머물러서 火箭을 시위하고 을미일 22일에는 經蒲峰에 올라 수군을 열병하고 龍泉寺峰에 머물렀는데 임금의 신변 호위가 엄중하지 않았으므로 여러 提調官에게 장벌을 가하였다. 임금이 贊成事 安師琦에게 말하기를, "나의 이번 걸음은 유람을 즐기려는 것이 아니라 전적으로 군사 상태가 어떤가 검열하려

편된 이후이므로 '순군'이 정식 명칭은 아니다. 그러나 (가)자료가 임금을 칭송하는 노래이므로 고풍적인 표현을 사용한 것 같다.
134) 『고려사절요』 30권 신우 1.

고 한 것이다.……"고 하였다. 병신일 27일에는 甑山峰에 머물면서 밤새도록
火山과 儺戲를 설치하고 구경하였다. 정유일 28일에는 길위에서 儺戲를 벌이
면서 궁성으로 돌아왔다.

庚寅 親率五軍出 次昇天府 辛卯 次白馬山 壬辰 次芒蒲峰…… 癸巳 次安國寺
峰 甲午 次引月串 放火箭 乙未 登經蒲峰 觀舟隊 次龍泉寺峰 以宿衛不嚴 杖諸提
調官 謂贊成事安師琦曰 予之次行 非好慢遊 欲觀行師如何耳…… 丙申 次甑山峰
終夜 設火山儺戲以觀 丁酉 於道上 設儺戲還宮[135]

巡衛府는 의금부의 전신이다.[136] 의금부에서 개선장군의 환영 행
사에 배우를 동원하였음을 알 수 있다. 기존 연구에 의하면, 고려 때
에는 궁정의 敎坊에 전속된 배우들이 있었다고 하는데,[137] 배우들의
잡희를 교방에서 주관하지 않고 순위부가 맡아 하게 된 데에는 궁정
공연문화의 위상에 어떤 변화가 개입되었음을 추측할 수 있다.

이 시기까지 궁정배우와 그 담당 기구가 존속되었다면 굳이 순위
부에서 그 역할을 맡았을 리가 없다. 교방이 폐지되어 궁정 배우의
존재가 사라지면서 일어난 현상이다. 순위부는 교방의 후속 기구가
아니라 그 기능의 일부를 겸임한 것에 불과하다. 순위부가 교방의 후
속 기구라면 전속 궁정배우를 양성하고 수련하는 기능을 모두 맡아
야 하기 때문이다. 그러나 순위부에 전속된 궁정배우는 상정할 수 없
다. 순위부가 지닌 본래 업무가 막중하기 때문에 일상 업무로서 배우
를 전속하여 수련시키는 일은 가능하지 않기 때문이다.

적어도 궁정배우의 존재가 유명무실해진 것은 그만큼 민간 배우의
예능이 발달했기 때문이다. 따라서 굳이 궁정배우를 양성하여 공연
에 출연시키기보다 민간 배우를 불러들여 수요에 충당하는 것이 바

---

135) 『고려사』 43권 世家 43 恭愍王 6.
136) 韓㳓劤, 「麗末鮮初 巡軍硏究」, 『진단학보』 22호~24합호 참조. 공민왕 8년에
개편된 순위부는 巡軍萬戶府, 義勇巡禁司 등을 거쳐 태종 14년에 義禁府로 개
편된다고 하였다.
137) 김일출, 『조선민속탈놀이』, 104면; 이두현, 『한국의 가면극』, 79면.

람직한 일이었던 것이다.138) 순위부는 이러한 변화된 시점에서 민간
배우를 동원하여 일시적으로 관리하는 역할을 수행했던 것이다.139)

그러나 (나)에서 보듯이 민간 배우에 대한 구속력이 상당했음을
알 수 있다. 하루의 행사를 위하여 배우들을 모아들인 것이 아니라
임금의 巡行에 배우를 대동하고 다니면서 놀이를 즐겼다는 사실로서
알 수 있다. 궁정 배우가 사라진 것은 궁정의 수요가 없었거나 왕권
이 쇠퇴해서가 아니라 민간 배우의 예능이 향상되었기 때문이다.

교방의 일부 기능을 대신하는 기구로서 巡軍이 채택된 것은 공연
문화의 비중이 여전히 궁정 쪽에 기울어져 있었음을 보여준다. 巡軍
은 고려 시대부터 매우 강력한 권력 기구로써 기능했으며 왕권과 확
립과 절대화에 중요한 역할을 담당하였기140) 때문이다.

순군은 임금의 측근에 있었으므로 임금 개인의 오락과 유흥을 주
선하는 일을 맡아 할 수 있었고, 임금의 행차 때 재인을 대동하는 일
은 원래 지니고 있던 侍衛의 업무와 더불어 수행할 수 있었다. 또한
민간 배우들이 임금의 가까이 접근하는 기회가 되었으므로 임금의

---

138) 중국의 예를 보아도 비슷한 변모가 일어났음을 알 수 있다. 중국 송나라 때의
교방 역시 폐지되고 재설치되고 폐지되는 과정이 반복되다가 紹興 말 완전히
폐지되었다고 한다. 이러한 제도적 변화는 11세기 중엽부터 일어난 민간 배우
집단의 팽창과 더불어 궁정의 공연에 민간 배우가 참여하는 양상이 나타났다
고 한다(安祥馥, 「宋・金代 雜劇・院本 研究」, 서울대 중문과 박사학위논문,
1996 참조).
139) 이것은 다만 조선시대의 상황을 근거로 하는 소급적인 추정이며, 실증적인 자
료를 토대로 검증되어야 할 것이다. 고려 시대의 공연문화는 본 논문의 대상
이 아니므로 별도의 논의를 통하여 고찰하고자 한다.
140) 정치적인 세력 대립에 있어서 반대 세력을 제거하는데 흔히 순군을 장악하고
이용하였다고 한다. 禑王 때에 순군부를 이용하여 임견미가 반대파를 제거하
고 권력을 장악하였으며, 다시 최영, 이성계가 같은 방식으로 이들을 제거하
고 권력을 장악하였다. 이성계가 위화도에서 회군하여 최영을 제거할 때도 순
군의 지지 세력을 이용하였다고 한다. 권력의 핵심부가 바뀔 때마다 순군을
장악하는 것이 일차적인 단계였을 만큼 순군의 권력이 대단했음을 알 수 있
다. 韓㳓劢, 「麗末鮮初 巡軍研究」, 참조.

신변을 보호하고 배우들의 혼잡을 막을 필요가 있었다. 이러한 禁亂의 기능 역시 순군이 본래 지니고 있는 업무였다.

순군은 조선에 들어와 의금부라는 명칭으로 확정되면서 많은 기능을 새로이 생겨난 기구에 이관하게 되었다. 그만큼 의금부의 위상이 약화되었고 왕권에서 점차 멀어졌다고는 하지만[141] 배우를 관리하여 궁정의 공연 행사를 주관하는 업무는 그대로 이어졌다.

의금부가 상시적으로 관리하는 대상이 경중우인에 한정되었다는 사실은 여전히 궁정배우의 전통이 사라지지 않았다는 사실을 암시한다. 내부적인 궁정 행사에 동원하는 재인을 경중우인 중심으로 경기재인까지 한정함으로써 그들을 궁정 배우처럼 활용하였던 것이다. 곧, 민간 배우의 예능을 적극 향유하면서도 기타 지역의 외방재인과 구분하여 구속력을 발휘하고자 하였다고 할 수 있다. 그것은 물론 제도적인 통제만으로 가능한 것은 아니었고 앞의 논의에서 살펴본 것처럼 많은 혜택을 제공함으로써 가능했다고 할 수 있다.

(2) 外方才人

경기도를 비롯하여 지방의 모든 재인을 外方才人이라고 하였다. 외방재인은 그 기원이 외부의 종족에서 왔다고도 하고 농사를 짓지 않는 대신 도적질을 하거나 예능을 팔아 구걸을 하는 등 부정적인 행태를 보였던 것으로 알려졌다. 그러나 이러한 부정적인 존재 양상 때문에 조정에서는 끊임없는 정책을 통하여 민간에 정착시키고자 하였고 그때문에 결과적으로는 어느 정도 정착하여 관리와 통제가 가능

---

141) 세조 이후 제도가 정비되면서 의금부가 지닌 왕명 전달, 시위, 금란 업무가 타 기관에 옮겨지고 의금부는 奉教 推鞫의 사법기관으로 남게 되었다고 한다(李相寏,「義禁府考」참조). 그러나 최고의 사법 기관이라는 위상만으로도 의금부는 여전히 최고 권력 기구의 위치를 가지고 있었던 것 같다. 권력의 이동이 순군의 장악과 함께 이루어졌다는 사실을 이미 언급하였는데, 인조 반정 당시에 공신인 李貴가 의금부 판사를 겸하고 있었기 때문이다.

하게 되었다.

　병조에서 계하기를, "軍籍에 오르지 않은 재인이나 화척들은 檢察할 길이
없으므로, 은신처에 모여 살면서 간음과 도적질을 몰래 행하고, 혹은 사람을
죽이기까지 하니, 청컨대 각도로 하여금 군적에 오르지 않은 재인과 화척을
샅샅이 찾아내어 군적에 등록시키고, 평민들과 섞여 살아 농업을 익히게 하
고, 3년마다 한 번씩 출생된 자손들을 찾아내어 호적에 올려 다른 곳으로 가
지 못하게 하되, 만약 출입할 곳이 있거든 날짜를 한정하여 통행 증명서[行
狀]를 주게 하소서." 하니 임금이 따랐다.
　兵曹啓 軍籍不付才人禾尺等 檢考無門 因此 聚居隱處 暗行奸盜 或至殺人 請
令諸道 軍籍不付才人禾尺 備細推刷 錄於軍籍 雜處平民 使習農業 三年一次 子枝
推刷成籍 使不得他適 如有出入處 則限日行狀成給 從之[142]

　위의 기록에는 재인이나 화척을 민간에 징착시키는 빙법이 제시되
었다. 평민과의 通婚을 장려하고 논밭을 주어 농사를 짓게 하였고 군
적에 올려 모자라는 군역을 보충하고자 하였다. "군적에 오르지 않은
재인과 화척을 샅샅이 찾아내어 군적에 등록시키"라고 하였으니 재
인들의 상당수가 군적에 올랐을 것이다.
　이들은 주로 侍衛牌에 속하였다.[143] 초기의 시위패는 토착적인 인
력을 기반으로 이루어졌고 節制使 등과의 직접적 관계를 통하여 그
들의 私兵 조직이 되는 경우가 많았다고 한다. 조선 건국 당시 이성
계가 설치한 義興親軍衛가 함경도지역의 토착적 시위패를 중심으로
이루어졌다고 하며 건국 이후 절제사와 시위패의 私組織 관계를 끊
기 위하여 중앙에 義興三軍府를 두어 시위패의 군적을 옮겨 公兵化하
였다고 한다.[144] 그럼에도 불구하고 외방재인은 집단을 이루어 지방
실력자의 私組織이 되거나[145] 반역 모의에 휩쓸리게 된다.[146] 재인

142) 『세종실록』 18권 17장.
143) 『태조실록』 8권 14장; 『세조실록』 16권 11장.
144) 千寬宇, 「朝鮮初期 五衛의 兵種」, 『사학연구』 18, 1964.
145) 『성종실록』 148권 13년 11월 3일, 『중종실록』 21권 9년 12월 19일, 『중종실

들의 생업 자체가 자유롭고 집단을 이루어 활동하기 때문에 당시 사
람들에게 武力的인 집단으로 인식되었던 것 같다.

한편, 외방재인들이 민간에 정착되거나 군역에 편입되었다고 해서
재인의 예능을 버리고 완전히 轉業했다고 볼 수는 없다. 향촌 사회에
서도 재인을 필요로 하는 경우가 있었고 지방의 관아를 중심으로 악
기 연주, 연희 등 오락의 수요가 생겨나기 때문이다. 다음의 기록은
군적에 오른 재인의 활동 양상을 보여 준다.

(가) 우헌납 신말주가 제의하였다. "양녕대군 제가 경상도 동래 온천에 목
욕하러 갔는데 또 전라도로 가겠다고 한다고 합니다. 그 딸이 온천 목욕을 하
고 병을 치료하는 것을 보았으면 그만이지 길을 돌아 놀러 다니면서 고을들
에 부담을 끼치는 것은 옳지 않습니다. 그리고 전하께서는 그가 묵는 고을에
서 재인과 백정을 뽑아 주어 마음대로 사냥을 하게 하라고 하였습니다만 재
인이나 백정도 군졸입니다. 왕자가 군졸을 뽑아쓰는 일이 점점 늘어나서는
안됩니다."

右獻納申末舟啓 讓寧大君禔 就浴慶尙道東萊溫井 而又欲往全羅 見其女子沐浴
治病則已矣 不宜枉路邀遊以煩州郡 且命於留宿之官 抄給才人白丁 任情獵禽 才人
白丁亦軍卒也 王子抄軍 漸不可長[147]

(나) 을묘년(명종 10, 1555)에 왜적의 배 60여 척이 침범해 들어와 於蘭,
達梁, 兵營, 康津을 함락시키니 靈岩郡守 李德堅이 포로가 되었다. ……李公
潤慶이 즉시 才人 4~5백명을 선발하여 모두 색옷을 입히고 성안으로 들여
보내어 방어할 계책을 하니, ……윤경이 재빠르게 복병을 설치하고 또한 마
름쇠(菱鐵)를 길에 깔아 놓고 才人을 시켜 모두 색옷을 입고 복병과 마름쇠

록』21권 10년 2월 4일, 『중종실록』28권 12년 5월 30일의 기사에는 지방의
토호가 재인들을 사조직화한 사례가 나타난다. 또한 『중종실록』52권 19년
12월 8일에는 전라좌도 水使가, 『중종실록』74권 28년 4월 2일에는 울산 군
수가 재인과 백정을 마음대로 부린다는 기록이 있다.
146) 『정종실록』2권 1년 8월 19일의 기사에는 반역을 모의한다고 무고당한 사람
이 재인 수백 명을 세력으로 거느리고 있다고 하였다. 이 경우는 무고로 끝났
으나 실제로 재인들이 중앙의 의금부에 반역죄로 추국당하는 경우가 많다.
147) 『세조실록』17권 18장.

사이를 왔다갔다 하며 뛰놀며 재주를 보이는 모양을 하니, 적이 대열을 날개처럼 벌리고 쫓아오다가 혹은 복병에게 죽고 혹은 마름쇠에 부상하여 감히 더 쫓아오지 못하고 모두다 향교로 들어가 대열을 정돈하고 나와 다투어 優戲를 구경하고 있었다. 이때 남치근 등이 군대를 좌우로 나누어 불의에 엄습하니, 적이 감당하지 못하고 드디어 붕괴되므로 모조리 섬멸시켰다.148)

(가)에서는 양녕대군의 사냥에 재인과 백정이 동원된다고 하였다. 이때 재인과 백정을 군졸이라 한 것을 보면 그들은 시위패 등에 적을 둔 재인과 백정일 것이다. 역대의 임금은 '講武'라는 명목으로 사냥을 즐겼으며 그때마다 재인과 백정을 징발하였는데 그들은 주로 몰이꾼으로 활용되었다. 재인들의 경우 악기를 시끄럽게 두드려 짐승을 몰았을 것이다. 또는 사냥의 행사를 다채롭게 하기 위하여 각종 놀이를 연출했을 가능성도 있다. 고려 때의 상황이지만 충혜왕 때 배우 영태의 경우를 보면 임금의 사냥에 따라가서 광대놀이를 하였다.

(나)의 기록을 보면 왜구의 침범으로 군수가 포로가 되는 다급한 상황에서 재인 4~5백 명을 선발했다고 하였는데 이들 역시 군역에 복무하는 재인일 것이다. 그렇지 않고는 순식간에 4~5백 명의 재인을 동원하는 일이 가능하지 않다. 재인이면서 군졸인 이들은 자신에게 걸맞은 임무를 맡았다. 놀이를 연출하여 적군의 주의를 끌어 아군의 공격을 승리로 이끌었던 것이다.

將卒의 사기를 진작하기 위해서도 시위패에 속한 재인의 활동이 필요하다. 전쟁터에서 적군이 물러가자 즉석에서 軍樂을 일으키고 儺戲를 펼쳤다는 기사149)는 이러한 사정을 말해준다. 곧, 시위패로서 군역에 복무한다 할지라도 재인들은 자신들의 예능 활동을 유지할 수 있었다고 하겠다.

재인들의 호적은 3년에 한번씩, 심한 경우는 봄, 가을로 일 년에

---

148) 『기재잡기』 3, 역조구문, 명조, 『대동야승』 13, 149면.
149) 『태조실록』 1권 16장 총서.

두 번씩 조사하여 정리되었다.150) 인근으로 여행을 갈 때는 行狀이
필요하였는데 行狀이 보증하는 여행 기간이 정해져 있었다. 성종 무
렵에는 3일 걸리는 곳을 15일 이상 왕래하는 이에게 行狀을 발급하
고, 그 외에 가까운 곳을 짧은 기간 여행할 때는 里正에게 고하여 출
입을 허락하게 하였다.151) 이 내용은 규정을 완화하는 조처로 제안된
것이므로 이전에는 규제가 더욱 심했다는 사실을 알 수 있다. 그러므
로 놀이를 팔기 위하여 정처없이 떠돌아다니기란 어려운 일이었다고
할 수 있다.

한편, 외방재인이 중앙의 관직에 제수되어 상경하는 경우도 있었
음을 주목할 필요가 있다. 외방재인들은 놀이를 통해서가 아니라 武
才를 통하여 곧바로 중앙의 기구에 편입되었던 것이다. 세조 때 황해
도 瑞興의 재인인 한복련은 호랑이를 잡아 바쳐 兼司僕에 입속하게
된다.152) 예종 때만 하더라도 한복련과 같은 사례는 특수한 경우라
고 할 수 있으나153) 이후 중종 때까지는 재인이나 백정이 겸사복에
입속되는 일이 빈번하였던 것 같다.

　　박원종이 아뢰기를, "조종조에서는 첩의 자식 및 才人, 白丁으로 武才가 있
　　는 자는 모두 겸사복에 입속시켰는데, 이는 선왕조에서, 수렵하는 일이 번잡
　　하였기 때문에 무재가 있는 자는 모두 겸사복에 입속시켰던 것입니다. 이제

<hr>

150) 『성종실록』 9권 23장, 서울과 외방의 재인과 백정들은 서울의 여러 부나 외방
　　의 여러 고을에 나누어 명단을 작성하여 한성부나 監司가 관리하고 한 벌은
　　형조에 두어 봄가을로 출생, 도망, 사망을 조사하라고 하였다.
151) 『성종실록』 9권 23장, 형조에서 제안하기를, 재인과 백정 중 도망자로서 체포
　　된 자는 徙民 중 도망자의 사례에 의거하여 참형에 처하고, 행장이 없이 횡행
　　한 자들은 制書有違律로 논단하라는 법이 지나치게 엄하다고 하였다. 임금이
　　이 제안을 받아들여 이와 같은 완화 조처를 취한 것이다.
152) 『세조실록』 22권 4장.
153) 『예종실록』 6권 9장, 鷹揚衛의 구성원을 뽑는 문제가 거론되었을 때 임금이
　　한복련의 예를 들어 미천한 자도 뽑아 들이자고 하였으나 신하들이 반대하
　　였다.

羽林衛가 따로 설치되었으니, 첩의 아들은 겸사복에 입속시키지 마소서. 歸化人 같은 부류는 그 수효를 줄이는 것이 불가합니다. 조종조로부터 귀화인은 매우 후하게 대하였으니 폐지할 수 없습니다."

朴元宗曰 朝宗朝 妾子及才人白丁有武才者 皆屬兼司僕 此則先王朝打圍事煩 故有才者皆入屬於兼司僕 今旣別設羽林衛 妾子勿許屬兼司僕 如向化人則不可除 減 自朝宗朝 待向化甚厚 不可廢也154)

위 기록의 요지는 새로 羽林衛가 설치되었으니 첩의 자식이나 재 인, 백정 등 신분이 낮은 부류들은 우림위에 입속시키고 겸사복은 출 신을 가려 뽑되 귀화인만은 우대하여 겸사복에도 입속시키자는 것이 다. 겸사복이나 우림위는 임금을 시위하는 병력이다. 지방에서 재인 들이 군적에 오를 때도 시위패에 속해 있었으며 武才를 토대로 실력 자의 사조직이 되었던 것과 비슷한 양상이다.

武才가 있는 외방재인이 발탁되는 것은 임금의 사냥에 몰이꾼으로 동원되는 기회를 통해서였다. 임금의 사냥은 주로 경기지역의 산에 서 행해졌으나 황해도나 전라도까지 원정가는 경우가 있었는데 해당 지역의 재인과 백정이 동원되었으므로 어느 지역의 재인에게나 무반 관직에 오를 기회가 주어졌다.

겸사복, 내금위, 우림위는 禁軍이라 불리는 친위부대로서 영조 31 년(1755년)에 龍虎營으로 이어진다. 용호영은 조선 후기 서울의 도시 적 유흥과 깊은 관련을 맺고 있어서 중요한 의미를 지닌다. 외방재인 이 친위부대의 군병으로 등용되는 것을 계기로 그러한 기반이 마련 되었던 것이다.

지금까지의 논의는 외방재인의 지방에서의 존재 양상과 사회적 위 상에 관한 것이었다. 서울지역에서의 공연 활동과 직접 관련을 지니 는 문제는 아니지만 외방재인의 후대적인 변모를 고찰하기 위하여 기본적인 논의를 진행하였다. 적어도 조선 전기에 있어서는 국가적

154) 『중종실록』 4권 37장.

인 정책과 제도가 힘을 발휘하여 외방재인을 통제하고 관리할 수 있었다. 그러한 통제에 힘입어 지방 자체의 수요를 충당하고 서울로 상송하여 활용할 수 있었던 것이다.

나례는 외방재인이 서울에 올라갈 수 있는 공식적인 제도이다. 자신의 재능을 발휘할 수 있는 기회가 되었지만 자발적인 상경이 아니라 강제적인 상송이었다는 데서 공식적 제도의 한계를 내포하고 있었다.

모든 나례에 외방재인이 상송되었던 것이 아니라는 사실은 이미 앞에서 언급하였다. 외방재인이 상송되어 출연하는 나례는 임금이나 사신의 행차를 위하여 대규모로 벌이는 나례이다.

> 義禁府에서 정재 절차를 글로 써서 보고하였다. "평상시에 정재인들은 의금부에서 모두 모아들였는데 지금은 군기시에 나누어 소속되었습니다. 그래서 본 의금부에 소속된 정재인들의 정재 절차만 써서 보고합니다." 지시하기를, "중국 사신이 왔을 때는 의금부와 군기시에서 한편씩 나누어 가지기 때문에 정재인들이 각각 소속이 있다. 觀儺 才人 같으면 의금부에서 전적으로 맡아 단속하지만, 중국 사신이 왔을 때야 숱한 재인들을 어떻게 일일이 다 단속할 수 있는가. 군기시의 담당 관리가 의금부의 말을 듣고 따라 단속하는데, 일체 드나드는 것은 전부 상원문으로 해서 드나들게 하되 의금부 관원을 시켜 쓸데 없는 사람들이 드나드는 것을 금지하는 것이 옳다."고 하였다.
>
> 禁府 以呈才節次書啓曰 常時呈才人 府爲摠集矣 今則分屬于軍器寺 故但以府所屬呈才節次書啓 傳曰 天使時則義禁府軍器寺分邊 故呈才人各有所屬矣 如觀儺才人 義禁府專主檢擧 天使時 許多才人 豈能一一檢擧乎 軍器寺次知官員 聽禁府之言 從而檢擧 一應出入之事 皆於上苑門出入 而令義禁府官員 禁止雜人亦可也[155]

위 기록은 觀儺와 기타의 나례를 구분하여 언급하고 있다. 觀儺는 왕실 내부적인 행사라면 나례는 국가 전체의 행사이다. 따라서 관나는 경중우인만으로 치루어지기 때문에 의금부의 일상 업무로 감당할

---

155) 『중종실록』 83권 23장.

수 있지만 나례는 전국의 외방재인이 모두 모이기 때문에 의금부와
군기시가 함께 관리한다는 것이다.

이미 앞에서 논의하였듯이 觀儺 때에는 나례도감을 설치하지 않고
대규모의 나례 때에만 설치한다. 기왕에 의금부가 경중우인 등을 관
리하고 있었는데도 나례도감을 특별히 설치하는 것은 觀儺와 달리
山臺와 輪車 등 거창한 무대 설비가 필요하고 많은 물자와 인력을 외
방에서 조달하기 때문이다.

의금부와 군기시는 바로 나례도감을 구성하는 기구가 되는 것이
다. 나례도감은 좌변나례도감과 우변나례도감으로 나뉘어진다. 『나례
청등록』에 '左右儺禮廳'이라는 언급이 있어 이러한 사실을 알 수 있
다.156) 추가해서 밝혀둘 일은 『나례청등록』이 좌변나례도감의 기록
이라는 것이다. 『니례청등록』에는 도감을 지칭하는 표현이 '貴都監',
'弊都監'으로 구분되어 있었다. 또한 내용 가운데 '右邊儺禮都監'의 명
칭은 나오지만 '左邊'이라는 표현이 전혀 나오지 않는 사실로 미루어
알 수 있다.

그런데 『광해군일기』 106권 8년 8월 24일 기사에 우변나례도감이
계를 올린 내용은 軍器寺가 우변을 맡는다는 것을 말해 주고 있다.
나례도감의 일을 맡아보아야 할 주요 직책의 사람들이 제사에 헌관
등으로 뽑혔으니 시정해 달라는 의견이 제기되었는데, 이때 언급한
직책이 모두 군기시 소속이었던 것이다.

한편, 우변보다 좌변이 더욱 큰 권한을 갖고 있었음이 (다)에서 나
타난다. 그것은 의금부가 경중우인을 관리하면서 평상시 觀儺 등 궁
정의 오락 행사에 그들을 동원하고 관리하는 기능을 맡고 있었기 때
문이다.

軍器寺가 우변나례도감의 일을 맡게 된 것은 평상시에 觀火의 행
사를 주관하기 때문이다. 관화는 불놀이를 보는 행사인데, 장치와 기

156) 趙元庚, 「儺禮와 假面舞劇」, 『學林』 4, 연세대 사학과, 1955, 56면.

구를 절묘하게 사용하여 폭죽을 터트리고 불꽃을 일으키는 구경거리
이다.157) 대규모의 나례에는 배우들의 놀이 뿐 아니라 각종 장치와
기구를 이용하여 볼거리를 연출하므로 군기시가 평소에 맡은 업무와
관련이 있다고 하겠다.

　나례도감의 조직은 의금부와 군기시의 최고 책임자를 정점으로 한
다.『나례청등록』에 의하면 좌변 나례도감의 경우 의금부 判事가 나
례도감의 최고 직책을 맡았음을 알 수 있다.158) 그러나 판사는 명목
상의 책임자일 뿐이며 실무를 맡지는 않고 遠接使 등의 임무로 국경
에서 사신을 맞이하였다. 인조 4년의 나례 때 의금부 판사로서 나례
도감의 우두머리였던 金瑬는 遠接使로서 국경 부근에 가 있었다.159)
사신을 영접할 때 나례도감의 책임자인 의금부 판사가 원접사를 겸
임하는 것은, 일의 종류가 비슷한 데 따르는 관습이었던 것 같다.160)

　나례도감이 좌우로 나뉘어 있는 것은 임금의 행차 등이 지나는 좌
우 양쪽에서 나례를 벌이기 때문이다.

---

157)『慵齋叢話』1권,『大東野乘』1, 22~24면.
158)『儺禮廳謄錄』, 2장
　　　判事兼吏曹判書 金瑬
　　　判事延平府院君 李貴
　　　知事戶曹判書 金蓋國代
　　　知事行司直 鄭經世
　　　同知事兵曹參判 趙希逸
　　　都事 金會宗
　　　都事 權澂
　　　書吏 李天年, 全敬, 姜裕望
　　　庫直 張天雲
　　　使令 金愛男, 朴注叱同, 朴忠民
159)『인조실록』13권 5장.
160)『연산군일기』3권 18장; 4권 4장, 月城君 李鐵堅 또한 의금부 판사로서 나례
　　를 주관하는 총책임자인데 安接使로서 평안도에 가 있었다는 사실을 알 수
　　있다.

예조에서 태종의 부묘 의식에 대하여 계를 올렸다. "…… 궁궐로 돌아올 때
에 의금부와 군기감에서는 종묘의 길어귀에서 나례 잡희를 펼치며 성균관 생
도들은 종루의 서쪽 거리에서 가요를 올리고 교방에서는 혜정교 가에서 가요
를 올리는 동시에 정재를 하며 경복궁 문밖의 좌우편에는 산대를 세웁니다.
전하가 대궐로 돌아와서는 절차대로 축하를 받으며 뒤이어 교서와 유지를 내
리고 제사를 지낸 관리들과 여러 집사들에게 연회를 차려줍니다."

禮曹啓太宗祔廟儀…… 還宮時 義禁府軍器監 進儺禮雜戱於宗廟洞口 成均館生
徒等進歌謠於鍾樓西街 敎坊進歌謠於惠政橋邊仍呈才 又於景福宮門外 左右結山
臺 殿下旣還宮 受賀禮如儀 畢仍頒敎書及宥旨 賜享官諸執事宴[161]

위의 기록에 의하면 배우들의 잡희는 두 차례에 걸쳐 벌어진다.
종묘의 길어귀에서 의금부와 군기시가 나누어 벌이는 나례는 물론이
고, 경복궁 문 밖에 좌우로 설치되는 산대는 나례의 잡회를 수반하기
때문이나. 나례는 관색에게 득성 공연물을 보여주기 위하여 벌어지
는 것이 아니라 집합적인 공연물로서 환영과 칭송의 분위기를 연출
하기 위하여 벌어진다. 산대가 좌우로 나뉘어 있는 것은 서로 新奇를
다투게 하기 위해서일 뿐 아니라 행차가 지나가는 길 양쪽에 늘어
세우기 위해서이다. 그렇게 해야만 나례의 목적에 들어맞는 무대의
배열이 될 수 있다.[162]

의금부와 군기시는 각기 한쪽의 나례를 맡아 산대를 만들고 잡상
을 진열하며[163] 산대에서 벌일 잡회를 관장하였다.

(가) 의금부에서 아뢰기를, "…… 산대를 만드는 일꾼들은 이전부터 수군으
로 배치하여 주었는데 의금부에 1,400명, 군기시에 1,300명을 배치하였다고

---

161) 『세종실록』 24권 28장.
162) 觀儺와 設儺의 무대 공간의 특성은 사진실, 「조선 전기 나례의 변별양상과 공
연의 특성」에서 자세히 거론하였다.
163) 趙元庚, 「儺禮와 假面舞劇」, 58〜59면. 『나례청등록』과 『조선왕조실록』을 분석
하여 雜像은 동물이나 사람의 형상을 만들어 茶亭이나 軒架, 輪車에 늘어놓는
장식용 소도구라고 하였다.

합니다. ……" 하였다.

義禁府啓曰 …… 山臺役軍 自前 以水軍定給 而義禁府則一千四百名 軍器寺則
一千三百名云164)

(나) 호조가 아뢰기를, "나례청 雜像, 注之 廣大 등의 물건을, 우변 나례청
에서는 이미 이전에 쓰던 것을 수리해 만들었는데 좌변 나례청은 본조로 하
여금 판출하도록 하였습니다.……" 하였다.

戶曹啓曰 儺禮廳雜像注之廣大等物 右邊儺禮廳 則已以前件修造 而獨左邊儺禮
廳 督令本曹措辦165)

(다) 산대좌우변의 장인과 재인에게 차등 있게 쌀과 베를 주었다.

山臺左右邊匠人才人等 賜米布有差166)

(가)에서는 좌우편의 산대를 만들기 위하여 수군을 나누어 배치하
였다고 하였다. (나)에서는 잡상을 만드는 문제에 있어서 좌우 나례
도감이 각각 계획하고 실행하였음을 알 수 있다. 우변에서는 이전에
쓰던 것을 고쳐 만든 반면에 좌변에서는 새로이 만들 것을 계획하고
있으므로 호조로 하여금 필요한 물품을 조달하게 한 것이다.167) (다)
에는 匠人과 才人에 있어서도 좌변과 우변이 나뉘어져 있음을 나타낸
다. 앞의 『중종실록』 83권 22~23장의 기록에서 의금부가 정재 절차
를 보고하면서 "본 의금부에 소속된 정재인들의 정재 절차만 써서
보고합니다"라고 한 사실을 주목할 필요가 있다. 좌변과 우변 나례도
감에는 외방재인이 따로 소속되어 있었고 공연 내용과 절차도 각기
마련되었던 것이다.

외방재인을 좌변과 우변으로 나누어 상송하는 일에 대한 자료는

---

164) 『광해군일기』 156권 1~2장.
165) 『광해군일기』(태백산본), 106권, 8년 8월 20일.
166) 『연산군일기』 61권 6장.
167) 나례의 雜像에 소용되는 여러 가지 물품을 호조에서 지급하게 되어 있던 사실
은 『나례청등록』에 기록되어 있다.

다음과 같다.

(가) 부에 소속된 정재인은 각도 관찰사에게 공문을 보내어 推促할 것.
府屬呈才人乙良 各道觀察使處 行移 推促事[168]

(나) 나례청이 상고한 일. ……'함평 재인 복세, 청주의 즛걸, 남평의 맛세 등을 보낼 것' 및 '영광 재인 명춘을 풀어 줄 것'이라는 관문이었기에 상고 하되, 복세, 즛걸은 지난해 등록에 기재되었던 재인이며, 맛세는 비록 등록에 없었으나 本道가 명단을 만들어 폐도감에 상송하였으므로 즛걸과 맛세가 이미 현신하였고 복세는 현신하지 않았거니와, 폐도감 등록에 기재되어 있는 공주의 대진, 거남, 회덕의 금생, 서천의 낸동, 예산의 주색, 온양의 생이 등이 귀도감에 올라갔다고 하는 바 매우 편치 않음. 맛세는 마땅히 보낼 요량이니, 위 항의 대진 등을 관문이 도착하는 즉시 보낼 것이며, 명춘이 잡혀 갖힌 것은, 영광군수의 첩정 내용이, "전라감사의 粘移에 따라 영광군에 있는 재인을 좌우변으로 명단을 적으니 봉금 대추 몽남 윤이 귀복 동지 이남 춘남 영난 기복 명춘 천지 매춘 무세 등 열 네 명 및 추가로 현신한 맛남을 아울러 보낼 것."이라는 첩정이었는데 그 안에 폐도감 재인은 봉금 대추 몽남 윤이 귀복 매춘 등 6명이거늘 명춘은 또한 귀도감에서 아울러 받아 기재하였는데 이 점이 중간에 사사로이 감추어서 差使員이 내려간 후를 기다려 이달 13일에 비로소 바치니 정상이 통악한 까닭에 가두었거늘, 위항의 폐도감 등록에 기재된 재인 등을 남김없이 보내주면 풀어줄 요량이니 상고하여 시행할 것. 우변에 이문함.

廳爲相考事…… 咸平才人福世 淸州㳫傑 南平㲈世等 起送事 及靈光才人明春放送事 關是置有亦 相考爲乎矣 福世 㳫傑段 上年謄錄付才人是旀 㲈世段 雖不在謄錄 本道 弊都監以 成冊上送乙仍于 㳫傑㲈世已爲現身 福世未現爲有果 弊都監謄錄付人 公州大進去男 懷德金生 舒川內隱同 禮山酒色 溫陽生伊等乙 貴都監以 現身是如爲臥乎所 極爲未便 㲈世則當爲起送計料 而上項大進等 到關卽時 起送爲旀 明春囚禁事段 靈光郡守牒呈內 全羅監司粘移據 本郡時存才人 左右邊題名 奉金 大秋 夢男 允伊 貴福 冬之 二男 春男 永難 起福 明春 天之 每春 無世等 十四名 及加現人 㲈男 幷以 上送事 牒呈 而其中弊都監才人 奉金 大秋 夢男 允伊 貴福 每春等 六名是去乙 同明春 亦貴都監良中 並只 領付後 此粘移中間

私自掩置 待其差使員下去之後 本月十三日 始爲來納 情狀痛惡 故囚禁爲有昆 上
項弊都監謄錄付才人等乙 無遺起送 則放送計料爲去乎 相考施行事 移文右邊169)

(다) 우변나례도감이 상고한 일. …… "귀청의 문안에 기재된 재인 유산복은
本道가 잘못 기록하여 (우변에) 기송된 것."이라는 관문에 따라 유산복은 돌
려 보냈거니와 폐도감 등록에 기재된 광양 재인 신희도 本道가 역시 잘못 기
록하여 귀청으로 이송하였다고 하는 바 재인 신희를 보낼 것. 접수함.

右邊儺禮都監爲相考事 …… 該貴廳案付才人劉山福 本道誤書 起送事 關據 同
劉山福 還送爲在果 弊都監謄錄付光陽才人申喜段置 本道亦爲誤書 移送貴廳是如
爲臥乎所 同才人申喜乙 起送事 到付170)

(가)에서 府는 의금부를 말한다. 곧 좌변나례도감에 소속되어 있는
재인들을 관찰사의 책임 하에 찾아서 올려 보내라는 공문이다. 외방
재인의 소속은 일상적인 것이 아니라 나례의 행사를 거행할 때 나누
어지는 좌우편의 소속을 말한다. (나), (다)에 의하면 재인이 상송되는
과정에서 좌우변 나례도감의 분쟁이 일어났음을 알 수 있다. (나)는
좌변나례도감이 우변에 보낸 공문이다. 좌변에 속해 있는 재인의 일
부가 우변으로 상송되었으니 돌려보내라는 것과 좌변으로 잘못 보내
진 재인을 돌려보내겠다는 내용이다. (다)는 우변나례도감이 좌변에
보낸 공문인데 역시 잘못 상송된 재인들을 교환하자는 내용이다.

그런데 좌우변 소속의 근거가 철저히 前例에 있음을 주목할 필요
가 있다. 이전의 謄錄에 기재된 명단을 근거로 상송재인의 소유권을
주장하고 있는 것이다. 나례가 거행될 때마다 좌우로 새롭게 나뉘어
지는 것이 아니라 전통적으로 좌변과 우변의 소속이 있었음을 알 수
있다.171)

---

169) 『儺禮廳謄錄』 12~13장.
170) 『儺禮廳謄錄』 13장.
171) 그러나 처음에 좌우로 나뉘었던 기준을 현재로서는 알 수 없다. (다)에서는 광
    양 재인 신희가 우변에 속해 있다고 했는데 『나례청등록』의 재인 명단에는
    광양 재인이 한명도 없다. 그런가 하면 영광 재인은 열네 명 가운데 여섯 명

부정기적으로 상송되는 외방재인이지만 정해진 소속에 따라 거듭 되어 상송되었으므로 나례도감 관련 주변 집단과 교분을 맺을 수 있 었다. 아울러 외방재인 가운데서 경중우인으로 발탁되는 일도 이러 한 상송의 구조 속에서 가능하였다고 할 수 있다.

한편 새로이 명단에 올릴 재인을 물색하는 것은 각 도 감사의 책 임으로 이루어졌다.

> 나례청이 상고한 일. ……"나례청 윤거 잡상 등을 한결같이 지난해 冊封 使 臣 때의 예에 의거하여 충분히 짐작해서 대략 마련하되 뒤의 기록대로 시행 함이 어떻습니까?" 하였는데 계한 대로 윤허하신 일이었으므로 戱子 등을 관 문 뒤에 기록하니 새로 소속된 자와 업을 이은 자식들을 아울러 미리 정비하 였다가 다시 공문이 가는 즉시 빨리 상송할 것. 경기 충청 전라 경상 강원 등 도감사에게 이문함.
>
> 廳爲相考事 …… 儺禮體輪車雜像等物乙 一依上年冊封天使例 十分參商從略磨鍊 爲白去乎 依後錄施行何如 啓依允敎事是去有等以 戱子等乙 關後錄爲去乎 新屬及 繼業子枝 幷以 預先整齊爲有如可 更行移卽時 急急上送事 京畿 忠淸 全羅 慶尙 江原等 道監司處 移文[172]

'新屬'이란 일반인에서 재인이 된 자를 가리키는 것이 아니라 기존 의 재인 가운데서 재능이 발전하여 나례에 동원될 만하게 성장한 재 인을 말한다. 외방에 있는 모든 재인이 상송된 것이 아니기 때문이 다. '新屬'은 주로 기존 상송재인의 추천에 의하여 선발된다. 『나례청 등록』의 재인 명단에는 충청도 牙山의 재인인 崔金伊가 破面 등 세 명의 재인을 進告하였다고 기록되어 있다.[173] '繼業子枝'란 재인인 부

은 좌변에 여덟 명은 우변에 속해 있는 것이다. 좌변으로 거론된 여섯 명의 명단은 모두 『나례청등록』의 명단에 기재되어 있고 우변으로 거론된 여덟 명 은 기재되어 있지 않다. 좌변에 속한 외방재인이 286명이므로 우변에도 비슷 한 인원수를 배정했다고 한다면 대규모의 나례를 거행할 때는 대략 600명의 외방재인이 동원된다는 사실을 알 수 있다.

172) 『儺禮廳謄錄』 8장 뒷면.
173) 牙山의 재인으로 열거된 사람들은 申鑊只, 石金, 崔金伊, 破面, 入沙里 등인데

모의 업을 이은 자식들을 말하는데174) 이름난 재인의 자식들은 그
업을 잇는 것만으로 나례에 상송될 수 있었던 모양이다.
　이와 같이 외방재인의 명단은 이전의 謄錄에 의거하되 道의 차원
에서 새로운 재인이 물색되었음을 알 수 있다. 중앙의 나례도감에서
상송할 외방재인을 지정하는 경우도 있었다.

　　사간원에서 제의하였다. "…… 요즘 중앙과 지방의 관리들이 중국 사신을
　접대한다는 구실을 빙자하여 제멋대로 못된 짓을 하는 사람이 매우 많습니다.
　들자니 감찰 이계윤은 이전에 軍器寺 主簿로 있을 때 橫逆한 외거 노비를 정
　재인이라고 꾸며대고 공공연히 공문을 띄워 관청에서 차출하여 압송해 오도
　록 하였습니다. 일이 많은 이런 때에 공무를 빙자해서 사사로운 일을 경영함
　을 이와 같이 한 것은 대단히 지나친 행동이니 벼슬에서 파면시키기 바랍니
　다."
　　諫院啓曰 …… 近者京外官吏 依憑天使支待 恣妄作弊者頗多 聞監察李繼倫 前
　爲軍器寺主簿時 其外居橫逆奴婢 托稱呈才人 公然移文 令官差押來 當此多事之時
　憑公營私乃爲若是 至爲汎濫 請罷職175)

　외방재인의 상송 체계를 사사로이 활용하여 말을 잘 듣지 않는 노
비를 잡아들이고자 했다는 기록이다. 나례도감에 소속된 외방재인을
추쇄하여 상송하는 일은 매우 중대한 업무에 속하므로 외방재인의
명단에 올리면 반드시 찾아 보낼 것이라는 전제가 있었을 것이다. 이
러한 사건을 통하여 외방재인의 명단을 추가하는 일이 중앙의 나례
도감에서 직접 이루어지기도 하였다는 사실을 알 수 있다.
　한편, 외방재인은 집단별로 상송되지 않고 능력에 따라 개인별로
상송되었다. 『나례청등록』에 의하면 재인들은 道의 차원에서 상송의
책임을 맡지만 실제로는 縣을 단위로 차출되었다. 좌변나례도감에 외

　　뒤의 두 사람 이름 밑에는 '崔金進告'라고 씌어 있어 같은 현의 崔金(伊)가 그
　　들을 신고하였다는 사실을 나타내었다.
174) 趙元庚, 「仁祖時代의 儺禮謄錄」, 『鄕土서울』 제4호, 1958, 183면.
175) 『중종실록』 83권 63장.

방재인을 상송한 90개의 현 가운데 5명 이상의 재인을 함께 올려 보
낸 곳은 19개 현에 불과하고, 40개의 현에서는 한 명씩 상송되었다.

　외방재인으로서 나례에 참여하는 일 자체가 큰 영예가 되었으며
공식적인 행사에 참여함으로써 재인으로서의 상품 가치가 생겨날 수
있었다.176) 경중우인에 선정되는 길도 나례에 상송되는 과정을 거쳐
가능했다고 할 수 있다. 그러나 공연 시장에서의 자율적인 경쟁에 의
한 것이 아니라 임금이나 의금부 등 중앙 관청의 발탁에 따른 것이
었으므로 경중우인이 되는 것이 名聲의 저변 확대를 의미하지는 않
는다. 경중우인은 안정된 위상을 확보할 수 있는 만큼 서울의 지배계
층에 봉사할 의무가 있어 자유로운 예능 활동이 어렵기 때문이다.

　나례도감의 실무, 곧 산대와 잡상을 만들고 외방재인을 감독하는
일은 堂下官 이하의 책임 아래 이루어졌다.

　(가) 승정원에서 제의하였다. "나례에 대한 비준을 내린 지가 벌써 오래된
만큼 해당 관청으로서는 마땅히 제때에 헌가 등의 물품을 점검하고 장인이
없으면 빨리 청하여 처리해야 할 것입니다. 그러나 지금 의금부의 草記를 보
니, 장인이 없기 때문에 아직까지 일을 시작하지 않았다고 하였습니다. 작지
않은 큰 의식에 관한 일을 심상하게 여기면서 날짜가 박두해서야 와서 일을
벌이기가 걱정스럽다는 뜻을 전하였으니, 지체됨이 매우 심하여 몹시 온당치
못합니다. 나례청의 해당 당하관을 추궁하기 바랍니다." 지시하기를 "너무나
지체되었다. 의금부의 당상관이 아울러 살피게 할 것이다."라고 하였다.
　承政院啓曰 儺禮啓下爲日已久 爲該司者 所當趁卽點視軒架等物 無匠人則作速
啓請處置 而今見義禁府草記 則無匠之故尙不始役云 不小大禮之事 置之尋常 日期
已迫之後 始以生事可慮之意來啓 稽緩莫甚 極爲未便 請儺禮廳當該卽廳推考 傳曰
極爲稽緩 禁府堂上並察之177)

　(나) 성균관 생원 박계금 등이 상소하였다. "신들이 오늘 가요를 바치는 일

176) 자유 경쟁을 통한 상품성을 말할 수는 없지만 나례우인이라는 위치는 聞喜宴
　　등 민간의 행사에 뽑힐 때에 이점이 되는 면이 있었을 것이다.
177)『광해군일기』106권 6장.

로 의금부 옆에 모여 있었는데, 의금부 도사 정옥경이 처첩을 거느리고 행랑의 누각 위에 있으면서 자기가 관장한 산대나례를 모두 모아놓고 나장 오륙명으로 하여금 쇠사슬을 들고 다른 사람들을 물리치면서 갖가지 놀이를 벌여처첩들과 함께 구경하였습니다. ……"

成均生員朴繼金等 上言曰 臣等今以獻歌謠事 來聚義禁府之傍 府都事鄭沃卿率妻妾 在行廊樓上 悉聚所掌山臺儺禮于其下 使螺匠五六人 持鏁辟人 具設百戲與之共觀[178]

(가), (나)에 의하면 장인을 부려 나례의 무대와 장치를 마련하는 일과 산대나례의 놀이를 관장하는 일이 당하관 중심으로 이루어졌음을 알 수 있다. 앞에서 인용한『중종실록』83권 63장의 기록에서, 외방재인의 명단에 외거 노비를 끼워 넣어 물의를 일으킨 軍器寺 主簿는 우변나례도감의 실무자였다고 할 수 있다. 의금부 도사와 군기시 주부는 모두 종6품의 당하관이다.

당하관인 실무 책임자들은 나례의 준비와 관련된 부처의 실무자와 접촉하여 필요한 물품과 인력을 확보하게 된다. 주로 각 司의 서리나 皂隸, 의금부의 羅將 등이 당하관의 명령을 받아 실무를 처리하게 된다. 이들에게 지급하는 價布에 대한 규정이『나례청등록』의 첫머리에 명시되어 있다.[179] (나)에 의하면 처음에 나장이 쇠사슬을 들고 잡인을 단속한다고 하였고『나례청등록』에도 의금부 하인인 나장이 나례의 연습 과정에서 구경꾼들 때문에 혼잡한 상황에서 무력을 과시하고 있음을 알 수 있다.[180] 좌변나례도감의 경우도 禁亂 등 말단의 일은 의금부 나장이 맡아 하였다.[181]

---

178)『문종실록』13권 8~9장.
179)『儺禮廳謄錄』3장.
180)『儺禮廳謄錄』13장, "啓曰 天使時 儺禮軒架雜像習儀往來時 諸貴家觀光者 每於路傍 設依幕爭相留挽 使不得行 或損傷雜物 而本廳下人不得下手呵禁 極爲不當 今後 如有此弊 勿論其家下人 一一捉囚治罪 以杜其弊 何如 答曰 依啓"
181) "군기시의 담당 관리가 의금부의 말을 듣고 단속하되 일체 드나드는 것은 전부 상원문으로 해서 드나들게 하고 의금부 관원을 시켜 쓸데없는 사람들이

나례도감의 조직 체계에서 말단으로 내려올수록 나례에 동원되는 장인이나 재인에게 있어 가장 직접적인 실력을 행사했을 가능성은 충분히 점쳐 볼 수 있다. 이러한 상황에서, 외방재인이 의금부의 하급 관리나 군병들과 친연 관계를 맺을 기회가 쉽게 마련될 수 있었다.

외방재인은 놀이를 팔아먹고 사는 습성으로 인하여 사람들이 많이 모여 사는 서울로 진출하려 하였다. 나례를 통해서 상송된 외방재인들 가운데는 다시 본 고장으로 돌아가지 않고 서울에서 떠돌거나 서울 근교에 머무는 사례가 많았던 것 같다. 조선전기 조정의 외방재인에 관한 논의에는 서울에 머무는 외방재인을 推刷하여 原籍地로 돌려보내야 한다는 의견이 빈번하게 나타난다. 외방재인은 국가적인 행사인 나례를 번화하게 치르기 위하여 필요한 존재이면서도 국가의 질서와 치안을 위협하는 문제적인 집단이었던 것이다.

외방재인이 서울을 근거로 놀이를 팔기 위해서는 왕도의 巡行과 禁亂, 捕盜의 역할을 수행했던 의금부의 말단 관리들의 비호가 필수적이었을 것이다. 특히 의금부의 羅將들은 실제 업무를 수행하는 병력이기 때문에 이들의 묵인 아래 외방재인이 서울에서 놀이를 팔 수 있는 기회가 마련될 수 있었을 것이다. 의금부 관계 말단 관리나 나장들과는 이미 나례를 통하여 친연 관계를 맺을 수 있었으므로 그러한 비공식적인 거래가 더욱 가능한 일이었다고 하겠다.

2) 공연의 재정적 기반과 작품의 생산 과정

공연의 재정적 기반은 관객 집단의 후원과 보상에 달려 있다. 관객

드나드는 것을 금지하도록 하는 것이 옳다(『중종실록』 83권 22~23장)"고 한 것에서 좌변나례도감의 금란 업무 체계를 알 수 있다. 의금부 관원이란 나장을 가리키는 말임을 알 수 있다.

의 후원과 보상의 내역은 세 가지로 나누어 볼 수 있다. 첫째, 배우의
생계비용, 둘째, 공연 준비 비용, 셋째, 공연의 보상이다. 공연의 보상
은 간접적으로 나머지 두 가지를 포괄한다고 볼 수 있어 주의를 요
한다.182) 공연의 준비 비용은 구체적인 공연에 즈음하여 필요한 무대
설비와 장치를 하고 소도구나 배우의 복장 등을 말한다. 공연의 보상
은 직접적인 공연의 대가로 주어지는 물품이나 화폐를 말한다. 배우
의 생계비용은 구체적인 공연의 준비 과정과 공연 직후에 주어지는
지원이나 보상을 제외한 일상적인 후원이라 할 수 있다. 곧 자연인으
로서의 배우의 생활을 보장하는 경우를 말한다. 일상적인 생계유지
를 가능하게 함으로써 배우의 예능을 재충전하고 공연 종목을 개발
할 수 있는 기회를 만들어준다는 데서 배우의 공연 활동과 관계를
맺는다.

이러한 세 가지 방식 가운데 무엇을 어떻게 선택하고 있느냐에 따
라 관객 집단이 배우의 공연 활동과 관계를 맺는 양상이 달라진다고
할 수 있다. 세 가지를 모두 부담하는 관객 집단은 배우에 대한 지속
적인 후원을 하는 경우라고 할 수 있다. 일상적인 생계비용은 배우
스스로 유지하며 관객은 공연의 기회가 있을 때만 공연 준비 비용을

---

182) 김흥규는 공연에 대한 보상 방식으로서 '소수인에 의한 다액 지불'과 '다수인
에 의한 소액 지불'을 구분하였고 그 지불 방법을 '一時購買型'과 '패트론型'으
로 나누었다(김흥규, 「19세기 前期 판소리의 演行環境과 사회적 기반」, 24~
36면). '다수인에 의한 소액 지불'이나 '一時購買型'은 특정한 공연에 대한 댓
가로서의 보상을 말하지만, '소수인에 의한 다액 지불'이면서 '패트론型'은 배
우의 생계 유지와 공연 준비 비용까지 포함하는 넓은 의미의 보상을 의미한다.
이러한 구분은 관객 집단과 배우 집단의 역할 한계가 명확하여 관객이 작품
의 생산 활동에 관여하지 않고 수용자로서만 존재하게 된 상태에서 유효하다.
그러나 관객 집단이 신분적인 특권으로 배우를 예속하고 있으면서 생산 활동
에 직접 관여하는 경우까지 포괄할 때, 여타의 패트론과 변별할 근거가 없다.
따라서 공연에 대한 직접적인 대가를 공연의 보상이라고 하고, 공연이 이루어
지는 과정에서 소용되는 비용을 생계유지 비용과 공연 준비 비용으로 나누어
고찰하는 방법을 제안하는 것이다.

대고 공연의 보상을 하는 경우를 계기적인 지원이라고 할 수 있다.
관객 집단이 배우의 생계비용이나 공연 준비 비용을 부담하지 않는
경우 공연의 재정적 기반은 관객의 임의적인 보상에 있다고 할 수
있다.

(1) 지속적인 후원

궁정 예인인 기녀나 악공은 관객 집단의 지속적인 후원을 받는 대
표적인 예능인이다. 경중우인 가운데 신분적으로 예속되어 배우로
'양성된' 부류와 아울러 조선 전기 사대부가 양성한 歌婢 역시 관객인
주인에게 지속적인 후원을 받는 경우이다. 기녀나 악공은 掌樂院과
같은 궁정의 음악 기관에 소속되어 정기적인 급료를 받아 생활하였
다. 개인에게 예속된 예능인은 관객 집단과 신분적인 主從 관계를 맺
고 있었기 때문에 관객은 곧 주인으로서 예능인의 생계를 책임질 수
밖에 없다.

경중우인의 무리가 모두 궁정에 속한 개인에게 예속하여 있지는
않았다. 그러나 그들은 궁정을 중심으로 포진해 있는 상층의 오락에
봉사하는 기능적인 주변 집단이었기 때문에 관객 집단의 지속적인
후원을 받을 수 있었다. 시정에서 자유롭게 공연 활동을 할 수 있는
경중우인이라도 궁정의 지속적인 후원을 받는 것을 선호했다고 할
수 있다. 어느 정도 활동의 제약이 있었다고 해도 신분적인 안정 및
경제적인 수익을 보장받을 수 있었기 때문이다.[183]

이미 소개한 최을송의 경우를 보면, 강도 수 십 명이 들어가 배우
의 집에서 물건을 강탈할 정도였다고 하니 상당한 富를 축적했다는
말이 된다. 지방 출신의 과거 급제자가 優人의 집에 의탁하였다는[184]

---

183) 이 시기에는 아직 시정의 오락적 수요 및 경제적 기반이 궁정의 그것을 능가
하지 못했기 때문이다.
184) 『태종실록』 24권 12년 8월 16일 기사에는 박욱이라는 사람이 급제하여 서울
에 올라와서는 優人 黃熟石의 집에 거처하였다고 하였다.

기록을 미루어 보아도 경중우인은 서울에서 안정적인 생활 기반을 확보하였다는 것을 알 수 있다. 이러한 생활 기반을 확보할 수 있었던 것은, 경중우인이 궁정의 공식문화권에 속해 있으면서 지배층의 필요에 복무하였기 때문이다.

> (가) 임금이 왕비와 함께 사정전에서 나희를 구경하였다. 세자가 종친, 문무 재상들과 같이 들어와 참가하였는데 연회를 차렸다. 優人들이 잡희를 하였는데 한동량과 백동 두 사람이 제일 나이가 많았으므로 벼슬을 주라고 지시하였다.
> 上與中宮 御思政殿 觀儺戲 世子與諸宗宰入侍 設宴 優人作雜戲 韓洞良白同二人年最老 命授職[185]

> (나) 지시하기를 "나례를 벌이는 것은 본래 놀이를 위한 것이므로 아무리 잡희가 지나쳐도 구경하는 것이다. 優人 은손이란 자는 본디 여러 가지 놀이를 잘하였는데 이미 죽었다. 은손을 좇아 기예를 전하는 사람이 있는가?"라고 하였다. 승지 이손이 보고하기를 "우인 중산이 그 기예를 대강 전합니다."라고 하였다. 지시하기를 "내일 담당 승지가 의금부에 가서 중산의 놀이가 은손과 대등한가 못한가를 시험해 볼 것이다."라고 하였다.
> 傳曰 儺禮之設 本爲戲事 雖極雜戲而觀之 優人銀孫者 素能百戲 而已死 其有從銀孫傳術者乎 承旨李蓀啓 優人仲山粗傳其術 傳曰 明日色承旨往義禁府 試觀仲山之戲與銀孫等否[186]

(가)에서 나이가 많은 한동량, 백동 두 배우에게 벼슬을 내리고 있다. 벼슬을 내린 것은 일회적인 공연에 대한 보상일 수 없다. 수차례 거듭되는 공연을 통하여, 궁정의 관객인 임금과, 그 오락적 요구에 복무하는 배우가 친연 관계를 맺은 결과인 것이다. (나)를 보면, 배우에 대한 임금의 관심이 예능의 전수 문제에까지 이르고 있음을 알 수 있다. 벼슬을 내리거나 평소의 예능 연마에 관심을 갖는 행위 등

---

185) 『세조실록』 44권 54장.
186) 『연산군일기』 35권 32장.

은 배우들의 일상적인 생계를 안정되게 하는 요인이 되었다고 할 수
있다.

궁정의 관객 집단인 만큼 공연의 보상도 상당한 수준이었다.

> 왕이 세 대비를 모시고 창경궁 인양전에서 나례를 구경하였다. 종친과 재
> 상들, 승지, 사관 등이 참가하였다. 표범가죽 등 물건을 내려보내서 놀이를 하
> 며 내기를 하게 하고 창우들에게 물건을 주라고 지시하였다. 해가 저물어서
> 야 그만두었다. 이날밤에 또 세 대비를 모시고 인양전에서 처용희를 구경하
> 였다. 여러 군들과 부마들을 불러 참가하게 하고 창우에게는 물건을 차등있
> 게 주었다.
> 王奉三殿 觀儺于昌慶宮仁陽殿 宗宰承旨史官等入侍 命下豹皮等物賜 戲以賭之
> 倡優等賜物 日暮乃罷 是夜 又奉三殿 御仁陽殿觀處容戲 命召諸君駙馬入侍 賜倡
> 優物有差[187]

임금이 표범 가죽 등의 물건으로 배우들에게 보상하였다. 내기를
통하여 이긴 편에 돌아가는 물품이었고 누구나 표범 가죽을 받지는
않고 차등 있게 물품으로 보상받았다. 그러나 적어도 표범 가죽에 상
응하는 물건이라면 민간에서의 교환 가치는 상당하였을 것이다. 이러
한 보상은 경중우인의 부를 축적하는 데 크게 기여했을 것이다. 언제
나 진귀한 물건을 내리지는 않았지만, 통상적으로 차등 있게 물건을
하사한다는 기록이 많이 나타난다.

> 비현합에서 나희를 구경하였다. 세자가 종친, 재상들과 함께 참가하였다.
> 優人이 놀이에 담아 항간의 비루하고 세세한 사실들을 늘어놓기도 하고 풍자
> 하는 말도 하였다. 임금이 기꺼이 듣고 베 50필을 내려 주었다.
> 御丕顯閤觀儺戲 世子與宗宰入侍 優人因戲 或陳間閭鄙細之事 又有規諷之言
> 上樂聞之 賜布五十匹[188]

---

187) 『연산군일기』 28권 30장.
188) 『세조실록』 32권 12장.

정황으로 보아 優人의 놀이 내용은 특별히 치하를 받을 만한 일은
아니다. 이미 제도적으로 정해진 觀儺의 명분에 따라 笑謔之戲를 공
연한 것뿐이다. 그러므로 베 50필을 내려준 것은 특별한 상급이 아니
라 일상적인 보상이었음을 알 수 있다. 『經國大典』에 外居奴婢가 綿布
1필 안팎의 身貢으로 납부하였던 사실189)에 비추어 볼 때 상당한 수
준의 대우였음을 알 수 있다.

공연의 보상은 물론 일상적인 생계를 의탁하고 있는 배우들은 관
객 집단이 요구할 때마다 수시로 공연하여야 하였다. 자신이 속한 테
두리를 벗어나서 자율적인 예능 활동을 벌이는 것도 쉽지 않았다고
하겠다. 관객 집단이 지속적인 후원으로 배우를 양성하거나 그 활동
을 보장해주는 경우, 다른 관객 집단과 다른 공연 공간에 대해서는
배타적인 권리를 주장하게 되는 것이다.

이때 배우의 공연 활동 전반을 장악하는 관객 집단은 연극 등 공
연예술 작품을 산출하는 데 깊숙이 개입하고 관리하게 된다. 궁정의
소학지희는 이러한 과정을 통하여 만들어지는 대표적인 작품이다.
소학지희는 궁정의 지속적인 후원을 받는 경중우인들이 觀儺와 같은
內庭의 행사에서 공연하였다.190) 소학지희는 이른바 궁정연극이라고
할 수 있다.

공연을 하기 위해서는 먼저 무대에 올릴 공연예술의 樣式을 선정
하여야 한다. 이때 양식을 결정짓는 것은 특정한 공연 종목을 변별할
수 있는 특성들이라고 할 수 있다. 예를 들면, 소재를 時事之事에서
채택한다거나 故事에서 채택하는 것, 노래를 삽입한다거나 악기 반주
를 쓰는 것, 분장을 하거나 가면을 쓰는 것 등 미리 정해져 내려오는
약속들이다.

---

189) 平木實, 『朝鮮後期 奴婢制 硏究』, 知識産業社, 1982, 17면.
190) 사진실, 「조선 전기 儺禮의 변별 양상과 공연의 특성」, 584~586면. 공연의 의
　　도와 무대 공간의 특성에 의거하여 소학지희는 觀儺 등의 행사에서 공연된다
　　고 하였다.

觀儺나 進豊呈 등 궁정의 공연 행사에서 소학지희라는 연극 양식을 선정할 수 있는 권한은 배우에게 있지 않다. 소학지희가 궁정의 무대에 오르는 것은 관객 집단의 요구에 의해서이며, 더 근본적으로는 궁정의 제도에 의해서이다.

(가) 지시하기를 "思政殿에 觀儺를 배설하는 것이 비록 옛 관례라고 하지만, 사정전은 경연을 여는 곳이므로 적합하지 않는 것 같다. 예전에도 후원에 설치한 때가 있었으니 이번에도 후원에 설치하는 것이 좋겠다."고 하였다. 그리고 儺戱單子를 내려 보내면서 말하기를 "농사짓는 형상은 「빈풍칠월」편에 의거하여 하되, 수령이 굶주린 백성을 구제하는 형상도 함께 하는 것이 좋겠다."고 하였다. 또 儒生 及第의 형상에 대한 첫째 조항을 지적하면서 말하기를 "비록 이와 같은 일은, 先生이 新來를 놀려주는 형상이기는 하지만 戱夫들이 채색옷을 입는 것과 같은 일을 분명하고 진실하게 하여 아이들의 놀이처럼은 하지 말 것이다."라고 하였다.

傳曰 思政殿觀儺排設 雖是舊例 殿卽經筵處也 似不合矣 古亦有設於後苑之時 今亦設於後苑可也 且下儺戱單子曰 農作形狀 須依豳風七月篇 而守令賑救飢民之狀 幷爲之 可也 且指儒生及第一條曰 雖如此事 先生弄新來之狀 戱夫服綵等事 著實爲之 毋如兒戱爲也[191]

(나) 지시하기를 "나희를 구경할때 정재인으로 하여금 민간의 고통, 흉년을 구제하는 절차, 나라의 빚을 거두어 들이고 나누어 주는 등의 형상을 보이도록 할 것이다. 또한 內農作이 비록 「豳風七月圖」를 형상하여 만든 것이라고 하지만 어찌 그 모습을 곡진하게 다 나타낼 수야 있겠는가. 「빈풍 칠월」은 주공이 지은 것으로서 농사의 어려움을 갖추어 싣고 있다. 내가 상세히 보려고 하니, 반드시 「칠월도」를 모방하여 상세히 갖추어 만들고 이후 영구한 모범으로 삼을 것이다."라고 하였다.

傳曰 觀儺時 令呈才人 陳民間疾苦及救荒節次公債斂散等狀 且內農作雖象豳風七月圖爲之 然豈能曲盡其狀乎 豳風七月乃周公所陳 備載稼穡之艱難 予欲詳觀 須一倣七月圖 詳備爲之 此後 永爲亙式[192]

---

191) 『중종실록』 43권 46장.
192) 『중종실록』 60권 6장.

(다) 의금부에서 올린 나례단자를 승정원에 내려 보내면서 말하였다. "단자의 잡희에서 뺄 것도 있고 보탤 것도 있는데 이는 선대 임금들 때부터 실행하던 일들이다. 「빈풍칠월」을 그린 것은 주공이 임금으로 하여금 농사가 얼마나 고된가를 알도록 하자던 것이었다. 지금 농사짓고 누에치는 놀이를 하는 것도 이것을 모방한 것이다. 대궐 안에 보관되어 있는 병풍 중에는 「빈풍칠월」을 그린 그림이 있다. 나례를 끝낸 뒤에 별로 할 일이 없으면 이것을 본떠 놀이를 하게 하고자 한다. '七月流火'에서 마지막 장의 '鑿冰冲冲'까지 미리 연습하도록 할 것이다."

以義禁府儺禮單字 下于政院曰 單字中雜戲 有可減者 有可加者 此乃祖宗朝所爲之事 畵豳風七月 周公所以使人君知稼穡之艱難也 今戲爲農作養蠶 亦似倣此 內藏畵屏 有畵豳風七月圖者 儺禮畢後 別無所爲之事 欲使倣此爲戲 自七月流火 至卒章之鑿冰冲冲 使之預習[193]

의금부가 나례를 앞두고 '儺禮單字'를 제출하여 공연 종목의 내용과 공연 절차에 대하여 임금의 비준을 받는다는 사실은 앞에서 언급하였다. (가), (다)는 임금이 나례단자를 검토한 후 특별히 지시한 사항들이다.

(가)에 의하면 觀儺 때 공연될 내용은 ① 농사짓는 형상, ② 수령이 굶주린 백성을 구제하는 형상, ③ 儒生 及第의 형상 등이다. 이 가운데 비준을 받기 위하여 임금에게 올려진 내용은 ①과 ③이며 ②는 추가하도록 지시된 항목이다. 또한 임금은 ③의 내용을 연극으로 꾸밀 때 사실성 있게 할 것을 당부하고 있다.

(나)에 의하면 민간의 고통에 관한 형상, 흉년을 구제하는 절차에 관한 형상, 나라의 빚을 거두어들이고 나누어 주는 형상, 농사짓는 형상 등을 觀儺 때 공연하라는 지시를 전달하고 있다. 문면에는 나타나지 않았지만 다른 기록과 견주어, 역시 나례단자에 대한 회답이라는 사실을 알 수 있다. (다)에는 특히 농사짓는 형상을 놀이로 표현하는 문제에 대하여 언급하였다.[194]

---

193) 『중종실록』 80권 37장.

　(가), (나), (다)의 공연 내용에는 공통되는 항목이 있고 새로이 추가된 항목이 있으나 어떤 것이나 임금과 관리들이 백성을 잘 다스리기 위하여 알아두어야 할 '정치의 得失'과 '풍속의 美惡'에 관한 일이다. 나례단자의 항목들을 가장 잘 드러낼 수 있는 표현 방식은 演技라고 할 수 있다. 궁정에서 향유된 공연예술 가운데 時事的인 사건을 허구적으로 재현하여 연기하는 양식은 바로 소학지희이다.195) 기록에 남아 있는 소학지희 자료를 검토하면196) 나례단자의 항목에 맞추어 소학지희의 내용이 마련된다는 사실을 알 수 있다.197)

194) 『詩經』의 「豳風七月」을 본떠 농사짓는 형상을 만드는 놀이는 内農作이 아니다. 내농작은 정월 보름에 거행되는 행사인데 위 기록은 (가)12월 14일, (나)12월 23일, (다)10월 15일로 내농작의 거행 시기와는 무관하다. (나)의 기록에 의하면, 内農作도 「豳風七月」을 본떠 농사짓는 형상을 연출하지만 그 곡진함을 다 나타낼 수가 없으니 관나 때 배우들의 놀이로 연출하라는 임금의 뜻을 파악할 수 있다. 成俔의 『慵齋叢話』에 의하면 내농작은 배우들의 연극적인 놀이가 아니라 주로 장식품이나 시설물로써 농사짓는 인물의 형상을 표현한 것 같다. 따라서 관리들의 주관 아래 匠人들을 동원하고 온갖 물품을 긁어모아 경쟁하였던 것이다.

195) 소학지희의 공연 이유가 '정치의 득실'과 '풍속의 미악'을 알기 위해서라는 사실은 사진실, 앞의 논문(1990), 17~20면 참조.

196) 나례단자에 관한 기록이 중종 때의 것이라고 해서 나례단자와의 비교 대상을 중종 때의 소학지희로 한정할 수는 없었다. 연극의 실체를 알려주는 자료가 적기 때문이다. 그러나 여러 자료를 보면, 오랜 시간차를 두고도 공연방식이나 희곡의 특성이 변함없이 유지되었으므로 자료의 시기에 구애받을 필요가 없다고 생각한다.

197) 다음 그림의 (가)에 추가한 '관료사회의 부패상'은 나례단자에서 확인할 수 있는 항목은 아니지만, 실제 공연 자료 가운데 이러한 항목으로 묶여질 수 있는 것들이 많아 특별히 선정하였다.

(가)	(나)
수령이 굶주린 백성을 구제하는 형상	
민간의 고통에 관한 형상	<刑曹郞廳놀이>, <誦袰農詩>, <貪官汚吏놀이>, <宗室兩班놀이>,
나라의 빚을 거두어 들이고 나누어 주는 형상	<巫稅布놀이>
儒生 及第의 형상	<老儒戱>
관료 사회의 부패상	<堂上官놀이>, <進上놀이>, <都目政事놀이>

(가)는 소학지희의 양식적 측면에 해당한다. 時事之事에서 소재를 채택하여 政治의 得失과 風俗의 美惡이 드러나야 한다는 것은 소학지희의 양식적 특성이다. 또한 배우들의 대화와 동작으로 표현한다는 것, 우스갯소리와 우스갯짓이 수반된다는 것, 무대 장치의 번거로움을 피하여 서사적인 설명 위주로 사건을 끌어낸다는 것[198] 등의 양식적 특성도 배우가 공연의 준비에 들어가기 전부터 궁정의 관객 집단에 의하여 정해져 있었다.[199]

이러한 양식의 토대 위에 공연 종목 고유의 바탕이라고 할 수 있는 대본이 만들어진다. 臺本은 臺詞와 다르다. 대사는 극중인물의 發話를 통하여 전달되는 연극 기호이다.[200] 대본은 대사를 넘어서며,

198) 사진실, 앞의 논문(1990), 32~56면 참조.
199) 여기서 이러한 양식이 어디에서 기원하였는가는 별개의 문제이다. 소학지희의 양식이 민간의 무당굿놀이에 바탕을 두었든 전통적인 배우의 예능에서 출발했든, 궁정 소학지희의 양식은 궁정 관객 집단의 필요에 의하여 마련되었고 전수되었다는 사실이 중요하다. 어떤 행사에서는 어떤 양식의 공연예술을 무대에 올리게 한다는 식의 규범을 관객 집단 쪽에서 제시하고 있다는 것이다.
200) 無言도 극적인 배경 아래서 의미를 전달하기 때문에 넓은 의미의 대사라고 할 수 있다.

극중인물의 표정, 동작 등 연기의 측면, 무대장치 등까지 포함하고
있다. 현대 연극은 이러한 요소들을 문자로 기록한 대본을 갖고 있지
만 전통 연극은 대부분 언어와 행위로 전승되는 대본을 갖고 있다고
할 수 있다. (나)는 (가)에 따라 만들어진 구체적인 대본이라고 할 수
있다.

대본을 구성하는 일은, 연극의 내용에 대한 대략적인 개요를 설정
하고 언어 텍스트를 마련하는 단계로 나누어질 수 있다. 개요를 정할
때는, 어떤 소재를 택하여 어떤 주제로 이끌어 나가고 어떤 인물이
등장하며 시간은 어느 정도 소요할 것인가 하는 기본적인 골격이 이
루어진다.

언어 텍스트란 연극 등 공연예술에서 대사나 노래로 표현되는 부
분을 말한다. 연극 양식의 관습에 따라, 공연에 들어가기 전에 언어
텍스트까지 마련하여 연습하는 경우, 개요는 미리 마련하되 즉흥적
으로 언어 텍스트를 만들어 나가는 경우가 있다고 하겠다.201)

궁정의 필요에 의하여 양식이 정해져 있었다는 데서는 당악정재나
속악정재와 笑謔之戱가 다를 바가 없다. 다만 정재는 양식뿐만 아니
라 대본이 고정되어 반복적으로 공연되었다면, 소학지희는 공연의
계기에 맞게 고유한 대본이 새로이 창출되었다는 점이 다르다. 나례
단자를 비준받으면서 오고간 항목들은 정해진 양식에 의한 것이므로
크게 변함없이 고정될 수 있으나 양식을 토대로 만들어지는 대본은
언제나 새로 만들어졌다.

각 놀이가 기재된 기록의 말미에 "배우도 또한 백성에게 유익함이
있다"(〈巫稅布놀이〉), "배우 같은 자도 능히 貪官汚吏를 규탄할 수 있

---

201) 현대적인 연극의 관점에서 보자면 개요를 마련하는 단계와 언어 텍스트를 마
런하는 단계를 나누어 생각하기 어렵다. 그러나 전통 연극에서는, 개요는 미
리 만들어도 언어 텍스트를 미리 고정시키지 않는 경우도 있고 각 단계의 일
을 서로 다른 집단이 맡아서 할 수도 있으므로 두 가지 작업의 단계를 나누어
생각하는 것이 유리하다.

다"(〈貪官汚吏놀이〉)고 하였고, 소학지희의 내용 가운데 불경한 부분이 있다 하여 배우가 유배를 당한 사례(〈誦悶農詩〉, 〈老儒戱〉)가 있으므로 구체적인 대본을 마련하는 일이 배우의 몫이었다는 사실을 확인할 수 있다.

그러나 다음의 몇 가지 근거에 의하면, 지속적인 후원을 하는 관객 집단은 대본을 구성하는 데 있어 개요를 마련하거나 언어 텍스트를 조직하는 일에 깊이 관여하였다고 여겨진다.

> 귀석은 宗室의 종이다. 그 주인은 試藝하는 데 참여하여 품계를 얻었으나 실제 관직이 없었고 봉록도 더해지지 않은 채 주위에 거느리는 종도 없이 여러 능침의 제사 지내는 데 뽑혀 거의 겨를이 없었다. 귀석이 진풍정에 들어가서 여러 우인과 약속을 하였다. 한 명이 시예 종실이라 이르고 비루먹은 말을 탔고 귀석은 그 종이 되어 고삐를 쥐고 갔다. 한 명은 재상이 되어 준마를 탔고 가마꾼들이 길을 옹위하며 갔다. 앞선 졸개가 길을 피하라고 외치는데 종실이 걸려들었다. 귀석을 잡아 가서 땅에 엎드리게 하고 곤장을 쳤다. (귀석이) 큰 소리로 하소연하며 말하였다. "소인의 주인은 시예 종실로서 관직이 대감보다 낮지 않은데 봉록이 더해지지 않아 거느리는 종도 없이 능이며 전에 제사 지내는 일에 뽑혀 한가한 날이 없으니 오히려 시예가 되기 전보다 못합니다. 소인에게 무슨 죄가 있습니까?" 재상을 맡은 배우가 경탄하여 그를 놓아주었다. 얼마 안 있어 특명으로 그 주인에게 실제 관직이 주어졌다.
> 貴石宗室之奴也 其主參試藝陞資 而未有實職 俸祿不加 趍率不備 而差祭於各陵殿 殆無少暇 貴石入進豊呈 與諸優約 一稱試藝宗室 乘瘦馬 貴石爲奴 自持羈靮而去 一作宰相 乘駿馬 輿徒擁路而去 前卒辟路 而宗室見犯 拏貴石而去 仆地而杖之 高聲而訴之曰 小人之主 試藝宗室也 官高不下於令公 而俸祿不加 趍率不備 差祭於各陵各殿 殆無閑日 反不如不試藝之前 小人何罪 宰相之優 驚歎而釋之 未幾 特命加其主實職202)

"여러 배우와 약속"했다는 사실은 이 작품이 즉흥적으로 공연된 것이 아니라 미리 만들어진 대본이 있었다는 것을 알 수 있다. 〈宗室

---

202) 柳夢寅, 『於于野譚』, 俳優條, 萬宗齋.

兩班놀이>를 연출한 정황과 그 내용을 보면, 귀석의 주인인 종실의 불만스러운 처지를 대변한 것이다. 그러나 배우 스스로 문제를 자각하고 대본을 만들어내었다기보다 주인인 종실이 꾸며준 대본에 따라 연출하였을 가능성이 크다.

귀석은 宗室이 양성하여 데리고 있는 배우로서 신분적으로 종실에게 예속되어 있으면서 지속적인 후원을 받는다. 종실은 자신의 취미를 살리고 여가를 즐기기 위하여 귀석을 배우로 키웠다고 할 수 있다. 때로는 귀석을 궁정의 연회에 들여 보내어 자신이 키우는 배우의 예능을 과시하기도 하고 자신의 입장을 대변하여 임금에게 알리게도 하였다. 종실은 왕족으로서 궁정에서 벌이지는 각종 연회에 고정적인 참석자이기 때문에 사사로이 데리고 있는 배우를 궁정의 공식적인 연회에 들여 보낼 수 있는 기회를 가질 수 있다. 이때 관객 집단의 일부인 종실양반은 대본을 창출한 작가가 된다고 할 수 있다.

한편, 지금까지 알려진 소학지희는 민간의 질고에 해당하는 사건과 지배층인 관료들의 부패상을 다룬 사건으로 크게 나누어진다. 전자의 경우 민간의 배우를 통하여 여항의 풍속을 알고자 한다는 명분에 들어맞는다. 그러나 후자의 경우 한정된 관료사회의 실상에 해당하기 때문에 민간에 뿌리를 둔 배우들로서는 소재를 포착하여 대본을 꾸며내기가 쉽지 않다. 물론 경중우인의 사회적 위상이 높고 궁정의 주변 집단으로 존재하였지만 관료 사회에서 부각되는 時事之事의 요체를 파악하는 데는 한계가 있을 것이다.

이조·병조판서(〈都目政事놀이〉), 堂上官(〈堂上官놀이〉), 刑曹郞廳(〈刑曹郞廳놀이〉)203) 등 중앙 정부의 관료들과 관련된 비리를 직접 풍자한 것은 민간에 떠도는 풍문만을 가지고 대본을 꾸민 것이라고

---

203) 『성종실록』 44권 7장, 5년 윤6월 17일, 聽訟하는 관리의 판결이 뇌물에 좌우되는 현실을 폭로하면서, 세조 때 刑曹 郞廳의 비리를 표현한 優人의 놀이를 보고 임금이 법을 고친 일이 있었다는 일을 언급하였다. 이때 벌어진 소학지희를 〈형조낭청놀이〉라고 이름 붙였다.

하기 어렵다. 관료 사회에 속한 개인 또는 집단이 정보를 제공하거나 작품의 생산 과정에 직접 개입하였다고 여겨진다.

정치적인 목적으로 연극의 대본을 마련하여 배우에게 연기하게 한 사례는 중국 당나라 때 宋璟의 고사에서 나타난다. 송경이 재상에 등용되어 나라의 기강을 세우고 법도를 정비하자 이를 못마땅하게 여긴 소인들이 優人을 시켜서 송경을 원망하는 내용을 연극으로 보이게 하였다는 것이다. 이로 말미암아 임금이 송경을 의심하여 파직시키고 귀양을 보냈다고 한다.204) 우리나라의 예는 아니지만 궁정연극 및 배우의 위상과 서로 통하는 점이 있다. 우리나라에서도 소학지희가 풍자하는 내용에 따라 임금이 관직을 내리거나 파직시키는 사례가 많이 나타나기 때문이다. 더구나 배우의 소학지희를 통하여 정치의 득실을 따진다고 표방하였기 때문에, 이러한 경로를 정치적인 의사 전달의 통로로 활용하였을 가능성이 있다. 대본 전체를 미리 마련해주지는 않는다 하더라도 최소한 개요 정도는 제시해 주었을 가능성이 크다.

소학지희가 공연되는 나례는 엄격한 준비 절차가 뒤따르고 반드시 習儀를 거치게 되어 있다. 소학지희의 웃음과 풍자는 두 번 이상 관람할 경우 그 효과가 감소될 수밖에 없지만 궁정연극인 까닭에 역시 연습을 거쳤다고 할 수 있다.205) 그것은 물론 나례를 관리하는 의금부의 실무자를 주축으로 이루어졌을 것이며 주요 관객인 임금, 왕족,

---

204) 『중종실록』 33권 22장, 13년 5월 18일, 임금이 정사를 보는 데 있어, 기미가 나타날 때에 신중히 하여야 한다는 사실을 송경의 고사를 들어 설명하였다.
205) 나례의 습의에 대한 기록은 많이 찾아볼 수 있지만, 소학지희의 연습에 관한 구체적인 기록은 남아 있지 않다. 그러나 중국의 기록을 유추하여 보면 충분히 짐작할 수 있다. 중국에서 궁정 잡극의 한 절차로 공연되는 俳優戱는 우리나라의 소학지희와 매우 유사하다. 『夢華錄』의 기록에 의하면 내전에서 벌어지는 잡희는 미리 리허설(豫宴)을 하여 지나친 해학은 하지 못하게 하였다고 한다(安祥馥, 「宋·金代 雜劇·院本 研究」, 서울대 중문과 박사학위논문, 1996. 74~75면 참조). 소학지희 역시 임금이 보기에 민망할 웃음과 풍자가 되지 않도록 미리 연습하여 리허설을 거쳤을 가능성이 있다.

재상 등에게 미리 공개되지는 않았다고 할 수 있다.

연습의 과정에서 배우들이 미리 마련한 대본이 채택되거나 수정되고 새로운 대본이 추가되기도 한다는 것을 쉽게 추정할 수 있다. 이때 의금부는 궁정 관객 집단의 대리자 역할을 한다고 할 수 있다. 궁정은 왕실과 관료 사회를 포함하는 거대한 조직으로 되어 있어 배우를 직접 관리할 수 없다. 적어도 의금부에서 공연을 관리하는 실무 집단은 궁정 공연에서 직접적인 관객이 될 수는 없지만, 관객 집단을 대리하여 배우를 관리하고 후원한다고 할 수 있다.

그렇다면 의금부 역시 소학지희의 대본을 구성하는 데 관여하였을 가능성이 크다. 의금부는 최고의 사법기관이며 권력의 핵심부에 있다. 또한 의금부는, 임금의 비준을 받은 나례단자의 항목에 맞게 배우들이 소학지희를 정비하는 역할을 수행한다. 죄인을 잡아들이거나 推鞫하는 관리와 경중우인의 예능을 점검하는 관리가 따로 있는 것이 아니기 때문에 소학지희 대본을 점검하는 가운데 의금부를 장악한 권력층의 정치적인 입장이 많이 반영될 수 있다.

요컨대 지속적인 후원을 하는 관객 집단은 작품의 생산 과정, 곧 양식과 대본을 마련하는 데 있어 깊숙이 관여하게 된다. 관객 집단, 또는 그 대리자가 대본을 제시하여 공연이 이루어질 때, 배우는 다만 연기자일 뿐이다. 관객 집단이 작품의 생산 활동에 깊이 개입할수록 배우는 수동적인 기능인으로 머물러 공연 활동의 주체가 되지 못한다.

그러나 대본을 창출하는 작가적인 역할과, 연행을 전담한 연기자의 역할이 나뉘었다는 사실은 매우 주목할 만한 점이다. 작가와 연기자의 분업화는 근대적인 연극 공연의 양상과 일치한다. 뿐만 아니라 지식인 집단이라고 할 수 있는 궁정의 관객 집단이 작가의 역할을 맡아 함으로써 정제된 대본을 마련될 수 있다. 소학지희 대본이 보여주는 잘 짜여진 구성, 곧 사태의 반전이 가져다주는 구조적인 희극성은 그러한 결과라고 할 수 있다.

궁정연극의 관객과 배우는 신분적인 상하 관계에 있고 궁정 공연 행사는 공식적인 제도에 의하여 마련된다. 배우의 입장에서, 관객을 확보하기 위하여 양식을 개발하고 대본을 다양하게 구비하려는 노력이 활성화될 수 없었다. 제도적인 틀에 의하여 이미 관객의 구성원이 정해져 있을 뿐만 아니라, 연극의 양식이나 대본이 제시되기 때문이다. 배우 스스로 대본을 마련한다 할지라도 정해진 틀에 맞추어야 하기 때문에 발랄한 창의성이 발휘되기 어렵다. 관객 집단의 입장에서도 한번 정해진 공연의 제도와 향유 방식을 쉽게 바꾸려 하지 않을 것이다. 그들은 당대의 권력층으로서 지배문화를 향유하는 집단이기 때문이다.

따라서 궁정의 공연예술은 오랜 세월을 두고 변함없이 전수되다가 거의 儀式으로 剝製化되기 마련이다. 당악정재나 속악정재는 詩的인 언어 텍스트, 춤동작, 음악적 선율 등을 갖춘 고도의 공연예술이면서도 내적인 발전이 활발하게 이루어지지 못한 채 몇 백 년 동안 거의 그대로 전수되었던 것이다.

소학지희는 공연 때마다 새로운 대본을 마련하였고 민간의 배우들이 연기자가 되었기 때문에 궁정의 공연예술 가운데 가장 생동감 있는 양식이었다. 그러나 정치적인 명분, 제도적인 규범 등에 휩싸여 큰 발전을 이루지 못하였다.

공연예술의 양식이 분화하고 발전하기 위해서는 수요(수용)와 공급(생산)이 만나는 시장이 형성되어야 한다. 궁정의 관객 집단은 신분적인 우위와 제도적인 통제력을 바탕으로 배우 집단을 장악하였기 때문에 그러한 관계를 이룰 수 없었다. 지속적인 후원을 받는 배우들은 신분적으로 경제적으로 관객 집단에 예속되기 때문이다. 시장의 형성을 통하여 공연예술을 발전시키기 위해서는 관객 집단으로부터 재정적인 독립을 이루어야 한다고 하겠다.

(2) 계기적인 지원

외방재인의 궁정 공연은 관객 집단의 계기적인 지원을 받는 예이다. 외방재인은 궁정을 중심으로 하는 관객 집단의 일상적인 수요에 불려 지지는 않고 나례와 같은 국가적인 행사가 있을 때만 일시적으로 동원되었다.

외방재인도 지방에서의 존재 양상에 따라 어떤 계층의 지속적인 후원을 받고 있을 수 있지만 서울의 궁정을 중심으로 하는 상층과는 공식적인 계기를 통해서만 만나게 되어 있었다. 따라서 궁정은 공연에 직접 관련된 준비 비용과 공연에 대한 보상만을 하게 된다.

나례의 공연 준비는 나례도감를 통하여 필요한 무대 설비와 장치를 마련하는 일, 준비 기간 동안 동원된 인력에게 음식과 급료를 제공하는 일 등이 이루어졌다. 『나례청등록』에는 거의 輪車, 軒架, 雜像 등 무대 설비와 장치를 마련하는 일이 중심이 되어 있을 정도이다.[206)

나례에 참가한 외방재인에게는 일정한 보상이 전제되어 있었다.

(가) 지시하기를 "나례청 희자들에게 쌀과 천을 보내줄 것에 대하여 지시를 내린지가 이미 오래되였는데 어째서 회답 보고가 없는가."라고 하였다. 호조에서 계를 올리기를 "좌우 나례청에서 희자들의 이름과 인원수를 이제야 비로소 죽 적어 보냈기 때문에 360명에게 전례대로 무명 각 1필씩을 주게 마련하였으니 떼줄 것입니다."라고 하였다. 지시하기를 "승인한다."고 하였다.
傳曰 戱子等米布給送事 下敎已久 而何無回啓乎 戶曹啓曰 左右儺禮廳戱子等 名數開錄 今始移文 故三百六十名 依前例 綿布各一匹 磨鍊題給 傳曰允[207)

(나) 산대 좌우변의 장인과 재인에게 차등 있게 쌀과 베를 주었다.

---

206) 『나례청등록』에서 드러나는 무대 설비와 장치를 마련한 상황에 대해서는 조원경, 「나례와 가면무극」, 57~81면 참조.
207) 『광해군일기』 170권 1장.

山臺左右邊 匠人才人等 賜米布有差208)

(가)에 의하면 나례에 참여하는 모든 재인들에게 일괄적으로 무명 1필씩이 지급되었다. (나)를 보면, 정해진 보상 외에 나례가 벌어지는 날의 공로에 따라 추가적인 상급이 이루어 졌음을 알 수 있다. 이러한 보상은 안정적이지 않을 뿐 아니라 경중우인의 예와 비교하면 매우 낮은 대우라고 할 수 있다. 그러나 지방에서의 흥행 활동이 활성화하지 못한 상태였으므로, 제도적으로 공연을 인정받는 기회가 된다는 의미에서 나례는 의의를 지니고 있었다고 하겠다.

이와 같이 외방재인이 나례에 동원되는 경우, 일상적인 생계유지와는 무관하게 공연의 준비 비용과 공연의 보상을 받으므로 계기적인 지원을 받는다고 할 수 있다. 이때 모든 비용은 중앙 관청과 호조를 통하여 국가 전체가 부담했다고 할 수 있다. 실제로는 지방 재정의 도움을 받으며 시전 상인 등에게 개별적이고 강제적인 부담을 지운다. 그러나 나례도감이라는 국가적인 기구에 의하여 매개되어 있으므로 지원의 주체는 궁정이라고 할 수 있다.

계기적인 지원을 하는 관객 집단은 공연을 위한 제반 비용을 전적으로 부담하기 때문에 여전히 작품의 생산 과정에 관여하게 된다. 그러나 계기적인 지원을 관객 집단은 공연에 임하여 배우와 관계를 맺기 때문에 예능 전반에 대한 관리가 불가능하다. 생계비용까지 의존하는 경중우인에 비하여 공연 활동의 자율성이 보장된다고 하겠다. 외방재인은 상시적인 필요에 의하여 양성된 것이 아니라 일시적인 필요에 의하여 동원된 것에 불과하기 때문이다. 따라서 배우의 예능이나 공연종목에 대해서는 관여할 수가 없다. 연극의 경우, 양식에 따라 대본을 마련하는 일은 거의 배우의 몫이었다고 할 수 있다.

다만 공연의 계기가 지니는 목적에 부합하는 공연이 이루어져야

---

208) 『연산군일기』 61권 6장.

한다는 사실이 관객 집단과 배우 사이에 암묵적인 약속으로 존재한
다. 따라서 계기적인 지원으로 이루어지는 공연은 관객 집단이 요구
하는 행사의 목적에 들어맞는 계기적인 배려가 필요하게 된다.

나례에서 임금이나 사신의 행차를 환영하고 칭송하기 위한 의례적
인 공연 종목들은 바로 행사의 목적에 맞는 계기적인 배려에 의한
것이다. 이 시기의 나례는 공식적인 제도로서 외방재인에 대한 구속
력이 강하였기 때문에 목적에 부합하는 공연 종목이 관객 집단의 제
안에 의하여 안배된다고 할 수 있다.

> 의금부가 아뢰었다. "軒架呈戱는 전적으로 희자들이 하는 일인데, 上色才
> 人이 한 명도 오지 않아 국가의 막중한 대례가 모양을 이룰 수 없게 되었습
> 니다. 雜色才人들로만 연습시켜 헌가 정희를 할 수밖에 없습니다. ……"
> 義禁府啓曰 軒架呈戱 專以戱子爲之 而上色才人則無一名來到 國家莫重大禮
> 不成模樣 只以敎雜色才人 習儀爲之矣[209]

위 기록에는 '上色才人'과 '雜色才人'이 등장한다. 상색재인은 『나례
청등록』에도 나오는데, "上色才人帶次唱夫"[210]라 하여 상색재인이 唱
夫를 대동하고 다닌다고 하였다. 그는 나례의 주요 공연 종목에서 대
표적인 역할을 수행하는 재인이다. 반면 잡색재인은 상색재인을 보조
하는 덜 중요한 역할을 맡은 다수의 재인을 가리킨다고 할 수 있다.
상색재인과 잡색재인의 구분은 나례에서 맡은 역할을 통하여 붙여진
명칭이지 평상시 활동하는 재인 집단의 우두머리라고 해서 붙여진
것은 아니라고 하겠다. 왜냐하면 외방재인은 재인 집단을 기준으로
상송되지 않았기 때문이다.

좌변나례도감을 통하여 상송된 재인의 명단을 보면, 90개의 현 가
운데 40개의 현에서 한 명씩 올려 보냈다.[211] 외방재인은 개별적으

---

209) 『광해군일기』(태백산본) 144권, 11년 9월 13일.
210) 『나례청등록』 4장 뒷면.
211) 『나례청등록』 부록 참조.

로 능력에 따라 차출되는 것이 원칙이었던 것이다. 한 명 밖에 상송
되지 않았는데 상색재인과 잡색재인을 구분할 수는 없다. 그런데 집
단별로 상송되지 않고는 평소에 연행했던 집단적인 공연 종목을 무
대에 올릴 수 없다.212) 할 수 있는 것은 개인적인 재능을 발휘할 수
있는 곡예나 노래 등이다. 더구나 같은 군현의 재인도 좌우의 나례도
감으로 나뉘어져 별개로 활동하기 때문에 평상시의 외방재인의 활동
과 나례 때의 활동은 서로 다른 국면일 수밖에 없다. 연극을 공연하
거나 여러 명이 함께 참여하는 공연 종목을 보이기 위해서는 새로운
연출이 필요하다.

  그렇게 본다면 나례는 전적으로 외방재인에게 공연을 맡긴 것이
아니라 나례의 목적에 맞게 고안된 공연 종목을 부과하였을 것이다.
그것은 매번 나례 때마다 새롭게 만들어 지지는 않고 관습적으로 전
수하는 종목이었을 것이다. 외방재인 가운데 뛰어난 재능을 인정 받
은 상색재인은 나례에 상송될 때마다 나례의 지정 종목에서 특별한
역할을 수행했던 것 같다.213) "上色才人이 한명도 오지 않아 국가의
막중한 예식이 모양을 이룰 수 없게" 되었다는 사실을 보면, 상색재
인이 맡은 일은 나례의 의례적인 측면에 해당하는 일이었음을 알 수
있다. 그것은 나례의 목적에 부합할 수 있도록 계기적인 배려에 의하
여 마련된 공연 종목에 해당한다. 외방재인이 가지고 있는 공연종목
과 무관하게, 나례의 관객 집단이 마련해놓은 종목이라 할 수 있다.

---

212) 40개 군현에서 차출되는 재인들도 지방에서는 집단적인 활동을 하였을 것이
  다. 외방재인의 존재 양상에서 국가의 정책상 늘 문제로 대두되는 것이 모여
  살며 집단 활동을 하는 것이었기 때문이다. 그렇다면 이들 외방재인의 평상시
  예능 활동 역시 집단적으로 이루어졌을 것이고 그들의 공연 종목은 여러 사
  람이 함께 하는 놀이가 중심이 되었을 것이다.
213) 『나례청등록』 4장에는 "山上人物"이라는 명칭이 나온다. 상색재인이란 바로
  이들을 말한다고 하겠다. 이들은 산과 같이 꾸며 놓은 장식물 또는 산대에 올
  라가 배우의 무리를 대표하여 직접적으로 임금을 칭송하는 영예를 얻은 재인
  이라고 할 수 있다. 요즘도 가장행렬을 할 때, 화려하게 꾸민 이동식 구조물
  위에 올라가 있는 인물이 있는 것과 같다.

나례도감이 주관하여 만드는 각종 雜像들 역시 나례의 관객 집단
이 요구하는 지정 종목을 연출하기 위해서이다.

　　호조가 아뢰었다. "나례청 雜像, 注之 廣大 등의 물건을 우변 나례청은 이
미 이전에 쓰던 것으로 수리해 만들었는데 유독 좌변 나례청은 본조로 하여
금 판출하도록 하였습니다. 본청(나례청)은 바야흐로 軒架와 잡상을 수리하고
만드는 일로 工匠들을 불러 모았는데, 이른바 주지 광대 등의 물건은 모두 지
난해에 새로 만든 것으로서 지금 수리해 고치더라도 工役이 많이 들지는 않
을 것입니다. 본조(호조)에서 목면 60필을 준비해 보냈으니 나례청의 공장들
로 하여금 수리할 것은 수리하고 다시 만들 것은 다시 만들게 해서 본청에서
품질을 심사하여 사용하는 것이 매우 편리하고 타당할 듯합니다. 그런데 본
조에 책임을 떠맡겨 판출하게 하니 그 의도를 모르겠습니다. 이미 나례청을
설치했고 보면 어찌 주지 광대를 위하여 본조에 별도의 局을 설치할 수가 있
겠습니까. 지난해의 진례대로 나례청의 공정들로 하여금 한결같이 수리하거
나 만들게 하고 다시 다른 곳에 미루어 떠넘기지 못하게 하는 것이 어떻겠습
니까?" 윤허한다고 전교하였다.
　　戶曹啓曰 儺禮廳雜像注之廣大等物 右邊儺禮廳則已以前件修造 而獨左邊儺禮
廳督令本曹措辦 本廳方以軒架雜像修造事 召集工匠 所謂注之廣大業物 皆是上年
新造之件 今雖修改 工役不多 本曹備送木綿六十疋 令儺禮廳工匠等 修造者修造
改備者改備 自本廳看品用之 甚爲便當 而責令本曹措辦 未知其意 旣設儺禮廳 則
豈可爲注之廣大別爲設局於本曹乎 依上年例 令儺禮廳工匠等 一樣修造 更勿推 何
如 傳曰允[214]

雜像이나 注之 廣大에 대한 두 가지 성질에 주목해야 한다. 먼저
이들 물품이 반복적으로 소용된다는 점이다. 지난해에 쓰던 것을 수
리해서 쓸 수도 있다는 언급을 통하여 알 수 있다. 또한 주지 광대를
마련하는 일이 중앙 부처인 호조와 나례청이 서로 책임을 떠맡길 정
도의 번거로운 일이라는 사실을 알 수 있다. 호조에서 새로 주지 광
대를 만들 경우 별도의 局을 설치하여야 할 만큼 비용과 인력이 집

중되는 일인 것이다. 외방재인이 민간 활동을 벌이면서는 도저히 만들 수 없는 장비라고 할 수 있다. 그렇다면 잡상이나 주지 광대 등을 만들어 벌이는 공연 종목은 외방재인의 일상적인 레퍼토리가 아니며 나례가 거행될 때마다 관습적으로 공연되는 지정 종목이었다는 사실을 알 수 있다.215)

나례는 의례이며 난장놀이의 성격을 모두 지니고 있다. 의례적인 측면의 공연 종목은 이미 관습적으로 마련되어 있었고 난장놀이적인 공연종목은 외방재인이 평소에 지니고 있던 예능과 레퍼토리를 발휘하여 이루어졌다.

綵棚山이라는 것은 고려의 유습이다. …… 요즘에는 별도로 도감을 두어 중국의 사신이 올 때마다 좌우의 채붕으로 나누어 新奇를 다투게 한다.
綵棚山者 高麗遺習也 …… 今世別置都監 每上國使臣 爲左右棚 競鬪新奇216)

新奇를 다투기 위해서는 관객 집단이 제시하는 儀典的인 공연 종목으로는 불충분하다. 위에서 말하는 綵棚山이란 大山臺를 말한다. 대산대는 행차가 지나는 연도에 고정되어 있으면서 외방재인이 번갈아 올라가 기예를 펼치는 무대이다. 좌우로 나뉘어 경쟁을 벌이는 것은 외방재인의 평소 공연종목을 공연하는 데에 더욱 유리하다. 觀儺가 아닌 대규모의 나례에 외방재인을 동원하는 것은 그들의 발랄하고 생동감 있는 잡희를 통하여 화려하고 번잡한 분위기를 연출하려는 데 있었기 때문이다.

大山臺의 공연종목은 출연의 절차나 규모 등이 주최측에 의하여

---

215) 조원경은 雜像이 軒架나 輪車를 장식하는 데 쓰인다고 하였다(「나례와 가면무극」, 58~61면). 그럴 경우 잡상을 가지고 공연하였다고 말할 수는 없다. 그러나 注之 廣大는 탈이었을 가능성이 크다. '광대'가 탈을 가리키는 사실은 여러 가지 용례에서 확인된다. 〈하회별신굿놀이〉에서 사자 모양의 짐승을 '주지'라고 하므로, 주지 광대는 맹수의 탈이었을 가능성이 있다.
216) 李瀷, 『星湖僿說』 5권 下, 技藝門, 綵棚條.

미리 정해졌을 뿐 구체적인 내용에서는 자율성이 보장되었다고 할
수 있다. 『나례청등록』의 나례 준비는 지정 종목을 위한 軒架, 輪車,
雜像 등을 만드는 일에 치우쳐 있으며, 외방재인의 공연 종목에 대한
관리는 禁亂의 업무에 치중해 있기 때문이다.

성균관 생원 박계근 등이 상소하였다. "신들이 오늘 가요를 바치는 일로
의금부 옆에 모여 있었는데, 의금부 도사 정옥경이 처첩을 거느리고 행랑의
누각 위에 있으면서 자기가 관장한 산대나례를 모두 모아놓고 나장 오륙 명
으로 하여금 쇠사슬을 들고 다른 사람들을 물리치면서 갖가지 놀이를 벌여
처첩들과 함께 구경하였습니다. 학생 몇 사람이 그 앞을 지나가다가 나장에
게 매를 맞게 되자 붙잡고 서로 힐책하니, 옥경이 사사로운 분을 참지 못하고
의금부에 가서 나장 십 여인을 보내 학생들을 붙잡아 머리털을 끌어당겨 反
接을 하여 길가에서 돌려 보이며 몰아치고 패대기치기도 하면서 위세를 함부
로 부리더니 크게 노하여 제 마음대로 가두었습니다. 전하께서는 예절로서
선비를 대우하시는 데, 옥경 같은 소신이 처첩에게 뽐내려고 감히 이같은 짓
을 한 것입니다. 신 등은 몹시 마음이 아프고 답답합니다. 삼가 성상께서 재
가하소서."

成均生員朴繼金等 上言曰 臣等 今以獻歌謠事 來聚義禁府之傍 府都事鄭沃卿
率妻妾 在行廊樓上 悉聚所掌山臺儺禮于其下 使螺匠五六人 持鑠辟人 具設百戱
與之共觀 學生數人 行過其前 被螺匠搖撻 扶執相詰 沃卿不勝忿 卽到禁府 發螺匠
十餘人 拏學生 曳髮反接 徇示道路 且驅且搖 肆威濫怒 擅自囚禁 殿下待士以禮
沃卿小臣 欲驕妻妾 敢爾如此 臣等痛悶 伏惟聖裁[217]

위의 기록은 부대적인 설명을 요한다. 이후 사헌부에서 추국한 결
과를 알린 글[218]을 참고로 하면 위 사건은 祔廟하던 날에 벌어진 것
이다. 부묘 후 환궁 때는 나례의 잡희를 펼치고 유생과 기녀 등이 가

---

217) 『문종실록』 13권 8~9장.
218) 『단종실록』 1권 20장. 의금부 도사 정옥경이 자신의 처첩들에게 잘 보이려고
    재인들을 불러 모아 잡희를 크게 벌렸으며 위엄을 뽐내기 위하여 곁에서 구
    경하다가 말썽을 빚은 유생들을 잡아다 가두었다는 추국 결과를 밝히고 정옥
    경을 파면시키라고 제안하였다.

요를 바치게 되어 있다. 성균관 유생들이 "가요를 바치는 일로 의금부의 곁에 모여 있었"다고 한 것은 행사를 연습하기 위해서이다. 그렇다면 의금부 도사 정옥경이 산대나례를 모아 놓고 잡희를 벌인 것도 본 행사를 위한 연습이었다고 할 수 있다. 성균관 유생들은 나례의 연습 과정을 지켜보다가 봉변을 당한 것이다. 나례도감의 실무자가 나례의 연습 및 거행 과정에서 얼마나 큰 권한을 가지고 있었나 알 수 있다.

도사인 정옥경은 儺禮禁亂官으로서 산대나례를 관장하였다고 하는데, 산대나례를 관장하는 직무가 禁亂官으로 불려졌다는 사실을 주목할 필요가 있다. 곧, 산대나례를 관장하는 일 가운데 재인들의 출연 절차를 거들어 혼잡을 막거나 재인 외에 다른 잡인들의 접근을 막는 일이 매우 큰 비중을 차지했음을 알 수 있다.

앞의 『중종실록』 83권 22~23장의 기록에, "군기시의 담당관리가 의금부의 말을 듣고 단속하되 일체 드나드는 것은 전부 상원문으로 해서 드나들게 하고 의금부 관원을 시켜 쓸데없는 사람들이 드나드는 것을 금지하도록 하는 것이 좋겠다"고 한 것은 이러한 상황을 보여준다. "일체 드나드는 것은 전부 상원문으로 해서 드나들게" 하라는 것은 재인들의 혼잡을 방지하는 금란 업무이고 "쓸데없는 사람들이 드나드는 것을 금지"하라는 것"은 雜人, 곧 구경꾼의 혼잡을 방지하는 금란 업무이다.

지금까지의 논의는 배우들의 공연의 준비 비용과 보상을 부담하는 계기적인 지원을 하는 경우 관객 집단이 작품의 생산 과정에 개입하는 정도에 관한 것이었다. 일정한 계기에 따라 관객과 배우의 관계가 맺어지기 때문에 배우의 예능을 전면적으로 통제할 수 없지만, 관객 집단은 계기의 목적에 맞는 지정 종목을 연출하도록 요구할 수 있었다. 국가 또는 왕실이 관객 집단이 되는 나례의 경우 막대한 비용과 인력, 물품이 소용되는 관습적인 지정 종목을 정해져 있었다. 지정 종목을 연출할 때 관객 집단은 작품의 생산 과정에 전적으로 개입되어 있다. 그러나 지정 종목 외에 외방재인의 평소 공연종목을 무대에 올릴 때는 외방재인의 자율성이 확보되었고 관객 집단이 개입할 여지가 없다고 하겠다. 나례의 무대를 운영하는 대략적인 절차와 규모에 맞는다면 외방재인의 재능을 재량껏 펼칠 수 있는 자리가 마련되었다고 할 수 있다.

(3) 임의적인 보상

관객 집단의 지정을 받거나 초청을 받는 형식이 아니라 배우들 스스로 관객을 찾아나서서 보상을 위하여 공연할 경우 임의적인 보상을 받는다. 공연 후의 보상이 보장되어 있지 않으며 그 액수가 정해져 있지 않다는 데서 임의적인 보상이라고 할 수 있다. 다음은 그러한 상황을 추정하게 해주는 자료이다.

> 어떤 優人이 얼굴에 나무로 만든 鬼面을 쓰고 그 처와 함께 한강에서 걸식하다가 그 처와 함께 봄이 되어 녹기 시작한 얼음을 건너는데, 귀면을 벗지 않고 놀이를 하면서 가고 있었다. 갑자기 그 처가 얼음 밑으로 빠지자, 우인은 귀면을 벗을 겨를도 없이 발을 동동 구르며 얼음 위에서 통곡했다. 그는 비록 슬퍼서 울고 있는 것이었지만 보는 사람들은 웃지 않을 수 없었다.
> 有一優人 面着木鬼面 與其妻乞食於漢江之上 仍與其妻涉春氷 不脫鬼面爲戲而去 忽其妻陷於氷底 優人不遑脫鬼面 頓足哭於氷上 彼雖哭泣之哀 而觀者莫不失聲而笑[219]

한강 위에서 놀이로 걸식하는 優人 부부에 대한 이야기이다. 밑줄그은 부분은 어떤 사건에 대한 전체적인 설명이다. 優人 부부는 '한강〔漢江之上〕'을 주된 무대공간으로 삼고 놀이를 팔아 생계를 유지하였다는 것이다.[220]

---

219) 柳夢寅, 『於于野譚』 俳優條, 萬宗齋.
220) '걸식하였다'는 진술을 거렁뱅이짓을 하였다고만 해석해서는 안될 것이다. 그들은 놀이를 팔아 '걸식'하였기 때문이다. 곧 놀이의 댓가로 보상을 받아 생계

이하의 내용은 그들이 한강 위를 무대로 놀이를 파는 구체적인 활동 양상과 관련된 사건을 보여준다. 비극적인 사건이 일어나는 순간 優人 부부는 공연을 하고 있었다. 그러한 사실은 몇 가지 근거를 통하여 확인할 수 있다. 먼저 優人이 탈을 쓰고 놀이를 하며 가고 있었다는 것이다. 가는(去) 행위는 단지 장소 이동의 목적으로 이루어진 것이 아니다. 탈을 쓰고 놀이하면서 가는 행위는, 언제 어느 때라도 주변 사람들의 시선을 모아 관객으로 끌어들이려는 의도에서 나온 것이다. 주의를 끌기 위해 몇 가지 행동을 하다가 그들을 둘러싸고 관객 집단이 형성되면 자리를 잡고 놀이판을 벌이는 과정을 쉽게 추정할 수 있다. 본격적인 놀이판을 벌이고 있었는지 여전히 주변 사람들의 눈길을 끌기 위하여 놀이하는 중이었는지는 확인할 수 없지만, 優人 부부는 분명히 타인에게 내보여주기 위하여 공연하고 있었던 것이다.

따라서 '보는 사람(觀者)'들이란, 길을 가다가 우연히 그런 상황을 목격한 사람들이 아니라 優人 부부의 놀이를 보고 있던 관객이다. 보던 사람(觀者)이 失笑할 수밖에 없었던 것은 그때까지 놀이를 관람하고 있었기 때문이다. 적어도 비극적인 상황이 벌어지기 이전 놀이의 양상이 관객에게 웃음을 주고 있었기에, 발을 구르며 통곡하는 모습을 보고 놀이의 연장적인 문맥 속에서 慣性처럼 웃음을 보일 수밖에 없었던 것이다. 아울러 우인 부부가 공연한 것이 탈을 쓰고 하는 笑劇風의 작품이었다는 추정이 가능하다.[221]

를 유지하였다는 말이다.
221) 관객이 비극적인 상황을 알면서도 웃을 수밖에 없었는지, 놀이의 연장인 줄 알고 웃었는지는 중요하지 않다. 어떤 경우이든 이전의 놀이가 웃음을 유발하는 우스갯짓이나 우스갯소리로 이루어졌다는 사실을 말해준다. 탈을 쓴 모습 그 자체로 웃음을 줄 수는 없다. 귀신의 얼굴을 한 鬼面이라 하였으므로 더욱 그렇다. 만약 탈을 쓴 우인이 눈물을 자아내는 슬픈 연기를 하고 있었다면, 갑자기 일어난 비극적인 실제 상황에서 관객들은 눈물을 흘렸을 것이다. 결국 웃음을 자아낼 수밖에 없었던 것은 그때까지 우인의 놀이가 관객에게 웃음을 주고 있었기 때문인 것이다.

우인 부부의 탈놀이를 보고 있던 관객 집단은 동일한 집단이 아니며 배우를 지속적으로 후원하지도 않고 특정한 계기를 위하여 배우를 초청하지도 않았다. 다만 우인 부부의 놀이에 이끌려 구경하다가 관객 집단을 형성하게 된 것이다. 이들은 보상을 해야 하는 의무도 지지 않으며 계속하여 놀이를 구경할 의무도 없다. 배우가 벌이는 공연의 만족도에 따라 공연이 끝난 후 임의적으로 물질적 보상을 할 수 있다.

이러한 보상 방식은 불특정한 관객에게 기대한다는 점에서는 현대적인 보상 방식과 통하지만, 보상의 액수가 정해져 있지 않았고 보장되지도 않았다는 점에서 매우 불안정한 형태이다. 배우들은 가능한 한 많은 보상을 확보하기 위하여 나름대로 방법을 고안해냈다. 그것은 공연의 내용을 어떤 효용적인 가치로 포장하는 일이다.

위의 우인 부부가 사용한 탈이 鬼面이었다는 사실도 그러한 의도와 결부되어 있다고 할 수 있다. 귀면은 귀신의 얼굴을 한 탈이다. 전통적으로 귀면은 辟邪의 주술적 행사에 쓰였으므로 그들의 놀이도 일종의 주술적인 효과를 내세웠다고 할 수 있다. 곧 제의적인 절차를 수반하거나 제의적인 틀을 표방하여 진행되었다고 할 수 있다. 무당굿놀이의 등장인물들이 神이면서 지극히 인간적인 모습을 하고 세속적인 언동을 하는 것과 비슷한 양상의 놀이를 상정할 수 있다.

그러나 무당굿놀이는 뒷전거리라 할지라도 굿의 일부로 행해지는 것이지만 직업적인 優人의 놀이는 관객에게 오락을 주고 보상을 받아야만 한다는 목적이 있다. 따라서 귀면을 쓴 우인의 놀이는 주술성을 믿는 제의가 아니라 주술성의 옷을 입은 놀이일 뿐이다. 배우들은 놀이를 팔고 관객 역시 놀이를 통하여 오락을 추구하지만 그 보상은 놀이가 표방하는 주술적이고 제의적인 겉옷에 대한 것이다. 배우들의 놀이에 효용적인 가치를 부여되면, 다수의 관중은 주술성 등과 같은 효용적 가치에 대한 가벼운 믿음으로 기꺼이 보상하게 되는 것이다. 그 보상에는 辟邪의 행위가 실제로 자신에게 효력을 발휘하기를 바라는 믿음이 섞여 있다. 이 시기는 배우 집단 스스로 마련할 수 있는 공연의 재정적 기반이 취약한 상태였으므로 고정적인 관객을 확보할 만큼 공연 종목이 발달하지 못하였고 관객이 확보된다 할지라도 그들로 하여금 자발적으로 보상을 하도록 유도하는 일이 쉽지 않았을 것이다. 그러나 공연 종목에 주술적이거나 제의적인 효용적 가치를 덧붙이는 형식은 더 많은 관객으로부터 보상을 받아낼 수 있는 장치가 되었다고 할 수 있다.

임의적인 보상은 배우들의 생계유지에 도움을 주지만 일시적인 것이므로 관객이 배우를 구속할 힘을 발휘하지 못한다. 또한 보상은 주로 공연 후에 주어지기 때문에 공연 준비 비용으로 바로 연결될 수 없다. 따라서 임의적인 보상을 하는 관객 집단은 작품의 생산 과정에 직접 관여하는 특권을 가질 수 없게 된다. 이때 작품의 양식과 대본을 마련하는 일은 모두 배우의 재량에 달려 있다. 그들은 작가이며 연행자가 되는 것이다. 지속적인 후원이나 계기적인 지원이 공연의 재정적 기반을 이루는 경우 관객 집단이 작품의 생산 과정에 전적으로 또는 부분적으로 깊숙이 관여하는 양상과 다르다고 하겠다.

위의 우인 부부가 탈을 쓰고 벌인 우스갯짓을 작품의 생산 과정에 비추어 구분해 볼 필요가 있다. 탈을 쓴다는 것, 우스갯짓이나 우스갯소리를 한다는 것 등은 양식에 속한다. 가상적인 사건의 상황을 설정하고 인물과 배역을 나누는 등의 작업은 대본을 마련하는 것이다. 이들 우인 부부는 스스로 양식을 선택하고 대본을 마련하여 자신들의 공연종목으로 삼고 있었던 것이다.

그런데 관객의 물질적 지원이 보상에만 있는 경우 공연의 준비 비용을 배우가 직접 부담해야 하므로 투자의 한계가 생긴다. 더구나 이 시기에는 임의적인 보상도 예측하여 확신할 수 있는 바가 되지 못하였기 때문에 공연의 보상만으로 생계를 유지하기 위해서는 공연에 최소한의 비용을 들이는 방법을 고안할 수밖에 없다. 번잡한 양식을 만들어내거나 선택할 수 없었고 대본 역시 규모, 연행 방식, 무대 설

비 등에서 제한을 받을 수밖에 없었다고 하겠다. 따라서 지속적인 후
원이다 계기적인 지원에 의하여 이루어지는 공연에 비하여 영세성을
면할 수 없었다고 할 수 있다.

때로는 궁정에 들어가 공연하는 경중우인이라 할지라도 평상시 민
간 공연에서 임의적인 보상을 바라고 활동하는 경우 궁정에서 공연
한 내용을 그대로 민간에 가져와 공연하는 데는 어려움이 있었다고
할 수 있다.

나례 등에서 儀典的인 목적으로 거행되는 공연 종목의 경우 공연
의 준비 과정에서 거대한 무대 구조물에서 雜像을 만들기 위하여 많
은 인력과 막대한 경비가 들어간다. 또한 한번 제작된 기물들은 국가
의 소유로 보관되었기 때문에[222] 외부로 유출될 수 없었다. 그러므로
나례에서 주요 종목에 출연한 상색재인이라 할지라도 그 공연종목을
민간에서 재현하기란 어려운 일이었다고 할 수 있다. 다만 나례 등
궁정 공연문화의 여러 가지 면모들을 모방하거나 패러디할 수 있는
가능성은 얼마든지 열려 있었다고 하겠다. 모방이나 패러디의 형식은
對象이 되는 공연 종목의 설비나 소도구를 그대로 준비하지 않고도
대상과 관계를 맺을 수 있기 때문이다.

궁궐의 내정에서 공연된 소학지희도 그 양식적 특성 그대로 민간
에서 공연한다는 것은 불가능하였다. 소학지희는 대규모의 무대 설
비가 필요하지는 않았지만 공연될 때마다 새로운 대본에 필요한 복
장이나 소도구들을 준비해야 하였는데 배우 집단 스스로 맡아하기란
부담스러운 일이 된다.

(가) 戊子年에 優人 수십명이 儺를 하면서 모두 堂上官의 章服을 갖추고 궁

---

222)『나례청등록』7장, "甘結內 今此天使時 儺禮雜物 上年過天使後 移置本府 輸運
次以 京中車子二部 當日內 急輸送事 漢城府"라 하여, 지난해 쓰던 나례잡물을
의금부에 옮겨 두었다가 다시 쓴다고 하였다. 앞의 논의에서도 注之 廣大 등
의 잡상을 수리하여 쓰는 문제를 거론한 기록을 검토하였다.

궐의 뜰에 입장하여 서로 희롱하기를, "영감은 언제 당상관이 되었길래 장복을 이렇게 차렸소?" 하였다. 다른 사람이 응대하기를, "나는 경진년에 무과시험에 급제하고 신사년 겨울에 양전경차관이 되었다가 정해년 가을에 이시애를 붙잡아서 마침내 당상관에 이르렀소." 하였다. 듣는 사람 치고 웃지 않는 사람이 없었다.

戊子年間 有優人數十 因儺 皆具堂上官章服 入殿庭 相戱曰 令公何時做堂上官章服乃爾 有一人應之曰 予於庚辰年中 武科及第 辛巳冬 量田敬差官 丁亥秋 捕李施愛 遂至於此 聞者莫不齒冷[223]

(나) 호조에 지시하였다. "亂臣의 옷 가운데서 무늬 있는 비단으로 지은 남자옷은 의금부와 군기감에 보관해 두었다가 優人들이 입을 옷을 마련하고 그 나머지 베나 비단으로 지은 남자옷과 여자옷은 동북계와 서북계로 보내어 주둔지로 나가는 군사들에게 주게 할 것이다."

傳旨戶曹曰 亂臣衣服 內綵段男服則藏于義禁府軍器監 以備優人所着 其餘布帛男女衣服 輸送兩界 給赴防軍士[224]

(가)의 자료에서 優人들은 극중인물에 맞게 당상관의 복색을 갖추고 무대에 등장하였다. 의상을 갖추는 등 분장을 하여 극중인물로 분장한다는 사실을 말해준다.[225]

(나)에 의하면 임금을 배반하고 관직을 박탈당한 신하의 옷을 보관하였다가 優人에게 입히라는 전교를 내리고 있다. 보관할 부서는 좌우편의 나례를 주관하는 의금부와 군기감이므로 그 옷들이 소학지희 등 배역이 나누어지는 연극을 공연할 때 의상으로 쓰였을 것이다. 소학지희는 민간의 풍속에서 빚어지는 각종 사건들을 소재로 하였지만 특히 관료사회의 부패상을 다룬 작품이 많다. 따라서 각종 관직의

223) 『예종실록』 4권 33장.
224) 『단종실록』 11권 15장.
225) 배우가 의상이나 분장으로 극중인물을 표현한다고 해서 극의 진행 방식상 서사적인 설명 부분이 필요 없게 되지는 않는다. 서사적인 설명은 극중인물 자신이 누구인가를 밝히는 것만이 아니고 집중적인 사건의 내력을 말해주는 데 의의가 있기 때문이다.

옷이 다양하게 구비될 필요가 있다.[226)

궁정을 중심으로 마련된 소학지희의 양식적 특성을 따르다 보면 민간의 배우가 스스로 공연을 준비하는 데 있어 큰 어려움이 있다는 사실을 쉽게 알 수 있다. 그러나 소학지희의 근간을 이루는 우스갯소리나 우스갯짓은 전통적으로 내려오는 배우의 예능이므로 임의적인 보상에 의존하는 시정의 공연에서도 소학지희와 유사한 俳優戲가 연출되었을 것이다.

허균이 지은 「장생전」의 주인공인 장생의 생활과 예능을 통하여 배우의 민간 공연 활동을 엿볼 수 있다.

장생은 어떤 사람인지 알지 못한다. 기축년 사이에 서울에 와서 걸식을 일삼았다. ……이야기와 웃기를 잘 했으며, 특히 노래를 잘 불렀다. 노래를 하면 애처러워서 남의 마음을 움직였다. 언제나 자주빛 비단옷을 입고 있었으며 더우나 추우나 바꿔 입지 않았다. 어떤 술집이나 기생집 치고 그가 드나들며 교류하지 않은 곳이 없었다. 술을 보면 번번이 끌어당겨 가득 채우고 노래를 불러 그 흥이 다하고서야 돌아갔다. 혹은 술이 반쯤 취하면 눈먼 점장이, 술 취한 무당, 게으른 선비, 소박맞은 여편네, 밥비렁뱅이, 늙은 젖어미들의 시늉을 하되 가끔 실물에 가깝고, 또 얼굴 표정으로 십팔 나한을 흉내 내되 흡사치 않음이 없고, 또 입을 찌푸리며 호각, 퉁소, 피리, 비파, 기러기, 고니, 두루미, 따오기, 학 따위의 소리를 짓되 참인지 거짓인지를 분간하기가 어려웠으며, 밤이면 닭울음, 개짖는 소리를 흉내 내면 이웃집 개 닭이 모두 따라서 우짖었다. 아침이면 野市에 나가 구걸을 하는데 하루에 얻는 것이 거의 서너 말이나 되었다. 몇 되를 먹고나면 다른 거지에게 흩어주었기에 나가면 뭇 거지 아이들이 뒤를 따랐다. 다음날도 또한 이와 같이 하니 사람들이 그가 하는 바를 예측치 못했다.

蔣生不知何許人 己丑年間 往來都下 以乞食爲事…… 善談咲捷給 尤工謳 發聲悽絶動人 常被紫錦袂衣 寒暑不易 凡倡店姬廊 靡不歷入慣交 遇酒輒自引滿 發唱極其懽而去 或於酒半 效盲卜醉巫懶儒棄婦乞者老仍所爲 種種逼眞 又以面孔學十八羅漢 無不酷似 又戲口作笳簫箏琶鴻鵠鶖鶩等音 難辨眞贋 夜作鷄鳴狗吠 則隣犬

---

226) 지금까지 밝혀진 자료를 보면, 이조판서, 병조판서, 刑曹 郎廳, 고을 수령, 재상, 府使, 당상관 등의 관직에 있는 인물들이 극중인물로 등장하였다.

鷄皆鳴吠焉 朝則出乞於野市 一日所獲幾三四斗 炊食數升 則散他乞者 故出則群乞
兒尾之 明日 又如是 人莫測其所爲227)

장생은 언제나 자줏빛 비단옷을 입고 다녔다고 하는데 그것은 일
반 사람들과 그를 구별하는 표지이다. 그는 각종 기예를 겸비한 예능
인이므로, 아침이 되면 시장에 나아가 걸식을 일삼았다고 한 것은,
기예를 팔아 생활해 나가는 직업 배우였음을 말해준다. 호남지방을
떠돌다가 기축년(1589년)에 서울로 올라왔다고 하지만 서울의 궁정
에 올라가 공연한 기록이 없으므로 주로 민간에서 활동하였다고 할
수 있다.

장생은 농담과 노래를 잘했을 뿐 아니라 '흉내 내기'로 익살을 부
리는 것에 능통했다. 그의 익살은 동작과 표정 뿐 아니라 언어의 측
면까지 두루 걸쳤을 가능성이 있다. '눈먼 점장이, 술취한 무당, 밥비
렁뱅이' 등은 우스꽝스러운 유형적 인물로서 동작과 표정만으로 흉내
낼 수 있지만, '게으른 선비, 소박맞은 여편네, 늙은 젖어미'등은 인물
의 내력과 특정한 사건이 곁들여지지 않고는 표현하기 어려운 인물
들이다. 이들은 장생이 연출해낸 일인극의 극중인물이었을 가능성이
높다. 우스갯짓과 우스갯소리, 춤과 노래 등은 전통적으로 배우의 예
능이 되어 왔으며 궁정 소학지희의 연출에 필요한 예능이기도 하
다.228)

배우 장생은 유형적인 인물을 표현함으로써 분장이나 소도구에 구
애받지 않고 인물의 특징을 연기하여 극중인물로 전환할 수 있었다
고 하겠다. 이러한 민간 배우희의 모습은 무당굿의 뒷전거리에서 찾
아볼 수 있다.229) 궁정의 소학지희가 극중인물로 전환하는 데 사실적

227) 許筠, 『惺所覆瓿藁』 권8.
228) 사진실, 「조선 후기 才談의 公演樣相과 희곡적 특성」, 1736면.
229) 사진실, 앞의 논문(1990), 58~60면에서 소학지희와 무당굿놀이의 유사점을
    들었고 이를 토대로 소학지희가 무당굿놀이에서 기원하였으리라고 추정하였다.
    소학지희와 무당굿놀이의 공연 방식이 유사하고 궁정과 민간의 연극 가운데

인 의상과 분장을 사용하였다면 민간의 무당굿놀이는 소략하고 상징
적인 의상이나 소도구를 사용하였다.230) 이러한 방식은 임의적인 보
상을 기반으로 활동하는 배우 집단의 영세성을 보여준다.

그러나 공연의 재정적 기반을 오직 임의적인 보상에 두고 있는 경
우, 신분적인 예속이나 계기적인 강제성 등에 연루되지 않고 배우가
작품 생산의 주체가 되었다는 점에서 발전의 가능성이 있었다.

3) 공연 공간의 특성과 연극의 유통 방식

공연 공간의 폐쇄성과 개방성은 관객 구성의 특성과 물리적인 조
건을 기준으로 파악할 수 있다. 이 논문에서는 연극의 유통 방식을
차별적으로 보여주는 공연 공간으로 폐쇄공간, 준폐쇄공간, 개방공간,
준개방공간을 나누고자 한다.

먼저 관객 구성의 특성에 의하면, 폐쇄공간은 관객의 자격이 제한
되어 있으며 고정적이다. 관객의 자격은 공식적인 제도와 신분적 특
권에 의하여 규정된다. 개방공간은 관객을 제한하지 않는다. 개방공
간의 관객은 특권을 주장하지 않는다. 준폐쇄공간은 제도와 신분에

서 비교할 만한 공연 종목인 것은 사실이지만 기원 문제를 거론한다는 것은
성급한 일이었다고 본다. 아주 원초적으로야 모든 연극이 제사의식과 관련되
어 있다고 말할 수 있지만 구체적인 시기의 선후를 들어 소학지희가 무당굿
놀이에서 왔다고 말할 수는 없다. 소학지희의 예능은 역시 오랜 전통을 지니
고 전수된 배우 본연의 예능이라고 할 수 있다.
본 논의에서 민간의 소학지희의 모습으로 무당굿의 뒷전거리를 거론하는 것
은 민간에서 직업 배우가 공연한 소학지희의 자취를 알 수 없기 때문이지 뒷
전거리와 굿의 뒤풀이로 행해진 놀이가 민간의 소학지희라는 전제가 있는 것
이 아니다.
230) 무당굿의 본 절차에 포함된 무당굿놀이인가 뒤풀이로 행해지는 것인가의 구
별에 따라 의상과 소도구 등을 마련하는 진지함의 정도에 차이가 있었을 것
이다. 본 논의의 비교 대상이 되는 무당굿놀이는 뒷전거리를 말한다.

의하여 한정적이고 고정적인 관객을 확보한다는 차원에서는 폐쇄공
간과 같은 조건이다. 그러나 제도 외적으로 일부 유동적인 관객을 허
용한다는 측면에서 그것과 다르다. 준개방공간은 누구라도 관객이
될 수 있다는 점에서 열려 있다는 점에서 개방공간과 같다. 특정인
또는 단체가 다액의 보상을 전제하고 예능인은 초청하므로 경제적인
능력을 갖추어야 한다는 점에서 차이가 있다.

　위의 네 가지 공간은 물리적인 조건에 의해서도 구별된다. 전통적
인 시기에는 두 차원의 공간적 특성이 서로 겹치는 것이 특징이라
할 수 있다. 곧, 상업적인 극장이 설립되기 전까지는 물리적 공간의
개폐성이 관객 구성의 개폐성과 일치하여 나타난다고 할 수 있다. 폐
쇄공간으로 갈수록 물리적인 제한이 더 커진다. 관객과 관객이 아닌
사람을 구분하기 위하여 담장이 존재하거나 출입을 통제하게 되는
것이다. 개방공간으로 갈수록 물리적인 장애물은 사라지게 된다. 장
터나 들판 등 사람들이 많이 모이는 터진 공간에서 공연이 이루어신
다고 하겠다. 이러한 공연 공간의 특성은 연극 또는 공연예술의 연행
방식과 밀접한 관련이 있다.

(1) 폐쇄공간

　폐쇄공간으로는 觀儺의 행사가 벌어지는 궁궐의 內庭을 들 수 있
다. 이때의 궁정은 물리적으로 외부와 차단되어 있고, 임금과 몇몇
선택된 관객 이외에는 관람할 수 없다. 이 공간은 물리적으로도 폐쇄
되어 담장이나 구축물로 막혀 있으며 강제적으로 출입을 통제하는
공간이다.

　觀儺의 관객은 임금을 정점으로 하여 세자와 종친, 재상이 고정적
인 자리를 차지하고 때에 따라 입직하는 무관들이 참가하였다.

　　임금이 便服으로 仁陽殿 처마 밑에 나아가고 두 大妃는 발을 드리우고 殿
　　에 나아가 전 곁의 조금 북쪽에서 儺를 구경하였다. 장막을 치고 또 그 북쪽

긴 복도에 발을 드리워서 초청받은 內外의 부인들이 儺를 구경할 곳을 만들고 종친과 재상 2품 이상과 入直한 여러 장수, 승지, 주서, 사관 등이 입시하였다. 내전에서 표피, 아다개, 별조궁, 대호피, 소록피, 모마장, 이마 제연을 내어서 注를 삼아, 侍宴하는 여러 신하들로 하여금 윤목을 던져서 내기하게 하였다. 시연하는 문신에게 명하여 迎祥詩를 짓게 하였는데 來자로 운을 삼았다. 검열 남궁찬의 시에, '九譯이 모였는데 玉帛이 온다'라는 글귀가 있었는데, 명하여 옥배의 술로 벌하게 하였다.

上以便服御仁陽殿簾下 兩大妃垂簾御殿 觀儺於殿傍小北 張帳幕 又其北長廊垂簾 爲內外命婦觀儺之處 宗宰二品以上 入直諸將承旨及注書史官等入侍 內出豹皮 阿多介別造弓大虎皮小鹿皮毛馬粧理馬諸緣爲注 使侍宴諸臣擲輪木睹之 命侍宴文臣製迎祥詩 以來字爲韻 檢閱南宮璨詩有九譯會同來玉帛之句 命罰以玉杯酒[231]

관나의 기록으로 그 무대는 궁전의 뜰이다. 관나의 장소를 알려주는 기사는 예외 없이 殿의 처마 밑에 임금의 자리가 고정된다. 왕비 등 부녀자들은 殿에서 조금 비껴난 장소나 협실에 발을 치고 '觀儺之處'를 마련하여 관람하게 된다. 종친과 재상 등 신하들이 관람하는 자리는 명시되지 않았지만 임금 가까이에서 좌우로 둘러앉는 형태를 짐작할 수 있다. 관나는 구경할 뿐 아니라 직접 놀이함으로써 오락을 즐기는 행사였기 때문이다.[232]

관람석의 관객들은 걷거나 서지 않고 앉아서 관람하게 되어 있어 무대가 고정되어 있다. 무대가 있는 공간을 단일공간과 복합공간으로 나눈다고 할 때,[233] 관나의 무대는 단일하다고 할 수 있다. 공연

---

231) 『성종실록』 235권 19장.
232) 관나 때에는 으레히 輪木戲를 하거나 운자를 내어 시를 지어 상벌을 주는 등 君臣간에 격식 없는 친목을 도모하였던 것이다. 成俔의 시「觀儺」의 구절에 '여러 신하와 더불어 태평성대를 즐긴다네(要與群臣享太平)'라고 한 것을 보아도, 관나의 공연이 오락성의 추구에 있다는 사실을 알 수 있다.
233) Richard Schechner and Willa Appel, "Introduction", By means of Perfo-rmance, Cambridge; New York: Cambirdge University Press, 1990, 20~21면. 연행(performance)과 공간(space)의 상관관계를 도표로 나타내었다. 무대 공간을 단일공간과 복합공간으로 나눈 것은 'single space'와 'multispace'의 구

물의 시작과 끝이, 정해진 하나의 공간에서 이루어지므로 현대 연극
의 가장 일반적인 무대공간과 같다.

단일한 무대공간은 다음과 같은 특성이 있다. 첫째, 배우와 관객
사이의 물리적 거리가 가깝다. 단일 공간인 관나의 공연물과 관객은
일대일의 대응을 이루기 때문에 殿의 뜰과 같은 좁은 장소에 觀儺의
행사가 수용될 수 있었다. 따라서 관나의 배우와 관객은 殿의 뜰과
처마 밑 정도의 가까운 거리를 유지하게 된다. 배우와 관객의 물리적
거리가 가까우므로 可聽的이고 可視的인 거리를 확보할 수 있다. 그
것은 관나의 필수 조건이기도 하다. 관나는 임금 등 관객의 관람을
목적으로 하기 때문에 관객이 공연을 보고 들어 즐길 수 있어야 하
기 때문이다. 더구나 배우의 공연을 통하여 '정치의 득실'과 '풍속의
미악'을 파악하기 위해서는 배우들의 대사 하나하나까지도 세밀히 들
을 수 있는 분위기가 조성되어야 하는 것이다.

둘째, 배우와 관객이 동시에 현존하는234) 시간이 길다. 현존 시간
이란 배우가 공연을 하기 위하여 실존하고 관객이 그것을 보기 위하
여 실존하는 시간을 말한다. 공연 시간과 일치하는 듯 보이지만 실은
다르다. 관객의 실존을 전제하지 않아도 공연은 이루어질 수 있기 때
문이다. 현존 시간은 배우와 관객이 소통하는 의미 있는 공연 시간을
말한다.

관나는 공연의 의도에서부터 관객의 관람을 전제하고 있으며, 단
일 공간의 무대이므로 관객의 주의를 집중하기에 유리한 점이 있다.
따라서 배우와 관객의 현존 시간이 일정하여 예측할 수 있고, 현존
시간 안에 공연 종목이 완결되는 시간을 확보할 수 있다. 관객은 배
우의 공연을 관람하기 위하여 객석에 앉아 있고, 배우는 그 기대를

분에 근거를 둔 것이다.
234) '현존'의 개념은 이인성, 「연극학 서설」(『연극의 이론』, 이인성 엮음, 청하,
1992), 29~30면에서 가져왔다. '연극성'을 논의하는 가운데 배우와 관객의
'이중의 현존'에 대하여 언급하였다.

충족시키기 위하여 준비하고 공연한다.

따라서 관나에는 단일공간에서 즐길 수 있는 연극이 발달하였다. 성현의 「관나」에도 꼭두놀음, 즉 인형극이 공연되었다는 사실이 드러난다.[235] 인형극은 인형을 다루는 기교의 측면에서 보면 곡예에 해당한다고 할 수 있지만, 멀리서도 볼 수 있고 이동하면서도 즐길 수 있는 공연 종목이 아니므로 길가에서 벌어지는 대규모의 공연 종목에는 맞지 않는다. 인형 조종자의 대사와 노래를 듣고 작은 인형의 움직임을 보기 위해서는 배우와 관객 사이의 물리적 거리에 한계가 있기 때문이다. 인형극은 객석과 무대가 고정되고 관객과 배우의 물리적 거리가 가까운 곳에서 연출해야 그 묘미를 느낄 수 있는 공연 종목이다.

관나의 행사는 인형극 뿐 아니라 언어 전달을 위주로 하는 연극을 공연하기에 적합하다. 실제로 지금까지 소개된 소학지희 자료의 경우 대부분이 관나에서 공연되었다.[236]

소학지희는 언어의 묘미를 살린 연극이므로 可聽的인 거리가 확보된 무대에서만 연출할 수 있다.

(가) (귀석이) 자칭 수령이라 하며 동헌에 앉아서 진상을 맡은 아전을 불렀다. 한 배우가 아전이라고 하고 무릎으로 기어 앞으로 나왔다. 수령이 소리를 낮추고 큰 꾸러미를 하나 주며 말하기를, "이것은 이조판께 드려라." 또 큰

---

235) 成俔, 『虛白堂集』詩集 卷7, "秘殿春光泛綵棚 / 朱衣畵袴亂縱橫 / 弄丸眞似宜僚巧 / 步索還同飛燕輕 / 小室四旁藏傀儡 / 長竿百尺舞壺舩 / 君王不樂倡優戲 / 要與群臣享太平"
　　'傀儡'란 인형극의 인형만을 의미하지는 않는다. 假像으로 만들어진 각종 인물이나 동물들도 '괴뢰'라고 할 수 있다. 그러나 「관나」 시에서는 '小室四旁藏傀儡'이라고 하여 인형 조종자와 여러 가지 인형들을 감추어 주는 무대 장막을 나타내 주고 있어 '괴뢰'가 인형극의 극중인물임을 알게 해 준다.

236) 觀儺의 행사가 아닌 경우로 進豊呈을 들 수 있는데, 이 행사는 임금이 대비를 위하여 베푸는 것으로서 관나와 마찬가지로 殿의 뜰에서 놀이를 펼쳤다. 행사의 이름은 다르지만 무대 공간의 특성은 관나와 동일하다고 할 수 있다.

꾸러미 하나를 주며 말하기를, "이것은 병조판께 드려라." 중간 꾸러미를 하나 주며 말하기를, "이것은 대사헌께 드려라." 그리고 나서 작은 꾸러미를 주고서는 "이것은 임금께 올려라."라고 말했다.

自稱守令 坐於束軒 召進奉色吏 有一優人 自稱進奉色吏 膝行匍匐而前 貴石低聲 擧大苞一 與之曰 此獻吏曹判書 又擧大苞一 與之曰 此獻兵曹判書 又其中者一 與之曰 此獻大司憲 然後 與其小苞曰 以此進上[237]

(나) 이보다 앞서 공길이라는 우인이 <老儒戲>를 만들어가지고 말하기를, "전하는 요순같은 임금이고 나는 고요같은 신하입니다. 요순과 같은 임금은 항상 있는 것이 아니지만 고요와 같은 신하는 언제나 있을 수 있습니다."라고 하였다. 또 『논어』를 외우면서 말하기를 "임금이 임금답고 신하가 신하답고 아버지가 아버지답고 아들이 아들다워야 합니다. 임금이 임금답지 못하고 신하가 신하답지 못하면 설사 쌀이 있은들 내가 먹을 수 있겠습니까."라고 하였다. 임금은 말이 공경스럽지 못하다고 해서 형장을 치고 먼 지방으로 귀양을 보냈다.

先是 優人孔吉作老儒戲曰 殿下爲堯舜之君 我爲皐陶之臣 堯舜不常有 皐陶常得存 又誦論語曰 君君臣臣父父子子 君不君臣不臣 雖有粟 吾得而食諸 王以語涉不敬 杖流遐方[238]

(가)에서는 사태의 반전이 가져다주는 소극적 특성이 중요하기 때문에 처음부터 끝까지 관람하여야 공연의 효과를 거둘 수 있다. 따라서 관객과 배우의 현존 시간이 일정하면서 비교적 길다고 할 수 있는 관나의 무대공간이 적합하다. 관객이 중간에 다른 무대에 눈을 돌리거나 이동하는 가운데 있다면 이러한 연극은 공연의 의의가 없다.

관나의 무대공간은 가정적이고 가시적인 거리가 확보되기 때문에 (나)와 같이 배우가 직접 임금에게 말을 건넬 수 있었던 것이다. 관객인 임금은 또한 관람을 위하여 관나에 참여하였으므로 배우의 연기와 대사를 경청할 수 있었고 불경하다는 생각을 갖게 되었던 것이다.

237) 柳夢寅, 『於于野譚』, 俳優條, 萬宗齋.
238) 『연산군일기』 60권 22장.

한편, 관나는 공식적으로 임금의 관람을 위하여 준비된 공연 종목을 연출하므로 그 내용과 공연방식에 일차적인 검열이 전제되었다. 궁정을 중심으로 벌어지는 폐쇄공간의 공연은 신분적 특권을 지닌 관객 집단의 요구와 취향에 맞게 공연 종목을 정비하고 수련하는 과정을 거쳤던 것이다. 의금부가 배우 및 공연 행사를 관리한 것은 바로 이러한 과정에서 이루어졌다. 이와 같이 배우는 관객 집단에 예속되어 있으므로 영리를 목적으로 하는 흥행 활동은 이루어질 수 없다.

폐쇄공간의 관객은 거의 고정적이라고 할 수 있는데, 이러한 고정성이 연극의 유통 방식에 영향을 미친다. 연극의 공연은 배우, 대본, 관객이라는 요소를 모두 필요로 한다. 공연이 거듭되는 상황을 전제할 때, 세 요소 가운데 하나라도 변화가 없다면 공연은 흥미를 유발할 수 없다. 관객과 배우가 고정된 상태에서는 언제나 새로운 대본이 무대에 올려져야 하며 그 공연은 일회적인 특성을 지닌다. 놀이를 팔아 생계를 유지하는 배우의 입장에서는 이익이 되지 못하는 유통 방식이었다고 할 수 있다. 그럼에도 불구하고 이러한 방식은 적어도 세조에서 명종 연간까지 이어졌다. 궁정연극이 유지된 것은 궁정의 제도로써 강제되었기 때문이다.

대본이 정착되어 전하지 않고 일회성의 공연으로 끝난 것은, 배우들 스스로 그 대본을 자신들의 레퍼토리로 삼지 않았기 때문이다. 그것은, 궁정의 공식적인 연극이 지니는 세계관이나 미학적 특징이 민간의 취향과 맞지 않았기 때문이고, 시정의 공연 공간과 공연의 재정적 기반 등이 궁정 소학지희의 대본과 연행 방식을 그대로 수용할 수 없었기 때문이다. 궁정의 무대에 올린 대본이 민간에 전승된 것은, 전자의 조건을 극복할 수 있는 경우에 후자의 조건에 맞게 변용하여 가능하였을 것이다.

소학지희의 소재가 時事之事로서 대본이 공연 때마다 새로 만들어지는 일회적인 유통 방식을 선택한 것은, 소학지희에 치장된 정치적 목적과도 관련이 있지만 고정적인 관객의 특성과 맞물려 있다고 할 수 있다.

(2) 준폐쇄공간

준폐쇄공간도 궁정의 공식적인 행사와 관련되어 있다. 준폐쇄공간으로는 환영 행사로서 대규모의 나례가 펼쳐지는 궁궐 근처의 연도를 들 수 있다. 궁정의 행사이므로 공식적으로 관객이 정해져 있고 원칙적으로 민간인의 관람을 통제한다는 점에서 폐쇄적이지만, 그 이면에는 왕실의 위엄과 화려함을 알린다는 示威의 기능이 있고 그 기능은 모든 백성을 향해 있으므로 비공식적으로는 개방의 여지가 있다.

물리적으로도 준폐쇄공간의 특성을 지닌다. 궁궐 근처이며 임금의 행차가 지나는 곳이므로 폐쇄적이지만 궁궐문 밖의 길가로서 민간인에게 노출되어 있다는 점에서 완전히 닫혀 있지는 않다고 할 수 있다.

준폐쇄공간인 궁궐문 밖은 고정적인 무대를 확보하기 어렵다는 제한 조건이 있다. 공연은 임금이나 사신의 행차를 앞질러 이동하면서 이루어지는 것이 기본이다. 고정된 무대를 확보하여 공연하는 경우에도 공연의 대상인 임금이나 사신은 지나가면서 잠깐 관람하는 정도이다.

이 경우 무대는 단일하거나 고정된 무대가 아니라 복합적이거나 이동하는 무대라고 할 수 있는데, 可聽的인 거리를 확보하기 어렵다. 그러므로 언어가 중심이 되는 연극을 공연하는 데 불리한 대신 화려한 치장과 춤이 중심이 되는 가무극의 연출이 용이하다.

그러나 기본적으로 연도의 나례는 설치하는 데 의의가 있을 뿐 관람을 목적으로 하지는 않는다. 나례는 임금의 행차와 밀접한 관계에 있으므로, 관람 여부의 기준이 되는 관객은 바로 임금이다. 다음의 자료에서는 환영 행사인 나례의 거행 절차와 그에 따르는 임금의 행동 규정을 찾아볼 수 있다.

(가) 예조에서 태종의 부묘 의식에 대하여 계를 올렸다. "…… 궁궐로 돌아올 때에 의금부와 군기감에서는 종묘의 길어귀에서 나례 잡희를 펼치며 성균관 생도들은 종루의 서쪽 거리에서 가요를 올리고 교방에서는 혜정교 가에서 가요를 올리는 동시에 정재를 하며 경복궁 문밖의 좌우편에는 산대를 세웁니다. 전하가 대궐로 돌아와서는 절차대로 축하를 받으며 뒤이어 교서와 유지를 내리고 제사를 지낸 관리들과 여러 집사들에게 연회를 차려줍니다."

禮曹啓 太宗祔廟儀 …… 還宮時 義禁府軍器監 進儺禮雜戱於宗廟洞口 成均館生徒等 進歌謠於鍾樓西街 教坊進歌謠於惠政橋邊仍呈才 又於景福宮門外 左右結山臺 殿下旣還宮 受賀禮如儀 畢仍頒敎書及宥旨 賜享官諸執事宴239)

(나) 궁전으로 돌아올 적에는 모든 관리들이 예복 차림으로 걸어서 뒤따랐으며 채붕을 만들고 나례를 벌였다. …… 교방에서 또한 가요를 올렸다. 길가에 帳殿을 설치하였는데, 상왕이 노상왕을 모시고 나와 임하여 구경하였다. 임금이 장전 앞에 이르러 연을 멈추사 여러 가지의 음악과 잡희를 베풀었다. 임금이 연에서 내렸다가 빠른 걸음으로 장전을 지난 후에 다시 연에 오르니 樂部가 연 앞에서 노래하고 춤추었다.

還宮 百官朝服步從 結綵棚設儺禮 …… 教坊亦獻歌謠 設帳殿於道傍 上王奉老上王 臨幸觀之 上至帳殿前停輦 張衆樂雜戱 上降輦趨過帳殿乘輦 樂部歌舞陳於輦前240)

(다) 임금이 공성왕후의 관복을 종묘에 고하고 제사가 끝나자 행차가 출발하였다. 큰 길에 綵棚과 香山, 優倡의 여러 가지 놀이를 성대하게 벌였다. 임금이 곳곳에서 연을 멈추고 종일토록 구경하였다. 사간원에서 아뢰기를 "오늘은 비록 큰 경사날이라고는 하지만 밤새도록 제사를 지낸 것이 옥체를 많이 상하게 하였을 텐데, 오랫동안 연을 멈추고 우창과 여악을 구경하는 것은 실로 聖德의 일이 아닙니다. 청컨대 정전으로 돌아가서 신하와 백성들의 축하를 받으십시오."라고 하였다. 사헌부에서 아뢰기를 "오늘 채붕을 세우고 향산을 설치한 것은 큰 경사를 자랑하기 위한 것입니다. 그렇지만 큰 경사날의 기본은 오직 종묘에 고하고 축하하는 데 있으니 채붕과 향산은 구경할 필요가 없습니다. 청컨대 빨리 정전으로 돌아가서 축하를 받음으로써 큰 경사의 의식을 끝내십시오."라고 하였다.

239)『세종실록』24권 28장.
240)『세종실록』1권 27~28장.

王以恭聖冠服告于太廟 祭畢駕出 盛陳綵棚香山優倡百戲于大路 寸寸駐輦 終日
而觀之 司諫院啓曰 今日雖曰大慶 達夜行祭爲多玉體之傷 而良久駐輦 觀此優倡女
樂 實非聖德之事也 請速還正殿 以受臣民之賀 司憲府啓曰 今日之建綵棚設香山
所以侈大慶也 然而大慶之本唯在於告廟陳賀 則綵棚香山非所當觀也 請速還宮受
賀 以完大慶之禮241)

　　종묘에 제사하는 의식을 거행하고 환궁하는 연도에서 나례 등을
벌이는 기록들이다. (가)는 부묘의식에 따르는 절차에 관하여 예조에
서 啓를 올리는 기록이다. 부묘 후에 환궁할 때는 나례를 올리고 歌
謠를 바치며 呈才를 한다고 하였는데 이 행사들은 모두 「五禮儀」에
규정되어 있는 의례적인 절차이다.

　　그런데 (나)와 (다)에는 이러한 행사에 임하는 임금의 행동이 대비
되어 나타난다. (나)를 보면, 임금은 輦을 타고 가다가 帳殿 앞에 오
자 멈추고 내려서 걸어갔다. 輦을 멈추고 내려선 것은 장전에 나와
있는 상왕과 노상왕에게 공경을 표하기 위해서이지 잡희를 구경하기
위해서가 아니다. 연이 멈추자 음악과 잡희가 벌어졌지만 임금은 '빠
른 걸음으로 장전을 지난 후에 다시 연에 올라타'게 됨으로써 시간을
두고 잡희를 관람할 여유가 없어지게 된다. 칭송과 환영을 받는 대상
인 임금은 행렬과 함께 궁궐을 향해 진행하게 되어 있는 것이다.

　　(다)의 임금은 여러 차례 輦을 멈추고 하루 종일 잡희를 구경하였
으므로 사간원과 사헌부의 간언이 계속되었다. 이 날의 간언은 사간
원, 사헌부, 홍문관, 승정원에서 각각 세 번씩이나 거듭되었는데, 급
기야 임금은 "감히 큰소리로 대바른채 하는 행동을 하여 마치도 이
전에 이런 일이 있었다는 소리를 듣지 못했다가 갑자기 보고서 깜짝
놀라는 것처럼 하였다. 임금에게 고하는 말이 충성스럽고 미덥지 못
한 것 같아서 멀고 가까운데서 보고 듣는 모든 사람들은 아주 온당
치 않게 여긴다"고 불만을 터트리게 되었다.242)

---

241) 『광해군일기』 119권 5장.

환영 행사인 나례에서 (다)의 임금처럼 행동하는 것은 규례에 어긋나는 행동인 것을 알 수 있다. 행사의 목적은 (다)에 나타나듯이 '큰 경사를 자랑하기 위한 것'이다. 즉, 뜻깊은 의식을 수행하고 돌아가는 임금을 환영하고 칭송하며 왕실의 위엄을 만방에 알리기 위한 것이다. 재인들이 路上이나 산대에서 재주를 부리고, 儒生, 기생들이 가요를 바침으로써 온 백성이 기뻐하고 있다는 뜻을 임금에게 전하게 된다. 지금도 벌어지는 연도의 환영행사와 같은 것이다.

임금의 행차는 유생이나 노인들이 가요를 바치는 장면에서 가끔 멈춰서기도 하지만 나례의 잡희를 벌이는 곳에서는 오래 멈추지 않아야 한다. 백성에게 드러내놓고 잡희를 즐기는 모습은 바람직하다고 여기지 않았기 때문이다. 또한 환영 행사인 나례는 야외에서 벌어질 뿐 아니라 민간에게 노출되어 있기 때문에 임금의 행동거지 및 신변보호에 각별한 주의를 기울여야 하기 한다.

관나가 배우들의 놀이를 구경하기 위한 오락 행사였다면, 환영 행사로서의 나례는 중요한 행차를 환영하고 칭송하기 위한 儀典的인 행사였다. 폐쇄공간의 공연은 관객 집단의 내부적인 행사인 반면, 준폐쇄공간의 공연은 관객 집단의 위상을 드러내고자 하는 대외적인 행사였다. 전자에 비하여 후자는 무대 설비가 매우 발달하였다.

예조에서 아뢰었다. "貞熹王后의 신주를 祔廟할 때에 산대, 나례, 결채 등의 일을 모두 정지하라고 명하셨습니다. 신들이 생각하건대 부묘는 중한 예식이므로 조종조에서 모두 이 예식을 썼으니, 大山臺는 비록 쓸 수 없을지라도 曳山臺, 茶亭山臺, 결채, 나례, 女妓, 呈才 등의 일은 조종조의 예에 의하여 행하는 것이 어떻겠습니까?"

禮曹啓日 貞熹王后祔廟時 山臺儺禮結彩等事 並命停之 臣等意 祔廟重禮 祖宗朝皆用此禮 大山臺雖不可 如曳山臺茶亭山臺結彩儺禮女妓呈才等事 依祖宗朝例行之何如243)

242) 『광해군일기』 119권 7~8장.
243) 『성종실록』 174권 232~4장.

나례의 산대에 여러 가지 종류가 있다는 사실을 알 수 있다. 대산
대는 일반적으로 알고 있는 거대한 규모의 산대로서 행차가 지나는
연도에 고정시켜 놓은 무대이다. 다정산대는 장식을 위한 장치로 배
우들의 놀이와는 직접 관련이 없다.244) 예산대는 대산대에 비하여
소규모였을 것이며 그 위에서 배우들이 잡희를 벌였던 것 같다. 앞의
논의에서 상색재인이 올라가는 山이란 山車 또는 曳山臺였으리라 여
겨진다. 예산대는 그 위에서 잡희를 벌이므로 무대라고 할 수 있지만
여러 가지 종목이 번갈아 공연되는 일반적인 무대와는 다르다. 임금
의 행차를 전도하거나 뒤따르기 때문에 한번 무대에 오른 재인은 행
렬이 끝날 때까지 내려올 수 없으며 이미 올려진 공연물을 도중에
교체하기 어렵다.245)

세 번째 신호의 북이 울리고 임금이 원유관과 강사포 차림을 하고 輦을 타
고 나오자 모든 관리가 모두 몸을 굽히고 연이 시나가사 몸을 폈다. 侍衛는
일상적인 의례와 같았다. 앞뒤의 고취부가 한꺼번에 연주하고 曳山棚이 앞서
인도하며 잡희가 벌어졌다. …… 연이 광화문밖에 이르렀을 때 좌우의 채붕에
서 여러 가지 놀이를 벌였다. 기생과 우인들이 함께 근정전의 뜰로 들어갔다.
임금이 근정문에서 연을 멈추고 그것을 구경하였다.

鼓三嚴 魯山具遠遊冠絳紗袍 乘輦以出 百官皆鞠躬 輦過平身 侍衛如常儀 前後
鼓吹沓奏 曳山棚前導 雜戲具呈…… 輦至光化門外 左右綵棚百戲具作 女妓優人
俱入勤政殿庭 駐輦勤政門觀之246)

<hr>

244) 『문종실록』 2권 10장에서 나례의 무대와 장치를 거론하면서 茶亭을 설명하기
를, "작은 채붕을 만들고 그 앞에 사람과 짐승의 雜像을 벌여 세우고 채붕 뒤
에서 큰 통을 놓고 물을 부으면 물이 저절로 잡상의 입에서 나와 높이 솟아
오른다. 시속에서 이를 다정이라고 한다."고 하였다. 조원경은 茶亭이 噴水의
일종이라고 하였고 배우들의 잡희가 벌어지는 무대는 아니라고 하였다(「나례
와 가면무극」, 71~72면).
245) 임금의 행차가 멈추어 설 때를 틈타 배우와 공연 종목을 교체하는 일이 불가
능하지는 않겠지만, 그 시간을 예측할 수 없으므로 계획적인 일이 될 수 없다.
더구나 공연 종목을 교체하기 위하여 진행 중인 행차를 멈춘다는 것은 있을
수 없는 일이다.

　　행차 때의 나례의 무대 활용 방법은 두 가지로 구분된다. '山棚을 끌고 앞서 가면서 잡희를 한다'고 한 것을 보면, 임금의 행차를 포함하는 행렬이 진행함에 따라 무대가 이동한다는 사실을 알 수 있다. 또한 '왼쪽과 오른쪽의 채붕에서 동시에 잡희를 하였다'고 한 것을 보면, 무대는 고정되어 있지만 동시에 최소한 두 군데에서 공연이 벌어지고 있다.[247)

　　이동하면서 공연하는 무대는 하나가 아니라 여러 개로서 복합적이라 할 수 있다. 이동하는 순간마다 무대공간이 바뀐다고 할 수 있기 때문이다. 이동하다가 잠시 멈춰 공연하고 다시 이동하는 경우도 마찬가지라고 하겠다. 동시에 여러 군데에서 공연하는 무대 역시 복합적이다. 복합적인 무대공간은 고정되어 있지 않아 공연물의 시작과 끝을 동일한 공간에서 관람할 수 없다. 행진하면서 공연하는 가장행렬이나 거리 곳곳에서 벌어지는 해프닝의 무대공간과 같다고 할 수 있다.

　　복합 공간인 행차 때 나례의 공연물과 관객은 일대일의 대응을 이룰 수 없을 만큼 시간과 공간의 차별이 존재하고 있다. 그러므로 시간에 따른 무대의 이동과 동시적인 여러 개의 무대를 수용하기 위해서는 제한 없는 넓은 장소를 선택해야 한다. 따라서 행차 때 나례에서는 배우와 관객의 물리적 거리가 멀게 된다. 노천의 綵棚 및 山臺와 임금이 타고 있는 輦의 거리는 일정하지 않아 예측할 수 없지만 관나에 비하여 멀다고 할 수 있다.

　　배우와 관객의 물리적 거리는 공연을 보고 들을 수 있는 可聽的 거리를 확보할 수 있는가 하는 문제와 직결된다.

---

246) 『단종실록』 11권 38~40장.
247) 『광해군일기』 156권 1~2장에 의하면, 좌우에 春山, 夏山, 秋山, 雪山의 네 개 山臺가 세워진다고 하였으니 좌우에서 동시에 잡희가 벌어진다고 했을 때, 다만 두개의 무대만이 아니고 더 많은 무대를 상정할 수도 있다.

정원에 전교하였다. "중국의 사신이 올 때에 채붕에서 베풀어지는 놀이 행
사가 매우 많으나 요란한 속에서 자세히 구경하지 못할 것이다. 이번에 천사
가 올 때는 더 가설하지 말고 전에 만든 것을 수리하여 사용하도록 하라."
　傳于政院曰 天使時 綵棚之設 戲事甚多 擾擾之中 必不詳翫 今天使時 勿令加
設 仍前所造之物 修補用之 可也[248]

　사신 접대를 위한 나례의 무대공간이 요란하기 때문에 자세히 구
경하기 어려운 사정을 말해 주고 있다. 나례의 무대공간이, 행차가
지나는 연도이므로 可聽的인 거리를 확보하는 데 불리하고 떠들썩한
분위기 역시 관객의 주의 깊은 관람을 방해하게 된다. 이러한 분위기
가 조성될 수밖에 없는 것은 이 무대공간이 복합 공간이기 때문이다.
그러나 나례의 공연 의도가 진지한 관람에 있지 않고 번성함을 과시
하는 데 있다는 사실에 비추어 볼 때, 이러한 조건은 공연에 장애가
되지 않는다. 이러한 무대공간의 조건에 맞게 공연 종목이 발달하였
기 때문이다.
　나례는 다만 설치하는 데 공연 의도가 있고 복합 공간의 무대이므
로 관객의 관심을 한 곳에 모으는 데 불리하다. 배우와 관객의 현존
시간을 예측할 수 없는 가운데 매우 짧거나 순간적이어서 현존 시간
안에 공연 종목이 완결되는 시간을 확보할 수 없다. 배우의 공연은
언제나 관객의 현존을 기대하지만, 이동하는 가운데 여러 개의 무대
를 접하는 관객으로서는 한 무대의 공연물에 지속적인 관심을 보이
기 어렵다.

　앞뒤의 고취부가 한꺼번에 연주하고 曳山棚이 앞서 인도하며 잡희가 벌어
졌다. …… 연이 광화문밖에 이르렀을 때 좌우의 채붕에서 여러 가지 놀이를
벌였다. 기생과 우인들이 함께 근정전의 뜰로 들어갔다. 임금이 근정문에서
연을 멈추고 그것을 구경하였다.
　前後鼓吹沓奏 曳山棚前導 雜戲具呈 …… 輦至光化門外 左右綵棚百戲具作 女

248)『중종실록』89권 48장.

妓優人俱入勤政殿庭 駐輦勤政門觀之[249]

광화문 밖의 채붕은 고정된 무대 구조물이지만, 임금의 행차가 그 앞에 멈춰 섰을 때만 배우와 관객의 관계가 성립된다. 그런데 행차 때 나례의 규정은 잡희 앞에 임금이 멈춰서는 것을 금기시하고 있으며 가마를 멈추고 관람한다 하더라도 오랜 시간 지속될 수 없다. 따라서 배우와 관객이 공연물을 매개로 현존하는 시간을 예측할 수 없는 것이다. 한편, 길가에서 벌어지는 잡희는 임금이나 주요 인물의 행차를 기다려 공연을 시작했다가 멀어지면 마치게 되므로 공연 종목 자체의 완결성을 보장할 수 없다. 행차의 진행에 따라 유동적인 공연을 벌여야 하는 것이다. 山棚의 잡희는 임금의 행차 대열과 함께 행진하므로 관객으로부터 대략 일정한 거리를 유지하도록 노력하게 될 것이다. 그러나 이동하는 가운데서는 무대 위의 공연물에 대한 관객의 지속적이고 진지한 관람 태도를 기대하기 어렵다.

행차 때 나례의 공연 현장을 보여주는 자료로는 중국 사신인 董越의 「朝鮮賦」가 있다.[250] 「조선부」에 나타난 공연은 사신을 맞이하는 나례로서, 환영과 칭송의 의미로 행차가 지나가는 연도에 설치하므로 대규모의 나례에 해당한다.

기존의 연구에 의하면, 「조선부」에는 吐火, 魚龍曼衍之戲, 舞童, 원숭이 놀이, 땅재주, 곰 놀이, 줄타기, 목발(蹻), 사자놀이, 코끼리 놀이 등이 나타난다고 한다.[251] 이들 놀이의 공통점은 볼거리 위주의

---

249) 『단종실록』 11권 38~40장.
250) 董越, 「朝鮮賦」, 『東國輿地勝覽』 1권, 京都 上.
　　……駢闐動車馬之音 曼衍出魚龍之戲以下皆言陳百戲迎詔 鰲戴山擁蓬瀛海日光化門外東西列鰲山二座高興門等極其工巧 猿抱子 飮巫山峽水人兩見立二童子舞 飜筋斗不數 相讓之熊嘶長風 何有鹽車之驥 沿百索輕若凌波仙子 蹻獨趫 驚見跳梁山鬼 飾獅象盡蒙解剝之馬皮 舞鳩鷺 更簇參差之雉尾 蓋自黃海西京兩見其陳率舞而皆不若此之善且美也乎壤黃州皆設鰲山棚 陳百戲迎詔 而惟王京爲勝.
251) 김일출, 『조선민속탈놀이연구』, 과학원출판사, 1958, 100면; 李杜鉉, 『韓國의

장관을 이룬다는 데 있다.252) 그 화려함과 기교는 이동하며 스쳐 지나가는 가운데서도 충분히 만끽할 수 있어 진지한 관객이 아니더라도 즐길 수 있는 것이다. 이러한 성격은 복합적인 무대공간이 지니는 여러 가지 조건들, 즉 배우와 관객의 물리적 거리가 멀다는 사실, 배우와 관객의 현존 시간을 예측할 수 없고 매우 짧다는 사실이 장애가 되지 않는다. 볼거리 위주이기 때문에 잘 들리지 않아도 관람에 지장을 주지 않고, 배우들의 표정을 살필 수는 없지만 춤동작이나 곡예, 장식물의 모양, 색깔 등을 구별할 정도의 거리만 유지하면 되기 때문이다.

대규모의 나례는 공연의 의도에서부터 임금의 관람이 목적이 아니고 무대공간의 특성상으로도 진지하게 관람할 수 있는 기회가 될 수 없었기 때문에 공연의 제약이 적었다고 할 수 있다. 山車를 설치하여 그 위에서 공연한다든가 하는 큰 계획은 공식적으로 규정되었지만 구체적인 세부 종목에서는 민간 예능인의 자율성이 보장되었을 것이다. 행차 때 나례를 위하여 전국적으로 민간 예능인을 동원하는 이유가, 그들의 발랄하고 생동감 있는 잡희를 통하여 화려하고 번잡한 분위기를 연출하려는 데 있었기 때문이다.253)

假面劇」, 一志社, 1985, 85~86면.
252) 이두현은 사자놀이, 코끼리 놀이 등이 假象을 진열하는 가면 놀이였을 것이라고 추정하였다. 『나례청등록』에도 雜像을 준비하는 작업이 매우 큰 비중을 차지하는 것으로 보아 타당한 견해이다.
253) 이러한 공연은, 서양연극사에서 보이는 'Pageant'와 유사하다. 뿐만 아니라 소학지희 등 궁정연극은 비교연극학적으로 연구의 가치가 있다. 이 논문에서는 시도하지 않고 이후의 과제로 남겨 두고자 한다.

(3) 개방공간

개방공간은 관객을 제한하지 않는 공연 공간이다. 어떠한 특권도 지니지 않는 유동적인 관객이 구성된다. 궁정 중심의 공연에서는 개방공간을 기대할 수 없으며 민간에서 벌어지는 공연에서 가능하다.

배우들의 자발적인 공연이 벌어지는 시정의 공연 공간을 예로 들 수 있다. 시정은 물리적으로 터진 공간이며 지나가는 모든 사람이 고객이며 관객이다. 그 공연이 장사를 위한 부수적인 것이든 공연 상품 자체를 팔기 위한 것이든 시정의 모든 사람들을 대상으로 한다. 여전히 배우는 천민의 신분을 벗어나지 못하고 있으나, 공연 공간에 있어서는 배우와 관객이 신분적 관계가 아닌 경제적 관계를 맺게 된다.

그러나 조선전기에 개방공간의 공연은 해악을 끼치는 행위로 규정되기 일쑤였으므로 활기를 띠지 못하였다.

> 임금이 진휼청 절목을 승정원에 내려보냈는데 이르기를, "…… 정재인과 백정 등은 본래 항산이 없는 사람들로 오로지 優戲를 업으로 삼으며 항간에 횡행하는데, 乞糧이라고 하지만 실제로는 방자하게 겁탈하는 것이다. 온 무리가 민가에 빌붙어 자생하면서 조금만 만족하지 못한 것이 있으면 일부러 불을 지를 뿐 아니라 몰래 엿보아 도둑떼를 이루니 해가 됨을 헤아릴 수 없다. 금년은 흉망하여 방자하게 도적질하는 것이 반드시 전보다 더할 것이니 이와 같이 경내에 횡행하는 자들을 일체 통금하라. ……" 하였다.
>
> 以賑恤廳節目 下于政院曰 …… 呈才人白丁等 本是無恒産之人 專業優戲 橫行閭里 稱爲乞糧 實肆劫奪 闔族資生 寄於民家 小有不愜 非徒衝火 窺覘作賊 爲害不貲 今年凶荒 恣行盜賊 必倍於前 如此黨類橫行境內者 一切通禁[254]

재인들 스스로는 놀이를 파는 행위를 乞糧이라 하였고 위정자의 입장에서는 劫奪이라 하였다. 어떤 입장이든 관객 집단의 호응이 없이 재인 집단의 일방적인 활동이 이루어졌다는 사실을 반영한다. 결

---

254) 『중종실록』 95권 28장.

국 아직 흥행의 차원에 이르지 못한 예능 활동의 수준을 보여준다고
하겠다. 흥행이 이루어지기 위해서는 수요와 공급의 균형이 맞아야
되기 때문이다.

한편, 개방공간의 공연은 주로 외방재인에 의하여 이루어졌다고
할 수 있다. 경중우인이 개방공간에서 공연하는 것은 궁정이나 상층
의 오락에 복무하는 여가를 통해서만 가능하였다고 할 수 있는데, 궁
정 중심의 공연상황이 아직은 우세하였으므로 시정 공연이 활성화되
지 못했을 것으로 추정된다. 경중우인은 제도로 마련된 행사에 참여
하고 상층의 오락에 복무하는 것만으로도 상당한 실질적 위치를 확
보할 수 있었으므로 예측할 수 없는 임의적인 보상을 위하여 구태여
개방공간의 관객을 찾아 나설 필요가 없었다.

그러나 외방재인에게 있어서는 서울의 시정 공연이 지방 공연에
비하여 장점이 있었다고 할 수 있다. 그들은 공식적으로 서울에 진출
하게 되는 나례나 聞喜宴의 행사를 적극적으로 활용하려고 하였다.

(가) 정원에 전교하였다. "중국의 사신이 올 때에 채붕에서 베풀어지는 놀
이 행사가 매우 많으나 요란한 속에서 자세히 구경하지 못할 것이다. 이번에
천사가 올 때는 더 가설하지 말고 전에 만든 것을 수리하여 사용하도록 하라.
먼 지방의 재인을 모두 모이게 하면 오고 갈 때에 민간의 재물을 훔치니 그
폐단이 작지 않을 것이다. 경기에 있는 재주 있는 자를 뽑아서 쓰라."
傳于政院曰 天使時 綵棚之設戱事甚多 擾擾之中 必不詳覩 今天使時 勿令加設
仍前所造之物 修補用之可也 遠方才人 皆令聚會 往來之時 偸取民材 其弊不小 擇
在畿甸有才者 用之255)

(나) 의정부에서 아뢰었다. "…… 優人들을 오래도록 머물려 두어 가진 양
식이 다하게 되었으니, 반드시 서로 도둑이 되어 겁탈하고 약탈하는 것이 많
을 것입니다. 놓아 보냈다가 중국 사신이 나오게 되면 다시 부르소서."
議政府啓 …… 優人久留 嬴粮垂盡 必相爲盜 多行㤼掠 請放遣 待天使臨到 更

255) 『중종실록』 89권 48장.

徵之256)

(가)에서 '먼 곳의 재인'이란 경기를 제외한 외방재인을 말한다. 외
방재인이 서울에 올라오고 내려가는 과정에서 재물을 훔친다는 것을
일반적인 의미의 도적질로 해석해서는 안된다. 앞에서도 보았던 것처
럼 재인들이 乞糧을 위하여 놀이를 파는 행위를 위정자의 입장에서
는 '劫奪'이라고 표현했기 때문이다. 결국 외방재인은 서울에 오고 가
면서 지나치는 驛站이나 浦口에서 놀이를 팔았던 것이다. 평상시에는
사는 지역을 멀리 떠나 활동하는 것이 제한되었으므로 제도적인 절
차를 이용하고자 했던 것이다.

(나)와 같이 외방재인이 서울에 머무르는 것을 방치하는 것을
계기로 개방공간의 공연이 이루어지기도 하였다. 연산군은 본래
유흥과 오락을 즐겨하였으므로 일부러 외방재인을 서울에 머물게
하여 궁정에서 벌이는 빈번한 공연 오락 행사에 동원하고자 했던
것이다.

그러나 번번이 그 폐단이 지적되었고 서울 시정과 근교에서 축출
당하였다. 놀이를 판다고 하였으나 도적질과 다름없었다는 진술은,
이 시기 개방공간의 공연이 민간인에게 있어서도 큰 호응을 얻지 못
했던 상황을 말해주는 것이다.

개방공간에서 공연의 수요를 끌어내기 위해서는 재인들의 공연종
목이 임의적인 관객 집단의 오락적인 욕구를 자극해야 한다. 반대로
재인들의 공연 종목이 다채로워지고 예능이 질적으로 향상되기 위해
서는 공연에 대한 적절한 보상이 뒤따라야 한다. 조선전기 개방공간
의 공연이 활성화되지 못한 것은 이러한 요소들이 서로 상승 작용을
하지 못하였기 때문이라고 할 수 있다.

---

256) 『연산군일기』 49권 7장.

(4) 준개방공간

준개방공간은 관객을 제한하지 않는다는 점과 배우와 관객이 경제적인 관계를 맺는다는 점에서 개방공간과 동일한 조건이나, 완전히 열려 있는 공간은 아니다. 관객과 배우의 계약에 의하여 초청 공연이 벌어지는 공연 공간을 들 수 있다. 배우 집단을 초청하여 배타적으로 공연예술을 향유하는 까닭에 다액의 보상을 해야 하므로 비용을 부담할 수 있는 능력을 갖추고 있어야 한다. 따라서 누구나 관객 집단이 될 수 있는 가운데서도 제한적인 조건을 지니게 되는 것이다. 경제적인 능력과 예술 향유의 의지를 갖추고 있는 사람들이 관객을 구성하게 되기 때문에 유동적인 가운데서도 고정적인 관객 집단이 구성될 수밖에 없다.

한편, 초청 공연은 배우와 관객이 수평적인 관계에서 공연의 보상을 전제로 하는 것이다. 따라서 신분적인 우위에서 배우를 불러들였다가 공연에 만족하지 않으면 보상을 하지 않을 수도 있는 경우는 초청이라고 볼 수 없다. 그러한 관계에서 이루어지는 공연은 준폐쇄공간의 공연으로 준개방공간의 공연과는 구별할 수 있다.

聞喜宴이 열리는 양반가의 뜰이나 遊街를 벌이는 거리 등이 이 시기 공연의 준개방공간이라고 할 수 있다. 관객이 공연 공간을 지정하게 되므로 배우 스스로 공연 공간을 결정하는 개방공간과 차이가 있다.

과거철이 되면 외방재인은 과거급제지의 문희연이나 유가에 발탁되어 공연하기 위하여 서울에 진출하였다. 지방 유생의 과거길을 따라 상경한 외방재인이나 서울의 경중우인이 동등하게 기예를 다툴 수 있는 계기가 되었다고 할 수 있다.

> 김안로가 또한 아뢰었다. "신사년에 당고가 나왔을 때에 유생 6, 7백 명을 두 곳으로 나누어 세웠어도 부족하지 않았습니다. 이번에도 서울에 있는 유

생으로써 조서를 맞이하여도 적지 않을 것입니다. …… 한꺼번에 유생들을 모 았다고 해서 때아닌 큰 과거시험을 특별히 보이는 것은 일이 매우 구차하며 돌아가는 이치가 모두 적합하지 않게 될 것입니다. 또한 경기에서 징집한 군 사 및 사방의 정재인들이 모두 서울에 모여들면 매우 소란스럽게 될 것입니 다. ……."

　지시하였다. "…… 내가 대신과 의논하였더니 영의정이 좋다고 하였기 때 문에 別試를 보이기로 이미 결정한 것이다. 과연 정재인, 잡색군사, 지방의 유 생들이 한꺼번에 서울에 모이면 몹시 시끄럽게 될 것이다. 그러나 이미 지방 에 알렸으니 유생 가운데는 또한 상경한 사람도 있을 것이다. 이제 와서 중지 한다는 것은 어려우며 유생들을 속이게 될 것이니 어떻게 하겠는가……."

　金安老亦啓曰 辛巳年唐皐時 儒生六七百 兩處分立 不爲不足矣 今以京中見 儒生迎詔 亦不爲少矣 …… 一時聚儒之故 特爲非時之大擧 事甚苟且 物情皆以爲 未便 且京畿徵兵及四方呈才人 皆聚於京師 甚爲擾亂 …… 傳曰 …… 予今議于大 臣 領相以爲可當 故旣定別試矣 果如呈才人雜色軍士外方儒生 俱集京師 則甚爲騷 擾 然已諭于外方 則儒生亦有上來者 今若中止 似難欺誑儒生 何以爲之[257]

사신이 올 때 늘어서서 맞이하는 유생의 수를 늘리기 위하여 別試 를 치러 지방의 유생들을 올라오게 할 것인가에 대한 논란이다. 시험 때 상경하는 유생을 따라 각곳에 있는 정재인이 서울로 모여들어 소 란스럽게 될 것이라 하였다. 이미 사신을 접대하기 위한 재인들은 불 러 모았을 것인데 별시 때문에 서울로 모여들 외방재인을 우려하고 있다. 나례 때 상송되는 외방재인과 과거철에 상경하는 외방재인이 차별되고 있음을 알 수 있다.

나례 때 상송되는 재인은 어느 정도 선발된 부류일 수 있다. 나례 와 과거가 겹치게 되면 후자에 참여하는 재인은 그 예능의 격이 떨 어지는 부류일 수밖에 없다. 그만큼 과거철을 당하여 상경하는 일은 자격이 까다롭지 않았고 외방재인 자신의 자발적인 의사에 의하여 좌우되었다는 것을 알 수 있다. 크게 이름을 얻지 못한 부류들은 이 러한 기회를 통하여 먼저 이름을 알리고 나례와 같은 공식적인 행사

---

257) 『중종실록』 83권 12장.

에 선발되어 입신하기를 열망했을 것이다.

그렇게 성공하기 위해서는 우선 급제자 개인에게 선발되는 과정을 거쳐야 했을 것이다. 과거 때 상경하는 예능인과 과거 응시자의 관계는 처음부터 약속된 것이 아니기 때문이다.258) 이러한 비공식적인 차원의 관습은 제도에 의한 것이 아니고 立身과 보상을 위한 자발적인 경쟁이었다. 재인의 기예를 발전시킨다는 측면에서는 제도적인 나례의 기회를 앞질러 갈 토대를 마련하고 있었다고 할 수 있다.259) 더 나아가 나례와 문희연의 계기를 비교하자면, 나례는 공식적으로 재인을 징발하는 제도였던 데 비하여, 聞喜宴은 비공식적이며 자발적으로 경쟁하는 계기가 되었기 때문에 재인의 기예를 발전시키는 데 더욱 큰 動因을 제공하였다고 할 수 있다.

이러한 문희연이나 유가에서의 공연은, 누구나 볼 수 있고 보게 한다는 점에서 열려 있지만 초청의 목적에 맞는 한정적인 기능을 수행해야 한다는 조건이 있었다. 특정한 관객 집단의 수요를 상대로 하기 때문에 관객 집단의 예술적 관심 또는 배우 개인에 대한 이해가 증가할 수 있다. 따라서 관객 집단은 경제적인 지원이나 보상을 할 뿐 아니라 공연예술의 양식적 발전에 기여할 수 있다.

준개방공간은 물리적으로도 비교적 터진 공간이므로, 소수의 관객 집단 외에 많은 구경꾼260)이 담 너머로 혹은 길가에서 바라볼 수 있

---

258) 이혜구, 「宋晚載의 觀優戱」, 『중앙대 30주년기념 논문집』, 1955, 111면; 金鍾澈, 「19~20세기 초 판소리 변모양상 연구」, 89~91면. 宋晚載의 「觀優戱」에는 재인들이 자신들도 과거를 보러간다고 하였고 서울의 고관댁 사랑에 출입하며 취재를 받았다고 한다. 누가 과거에 급제할지 모르는 상황에서 섣불리 관계를 맺어두기는 어렵다.

259) 김종철, 앞의 논문(1993) 참조. 문희연과 같은 私宴에서 기예를 겨루는 양상에 주목하여 판소리의 발전에 문희연의 성행이 큰 기여를 하였으리라 추측하였다.

260) 신분적 특권을 지니거나 경제적 대가를 지불하는 관람자를 '관객'이라 하고 그러한 특권이나 의무를 지니지 않은 부차적인 관람자를 '구경꾼'이라고 부르기로 한다.

고 그들을 강제로 막지 않는다. 그러나 구경꾼은 연극의 공연에 영향
을 줄 수 있는 관객이 아니다.

4. 조선후기 연극의 공연상황과 그 변천 과정

1) 배우의 활동 유형과 공연 관리 기구의 기능

(1) 공연 활동의 자율성 확보

이선 시기의 배우들은 경중우인과 외방재인으로 구분되어 사회적
위상이나 활동의 범위에서 크게 차별되었다. 서울은 궁정을 둘러싼
공식적인 문화권의 중심에 있을 뿐 아니라 시정이 발달하여 민간의
오락적 수요도 만만치 않았으므로 각지의 예능인들은 서울에서의 공
연을 열망하였다. 그러나 나례와 같은 행사를 제외하고는 외방재인
이 서울에서 활동할 수 있는 기회가 주어지지 않았다.

한편 경중우인들은 외방재인이 선망하는 서울에서 예능 활동을 하
고 있었지만, 궁정과 상층이 요구하는 행사에 참여해야 하는 의무를
지고 있었다. 외방재인의 서울 시정 공연이 엄격하게 금지되었던 만
큼 경중우인이 서울 시정이나 지방에서 공연 활동을 벌이는 것도 예
사로운 일은 아니었다고 할 수 있다.261) 그것은 어느 시기까지는 공
식적인 제도가 경중우인의 생계를 보장해주고 예능 활동을 뒷받침하

---

261) 경중우인의 지방 공연은 제도가 보장하는 범위 안에서 지방 관료의 연회에
　　불려져 가는 정도였으리라 추측된다. 공식적인 문화 속에서의 공연상황이 비
　　공식적인 공연상황보다 우위에 있는 한, 경중우인 스스로 익명의 관객을 찾아
　　나서는 공연 활동은 있을 수 없다.

였다고 할 수 있지만 점차 더 나은 공연상황을 찾아 배우들의 활동
양상이 달라졌다고 할 수 있다.

다음의 자료는 경중우인이 제도권의 통제를 벗어나 자유롭게 지방
공연을 하는 모습을 보여 준다.

> 구담은 곧 포교 변시진(卞時鎭)을 만나 동행할 것을 약속했다. 변은 도둑잡
> 이로 유명한 포교였던 것이다. 그리고 서울의 파락호(破落戶)인 임총각 임완
> 석(林完石)을 얻었다. 임완석은 하루 3, 4백리를 걸어 신행태보(神行太保)라
> 명호가 붙은 사람이었다.
> 세 사람이 암암리에 작반해서 떠났다. 다 같이 광대(倡優)의 복색을 하고,
> 화려한 옷과 진기한 물건을 전대 속에 넣어서 임완석이 짊어졌다. (…중략…)
> 이튿날 변시진·임완석과 함께 비밀리에 금강산으로 들어갔다. 구담은 스
> 스로 서울 광대(京中倡優) 구명창(具名唱)이라 하였으며, 변시진으로 고수(鼓
> 手)를 삼아, 가는 곳마다 영산회상곡(靈山會上曲)을 불렀다. 의복도 화려하였
> 으며 진기한 물건도 흩어 각 절의 중들이나 유산인(遊山人)들에게 인심을 썼
> 다. 일시에 이름이 산중에 진동했다. 구명창의 노래를 듣기 위해서 사람들이
> 구름처럼 몰렸다.262)

具紞은 정조 때에 실재했던 인물이다. 도적을 잡으러 떠난 암행어
사가 倡優의 복색을 한 것은 누구에게도 의심받지 않으려는 계책의
하나이다. 유랑하는 창우의 모습이 보편적이었다는 말이 된다. 더구
나 그는 京中倡優라고 자처하면서 강원도 양양과 금강산 일대를 돌
아다녔다고 하므로, 경중우인이 지방을 순회하며 공연하는 일이 결
코 새삼스러운 일이 아니었음을 알 수 있다.

서울에서 활동하던 예능인이 지방으로 공연을 떠난 예는 廣文이라
는 인물의 행적을 통해서 살펴 볼 수 있다. 광문은 朴趾源이 지은
「廣文者傳」의 주인공이다. 그는 실존인물로 18세기에 이름을 날렸는
데, 洪愼猷의 「達文歌」, 趙秀三의 「秋齋紀異」, 李鈺의 「張福先」에서도

---

262) 이우성·임형택 역편, 『이조한문단편집』(하), 62~65면.

그의 행적을 살필 수 있다. 예능인으로서의 면모가 드러나는 「廣文者傳」과 「達文歌」에 의하면 그는 나례 山臺를 거행할 때 매우 비중있는 인물이었음을 알 수 있다.

山臺의 좌우부에	鰲棚左右部
장안의 악소년 무리들	長安惡少年
그를 모셔다 상석에 앉히고서	延之坐上頭
귀신이나 모시듯 떠받드네	敬之若鬼神[263]

　광문을 상석에 모시고 떠받든 무리들의 실체 및 그렇게 행동한 이유에 따라 광문은 俳優일[264] 수도 있고 연예계의 주변 인물일 수도 있다. 세 가지 해석이 가능하다. ① 장안의 악소년 무리는 산대를 구경나온 서울 시정의 무뢰배들이며, 이름난 游俠인 광문을 객석 가운데 상석에 앉혔다. ② 장안의 악소년 무리는 산대 좌우부에 속한 재인들이며, 그들 중에 가장 기예가 뛰어난 광문을 우두머리로 삼았다. ③ 장안의 악소년 무리는 산대 좌우부를 운영하는 사람들이며, 좋은 재인을 무대에 올리기 위하여 기예가 뛰어난 광문을 귀신처럼 떠받들었다.
　原文의 서술상, 장안의 악소년 무리가 산대의 좌우부에 속해 있는 것은 확실한 사실이므로 ①의 해석은 어렵다. 한편, 이 작품이 씌여진 18세기 중반은 나례의 제도가 흔들리기는 하였지만, 중국 사신을 접대하기 위한 나례는 여전히 존속하여 공식적인 행사로서 거행되고 있었다. 특히 산대를 큰 길가의 좌우에 세워 그 위에서 잡희를 벌이는 방식은 사신 행차 때 연도에서 환영 행사로 벌어진 나례에 해당한다. 국가적인 행사인 나례 산대에 비공식적으로 구경할 수는 있지

---

263) 임형택 편역, 『李朝時代 敍事詩』(하), 285면.
264) 尹光鳳, 『유랑예인과 꼭두각시놀음』, 밀알, 1994; 사진실, 「조선 후기 才談의 公演樣相과 戲曲的 特性」에서는 광문을 배우라고 보았다. 그러나 필자의 경우, 자료를 객관적으로 파악하지 못했다는 지적에 따라 다시 검증하고자 한다.

만, 禁亂官과 羅將들이 雜人을 엄금하는 임무를 맡고 있었다. 따라서 관리들이나 나례 산대 관계자들 외에 일반인들이, '上頭'라고 부를 만 큼 좋은 자리에 앉아서 산대를 구경하기란 어려운 일이다. 따라서 장 안의 악소년들은 산대의 좌우부에 관련된 부류임이 확실해지고, ②와 ③ 어느 경우에나 광문은 배우라고 할 수 있다.

광문이 역모에 휘말려 推鞫을 당한 기록에 의하면 그가 걸식하였 다는 내용이 여러 번 나오므로,265) 그가 본격적인 활동을 한 예능인 이 아니라 단순히 거지였으리라는 추정도 가능하다. 그러나 「廣文者 傳」과 「達文歌」에 나타난 것처럼 그는 각종 예능에 뛰어났으므로 자 신의 예능을 보이면서 걸식하였을 것이다. 유랑하는 예능인들이 천대 받던 시기에, 걸식을 하기 위하여 예능을 파는 거지와, 예능을 팔아 생계를 유지한 예능인을 구분하는 것이 가능하였을지 의문이 아닐 수 없다.266) 전통적으로 배우 등 예능인들은 부랑자이며 건달, 거지 등으로 인식되었으므로, 배우의 존재를 알려주는 예전의 기록 가운데 명쾌하게 직업을 지정한 경우는 드물다. 優人 또는 俳優라고 직업을 명시하여 기록한 것은, 궁정이나 상층 귀족에게 딸려 신분을 보장받 으면서 그들의 오락에 복무하였던 경우에 해당할 뿐이다. 따라서 광 문의 직업에 대한 명확한 제시가 없이 다만 걸식하였다고 기록되었 다 할지라도 그가 배우 또는 재인이었다는 사실은 거의 확실하 다.267)

---

265) 『推案及鞫案』 22, 아세아문화사, 694~697면, "乞食道路 而無與逆種醋酊之事", "乞食道路以至此境矣".

266) 『조선왕조실록』의 여러 기사에서 외방재인들이 乞糧한다거나 乞食한다는 표 현을 사용한 것을 보아도 이러한 구분이 불필요했다는 사실을 알 수 있다.

267) 설령 광문이 배우가 아니라 할지라도, 그는 연예계의 영향력 있는 인물이었던 것은 확실하다. 그는 서울 시정의 유흥을 장악했다고 하는 왈자 집단과 교분 이 있었으며, 기생의 매니저 역할을 하였던 것이다. 공연 활동에서 비본질적 인 역할을 담당하는 인물이 연예계에서 큰 영향력을 행사하게 된 사실은 서 울 시정의 흥행 활동에서 매니지먼트 등의 역할이 분화되었다는 추정을 가능 하게 한다. 외방재인이나 경주우인이 국가적인 통제와 관리에서 벗어나 활동

국가적인 나례의 좌우 산대는 서로 신기한 기예를 보이기 위하여
경쟁 관계에 있었으므로 광문을 귀신이나 모시듯 떠받들었다는 사실
은 그의 기예가 경쟁의 승패를 좌우할 만큼 뛰어났다는 것을 말해준
다. 서울에서 거주하며 활동한 경중우인으로서 기예가 남달랐지만
그는 궁정이나 상층에 예속된 배우는 아니었다고 여겨진다. 광문의
활동 양상은 매우 자유롭고 자발적인 모습으로 나타난다.

> "나는 부모 형제와 처자도 없는 몸인데 무엇하러 집을 갖겠나. 나는 아침
> 이면 시정으로 노래를 부르며 다니다가 날이 저물어 부자집의 문하에서 잠을
> 자면 그만이지. 서울 성중 8만호에 내가 매일 자는 집을 바꾸더라도 나의 일
> 생 동안 다니지 못할 것이다."
> 吾無父母兄弟妻子 何以家爲 且吾朝而歌呼入市中 暮而宿富貴家門下 漢陽戶八
> 萬爾 吾逐日而易其處 不能盡吾之年壽矣268)

집을 마련하고 정착할 것을 권하는 사람에게 광문이 대답한 말이
다. 노래 부르며 시정을 다닌다는 것은 시정을 중심으로 공연 활동을
벌였다는 것을 말해준다. 낮에는 시정의 민간인을 상대로 놀이를 팔
고 저녁이면 부잣집의 잔치에 불려 다니며 공연하였던 것이다. 궁정
이나 특정한 개인에게 예속되어 있었다면 있을 수 없는 모습이다. 그
는 서울 시정 공연을 자유롭게 할 수 있었을 뿐 아니라 지방의 상업
도시로 공연을 다녔다.

(가) 새벽녘이면 장군의 연회에 불리어 가고　　晨起將軍幕
어둘 녘이면 왕손의 잔치에 나아가서　　夜赴王孫筵
먹다 남은 술 식은 안주　　殘盃與冷炙
걷어 먹나니 마음이 처량하다.　　到口心哀憐

의 자율성을 확보하는 변화는 민간의 오락적 수요가 증대했다는 사실을 반영
한다. 그 결과 매니지먼트와 같은 주변적인 역할이 분화하고 전문화하게 되는
것이다.
268) 이우성·임형택 역편, 앞의 책 (下), 272/418면.

간다 온다 말도 없이 뚝 떠나   卽席無語別
한강변으로 나가 하룻밤 새우고   出宿漢江邊
식전에 문경 새재를 넘어   朝踰主屹關
석양에 낙동강에 배를 타고   夕濟洛東舡
번화하기로 동남방에 첫손 꼽히는 곳   繁華擅東南
동래는 바닷가에 자리잡고 있어   萊州在海濱

그 무렵 통신사   是時通信使
일본으로 곧 떠나는지라   將赴日本蠻
따르는 무리 5, 6백 명이   從人五六百
빽빽히 부산으로 연이었는데,   鬱鬱連釜山
홀연 달문이 어디서 나타나자   忽然文躍入
모두 전처럼 은근히 맞이하고   如舊接殷懃
그 고을 사람들 달문 한 번 보자고   邑人要識面
가는 곳마다 몰려 떼를 이루었네.   所到聚成群
서로들 잡아끌어 집으로 데려가서   競引還家去
안주는 수북수북 술잔이 넘치는데   酒肉溢杯盤
익살에다 속담을 섞어서   調諧雜俚語
이러구러 반년을 놀다 보니   半年成留連
지루하고 염증이 나는구나.   支離生厭倦
……   ……

휘장 안에 비단 치마 늘어 앉아   玉帳列綺羅
대피리 줄풍류 촛불에 비치는데   華燭照管絃
덥수룩한 달문이 뛰어들어   蓬頭突其鬢
절하는 모습 기운이 펄펄 날아갈 듯   膜拜氣連軒
뜰 앞에 온갖 춤 어우러지고   庭前紛萬舞
술잔을 받아 마셔 얼굴이 주홍빛   錫爵顏如丹
……   ……

가는 곳마다 사람들 그의 얼굴 알아보고   到處人識面
구경 나온 사람들로 담장을 둘러친다.   觀如堵墻環[269]

---

269) 林熒澤 편역, 『李朝時代 敍事詩』(하), 285~288면.

(나) (광문은) 남으로 전라도·경상도의 여러 고을로 다니며 놀았는데 그가 가는 곳마다 소문이 높았다. 그 후 다시 서울에 돌아오지 않은 것이 수십년이었다.

時已南遊湖嶺諸郡 所至有聲 不復至京師 數十年270)

(가)에 의하면 광문은 지방 상업 도시인 동래에 가서 공연하였음을 알 수 있다. 처음에는 통신사를 수행하기 위하여 머물러 있던 서울 출신 사람들에게 인기를 끌었지만 곧 동래 사람들의 관심을 사서 반년이나 머물면서 활동한 것으로 되어 있다.

(나)에 의하면 서울을 떠난 지 수십 년 동안 돌아오지 않고 지방을 전전하였다. 산대에 출연하는 이름난 배우인 그가 서울에서 떠난 지 수십 년이 되도록 돌아오지 않았다는 사실로 미루어 광문의 지방 공연 활동은 국가적인 나례가 유명무실해진 이후의 일이라 할 수 있다.271)

여러 가지 특권적 위상을 지니고 있었던 경중우인이 서울 시정의 공연에 적극성을 띠었을 뿐 아니라 지방의 상업 도시로 진출한 것은 공연 오락에 대한 민간의 수요가 늘어났기 때문이다. 한 개인이나 특정 집단에 예속되어 그들의 요구에 복무하는 일은 더 이상 특권이 되지 못한 채 자유로운 공연 활동에 제약이 되었다. 한편, 임진왜란 이후 국가의 재정이 궁핍해져 궁정 오락 행사를 대폭 축소하였으므로 경중우인이 외방재인과 구별되어 활동할 기반이 점차 사라지게 되었다고 할 수 있다.

그런 가운데 어디에도 예속되지 않은 외방재인이 자율적인 경쟁에 의하여 많은 기예와 공연종목을 축적해갔고 국가적인 공연의 계기를

---

270) 이우성·임형택 역편, 앞의 책(하), 273/418면.
271) 서울로 돌아온 광문은 옛 친구 표철주에게 靈城君과 豊原君의 안부를 물었는데 이미 죽었다는 소식을 듣는다. 광문은 두 사람의 생전에 서울을 떠나 사후에 돌아왔음을 알 수 있다. 두 사람은 각각 1756, 1752년에 세상을 떠났으므로 광문은 그 이전에 지방으로 떠났던 것이다.

빌지 않고도 자발적으로 공연 활동을 벌이게 되었다.

광문의 사례보다 반세기 정도 앞선 시기에 이미 외방 사람이 서울과 외방이라는 지역적 제한을 뛰어넘어 서울 시정의 연예계에 진출하였다. 물론 이전에도 외방재인이 끊임없이 서울 시정에 진출하고자 하였으므로 정부와의 사이에 많은 갈등이 있었다. 당시의 서울 진출이 불법적이 일이었고 실제로도 민간에서 큰 호응을 얻지 못했으므로 연예계의 주변 집단을 형성했을 뿐이었을 것이다.

그러나 16세기 말에 서울에 진출한 장생의 사례를 보면 서울 시정의 예능인들과 교분을 맺고 활발한 활동을 벌이고 있었다.

> 장생은 어떤 사람인지 알지 못한다. 기축년 사이에 서울에 와서 걸식을 일삼았다. …… 이야기와 웃기를 잘 했으며, 특히 노래를 잘 불렀다. 노래를 하면 애처러워서 남의 마음을 움직였다. 언제나 자주빛 비단옷을 입고 있었으며 더우나 추우나 바꿔입지 않았다. 어떤 술집이나 기생집 치고 그가 드나들며 교류하지 않은 곳이 없었다. 술을 보면 번번이 끌어당겨 가득 채우고 노래를 불러 그 흥이 다하고서야 돌아갔다. 혹은 술이 반쯤 취하면 눈먼 점장이, 술취한 무당, 게으른 선비, 소박맞은 여편네, 밥비렁뱅이, 늙은 젖어미들의 시늉을 하되 가끔 실물에 가깝고, 또 얼굴 표정으로써 십팔 나한을 흉내 내되 흡사치 않음이 없고, 또 입을 찌푸리며 호각, 퉁소, 피리, 비파, 기러기, 고니, 두루미, 따오기, 학 따위의 소리를 짓되 참인지 거짓인지를 분간하기가 어려웠으며, 밤이면 닭울음, 개짖는 소리를 흉내 내면 이웃집 개 닭이 모두 따라서 우짖었다. 아침이면 野市에 나가 구걸을 하는데 하루에 얻는 것이 거의 서너 말이나 되었다. 몇 되를 먹고나면 다른 거지에게 흩어주었기에 나가면 뭇 거지아이들이 뒤를 따랐다. 다음 날도 또한 이와 같이 하니 사람들이 그가 하는 바를 예측치 못했다.
>
> 蔣生不知何許人 己丑年間 往來都下 以乞食爲事 …… 善談咲捷給 尤工謳 發聲悽絶動人 常被紫錦袂衣 寒暑不易. 凡倡店姬廊 靡不歷入慣交 遇酒輒自引滿 發唱極其懽而去 或於酒半 效盲卜醉巫懶儒棄婦乞者老仍所爲 種種逼眞 又以面孔學十八羅漢 無不酷似 又戲口作笳簫箏琶鴻鵠鷺鶩等音 難辨眞贋 夜作鷄鳴狗吠 則隣大鷄皆鳴吠焉 朝則出乞於野市 一日所獲幾三四斗 炊食數升 則散他乞者 故出則群乞兒尾之 明日 又如是 人莫測其所爲[272]

장생이 서울의 악공이나 기녀와 친분 관계를 맺고 활동하는 모습
은 광문의 행적과 같다. 광문이 서울 출신 배우로서 외방을 돌아다니
며 활동하였다면, 장생은 외방 출신으로 서울에 올라와 연예계에 입
문하였다고 할 수 있다.

17세기 초의 배우로 알려진 朴男 역시 외방재인으로서 서울 시정
에 진출하여 성공한 사례를 보여주고 있다.[273] 박남이 외방재인으로
서 나례에 동원되었다는 사실은 인조 4년의 『나례청등록』을 통하여
확인할 수 있다. 상송되는 재인의 명단에 朴男이라는 이름이 있다.

> 全羅道 才人
> ……
> 金堤 頓一 成福 劉德金 朴男

1626년에 거행된 나례의 기록이므로 김종철이 추정한 활동 연대와
도 들어맞고, 전라도 김제 사람이므로 다른 일화[274]에서 그가 호남
사람이라고 한 사실과도 부합한다. 따라서 이 명단의 박남이 『疎齋
集』, 『二旬錄』, 『溪西野談』에 실린 일화의 주인공 박남과 동일인이라
고 할 수 있다. 그는 1626년 나례의 이전부터 서울에 상송되었다
고[275] 하겠는데, 김제 출신 재인 명단의 말미에 기록된 것으로 보아
그때까지만 해도 큰 이름을 내지는 못하였던 것 같다.

그런데 『소재집』과 『계서야담』의 일화를 보면[276] 박남이 활동 무

---

272) 許筠, 『惺所覆瓿藁』, 8권.
273) 김종철이 배우 박남의 존재에 처음 주목하였는데 그가 호남 출신의 나례우인
   인 동시에 판소리 창자라고 추정하였다(김종철, 「19~20세기 초 판소리 변모
   양상 연구」, 20~23면).
274) 李佑成·林熒澤 譯編, 『李朝漢文短篇集』(下), 179면.
275) 처음 나례에 상송되는 재인의 명단에는 누가 추천하였는지 별도의 기록이 있
   으나 박남에게는 참고 사항이 없는 것으로 보아 그렇게 말할 수 있다.
276) 『소재집』의 일화는 金鍾澈이 처음 거론하였는데 박남과 관련된 몇 가지 일화
   와 비교하여 배우 박남의 면모를 자세하게 밝혔다(「19~20세기 초 판소리 변

대를 지방에서 서울로 옮겼음을 알 수 있다. 일단 두 일화의 공간적 배경이 서울이다. 박남이 김상헌을 웃기기 위하여 연기한 내용은 인조반정의 공신인 李貴의 상습적인 상소에 관한 풍자인데, 전라도 김제에서 나례 때나 과거철에만 상경하는 배우로서는 얻기 어려운 소재이다. 이귀의 이야기는 고전적인 일화가 아니라 당대 관료 사회의 時事之事이기 때문이다.277) 그렇다면 박남은 이귀를 풍자한 놀이를 연출해내기 이전에 이미 서울에 올라와서 활동하고 있었다는 말이 된다.

외방재인 가운데 뛰어난 재능을 가진 자는 경중우인으로 발탁되어

모양상 연구」, 20~23면). 이름난 배우인 박남이 聞喜宴에 참가하였는데, 그 집에서 재상 金尙憲을 웃길 것을 종용하자 상소하기 좋아하는 李貴를 풍자하는 笑謔之戲를 하여 성공하였다는 내용이다. 상송재인 명단에 박남의 이름이 올라 있는『나례청등록』의 기록 및『계서야담』의 일화는 선행 연구에서 거론되지 않았다.『계서야담』의 일화 역시 聞喜宴에 관련된 것으로 그 내용은 다음과 같다.

① 한 士族이 등과하여 하객들이 집에 가득 찼는데 이때 相國인 沂川 洪命夏도 참여하였다.

② 주인집에서 배우를 불러왔는데 볼 만한 것이 없었다.

③ 주인집 大夫人이 여종을 시켜 여러 재상들에게 고하기를. 市井 부잣집 자제가 武科에 급제하여 배우 朴男을 데려갔는데 大官의 한마디면 데리고 올 수 있을 것이라 하였다.

④ 한 재상이 겸종을 시켜 박남을 데려오게 하고, 만일 내주지 않을 경우 武人 父子를 끌어오라고 하였다.

⑤ 洪公이 士大夫의 행사는 전후가 일치해야 하는데 세력을 믿고 잡아오게 하니, 이는 광해군 때 재상들이 패가망신한 것과 비슷하다고 하였다.

⑥ 그 재상이 얼굴이 붉어져 사과하였다.

⑦ 그 말을 들은 사람들이 洪公이 남이 하기 어려운 말을 한 것과, 재상이 허물을 고치기에 인색하지 않은 것을 칭찬하였다.

　　　　　　　(徐大錫 編著,『朝鮮朝文獻說話輯要』(1), 集文堂, 350~351면)

277)『인조실록』11권 20~22장, 인조 4(1626)년의 기록에 이귀의 무분별하고 무책임한 상소 때문에 젊은 관료들이 싫어하고 괴로워하고 있다는 내용이 나타난다. 전파 매체가 발달하지 않은 시기이므로 관료 사회에서 오간 불만의 내용이 전라도 김제의 재인에게까지 전달되기는 쉽지 않다고 하겠다.

궁정을 중심으로 서울에서 활동할 수 있었으므로 박남이 서울에 진출할 수 있는 길은 열려 있었다. 그러나 17세기 초는 경중우인이 활동하는 궁정의 오락 행사가 대폭 축소되었기 때문에 공식적인 경로를 통하여 외방재인을 경중우인으로 불러올리는 일이 얼마만큼 유효하였을지 의문이다. 장생이 그랬던 것처럼 박남도 스스로 서울에 올라와 활동한 경우라고 보아야 할 것이다. 『계서야담』에는 과거 급제자의 집에서 박남을 데려가기 위하여 경쟁한다는 내용이 나타난다. 박남이 외방재인 출신이지만 기예가 뛰어났기 때문에 서울 시정의 중심에 진출하였음을 알 수 있다.

세조에서 명종 사이의 실록 기사에는 외방재인의 서울 진출을 단속하라는 기록이 자주 보이다가 오히려 조선 후기로 갈수록 그러한 기사가 보이지 않는다. 그것은 외방재인이 자유롭게 서울 시정에 진출할 수 있었던 사정을 반영하는 것이다.

전국적인 민간의 오락적 수요에 따라 경중우인이 지방에서 외방재인이 서울에서 공연 활동을 벌이는 상황에서, 경중과 외방으로 나누어 배우의 활동을 제한하는 것은 무의미한 일이 될 수밖에 없다. 배우들은 제도에 의하여 활동을 제한받던 단계에서 예능의 변별성을 토대로 자발적인 활동을 벌이는 단계로 접어들었다. 다음의 자료는 재인과 그들의 예능에 관한 변별성을 보여주고 있어 주목된다.

(가) 俳優의 놀이, 傀儡의 기예, 儺樂으로 施主를 청하는 일, 妖言으로 술수를 파는 자는 모두 금해야 한다.

남쪽지방의 아전과 군교들은 사치와 방종이 습속이 되어, 봄이나 여름 화창한 때가 되면 배우의 익살(우리말에 德談이라 한다–原註)에 窟儡의 棚竿의 놀이(우리말에 焦蘭伊 또는 山臺라고도 한다–原註)로 밤과 낮을 이어서 즐기고 있다. 수령은 이를 금하지 않을 뿐만 아니라 때로는 官庭에까지 끌어들이고 심지어는 그 內衙의 부녀자들까지 발을 드리우고 그 상스러운 장난을 구경하니 크게 예법에 어긋나는 일이다. 이런 일이 백성들에게 보여지니 백성들이 거기에 빠지지 않는 자가 없어 남녀 할 것 없이 들떠 방탕하여 절도가 없게 되니 창곡을 포흠지고 稅를 도둑질하는 것이 대부분 이 때문에 생긴다. 수령은 마땅히 방을 붙여 下民에게 효유하여 이러한 잡류가 고을에 들어오지 못하게 한다면 그런대로 백성들의 풍기가 안정될 것이다.

俳優之戱 傀儡之技 儺樂募綠 妖言賣術者 幷禁之

南方吏校 奢濫成風 每春夏駒宕 卽俳優滑詼之演(方言云德談) 窟儡棚竿之戱(方言焦蘭
伊 亦名山臺) 窮晝達夜 以爲般樂 牧 不唯不禁 時亦引入於法庭 甚至衙眷 垂簾聽其淫褻
大非禮也 以玆示民 民罔不溺 士女奔波 荒淫無度 倉連稅竊多由此種 牧 宣榜論下民 使此
雜類 毋納四境之內 庶乎民風其靜矣278)

(나) 역참이나 院이 있는 마을에서는 간혹 부유한 자가 돼지 잡고 술을 빚
어 음란하고 방탕한 짓을 자행하는데, 馬弔江牌를 벌이고 優婆·窟儡를 불러
들여 노래하고 소리질러 습속이 완악해진다. 수령은 마땅히 이를 알아서 엄
중히 금단하고, 범하는 자는 용서하지 말아야 할 것이다.

站院之村 其或殷實者 豢豕爲酒 恣其淫縱 馬弔江牌 優婆窟儡 歌呼嗽嚎 俗用
頑惡 牧宜知此 嚴行禁斷 犯者勿赦279)

(가)의 원문을 보면 ① '俳優之戱'와 '傀儡之技'가, ② '俳優滑詼之演'과
'窟儡棚竿之戱'가 대칭되어 쓰이고 있다. ①에서는 '배우'가 놀이의 주
체로 쓰였으므로 '傀儡'도 기예의 주체로 쓰였다고 할 수 있다. ①의
대칭은 ②에 이어져서 구체적으로 '배우의 놀이'와 '괴뢰의 기예'가
어떤 것인지를 보여주고 있다. ①의 '傀儡'와 ②의 窟儡는 혼용되어
쓰이기 때문이다.280) 곧 배우는 '滑詼之演'을 하고 굴뢰는 '棚竿之戱'를
하는 재인으로 구분되어 있는 것이다.

(나)를 보면 窟儡가 인형극과 같은 기예를 가리키는 말이 아니라
재인을 가리킨다는 사실을 다시 확인할 수 있다. 역참이 있는 마을의
수령이 출입을 금지해야 할 부류로서 窟儡와 優婆를 거론하고 있다.
優婆는 사당을 말하므로 窟儡 역시 이와 같은 놀이패를 말한다.

278) 丁若鏞, 茶山硏究會 譯註, 『譯註 牧民心書』 V, 창작과비평사, 1979. 113~114/
333면.
279) 丁若鏞, 앞의 책, 280/386면.
280) 실제로는 '窟儡'라는 용례는 찾아볼 수 없었는데, '窟儡子' 또는 '窟儡子'라는 용
례가 있어 인형극을 가리키는 傀儡子와 동일하게 쓰인다고 하였다(『漢語大詞
典』 8권, 漢語大詞典出版社, 1991, 455면).

窟儡가 傀儡와 혼용되는 것을 보면 인형을 놀리는 재주를 가졌다
는 사실은 분명하다. 그들의 기예라고 한 '棚竿之戱'에서 '棚'이란 인형
극의 무대를 가리킨다고 할 수 있다.281)

그런데 정약용은 '棚竿之戱'를 우리말로 '산대'나 '초라니'라 부른다
고 하였다. 1818년에 『牧民心書』가 완성되었다고 하니 '산대'는 나례
때 가설된 무대 설비인 山臺를 가리키는 것이 아니라 현전하는 탈춤
의 명칭인 '산대'를 가리킨다고 하겠다. 또한 정현석의 『敎坊歌謠』에
"焦爛 假面金目 山臺 士與僧美人皆假面"282)이라고 하였으므로 '초라니'
와 '산대'는 모두 가면을 쓰고 벌이는 놀이였음을 알 수 있다.

결국 窟儡는 인형극과 가면극을 함께 연출한 재인 집단이었다고
할 수 있다. 이두현은 최세진의 『訓蒙字會』와 『譯語類解』의 기록을
토대로 당시에는 "木偶(戱)와 假面(戱)를 엄격히 구별하지 않고 혼용
하고 있는데 이는 假面과 木偶를 같은 범주로 생각한 데에서 연유된
것 같다"283)고 하였다. 인형이나 가면은 실제 인물이 아닌 人像으로
허구의 인물을 창출한다는 점에서 같이 인식될 수 있다. 또한 앞에서
함께 열거된 배우의 예능과 대비해 보면 窟儡 집단이 벌이는 놀이의
실체를 파악하기 쉽다.

앞의 기록에 나타난 배우의 예능은 '滑談'라 하였고 우리말로는 '德
談'이라 한다고 하였다. '滑談'와 '德談'의 실체에 관해서는 판소리를
가리킨다거나 才談을 가리킨다는 견해가 있었는데284) 어느 것이나

281) 崔演의 「觀傀儡舞劍」(『艮齋集』 권10)에 '傀儡棚'이란 용례가 보이고 鄭顯奭의
    『敎坊歌謠』에 '郭禿 設棚戱木人'이라 하여 꼭둑각시놀음의 무대를 '棚'이라 한
    사실을 알 수 있다.
282) 정현석, 『교방가요』, 38장.
283) 李杜鉉, 『韓國의 假面劇』, 27면.
284) 김종철은 송만재의 「觀優戱」에서 '放榜迎牌獻德談'을 들어 '德談'이 판소리를
    가리킨다고 하였다(「19~20세기 초 판소리 변모양상 연구」, 108면). 한편 이보
    형은 이 귀절의 '덕담'이 창우집단의 告祀소리라고 하였다(「倡優集團의 廣大소
    리 硏究」, 『한국전통음악연구』, 고려대 민족문화연구소, 1990, 86~87면). 사
    진실은 조선 후기에 전문 배우가 才談을 공연하였다고 하여 '滑談'와 '德談'이

가면이나 인형을 사용하지 않고 배우 자신의 모습으로 연기한다는 점에서 공통적이다.

인형이나 가면을 사용할 경우 표정 연기를 자유자재로 구사할 수 없지만 그렇지 않은 배우들에게 있어서는 표정의 연기가 중요하다. 특히 배우의 전통적인 예능인 滑稽는 일종의 詭辯과도 같아서 언어의 감각과 知的 능력이 수반되어야 한다. 그러나 가면이나 인형을 사용하여 놀이하는 일은 일종의 기술이나 묘기에 가깝다고 할 수 있다. 또한 인형극이나 가면극의 특성상 굴뢰는 집단적인 공연 활동을 벌이게 되지만 배우는 재담이든 판소리든 개인적인 활동이 가능하다.

따라서 俳優와 窟儡는 그들이 담당한 기예에 의하여 구분될 수밖에 없는 변별적인 예능 집단이었다. 경중우인과 외방재인이라는 제도적인 구분에서 벗어나 갖고 있는 예능의 성격에 따라 배우와 굴뢰로 구분되고 있었던 것이다. 경중우인과 외방재인은 그 위상에 상당한 차이가 있었지만 배우와 굴뢰는 다만 그들의 예능에 대한 관객 집단의 수요에 의하여 성패가 갈렸다고 할 수 있다.

지금까지의 논의를 통하여 경중우인과 외방재인이라는 제도적인 차별이 무너지고 예능인의 기예에 따라 새로운 변별성이 생겨났다는 사실을 밝혔다. 그것은 예능인에 대한 공식적인 제도의 통제력이 약화된 현실을 말해주며 그만큼 민간의 오락적 수요가 팽배해져 예능인의 공연 활동이 활발해진 사실을 반영한다.

(2) 공연 관리 기능의 축소와 전환

민간의 오락적 수요에 바탕을 두고 예능인의 자발적인 공연 활동이 활발해지는 상황에서 기존의 중앙집권적인 기구를 통하여 배우를 관리하는 일이 점차 어려워졌다. 광해군 대에 오면 외방재인을 동원

그러한 재담을 가리킨다고 하였다(「조선 후기 才談의 公演樣相과 戲曲的 特性」, 1733~1735면).

하는 과정에서 나례도감의 통제력이 상실되어가는 상황을 확인할 수 있다.

　　의금부가 아뢰었다. "어제 신들이 회동해서 才人들을 조사하여 살펴보니, 경상도에서는 전원이 오지 않았고 강원도에서는 단지 4명만 왔습니다. 경상도에는 재능있는 사람이 꽤 많은데 大禮가 이미 임박한데도 보낼 생각이 없는 것 같습니다. 差使員을 파직하고 감사를 조사하는 것이 어떻겠습니까?" 전교하였다. "윤허한다. 수령도 아울러 죄가 무거운 쪽으로 추고하고 체차되어 온 후에는 一等의 녹봉을 감봉하라."
　　議政府啓曰 昨日 臣等會同才人點視 慶尙道全數不來 江原道只四名 慶尙道則才能人甚多 大禮已迫 無意起送 差使員罷職 監司察之 何如 傳曰允 守令並從重推考 遞來後 越錄一等[285]

　　의금부는 좌변나례도감을 맡은 실무 기구로서 세안을 하였다. 외방재인이 상송되지 않은 일에 대하여 차사원이나 감사에게 그 책임을 묻고 있지만, 실상은 외방재인을 통제하기 어려워진 사정을 반영하고 있다. 젊고 유능한 외방재인은 국가의 행사에 동원되지 않고도 민간의 공연 활동을 통하여 생계를 유지하고 예능을 재생산할 수 있었던 것이다. 나례에 동원되는 두 달 이상의 기간은 오히려 자유로운 공연 활동에 지장을 주었다고 할 수 있다. 외방재인을 상송하는 어려움은 경상도와 강원도뿐만이 아니라 전라도, 충청도, 황해도 등지에서 전국적으로 발생하게 되었다.[286] 외방재인뿐만 아니라 나례의 무대 설비를 만드는 데 동원해야 하는 役軍 및 나례에 소용되는 물품들을 차출하는 데 곤란을 겪는 일이 생기게 되었다.[287]
　　나례도감이 실무를 진행하는 어려움이 나타나는 기사가 광해군 집

---

285) 『광해군일기』(태백산본) 119권, 9년 9월 11일.
286) 『광해군일기』 144권 7장, 11년 9월 12일.
287) 『광해군일기』 130권 10년 7월 13일, 133권 10년 10월 16일, 144권 11년 9월 2일, 149권 12년 2월 19일, 166권 13년 6월 25일, 169권 13년 9월 5~7일 등 기사 참조.

권 말기에 집중하여 나타나고 있어 주목된다. 전란 이후 왕실의 위엄
이 사라지고 궁정의 재정이 궁핍해져 국가의 통제력이 약화된 상태
에서, 마지막 번화함을 누리려는 지나친 강요가 오히려 궁정 공연문
화의 쇠퇴를 가속하였다고 할 수 있다. 인조는 反正 직후, 거의 상설
기구처럼 운용되었던 나례도감을 폐쇄하고 나례에 쓰였던 각종 무대
설비와 장치들을 불태우게 된다.[288]

그러나 이후로도 중국 사신을 환영하는 나례를 위하여 나례도감이
설치되었다. 나례도감에 대한 마지막 기록은 『정조실록』 18권, 정조
8년(1784) 11월 5일 기사에 나타난다.

> 禁衛大將 徐有大를 특별히 파직시켰다. 나례도감에서 음악을 연습할 때 禁
> 衛營에서 待年軍이 잘못된 규례로 인하여 밤중에 화포를 쏘았는데, 左捕廳의
> 계달로 인하여 훈련대장을 시켜서 사실을 끝까지 조사하여 보고하도록 하였
> 다. 또 병조판서에게 명하여 해당 營의 장교를 끝까지 조사하여 신문하게 하
> 였다.
> 하교하기를, "관례가 있고 없고를 고사하고, 각 군영에서 응당 거행해야 할
> 旗祭에 대해서는 해당 군영에서 기일에 앞서 이유를 갖추어 草記를 올리고,
> 장교가 微稟하며 각 殿의 차비가 여러 대신들과 장신들의 집에 두루 알리게
> 되어 있으니, 법의 본의가 어디에 있는지를 알 수가 있는 것이다. 그런데 어
> 젯밤의 일은 해당 도감에서 조차 알지 못하였다. 이것도 또한 근거할 만한 전
> 례가 있는가? 서유대를 파직시키라." 하였다.
> 特罷禁衛大將徐有大職 儺禮都監習樂時 有禁衛營待年軍 因謬例 半夜放砲 因
> 左捕廳啓 命訓將 究覈以聞 又命兵曹判書 査問該營校 敎曰 有例無例姑舍是 各營
> 應行旗祭 該營前期具由草記 將校微稟各殿差備 遍告諸大臣將臣家 可見法意之有
> 在 作夜事 並與該都監而不知 此亦有前例之可據乎 徐有大罷職[289]

나례도감에 대한 마지막 기록에 의금부의 존재가 나타나지 않는
것은 우연인지, 아니면 다른 관청에서 나례도감의 일을 맡아보았는

---

288) 『인조실록』 1권 4장·23장 참조.
289) 『정조실록』 18권 47장.

지 확인할 수 없다. 그러나 임금의 친위와 수도의 방위를 맡은 禁衛
營이 나례도감과 어떤 관계를 맺고 있었다는 사실은 확인할 수 있다.
금위영과 같은 군영에는 軍樂을 연주하는 工人이 있기 마련이다. 나
례도감에서 음악을 연습할 때 금위영이 등장한 것은 금위영 소속의
악공들이 나례에 동원되었다는 사실을 말해주는 것이라고 할 수 있
다. 군영에 소속된 악공이 공연 오락에 동원되는 사례는 총융청의 사
례에서도 나타난다.[290]

　나례도감이 존속하는 한 나례도감의 좌우를 맡은 의금부와 군기시
의 역할을 인정할 수 있다. 그러나 의금부가 단독으로 궁정 내부의
공연 오락 행사를 주관하여 배우를 관리했던 기능은 약화되었다고
하겠다.

　궁정의 공연문화가 가장 번성했던 때는 중종, 명종 연간이었다. 선
조 때에는 전란을 겪으면서 왕실을 위한 내부적인 공연 오락 행사가
대폭 축소되었다. 국가의 재정이 궁핍해졌을 뿐만 아니라 공연 오락
행사의 대외적인 명분을 세울 수 없었기 때문이다. 유흥을 즐겼던 광
해군도 부묘 후의 나례와 같은 왕실 외적인 행사는 복원하였으나 觀
儺와 같은 오락 행사는 복원하지 못했던 것이다.[291]

　중앙집권적인 공연 관리 기구가 축소되면서 민간에서 재인들의 자
치 조직이 대두하게 된다. 관련 자료 가운데 재인의 조직에 관한 가
장 중요한 정보를 전해주는 것은 순조 24년(1824)의 「完文 等狀八道
才人」[292]이다.

　　…… 팔도재인 등은 병자년 이후로 칙행을 위하여 좌우산대를 설치하여 거
　행하였다. 재인 가운데 도산주라고 불리는 자리에 있는 자가 각도와 각읍의

---

290) 「무숙이타령」에 "산두노름하는 때는 총융청 공인 등대하고……"라는 귀절을
　　통해서 그러한 사실을 알 수 있다.
291) 각종 나례의 폐지와 관련된 논의는 「4.3.1. 폐쇄공간의 축소와 개방공간의 확
　　장」에서 이어진다.
292) 이른바 '甲申完文'이라고 불리는 문서이다.

재인들을 모두 뽑아 올려 각각의 차비(일을 나누어 맡은 사람; 역자 주)가 마
땅히 무사하게 봉행하였다. 지난 갑진년 이후에 좌우산대를 설행하지 않았으
나 전례에……

……八道才人等 丙子以後 當爲勅行而設爲左右山擧行 有才人中都山主爲稱所
在任者 各道各邑才人等 都取上來 各各差備 當爲無事奉行矣 去甲辰年以後 左右
山不爲設行是乎乃

"八道才人等 丙子以後 當爲勅行而設爲左右山擧行"의 귀절은 문면 그
대로 해석하여 1636년 이후에야 팔도의 재인들이 궁정의 나례에 상
송되었다고 받아들인다면 모순이 생긴다. 그 이전에도 나례에 외방재
인이 상송되었기 때문이다.[293]

김동욱은 이 기록의 의미를 역사적인 배경과 관련하여 1636년에
각도의 才人都廳이 설치되었다고 보았다.[294] 그러나 1636년 직후 있
었던 어떤 조직적인 체계가 나중에 재인청의 설립을 보게 되었다고
할 수는 있어도 1636년에 재인청이 세워졌다는 것은 사실일 수 없다.
「갑신완문」의 기록을 사실로 받아들이면서도 문면의 내용을 왜곡하
지 않는 해석을 해야 할 것이다.

"팔도재인 등은 병자년 이후로 칙행을 위하여 좌우산대를 설치하
여 거행하였다"는 것은, 병자년 이후 재인의 자체 조직이 사신을 위
한 나례를 거행한 주체로 부상했다는 뜻으로 받아들일 수 있다. 실제
로 병자호란이 끝난 직후 칙사로 온 청나라 사신을 영접하는 倡優 雜

---

293) 孫泰度, 「판소리 단가를 통한 광대의 가창 문화 연구」, 서울대 석사학위논문,
1996, 57면. 1636년 이후에야 중앙의 나례에 지방의 광대들이 동원되었다고
한 것이 잘못되었다고 지적하였다.
294) 김동욱, 앞의 책, 302면. 그는 위의 귀절에서 '當爲'를 생략하여 인용하였고,
'設'과 '爲'를 끊어 읽었다; "八道才人等 丙子以後(當爲)勅行而設 / 爲左右山擧
行". 그러다 보니 "팔도재인 등은 병자이후 칙행 때 설치되었다. 좌우산대를
위하여……"라고 해석될 수밖에 없고 팔도재인을 재인청과 동일하게 파악한
것이다. 그러나 팔도재인은 문면 그대로 전국의 재인일 뿐이며 재인청이라는
기구가 될 수 없으므로 '設爲'는 붙여서 읽어야 한다.

戱를 벌인 사실을 확인할 수 있다.295)

  이미 인조 초기부터 공연 오락 문화의 규모가 축소되었을 뿐더러, 병자호란 이후 질서가 흐트러진 궁정이 나례도감을 설치하는 등 제도적인 절차를 거쳐 행사를 치르기란 어려운 일이었을 것이다. 官의 조직에 비하여 민간의 재인 조직은 현실의 어려움에 탄력적으로 대응할 수 있었음은 충분히 추정할 수 있다. 따라서 임시방편으로 나례의 산대희를 민간의 재인 조직에 위탁하게 되었고 이것을 계기로 재인 조직이 표면으로 떠오르게 된 것이다.

  이러한 논의는 병자호란 이전부터 민간의 재인 조직이 존재했다는 전제가 있어야 성립할 수 있다. 그 점에서 다음의 자료를 주목할 필요가 있다.

    의금부가 아뢰었다. "저번날 본부의 계사 내용이, '이번 과거의 거자들이 榮墳하고 榮親한다고 이르면서 才人들을 먼 도에까지 데리고 가고 있으니, 앞으로 있는 大禮가 꼴을 이루지 못하게 될 것입니다. 만약 엄하게 법을 세우지 않는다면 그 길을 막을 수 없고 겨우 모은 오합지졸들이 모두 도로 흩어질 것이고 흩어지는 것을 막을 수 없게 될 것이니, 지극히 염려됩니다. 대례 이전에 지레 재인들을 먼저 데리고 가는 거자와 山主才人 등을 함께 중죄로 다스리고 각별히 승전을 받들어 시행할 일'로 계하하였습니다. 요즈음 기강이 해이해져 무릇 승전을 받드는 일을 태만하게 거행하지 않고 있으니 매우 한심합니다. 庭試의 거자들이 승전을 무시한 채 겨우 모은 재인들을 공공연히 먼 도에까지 데리고 간 자가 무려 20여 인에 이르고 있습니다. 그 가운데 上色才人 6인은 아직도 나타나지 않고 있으니, 지극히 놀랍습니다. 청컨대 거자와 산주재인 등을 함께 유사로 하여금 무겁게 다스리도록 하소서." 임금이 윤허한다고 전교하였다.

    義禁府啓曰 前日府啓辭內 今此科擧擧子等 或稱榮墳榮親 才人遠道率歸 則前頭大禮 不成模樣 若不嚴立科條 痛塞其路 僅聚烏合之卒 盡爲還散 無以禁斷 至爲

____
295) 『逸史記聞』, 『大東野乘』 14, 민족문화추진회, 1982, 627면. 1637년 겨울 용골대, 마보대가 칙사로서 서울에 왔을 때 창우 잡희를 벌여 환영했다는 내용이 보인다.

悶慮 大禮前徑先率去擧子及山主才人等 並從重治罪事 各別捧承傳施行事 啓下矣
近來紀綱解弛 凡于捧承傳之事 慢不擧行 至爲寒心 庭試擧子等 不有承傳 僅聚才
人 公然遠道率去 多至二十餘人 其中上色六人 尙不還現 極爲駭愕 請擧子及山主
才人等 並令攸司重治 傳曰允[296)]

上色才人은 나례의 지정종목에서 주요 역할을 맡은 재인이다. 나례
에 참여하는 일이 박두하였는데, 고향의 부모와 조상의 산소를 찾아
가는 과거 급제자의 초청을 받아 공연하러 가느라고 서울에 올라오
지 않은 것이다. 그런데 그 책임을 山主才人에게 묻고 있는 것으로
보아 산주재인은 우두머리 재인이라는 사실을 알 수 있다.

산주재인은 재인 조직의 우두머리로서 「完文 等狀八道才人」에 나오
는 都山主와 통한다고 하겠다.[297)] '山主'의 山은 바로 부묘 나례나 영
사 나례 등을 거행할 때 설치하는 左右山臺를 말한다. 左右山 또는 左
右山臺의 제도는 궁정에서 내려온 것이므로, 山主의 명칭과 역할은
나례에 상송되는 전통에서 영향을 받았다고 할 수 있다. 그러나 官의
명령에 의하여 재인 조직이 결성되었다고[298)] 할 수는 없다. 官의 주
도로 재인 조직이 결성되었다면 지휘 계통이 같아야 할텐데 위의 자
료는 산주재인 이하 재인 조직과 나례도감이 별개의 지휘 계통을 갖
고 있음을 보여준다.

위의 기록보다 8년 뒤의 자료인 1626년의 『나례청등록』에 의하면
외방재인들은 여전히 縣에서 개인별로 차출되었고 상송되는 재인을
확보하는 일은 각 도 監司의 책임으로 이루어졌다. 재인 조직은 그
이전부터 존재하고 있었으나 「갑신완문」에서 밝힌 1636년까지는 공
식적인 역할을 맡지 않았다는 사실을 알 수 있다. 재인의 자체적인

---

296) 『광해군일기』(태백산본) 133권, 10년 10월 16일.
297) 김동욱은, 1908년에 都山主였던 李鍾萬의 공술과 「갑신완문」의 내용을 종합하
    여 재인 조직의 위계를 도표로 만들어 제시하였다(『한국 가요의 연구』, 302~
    303면).
298) 김동욱, 앞의 책, 308면.

조직과 나례도감을 통한 중앙집권적인 관리가 병행하는 시기를 거쳐,
1636년에 재인 조직이 정식으로 나례의 좌우산대를 주관하게 되었다
고 하겠다. 궁정으로서는 불가피한 상황에서 선택한 일이었지만, 국
가 행사를 주관할 수 있을 만큼 재인 자치 조직이 성장했다는 사실
을 알 수 있다.

　1636년에서 1784년까지 재인 조직에 위탁하여 나례 산대희가 벌
어지면서 재인들이 이전 시기와는 달리 집단별로 상송되었을 가능성
이 있다. 이전 시기에는 나례 산대희의 공연종목 가운데 환영과 칭송
을 목적으로 행해지는 지정 종목이 중심이 되었다.[299] 그것은 민간
에서 재인들이 평소 모방할 수 없을 만큼 큰 규모의 설비와 물자가
필요한 것이었다. 그러한 설비와 물자를 준비하고 마련하는 것이 나
례도감의 주된 업무였다. 그러나 인조 이후로는 나례를 거행하는 회
수가 크게 줄었을 뿐만 아니라 소략하게 거행하는 것을 원칙으로 하
였다.[300] 나례의 공연종목 가운데 많은 부분을 재인들의 평소 공연
종목으로 충당하는 것은 나례의 규모를 줄이는 한 방편일 수 있다.
재인을 상송하는 절차를 都山主 이하 재인 조직에 맡겼다는 사실이
공연 종목의 변화와 직접 연결될 수 있다. 재인들이 개인별로 차출되
어 궁정의 공연 종목에 맞게 재정비하고 연습하는 일이 점점 줄어들
면서, 평소에 활동하는 놀이패 단위로 상송되어 시정과 외방에서의
흥행 활동과 마찬가지로 공연하는 일이 빈번해졌으리라 짐작된다.

　나례도감의 마지막 기록이 나타나는 갑진년(1784)까지 나례도감은
점점 그 기능을 상실해가고 있었던 반면 재인 자치 조직은 결속력을

299) 물론 공연 공간의 특성에 의하여, 觀儺와 달리 환영 행사인 나례는 민간 재인
　　들의 자율적인 공연이 허용될 여지가 있었다. 그 자율적인 공연이란, 같은 놀
　　이패에서 함께 상송된 재인들끼리 자신들의 평소 공연종목을 연행하는 것을
　　말한다. 그러나 그것은 비공식적인 일이었다. 이전 시기의 재인들은 개인별로
　　차출되었기 때문이다.
300) 『숙종실록』 13권, 8년 7월 16일 기사에는 나례를 위하여 山棚을 사치스럽게
　　치장한 책임을 물어 해당 낭청을 파직한 사례가 나타난다.

강화하였다. 「京畿道唱才都廳案」301)에 의하면, 左右山을 만들어 사신을 환영하는 규칙이 사라진 1784년 이후에 재인청을 설립하였다.302) 재인청이 설립되고 수십 년 뒤인 1824년, 조직을 재정비하여 그 결과를 戶曹에 보고한 문서가 바로 「갑신완문」이었던 것이다.

나례가 폐지된 이후에 오히려 재인청의 조직을 강화하고 내부적인 질서를 다졌다는 것은, 재인 자치 조직이 나례도감의 하부 조직이 아니라는 사실을 반증한다.303) 재인 조직은 나례 등의 국가 행사를 위하여 존립했던 것이 아니며 17세기 이후 민간에서의 흥행 활동에 기반을 두고 성장해온 것이다. 이들 재인청의 자체적인 관리는, 구성원의 품행을 단속하고 집단 간의 결속을 다지는 한편, 지역을 나누어 서로 침범하지 않게 하는 엄한 규율을 가지고 있었다고 한다.304) 이러한 관리는 재인 집단의 일상적인 흥행 활동과 관련이 있으므로 이전 시기의 나례도감이 관리하는 영역이 아니었다.

1784년 이후 재인 조직이 재인청으로 거듭난 것은, 자체적인 질서

---

301) 赤松智城·秋葉隆, 『朝鮮巫俗의 硏究』(沈雨晟 옮김), 東文選, 1991, 281~282면. 「京畿道唱才都廳案」, "……대개 우리들이 맡은 것은 나라에서 칙사시에 造山 爲戱하는 것이다. 저 사람들에 영합하여 청에 참석하고 公役에 응하여 관가에 이바지하고, 사적으로는 다른 사람들을 섬겨 자신을 살찌우니 대개 천한 장부가 하는 일이다. 그러나 갑신 이전의 勅行造山時에는 맡은 바가 스스로 중하였으나, 갑신 이후에 조산의 규칙이 깨지자 우리 무리들도 곧 한산해지게 되었다. 여전히 관가의 공역에 응하고, 도청 내에 규칙을 세웠으니 어찌 감히 조금이라도 소홀하고 태만하겠는가? 오직 우리 계원들만도 경기에 대략 4만 인이니, 모두 청의 훈계를 따르고 우리의 양속을 좇는다.……"
302) 재인 조직이 재인청으로 설립된 시기를 1784년이라고 단정할 수는 없다. 造山의 규칙에 깨진 후에 재인청의 규칙을 세웠다고 하였으니 1784년 이후이며, 「갑신완문」의 내용이 재인청을 재정비한다는 것이므로 1824년 이전이다.
303) 더구나 칙행에 있을 때에 각도 단위로 무질서하게 올라와서 시행하므로 그를 통제하기 위하여 다시 전국적인 규모로 재조직하였다는 분석(金東旭, 앞의 책, 302면)은 옳지 않다. 1784년에 이미 국가적인 행사로서의 나례가 완전히 폐지되었으므로 국가에 동원되는 임무를 수행하기 위하여 조직을 정비했을 까닭이 없다.
304) 赤松智城·秋葉隆, 『朝鮮巫俗의 硏究』(沈雨晟 옮김), 東文選, 1991, 283~284면.

를 바로잡고 민간의 오락적 요구에 부응하기 위한 노력이었다고 볼
수 있다. 따라서 선행 연구에서, 公儀로서의 나례가 폐지되자 재인들
이 전국으로 흩어져 山臺劇을 지방에 정착시켰다는 견해는 수정되어
야 한다. 외방재인들은 나례가 유지되는 동안에도 나라에 예속되어
있지 않았을 뿐더러 시정과 외방에서의 흥행 활동이 활발해진 시기
에는 나례도감의 구속을 거부할 수 있을 만큼 성장해 있었던 것이다.
재인을 선정하여 상송하는 관청의 업무가 부분적으로 재인 자치 조
직에 넘겨진 것은 재인을 관리하는 통제력의 판도가 바뀌어진 현실
을 반영한다.

그러므로 나례가 폐지되고 나례도감이 사라진 이후에 재인들의 조
직이 더욱 강화될 수 있었던 것이다. 그들은 흥행 활동이 활발해지면
서 서로의 활동 영역을 침해하지 않고 이익을 보장하기 위하여 질서
와 규칙을 정할 필요가 있었다. 그만큼 민간의 오락적 요구가 자라나
공연 오락의 수요가 증가하였다는 사실을 반영한다.

1636년 이후 재인 조직이 활동하면서 官과 관계를 맺고 있었던 것
은 赤松智城·秋葉隆이 보듯이[305] 관료 체제에 매어 있었기 때문이
아니다. 그 관계는 이익 집단으로 자라난 재인 조직과 관의 공조 체
제를 보여주는 것이다. 더구나 김동욱이 말한 것처럼 조선의 연예문
화가 상업문화와 자유경제에 의존하지 못하였다는 것도[306] 사실과
다르다. 재인청은 흥행 활동을 가능하게 한 상업 문화를 토대로 활동

---

305) 그들은 巫系에서 전해지는 몇가지 문서를 근거로 재인 또는 巫團 조직이 관료
    체제에 종속되어 있었다고 하였다. 「神廳完文」(赤松智城·秋葉隆, 앞의 책,
    275~276면)을 분석하면서 무당의 생활이 궁핍한 데 대하여 官이 개입하여
    주선한 사실을 두고 무단이 官에 의지한 정도를 알 수 있다고 하였다. 그러나
    이 문서를 제출한 사람들은 座首, 戶長 이하의 鄕史들이다. 이들은 관을 대표
    한다기보다 官과 무단을 매개하는 부류들이다. 이 문서는 향리와 무당 집단의
    밀접한 관계를 보여줄 뿐이다. 이러한 사실을 두고 조선시대의 재인과 무당이
    관료 체제에 매어 있었다고 말할 수는 없다.
306) 김동욱, 『한국 가요의 연구』, 308면.

하여 官과 공조할 수 있는 힘을 키운 것이기 때문이다.

이들 재인 조직 또는 재인청은 경기도 이하의 외방재인을 중심으로 이루어진 것이었다. 재인들의 흥행 활동이 상업 지역을 중심으로 번성하게 된다고 한다면, 서울을 중심으로 활동한 경중우인은 외방재인에 비하여 흥행 활동에 유리한 이점을 갖고 있었으리라 여겨진다. 그러나 이전 시기처럼 외방재인의 서울 진출이 금지되지도 않았을 뿐더러 지방의 상업 도시와 서울의 시정을 잇는 상업 유통 구조가 이루어지면서 경중우인과 외방재인이 서로 어울려 활동했을 가능성이 있다.

조선후기의 서울지역은 행정의 중심지일 뿐만 아니라 상업의 중심지가 되었으므로 시정을 중심으로 이들 재인들의 흥행 활동이 혼잡을 이루었다고 할 수 있다. 조선 후기 서울지역에서 재인들의 흥행 활동에 영향을 준 관청으로 左右 捕盜廳을 들 수 있다. 포도청은 巡羅, 捕盜 등의 임무를 맡은 말단 기구라고 할 수 있다. 포도청은 다른 어떤 관청보다도 대민 접촉이 많았고 각종 금지해야 할 사항들을 감시하고 감독하는 임무를 가지고 있었기에 대민 수탈의 기회도 많았다고 한다.307) 조정에서는 말단이었지만 서울지역의 상인이나 재인 등에게는 생업 활동에 직접 영향을 주는 막강한 존재였다고 할 수 있다.

한편, 가면극의 연행자가 捕盜 군사에 隷屬되어 있어 그 실제적 세력도 그 지위를 얼마간 보장한 경향도 있었다는 진술을 주목할 필요가 있다.308) 소개된 내용만으로는 재인이 포도 군사이기도 했다는 말인지 포도 군사의 통제를 받았다는 말인지 확인할 수가 없다. 그러나 다음의 기록은 전자일 가능성을 보여준다.

門卒은 혹은 日守, 혹은 使令, 혹은 羅將이라고 불려진다. 이들은 본래 모두

---

307) 조성윤, 「조선 후기 서울 주민의 신분 구조와 그 변화」, 191면.
308) 송석하, 「廣大란 무슨 뜻인가」, 『韓國民俗考』, 254~255면.

근본이 없는 떠돌이들인데, 혹은 倡優로서 투입하였고 혹은 窟檑로서 변신한 것으로 가장 천하고 교화하기 어려운 자들이다.309)

日守, 羅將 등은 원래 양민에서 보충되었으나 七般賤役으로 맡아하는 일이 고되어 기피하자 倡優나 窟檑 등 천민으로 보충하였던 것이다. 그러나 이들은 상시적으로 근무하는 것이 아니라 3교대로 나뉘어 1개월씩 복무하였다고 하므로310) 여가를 이용하여 생업에 종사할 수 있었다고 하겠다. 따라서 창우, 굴뢰 등 재인이 나장으로 복무하는 경우라도 복무 기간 외에 흥행 활동을 벌일 수 있었다고 여겨진다. 나장은 의금부의 핵심 병력을 이루었는데311) 의금부는 포도청에 비하여 세력이 강했기 때문에 나장들의 위세도 포도청 군졸에 비하여 높았다고 할 수 있다. 따라서 포도청의 군졸이 재인으로 충원되는 일은 어렵지 않았으리라 여겨진다. 의금부나 포도청의 하급 군병들과 연계를 갖는 것은 서울 시정에서 원만하게 흥행 활동을 벌이는데 이익이 되었을 것이다.

본산대탈춤에 포도부장이 긍정적인 인물로 등장하는 것도 같은 맥락에서 파악할 수 있다. 포도부장은 군사를 데리고 다니며 巡羅 활동을 벌이는 실무적인 책임자였기 때문에 시정에서 생계를 유지하는 예능인과 같은 부류들에게는 가장 강력한 힘의 표상이었다고 하겠다.312)

포도청 외에 조선 후기 서울지역의 예능인의 활동과 관련을 맺고

---

309) 丁若鏞, 『譯註 牧民心書』 2, 101면.
310) 『한국민족문화대백과사전』 5, 한국정신문화연구원, 1991.
311) 李相寏, 「義禁府考」, 60면.
312) 강명관의 논의에서, 포도군관이 기녀의 妓夫가 되었다는 사실, 색주가의 포주가 수입 중 일부를 포교에게 상납하였다는 사실, 진연이나 진찬 때 女伶을 동원할 경우 좌우 포도청에서 서울 시내의 酒商과 遊女를 거느리고 대령한다는 자료를 들어 포도청의 연예계 개입 정도를 확인하였다(「조선 후기 서울의 중간계층과 유흥의 발달」, 194~200면).

있는 것으로 나타나는 기구로 龍虎營이 있다. 용호영은 영조 31년
(1755)에 禁軍廳을 고친 것으로 임금의 친위부대인 內禁衛, 羽林衛, 兼
司僕를 합친 기구이다. 용호영이 조선 후기 서울의 공연 오락과 연관
을 맺는 이유는 대략 두 가지로 파악할 수 있다.

첫째, 용호영의 군악이 서울 시정의 음악적 수요에 부응하여 공연
오락 행사에 가담한 사실을 들 수 있다. 선행 연구에 의하면 장악원
의 음악에 비하여 군악으로 발달한 細樂은 일반의 놀이와 연회에 쓰
여 상업적인 흥행을 하게 되었는데 특히 용호영의 악대가 두각을 나
타내었다고 한다.313) 이러한 활동을 계기로 기생이나 창우들과 교류
할 기회를 갖았다고 할 수 있다.314)

둘째, 용호영의 구성원 중에 신분과 상관없이 武才를 통하여 등용
된 재인이 상당수 있었다는 사실이다. 무예가 뛰어난 외방재인이 兼
司僕, 羽林衛 등에 소속되었던 사실은 이미 언급하였다. 일단 중앙의
관직에 오르면 재인의 신분을 떠나게 되었겠지만 출신과 성향으로
인하여 재인 집단 및 예능인들과 밀접한 관계를 유지하였으리라고
짐작할 수 있다.

의금부는 원래 왕권을 보호하고 임금의 권위를 상징하는 기구였
다. 이전 시기에 의금부가 경중우인을 관리하고 궁정의 공연 오락을
주관하였던 것은 의금부의 본래 업무가 侍衛, 禁亂, 捕盜 등에 있었기
때문이다. 곧 공연 오락 행사 도중 임금의 신변을 보호하고 재인들의
혼잡을 바로잡는 일이 필요했기 때문이다. 의금부가 경중우인을 통
제하고 공연을 관리하는 업무를 끝낸 것은 궁정연극 또는 궁정오락

---

313) 임형택, 「18세기 藝術史의 視角」, 176면; 강명관, 「조선 후기 서울의 중간계층
    과 유흥의 발달」, 183~184면. 강명관은 장악원조차 민간의 음악적 수요에 부
    응하였다고 하였다.
314) 특히 妓樂의 경우 궁정의 수요가 이어지고 장악원이 존속하는 가운데 시정의
    흥행 활동을 겸하게 되었으므로 적절한 통제가 필요했다고 할 수 있다. 장악
    원은 음악을 교습하는 기관일 뿐 행정적인 통제를 하지는 않았으므로 친위부
    대인 용호영에서 그러한 역할을 수행했을 가능성이 있다.

의 쇠퇴를 의미한다. 궁정은 儀式으로 남겨진 呈才 외에 더 이상의
공연 오락을 유지할 공연상황을 마련할 수 없었다.

반면, 시정의 공연상황은 재인들의 흥행과 경쟁을 가능하게 할 만
큼 성장하고 있었다. 시정으로 모여드는 재인들을 통제하기 위해서
서울지역의 巡邏와 捕盜를 맡은 포도청의 역할이 커지게 되었던 것
이다. 의금부가 직접적으로 공연 관리 기능을 넘겼다는 기록은 없
다.315) 그러나 종래 의금부가 갖고 있던 禁亂, 捕盜의 기능이 포도청
등으로 이관되면서 자연스럽게 공연 관리 기능이 넘어갔을 수 있다.
그러나 공연 관리의 내용에는 질적인 차이가 있다.

포도청은 공연에 물리적인 통제력을 행사할 수는 있었지만 대본의
내용이나 연극의 연행 방식에 간섭할 필요가 없었다. 포도청은 시정
의 공연 질서를 관리한 것이기 때문이다. 시정의 공연은 흥행을 목적
으로 하고 그 내용은 놀이패의 역량에 따른 문제이다. 그러나 궁정연
극의 목적은 정치적 명분과 상층의 오락에 있었으므로, 관리 기구인
의금부가 관객 집단의 기호와 공연 목적에 맞게 공연 내용을 관리할
필요가 있었다.

한편, 포도청이나 龍虎營의 말단 관리들은 공식적인 업무 외에 비
공식적인 실력 행사를 통하여 시정에서 활동하는 재인 및 예능인을
장악하게 된다.316) 다음의 자료는 「達文歌」의 한 부분인데 서울 시정

315) 그런 기록이 남아 있지 않은 것은 오히려 당연하다. 의금부는 궁정연극을 주
관하였기 때문이다. 궁정연극이 쇠퇴하는 것과 더불어 궁정의 공연 관리 기능
이 사라지게 되었을 것이다. 공연 관리 기능이 넘어갔다는 것은 제도적인 절
차를 거쳐 업무를 이관했다는 것이 아니다. 재인의 입장에서 볼 때, 그들의
공연 활동에 관청이 개입했다면 어떤 관청인가 정도를 말한다.
316) 이와 같은 부류는 선행 연구에서 논의되었던 왈자와 통한다. 강명관은 의금부
나장, 포도청 군관, 용호영의 장교 등 무반의 장교 및 말단 군병을 왈자에 포
함시켰다(「조선 후기 서울의 중간계층과 유흥의 발달」, 194~200면).
왈자는 정확한 개념으로 한정할 수 있는 집단이 아니다. 그러나 왈자의 성격
을 권력과 부, 유흥, 폭력성 등의 복합이라고 규정한 선행 연구의 논의를 대체
로 받아들일 수 있을 것 같다. 왈자 집단의 중심 구성원을 의금부나 금군, 포

의 하급 군병 등 武士 집단이 공연 오락 문화와 관련을 맺는 양상이
나타난다.

山臺의 좌우부에   鰲棚左右部
장안의 악소년 무리들   長安惡少年
그를 모셔다 상석에 앉히고서   延之坐上頭
귀신이나 모시듯 떠받드네   敬之若鬼神[317]

　惡少年이란 무뢰배 정도의 의미로만 받아들일 것이 아니라 고려
시대 惡少 집단의 전통을 잇는 부류로 보아야 한다. 惡少란 고려 때
존재하던 부류로서 권세 있는 武臣의 子侄이 주류를 이루었는데, 임
금의 측근으로 사냥에 참가하기도 하였고 임금은 그들을 경호위병격
으로 데리고 다녔다고 한다.[318] 임금의 侍衛를 맡은 조선 전기 의금
부 및 조선 후기 龍虎營의 말단 관리와 관련지어 생각할 필요가 있
다. 또한 조선 전기와 후기를 거쳐 나례 등을 거행한 공연 관리 기구
가 의금부였다는 사실, 조선 후기 용호영이 서울 시정의 연예계를 장
악했다는 사실 등에 주목해야 한다.
　「달문가」의 주인공 달문은 영조 40년(1764) 그의 나이 58세 때 역
모에 연루되어 활동을 마감하게 된다.[319] 이 시기는 나례도감의 통
제력이 약화되어 재인 자치 조직과 공조하여 좌우산대를 거행했다.
주로 실무를 맡은 말단 관리들과 접촉하게 되므로 의금부나 포도청
의 하급 군병이 큰 영향력을 행사했을 것이다. 결국 악소년이란, 재
인들이 좌우산대를 거행하거나 시정의 흥행 활동을 벌이는 데 관여

---

317) 임형택 편역, 『李朝時代 敍事詩』(하), 285면. 앞서 이미 인용했던 부분이다. 장
　　안의 악소년 무리가 산대 좌우부에 속한다는 사실은 확인하였지만 그들이 재
　　인인지 산대를 운영하는 관계자인지 언급하지 않았으므로 다시 논의를 잇
　　는다.
318) 김창수, 「麗代 惡少考」, 『한국학보』 12, 1961, 114면.
319) 『推案及鞫案』 22, 아세아문화사, 694면.

하는 무사 집단이라고 보아야 한다. 고려 시대에 비하면 신분이 떨어지지만 궁정 주변과 서울 시정의 질서와 치안 유지를 맡은 하급 군병이 중심이 되었다고 할 수 있다. 그들의 역할은 처음에 공식적인 업무와 관련되어 있었지만 점차 사적인 관계와 구속력을 더해 나가면서 당대의 공연 오락 문화를 장악하게 되는 것이다.

2) 공연의 재정적 기반과 작품의 생산 과정

(1) 후원과 지원 주체의 변모

조선전기의 궁정과 최고위층의 관객 집단은, 경중우인 등 예능인을 지속적으로 후원하며 그들의 공연 활동을 구속할 수 있는 특권을 가지고 있었다. 그러나 17세기에 들어오면 궁정의 공연문화가 급격히 위축되었기 때문에 경중우인을 배타적으로 관리하여 궁정이나 최고위층의 수요에 충당하는 데 어려움이 있었다.

궁정의 공연문화는 기녀와 악공, 악생 등이 주축이 되었는데 전란 후는 급료를 지불하기 어려워 이들 궁정 예인을 단속하기조차 어려운 상황이 되었다. 궁정 예인의 급료는 奉足을 통하여 해결하였는데, 전란을 통하여 많은 사람이 죽거나 流民이 되는 경우가 있었으므로 제도가 유지되기 어려웠다.『광해군일기』158권 2장에는 봉족 제도가 원활하지 못해서 급료를 받지 못하자 기생과 악공들이 관청에 나올 때마다 뜰에 모여 시위한다는 내용의 기사를 볼 수 있다.320)

궁정 예인에 대한 공식적인 관리와 대우가 허술한 만큼 이들 예능인이 시정에 진출하려는 욕구를 가지게 되는 것은 당연한 일이다. 경

---

320)『광해군일기』158권 2장, 장악원의 상소 가운데, 장악원에 소속된 기생이나 악공들의 봉족들을 각 고을에서 도망친 사람들로 그 수효를 구차하게 채워 놓았기 때문에 몇 해 동안 급료를 받지 못하고 있어 시위한다는 내용이 있다.

중우인의 경우 궁정 예인과 유사한 위상을 지니고 궁정과 최고위층
을 위하여 복무하였지만 본래 시정과 궁정의 공연을 겸하고 있었는
데, 궁정의 공연문화가 위축됨에 따라 역시 시정의 공연 활동에 비중
을 두게 되었다.[321] 또한 민간의 경제력이 증대되고 오락적 수요가
늘어나면서 경중우인이나 기생, 악공 등 공식적인 문화권에 속해 있
던 예능인들이 활발한 시정 활동을 벌일 수 있는 기반이 마련되어
있었던 것이다.

관객 집단의 입장에서도 특정한 배우를 전유하지 않고도 재능 있
는 배우들의 예능을 선택하여 즐길 수 있었기 때문에 특별히 배우를
구분하여 그 위상에 차이를 두는 제도를 고수할 필요가 없었다. 서울
의 궁정을 둘러싼 왕족이나 관료층들은 스스로 예능인을 거느리지
않는 대신 그들의 생계나 예능 활동의 비용을 부담하는 책임에서 벗
어날 수 있었으며 점차 보통의 관객으로 돌아서고 있었다고 하겠다.

　서울에 오(吳)가 성을 가진 사람이 있었다. 그는 고담을 잘하기로 두루 재
상가의 집에 드나들었다. 그는 식성이 오이와 나물을 즐기는 때문에, 사람들
이 그를 오물음(吳物音)이라 불렀다. 대개 〈물음〉이란 익힌 나물을 이름이요,
吳씨와 오이(瓜)가 음이 비슷한 때문인 것이다.

　그때 한 종실이 연로하고 네 아들이 있었는데, 물건을 사고 팔기로 큰 부
자가 되었지만, 천성이 인색하여 추호도 남주기를 싫어할 뿐더러, 여러 아들
들에게조차 분재를 않고 있었다. 더러 친한 벗이 권하면, "내게도 생각이 있
노라."고 대답하고 밍기적밍기적 천연 세월하여 차마 나누어주지 못하였다.

　하루는 그가 오 물음을 불러 이야기를 시켰다. 오 물음이 마음 속에 한 꾀
를 내어 古談을 지어서 했다. (…중략…)

　그 종실 노인이 듣고 보니 은연중 자기를 두고 한 이야기가 아닌가. 조롱
하는 뜻이 들어 있었지만, 말인즉은 이치에 타당하였다. 즉석에서 깨닫기는
바가 있어 오 물음에게 상을 후하게 주어 보냈다.[322]

---

321) 개인의 노비로서 양성된 경중우인들은 민간의 공연 활동을 벌이는 데 제약이
　　있었을 것이다. 이러한 부류의 예능인은 자발적인 시정 공연 활동을 통하여
　　성장한 배우들의 예능을 따라잡기 어려워 도태되었으리라 여겨진다.

오물음과 같은 직업적인 이야기꾼은 滑稽를 전문으로 하는 배우의
전통을 이었다고 할 수 있다.323) 그는 이 일화에 등장하는 종실 뿐
아니라 많은 재상가의 사람들을 고객으로 확보하여 공연 활동을 벌
이고 있다. 이전 시기에 宗室이 귀석과 같은 노비를 경중우인으로 양
성하여 배타적으로 그 예능을 향유하던 양상과는 다르다. 오물음은
재상이나 종실만이 아니라 왈자들의 놀음판에도 초청되어 공연하
였다.324) 위 일화의 종실은 배우 오물음의 생계나 공연 준비 과정
에 드는 비용을 부담할 필요가 없었고 공연이 끝난 후 보상을 할
뿐이다.

이전 시기 관객 집단의 지속적인 후원은 신분적인 특권을 기반으
로 하였다. 그러나 이제 신분적인 우위를 통하여 배우를 구속하거나
그들의 공연을 강요할 수 없게 되었다. 배우 스스로의 선택에 의하여
공연할 수 있는 여건이 마련되었다고 할 수 있다.

『계서야담』에 나오는 박남의 일화에서, 문과에 급제한 士族의 집안
과 무과에 급제한 市井 부잣집이 동시에 聞喜宴을 벌이는데 이름난
배우 박남을 데려간 쪽은 후자였다. 한 재상이 신분적인 권위를 내세
워 시정 부잣집을 징치하고 박남을 데려오라고 하였지만 이미 사회
적인 대세는 그러한 특권 의식이 공허하다는 것을 인식하고 있었던
것이다.

서울 장안에서 이름난 배우라면 당연히 경중우인으로서 상층 관료
사회의 오락적 요구에 일차적으로 복무하여야 한다. 그러나 박남은
외방재인으로서 민간의 공연 활동을 통하여 성장하였기 때문에 공식
적인 문화권의 관습을 따르지 않아도 되었던 것이다. 결국 신분적인

322) 이우성·임형택 역편, 『이조한문단편집』(상), 189~191면.
323) 사진실, 「조선 후기 재담의 공연양상과 희곡적 특성」, 1741~1742면.
324) 김종철, 「게우사(資料紹介)」, 『한국학보』 65집, 214~215면. 주인공 무숙이가
중심이 된 왈자들의 놀음판에 "니야기 일슈 외무릅"이 등장하고 있는데, 그가
바로 오물음이다.

우위로서 배우를 예속하여 양성하고 배타적으로 그 예능을 행유하던 방식은 사라질 수밖에 없었다고 하겠다.

이전 시기의 계기적인 지원은 주로 궁정과 관련한 공식적인 행사를 통하여 이루어졌다. 18세기 후반까지는 나례의 제도가 존속하였으므로 궁정의 계기적인 지원도 이어졌다. 그러나 17세기 초반부터 나례도감을 통하여 재인을 동원하는 일이 힘겨워졌을 뿐만 아니라 공연상황의 여러 가지 요소들이 아울러 변화하였으므로 계기적인 지원의 형태도 변화할 수밖에 없었다.

이전 시기의 궁정이 재인의 공연 오락을 수용할 때는 계기적인 지원이라 할지라도 국가가 재인에게 직접 급여하는 방식을 유지하였다. 그러나 나례 등 궁정의 행사에 재인을 출연시키는 일을 민간 기구인 재인청에 맡기고 나례도감의 기능이 약화되자 공연 준비 비용과 공연의 보상을 간접적인 급여 방식으로 전환하였던 것이다.

하교하기를, "매양 勅使 일행을 맞아 儺禮를 設行할 때에, 해당 도감에 소속된 자들이 像帖을 만드는 밑천에 드는 값이라고 이르면서 富戶를 침어하고 또는 假家를 만들 재목에 대하여 江民들에게 소란을 피우는 등 각종 폐단이 한두 가지가 아니라고 한다. 이번에는 일일이 금지하라. 또 듣자니 나례의 비용을 모두 市民들에게 부담시킨다고 하는데, 이것도 아무런 근거가 없다. 심지어 부유한 백성들의 재물을 강제로 빼앗는 것에 대해서는 더욱 금지해야 할 것이다. 들어가는 바를 계산해서 해당 曹에서 物力을 헤아려 지급함으로써 털끝만큼도 폐단이 없도록 하라." 하였다.

教曰 每當勅行 有儺禮設行之時 該都監所屬 稱以像帖價本 侵漁富戶 又於假家 材木 作挐江民 種種弊端 不一而足云 今番則一一禁遏 且聞儺禮之需 皆令市民責應 此亦無據 至於勒奪富民財貨 尤所當禁 計其所入 自該曹量給物力 俾無一豪貽弊之端[325]

위의 기록에 의하면 서울 시정이나 京江 주변의 상인들 및 부호들

에게 나례의 비용을 부담하게 하는 것이 폐단으로 지적되고 있다. 궁
정의 필요에 의하여 이루어지는 행사의 비용을 富를 축적한 민간인
에게 부담하게 하였으므로 간접적인 급여 방식이라고 할 수 있다. 인
조 4년(1626)의 『나례청등록』에는 "해당 曹에서 物力을 헤아려 지급"
하는 직접적인 급여가 이루어졌던 것으로 나타나므로, 그 이후 서서
히 민간인에게 나례의 비용을 부담하게 하는 일이 생겨나326) 1784년
당시에는 위의 기록과 같이 커다란 폐단으로 드러나고 있는 것이다.

시정인이나 京江人들이, 궁정이 지출해야 하는 비용을 대신 부담한
것은 일종의 비공식적인 계약이며 거래라고 할 수 있다. 시정은 원래
궁정에 물자를 조달하는 매개 역할을 위하여 형성되었으므로 궁정에
예속된 관계를 이루고 있었다. 그러나 시전의 상인들은 전국적인 유
통망을 연결하는 상업 활동을 통하여 무시할 수 없는 경제력을 지니
게 되었다. 그것은 궁정이 부여하는 특권을 등에 업은 결과였다. 한
편, 뒤늦게 상업 지역으로 성장한 京江 주변의 상인들도 자신들이 구
축한 새로운 유통체계를 유지하기 위해서 권력과 결탁하여야만 하였
다.327)

상인들은 국가가 주는 특권을 얻는 대신 그들이 벌어들인 상업적
이윤을 궁정과 나누어야 했던 것이다.328) 특권을 입은 상인들이 이

---

326) 이전 시기에도 市廛의 상인들은 나례의 준비를 위하여 물자를 조달하였다. 그
러나 그것은 市廛의 설치 목적에 따른 제도적인 절차였다. 시전들은 각기 담
당한 물품들을 조달하였을 뿐이고 그밖의 준비 비용이나 공연의 보상 등에
개입하지 않았다.

327) 高東煥, 「18・19세기 서울 京江地域의 商業發達」, 서울대 국사학과 박사학위
논문, 1993, 296~297면. 京江地域의 私商들이 우축한 유통체계는 시전상인이
나 국가 권력의 침탈에 의하여 붕괴될 수 있는 불안전한 상태에서 출발했기
때문에 오히려 국가 권력과의 결탁을 통하여 특권을 갖는 것이 불가피하였다
고 한다.

328) 이와 같은 양상은 궁정과 상인의 관계뿐만이 아니라 실무를 맡은 하급 관리
와 상인의 관계에서도 나타난다. 『숙종실록』 6권 66장, 숙종 3년(1677) 12월
17일의 기사에는 漢城府의 서리들이 宴樂을 벌이면서 그 비용을 시전상인이

윤의 일부를 궁정에 돌려주는 방식의 하나로서, 궁정이 공연 오락에
지불해야 하는 비용을 대신 부담하는 일이 이루어졌다고 할 수 있다.
상호 이익을 전제로 하여 궁정과 시정의 계약 또는 거래 관계가 성
립하게 된 것이다. 계약 또는 거래는 시정의 행동 규범이다. 시정의
논리가 궁정에까지 미치게 된 사실을 파악할 수 있다.

이러한 행태가 폐단으로 지적되기는 하였으나, 궁정이 공연 행사
의 직접적인 후원 또는 지원의 주체로 되돌아갈 수는 없었다. 공연상
황을 이루는 여러 가지 요소의 변화가 맞물려 일어난 결과이기 때문
이다. 17세기 이후 궁정의 공연 오락 행사는 대폭 축소되었고, 궁정
이 주관하는 공연예술은 흥행 원리에 의하여 발전하는 민간 공연예
술을 따라잡을 수 없게 되었다. 따라서 나례와 같은 궁정 행사를 민
간의 재인청에 일임하게 되었고 나례의 공연 종목은 민간의 공연예
술에 의존하게 되었던 것이다. 민간의 재인들을 동원하는 행사가 필
요한 때마다 재인청 등 민간 단체에 위탁하여 공연하였다고 할 수
있다.329)

그러한 맥락에서, 1930년본 〈山臺都監劇脚本〉에서 趙鍾洵이 증언한
'契方'의 존재와 역할은 신빙성이 있다. 궁정이 재인들에 대하여 간접
적인 방식으로 공연의 보상을 한 것이기 때문이다. 그러나 국가가 계
방을 통하여 증명서를 발급하고 浦口나 市井의 상인들이 공연비용을
대신 급여하는 방식은, 조선후기 공연상황의 변천에 따른 양상일 뿐
이다.330) 궁정은 민간 부문의 경제력이 성장하고 국가의 통제력이 약

나 사찰에 부담시키는 일이 문제가 되었다.
329) 이러한 상황에서는 공연을 관리하고 재인을 통제하는 나례도감의 기능이 불
　필요해지거나 약화될 수 있으나 나례의 제도가 있는 한 나례도감은 존속하게
　되어 있다. 다만 민간단체와 궁정의 행사를 중개하고 행사를 전체적으로 주관
　하는 정도의 일을 맡았을 것이다.
330) 선행 연구는 계방의 존재와 역할을 후기적인 변모 양상으로 한정하지 않았으
　므로 자료를 적용하는 데 있어 오류가 있었다고 할 수 있다. 이두현은 계방에
　대한 정보를 『성종실록』 136권 6장의 기사와 관련시켜 분석하였다(『한국의

화되어가는 상태에서도 대외 명분을 위한 공연 행사를 치루어내야
하였다. 따라서 市井의 경제력과 제휴한 결과 그 비용을 대신 부담하
게 하는 간접적인 급여 방식이 이루어진 것이다.

궁정은 공연비용을 민간의 경제력으로 해결하였지만, 그 비용의
규모는 시정에서 벌어지는 공연비용의 수준을 능가할 수는 없었다고
할 수 있다. 자발적으로 공연 오락에 지불하는 금액에 비하여, 강제
적이고 일괄적인 추렴으로 거두어들일 수 있는 금액에는 한계가 있
기 때문이다.

이 시기에는 시정의 부호 가운데 능가하는 수준으로 공연 오락
을 지원할 수 있는 부류가 생겨났다. 그들은 아전이나 상인, 왈자
집단 등으로서 경제적인 부를 기반으로 도시의 유흥을 주도한 부류
들이다.331) 이들이 민가에서 유흥 오락에 사용하는 경비는 막대한

가면극』, 117~118면). 그러다 보니 국가가 상인 등에게서 공연비용을 강제
추렴하는 일이 조선시대 전체에 통용된 것처럼 여겨질 수밖에 없다.
조동일은 계방의 존재와 유래에 대한 설명이, 탈춤의 격을 높이기 위한 목적
에서 꾸며졌을 가능성이 있다고 하였다. 국가가 산대패에게 강제 추렴을 허가
해 준 것은 나례 때 산대희를 공연하기 위한 것이며 현전 탈춤과 같은 연극을
공연하기 위한 것은 아니라고 하였다(『탈춤의 역사와 원리』, 281면).
이와 같은 상반된 견해는 탈춤의 기원과 형성에 관한 입장과 관련된 것이다.
이두현은 탈춤이 국가적인 행사에서 벌어진 山臺戲에서 기원하였다고 주장하
므로 탈춤에 국가의 통제력이 미치는 양상을 끌어낼 필요가 있다. 조동일은
탈춤의 침강문화재설을 부정하고 민속에서 기원하여 형성되었다고 주장하므
로 탈춤의 공연에 국가적인 배려나 통제가 미치지 않았다는 사실을 드러내야
한다.
그러나 나례의 산대희에 탈춤이 포함되었는지의 문제는 그렇게 중요하지는
않다. 현전 탈춤과 같은 공연종목이 나례의 산대희에 포함되었다 할지라도 그
것이 침강문화재의 증거가 되지 않기 때문이다. 탈춤이 산대희의 공연종목에
포함되었다면 그 시기가 언제인지가 중요하며, 그 공연종목을 누가 만들어내
었는지가 중요할 뿐이다.
계방을 통하여 간접적으로 공연 비용을 부담하는 방식이 조선 후기에 나타
났다는 입장에 서면, 계방의 진위 여부가 탈춤의 기원과 형성을 좌우하지 않
는다.

것이었다.

믿친 광인 무슉니가 선유긔게 츠릴 젹의, 흔강 슈공 쑥섬 슈공 흥인 시겨
급피 불너 유션遊船 둘을 무어닉되 광廣은 준득 슴십발니요 장長은 오십발식
무어닉되 물 흔 점 드지 안케 민푼 갓치 줄 무으라 민 일명 천양식 너여쥰니
양 셤 슈공 돈을 틔셔 쥬야 지쵹 비를 무고 슘남의 제일 광디 젼인보 힝급피
불너 슈모슈모 칠팔인을 호스시겨 등디ᄒ고 좌우편 도감都監포슈 급피 불너
슌두노름 긔게 시화복 시탈 선유쎠 디령ᄒ라 이쳔양식 니여쥬고 졍업井邑 동
막 츙평昌平 화동河東 목골 흠열咸悅 셩불 일등 그스居士 명충 스당社堂 골ᄂ
쎄여 이슘십명 급쥬急走 노와 불너오고 슌두노름ᄒ는 쎠는 춍영청摠戎廳 공
인工人 등디ᄒ고 노름날 틱일ᄒ냐 츄칠월秋七月 긔망일旣望日니라. 븜쥬유어
힝션泛舟遊於行船 홀 졔, 빅포즁막 셔양포며 몽긔슴승蒙古三升 구름 츠일 화
빅문셕 쳥스등농 슈팔연을 브려꼿고 슘승돗 고죽 치워 좌우 갈너 쩍 부치고
보긔판補階板 빗기 디어 강상 육지 슘어 노코 (…즁략…)

명충 소리 모도 듯고, 십여일 ᄅ산의셔 슬미즁니 ᄂ게 놀고 각기 쳐흥ᄒ올
젹의 좌우편 도감포슈 각 쳔양식 쳐흥ᄒ고, 스당그스 모도 불너 미일명 각 빅
양식 치힝 츠려 다 보닌고, 명충 광디 모도 불너 욕본 말 치흥ᄒ고 미일명 칠
빅양식 시힝츠려 다 보닌고 비반의 먹던 음식 허다흔 음식즁의 슌슘즁과흔
밥 죠틋. 그 갑신들 오즉ᄒ랴. 츌물ᄒ긔出物下記 슈을 논니 슘만 슘쳔 오빅양
니라. 의양니 졍신니 아쓱ᄒ냐 면경 쳬경 화류문갑 각즁즁폰의 니부드지며,
……332)

「무숙이타령」에서 왈자들이 벌인 船遊놀음의 모습이다. 배 두 개
를 잇대어 놓고 補階板을 대어 강 위의 육지처럼 만들어 선유놀음의

331) 선행 연구에서는 이들을 통틀어 중간층이라고 하였고 그들이 도시 서울의 오
    락 유흥을 주도한 활동 양상을 고찰하였다(강명관, 「조선 후기 서울의 중간계
    층과 유흥의 발달」; 金種澈, 「19~20세기 초 판소리 변모양상 연구」 참조). 이
    논문에서는 가급적 '중간층' 또는 '중서층' 등의 용어는 사용하지 않는다. 이
    논문은, 서울지역 연극의 공연상황을 밝히는 데 있어 생산자와 수용자인 담당
    층을 중요하게 다루고 있으나, 계층 또는 계급적 성격을 파악하여 역사 발전
    의 과정과 결부시키는 작업까지는 나아가지 못하고 이후의 과제로 남기고 있
    기 때문이다.
332) 김종철, 「게우사(資料紹介)」, 229~232면.

무대를 마련하였다. 광대들의 차림새를 호사스럽게 준비하게 하고 산두놀음에 필요한 탈과 복색도 새로 준비하게 하였다. 모든 비용은 주최자인 무숙이가 지불하였으므로 공연 준비 비용을 관객 집단이 부담하였다고 하겠다. 공연 준비 비용과 공연 후의 보상을 모두 부담하였으므로 계기적인 지원에 의하여 이루어진 공연이라고 할 수 있다.

이전 시기 나례의 경우와 비교해 볼 때 공연 준비 비용에 있어서는 국가적인 지원을 따라갈 수 없지만 공연 후의 보상에서는 오히려 나은 대가를 지불하고 있다. 외방재인이 나례에서 공연할 때 일괄적으로 베 한 필씩을 받았고 경중우인이라 할지라도 베 50필 정도의 수준이었다. 그런데 위의 자료를 보면 명창 광대에게 칠백 냥 씩, 그들보다 격이 낮은 사당과 거사에게 백 냥 씩 보상하고 있다. 「무숙이타령」이 허구적인 작품이며 무숙이라는 인물의 방탕한 생활을 경계하고 있으므로 놀음판의 비용 등이 과장되었을 가능성이 있다. 그러나 『정조실록』 5권 61장의 기록을 보면 서울의 아전이나 시정의 한량들이 한 번의 놀음에 3만에서 4만 錢의 돈을 허비한다 하여 경계하는 내용이 나타난다.[333] 무숙이가 유산놀음에 쓴 비용이 십만 냥 정도, 선유놀음에는 그 이상을 사용했다고 하였으므로 약 두 배 정도 과장이 되었다고 해도, 배우 한 명 당 돌아가는 몫은 공식적인 국가의 행사인 나례 때 받는 보상보다 컸다고 할 수 있다.[334]

여기서 나례의 보상은 광해군 때를 기준으로 한 것이므로 대략 2백 년의 차이가 있어 그 사이에 화폐 가치가 달라졌을 수 있다. 그렇

---

333) 『정조실록』 5권 61장, 正言 宋銓이 상소하여, 서울의 유흥과 향락이 너무 지나치나는 지적과 함께 각 관청의 아전들과 시정의 한량들이 종일토록 풍악을 잡히면서 한바탕 놀음의 비용으로 3, 4만 錢의 많은 돈이 허비하니 통제하여 재물을 남용하고 생업에 태만한 폐단이 없도록 해야 한다고 하였다.
334) 적어도 나례의 제도가 정조 8년(1784)까지는 지속되었으므로 각각 궁정과 시정에서 이루어진 공연의 보상을 동시대적으로 비교할 수 있다.

다고 해도 나례 때 동원된 재인에 대한 보상이 크게 높아졌다고 할 수 없다. 그 이유는 첫째, 공연의 보상이 철저히 前例에 의하여 이루어지므로 갑자기 달라질 수 없고; 둘째, 호조를 통하여 국고에서 지불되는 공공 비용이기 때문에335) 인상되기가 쉽지 않기 때문이다. 공식적인 공연 행사의 재정적 규모가 거의 일정하게 유지되고 있었던 반면, 시정에서 민간 차원의 공연에 소요되는 비용은 막대하게 증가하면서 궁정 공연 행사의 비용을 능가하게 되었던 것이다.

이들 새로운 관객 집단은 배우 집단의 고객으로서만 존재하는 것이 아니다. 아전층의 경우 공식적인 직책이 그러했듯이 상층과 민간의 중간자적 입장에서 배우의 예능을 상층에 매개하는 역할을 맡았다고 하겠다. 김흥규는 전라도의 外衙前層이 판소리 창자와 양반 좌상객의 중개자 역할을 수행했다고 하였다.336) 서울의 경아전층이 같은 역할을 수행했는가의 문제에 있어서는 논의의 여지를 남겼지만 충분히 가능성이 있다. 공식적인 제도의 힘은 약화된다 할지라도 서울 시정은 공연 오락물의 시장으로서 가치가 있었고 궁정이나 상층 역시 고객으로서 가치가 있었기 때문이다. 이전 시기의 나례와 같은 공식적인 공연 행사에서 아전층은 행정적인 실무를 담당하였으므로 그때 이미 중개 업무를 맡고 있었다고 할 수 있다. 따라서 서울에서 상층 고관대작의 눈에 들기 위해서는 경아전층의 중개가 필수적이었을 것이다. 나례의 제도가 존속한 18세기 후반까지 외아전층 및 경아전층은 공식적으로는 행정상의 중개 절차를 맡아서 처리하고 비공식적으로는 재인들을 서울 시정의 공연장이나 상층의 고객에게 매개하였다고 할 수 있다.

---

335) 나례를 치르는 과정에서 소비되는 물자는 시전 상인들에게서 현물로 공급받았고 되돌려줄 수 있는 물품은 서울과 경기의 사찰이나 무당에게서 차출하였다. 그러나 재인 개개인에게 지불되는 價布는 호조를 통하여 궁정의 재정으로 충당하였다.
336) 김흥규, 「19세기 前期 판소리의 演行環境과 사회적 기반」, 16~23면.

상인 집단 역시 스스로 고객이 되는 동시에 중개자가 되었다. 김
종철은 서울의 중서층인 안민영과 「무숙이타령」의 주인공 무숙이와
같은 존재를 서울 시정에서 예능인과 고객 사이에 대두한 중개인이
라고 파악하였다. 이들은 전라도에서 아전들이 판소리 중개인이었다
는 사실과 상통한다는 것이다.337) 판소리 중개인으로서 전라도 외아
전층이 강조된 것은 김흥규의 견해인데, 하층에서 상층으로의 '영향
력 중심의 이동'을 가능하게 한 매개 역할을 담당하였다고 하였
다.338) 이것은 통시적인 발전 단계상의 중개 역할을 강조하였다고 할
수 있다.

무숙이와 같은 존재를 서울의 유흥가에 대두한 중개자로 본 것은
납득할 수 있다. 그러나 판소리 향유에서 드러난 매개 역할, 곧 신분
의 차이 및 시기저인 선후를 이어주는 역할과 동일하게 볼 수는 없
다고 여겨진다. 판소리의 중개 역할은 신분적으로도 중간에 위치하
는 아전층이 맡았는데, 무숙이는 상인 집안 출신이므로339) 그 위상
이 다르다고 할 수 있다. 그는 도시의 유흥 오락을 중개함으로써 이
익을 노리는 자본주로 성장할 수 있었기 때문이다. 무숙이와 같은 왈
자 집단의 중개 역할은 동시대적으로 예능인과 고객을 매개하는 것

---

337) 김종철, 「19~20세기 초 판소리 변모양상 연구」, 115~119면.
338) 김흥규, 「19세기 前期 판소리의 演行環境과 사회적 기반」, 16~23면.
339) 김종철, 「무숙이타령(왈자타령) 연구」, 71~72면. 무숙이가 상인층의 성격을
　　두드러지게 나타낸다 하면서 그 활동으로 미루어 京江 商人이거나 貢人이었
　　을 가능성이 있다고 추정하였다. 그러나 그의 차림새, 칼을 차고 있었던 점(「게
　　우사」, 215면), 유흥 오락을 즐기는 시간적 여유 등으로 미루어 무숙이가 직
　　접 상업 활동에 종사했다고 하기는 어렵다. 그러나 김종철이 지적한 근거들
　　을 받아들인다면, 무숙이는 상인 집안 출신으로 家業을 계승하되, 본인은 하
　　급 무반에 오른 자였다고 할 수 있다. 무숙이가 의양의 妓夫가 되었던 사실로
　　미루어 보아도 그는 상인이기보다 하급 무반인 별감 따위의 자리에 있었을
　　가능성이 크다. 그는 상인 집안 출신이었으면서도 하급 무반이었으므로 그
　　당시 시정인 가운데서도 돈과 권력, 폭력성을 모두 겸비한 인간형을 보여준
　　다고 하겠다.

이었다. 이때 고객이란 신분적 특권을 지닌 소수의 양반 좌상객만을 의미하는 것이 아니라 익명인 다수의 고객까지 포함한다.

서울 시정의 禁亂 업무와 질서 유지 업무를 담당한 武士 집단 역시 유흥 오락을 장악한 부류이다. 상인, 아전, 왈자 집단 등이 조선후기 서울의 유흥계를 장악한 것은 경제적인 부와 그들의 유흥적 성향에 때문이었지만 또 다른 현실적인 기반이 존재했다고 할 수 있다. 강명관은, 하급 무반이나 군병이[340] 군악대의 조직을 장악하고 있었다는 사실과 妓夫의 위치를 독점하였다는 사실에 서울의 유흥계를 주도한 현실적인 힘이 있다고 하였다.[341] 그러나 더욱 근본적인 힘은, 이들 무사 집단이 이전 시기에 경중우인을 관리하고 외방재인의 상송을 맡았던 실무 집단과 관련이 있다는 사실에서 찾을 수 있다. 조선 전기의 의금부는 공식적인 공연 행사에서 예능인을 통제한 공연 관리 기구였고, 포도청은 조선 후기 서울 시정의 치안과 질서를 맡은 말단 기구였다. 따라서 공식적인 관리나 비공식적인 비호의 차원에서 의금부나 포도청의 하급 무반 및 군병들이 재인 등 예능인에 큰 영향력을 행사할 수 있었다.[342]

조선후기 시정에서의 禁亂 업무는 주로 상업 활동이나 예능인의 공연 활동으로 야기되는 문란 행위를 바로잡는 일이다. 예능인의 공연 활동에 따르는 문란 행위란 생업으로 하는 공연 활동을 유리하게 이끌기 위하여 야기되는 여러 가지 다툼들이었을 것이며 이때 관리자의 비호를 받는 것은 흥행과 직결되는 일이었다고 할 수 있다. 조선 후기 시정의 무사 집단은 공권력과 비공식적인 폭력성을 토대로 공연 활동에 물리적인 힘을 행사하였던 것이다. 18세기 후반의 놀이판에 하급 군병이 등장하는 모습을 통하여 그러한 관계를 추정할 수

---

340) 강명관의 개념으로는 이들이 왈자의 구성원이다.
341) 강명관, 「조선 후기 서울의 중간계층과 유흥의 발달」, 196~197면.
342) 앞에서 인용한 『계서야담』의 일화에서 박남이 武科에 급제한 시정 부잣집을 선택한 것도, 무반과 예능인의 친연 관계를 반영한 것이라고 할 수 있다.

있다.

들리는 소리 남문밖에	聞說南城外
무대를 가설하고 한판 논다는구나.	設棚爲戲具
노인 부축하고 어린애 끌고들	扶老更攜幼
구경꾼 구름처럼 몰리는데	觀者如雲霧
홍의입고 뽐내는 건 액정서 下隷요	紅衣掖庭隷
백발로 앉았으니 떡 파는 할미라네	白髮賣餠嫗343)

姜彛天(1769~1801)의 「南城觀戲子」 일부이다. 액정서의 하예와 백발의 할미를 별도로 언급한 내용은 공연 현장의 주변 풍경을 묘사하고 있다. 곧 액정서의 하예와 떡장사는 관객과 구별되는 주변 인물로서 재인들의 흥행 활동과 관계가 깊은 상인과 무사 집단을 표상한다고 할 수 있다.

선행 연구에 의하면, 액정서 하예도 서울의 도시적 유흥을 주도한 왈자의 구성원이다.344) 본래 역할은 임금의 일상용품을 공급하거나 궐문을 관리하는 일이었으므로 예능인의 공연과는 밀접한 관계가 없다. 그는 공연 현장을 비호하는 비공식적인 물리력의 상징으로 나타나 있다고 할 수 있다. 선행 연구에서도 위의 자료를 언급하면서 액정서 하예 등이 간접적인 지원을 하였다거나 공연을 주도하였다고 논의하였다.345) 그러나 더욱 구체적인 역할을 제시할 필요가 있다. 앞에서, 의금부나 포도청의 하급 무반 등이 조선시대 서울의 공연 활동을 장악할 수 있었던 기반에 대하여 지적하였으나 액정서 하예 등

343) 林熒澤 편역, 『李朝時代 敍事詩』(하), 302면.
344) 강명관, 「조선 후기 서울의 중간계층과 유흥의 발달」, 193~194면.
345) 尹光鳳은 「南城觀戲子」를 분석하면서 "紅衣掖庭隷"를 당시 유흥을 주도한 중간층을 표상한 것으로 파악하였다(「18세기 漢陽을 중심으로 한 산대놀이 양상」, 『문학 작품에 나타난 서울의 형상』, 한국고전문학연구회 편, 한샘출판사, 1994, 138면; 「18~9세기 공연예술의 확대」, 『한국학연구』 7, 고려대학교 한국학연구소, 1995, 47면).

공식적인 공연 관리 기능과 직접 관계가 없는 부류에 대해서는 별도
의 논의가 있어야 하기 때문이다.

　하급 무반이나 군병들은 시정의 무뢰배와 결탁하거나 스스로 무뢰
배로 둔갑할 가능성이 많았다고 여겨진다. 물론 공식적인 업무로서
질서와 치안을 맡은 관리와 시정잡배인 무뢰배들을 동일시할 수는
없다. 그런데 하급 군병은 대부분 賤役에 속하여 양민이나 천민의 軍
役으로 충당하여 교대로 복무하였기 때문에, 관리와 민간인으로 구분
하기란 어렵다. 또한 하급 군병들 가운데 상당수가 자신의 권한을 남
용하여 이권을 노리게 되면서 동네의 무뢰배들을 중심으로 패거리를
모아 연계하였다고 하는데,346) 그것은 하급 군병이나 무뢰배 집단이
서로 넘나드는 관계에 있었음을 말해준다. 더구나, 서울의 군영에 속
한 하급 군교의 자리는 돈을 내고 이름만 걸어두는 폐해가 있었다고
하므로 별감이니 군교니 하는 직책만 지니고 실제 업무를 수행하지
않는 사람들이 상당수 있었으리라 여겨진다. 이들은 공식적인 업무를
담당하지 않는 하급 군병으로서 시정의 무뢰배로 둔갑할 가능성이
큰 부류들이라고 하겠다.

　액정서, 의금부, 형조와 같은 세력 있는 관청의 말단에 있던 군병
들은 서로 대결을 벌이는 일이 잦았다고 하는데,347) 이들의 다툼은,
관청 사이에서 주도권을 장악하려는 대결에서 발생했다기보다는, 서
울 시정의 對民 관계에서 생기는 利權을 차지하려는 말단 관리 차원
의 대결에서 발생했다고 할 수 있다. 물리력을 과시함으로써 시정에
서 가장 힘있는 집단이 되고자 했던 것이다.

　결국 서울 시정의 치안을 담당한 무사 집단과 시정의 무뢰배들이
私的인 결속력을 가지고 시정을 기반으로 살아가는 상인이나 예능인
등의 활동을 간섭하게 되었던 것이다. 그들은 묵계적인 거래 관계를

346) 조성윤, 「조선 후기 서울 주민의 신분 구조와 그 변화」, 189면.
347) 조성윤, 앞의 논문, 190~191면.

형성하여 시정의 유흥 오락을 장악할 수 있는 기반을 마련하였다고
할 수 있다.

이들의 행위도 일종의 중개 역할로서 익명의 다수 고객과 예능인
사이를 매개한다고 할 수 있다. 하급 군병이나 무뢰배들은 공연 장소
의 선정, 공연 활동의 보호, 공연장의 질서 유지 등 공연 오락의 수
요 공급을 조절하는 역할을 수행하였다고 할 수 있다. 물론 이것은
공식적인 업무를 통해서라기보다 비공식적인 약육강식의 논리에 의
하여 진행되었을 것이다.

하급 군병이나 무뢰배 집단이, 직접적인 고객이 아니면서 재인의
생업 활동에 개입하는 것은 주로 익명의 다수 관객을 대상으로 공연
하는 경우에 해당한다. 시정의 공연 현장에 무뢰배가 가세하는 상황
은, 그만큼 개방공간에서의 흥행 활동이 많은 물질적 이익을 보장해
주었다는 사실을 말해준다. 그것은 서울 시정에서 익명의 관객 집단
을 형성할 인구가 증가한 현상과 맞물려 있다.[348]

조선후기 서울은 외방의 流民들이 유입되어 인구가 크게 증가하였
는데, 새로운 도시민들은 서부의 성 바깥 지역인 盤石坊, 龍山坊, 西江
坊에 집중적으로 모여 살았다고 한다.[349] 이들 지역은 용산, 마포, 서
강 등 서울에서 가장 규모가 큰 포구가 자리 잡고 있으며 남대문 밖
의 칠패 시장 등 상권과 연결되어 있던 곳이다. 새로운 도시민들은
이러한 상업 지역을 터전으로 삼아 생계 활동을 하는 동시에 재인들

---

348) 강명관은, 인구의 증가와 도시의 발달이 관객의 존재와 관람의 대가를 지불할
    경제적 여력을 가능하게 하므로 그러한 요소를 전제로 서울에서 관람오락이
    성행하였다고 하였다(「조선 후기 서울과 한시의 변화」, 107~108면). 그런데,
    인구의 증가와 街路의 형성 등은 구경꾼을 증가하게 하는 요인이 될 수 있으
    나 유료 관객을 증가하게 하는 직접 요인이 되지는 않는다. 관람오락 곧 공연
    예술을 발전시키는 물질적인 기반을 마련하기 위해서는 유료 관객을 확보하
    는 일이 중요하다. 따라서 유료 관객을 확보하기 위한 공연의 메커니즘에 대
    하여 고찰할 필요가 있다. 이 문제는 공연 공간의 특성과 관련되어 있으므로
    「4.3.2. 유통 방식의 市場性 추구」에서 논의할 것이다.
349) 조성윤, 「조선 후기 서울 주민의 신분 구조와 그 변화」, 45~47면 참조.

이 벌이는 각종 흥행물에 대한 익명의 다수 관객이 되었다고 할 수 있다.350) 그러나 물리적으로 폐쇄된 연희장 또는 극장이 생겨나 일정한 금액을 선지불하고 관람하는 양상이 보편화되기까지는 임의적인 보상에 의존할 수밖에 없었다. 임의적인 보상은 그 액수가 보장되지 않으므로 재인들이 안정적인 흥행 활동을 벌이는 데 큰 도움이 되었다고는 할 수 없다.

(2) 새로운 양식과 대본의 창출

이전 시기에 지속적인 후원으로 배우를 예속하고 있었던 서울의 궁정과 상층은 연극을 공연할 때마다 새로운 대본을 요구하거나 만들어 주었지만 새로운 양식을 창출해낼 필요를 느끼지 않았다. 그들은 신분적인 특권을 가지고 지배문화를 향유하는 보수층이었기 때문에 기존의 양식을 가지고 예술과 오락을 즐기는 방법을 고수하였다.

새로운 양식의 창출은 진보적인 계층의 추동력에 의하여 생겨날 수 있다. 17세기 이후 중간층이 계기적인 지원을 통하여 공연 오락을 향유하게 된 변화는 새로운 양식의 출현을 기대할 수 있는 하나의 요인이 되었다. 이들은 상층과 하층의 중간자적 입장에서 권력과 부를 획득한 부류이거나 상업 활동을 통하여 자본을 축적한 부류이기 때문에 계기적인 지원의 규모에서 궁정을 훨씬 능가하였다.

계기적인 지원이 물적으로 증가하였을 뿐만 아니라 배우 집단 스스로 임의적인 보상을 더 많이 확보함으로써 공연의 재정적 기반이 더욱 공고해졌다고 할 수 있다. 임의적인 보상을 기반으로 하는 공연 활동일수록 관객 집단의 간섭이나 요구가 배제되면서 배우 집단의 자율성과 창의력이 보장될 수 있었다. 배우 집단은 풍부해진 재생산

---

350) 현전하는 탈춤이나 인형극에 칠패, 용산, 마포 등의 지명이 등장하고 있으므로, 재인들의 흥행 활동에 있어서도 이들 신흥 상업 지역이 매우 중요한 터전이었다는 사실을 알 수 있다.

비용을 바탕으로 예능을 연마하고 공연 종목을 정비할 수 있게 된다. 이들은 이전의 배우 집단과는 달리 작품의 생산 과정에서 주도적인 역할을 수행하게 되는 것이다. 이러한 추세 역시 새로운 양식이 출현할 수 있는 하나의 요인이 되었다고 할 수 있다.

연극 등 공연예술은 공연 현장에서 즉각적으로 배우와 관객의 교감이 이루어진다. 공연 현장의 교감과 감흥은 배우 집단의 흥행과 직결되므로 관객 집단의 성향이 공연 작품에 투영될 수밖에 없다. 더구나 이 시기의 새로운 관객 집단은 공연 종목 자체를 즐기기 위하여 모여들었으므로 관객 집단의 관심은 배우의 예능과 공연 양식을 발전시킬 동인이 되었다.

결국 경제력 및 새로운 시대의 활력을 갖춘 관객 집단을 대상으로, 시대적인 감각을 지닌[351] 배우 집단의 흥행 활동이 이루어지게 되므로 본산대탈춤이나 판소리와 같은 새로운 공연예술 양식이 창출되었던 것이다. 이들 공연예술 양식의 예술적 기반이 외방의 민속예술에 있다 할지라도 그 면면한 예술적 저류가 시정의 공연예술로 돌출하기 위해서는 새로운 활력에 힘입어야 하기 때문이다.

---

351) 배우 집단은 천민이면서도 공연 활동을 통하여 여러 계층을 접하게 되므로 일반 노비 등에 비하여 매우 발달된 시대적 감각을 지니고 있었다고 할 수 있다. 조선 전기에서 후기에 이르기까지 재인들이 수많은 역모 사건에 연루된 사실은, 패거리를 이루어 살며 武力을 행사하는 등의 삶의 방식 뿐 아니라 보수적인 계층에 대한 그들의 반발력을 드러낸다. 후대의 일이지만 갑오농민전쟁에 재인들이 기꺼이 참여하여 전라 우도의 賤民 부대가 재인 중심으로 편성되었고 재인이 통령이 되는 등의 활약상을 보였던 것이다(愼鏞廈,「甲午農民戰爭의 主體勢力과 社會身分」,『한국사연구』50·51집, 1985, 237~238면). 또한 배우 집단은 일찍부터 예능을 팔아 댓가를 받는 상업 행위에 길들여져 있어 경제적 감각이 발달하였다고 할 수 있으므로 경제적인 부를 바탕으로 형성된 도시의 중간층과 쉽게 결합할 수 있었다고 하겠다. 다시 말하면 중간층과 배우 집단의 관계는 고객과 배우의 입장 뿐 아니라 보수적인 지배층에 대한 진보적인 대항 세력으로서 동질성이 있었다고 할 수 있다.

① 본산대탈춤 양식의 창출

본산대탈춤의 양식과 대본의 특성을 알 수 있는 중요한 자료는 姜
彝天의 「南城觀戲子」이다. 공연 장소가 남대문 밖이라는 사실과 놀이
의 내용이 현전하는 별산대놀이와 흡사하므로 서울 시정과 근교를
중심으로 활동한 본산대패로 보아야 할 것이다.[352] 「남성관희자」는
의도적인 채록본은 아니지만 1778년 당시의 탈춤 대본의 모습을 보
여주는 자료로서 가치가 있다. 또한 『敎坊歌謠』에서 〈僧舞〉의 내용은
1872년 당시의 탈춤 대본을 반영하고 있다.[353] 연구를 위한 의도적
인 채록본은 1930년 趙鍾洵 구술 金志淵 필사한 〈山臺都監劇脚本〉이
다.[354]

이들 자료는 모두 서울 시정이나 근교에서 공연되었던 것이며 각
각 18세기 후반, 19세기 후반, 20세기 초의 자료로서 탈춤 대본의 발
전 과정을 나타내고 있다. 탈춤 전체의 모습을 살펴볼 수 있는 「남성
관희자」와 1930년 채록본을 비교하면 몇 개의 공통된 부분을 추려낼
수 있는데[355] 갈등 관계의 근간이 되는 노장과장이나 양반과장이
1778년 당시에 이미 형성되어 있었다는 사실을 알 수 있다. 그러나

---

352) 조동일, 『한국문학통사』 3(제3판), 618~619면.
353) 鄭顯奭의 『敎坊歌謠』는 당시 궁정과 민간의 공연 종목들을 두루 기록하고 있
　　다. 기생의 모才가 이미 민간에서 연출되기 시작한 이후이므로 오히려 민간에
　　서 접할 수 있는 공연 종목들을 모았다는 것이 올바른 설명이 될 것이다. 또
　　한 이 책이 쓰여진 해는 1872년으로 「남성관희자」가 쓰여진 1778년보다 백
　　년 정도 이후이다. 따라서 〈승무〉는 탈춤의 모태가 된 궁정의 놀이가 아니라
　　탈춤 자체라고 할 수 있다. 전문 예능인의 잡희와 함께 언급된 것으로 보아
　　본산대탈춤과 같은 떠돌이탈춤이었을 것이다.
　　물론 〈승무〉에 대한 설명에서 가면을 사용했다는 언급은 없다. 그러나 1930
　　년본 〈산대도감극〉의 내용과 매우 유사하다는 점, 불과 60년 만에 話劇에서
　　假面劇으로 양식의 전환이 일어나기 어렵다는 점을 들어 〈승무〉가 탈춤이었
　　다고 추정할 수 있다.
354) 조동일, 『탈춤의 역사와 원리』, 부록. 원자료가 구체적인 지방을 언급하지 않
　　았지만 양주별산대로 추정할 수 있다고 하였다.
355) 표로 제시하면 다음과 같다.

주요 배역이 일치하고 있을 뿐 배역의 비중이나 갈등 구조에 있어서 차이를 나타내고 있다.

우선 본산대탈춤이 당시 서울 시정의 권력 집단을 배후에 두고 만

「南城觀戲子」 1778년 본	<양주별산대놀이> 1930년 본
<1> 상좌	제1과정 상좌
	제2과정 상좌, 옴중
	제3과정 옴중, 墨僧
	제4과정 옴중, 墨僧, 연잎, 눈꿈적이
	제5과정
	(1) 염불놀이 옴중, 完甫, 관 중, 기타 중들
	(2) 침놀이 중, 完甫, 신주부, 상좌, 기타 중들
<2> 唐女	제6과정 왜장녀, 애사당, 墨僧, 관 중, 완보
<3> 노장, 상좌, 少妹	제7과정 노장, 상좌, 墨僧, 관 중, 完甫, 기타 중들, 소무
	제8과정 노장, 小巫, 말뚝이, 원숭이,
	제9과정 노장, 小巫, 醉發, 이이
<4> 醉僧, 늙은 유생, 武夫, 젊은 여인	제10과정 말뚝이, 샌님, 서방님, 도련님, 依幕使令, 小巫, 捕盜部將
<5> 거사, 사당, 禪僧	
<6> 할미, 神巫	제11과정 신할애비, 미알할미, 독기, 왜장녀

<1>과 제1과정: 별산대의 초입 부분에 들어가는 상좌춤이 공통된다. "平陂更展席 僧雛舞緇素"의 부분을 탈춤이 시작될 때 추는 상좌춤으로 본 것은 역자의 올바른 판단이었다고 여겨진다. 그렇다면 이 귀절의 앞부분은 현재 알고 있는 탈춤이 아닌 다른 놀이의 모습이었다고 할 수 있다(앞의 표에 의하면 <남성관희자>의 서술 순서는 별산대놀이의 진행 순서와 같으므로 상좌춤보다 앞질러 연잎이나 눈꿈적이, 말뚝이가 등장했다고 하기 어렵다). 그것을 인형극이라고 규정할 단서도 없다. 다만 이제는 전해지지 않는 각종 탈춤으로서 鬼面을 쓰고 행하는 辟邪的인 놀이였을 가능성이 있다. 앞에서 언급한 것처럼 직업적인 놀이패가 임의적인 보상을 확보하기 위하여 놀이에 곁들인 주술적인 치장이었을 것이다.

<2>와 제6과정: 唐衣를 입은 선녀같은 여인을, 柳得恭이 언급한 野戲의 '唐女'라고 본다면 왜장녀와 관련된다.

<3>과 제7과정: 완보 등 여러 중들이 노장을 골려주는 내용은 없고 노장이 少妹(小巫)를 보고 파계하는 내용이 공통된다.

<4>와 제10과정: 하인이 샌님 형제를 골려주는 내용은 없고 젊고 힘센 남자가 샌님에게서 여자를 빼앗는 내용이 공통된다.

<6>과 제11과정: 할미의 질투에 대한 내용이 없고 할미의 죽음과 넋을 달래는 굿이 공통된다.

들어졌다는 사실은 등장인물의 성격을 통하여 파악할 수 있다.

노장스님 어디서 오셨는지?	老釋自何來
석장을 짚고 장삼을 걸치고	拄杖衣袂裕
구부정 몸을 가누지 못하고	龍鍾不能立
수염도 눈썹도 도통 하얀데	鬚眉皓如鷺
사미승 뒤를 따라오며	沙彌隨其後
연방 합장하고 배례하고	合掌拜跪屢
이 노장 힘이 쇠약해	力微任從風
넘어지기 몇번이던고?	顚躓凡幾度
한 젊은 계집이 등장하니	又出一少妹
이 만남에 깜짝 반기며	驚喜此相遇
흥을 스스로 억제치 못해	老興不自禁
파계하고 청혼을 하더라	破戒要婚娶
광풍이 문득 크게 일어나	狂風忽大作
당황하여 어쩔 줄 모르는 즈음	張皇而失措
또 웬 중이 대취해서	有僧又大醉
고래고래 외치고 주정을 부리는데	呼號亦恣酗
추레한 늙은 유생	潦倒老儒生
이판에 끼어들다니 잘못이지	闖入無乃誤
입술은 언청이 눈썹이 기다란데	缺脣犹其眉
고개를 길게 뽑아 새 먹이를 쪼듯	延頸如鳥嗉
부채를 부치며 거드름을 피우는데	揮扇擧止高
아우성치고 꾸짖는 건 무슨 연고인고?	叫罵是何故
한걸차다 웬 사나이	趠趠一武夫
장사로 뽑힘직하구나	可應壯士募
짧은 창옷에 호신수	短衣好身手
호매하니 누가 감히 거역하랴!	豪邁誰敢忤
유생이고 노장이고 꾸짖어 물리치는데	叱退儒與釋
마치 어린애 다루듯	視之如嬰孺
젊고 어여쁜 계집을 홀로 차지하여	獨自嬰靑娥

손목 잡고 끌어안고	抱持偏愛護
칼춤은 어이 그리 기이한고!	舞劍一何奇
몸도 가뿐히 도망치는 토끼처럼	身輕似脫兔356)

위의 자료에 등장하는 武夫의 성격에 주목할 필요가 있다. 儒生과 老釋을 모두 꾸짖어 물리치고 젊은 여자를 독차지한다고 하였으므로 무부가 개입된 갈등 양상은 두 가지이며 모두 여자를 차지하기 위한 대결이라고 할 수 있다. 老釋과 武夫, 儒生과 武夫가 젊은 여자인 少妹를 두고 대결을 벌이는 것이다. 노석과 무부의 대결은 〈승무〉에서 노승과 風流郎, 〈산대도감극〉에서 노장과 취발이의 대결과 상통한다. 유생과 무부의 대결은 〈승무〉에는 나타나지 않지만 〈산대도감극〉에서 샌님과 포도부장의 대결과 상통한다고 할 수 있다.357)

좋은 무예를 깃추고 풍류를 즐기며 오입깽이를 자치하는 인물은 이른바 왈자이다. 포도부장 역시 이러한 요건을 충족시킬 만한 인물이며 조선 후기 서울지역의 치안과 질서 유지의 업무를 맡은 실무자이다. 武夫가 구체적인 직함을 가진 포도부장으로 설정된 것은 그의 업무가 시정의 생계 활동과 직결되기 때문이다. 특히 시정의 공연 활동을 위해서는 포도부장의 비호가 필수적이라 할 수 있다. 이들 무사 집단이나 무뢰배 집단이 스스로 배우 집단의 고객이 되는 한편 공연 활동을 매개한 중개자로서 공연 활동에 큰 영향력을 행사할 수 있었음은 이미 밝혔다. 이들이 본산대탈춤의 주인공으로 등장하고 있는 것이다.358)

---

356) 임형택 편역, 『이조시대 서사시』(하), 304~305면.
357) 「남성관희자」의 武夫를 포도부장으로 보는 것은 연구자들의 공통적인 입장이다(尹光鳳, 「18세기 漢陽을 중심으로 한 산대놀이 양상」, 『문학 작품에 나타난 서울의 형상』, 한국고전문학연구회 편, 한샘출판사, 1994, 144면 참조). 무부를 포도부장과 연결시킨 것은 소무를 두고 샌님과 대결한다는 내용 때문이지만, 「남성관희자」의 무부와 현전 탈춤의 포도부장이 똑같이 칼춤을 춘다는 것을 보아도 무부가 포도부장이라는 사실은 명백하다고 하겠다. 말뚝이는 말채찍을 들고 나와서 양반의 길을 인도하는 종으로 나타나 있을 뿐이다.

서울 시정에서 힘의 상징인 젊은 武夫는 계급적인 지배층의 표상
인 늙은 儒生과 도덕적인 지배층의 표상인 老釋에게 도전하여 그들
을 물리치는 활약을 보이고 있다. 유생과 노석은 이미 늙어 힘이 없
으므로 그들과의 싸움은 일방적인 무부의 승리일 수밖에 없다. 이들
무사 집단은 서울 시정의 실력자로서 상인이나 아전들과도 밀착된
관계를 이루고 있었다. 이들은 놀이패의 흥행 활동을 관리하는 직접
적인 권력자일 뿐만 아니라, 서울 시정의 도시적인 유흥을 주도하는
부류로서 연극 등 공연예술의 고객이기도 하였던 것이다. 선행 연구
의 용어를 빌어 이들을 중간층이라고 한다면, 본산대패의 공연종목
에 새로운 양식인 탈춤이 추가되는 과정에서, 중간층의 힘에 대한 배
우 집단의 기대와 믿음이 작용한 결과라고 할 수 있다.359)

민속예술로서의 농촌탈춤에 존재하지 않았던 인물의 등장 자체가
새로운 양식의 출현을 말해준다고 할 수 있다. 武夫나 풍류랑, 취발
이, 포도부장 등은 농촌에서 흔하게 볼 수 있는 인물이 아니다. 그들
은 도시적인 문화가 배태한 유흥적이고 武力的인 인간상이다. 그러므
로 이러한 인간형은 농촌탈춤의 단계에서는 나타나기 어렵고 도시의
공연예술로 발전한 본산대탈춤에 등장하게 되는 것이다.360)

---

358) 18세기 중엽 이후 서구의 시민 계급이 자신들이 등장하는 시민극을 만들어내
   었던 사실과 상통한다. A. 하우저(『文學과 藝術의 社會史-近世篇』 下, 廉武
   雄·潘星完 共譯, 創作과批評社, 1990, 101~103면)에 의하면, 서구의 시민극
   은 궁정의 생활과 이상을 표현하는 고전비극에 대한 의도적인 반항에서 시작
   되었고 시민 계급 스스로가 주역으로 나오는 고상한 연극이 존재한다는 사실
   그 자체가 귀족과 동등한 대우를 받아야겠다는 시민계급의 요구를 표출한 것
   이었다고 한다.
359) 기원적으로는 겨울과 여름의 싸움을 통하여 풍요를 기원하는 제의적 성격을
   띠고 있다고 할 수 있다. 그러나 직업 놀이패의 본산대탈춤에 나타난 이러한
   등장인물의 관계는 특정한 사회 상황의 일면을 반영하는 것이다.
360) 선행 연구에서 이미 포도부장놀이가 출현한 역사적 단계에 대한 언급이 있었
   다. 조동일은 포도부장이 서울 중앙관청의 직위이고 서리가 주요 세력으로 등
   장한 것이 도시에서 가능하다는 점을 들어 포도부장놀이가 농촌탈춤에는 있
   을 수 없고 도시탈춤에 이르러서야 생겨난 것이라고 하였다(조동일, 「포도부

현전 탈춤으로서 농촌탈춤의 흔적을 간직하고 있는 〈하회별신굿놀이〉를 보면 중의 파계 장면만 나타날 뿐 대결자가 등장하지 않는다. 중의 파계 행위만을 표현하는 것은 위엄을 뒤집어엎는 놀이에 불과하다. 그러나 새로운 인물이 등장하여 대결을 벌이고 여자를 쟁취한다는 설정은 갈등 구조를 만들어낸다. 갈등 구조가 생겨남으로써 놀이에서 연극으로 양식적 비약이 이루어졌다고 할 수 있다.

〈하회별신굿놀이〉에도 여자를 사이에 두고 두 남자가 벌이는 대립 양상이 나타난다. 그러나 부네를 독점하려는 두 사람의 태도는 어느 한쪽을 물리쳐 이기려는 적극적인 대결을 보이지는 않는다. 여자에게 추파를 보내는 양반과 선비의 행위는 역시 그들의 위엄을 뒤집어엎기 위한 하나의 화제 거리로 등장할 뿐이다. 양반과 선비의 대립은 결말이 나지 않은 채 백정이 등장함으로써 새로운 화제로 넘어가게 되는 것이다.

여기서도 역시 새로운 주인공이 등장함으로써 갈등 구조가 형성된다. 바로 본산대탈춤이 형성되면서 일어난 변모이다. 양반과 선비는 모두 상층에 속하는 인물들이다. 그들 사이의 대립은 스스로의 권위를 실추시키는 장치로 작용할 뿐이지만 그들과 달리 武夫가 등장하여 양반을 물리친다는 설정에는 새로운 주제가 개입되어 있다. 전자는 상층의 배려에 의한 일시적인 조롱과 풍자일 수 있지만 후자는 상층이 허용할 수 있는 범주를 벗어나 위계질서 자체에 대한 도전이 된다.

또한, 농촌탈춤에서 볼 수 없는 역동적인 춤이나 臺詞와 삽입가요

장놀이의 갈등 구조」, 『탈춤의 역사와 원리』, 263면). 떠돌이탈춤의 존재를 상정하기 이전이며, 본산대탈춤의 모습을 보여주는 「남성관희자」가 알려지기 전의 논의이므로 포도부장놀이가 도시탈춤의 형성 단계에 생겨났다고 한 것이다. 본산대패의 떠돌이탈춤이 서울의 시정을 중심으로 발전하였고 도시탈춤보다 이르게 형성되었기 때문에 포도부장이 등장한 것은 본산대탈춤이 형성되면서라고 할 수 있다.

의 변모 등이 새로운 양식의 징후로 나타났다고 할 수 있다. 현전 탈
춤에서 역동적인 춤동작은 목중의 群舞와 말뚝이, 취발이춤에서 발견
된다. 〈하회별신굿놀이〉에도 각시나 부네가 춤을 추지만 역동적이라
고는 할 수 없다. 활력을 상징하는 역동적인 춤은 새 주인공인 武夫
가 등장함으로써 생겨났을 가능성이 크다. 「남성관희자」의 무부는 검
무를 추어 용맹과 젊음을 과시하고 있다. 탈춤 대사에 한문투의 귀절
이 등장하고 농촌탈춤에 삽입되었던 민요가 잡가로 대체되는 현상
이361) 본산대탈춤과 같은 떠돌이탈춤이 형성되면서부터 생겨났다고
하겠다.

본산대탈춤이 생겨난 시기는 정확하게 추정하기 어렵다. 다만 몇
가지 자료에 의하여 본산대탈춤이 성행한 가장 이른 시기를 추정할
수 있다.

> (가) 니울니울 鐵拐仙 춤추며 　　　　　翻然鐵拐仙
> 　　 두 다리 비스듬히 서더니 　　　　　偃蹇植雙胯
> 　　 눈썹을 찡긋 두 손을 모으고 　　　 竦眉仍攢手
> 　　 동쪽으로 달리다가 서쪽으로 내닫네 　東馳又西騖362)

> (나) 집에 산대, 만석, 철괴의 음란한 놀이를 벌이고 부인들이 보게 하여
> 웃음소리가 밖에 나니 올바른 집의 도리가 아니다.
> 家設山臺鐵拐曼碩淫亂之戲 使婦人觀之 笑聲出於外 非正家之道363)

> (다) 입이 커서 두 주먹이 들랑거릴 정도였고 曼碩戲를 잘했으며 鐵拐舞도

---

361) 〈하회별신굿놀이〉에는 현전 탈춤처럼 삽입가요가 빈번하게 불리워지지 않는
　　다. 지금은 전해지지 않는 부분 중에 〈살림살이〉 장면에는 할미가 베틀에 앉
　　아 노래를 부르고 상대역인 떡다리가 역시 노래를 불렀다고 한다. 노래의 가
　　사 내용이 일평생 살림살이의 고달픔이나 마을의 풍경을 노래한 것이라 하므
　　로 민요였을 가능성이 있다. 현전 탈춤에 불려지는 잡가의 내용과는 전혀 다
　　르다.
362) 임형택 편역, 『이조시대 서사시』(하), 305~306면.
363) 李德懋, 『국역청장관전서』 6, 민족문화추진회, 1980, 원문 80면.

할 줄 알았다. 당시 우리나라 아이들이 서로 야유하는 말로 '네 형이 달문이다'고 하였는데 달문이란 광문의 또 다른 이름인 것이다.[364]

(가)는 「남성관희자」로서 1778년 당시의 본산대탈춤이 鐵拐舞 등 다른 레퍼토리와 함께 공연되고 있었음을 알 수 있다. (나)는 李德懋의 기록인데 그의 생몰 연대가 1741년에서 1793년까지이므로 「남성관희자」의 기록과 비슷한 시기의 상황이라고 할 수 있다. 집에서 산대, 철괴, 만석 등의 놀이를 벌인다고 한 것은 세 가지를 함께 공연한 사정을 나타내는 것이다. (다)의 「광문자전」에서는 광문이 철괴무와 만석회를 잘한다고 하였으므로 (가)와 (나)에 등장하는 놀이패의 일원이었다고 할 수 있다.[365] 광문에 대한 다른 기록인 「달문가」에 의하면 그는 전국적인 공연 활동을 벌인 것으로 되어 있다. 그의 생몰 연대는 알 수 없으나 역모 사건에 휘말린 영조 40년(1764)에 나이가 58세였으므로 달문이 활발한 활동을 벌인 시기는 18세기 전반이라고 할 수 있다. 그는 역모 사건을 계기로 활동을 마감하게 되기 때문이다.

이상에서 살펴본 바와 같이 본산대패의 공연 활동을 짐작하게 해주는 기록들이 18세기 전반에서 18세기 말까지 집중되어 있다. 영조 9년(1733)의 기록에는 山棚의 놀이가 성행하고 있다는 내용이 보이는데 나그네를 불러 모아 떼를 이룬다는 사실로 미루어 산붕의 놀이를 벌인 계기가 특정인의 초청에 의하지 않고 재인 집단 스스로 임의적인 보상을 바라고 벌인 것이었음을 알 수 있다.[366]

---

364) 이우성·임형택 역편, 앞의 책(하), 271면.
365) (가)의 놀이패는 탈춤을 주로 공연하였으므로 窟儡가 중심이 되었다고 할 수 있다. 광문은 窟儡 집단의 기예에도 능하였지만 俳優로서 전문화하였다고 할 수 있다(사진실, 「조선 후기 才談의 公演樣相과 희곡적 특성」, 1739~1741면).
366) 『영조실록』 36권, 9년 12월 12일, 副修撰 兪最基의 상소에 흉년과 여역에 命脈이 끊길 날이 가까이 닥쳐 있는데, 山棚이 나그네의 길을 막고 불러 모아 떼를 이루고 있으므로 경계하라는 내용이 있다.

궁정의 공연 행사로서 山棚이란 나례 등에 필요한 거대한 무대 설비를 가리킨다. 그러나 재인 집단이 임의적인 보상을 바라고 하는 공연에 대하여 쓰인 '山棚'은 '山臺'와 마찬가지로 공연 종목이나 놀이패를 가리키는 명칭이었다고 할 수 있다.367) 『조선왕조실록』에서 '山棚'이 '山臺'와 같은 의미로 쓰였다는 사실로 미루어 '산붕'은 본산대패의 놀이를 가리킨다고 할 수 있다. 곧 1733년 정도에는 본산대패가 민간에서 활발한 활동을 벌이고 있었던 것이다.

이보다 앞서 숙종 34년(1708)의 기록에는 '山棚之戲'가 궁정의 공식 행사가 아닌 사대부가의 비공식적인 행사에 쓰인다고 하여 우려를 표명하는 내용이 있다.368) 나라에서 사신을 대접할 때 하는 산붕지희를 한다고 하였으나 사신 접대를 위한 나례 때 거행했던 공연 종목과 같을 수는 없다. 나례의 목적에 맞게 관습적으로 정해져 내려오는 공연 종목은 준비가 번거롭고 설비가 거창하기 때문에 집안에서 공연할 수 없기 때문이다. 그러므로 사대부가의 경축 연회에 쓰인 '산붕지희'란 좌우편 산대의 新奇를 다투기 위하여 공연되는 종목들을 가리킨다고 할 수 있다. 좌우편의 대규모 산대에는 재인 집단이 보유하고 있는 다양한 공연 종목이 올라갈 수 있었고 그것들은 거의 민간 공연문화를 바탕으로 이루어진 종목들이었다고 할 수 있다.

산붕지희를 벌인 놀이패는 산대에 동원되었음을 자랑거리로 삼아 민간 활동을 벌인 본산대패와 관련이 있다. 이들의 활동을 우려하는 목소리가 1708년의 기록에 나타나고 있으므로 그러한 놀이패의 민간 공연 활동이 활발해진 것은 그 이전이라 할 수 있다. 따라서 늦어도

---

367) 그러한 쓰임은 정약용의 『목민심서』에서 '窟柵棚竿之戲'를 '山臺'라고 했던 기록과 정현석의 『교방가요』에서 '山臺'를 '士與僧美人皆假面'이라고 설명한 기록에서 찾을 수 있다.

368) 『숙종실록』 46권 20장, 정언 정찬선이 올린 계에, 山棚之戲를 벌이는 것은 대개 딴 나라에서 오는 사신들을 위한 것인데, 사대부들의 집에서 경사나 장수를 경축하는 연회를 할 때마다 열고 더구나 오랑캐 음악과 오랑캐춤까지 벌임으로써 폐단이 많다고 지적하였다.

17세기 말에는 본산대패와 같은 전문 놀이패가 서울의 시정과 근교를 중심으로 활동하였다고 하겠다.

이 시기는 나례가 공식적으로 폐지되기 이전이므로 이들이 만들어 낸 탈춤이 사신 접대 등의 나례에 올라갔을 가능성이 있다. 그렇다고 할지라도 본산대탈춤 양식은 민간에서 완성되어 올라간 것이므로 궁정 공연문화의 영향을 받았다고 할 수 없다. 그런데 궁정 공연 행사의 특성상 재인들이 제 나름대로 보유한 민간의 공연 종목을 보일 수 있는 행사는 연도에서 벌이는 대규모의 나례뿐이다. 그러나 이 행사는 무대공간의 특성상 진지한 관람을 전제로 하는 공연이 될 수 없다. 임금을 위시하여 궁정의 관객이 진지하게 관람하며 궁정의 문화를 반영하는 공연 행사는 觀儺인데 이때는 정해진 양식과 검열된 대본에 의하여 엄격한 공연 관리가 이루어진다. 따라서 觀儺의 행사에 민간에서 지배문화를 공격하며 만들어진 새로운 연극 양식이 공연되기는 불가능하다.

그러나 떠돌이탈춤이 궁정의 나례에 올라가 공연되었다는 것은 그럴 수 있다는 가정일 뿐이다. 본산대패 등의 떠돌이탈춤은 재인들의 공연 활동이 민간의 오락적 요구에 부응하여 왕성해진 시기에 형성되었다. 동시에 재인들의 존재 방식과 활동을 규제하는 공식적인 제도의 힘이 약화된 상태였기 때문에 새로운 탈춤 양식은 신분적인 우위를 내세워 공연을 요구하는 궁정의 관객에게는 큰 관심을 보일 이유가 없었다고 할 수 있다.

② 대본의 변모 양상

앞의 논의는 「남성관희자」, 〈승무〉, 〈산대도감극〉의 공통적인 특성을 중심으로 본산대탈춤의 형성 문제를 다루었다. 세 자료는 등장인물과 전체적인 사건의 개요에 있어서는 거의 일치하는 양상을 보이면서도 각각 크고 작은 세부적 차이를 드러내고 있다. 이것은 기록

의 누락에 의한 것이 아니라 대본 발전 과정의 특성을 보여 주는 것
이다.

선행 연구의 견해를 빌자면, 본산대탈춤과 같은 떠돌이탈춤은 농
촌탈춤에서 도시탈춤의 형성을 매개하였는데[369] 그 과정에서 공연의
주체와 공연의 목적 등이 달라지면서 대본의 내용과 연극의 원리가
달라질 수 있다. 다시 말하면, 흥행 활동을 통하여 상품으로 파는 연
극과 공동체의 결속을 다지는 민속예술로서의 연극은 달라질 수밖에
없다는 것이다. 1930년본 〈산대도감극〉은 도시탈춤의 대본이라면 「남
성관희자」는 떠돌이탈춤 대본의 모습을 보여준다. 〈승무〉는 시기적
으로 도시탈춤이 형성되었다고 하는 18세기 중반을 넘어선 것이기는
해도 『교방가요』에 실린 다른 잡희의 성격에 견주어 볼 때 직업적
놀이패의 공연 종목이므로 역시 떠돌이탈춤이라고 할 수 있다.

세 대본의 변모 양상을 샌님과장과 노장과장의 변화를 통하여 고
찰하기로 하겠다.

〈산대도감극〉에서 샌님을 중심으로 엮어지는 사건은 두 가지로 나
뉘어진다. 하나는 샌님 형제가 묵을 곳을 정하는 과정에서 하인인 말
뚝이와 依幕使令이 샌님을 욕먹이는 사건이고 또 하나는 샌님과 포도
부장이 小巫를 차지하려고 다투는 사건이다. 보통 전자를 '의막사령
놀이', 후자를 '포도부장놀이'라고 부른다.[370] 「남성관희자」에서 보이
는 샌님, 곧 늙은 儒生은 거드름을 피우며 아우성치고 꾸짖는 장면은
의막사령놀이에서 보이는 샌님의 태도와 일치하며, 여자를 차지하기
위하여 武夫와 대결 양상을 보이는 장면은 포도부장놀이와 일치한다.

앞에서 논의한 것처럼 武夫(포도부장)의 등장은 농촌탈춤에서는
볼 수 없고 떠돌이탈춤이나 도시탈춤에서만 보인다. 그런데 「남성관
희자」의 경우 武夫의 비중이 매우 강조되어 표현된 반면, 〈산대도감

---

369) 조동일, 『한국문학통사』 3(제3판), 619면. 온갖 종류의 놀이를 받아들여 공연
　　종목을 다채롭게 하느라고 탈춤 양식을 포함시켰다고 하였다.
370) 1930년본은 이러한 놀이 구분을 하지 않았으나 편의상 그렇게 부르기로 한다.

극〉에서는 포도부장놀이가 매우 축소되어 있다는 사실에 주목할 필요가 있다. 〈산대도감극〉의 포도부장은 無言으로 동작과 춤만 있는 배역이다.[371] 포도부장이 無言의 인물로 설정된 것은 극적 갈등을 전개해 가는 주도권이 그에게 없다는 사실을 말해준다.[372] 〈산대도감극〉 포도부장놀이의 극적 갈등은 有言의 인물인 샌님이 이끌어간다.

그러나 「남성관희자」의 武夫는 "유생이고 노장이고 꾸짖어 물리치는데(叱退儒與釋)"이라 한 것으로 보아 臺詞가 있었던 것 같다. 그렇다면 그는 儒生과의 갈등에서 주도권을 갖고 있었을 가능성이 있다. 그것은 武夫가 매우 적극적이며 공격적인 호매한 성격으로 표상된 반면에 포도부장은 소무의 姦夫로서 소극적이며 방어적인 태도를 취하고 있는 것에서도 확인할 수 있다.

한편 말뚝이 등 하인의 위상은 정반대로 나타나고 있다. 「남성관희자」에서 보이는 늙은 유생의 태도는 하인을 향한 것이라 할 수 있으므로 말뚝이와 같은 인물이 등장했다는 사실은 인정할 수 있다. 그러나 그에 대한 직접적인 묘사는 보이지 않는다.[373] 그만큼 하인의 역할이 축소되어 있었다는 사실을 의미한다. 하인의 역할이 현전 탈

---

371) 조동일, 『탈춤의 역사와 원리』, 314~315면.
372) 조동일, 「포도부장 놀이의 갈등 구조」, 『탈춤의 역사와 원리』, 258~259면.
373) 「남성관희자」의 "문득 튀어나오는데 낯짝이 안반 같은 놈 / 고함 소리 사람을 겁주는데 / 머리를 흔들며 눈을 굴려 / 왼쪽을 바라보고 다시 오른쪽으로 돌리다(突出面如盤 大聲令人怖 搖頭且轉目 右視復左顧)" 귀절이 말뚝이의 등장을 말한다는 견해에는 동의할 수 없다. 앞에서 언급한 것처럼 이 시의 서술 순서는 놀이의 순서와 일치하기 때문이다. 이 장면을 말뚝이와 연관시키면 순서가 뒤엉키게 된다.
참고로 「달문가」에서 달문이 잘하였다는 舊唐書의 기록인데 八風舞에 대하여 "初 后屬婚 上食禁中 帝與群臣宴 欽明自言能八風舞 帝許之 欽明體肥醜 據地搖頭睆目 左右顧眄 帝大笑 吏部侍郎盧藏用歎曰 是擧五經掃地矣"라는 기록이 있다. '搖頭轉目'이란 관용적인 표현이기는 하지만 좌우로 돌아본다는 표현까지 겹치는 것으로 보아 간과할 것은 아닌 듯 싶다. 『숙종실록』 46권 20장의 기록에 山棚之戲를 벌이면서 오랑캐춤을 추었다고 하였는데 〈남성관희자〉의 귀절은 오랑캐춤의 일종인 팔풍무를 추는 광경이 아닐까 여겨진다.

춤의 말뚝이와 같이 공격적인 것이었다면, 그것은 샌님에 대한 무부의 행동보다 더 큰 흥밋거리가 되므로 「남성관희자」를 쓴 작자의 관심에서 벗어나지 않았을 것이다.

결국 하인인 말뚝이와 武夫(포도부장)의 관계는 상보적이라고 할 수 있다. 그들은 모두 권위적인 상층의 상징인 샌님의 대결자로서 존재하기 때문에 어느 한쪽이 부각되면 다른 한쪽이 축소되는 관계를 보여주고 있다.

이러한 관계는 〈봉산탈춤〉 대본과 비교해 보면 더욱 명확해진다. 〈봉산탈춤〉은 발달한 도시탈춤으로서 매우 풍자적이며 상층에 대한 공격성이 적나라하게 드러난다. 김일출의 채록본[374]에 '포도비장놀이'가 들어 있는 것으로 보아 〈봉산탈춤〉에도 포도부장놀이가 전승되었음을 알 수 있다. 그러나 등장인물들의 대사가 없고 동작과 춤으로만 표현되어 있어 더욱 축소된 형태라고 하겠다.[375] 또한 다른 〈봉산탈춤〉 대본에는 나타나지 않는 경우가 있으므로 포도부장놀이가 점점 불필요해져 가고 있던 상황을 짐작할 수 있다. 그러한 상황과 반비례하여 말뚝이 역할의 비중이 커지고 있다.

「남성관희자」에서는 특징 없는 하인에 불과하던 말뚝이가 〈산대도감극〉에서는 샌님의 위엄을 뒤엎는 공격자로 등장하더니 〈봉산탈춤〉에서는 양반의 아내를 겁탈함으로써 양반과 대결의 양상을 이룬다. 그것은 소무를 사이에 두고 양반과 대결하는 포도부장의 역할과 같은 것이다. 원래 말뚝이는 양반의 하인으로 등장하였으나 다음과 같이 말하는 것으로 보아 포도부장이 하던 구실까지 겸하게 되었음을 알 수 있다.[376]

374) 김일출, 『조선민속탈놀이연구』, 190~218면.
375) 김일출, 앞의 책, 217~218면.
376) 말뚝이가 포도부장의 구실을 하게 되는 대본에도 포도부장이 등장하므로, 말뚝이가 완전히 포도부장을 대신하였다고는 할 수 없다.

나는 본시 외입쟁이로서, 때는 마침 어느 때냐 녹음방초 승화시 이때에 장부 흥을 못이겨 장안을 당도하니, 친구를 만났는데 대전별감(大殿別監), 금부 나졸, 정원사령, 그러한 친구를 만나서 화류강녕을 찾아 가서, 한 잔 먹고 놀 적에 음률 같이 좋은 것을 사람마다 알았더냐. 춘풍화류 청풍루(淸風樓)에 주육(酒肉)이 난만한데, 1등 명창들과 갖은 풍악 미색들은 아자(亞字)로 벌려 놓고 좌중(座中)에 후종(後從)하는 요순(堯舜), 우탕(禹湯), 문무(文武) 같고 각자 등행(登行)하여 관현성(管絃聲)을 이뤘으니 아마도 성세안락(盛世安樂)이 이뿐이라.377)

외입쟁이라고 자처하는 말뚝이가 풍류를 즐기는 광경은 「무숙이타령」에 나오는 왈자들의 놀음판 광경과 유사하다. 武夫이며 풍류랑인 포도부장이 늙은 儒生을 물리치고 여자를 차지한다는 대결 양상이 악화되자 그가 지닌 등장인물로서의 성격마저 하인인 말뚝이에게 넘어가게 되었다고 하겠다. 이러한 과정을 거쳐 서서히 포도부장은 탈춤의 배역에서 사라지게 된 것이다. 도시탈춤의 담당층은 상층에 대한 공격형 인물로서 포도부장 대신 하인 말뚝이를 키웠던 것이라 할수 있다.

앞에서 언급한 것처럼 포도부장 등 무사 집단은 재인 집단이 서울 시정과 근교에서 공연 활동을 벌이는 데 매우 큰 영향력을 행사하였다. 서울 시정의 연예계를 장악하고 있는 무사나 무뢰배 집단들의 비호를 받을 수 있는가의 문제는 재인 집단의 흥행 활동과 직결되었기 때문이다. 그러므로 본산대탈춤에는 포도부장의 성격이 강화되어 나타나고 있었던 것이다.

그러나 도시탈춤을 키운 지방 도시의 이속과 상인들은 서울 시정의 무사 집단과 이해관계에 서 있지 않다. 그들은 흥행 활동으로 탈춤을 공연한 것이 아니라 공동체의 결속을 다지는 대방놀이를 위하여 탈춤을 추었던 것이다. 중앙관청인 포도청의 포도부장은 지방 도시의 사람들에게는 의미가 크지 않은 존재이다. 또한 지배층을 공격

---

377) 김일출, 앞의 책, 215면.

하여 그 위신을 떨어뜨리기 위해서는 신분의 차이가 많이 나는 하인
의 적극적인 역할이 더욱 필요하였을 것이다.

노장과장에 나타나는 변모도, 떠돌이탈춤인 본산대탈춤과 도시탈
춤인 별산대탈춤의 발전 과정을 가늠하게 해준다. 노장과 관련된 갈
등 양상을 비교하면서 대본 발전 과정의 모습과 그 특성을 살펴보기
로 하겠다.

〈南城觀戲子〉

	(가)
갈등 인물	老釋-武夫
갈등의 요인	少妹
갈등의 결말	武夫가 소매를 차지함

〈僧舞〉378)

---

378) 鄭顯奭, 『敎坊歌謠』, 37~38장.
어린 기생이 절하고 춤추면, 풍류랑이 쾌자를 입고 상대해서 춤추며 장난한
다. 노승이 집의 모퉁이에 엎드려 있다. 상좌가 나와 춤을 추고는 노승 앞으
로 가서 기생을 가리킨다. 노승은 머리를 저으면서 보지 않는다. 상좌가 다시
귓속말을 하자 노승은 조금씩 시선을 든다. 상좌가 석장을 끌자 노승은 전율
하면서 일어나지 못한다. 일어나고자 하나 넘어지고 만다. 또 상좌가 끌어내
자 이제는 나와서 춤을 추기 시작하여 점점 기생이 있는 곳으로 가까이 가서
주위를 돌면서 춤을 춘다. 상좌가 중간에서 주선을 하여 풍류랑이 일부러 자
리를 피해준다. 노승은 기생과 놀고 어르면서도 풍류랑이 가까이 들어오는
것을 보면 그때마다 피한다. 풍류랑이 비단 가죽신을 기생의 발에 신겨주고
가자, 노승은 색동 가죽신으로 바꾸어 신겨 준다. 풍류랑이 돌아와서 기생의
가죽신이 바뀐 것을 보고는 노하여 기생을 때린다. 기생이 우는 체하자 풍류
랑은 기생의 허리를 안고는 분을 풀고 간다. 노승이 다시 와서 장난하면서
기생을 업고 가자, 풍류랑이 술에 취해 어지러운 걸음걸이로 들어와서 기생
이 없는 것을 보고는 다리를 펴고 앉아서 운다. 기생이 노승을 버리고 돌아
와서 풍류랑의 허리를 안고 울자, 풍류랑은 기생을 때린다. 기생이 흐느끼면
서 그치지 않자, 풍류랑이 기생의 허리를 안으며 그녀의 화를 풀어 준다. 그
래도 기생이 듣지를 않으므로 풍류랑이 계속해서 화를 풀어 주자, 기생은 다
시 일어나서 풍류랑과 춤을 춘다. 풍류랑은 다른 어린 기생을 안으니 먼저

	(나)	(다)	(라)
갈등 인물	노승-풍류랑	풍류랑-기생1	기생1-기생2
갈등의 요인	기생1 차지하기	기생1의 志操 풍류랑의 폭력	풍류랑차지하기
갈등의 결말	풍류랑이 기생1을 차지함	화해	공존

〈山臺都監劇脚本〉

	(마)	(바)
갈등 인물	노장-신장수	노장-취발이
갈등의 요인	신발 값	소무
갈등의 결말	노장이 신발 값을 내지 않음	취발이가 소무 한명을 빼앗음

(가), (나), (바)의 갈등 양상이 완전히 일치한다. 여자를 차지하려는 남자들의 대결이 기본을 이루면서 (다)·(라)와 (마)가 덧붙은 모습을 보여 주고 있다.

한편 (나)와 (마)의 연관 관계를 통하여 대본의 발전 과정을 추적할 단서를 찾을 수 있다. (나)에서 노승과 풍류랑이 기생1에게 애정을 표현하기 위하여 주는 선물이 바로 신발이다. (마)에서는 노승이 소무에게 줄 신발을 산다고 신장수와 흥정하는 장면이 연출된다. 신

나왔던 기생이 질투하여 새로 나온 기생을 때리고는 또 춤을 춘다. 기생이 먼저 절하고 나가고, 풍류랑도 나간 후 노승과 상좌의 춤이 끝나니, 이것이 한 토막의 잡희이다.

少妓拜而舞 風流郎着快子 對舞 郎繞妓而舞 戲狎□至 有老僧伏於軒隅 上座出舞 往老僧前 指示妓 老僧掉頭不見 上座又附耳而語 老僧稍稍擧視 上座曳山錫杖 老僧戰慄不能起 欲起而顏臥 又曳 出起舞 漸近妓處 繞近而舞 上座居間周旋 郎故避之 老僧與妓戲狎 每見郎近入 則避去 郎以錦鞋着妓足而去 老僧亦以色鞋換着妓足而去 郎還見妓換鞋 怒而打妓 妓佯泣 郎抱腰解忿而去 老僧又來戲 負妓而去 郎乘醉亂步而入 見妓不在 乃伸脚坐泣 妓棄僧還入 抱郎腰而泣 郎打妓 妓飮泣不已 郎抱腰解之 妓不聽 郎連解之 更爲起舞郎 郎抱一少妓 妓妬打之 又爲起舞 妓先拜出 郎亦出 老僧與上座舞罷 此一場雜戲也.

발로 여자의 환심을 사려 한다는 점에서 (나)와 (마)가 연관성을 지닌다.

그러나 (나)의 어디에도 신발을 사왔다는 내용이 없는데, (마)에서는 신발을 사기 위하여 신장수와 벌이는 대결이 중심이 된다. (마)의 갈등 양상은 (나)의 '신발'을 매개로 하여 새로 추가된 것임을 알 수 있다.379) 한편 〈승무〉가 〈산대도감극〉의 신장수놀이와 취발이가 소무와의 사이에서 아이를 낳고 기르는 장면도 〈승무〉의 갈등 양상에는 덧붙을 수 없는 장면이다. 노승과 풍류랑의 갈등은 풍류랑이 기생을 차지하는 것으로 끝나지 않고 새로운 갈등의 국면으로 두 번 전환되기 때문에 풍류랑과 기생의 뒷이야기가 전개될 수 없다. 신장수놀이와 소무의 출산 장면 등은 1872년 이후에야 추가되었다고 하겠다. 이러한 갈등 구조의 변모와 발전 과정을 표로 드러내면 다음과 같다.

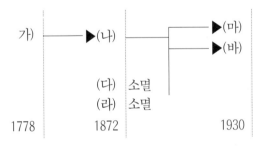

(가)의 단순한 갈등 양상이 (나)로 이어지면서 (다), (라)의 부대적인 갈등 양상을 만들어내었다. (다), (라)의 갈등은 (나)를 배경으로 생겨난 것이며 서로 유기적인 관계로 이어져 있다고 할 수 있다. 갈등의 내용에 있어서도 남녀 간 삼각관계의 두 측면을 모두 나타내었을

---

379) 노승과 풍류랑이 신발을 구해가지고 오는 과정에서 신장수와 벌인 수작이 본래 있었으나 기록에서 누락되었다는 추정은 불가능하다. (나)에 (마)와 같은 또 다른 갈등이 개입되어 있었다고 한다면 (다), (라)까지 연결되는 갈등 양상을 고려할 때 지나치게 복잡한 구도가 되어 탈춤의 공연 방식으로는 감당할 수 없는 지경에 이르게 될 것이기 때문이다.

뿐 아니라 갈등의 요인으로만 존재하던 여자들이 스스로 갈등 구도를 이루어 대립하는 모습을 그려내었다. 또한 삼각관계뿐 아니라 여자의 지조나 남자의 폭력 등 개별적 성향의 대립을 통하여 남녀 문제의 갈등을 드러내었다. 전자에 비하여 후자는 사회적인 의미를 많이 내포하고 있다.

반면 (나)의 갈등은 표면에 드러나지 않고 숨겨져 있다. 노승과 풍류랑의 대결은 직접 힘을 겨루는 방식이 아니라 누가 기생의 환심을 사느냐는 간접적인 방식이다. 여러 등장인물의 갈등 양상이 겹치게 되거나 등장인물의 성격이 갈등의 요인으로 대두하면서 나타난 현상이라고 할 수 있다. 이러한 과정은 단순한 것에서 복잡한 것으로 나아가는 기본적인 발전 양상을 드러낸다고 할 수 있다.

(나), (다), (라)에서 (마), (바)의 변화는 기본적인 발전 양상에 역행하는 모습을 보여준다. 유기적인 갈등 양상 가운데 (다), (라)가 탈락되면서 오히려 단순한 갈등 양상으로 되돌아갔기 때문이다. 그 대신 (나)의 소도구에 불과한 신발이라는 물건의 이면에 숨어 있던 상품매매 활동을 끄집어내어 새로운 갈등 구도를 만들어 내었던 것이다. 한편, (나)에서 심리적이고 간접적인 대결을 보이던 노승과 풍류랑은 (바)에서 직접 몸싸움을 벌여 대결하는 노장과 취발이로 변하였다.

그런데 (마)와 (바)는 노장과 소무의 존재에 의해서만 연결될 뿐 갈등 양상에는 유기적인 관련이 없다. 새로운 대립 관계에 의한 새로운 갈등일 뿐이다. 노장과 신장수의 갈등은 신발을 사고파는 일에서 유발된 것이며 결국 노장이 신발값을 내지 않고 신발을 가져감으로써 결말을 보았다. (바)에서는 전혀 신발이 문제되지 않는다. 소무를 차지하기 위하여 신발로 소무의 환심을 사려는 행위를 찾아볼 수 없다. 신발로 유혹하는 모티브가 또 다른 갈등을 파생해내면서 본래의 갈등이 사라져버린 것이다.

이러한 변화는, 갈등 양상이 서로 얽히는 관계를 단순화하는 대신 여러 가지 갈등 양상을 제시하려 한 것이라고 정리할 수 있다. 유기

적인 갈등 양상을 추구하는 방식과 단순한 갈등 양상을 다양하게 제
시하는 방식은, 연극이 추구하는 목적과 관련되어 있다. 갈등의 유기
적인 관계를 설정하는 것은 연극의 蓋然性을 높이기 위한 방식이라
고 할 수 있다. 갈등의 유기적인 얽힘 관계를 포기하는 것은 개연성
을 염두에 두지 않는 것이고 극적 환상을 만들지 않으려는 의도가
숨어 있다.

현전하는 탈춤 대본은 극적 환상을 만들어내지 않으므로 관객이
연극 속에 몰입하지 않고 비판적 거리를 지닐 수 있게 한다. 탈춤이
신명풀이를 위한 대방놀이가 되기 위해서는 여러 겹의 갈등 관계가
겹치기보다는 단순하고 명쾌한 갈등 양상이 표출되어야 한다. 그러
나 직업적인 놀이패가 연출하는 본산대탈춤은 공동체의 결속을 다지
기 위한 대방놀이가 되기 어렵다. 놀이패와 관객이 동일한 집단에 속
하였다고 해도 연극을 상품으로 팔려는 측과 그것을 구매하여 즐기
려는 입장이 다르기 때문이다. 결국 노장과장 대본에 나타난 갈등 구
조의 변화는 「남성관희자」와 〈승무〉의 본산대탈춤이 〈산대도감극〉의
도시탈춤에 이르는 과정에서 생겨난 것이라 할 수 있다.

그러나 여기서 지적해야 할 문제는 본산대탈춤과 같은 떠돌이탈춤
이 도시탈춤을 전적으로 형성시킨 것이 아니라 일부의 역할을 담당
했을 뿐이라는 사실이다. 도시탈춤의 단계에서 포도부장의 역할이
축소되고 말뚝이의 역할이 강화된 것은 농촌탈춤의 전통을 이어 성
장시킨 결과이다.

〈하회별신굿놀이〉에 등장하는 초랭이나 이매, 백정, 할미 등은 양
반과 샌님의 재담에 끼어들어 그 두 사람의 권위와 체면을 무너뜨리
는 역할을 하고 있다. 〈양주별산대놀이〉와 〈봉산탈춤〉을 아울러 비
교하면 하인인 말뚝이의 공격성이 〈봉산탈춤〉으로 갈수록 강화되고
있음을 알 수 있다. 〈양주별산대놀이〉의 말뚝이나 쇠뚝이는 〈하회별
신굿놀이〉의 이매나 초랭이, 백정의 성격에서 많이 벗어나지 않는다.
도시탈춤의 주체들은 제나름대로 농촌탈춤의 하인으로부터 말뚝이를

키워나가고 있었는데 떠돌이탈춤, 특히 본산대탈춤에서 받아들인 포
도부장의 성격과 맞물려 봉산탈춤에서 보이는 말뚝이의 모습이 완성
되었다고 할 수 있다.

〈승무〉의 대본이 둘로 나뉘어지면서 취발이놀이에 덧붙은 소무의
출산 장면과 아이 기르는 장면도 떠돌이탈춤을 거치지 않고 농촌탈
춤 혹은 무당굿의 탈놀음에서 도시탈춤으로 이어졌다고 할 수 있다.
이와 같이 떠돌이탈춤의 매개를 거치지 않고 농촌탈춤에서 도시탈춤
으로 발전된 부분이 존재하기 때문에[380] 농촌탈춤이 나름대로 도시
탈춤으로 발전하는 가운데 본산대탈춤 등 떠돌이탈춤이 수용되었다
고 할 수 있다.

3) 공연 공간의 특성과 연극의 유통 방식

(1) 폐쇄공간의 축소와 개방공간의 확장

궁정의 공연문화가 번성했던 조선 전기, 특히 세조에서 중종에 이
르는 시기는 폐쇄공간의 공연이 중심을 이루었다. 폐쇄공간에서 이루
어진 공연 행사의 전형이라 할 수 있는 觀儺는 임진왜란 이후 더 이
상 기록에 나타나지 않는다. 전란 후 궁정의 재정이 궁핍해졌을 뿐만
아니라 민심을 수습하기 위하여 궁정이 모범을 보여야했기 때문이다.

> (가) 이호민이 아뢰었다. "……신에게 속으로 염려되는 일이 있습니다. 鰲
> 山百戱가 大明會典에 기록되어 있습니다만 물력이 탕갈되어 해낼 수 없습니
> 다. ……이것(오산백희)은 갑자기 준비될 일이 아니기 때문에 그때에 닥쳐서
> 난처한 일이 있을까 염려됩니다."

---

380) 농촌탈춤이 도시탈춤으로 곧바로 발전한 과정에 대해서는 조동일, 『탈춤의 역
　　 사와 원리』, 45~198면 참조.

임금이 일렀다. "경의 말은 바로 나의 뜻과 들어맞는다. 오산백희는 使臣을
위해서가 아니라 帝命을 기쁘게 맞이하자는 뜻에서이다. ……평시처럼은 못
하더라도 약식으로 설행하는 것이 좋겠다. 그리고 百戱는 才人들이 하는 것이
니, 서울과 외방의 재인을 많이 모아다 풍악을 울리며 놀이를 펼쳐 기쁘게 맞
이하도록 하는 것이 좋겠다."

李好閔曰 …… 臣有隱慮之事 鰲山百戱 乃大明會典所錄也 而物力蕩竭 不得爲
之 …… 此非猝辦之事 恐有臨時難處之患矣 上曰 卿言正合予意 鰲山百戱 非爲天
使 所以歡迎帝命之意也 …… 雖不能如平時 略爲排設 可也 且百戱卽才人也 多聚
京外才人 張樂呈戱 使之歡迎 可也[381]

(나) 유영경이 아뢰었다. "進宴에 대한 일을 신들이 계달하려 하였으나 번
거로울까 두려워 감히 주상전에 진달하지 못하였습니다만 마침 윤방이 아뢰
었기 때문에 감히 아뢰겠습니다. 주상께서 즉위하신 이래 40년 동안 宴樂을
즐기지 않으셨는데 불행스럽게도 중간에 변란을 당하였기 때문에, 宴樂을 즐
기지 않을 뿐 아니라 심상한 일까지도 줄이셨으니, 신들이 어찌 상의 의도를
모르겠습니까. ……" 상이 일렀다. "진연을 억지로 할 필요가 뭐 있겠는가. 진
연을 하지 않더라도 사람들의 뜻은 이미 다 알았다. 그리고 饌膳을 꼭 차려야
만 되는가. 이러한 일은 하지 않아도 된다."

柳永慶曰 進宴事 臣等欲啓達 而恐涉煩瀆 不敢於榻前陳達 適會尹昉啓之 故敢
啓達 自上卽位四十年 不喜宴樂之事 中間不幸値變 故非徒不喜宴樂 雖尋常間事
亦爲減却 臣豈不知上意所在 …… 上曰 進宴 何必强爲 雖不進宴 已領群情矣 何必
排設饌膳然後 爲可哉 如此之事 不爲可也[382]

(가)와 (나)는 같은 날짜의 기사이다. (가)에 의하면 중국 사신을
접대하기 위한 鰲山百戱, 곧 나례는 여전히 이어지고 있음을 알 수
있다. 물력이 모자라 간소하게 거행한다 할지라도 경중과 외방의 재
인을 동원하여 나례를 벌일 것을 지시하고 있다. 사신을 접대하는 나
례가 대외적인 명분을 드러내기 때문이다. 반면, (나)에 의하면 進宴
과 같은 궁정 내부적인 공연 오락 행사는 거행하지 않게 되었다는

---

381)『선조실록』195권 17장, 39년 1월 23일.
382) 앞의 (주)와 같음.

사실을 알 수 있다. 같은 공연 오락 행사라도 진연은 정중한 儀式에 가깝다면, 觀儺는 배우들의 잡희를 구경하는 순수 오락 행사이다. 진연조차 거행되지 않는 상황에서 이전부터 폐단이 지적되어온 觀儺가 지속되었을 가능성은 없다.

따라서 이 시기에는 적어도 연극을 공연하는 폐쇄공간은 사라지게 되었다고 할 수 있다. 중국 사신을 위한 나례나 임금의 행차에 따르는 나례 등 준폐쇄공간의 공연은 임진왜란 이후 18세기 후반에 이르기까지 곡절을 거듭하여 존속하였다.383)

선조는 〈五禮儀〉에 명시되어 있는 祔廟 후의 나례까지도 폐지하였다. 광해군은 즉위한 후 선대의 전례에 따라 祔廟 등 행차 때의 나례를 실시하지 않았으나384) 얼마 안 있어 다시 환원하여 각종 나례에 많은 물력을 소비하게 된다.385) 그러나 觀儺 등의 기록은 광해군 이후에도 전혀 나타나지 않는다. 광해군은 각종 행사에 따르는 나례를 부활하였으면서도 관나의 행사는 복구하지 않은 것이다. 궁정 공연문화의 제도와 규범의 지배를 받는 관나의 공연 종목에 비하여, 민간 공연문화를 있는 그대로 즐길 기회가 되는 나례의 공연종목이 더욱 다채로왔을 가능성을 상정할 수 있다.

---

383) 궁정문화와 민간문화의 교섭 양상을 어떤 관점으로 바라보든지, 나례의 폐지 시기 및 그 배경에 관한 문제는 중요하다. 지금까지는 그 시기에 있어서조차 일치된 견해를 보이지 못하여, 인조 이후 폐지론, 영·정조 폐지론 등이 있었다. 나례라고 불렀던 행사는 하나가 아니라 적어도 네 종류로 나뉘어진다. 사진실, 「조선 전기 나례의 변별 양상과 공연의 특성」에 의하면 驅儺, 觀儺, 設儺의 세 종류인데, 환영 행사인 設儺는 다시 임금 행차 때의 나례와 중국 사신 행차 때의 나례로 나눌 수 있으므로 네 종류이다. 네 종류의 나례는 각기 명분과 사회적 배경에 따라 폐지되는 시기가 달랐다고 하겠다.

384) 『광해군일기』 23권 3장, 예조에서 선대 임금이 지시를 내려 나례를 중지한 전례를 들어, 부묘 후 환궁할 때 가요를 바치는 일과 거리에 결채하는 일만 시행할 것을 제안하였고 임금이 승인한다고 하였다.

385) 『광해군일기』 91권 10~11장, 예조에서는 선대의 전례 및 경술년 부묘 때의 예(『광해군일기』 23권 3장)를 들어 간소하게 나례를 치르자고 제안하였으나, 임금은 축하의식을 가능한 제대로 치러낼 것을 요구하였다.

17세기로 넘어가면서 궁정은 공연 오락 행사를 번화하게 치장하려는 경향을 보였다. 특히 광해군 7년에서 말년까지 나례의 제도와 절차 등에 관하여 집착하고 있다. 광해군의 개인적인 성향도 있었겠지만 궁정 공연문화의 쇠퇴를 예고하는 단말마와도 같은 현상이었다고 할 수 있다.

인조반정 이후 전대의 사치한 궁정 문화에 대한 반성으로 중국 사신을 접대하는 나례 외에 모든 나례를 거행하지 않았다.386) 이후로 부묘와 같은 임금의 행차 때 설치하는 나례는 다시 거행되지 않았다. 숙종 대에는 신묘년(효종 2년, 1651)과 신축년(현종 2년, 1661)의 전례에 따라 부묘 후 나례를 거행하지 않기로 하였고387) 경종 역시 신축년(현종 2년, 1661)과 병진년(숙종 2년, 1676)의 전례에 따라서 나례를 거행하지 않기로 하였다.388)

그러나 나례를 설행해야 하는 계기 때마다 예조가 계를 올려 임금의 재가를 받았으므로 제도적으로 폐지한 것은 아니었다고 할 수 있다. 영조 30년(1754)에 와서야 제도적으로 부묘 나례를 완전히 폐지하였던 것이다.389) 중국 사신을 접대하기 위한 나례는 이어져서 정조 8년(1784)까지 기록에 나타나고 있다.

결국 인조 이후 정조 8년(1784)까지는 사신 접대를 위한 나례만 거행되었던 사실을 알 수 있다. 「갑신완문」에서 병자년(1636) 이후 팔도재인이 중국 사신을 위한 좌우산대를 설행하기 시작하였고, 갑진년(1784) 이후 山臺를 만드는 규칙이 없어졌다는 기록은 역사적인 사실과 부합하는 것임을 알 수 있다.

그런데 사신을 위한 좌우산대도 중국 사신 일행에게 미리 의견을

---

386) 『인조실록』 3권 16장, 인조 원년 윤10월 3일, 인조는 즉위하자마자 거의 상설화하였던 나례도감을 철폐하게 하였으나 사신을 영접하는 나례는 본래대로 실시하게 하였다.
387) 『숙종실록』 5권 35장.
388) 『경종실록』 8권 26장.
389) 『영조실록』 94권 22장.

물어 양해를 구한 후 생략하는 경우가 많았다.390) 사신 일행이 나례
를 거행하라고 요구할 경우는, 나례도감을 설치하지 않고도 민간의
재인 자치 조직을 동원하여 좌우산대를 준비할 수 있었다. 사신 일행
이 서울 근교에 도착하기까지는 20일 가량의 시간을 벌 수 있었기
때문이다.391)

그런데 본래 나례를 거행하는 절차는, 사신이 국경에 도착하기 약
4개월 전에 미리 나례도감을 설치하여 좌우산대를 준비하는 과정을
거쳤다.392) 그렇다면 영조 이후 사신을 접대하는 나례는 이전 시기
에 비하여 매우 소략하였음을 알 수 있다. 나례도감은 주로 외방재인
을 상송하고 나례의 무대 설비와 장치를 만드는 일을 맡아 하였으므
로 그러한 부문의 일이 대폭 줄어들었다고 할 수 있다. 「갑신완문」에
의하면, 1636년 이후는 재인의 우두머리인 都山主가 외방재인을 상송
하는 책임을 맡아 좌우산대를 봉행하였다고 하였다. 나례도감은 존
속하였으나 주요 역할을 재인 자치 조직에 위임함으로써 나례에 대
한 국가적인 투자를 줄여나갔던 것이다. 재인 자치 조직이 성장하였
다는 사실과 함께 나례가 국가적인 행사로서 의의를 잃어가고 있었
다는 사실을 말해준다.

폐쇄공간과 준폐쇄공간의 공연이 축소된 이유는 대략 세 가지라고
할 수 있다. 첫째, 궁정의 재정 궁핍에 따르는 자체적인 각성을 들 수
있다. 둘째, 민간 부문의 공연상황이 성숙하여 시정을 중심으로 민간
의 공연문화를 향유할 기반이 갖추어졌다. 셋째, 각종 공연 행사를
계기로 민간의 공연예술이 궁정 및 상층의 공연문화를 장악해나가는

390) 『영조실록』 102권 14장, 영접도감이 원접사의 공문에 의거하여 계를 올렸는
   데, 서울과 외방에서 연향, 유관, 헌가, 나례 등의 절차를 감하도록 칙사가 허
   락하였다는 내용이다.
391) 『나례청등록』 1장, 正使가 국경 부근에 도착하여 한양에 입성하기까지 20일
   의 기간이 소요되었다.
392) 『나례청등록』 1~2장. 사신이 국경에 도착한 것은 6월 23일인데, 나례도감이
   업무를 시작한 것은 2월 30일이다.

것을 위로부터 차단하고자 했을 것이다. 나례의 폐지는 궁정의 공식
적인 공연문화가 민중과의 연계를 끊고 더욱 공식적이고 배타적인
성격을 강화하고 단속하려는 움직임의 결과일 수 있다. 민중의 공연
예술이 나례의 제도를 통하여 역으로 궁정으로 밀려들고 있었기 때
문이다.

관객 구성의 측면에서 폐쇄공간이 사라지게 되면서 궁정의 공연예
술이 민간으로, 민간의 공연예술이 궁정으로 들어갔다. 후자의 경우
나례의 공식적 제도 속에서 재인들을 동원하던 양상과는 다른 것이
다. 최고의 특권층인 궁정의 관객들까지도 공연예술 상품의 고객으
로 편입된 결과이기 때문이다. 그들을 개방공간으로까지 끌어내릴
수는 없었다 할지라도 적어도 준개방공간에서 정당한 공연의 대가를
치르는 관객으로 이끌게 되었던 것이다. 그만큼 민간의 공연예술이
발달하였기 때문에 상층의 고객을 확보할 수 있었다고 할 수 있다.

나례가 폐지되었어도 궁중의 행사는 계속되었고 공연된 예술은 주
로 기녀의 정재와 같은 궁정 공연예술이었다. 그러나 결국 예술의 정
당한 향유를 요구하는 민간의 오락적 요구는 궁정 예술의 해체를 가
져왔다. 물리적인 폐쇄공간으로서의 궁정의 공연 공간은 존속하였지
만 관객 구성의 측면에서는 폐쇄성을 유지하기 어려웠으므로 궁정의
공연예술을 배타적으로 향유할 수도 없었던 것이다.

예조의 제의에 의하여, 祔廟 후 환궁할 때, 耆老와 유생, 교방에서 각각 歌
謠를 올리는 일, 거리에 채붕을 설치하는 일, 대궐문 밖의 좌우변에 채붕을
설치하는 일 및 나례를 올리는 일 등을 신묘년(효종 2, 1651년)과 신축년(현
종 2, 1661년)의 예에 따라 다 거행하지 말 것을 지시하였다. 부묘를 축하한
후의 飮福宴도 역시 그만 두게 하였다.
因禮曹啓稟 祔廟後還宮時 耆老儒生敎坊各進歌謠 街巷結綵棚 闕門外左右彩棚
及進儺禮等事 命依辛卯辛丑兩年例並勿擧行 祔廟陳賀後飮福宴 亦令停止[393]

393)『숙종실록』5권 35장.

사간원에서 제의하였다. "한성부의 서리 30여명이 각 廛의 市民 및 강변의
동네와 서울에 있는 절간에서 百金을 긁어 모아 宴樂의 비용으로 삼고 악공
을 불러 음악을 크게 벌였습니다. 기근이 참혹한 때에 감히 백성들의 재물을
긁어 모아 鍾樓의 큰 길가에서 연회를 차렸을 뿐만 아니라 네 철의 명절 때
마다 市民들에게 해를 끼치고 있습니다. 만일 이것을 철저하게 다스려 엄하게
금지하지 않는다면 간악한 버릇을 막고 백성들의 피해를 제거할 도리가 없을
것이니 해당 관청에서 적발하여 법에 따라 죄를 주도록 하기 바랍니다." 그
의견을 따랐다.

　諫院啓曰 漢城府書吏三十餘人 徵斂百金於各廛市民及江邊洞內京山寺刹 以爲
宴樂之費 招集樂工 大張聲樂 當此饑饉孔慘之日 乃敢橫斂民財 設宴於鍾樓大道之
邊 且每於四時名節 種種侵徵於市民 若不深治痛禁 則無以杜奸習而除民害 請令攸
司摘發 依法科罪 從之394)

위의 두 가지 기사는 궁정의 공연오락문화가 간소해지는 반면 시
정의 공연오락문화가 번창해가는 사례이다. 재인들 역시 궁정 중신의
공식적인 행사에 참여하기보다 여항이나 시정에서 주관하는 비공식
적인 행사에 참가하고자 하였을 것이다. 서리들이 시정이나 절간에서
뺏어간 백금은 공연 준비, 예능인들에 대한 보상이나 음식 마련 등에
쓰였을 것이기 때문이다.

이 경우 시정의 상인은 수탈당하는 집단으로만 보이지만 실제로는
비용을 대며 연회에 참가하기도 하였을 것이다. 속으로야 불만이 있
었을지라도 이런 통로를 통해 서리 등과 손을 잡지 않으면 이권을
획득하기 어려웠을 것이기 때문이다. 따라서 아전과 상인층의 연대가
이루어진다.

궁정의 공연문화가 점점 쇠퇴하고 있었던 반면에 민간의 공연문화
가 점점 융성해지기 시작하였고, 국가 전반의 활력이 되살아나는 숙
종 연간에 와서는 비공식적인 민간의 오락적 요구와 공연에 대한 경
제적 기반이 공식적인 제도를 능가하기 시작했다고 할 수 있다. 궁정

---

394)『숙종실록』6권 66장.

문화의 쇠퇴는 외적인 요인395)과 민간 오락 부문의 확장이 맞물려 일어난 결과이기 때문에 외적인 요인이 제거되었다고 해서 다시 살아나기는 어려웠다고 하겠다.

(가) "……푸른 쟁반에 둥근 패을 차고서 대궐문 안에 붙어있는 사람들을 問安婢라고 합니다. 세시에 나희를 구경하는 것으로 인하여 대궐뜰 옆에 빼곡이 서 있는 사람들은 전부 시정의 여자들입니다. 다리를 놓아 이끌어서 대궐 안에 들어오는 것을 마치 제 집에 들어오듯 하고 있는데, 이미 들어올 수 있게 되면 무슨 말인들 발설하지 못할 것이며 이미 말을 발설할 수 있게 되면 무슨 술책인들 행하지 못하겠습니까?"

青盤佩圓牌纏屬於闕門之內者 名爲問安婢也 因歲時觀儺戲 林立於大庭之側者 皆是市井之女 寅緣牽引入禁內 如入其家 身旣可入 則何言不能發 言旣可發 則何術不可行乎396)

(나) 하루 전날 兩司가 관청에 나와서 글을 이미 올렸는데 비답이 오래도록 내리지 않았다. 누군가 말하기를 임금께서 바야흐로 후원에 납시어 새 급제자들의 倡優 놀이를 보고 계셔서 그렇다고 하였다. 掌令 金灝가 듣고 상소하여 간하였다. "신이 정묘년(1687년) 가을에 외람되게도 이 직책에 있어 알성하고 급제자를 唱榜하여 환궁할 때 御駕를 수행하고 있었습니다. 倡優의 무리들이 앞을 다투어 어가 앞으로 나오자 신과 삼사의 관원들이 輦을 막고 말씀을 올렸었는데, 전하께서도 기억하시는지요? 어제 신이 일찍 관청에 나왔는데 날이 저물도록 비답이 내려오지 않았습니다. 신이 저으기 황감하여 물러났다가 들으니 전하께서 후원에 납시어 泮宮路를 내려 보시며 새 급제자들이 모여 雜戲를 성대하게 펼치는 것을 날이 저무도록 즐겁게 구경하시느라 돌아오시는 것조차 잊을 정도였다고 합니다. 이것은 정묘년에 어가 앞에서 벌어진 일에 비할 것이 아니며 玩物喪志에 가깝지 않습니까? 또 신이 듣자온대 전하께서 동쪽 담장 내에 누각을 세워 큰 길을 내려다 볼 수 있도록 하여 곧 완공한다는데, 都下의 사람들이 망령되이 헤아리기를, 전하께서 이 누각을 만든 것은 대개 놀고 즐기기 위한 것이라고 합니다. 오늘 창우들의 놀이를 친히 보신 것은 이러한 생각과 똑같으니 어떻게 많은 아랫 사람들의 의혹을 풀

---

395) 외적인 요인이란, 전란 등의 사태를 말한다.
396) 『중종실록』 83권 41장.

겠습니까?"

前一日 兩司詣臺 章已上 批旨久不下 或言上方御後苑 臨觀新及第倡樂之戲 故如此 掌令金灝聞之 上疏諫曰 臣於丁卯秋 忝叨本職 隨駕謁聖 及其唱第還宮也 倡優之屬 競進於前 臣與三司之官 遮輦進言 殿下亦嘗記之否乎 昨日臣早詣臺 批之不下 及於日暮 臣竊惶惑 退而聞之 殿下出於後苑 壓臨泮宮之路 新思聚集 廣張雜戲 耽玩竟日 殆至忘返云 此非如丁卯輦前之比 不幾於玩物喪志乎 且臣聞殿下 曾刱一閣於東垣之內 俯瞰大道 不日成之 都人妄度皆以爲 殿下之設此 盖爲遊賞也 今日臨觀 適與相符 何以釋羣下之疑乎[397]

(가), (나)의 기록은 조선 전기와 후기 궁정 공연문화 및 시정 공연문화의 판도를 보여주는 사례가 된다. (가)는 중종 31년(1536)의 기록인데, 觀儺 때에 시정의 여자들이 궁정의 공연을 훔쳐보고 있다. 비록 시정 및 외방의 공연예술을 기반으로 하지만 궁성에 맞게 설러진 궁정의 공연문화가 시정의 공연문화를 압도할 만큼 볼거리가 되었다는 사실을 의미한다. 궁중의 놀이는 시정의 사람들이 선망의 대상이었다고 할 수 있다.

그런데 (나)에 의하면, 160여 년이 지난 숙종대에 와서는 임금이 시정의 놀이를 구경하기 하기 위하여 누각을 시정 쪽으로 내고 있다. 이전 시기에는 궁정의 공연문화가 민간의 관심을 끌어 선망의 대상이 되었다면 이 시기에는 궁정 공연의 관객인 임금이 친히 민간의 공연문화에 관심을 갖게 된 것이다. 병자호란 이후 궁정의 공연문화가 위축되는 틈을 타고 민간 부문의 공연 오락 문화가 스스로 발전한 것이다.

이전 시기에는 공식적인 문화가 비공식적인 민간 문화를 지배할 수 있었지만 이 시기에는 공식적인 제도가 그 통제력을 상실하고 있었던 것이다. 외방재인들은 자발적인 공연 활동을 위하여 서울 시정에 진출해도 공식적인 국가 행사에 동원되어 서울에 상송되는 것은 거부했던 것이다. 궁정의 공식 행사에 비하여 민간의 비공식적 행사

397) 『숙종실록』 27권 64장.

에서 얻는 이득이 점차 많아졌으리라는 것을 쉽게 추정할 수 있다. 그만큼 민간의 오락적 요구와 경제적 기반이 자라났다고 할 수 있다.

(2) 유통 방식의 市場性 추구

조선 후기 서울을 중심으로 상업지역이 확대되면서 공연상품의 시장도 확장되었다. 상업지역을 중심으로 이루어지는 공연 공간은 개방공간이다. 개방공간에서는 공연예술의 수요와 공급이 시장의 원리에 의하여 지배된다. 따라서 배우 집단은 더욱 많은 수요를 창출할 수 있는 공연 종목을 개발하고 더 많은 보상을 확보할 수 있는 방식을 모색하게 된다.

앞의 논의에서 언급한 것처럼, 공연 내용에 효용적인 가치, 특히 주술이나 축원의 의미 등이 부가되어 있는 것은 우리나라 공연예술의 특성이다. 이러한 방식은 조선후기에도 이어져 성황을 이루었다고 할 수 있다. 대표적인 것으로 초라니의 공연을 들 수 있다.

(가) 구슬象毛 담벙거지 바특이 멘 통장구에 적 없는 누비저고리, 때 묻은 붉은 전대 제멋으로 어깨 띠고, 조개장단 주머니에 朱黃絲 벌매듭 草綠浪綾 쌈지 차고, 靑三升 허리띠에 버선코를 길게 빼어 오뫼(烏山)場 짚신에 푸른 헝겊 들메고, 오십살 늘어진 부채 松花色 수건 달아 덜미에 엇게 꽂고, 앞뒤 곡지 뚝 내민 놈 앞살 없는 헌 망건에 자개貫子 굵게 달아 당줄에 짓눌러 쓰고, 굵은 무명 벌통 한삼무릎 아래 축 처지고, 몸집은 짚동같고, 배통은 물항 같고, 도리도리 두 눈구멍, 흰 고리테 두르고, 납작한 콧마루에 朱錫대갈 총총 박고, 꼿꼿한 센 수염이 兩便으로 펄렁펄렁, 반백이 넘은 놈이 목소리는 새된 것이 비지땀을 베씻으며, 헛침 버썩 뱉으면서……398)

(나) 그 뒤에 사람들이 꾸역꾸역 나오는데 잎에선 두 아이는 劍舞장이 복장이라. 풍각장이, 각설이패, 방정스런 외초라니 등물이 짓끌어 나오더니 놀보의 안마당을 장판으로 알았든지 훨씬 넓게 자리잡고 각 차비가 늘어서서,

---

398) 姜漢永 校註,『申在孝 판소리 사설集』, 民衆書館, 1971, 581면.

……한편에서는 고사 초라니가 덤벙이는데, 구슬 상모 덤벙거지 되게 맨 통
장고를 턱 밑에다 되게 메고, "꽁그락 공꽁, 허 페. 통영 칠한 도리판에 쌀이
나 담아놓고, 귀 가진 저고리 단 가진 치마 명실 명전 가진 꽃반고사나 하여
보오. 꽁그락 공꽁, 허 페페 정월 이월에 드는 액은 삼월 삼일에 막아 내고
사월 오월에 드는 액은 유월 유두에 막아 내고 칠월 팔월에 드는 액은 구월
구일에 막아내고, 매월 매일에 드는 액은 초라니 장구로 막아내세. 꽁그락 공
꽁, 허 페."399)

(가)는 초라니의 차림새와 소도구 등을 묘사한 부분이다. 부채를
들고 장고를 메었으며 가면을 착용하고 있다.400) (나)는 초라니의 연
행 장면을 묘사한 부분이다. 액막음을 위한 고사를 지낸다고 하면서
장구를 치며 노래를 부르고 있다. 그러나 초라니의 행위는 진지한 제
의가 아니다. 초라니탈을 쓴 사람은 예능인일 뿐이며 司祭가 아닌 것
이다. 초라니의 연행은 놀이이며 오락을 목적으로 한다. 초라니와 같
이 등장한 풍각장이, 각설이패 등이 역시 민간의 놀이패라는 사실과
초라니의 '방정스런' 행동, '덤벙이는' 모습 등을 통하여 그러한 추정
이 가능하다.

놀이패의 모습을 나타낸 그림에서도 이와 같은 사실이 증명된다.
① 湖巖美術館에 소장된 甘露幀(18세기 말), ② 望月寺에 소장된 〈白泉
寺雲臺庵甘露幀〉(1801년), ③〈守國寺甘露幀〉(1832년)401)에는 초라니
로 추정되는 인물들이 등장하고 있다. ①에 그려진 인물은 가면을 쓰
고 부채를 든 채 익살스런 동작으로 장고를 치고 있다. 그는 인형극
과 솟대놀이, 죽방울 놀이를 벌이는 놀이패와 함께 공연을 벌이고 있
다. ②에 그려진 인물 역시 부채와 가면, 장고를 지니고 있다. 전자의
인물에 비하여 역동적인 춤동작을 보이고 있는데 두 명인 것이 특색

399) 姜漢永 校註, 앞의 책, 431~433면.
400) 박진태, 『탈놀이의 起源과 構造』, 새문社, 1990, 87면. 초라니의 외모 묘사 가
운데 가면의 모습을 표현한 부분이 있다는 것을 지적하였다.
401) 姜友邦·金承熙, 『甘露幀』, 藝耕, 1995, 201·212·218면.

이다. 앞 인용문에 '외초라니'라는 말이 별도로 있는 것을 보면 초라
니는 두 명 이상이 다니는 게 정식이라는 사실을 알 수 있다. 역시
두 명의 초라니도 솟대놀이 또는 줄타기를 벌이는 놀이패와 함께 그
려져 있다. ③에 그려진 인물은 솟대놀이와 줄타기를 위해 세워 놓은
장대에 오르려는 모습이다. 줄타기나 솟대놀이를 하는 예능인이 따로
정해져 있으므로 그러한 묘기를 보이기 위하여 오르려는 것은 아니
고, 다만 오르려고 안간힘을 쓰는 모습을 보임으로써 익살을 부리는
행위였으리라 여겨진다. 특기할 것은 초라니가 쓴 가면의 모습이 뚜
렷이 보인다는 점이다. 동그랗게 뚫린 눈에 흰 테두리를 두른 것과
꼿꼿하고 억세게 보이는 수염이 달려 있는 것이 「변강쇠가」에 묘사
된 초라니의 모습과 동일하다.

초라니패는 辟邪의 鬼面을 쓰고 액맥이를 표방한402) 놀이패라고
할 수 있다. 고사를 지내는 등 주술적인 행위를 한다는 구실을 내세
우지만 실제로는 놀이를 팔고 있는 것이다.403) 고사를 지낸다고 하

---

402) 박진태는 표면에 나타난 초라니의 행위만을 가지고 '辟邪'의 종교적 의미를 추
　　출하였고 하회별신굿놀이의 초랭이탈이 벽사 가면이라는 근거로 사용하였다
　　(박진태, 『탈놀이의 起源과 構造』, 87~88면). 초랭이탈이 벽사 가면인가의 여
　　부와 상관 없이, 초라니와 초랭이탈을 직접 연관시키는 것은 무리가 있다고
　　여겨진다. 액막음을 하는 초라니는 그 표면적 의의에 의하여 鬼面을 착용하였
　　으나 하회탈의 초랭이는 귀면이 아니라 오히려 입이 비뚤어진 익살스러운 모
　　습이다. 또한 초라니의 공연 모습을 보면, 두 명이 등장해도 같은 차림새에 같
　　이 장고를 메고 부채를 들고 있다. 둘 사이에 노래나 사설을 주고 받거나 합
　　창을 할 수는 있어도 특정한 캐릭터를 가진 유일한 극중인물로 전환할 수는
　　없는 것이다. 양반의 하인으로 등장하는 초랭이는 특정하고 유일한 극중인물
　　이므로 그것과는 다르다.
403) 적어도 전업적인 예능인이 주술성이 곁들여진 놀이를 판다고 할 때, 제의에
　　중심이 있지 않고 놀이에 중심이 있다. 제의가 놀이화한 것이 아니라 놀이가
　　제의적인 치장을 한 것에 불과하기 때문이다. 중이나 무당이 종교적인 祭次를
　　놀이로 만들어 민간에서 파는 일은 있을 수 없다. 제의는 제의대로 유지되면
　　서 그 영향을 받은 놀이가 생겨날 수는 있다. 탈춤과 같은 연극이 종교적인
　　특성을 지닌다고 할 때 그것은 원초적인 기원에 해당하는 것이지 탈춤의 형
　　성을 두고 제의에서 놀이로 변했다고는 말할 수 없다. 농촌탈춤인 하회별신굿

면서 덤벙대고 방정맞은 익살스런 동작과 춤으로 관객에게 오락을
제공한다고 할 수 있다. '통영 칠한 도리판에 쌀이나 담아놓고, 귀 가
진 저고리 단 가진 치마 명실 명전'은 명목상 告祀를 위하여 내어 놓
는 물품과 돈이지만 실제로는 초라니패의 공연에 대한 보상이라고
할 수 있다.[404]

　사당 거사패가 염불을 하거나 呪文을 외우고 축원을 해준다는 명
목으로 실제로는 歌舞를 제공하고 보상을 받는 것도 초라니패의 활
동과 같은 양상이다. 배우들이 재담을 공연하거나 판소리를 하는 것
을 두고 '德談'한다고 한 것도 오락에 효용적인 가치를 덧붙임으로써
관객으로부터 흔쾌히 보상을 받으려는 의도와 관련이 있다고 하겠다.

　공연의 보상을 확보하는 다른 방법은 공연 활동과 상업 활동을 겸
하는 것이다. 공연을 벌이면서 배우 스스로 물건을 팔거나 상인과 연
합하여 한 집단을 이루어 활동하는 경우를 상정할 수 있다.[405]

　　구담은 스스로 서울 광대 具名唱이라 하였으며, 변시진으로 鼓手를 삼아,
　가는 곳마다 靈山會上曲을 불렀다. 의복도 화려하였으며 진기한 물건도 흩어
　각 절의 중들이나 遊山人들에게 인심을 썼다. 일시에 이름이 산중에 진동했
　다. 구명창의 노래를 듣기 위해서 사람들이 구름처럼 몰렸다. (…중략…)
　　당일 밤중으로 임완석을 양양으로 보냈다. 날랜 교졸 4, 5십 인을 편복시
　켜서 장안사로 도착시켜 길목을 잡아 파수를 보게 하였다. 그리고 돌아오는

　놀이를 예로 들면, 마을의 안녕을 기원하는 제의는 따로 지내고 놀이를 통해
　서는 다만 제의성이 표출될 뿐이다. 놀음을 놀되 안녕과 풍요를 기원하는 믿
　음이 그 속에 녹아들어 있는 것 뿐이다.
404) 「변강쇠가」에는 "統營漆 두리반에 쌀이나 되어 놓고, 命실과 命錢이며 귀가지
　　저고리를 아끼지 마옵시고 어서어서 내어놓소"(강한영 교주, 앞의 책, 583면)
　　라고 하여 사설이 약간 변형되었다. 고사에 내어 놓는 물품이 바로 초라니의
　　생계유지와 직결되므로 더 많이 내어 놓기를 바라는 마음이 표현되어 있다.
405) 예능인 집단과 연합하기 쉬운 상인은 보부상과 같은 떠돌이 장사꾼이다. 대규
　　모의 중개업을 하거나 상점을 경영하는 상인들은 계기적인 지원을 통하여 일
　　시적으로 예능인 집단의 공연 활동과 관련을 맺을 수 있으나 동등한 위치에
　　서 어울려 다니며 공연과 상업을 결합시키기 어렵다.

길에 맛이 준한 소주 2병을 가져오라 했다. 그 술은 초막에서 임완석이 팔기
로 하였다.
　이경래가 그날 과연 초막에 나타나자 중은 구명창을 청하여 노래를 들었
다. 구명창은 첫소리에 勸酒歌인 將進酒를 불렀다. 이경래는 무릎을 치며 감
탄성을 발했다. 구명창은 임완석이 파는 술을 받아서 노래를 부르면서 한편
으로 술잔을 들어 이경래에게 권하였다.406)

　구담은 신출귀몰한 도적을 잡으러 변장을 하고 산중에 들어갔으므
로 행동거지조차 자연스럽게 보이도록 연출하였을 것이다. 동행인
임완석이 술을 사다가 초막에서 파는 시늉을 했다는 사실에 주목할
필요가 있다. 초막은 산속에 있으며 중이 거처하고 있었다. 그 중은
이경래와 내통하고 있었으므로 이경래는 초막에 자주 왕래하였을 것
이다. 그 초막에 예전에 없던 술장사가 있는 것을 보고 의심하지 않
은 것을 보면 배우가 장사와 패거리를 이루어 다니는 일이 예사로운
현상이었음을 알 수 있다. 또한 산속의 중들이나 遊山人들에게 풀어
인심을 산 진기한 물건이란, 팔기 위하여 가지고 다니는 상품일 수
있다. 다만 공연만 하는 배우가 물건을 풀어 인심을 쓰는 것보다, 공
연도 하고 물건도 파는 배우가 그러한 행위를 하는 편이 더욱 자연
스럽다.407) 「달문가」에서 달문이 얼마동안 중개업에 종사하는 모습
이 나타난다.408) 배우의 존재 양상과 상업 활동의 친밀성을 보여준

---

406) 李佑成·林熒澤 譯編, 앞의 책 (하), 62~67면.
407) 예능인이 스스로 물건을 팔아 공연의 댓가로 삼는 방식은 전통 사회에 국한
　된 것이 아니다. 공연장을 빌릴 수 없거나 가설할 능력이 없는 영세한 예능
　집단인 경우 공연의 중간에 약이나 물품을 팔아 공연의 대가로 거두어 들였
　던 것이다.
　물품을 팔려는 목적으로 간단한 예능을 보이는 경우도 있었을 것이다. 1970
　년대 초 지방 서커스단의 공연을 보면, 공연이 중심이 되면서 부수적으로 약
　과 물건을 팔았다. 가설극장이라도 마련되었다면 관객에게 미리 입장료를 받
　을 수 있었겠지만 터진 공간에서 벌어진 공연이었으므로 관객의 한계를 정하
　기가 어려워 미리 입장료를 받는 것이 불가능하였고 대신 물품을 팔아 대가
　를 구하고자 했던 것이다.

다는 데 의의가 있다. 흥행 활동도 상품 매매 활동의 일부이기 때문이다.

다음은 재인들이 상인들의 상업 활동과 연합하여 흥행을 벌이는 경우를 들 수 있다. 상인들은 상품을 살 고객을 불러 모으는 방편으로 재인들의 공연을 이용하고 재인들은 안정적인 수입을 확보한다는 측면에서 의의가 있었다고 하겠다.

문득 슬슬 걸어서 큰 길을 지나가는데	忽若閒行過康莊
왁자지껄 하며 너니 나니 소리가 들리는 듯하구나	如聞嘖嘖相汝爾
팔고 사는 일이 끝나 놀이 벌일 것을 청하니	賣買旣訖請設戲
배우들의 복색이 놀랍고도 괴상하구나	伶優之服駭且詭
우리나라 줄타는 곡예 천하에 다시 없어	東國撞竿天下無
줄타고 공중갭이 하는 것이 기미기 매달린 것 같네	步繩倒空縱如蟢409)

"賣買旣訖請設戲"라는 귀절에서 상품의 매매가 끝나고 나서 놀이가 벌어지는 상황을 확인할 수 있다. '놀이 벌일 것을 청했다'는 것으로 보아 재인들이 스스로 놀이를 벌인 것이 아니라 어떤 대가를 지불했거나 지불하기로 약속한 주체가 따로 있었다고 할 수 있다. 그 주체는 상인일 수도 있고 공연을 기대하는 고객일 수도 있다. 전자의 경우라면, 상인이 볼거리를 제공을 전제로 고객을 확보하여 어느 정도 물건을 팔고 나자 약속대로 놀이패에게 공연을 청한 것이라고 할 수 있다. 후자의 경우라면, 물건을 산 고객이 약속대로 공연을 하라고 청한 것이라고 할 수 있다. 상인들은 물건을 판 돈 가운데서 일부를 재인 집단에게 지불하였을 것이다.

그렇다면 이러한 상업 활동의 유통 경로를 따라 재인들의 흥행 활동이 이루어졌을 가능성이 크다. 특정한 상인 집단과 연합하는 경우

408) 임형택 편역, 『이조시대 서사시』(하), 286면.
409) 朴齊家, 『貞蕤集』 詩集 3권.

가 아니라 할지라도 상품 매매가 이루어지는 浦口나 상업 도시, 그
사이를 연결하는 교통로, 驛站은 재인 집단의 흥행 활동을 위하여 좋
은 상황이 되었다고 할 수 있다.

> (세미를 수납하기 위해서) 倉村을 열려고 할 때는 미리 방을 내걸어서 잡
> 류들을 엄금해야 한다. 창촌에서 출입을 금해야 할 자들은 첫째 優婆(우리말
> 로 사당), 둘째 창기(늘근 퇴기도 금한다), 세째, 酒婆(소주 약주 따위를 앉아
> 서 파는 여자), 네째, 화랑(무당의 남편을 우리말로 광대라고 한다), 다섯째
> 악공(가야금 타고 피리 부는 자와 가객들), 여섯째 儡子(우리말로 초라니), 일
> 곱째 馬弔(투전), 여덟째 屠肆(소 돼지를 잡는 자들)이다. 이 여덟 가지 잡된
> 무리들은 성색과 주육으로 온갖 유혹을 하여 창촌의 관리가 이에 빠지고 뱃
> 사람들도 이에 빠지곤 한다. 씀씀이가 과람하고 탐욕이 더욱 깊어지면 함부
> 로 부정하게 거두어 들여서 그 모자람을 메우려 할 것이니 이것들을 마땅히
> 엄금하여야 한다.410)

재인들은, 漕倉이 있는 포구 등에 모여드는 사람과 물자들을 고객
으로 확보하려 하였던 것이다.411) 위에서 열거한 예능인 가운데서
儡子는 앞에서 논의한 窟儡와 같은 부류로서 인형극과 가면극, 곡예
등을 연출하는 재인들이다. 이들은 집단적인 공연 활동을 벌이며 떠
들썩한 분위기를 연출하기 때문에, 여러 예능인 부류 가운데 상업 활
동과 연합하여 공생할 수 있는 장점을 지니고 있었을 뿐만 아니라
번잡한 장터에서 공연하기에 유리한 공연방식을 지니고 있었다고 하
겠다.

현전 탈춤을 형성하는 데 기여한 떠돌이탈춤패들은 배우와 窟儡

---

410) 丁若鏞, 『譯註 牧民心書』 2, 258면.
411) 이 자료에 주목하여 유랑예능인의 활동 분포를 파악한 것은 김흥규, 「조선 후
기의 유랑예능인들」(『고대문화』 20, 고려대학교, 1981)이다. 포구나 조창이 있
는 지역, 지방의 장터를 떠돌면서 놀이판을 벌이는 유랑예능인의 생활 모습을
모색하려 하였다. 그러나 적극적으로 흥행 활동을 벌이는 활기찬 모습보다는
기본적인 생계 유지를 위하여 어렵게 유랑하는 모습이 부각되었다.

가운데 후자에 해당한다고 할 수 있다. 이들 떠돌이탈춤패들은 전국
적인 상품의 유통 경로를 타고 외방의 상업도시에서 서울에 이르기
까지 두루 흥행 활동을 벌였다고 하겠다. 다음의 몇 가지 근거들은
외방의 떠돌이탈춤을 형성한 재인 집단이 서울까지 진출하여 활동했
다는 근거가 된다.[412)

  (가) 〈동래야류〉 대사에 등장인물 말뚝이의 할아버지가 舞鶴館 마당에서
땅재주를 하였다는 내용이 있다.[413)
  (나) 동래야류 및 〈수영야류〉 대사에 서울 남대문 밖의 칠패가 나온다.[414)
  (다) 〈봉산탈춤〉 할미과장에 용산 삼개 덜머리집이 등장한다.[415)

  (기)는 외방재인들이 서울에 상송되어 사신을 영접하는 좌우산대
를 설행하였던 전통 때문에 들어 있는 내용이다. 그런데 조선 전기에
외방재인을 상송하는 계기로는 사신 을 환영하는 나례 외에도 임금
의 행차를 칭송하는 여러 가지 나례가 있었다. (나)에서 유독이 중국
사신이 들어오는 길목에 있는 무학관에서 놀았다고만 한 것은 매우
중요한 문제를 내포하고 있다.

---

412) 이하의 근거들은 현전하는 도시탈춤 대사를 토대로 한 것이므로 떠돌이탈춤
의 직접적인 근거라고 할 수 없다. 그러나 도시탈춤을 형성하는 데 떠돌이탈
춤이 기여한 바를 인정할 때, 이러한 내용들을 도시탈춤 대사에 남아 있는 떠
돌이탈춤의 흔적으로 받아들일 수 있을 것이다.
413) 심우성, 『한국의 민속극』, 창작과비평사, 97면,
    말뚝이 : ……우리 할아바시 오십에 班武하야 黑角弓 牛角弓 둘러메고 舞鶴館
        마당에 땅재조하고 상시간에 큰 활 쏘아 우등으로 출신하야 선전관
        처음하고 左水營 右水營 南兵使 北兵使 五軍門都大將을 지냈으니 그
        根本 어떠하며
414) 심우성, 앞의 책, 99・118면.
    말뚝이 : 집안을 썩 들어가니 七패八패 장에 가고 종년 서답빨래 가고 도령님
        학당가고 집안이 洞空한데 (타령조로) 후원별당 들어가니 滿花芳暢 다
        피었다
415) 심우성, 앞의 책, 246면.

극중인물 말뚝이의 祖父가 무학관에서 곡예를 한 시기는 임금의
오락과 관련된 모든 나례가 폐지된 이후라는 사실을 알 수 있다. 조
선 전기 나례는 임금의 오락 행사 및 임금 행차의 환영 행사로서 외
방재인을 불러 모아 거행하였다. 사신 접대를 위한 나례에 비하여 중
요성이 떨어지지 않았다고 할 수 있다. 그런데도 무학관에서 벌인 좌
우산대의 경험만을 언급하여 전승한 것은, 이 놀이패의 조상이 1636
년에서 1784년 사이에 서울로 상송된 경험을 갖게 되었다는 것을 의
미한다.416) 적어도 현전 도시탈춤을 형성하는 데 기여한 떠돌이탈춤
이 조선 전기 나례와는 무관하다는 사실이 명백해지는 것이다.

그러나 물론 1636년 이후 중국 사신을 위한 나례와는 관련을 맺을
수 있다. 그러나 그 이후는 이미 궁정 행사로서 나례의 의의를 상실
하였고 나례도감이 통제력을 잃었으며, 좌우산대가 민간의 재인 자
치 조직에 의하여 운영되었던 것이다. 따라서 나례의 공연 종목은 재
인 집단의 평소 공연 종목으로 채워졌을 것이다. 이때 떠돌이탈춤이
좌우산대에 올라갔다 할지라도 그것은 궁정연극의 전통과는 무관하
다고 말할 수 있다. 외방의 떠돌이탈춤은 그 지역 민속예술에 뿌리를
두고 민간의 공연상황 속에서 형성된 것이기 때문이다.

인조 때 부묘 나례가 폐지되거나 정조 때 모든 나례가 폐지되는
상황에서, 재인 집단은 불가피한 수동적인 대응을 할 필요가 없었다.
이미 이전 시기부터 재인 집단은 스스로 궁정의 제도를 벗어나려는
능동적인 움직임을 보였던 것이다. 나례 및 나례도감의 폐지는 오히
려 재인 집단의 움직임이 궁정의 제도를 변화시킨 결과였다고 할 수

---

416) 「갑신완문」이나 「京畿道唱才都廳案」에서도 재인들이 사신 접대를 위한 좌우
산대만을 언급하고 있었던 사실도 같은 맥락에서 설명된다. 그것은 1636년을
계기로 재인 자치 조직이 주도적으로 좌우산대를 거행하였기 때문이다. 이때
부터 본래 활동하는 놀이패 단위로 동원되어 평소 레퍼토리를 자유롭게 무대
에 올릴 수 있게 되었으므로 놀이패 단위로 경험의 내용이 전승될 때 사신
접대를 위한 나례에 참여하였다는 사실만 부각되었던 것이라고 여겨진다.

있다. 민간의 공연상황이 스스로 새로운 연극을 배태하고 성장시킬 만큼 자라났던 것이다.

따라서, 지금까지 나례가 폐지되는 것을 계기로 재인들이 지방 각지에 흩어져 현전 탈춤을 형성하였다는 견해는 바로잡아져야 한다. 인조 때 나례가 축소되는 상황에서 외방재인은 사신 접대를 위한 나례의 좌우산대를 주도적으로 거행하는 위치에 올라섰고, 정조 때 완전히 나례가 폐지되는 상황에서는 오히려 조직력을 다져 재인청을 재정비하였던 것이다.

(나), (다)는 지방의 도시탈춤 대사에 서울 시정의 이름이 나타난 경우이다. 물론 왕래의 경험과 무관하게 특정 지역의 지명이 언급될 수 있다. 그러나 칠패, 용산, 삼개(麻浦)는 공통점이 있다. 1636년 이후 외방의 재인들이 놀이패 단위로 서울에 진출하면서 좌우산대를 거행했을 뿐만 아니라 서울 시정에서 흥행 활동을 하였다는 방증 자료가 될 수 있다.

조선 전기의 상황은 외방재인이 서울에 머물면서 활동하는 것을 엄격히 규제하려고 하였지만 조선 후기는 그러한 제도적 규제가 완화될 수밖에 없었다. 적어도 조선 후기에 상업 지역으로 발달한 城底十里 가운데 경강 지역으로 진출하여 흥행하는 것은 비교적 쉬운 일이었다고 할 수 있다. 서울지역이 확대된 것은 상업 지역, 곧 시정이 확대되었다는 것을 의미한다. 조선 후기 서울 5부 가운데 서부 지역은 성안보다 성밖의 인구가 급증하였는데, 그것은 전국적인 상품 유통의 중심지로 성장하고 있던 서울에 외방에서 새로운 인구가 끊임없이 흘러 들어와 신흥 촌락을 형성하였기 때문이라고 하였다.417) 서부의 성 바깥에 바로 서울의 3대 시장의 하나인 칠패가 자리잡고 있다.

---

417) 조성윤, 「조선 후기 서울 주민의 신분 구조와 그 변화」, 46~47면. 1789년 호구 조사에 의하면, 서울지역의 5부로 가운데 서부는 성안보다 성밖에 70% 이상의 인구가 살고 있었다고 한다.

한편, 서부의 성 바깥은, 서대문과 남대문까지의 성 바깥 지역인 반석방, 남대문을 나서면서 한강에 이르는 용산방과 서강방으로 이루어져 있다. 이들 지역은 용산, 마포, 서강 등 가장 규모가 큰 포구가 자리 잡은 곳이다.[418] 칠패, 용산, 마포는 주로 외방에서 유입된 인구와 물자로 형성된 대규모 商圈이었음을 알 수 있다. 용산, 마포 등 경강지역은 조선 후기 이후 상업 중심지로 발달한 지역인데, 주로 영세한 소상인과 임노동자가 거주하였지만,[419] 京江富民, 京江富商, 京江無賴輩라고 불리는 富商들이 활동하였다고 하는데 경강상인들은 주로 海路를 이용한 유통업에 종사하여 19세기에 오면 浦口를 중심으로 하는 시장권을 장악하는 대상인으로 성장하였다고 한다.[420]

지방의 도시탈춤에서 이러한 신흥 상업 지역의 이름이 거론되는 것은 놀이패들의 흥행 경로가 이들 私商들이 중심이 되어 활동하는 상품의 유통 경로와 같았다는 사실을 보여준다. 외방의 놀이패가 유통의 중심지인 서울 시정까지 지방의 놀이패가 흥행 활동을 벌이게 된 사정을 확인할 수 있다. 도시탈춤이 지니는 서울지역 관련 요소들은 이러한 활동 양상에 근거를 두고 있다고 할 수 있다.

서울지역의 떠돌이탈춤인 본산대탈춤 역시 새로이 확장된 시정이라 할 수 있는 경강 지역과 관계가 깊다. 서울지역의 본산대탈춤은 녹번, 애오개(阿峴), 노량진, 사직골, 퇴계원 등지에서 시작되었다고 한다. 阿峴은 都城에서 경강 지역의 중심지인 西江[421]으로 가는 육상교통의 길목이었으며[422] 노량진은 경강 지역의 나루이다. 이들 지역

---

418) 조성윤, 앞의 논문, 47~51면.
419) 조성윤, 앞의 논문, 47면.
420) 고동환, 「18·19세기 서울 京江地域의 商業發達」, 138~176면.
421) 서강은 용산, 한강과 함께 가장 먼저 발달한 경강의 중심지역이다. 고동환, 앞의 논문, 150면.
422) 정약용, 『역주 목민심서』 5, 270~271면. "우리나라 왕성 5부 안의 애오개는 西江으로 가는 길이고, 약점현은 龍山으로 가는 길로서 곡물이 폭주하고 수레가 부딪히고 사람이 어깨를 부딪히는 곳이지만……"

을 중심으로 활동한 본산대패는 서울의 경강 지역 상권과 관련이 있다고 할 수 있다.423)

그러나 녹번, 구파발 등지는 중국 사신이 서울에 들어오는 길목에 있으므로 사신을 환영하는 좌우산대를 거행한 사실과 관련하여 이름을 남겼다고 할 수 있다. 그러나 이들 놀이패의 본격적인 활동은 역시 시정을 중심으로 하는 흥행 활동이었을 것이다.

결국, 육로와 해상 교통로를 통하여 서로 유기적으로 연결되는 전국적인 유통망을 타고 외방의 놀이패가 서울 시정으로 진출했을 뿐만 아니라 서울지역의 놀이패가 지방 상업 도시로 가서 흥행 활동을 벌이는 상황을 상정할 수 있다. 그러나 유통망의 중심에 위치한 서울 시정은 어느 상업 지역보다 많은 이익을 기대할 수 있는 지역이었다.

이러한 장점은 당시 서울의 도시적 발달에 따르는 여러 가지 공연 상황의 변화와 맞물려 각 지역의 예능인이 시장을 찾아 모여드는 현상을 초래하였다고 할 수 있다. 이전 시기에 제도로써 억제되어 있던 외방과 서울, 궁정과 시정의 경계를 넘어서서 각종 예능인이 서울 시정으로 몰리게 된 것이다.424) 그 결과 서울의 도시적 상황에서 공연 문화의 혁신이 이루어졌고 민간연극이 형성되었다고 할 수 있다. 외방 각지의 놀이패들은 조선 전기 서울의 궁정에서 만나 교류한 것이 아니라 조선 후기 시정에서 만나 교류하게 되었던 것이다. 각 지방 탈춤의 유사성은 이러한 측면에서 설명할 수 있다고 하겠다.

---

423) 조동일, 『탈춤의 역사와 원리』, 85~87면. 서울지역 본산대패가 활동했다는 지역이 서울 근교인 점을 들어 그곳 상인들의 힘을 배경으로 탈춤이 이루어 졌으리라는 추정을 하였다. 서울 근교의 상업은 특권에 대항하여 자유로운 상업을 벌인 새로운 양상을 보여주었으므로 탈춤도 이들 사상도고의 발달과 관계가 있다고 지적하였다.
424) 「무숙이타령」에서 무숙이 벌이는 놀음판의 모습은 그런 상황을 보여주고 있다. 무숙이가 경강상인, 특히 경강에서 선박으로 유통업을 하는 京江船人이었을 가능성을 생각하면, 신흥 상업지역인 경강지역을 중심으로 각종 공연 오락이 발달한 사실을 확인할 수 있다.

그러나 무엇보다도 공연 상품을 유통하는 최선의 방식은, 관객이
공연에 대한 입장료를 선지불하는 보상 방식을 통하여 이루어진다고
하겠다. 그러기 위해서는 관객 및 관객이 아닌 사람을 구분해주는 劇
場 또는 演戲場이 필수적이다.425) 조선 전기 궁정의 공연문화는 무대
를 발달시켰으나426) 무대와 객석이 구비된 극장을 마련하지는 못하
였다. 궁정의 공연은 흥행을 목적으로 하지 않기 때문이다. 그러나
시정에서는 흥행을 위한 연희장이 세워졌을 가능성이 크다.

(가) 〔開雜遊戲〕 西江 開雜輩가 阿峴等地에서 舞童 演戲場을 設하였는디 觀
光하는 人이 雲集하얏거늘 警務廳에서 巡檢을 派送하야 禁戱흔즉 傍觀하든 兵
丁이 破興됨을 憤痛히 넉이어 該巡檢을 無數亂打하야 幾至死境흔지라 本廳에
셔 其開雜輩 幾許名을 捉致하고 該演戲 諸具를 收入하야 燒火하엿다더라.427)

(나) 〔광고〕 昨朝에 舞童을 始戲코져 하얏더니 終日下雨하야 演戲치 못하고
陽曆 三月 四日로 退定하야 每日 遊戲홀터이오니 諸君子는 逐日 龍山으로 來
玩하시옵 舞童演戲場 告白428)

(가)는 『皇城新聞』, 1899년 4월 3일 기사이다. 西江의 開雜輩들이
아현 등지에 연희장을 가설하고 공연하였다고 한다. 서강의 한잡배
들이란 경강 지역을 중심으로 활동하는 재인 집단이었다고 할 수 있
다. 그들이 흥행을 벌인 아현은 본산대탈춤인 '애오개(阿峴) 산대'로

---

425) 여기서 극장이나 연희장은 고착적인 건축물을 의미하지는 않는다. 임시로 가
설된 시설이라도 유료 관객을 구분하여 관람하게 할 수 있는 설비만 마련된
다면 극장의 기본적인 틀은 갖추어 진 셈이 된다고 할 수 있다.
426) 우리나라의 무대 건축은 매우 발달했다고 할 수 있다. 궁정에서는 무대인 산
대 곁에 다락방을 두거나 온돌을 놓고(『연산군일기』 61권 9장), 채붕을 만드
는 요령이 『綵棚式訪』이라는 책으로 전수되기도(『광해군일기』 156권 1장) 하
였던 것이다. 다만 그것이 흥행을 위한 상설 무대가 아니라 궁정의 공연을 위
한 가설 무대였으므로 보존되지 않았을 뿐이다.
427) 『近代韓國公演藝術史 資料集』(1), 檀國大出版部, 1984, 13면.
428) 앞의 책, 14면.

알려진 곳이다. (나)는 『황성신문』, 1900년 3월 3일 기사인데, 龍山에
연희장을 벌였다고 하였다. 용산 역시 놀이패들의 흥행 경로에 해당
하는 지역이었다. 비가 오는 바람에 하루 뒤로 공연을 연기했다는 것
으로 보아 노천 연희장 정도를 상정할 수 있다. 그러나 유료 관객을
구분할 수 있을 정도의 설비는 갖추었다고 보는 것이 옳다. 최소한
천막 정도를 치고 관객을 들인다는 것은 유료관객의 확보를 의미한
다. 그러나 이러한 정도의 가설무대인 연희장이 20세기에 다가서서야
처음 생겨난 것은 아니라고 본다. 다만 신문기사로 나타난 최초의 기
록일 뿐이다. 신문에 광고를 내어 선전을 하고, 지정된 장소에서 며
칠 동안 공연했다는 사실은, 관객을 찾아다니던 방식에서 관객을 불
러 모으는 방식으로의 전환을 의미한다. 실제로 6일 기사에는 용산
무동연희장에 관객이 구름처럼 모였다는 내용이 올라 있다.429)

한편, 이 기사에 나오는 서강의 한잡배들이 애오개 본산대 등을
직접 계승하였는지는 확인할 수 없지만, 다음 기사는 이러한 무동연
희장에서 탈춤을 흥행하였다는 사실을 짐작하게 해준다.

　〔戲舞臺打令〕……吾們은 山寺에 納凉ᄒ다가 山臺都監의 演戲를 偶覽ᄒ이
一套 滑稽를 酒後에 叫奇ᄒ노라 靑山綠水景 죠흔데 一酒東方 潔道場이라 抹杖
遮日雪布張에 令旗朱杖沙燭籠이라 一班文武好風神은 東西列席坐客이오 靈山會
像大風流ᄂ 梨園弟子六各이라 綠陰芳草勝花時에 一代奇怪別人物이 燦爛錦繡新
衣裳과 玲瓏彩色眞面目으로 瀟湘班竹十二節로 逾出逾奇 차례 춤에 雪膚花容小
巫堂과 松納長衫老長僧이라 峨冠博帶生員이오 拳鬚突鬢不僧이라 이 탈 나와
一場이오 저탈 나와 一場이라 善戲謔ᄒ 善舞法에 萬人耳目瞠然일시 善諧善舞
凡歲人고 改頭換面 輪回로다 此 탈 彼 탈 돌려 쓰니 異檀同人 奇事로다 禮義
之邦 鄕人儺ᄂ 驅除疫鬼 盛俗이오 麒頭氏ᄂ 辟邪ᄒ고 處容舞ᄂ 呈瑞인디 山臺
演戲 節倒로다 旅進旅退 구경ᄒ쇼430)

429) 앞의 (주)와 같음.
430) 앞의 책, 14~15면.

『황성신문』1900년 8월 9일 기사로 용산 무동연희장의 흥행에서 5개월 쯤 지나서 쓰여졌다. 소무, 노장, 생원이 등장하는 현전 탈춤과 같은 탈춤이다. "瀟湘班竹十二節로 逾出逾奇 차례 춤"이라는 부분은 瀟湘班竹 열 두 마디를 부르고 춤을 면서 등장인물이 차례로 바뀌는 상황을 표현한 것이다. "瀟湘班竹 열 두 마디 후리쳐 덥석 타"라고 노래 부르면서 등장인물이 나오는 〈산대도감극〉 각본과 같다.[431] 탈춤은 무동연희장과 같은 노천극장에서 공연하기에 적합하다. 연희장이 가설된 지역이 전통적으로 탈춤을 흥행시킨 지역이었으므로 거기에서 탈춤이 공연되었다는 추정은 무리가 아니라고 본다.

결국 조선 후기 서울지역의 시정을 중심으로 발달한 본산대탈춤은 1900년까지 향유되었고 자생적으로 연희장을 마련하게 되는 것이다.[432] 연희장에서의 공연은 공연 상품의 유통 방식에 커다란 전환이 된다. 기존의 놀이판은 열린 구조였으므로 관객과 행인을 구분하기 어려웠다. 예측할 수 없는 임의적인 보상을 확보하기 위하여 여러 가지 보조적인 수단이 동원되었다. 그러나 최소한 천막 정도를 치고 관객을 들인다는 것은 유료 관객의 확보를 의미한다. 공연예술의 관객을 다른 사람들로부터 구별해내기 위하여 연희장이라는 별개의 공간을 만들어 내었던 것이다. 연희장의 공연에서는 요금을 먼저 지불한 사람만이 공연의 관객이 될 수 있다. 그만큼 연희장에서 공연되는 공연예술의 예술적·상품적 가치가 증가하였다는 것이며 흥행 활동이 조직화하였다는 것이다.

그러나 이와 같은 가설 연희장은 건물로 지어진 옥내 극장이 생겨

---

431) 조종순 구술, 김지연 채록, 〈산대도감극각본〉(조동일, 『탈춤의 역사와 원리』, 부록), 292면.
432) 가설 연희장이 20세기에 다가서서야 처음 생겨난 것은 아니라고 본다. 1899년의 연희장은 다만 신문기사에 나타난 최초의 극장일 뿐이다. 노천에 가설된 형태라 할지라도 유료 관객을 구별해주는 극장이 나타나기까지, 균일한 가격으로 공연 상품을 팔고 사는 관계가 형성되는 등 점진적인 발전이 있었을 것이다.

나 경쟁하게 되면서 서울에서 흥행을 유지하기가 어려워졌다고 할 수 있다. 노천의 가설 연희장이 옥내극장에 밀리게 된 이유로 두 가지를 들 수 있다. 첫째, 옥내극장은 경영과 예능 활동이 분리되어 있었다는 것이다. 옥내극장의 경우, 기존의 건물을 임대하여 사용하거나 새로 건립하는 경우 자본을 투자하여야 하므로 자본주의 개입이 필수적이다. 반면, 가설 연희장은 노천에 임시로 세워지기 때문에 큰 규모의 자본이 필요하지 않다. 예능인이 아닌 자본주가 흥행에 개입할 수는 있었겠지만, 예능인과 상인이 연합하는 전통을 잇는 정도였을 것이다.433)

둘째, 옥내극장은 정부의 행사를 치르기 위하여 처음으로 마련되었던 까닭에 민영화된 초기에 고관대작 출신의 친일적인 자본주가 운영에 개입하였다.434) 옥내극장은 그 운영이 예능 활동과 분리되어 전문성을 띠게 되었을 뿐만 아니라 당대 권력층과 제휴하였기 때문에 노천 연희장의 경쟁력으로는 능가하기 어려웠다고 할 수 있다.

한편, 개방공간의 공연은 유동적인 관객 집단을 대상으로 하므로 같은 작품을 반복하여 공연하는 것이 가능하다. 그것은 배우가 부담해야 하는 작품 생산 비용을 최소화할 수 있는 방식이기도 하였다. 반복적인 유통 방식을 통하여 공연에 들이는 비용을 최소화하게 되는 것은 개방공간의 배우와 관객이 연극 상품의 판매자와 구매자로 만나기 때문이다.

폐쇄공간에 맞게 발달한 공연 양식들을 시정에서 공연되기 위해서는 우선 그것이 시정의 일반인에게 상품으로서의 가치가 있는가의 문제를 타진해야 한다. 둘째 상품으로서의 가치가 인정된다 하더라도 공연방식이나 유통방식을 변경함으로써 공연에 따르는 자체 비용을 줄여야 했을 것이다.

433) 연희장의 대부분은 재인 집단 스스로 예능 활동과 흥행 활동을 겸해서 하는 형태를 이루었을 가능성이 크다.
434) 柳敏榮, 『韓國劇場史』, 한길사, 1982, 12~31면 참조.

소학지희는 궁정의 다른 공연 종목에 비하면 무대 설비가 필요 없었고, 규모가 작은 연극이었다. 그러나 여러 사람의 배우가 등장하고 분장과 복장을 갖추는 등 제법 격식을 갖춘 연극이었고 매번 공연 때마다 새로운 대본을 만들어내야 한다는 원칙이 있었다. 시장성을 고려할 필요가 없이 고정된 관객 집단의 필요에 의하여 공연이 이루어지는 폐쇄공간에 적합하게 발달하였기 때문이다.

그러나 폐쇄공간이 사라지고 난 뒤, 소학지희를 맡아했던 배우들이 서울의 시정에서 그런 공연방식으로 일회적인 유통 방식을 고수할 수는 없었다. 또한 일회적인 대본을 반복적으로 공연하는 데도 한계가 있다. 때와 장소를 잃은 時事之事는 의미를 주지 못하기 때문이다. 오히려 소학지희 배우들은 일회성을 살리는 대신 단조로운 공연 방식을 채택하였다고 하겠다.

조선후기의 기록에 자주 나타나는 재담의 공연은 소학지희를 담당했던 배우의 공연 종목이었다고 할 수 있다.[435] 궁정의 소학지희는 정치적인 목적과 명분으로 치장되어 있었지만 실상은 배우들의 우스갯짓과 우스갯소리를 감상하는 공연 종목이었다. 조선 후기의 재담은 우스갯짓의 측면이 약화되어 우스갯소리가 중심이 된 공연 종목이라고 할 수 있다.

본산대탈춤은 개방공간에서 창출된 양식이다. 새로운 공연예술이 만들어질 때에도 시장성이 고려되어야 하였다. 개방공간에서 공연 상품을 팔고자 했던 놀이패가 가면을 사용하는 탈춤을 공연 종목으로 받아들인 것은 최소 비용을 들여 최대 효과를 거두어야 하는 개방공간의 논리와 연관이 있다. 농촌탈춤의 기원은 제의성을 띤다고 하겠지만 상품으로 팔기 위한 본산대탈춤의 공연방식은 경제적 관계를 고려하여 만들어진 것이다. 탈은 배우가 극중인물로 전환하는데 매우 경제적이다. 매번 분장을 통해 공연 준비를 할 필요가 없이 탈

---

435) 사진실, 「조선 후기 재담의 공연 양상과 희곡적 특성」 참조.

을 쓰기만 하면 극중인물로 전환되기 때문이다. 한번 탈을 만들어 두기만 하면 아주 오랫동안 사용할 수도 있다.436)

그런데 탈을 사용하는 장점을 고수하다 보면 같은 대본을 반복적으로 공연할 수밖에 없다는 불리한 점이 있다. 실제로 「남성관희자」의 기록과 현전 탈춤을 비교할 때 본산대탈춤의 대본은 거의 하나로 고정되어 반복적으로 공연되었음을 알 수 있다. 그러나 계속적인 시장성을 획득하기 위해서는 새로운 작품이 개발되어야 한다. 특정한 작품을 반복하여 공연하면서 그 한계 효용에 도달하면 작품을 바꾸어야 하기 때문이다. 본산대탈춤의 경우 새로운 양식과 대본의 창출에는 성공하였지만 더 이상의 새로운 대본을 만들어내지 못하고 변개 정도에 그침으로써 공연 상품 시장에서 살아남지 못했다고 할 수 있다.437)

탈춤은 어느 단계에서는 서울 시정의 활력과 도전적인 공격성을 그대로 드러내주는 가장 인기 있는 흥행물이었을 것이다. 그러나 탈춤 패거리의 규모에 걸맞게 다양한 대본을 창출하지 못하여 지속적인 상품적 가치를 지니기 어려웠음을 짐작할 수 있다. 탈춤은 서울 시정의 공연 오락 문화를 주도한 중간층의 관심에서 사라지게 되었고 서울 시정을 제외한 지방의 상업 도시를 중심으로 흥행하게 된다.

---

436) 매년 행사가 끝난 후 탈을 불태우는 탈춤은 기원적인 제의성을 간직하고 있은 결과이다.

437) 판소리의 경우 특정한 대본을 반복적으로 공연하면서도 새로운 대본을 추가하는 움직임을 보였다. 판소리가 성행하던 당시에는 적어도 12가지의 대본이 시기를 달리하며 생겨났던 것이다. 판소리의 기원이 민속예술에 있고 그 전승이 구비문학적인 적층성에 기반을 두고 있다고 해도 판소리 양식이 성립된 이후에 대본이 추가되는 양상은 현대의 연극 양식을 위하여 개인인 작가가 대본을 집필하는 것과 다르지 않다. 특히 「무숙이타령」을 보면 그러한 양상이 명백하게 드러난다고 할 수 있다. 「무숙이타령」의 내용은 설화에 기반을 둔 적층성보다 시대적인 분위기와 세태가 두드러지고 있다. 판소리가 근대적인 극장 무대에 올려지면서 「최병도타령」이라는 새로운 대본을 추가하게 된 것도 판소리 흥행 방식의 전통을 자연스럽게 계승한 결과라고 할 수 있다.

그것은 서울의 중간층을 모태로 하는 시민층이 진보성을 잃고 복고
적이고 보수적으로 변질되는 상황과 결부된 것이었다. 그들은 중세
의 지배문화를 해체하는 데 앞장선 부류였으나 점차 상업 자본가로
서 변신하게 된다. 따라서 생산자와 수요자를 분리하는 데 앞장서 예
술의 상품화를 촉진하게 된 것이다. 그들이 채택하여 상품화시키는
예술은 자신들의 입장을 실현시킬 수 있는 것에 한정된다.

  20세기 초 극장의 무대 위에 오른 공연종목은 판소리, 무용, 민요,
재담, 줄타기 등이었다.438) 才談의 公演은 18세기 서울 시정의 유흥
오락으로 존재했었던 양상이며, 조선 전기 궁정 笑謔之戲의 맥락과
이어진다. 1910년부터 『매일신보』의 고정 연예란에는 각 극장 공연
물의 레퍼토리가 실렸는데, 광무대 및 장안사, 단성사 등에서 장님노
름, 무당노름, 담배장사, 웃음거리, 笑劇 등으로 불려진 각종 재담들이
공연되고 있다.439) 1900년 대 이후 재담 공연의 구체적인 양상이 밝
혀져야 하겠지만, 전통적인 공연예술 양식의 지속성을 보여준다는 데
서 의의가 있다.

  한편, 탈춤이 지니는 공격성과 남성적 성격, 축제성 등은 대항문화
의 성격을 고스란히 보여주는 것으로서 복고적, 보수적 취향으로 변
질되기 어려웠고 새로 세워지는 극장의 무대에서 상품화하기 어려웠
다. 또한 탈춤의 가무적인 특성과 가공적 공간 연출, 볼거리 제공 등
의 오락적 기능은 궁정예술이 해체되어 시정으로 내려온 呈才가 대
신할 수 있었다.

  그러나 복고적이고 보수적으로 변질한 시민층에 부합하지 않고 20
세기 초의 극장 무대에 오르지 않았던 덕분에, 지방 도시를 중심으로
전승된 탈춤은 그 민중적인 성격을 강화하고 유지할 수 있었다. 따라
서 탈춤은 60년대 이후의 문화 운동에 의하여 다시 서울에 진출하였

---

438) 안종화, 『新劇史이야기』, 진문사, 1955, 59면.
439) 『매일신보』, 1914. 4. 3~6. 20.

고, 가장 강력한 민중연극의 전통으로 인식되고 있다.

5. 결론

이 논문은 조선 전·후기의 시대적 변화 속에서 연극의 공연상황과 그 변천 과정을 밝히고 개별 연극 양식인 소학지희와 본산대탈춤의 존재 양상을 드러내고자 하였다. 서울지역이 내포하는 다층적인 공연문화의 양상을 보여주기 위하여 서울지역을 궁정과 시정으로 나누고 외방과의 상관성 속에서 서로 다른 문화 공간으로 설정하였다. 또한 연극을 연출하는 예능인을 포함하는 여러 가지 용어들 가운데 연기를 주로 하는 예능인인 배우 및 기타 여러 가지 곡예를 함께 하는 재인을 구분하였다. 한편, 연극이 연출되는 상황에 따라 그 행위를 연행, 공연, 흥행으로 나눌 수 있다는 사실을 확인하였다.

이러한 개념적 틀을 전제로 하여 배우의 활동 유형과 공연 관리 기구의 기능, 공연의 재정적 기방과 작품의 생산 과정, 공연 공간의 특성과 연극의 유통 방식이 어떤 관계에 있는지, 그러한 공연상황에서 궁정연극인 소학지희와 민간연극인 본산대탈춤이 어떻게 존재하고 변천하는지 살펴보았다.

배우의 활동 유형과 공연 관리 기구의 기능에서, 조선 전기의 양상은 경중우인의 공연 활동이 활발하였다면 후기에는 외방재인 출신의 다양한 배우 집단의 공연 활동이 우세하였다. 의금부와 같은 공연 관리 기구의 기능은 민간 공연문화의 산물을 궁정의 오락으로 삼는 과정에서 공연 종목을 검열하고 정비하는 일이었다. 후기에 이르러 중앙 집권적인 공연 관리의 통제력이 약화되고 배우들의 자율적인 조직이 정비되었다. 배우의 공연 활동에 대한 공식적인 통제와 관리가 무너진 것은 민간의 자본이 자라나고 공연 오락에 대한 수요가 팽배해졌기 때문이다. 공연 관리 기구의 기능이 중앙 관청의 전면적 통제에서 말단 관청의 질서 유지 기능으로 축소된 것은, 궁정이 공연 오락의 주도권을 시정에 넘겨 주었다는 사실을 말해준다.

공연의 재정적 기반과 작품의 생산 과정에서, 조선 전기의 양상은 지속적인 후원에 따른 뒷받침이 재정적 기반에서 가장 큰 영향력을 행사하였다. 계기적인 지원 역시 제도적인 강제성이 뒤따랐기 때문에 배우 집단의 자발적인 성취동기를 자극할 만하지 못하였다고 할 수 있다. 후기의 양상에서는 궁정 중심의 상층에 매어 지속적인 후원을 받는 예속적인 예능인이 점차 사라지게 된다. 계기적인 지원의 주체가 官이 아닌 민간으로 확대되면서 시정을 중심으로 유흥 오락을 주도하는 부류가 주요 고객으로 등장한다. 상인층은 배우들의 공연 종목을 상품으로 개발하고 그 이익을 가져가는 자본주로 성장할 기반을 닦게 된다. 임의적인 보상을 하던 익명의 관객은 일정한 금액을 선지불하는 유료 관객으로 변화해 가게 되는 것이다.

공연 공간의 특성과 연극의 유통 방식에서, 조선 전기의 양상은 궁정을 중심으로 관객의 구성을 제한하는 폐쇄공간과 준폐쇄공간의 공연이 발달하였다. 후기에 오면 신분적인 특권을 내세워 관객을 제한하였던 폐쇄공간의 공연이 점차 축소되었고 공연 상품을 선택하여 즐기는 준개방공간의 공연이 늘어났으며 익명의 관객을 대상으로 공연하는 개방공간이 확장되었다. 개방공간의 확장은 시정의 확대, 곧 서울의 상업지역이 확대되고 전국의 상업 유통망과 연결되는 현상과 맞물려 일어났다. 직업적인 배우의 공연예술 또는 연극은 흥행을 목적으로 하기 때문에 일종의 상품이라고 할 수 있다. 따라서 일반적인 상품 유통의 경로를 따라 흥행 시장도 확장된 것이다.

소학지희는 조선 전기 경중우인이 궁정의 관객 집단에게서 지속적인 후원을 받으며 폐쇄공간에서 연출한 연극이라고 할 수 있다. 궁정 연극인 소학지희는 몇 가지 근대적 지향성을 보여주었다. 소학지희는 잘 짜여진 언어 텍스트를 기본으로 하는 대본을 갖고 있었다. 문자 텍스트로 보존되거나 현대적인 작품의 의미로 인식되지는 않았지만, 하나의 연극 양식에 새로운 대본이 거듭 마련되는 전통은 현대 연극에서 대본이 만들어지는 절차와 같은 맥락이다. 또한 사태의 반전이 주는 구조적인 희극성이 존재했다는 사실과 대사와 사건의 독창성 등은, 소학지희의 대본이 단순한 연극의 얼개에서 넘어서서 희곡으로 존재했다는 사실을 알 수 있다. 이러한 특성은 민간의 배우희를 궁정에서 소학지희로 발전시키는 가운데 상층 엘리트의 안목과 세계관이 개입되었기 때문에 나타났다고 하겠다.

이러한 궁정연극의 전통이 가시적으로는 그 정체성을 상실한 채 단절된 듯이 보이지만 근대적인 극장 무대에 오르면서 근대 연극의 출발에 밑거름이 되었다는 사실을 추정할 수 있다. 소학지희를 연기했던 배우들은 시정으로 진출하여 민간 배우들과 함께 활동하며, 전문적인 재담 공연 양식 등을 마련하였고 극장 무대에 올리게 되었던 것이다.

본산대탈춤은 조선 후기 서울 시정에서 활동하던 놀이패가 관객 집단의 임의적인 보상을 받으며 개방 공간에서 연출한 민간연극이다. 소학지희와는 별개의 연극 전통을 지니고 있는 것이다. 탈춤의 형성 문제를 궁정의 산대희와 관련시키는 견해가 성립되려면, 조선 전기 궁정의 나례가 거행된 폐쇄공간 또는 준폐쇄공간에 현전 탈춤과 같은 연극 양식이 존재했다는 사실이 드러나야 한다. 그러나 폐쇄공간인 궁정에서 벌어지는 공연은 의금부와 같은 공연 관리 기구가 작품의 생산 과정에 직접 개입하게 되고 사전에 검열과 연습을 거치게 되므로, 민간연극이 여과 없이 궁정에 들어갈 수 없다. 준폐쇄공간인 대규모의 나례 때에도 그 무대공간의 특성에 의하여 현전 탈춤과 같은 연극 양식이 무대에 오르기는 어려웠다고 여겨진다.

한편, 나례가 폐지되는 것을 계기로, 궁정에서 향유한 산대도감극이 시정과 외방으로 퍼져나갔다는 추정도 있을 수 없다. 조선 후기 나례의 제도는 이미 통제력을 잃고 있었으므로 그 폐지 여부가 배우 집단의 활동 양상에 큰 영향을 줄 수 없었기 때문이다. 더구나 나례의 제도가 통제력을 지니던 시기에도 외방재인은 서울의 궁정에 매어 있었던 것이 아니다. 그들은 일정한 기간 동안만 복부하면 되었고 곧바로 외방에 돌아가는 것이 원칙이었다. 조선 후기에 오면 배우의 활동에 자율성이 보장되어 시정과 외방으로 자유롭게 흥행 활동을 다녔고, 이러한 흥행 활동의 기반이 된 민간의 오락적 수요가 오히려 나례의 폐지를 초래하였던 것이다. 결국, 공식문화에서 배태한 궁정 연극의 전통이 민간으로 침강하여 산대도감극을 형성하였다는 견해는 수정되어야 한다.

그러나 본산대탈춤의 형성 문제가 문화의 상승 양상으로서만 해명될 수 있는 것은 아니다. 농촌탈춤이 상승하여 도시탈춤을 발전시켰다는 견해는 서울의 시정에 대하여 크게 고려하지 않았다. 조선 후기에 와서 전국적인 상업 유통망의 중심에 위치한 서울 시정은 어느 상업 지역보다 많은 이익을 기대할 수 있는 지역이었을 것이다. 이러한 장점은 당시 서울의 도시적 발달에 따르는 여러 가지 공연상황의 변화와 맞물려 각 지역의 예능인이 시장을 찾아 모여드는 현상을 초래하였다고 할 수 있다.

서울 시정을 중심으로 도시 유흥이 발달하고 상업적인 문화의 성격이 강화되는 가운데 연극 양식의 혁신이 진행되었고 현전 탈춤이 그 모습을 드러내었다고 하겠다. 민간문화의 자생력을 기반으로, 시정의 상업 문화가 지니는 흥행성에 힘입어 새로운 공연예술 양식이 탄생할 수 있었던 것이다. 본산대탈춤의 대본에서는 시정의 다양한 인물 군상을 드러내고 있으며 특히 서울 시정 주변의 연예계에 영향력을 미치는 집단의 모습이 부각되어 있다.

조선 전기의 시정은 왕실과 관청의 수요를 매개하는 부수적인 역할에 불과하였지만 후기에는 전국적인 유통망과 연결되어 상품 매매 활동의 중심지가 되었고 나름대로의 시정 문화를 발전시키게 되었다.

시정 및 외방 각지의 놀이패들은 조선 전기 서울의 궁정에서 만나 교류한 것이 아니라 조선 후기 서울의 시정에서 만나 교류하게 되었던 것이다. 각 지방 탈춤의 유사성도 이러한 측면에서 설명할 수 있다.

그렇다고 해서 서울 시정의 본산대탈춤이 일방적으로 지방 도시탈춤의 모체가 되었다고 할 수는 없다. 지방 상업 도시 역시 나름대로의 구매력을 지니고 있었으며 그곳을 거점으로 활동하는 놀이패들의 존재가 있었기 때문이다. 외방의 민속문화에 기반을 둔 농촌탈춤이 지방 상업 도시의 흡인력에 의하여 도시탈춤으로 성장해가는 가운데 본산대탈춤과 같은 떠돌이탈춤을 일부 받아들였다고 할 수 있다.

이상의 논의를 궁정, 시정, 외방이 나타내는 문화의 상관관계로 정리하면 다음과 같다. 궁정으로 대표되는 상층 문화와 시정과 외방으로 대표되는 하층 문화는 서로 지배와 대항의 관계를 맺고 교섭하였다. 지배문화는 당대의 문화적 가치를 좌우하는 지배계층의 문화로서 정치적인 지배 이데올로기와 밀착될 가능성이 있으므로 보수적이며 안정적인 특성을 지닌다. 그 반대편에는 진보적이며 역동적인 대항문화가 존재하여 지배문화에 대립하고 항거한다. 봉건 사회에서는 官의 문화인 공식문화가 지배문화를 이루고 民의 문화인 비공식문화가 대항문화를 이루었다고 할 수 있다.

물리적인 공간으로서 시정은 공식문화와 비공식문화를 매개하는 장으로서 기능하였다. 시정이 매개 역할을 했다는 사실은, 시정의 문화가 공식문화와 비공식문화의 중도적 성격을 지니고 있었다는 사실을 가리키지는 않는다. 여기서 매개 역할이란 양측의 문화가 교섭할 수 있는 물리적인 場으로 기능했다는 것이다. 한 시대의 문화를 지배문화와 대항문화로 분류할 때 시정의 문화는 대항문화에 속한다고 할 수 있기 때문이다.

문화적인 대항의 힘이 하층 문화에 감추어져 있기만 한 것이 아니라 지배문화에 대하여 적극적인 도전을 한다고 했을 때, 시정의 매개 역할은 매우 중요하다. 시정에 집결된 민간문화의 활력이 궁정 중심의 상층 문화를 해체할 수 있는 통로를 제공하였기 때문이다. 그 통로를 통하여 상층 문화의 주체들을 비공식문화의 장으로 끌어들였을 뿐만 아니라 그들이 독점하고 있던 문화적 산물인 정제된 예술 양식마저도 시정의 상품으로 공유하게 되었던 것이다.

한편, 시정은 외방의 민속예술을 전문적인 예술 상품으로 끌어들이는 흡인력을 가지고 있었다. 외방의 노동 공동체가 향유하던 예술 양식들이 일상생활에서 분리되어 생산자와 수용자가 갈라지는 전문적인 예술 양식으로서 시정에 진출하게 된 것이다. 궁정과 외방의 예술 양식들이 수단적인 가치가 아니라 예술성 및 오락성이라는 목적적인 가치를 인정받기 위하여 시정에 밀려들었다고 할 수 있다.

이 연구는 중세에서 이행기로 넘어가는 공연상황의 양상 및 연극 양식의 혁신을 다루었지만 그것이 어떻게 근대로 이어지는가는 다루지 못하였다. 이 연구에 이어서 바로 해결해야 할 과제로 남겨둘 수밖에 없다. 또한 공연상황과 연극의 특성의 관계를 따지는 일반론에 대한 연구가 이루어져야 하며 동·서양연극의 경우와 비교하여 고찰하는 논의가 이어져야 한다. 그러한 과정을 거쳐야만, 거칠게 전개한 서울지역 연극의 공연상황 연구가 이론적 탐구의 결실을 보게 될 것이다.

Ⅴ. 18·19세기 재담 공연의 전통과 연극사적 의의

1. 서론

이 논문은, 공연예술의 전통과 근대 喜劇의 지속성을 밝히려는 목적 아래, 18~19세기 재담 공연의 전통과 그 연극사적 의의를 파악하고자 한다.

한국연극사에서 전통극과 현대극의 지속성에 관한 문제를 해결하는 일은 매우 중요하며 어려운 과제이다. 시나 소설의 분야에서는 어느 정도 해결된 문제이지만, 희곡 또는 연극의 분야에 있어서는 전통 단절이 불가피했다는 설명이 여전히 유효하다.

그러한 상황은, 한국연극사 또는 한국희곡사의 저술 관점 및 체제를 통하여 파악할 수 있다. 지금까지 출간된 연극사 또는 희곡사 관계 가운데 전통극과 근대극을 함께 다룬 저술은 김재철의 『朝鮮演劇史』(학예사, 1933), 한효의 『조선연극사개요』(평양: 국립출판사, 1956), 이두현의 『韓國演劇史』(학연사, 1973)이다. 그러나 김재철과 이두현의 저술은 전통극과 근대극을 함께 다루었을 뿐 둘 사이의 상관관계나 지속적인 맥락에 대하여 주목하지 않음으로써 근대극의 전통 단절을 인정하는 셈이 되고 말았다. 한효는 근대극의 출현이 민족적 연극 전통의 토대 위에 이루어졌다는 사실을 거듭 강조하였으나 실제로 그의 저술에서 전통극과 근대극의 지속성이 증명되지는 않았다. 그는 전통극이 지니는 사상성에 주목하여 1920년 이후 프롤레타리아 연극운동의 정신과 결부시키려 하였는데, 연극 전통의 지속성을 주제와 사상의 측면에서만 파악하려 하였다는 점에서 문제가 있다. 더구나 그가 밝혀낸 전통극의 사상성이란 것 자체가 억측인 경우가 많다.

김재철 이후 지금까지 대략 20년마다 한 번씩 저술된 한국연극사의 맹점은 19세기 말에서 20세기 초, 이른바 개화기의 연극 현실을 간과하였다는 것이다. 전통극 부분의 저술에 있어서는 起源과 形成의 문제에 치중하고, 근대극 부분에 있어서는 새로운 연극 양식의 起點 문제에 치중함으로써 그러한 공백이 생겨났다고 할 수 있다.

유민영은 『한국근대연극사』[1]에서 전통단절론(이식문화론)을 극복하겠다는 목적을 분명히 제시하면서 개화기의 전통극 공연에 관한 부분을 매우 방대하게 다루고 있다. 방대한 분량의 전체 서술을 모두 섭렵하지 못한 상태이지만, 개화기 전통극을 다룬 부분만을 볼 때 서술 관점에 대하여 의문이 생긴다.

전통 공연예술[2]이 1900년 이후 屋內 劇場의 인기 흥행물로 등장하여 그 역량이 1940년대까지 이어졌다는 사실을 밝히는 것으로 전통 단절론이 극복되지는 않는다. 현재 우리가 향유하는 연극 양식들이 존재하기까지 전통공연예술의 운동 과정을 밝혀내야 하고, 그 과정

---

1) 유민영, 『한국근대연극사』, 단국대출판부, 1996.
2) 많은 연구자들이 '전통연희'라는 표현을 사용하지만 이 논문에서는 이렇게 쓴다. 연희에는 윷놀이나 씨름 같은 놀이까지 포함된다. 공연예술은 '관객을 전제로 하는 연행예술'의 의미를 지니고 있어 현대 연극과 가까이 통한다. '전통 연극'이라고 하면 좋겠지만 연구 대상이 되는 전통 공연예술 가운데 연극으로 인정받지 못하는 것들이 있어서 마땅하지 않다.

에서 나타난 각각의 대응 방식에 대하여 납득할 만한 원인 분석이
뒤따라야 한다.

또한 여러 가지 대응 방식을 변별해내기 위해서는, '전통연희'라는
이름으로 차별 없이 대상에 접근해서는 안된다.3) 19세기 말 서울 시
정에서 유행한 여러 가지 공연예술 가운데 옥내극장 무대의 공연물
로 채택되거나 그렇지 못한 차별성에 대한 이유를 밝히는 작업은 매
우 중요하다고 하겠다. 공연예술 자체의 내적 구조에 관한 문제를 비
롯하여 배우의 존재 양상, 흥행성의 문제, 옥내극장 무대공간의 특성
등이 서로 관련을 맺으면서 변모해간 과정을 추적해야 할 것이다.

백현미는 구체적인 연극 양식인 唱劇의 형성과 변천 과정을 통하
여 한국연극의 지속성을 증명하고자 하였다.4) 그러나 광의와 협의의
'창극' 개념을 함께 사용함으로써 몇 가지 공연예술의 전통이 창극의
전개과정 속에 함몰된 것처럼 보인다. 예를 들어, 기생조합에서 공연
한 〈鴻門宴演義〉 등을 광의의 창극으로 파악하여 판소리 창자들의 창
극과 구별하지 않고 있는데, 기생들의 연극은 궁정의 呈才에 기반을
둔 것으로 판소리에 뿌리를 둔 창극과는 다르다고 생각된다. 구파극
의 레퍼토리 가운데 들어있는 재담도 독립적인 변천 과정을 파악할
필요가 있다.

전통공연예술은 변별적인 양식으로 존재하였고 그 연행자의 존재
방식과 위상도 달랐다. 따라서 개화기의 새로운 공연 환경에 직면하
여 나타난 대응 방식이 다를 수밖에 없다. 각각의 변별적인 양식들은
서로 다른 '新演劇'을 모색하고 있었다고 할 수 있다. 연극 양식 및 배
우들의 통합이나 교류는, 근대 연극을 지향하는 과정에서 나타난
변화의 결과로서 파악하여야 할 것이다. 독자적인 대응 방식을 밝
히는 일이 선행되어야 상관관계 및 통합 과정을 올바르게 파악할

---

3) 탈춤과 판소리는 서로 다른 양식인데도 판소리가 옥내극장의 무대에 올랐으니
   탈춤도 그랬으리라는 재단은 잘못된 것이다.
4) 백현미, 「창극의 역사적 전개과정 연구」, 이화여대 박사학위논문, 1996.

수 있다.

재담 및 재담극의 전통에 주목하는 이유는 한국연극의 話劇的 전
통을 이어줄 단서가 되기 때문이다. 필자는 조선시대 궁정의 笑謔之
戲에서 가면이나 인형을 사용하지 않고 대사 위주로 극을 이끌어가
는 話劇의 전통을 발견할 수 있으며 무당굿놀이 또는 후대의 만담
등과 관계가 있으리라는 추정을 한 바 있다.5) 김재석은 1930년대 유
성기 음반에 수록된 촌극 자료를 분석하면서, 촌극과 소학지희를 연
관시켜 전통극과 근대극의 단절 현상을 극복할 가능성이 있다고 하
였다.6) 김만수 역시 1930년대 유성기 음반의 희극 자료를 검토하면
서 소학지희 등 공연예술의 전통과 연결될 수 있다는 점에 긍정적인
태도를 취하였다.7)

그러나 문제는 소학지희와 1930년대의 촌극 또는 대중극을 이어줄
연결고리가 분명하지 않다는 사실이다. 소학지희의 공연 기록은 중
종 연간으로 끝나 있다. 소학지희는 궁정연극으로 발전하였기 때문에
궁정 오락 행사인 '觀儺'가 폐지되면서 더 이상 공연될 수 없었다.8)
물론 소학지희와 같은 화극 양식이 소멸되지 않았으리라는 것은 쉽
게 추정할 수 있으나 그 연속선을 이어줄 구체적인 공연상황을 밝히
는 작업이 요구된다고 하겠다.

본문의 2장에서는 재담과 관련하여 개념 논의를 하고자 한다. 3장
에서는 먼저 재담의 공연양상을 다루는데, 문헌 기록을 통하여 재담
의 전문적인 공연과 관련된 사실을 실증적으로 확인하고 나서, 재담
의 배우에 대하여 고찰할 것이다. 또한 재담 대본의 창작과 전승의

5) 사진실, 「韓國演劇의 話劇的 傳統 考察」, 『한국극예술연구』 1집, 1991.
6) 김재석, 「1930년대 留聲器音盤의 촌극 연구」, 『한국극예술연구』 2집, 1992.
7) 김만수, 「1930년대 유성기음반 희극자료 검토」, 한국극예술학회 발표, 1997. 3.
   22.
8) 사진실, 「조선 전기 나례의 변별 양상과 공연의 특성」, 『구비문학연구』 3집,
   1996; 사진실, 「조선시대 서울지역 연극의 공연상황 연구」, 서울대 박사학위
   논문, 1997 참조.

문제를 살펴보고자 한다. 4장에서는 재담의 통시적 전개를 다루어, 재담의 공연이 한국연극사 가운데 희극의 발전에 기여하는 양상을 밝히고자 한다.

2. 개념 논의

우리나라 민간 공연예술의 커다란 특징은 '웃음'을 제공한다는 것이다. 이러한 경향은 연극의 분야에서 가장 두드러지게 나타난다. '웃음'을 주는 장치는 대개 네 가지 측면에서 찾아볼 수 있다. 첫째는 언어 표현의 측면으로, 속어·비어·사투리의 사용과 각종 말장난을 들 수 있다. 둘째는 작품 구성의 측면으로, 특정한 사건의 설정과 반전이 웃음을 터트리게 한다. 셋째는 표정과 동작의 측면으로, 유형적인 인물의 특징을 흉내 내거나 우스꽝스러운 표정, 과장되거나 서툰 동작을 통해 웃음을 유발한다.

첫째와 둘째의 측면은 모두 언어로 전달되므로[9] '재담'과 관련이 있다. 전자는 일상적인 구어에서 '재치있는 말' 정도의 의미로 사용되는 '修辭的인 재담'이라고 할 수 있겠다. 수사적인 재담은 일상생활에서 두루 쓰이고 탈춤이나 판소리 등에서 대사의 일부를 이루고 있으므로 독립적인 공연물이라고 할 수는 없다. 후자는 사건의 구조를 통하여 웃음을 전달하므로 '구조적인 재담'이라고 부를 수 있다. '구조적인 재담'은 독립적인 공연물이 될 수 있다.

이 논문에서 고찰하는 조선 후기 재담은 '독립적인 공연물'이므로

---

9) 둘째의 경우 동작이 수반되지만, 언어 곧 대사를 통하여 가장 잘 전달될 수 있다.

'구조적인 재담'이 근간을 이루면서 표현상으로는 '수사적인 재담'의 특성을 지닌다고 할 수 있다. 한편, 표정과 동작의 우스꽝스러움이 수반되었을 때 공연 오락물로서 재담의 성격은 강화될 수 있다. 결국 재담은 민간 공연예술이 지니는 웃음의 장치를 가장 잘 활용할 수 있는 공연물이라고 할 수 있다.

조선 후기의 기록에 나타난 이 공연물을 '재담'이라고 부르는 것은 물론 당대의 관습이 아니다. 이와 관련된 표현과 명칭은 매우 다양하기 때문에 어느 한가지로 정할 수가 없다. 또한 그 공연물이 조선 후기에 한정된 것이 아니라 통시적인 연장선상에 있으므로, 보편성을 획득할 만한 명칭이 요구된다고 하겠다.10)

'공연물인 재담'은 조선 후기 이야기꾼의 '이야기'와 어떤 차별성이 있는지 살펴볼 필요가 있다. 임형택은 18, 19세기 이야기꾼의 활동을 주목하여 그들을 講談師, 講唱師, 講讀師로 나누고 각각 소설의 발달에 기여하는 바를 고찰하였다.11) 본고에서 관심을 갖는 것은 강담사의 존재이다.

임형택은 몇몇 실존인물의 일화를 통하여 전문적인 강담사의 존재를 확인하였다. 그러나 강담사의 레퍼토리인 '이야기'에 대해서는, "다른 演藝에 비해서 非專門的이고 단조로운 편"이며 "그냥 談話이고 특별한 기능이 아니"12)라고 하여 특별히 주목하지 않았다. 너무나 당연하게도, 가능한 모든 종류의 이야기가 講談의 레퍼토리가 될 수 있다고 여겨졌기 때문이다. 그렇다면 결국 강담사는 구비문학의 '적극적 전달자(active speaker)' 정도로 밖에 인식될 수 없다. 그들이 적어도 公演을 통하여 전문적인 직업인이 되었다면 그들의 '이야기' 역시 일

---

10) 목차를 통하여 파악할 수 있듯이 1900년대 이후 극장 무대에 올려진 공연물인 '재담'과 연속선상에 놓고 있으므로 '재담'이라는 용어를 사용하였다.

11) 임형택, 「18·19世紀 이야기꾼과 小說의 發達」, 『古典文學을 찾아서』, 문학과 지성사, 1976.

12) 앞의 논문, 313면.

반적인 이야기들과 달리 공연에 적합한 변별성이 있어야 할 것이다. 그 변별성은 '娛樂性'이라 할 수 있고, '이야기'가 오락성을 지니기 위해서는 '웃음'이 동반되어야 한다. 웃음을 동반하는 공연오락물로서의 이야기, 그것이 바로 '才談'인 것이다. 현대의 '漫談'이나 '개그' 역시 우스운 이야기를 중심으로 하는 공연오락물이라고 하겠다.

다음은 재담과 재담극의 상관관계에 대하여 살펴보겠다. '공연물인 재담'은 사건의 설정이 전제되고 구조적인 반전이 이루어진다고 하였다. 사건의 반전이 이루어지기 위해서는 인물간의 대립이나 갈등이 필수적이다. 자아와 세계가 서로 우위 다툼을 벌이는 것은 서사양식과 극양식의 공통된 특성이다. 두 양식의 차이는 작품외적 자아가 개입하느냐 않느냐에 있다.

재담의 공연에서 작품외적 자아는 재담 배우이다. 배우 한 사람이 공연하는 재담은 서사적인 성격을 많이 가지고 있다. 스스로 사건을 설명해야 하기 때문에 허구적인 인물로 전환하지 못하고 작품외적 자아로 머물게 된다. 엄밀히 말하면, 작품외적 자아로만 머물고 있는 것은 아니고 허구적 인물로 전환되었다가 작품외적 자아인 서사적 해설자가 되는 상황이 반복되어 나타난다고 할 수 있다.

두 명 이상의 배우가 공연하는 재담은 극적인 성격을 많이 지니게 될 것이다. 허구적인 작중인물의 대화와 동작을 통하여 사건을 진행시킬 수 있기 때문에 작품외적 자아가 개입하지 않을 수 있다. 작품외적 자아가 개입하지 않고 작중인물간의 갈등 구조가 성립된다면 극양식의 요건에 들어맞는다.

그러나 사실상, 현대 모노드라마의 경우나 판소리의 경우를 볼 때 공연하는 배우의 수는 결정적인 기준이라고 할 수는 없다. 작품외적 자아의 개입 문제를 가지고 서사양식과 극양식을 구별하는 이론 역시 문학에는 적합할 수 있어도 공연예술의 양식을 구별하는 데는 적합하지 않다고 생각한다.[13]

중요한 것은 재담을 공연한 사람들이 직업적인 배우라는 점이며 그들의 예능이 전문적인 공연예술이라는 점이다. 배우들은 혼자서 혹은 여럿이서 '우습고도 재치 있는 상황'을 연출했던 것이며, 그 공연물의 세밀한 변별성에 관하여 인식하지 않았을 것으로 여겨진다. 따라서 이 논문에서는 조선 후기의 공연물이었던 '재담'을 연극이라고 할 수 있는가의 문제에 집착하지 않는다. 한국연극의 전통은 양식을 중심으로 전승되었다기보다 담당자인 배우를 중심으로 전승되었다는 입장이기 때문이다.

3. 재담의 공연 양상

1) 재담 공연의 전문성

재담이 전문적으로 공연되었다는 사실과 그 현장을 보여주는 기록은 다음과 같다.

(가) 가령 춘풍이 태탕하고 복사꽃 버들개지가 난만한 날 시종별감(侍從別監)들과 오입장이 한량들이 무계(武溪)의 물가에서 노닐 적에, 침기(針妓)・의녀(醫女)들이 높이 쪽진 머리에 기름을 자르르 바르고 날씬한 말에 홍담요를 깔고 앉아 줄을 지어 나타납니다. 놀음놀이와 풍악이 벌어지는 한편에 익살꾼이 섞여 앉아서 신소리를 늘어놓지요.[14]

(나) 이 쩌은 어늬 쩐고. 낙양성洛陽城 방화시芳花時로고나. (…중략…) 좌

---

13) 판소리가 극양식인가 서사양식인가를 따지는 것과 마찬가지이다. 문학의 입장에서는 서사양식이라는 입장으로 기울고 있지만, 공연예술의 입장에서는 연극이라고 할 수 있다.

14) 이우성・임형택 역편, 『이조한문단편집』 중, 일조각, 1982, 217면. "至若春風浩蕩 桃柳向란 中涓羽林 狹斜少年 出遊乎武溪之濱 針妓醫娘 高계油조 跨細馬薦紅 등 絡繹而至 演戲度曲 滑稽之客 雜坐詼調"

반의 안진 왈즈 (…중략…) 각전 시정市井 남촌 활양南村閑良 노리 명충 황스
진니 가스명충 빅운학니 니야기 일슈 외무릅니 거진말 일슈 허직슌니 거문고
의 어진충니 일금 일슈 중게랑니 퉁소 일슈 셔게슈며 장고 일슈 김충옥니 졋
더 일슈 박보안니 피레 일……오랑니 힝금 일슈 홍일등니 션쇼리의 숑홍녹
宋興祿니 모흥갑牟興甲니가 다 가 익고ᄂ15)

(가)는 해금의 명수 柳遇春의 일화 중 일부이다. 저자인 유득공
(1749~?)이 실제로 그를 만나 경험한 바를 서술하였으므로 기록에
나타난 상황은 18세기 후반이라고 하겠다. (나)는 작자가 미상이지만
최소한 작품 내용에 나타난 시기는 역시 18세기 후반이라고 추정할
수 있다. (가)자료의 다른 부분에서는 유우춘과 함께 활동한 악공으
로 젓대의 명수 박보안을 들고 있는데, 그는 (나)자료에 나온 젓대의
명수 '안'과 동일인일 가능성이 크기 때문이다.

두 자료는 모두 봄을 맞이하여 벌어지는 왈자들의 놀음판을 묘사
하고 있다.16) 왈자는 대체로 중서층, 액예 및 시정의 한량들로 구성
되었고 당시 도시의 오락과 유흥을 주름잡던 존재들이었다. 이들은
여유 있는 재력을 바탕으로 기생이나 명창, 배우들과 어울렸던 것으
로 나타난다.

(가)에서는 각종 노래와 춤 악기 연주가 어우러지는 놀음판에서
'익살꾼(滑稽之客)'이 등장하여 '신소리(詼調)'를 늘어놓는다고 했다.
'滑稽之客'이란 '골계'를 담당한 전문 예능인을 가리킨다.

'滑稽'라는 용어는『史記』「滑稽列傳」과 관련이 있다. 淳于髡과 優孟,
優旃 등은 滑稽를 잘하여 능란한 화술과 언변으로 군주를 諷諫하였던
것이다.17) 故事에 나타난 골계는 정치적인 목적이 있었던 것이 사실
이지만, 이들은 본래 궁정배우였으므로 우스갯소리와 우스갯짓의 演
技를 맡아 하였다. '골계'는 날카로운 풍자가 들어있는 우스갯소리를

15) 김종철, 「게우사(자료소개)」,『한국학보』65집, 214~215면.
16) 김종철, 「무숙이타령'(왈자타령) 연구」,『한국학보』68집, 85~90면 참조.
17)『史記』126권, 「滑稽列傳」第66.

가리키는데, (가)자료에서는 놀음판의 유흥을 돋구는 오락적인 우스 갯소리인 재담을 가리킨다고 하겠다.

(나)에서는 놀음에 초청된 명인들의 장기와 이름이 열거되는 가운데 '니야기 일슈', 즉 이야기의 제일인자인 외무릅과 '거진말 일슈'인 허재순이 등장한다. 판소리 같은 허구의 작품 속에 實名으로 등장한 다는 것은 그들이 한 시대를 대표할 만큼 이름난 존재였다는 사실을 말해준다. 외무릅은 『靑邱野談』 등에 다른 일화를 남기고 있어 매우 이름난 이야기꾼이었음을 알 수 있다. 놀음판에서 오락물로 등장하였으므로 '거문고'나 '선쇼리'와 마찬가지로 전문 영역에 속한다.

각종 놀음판은 연희의 기술이 향상되고 평가받을 수 있는 장이 되기도 했겠으나 지탄을 받기 일쑤였다. 정약용은, 아전 및 군교들의 사치하고 방종한 놀음판이 백성들의 풍속까지 해치고 있음을 개탄하고 있다. 정약용의 생몰연대가 1762년에서 1836년까지이므로 다음의 내용은 앞에서 제시한 (가)(나)의 내용과 같은 시기이다.

> 俳優의 놀이, 꼭두각시의 재주부림, 儺樂으로 施主를 청하는 일, 妖言으로 술수를 파는 자는 모두 금해야 한다. 남쪽지방의 아전과 군교들은 사치와 방종이 습속이 되어, 봄이나 여름 화창한 때가 되면 배우의 익살(俳優滑詼之演-方言云德談)에 窟儡棚竿의 놀이(우리말에 焦蘭伊 또는 山臺라 한다-原註)로 밤과 낮을 이어서 즐기고 있다. 수령은 이를 금하지 않을 뿐더러 때로는 관정에까지 끌어들이고 심지어는 그 內衙의 부녀자들까지 발을 드리우고 그 상스러운 장난을 구경하니 크게 예법에 어긋나는 일이다. 이런 일이 백성들에게 보여지니 백성들이 거기에 빠지지 않는 자가 없어 남녀 할 것 없이 들떠 방탕하여 절도가 없게 되니 창곡을 포흠지고 稅를 도둑질하는 것이 대부분 이 때문에 생긴다. 수령은 마땅히 방을 붙여 下民에게 효유하여 이러한 잡류가 고을에 들어오지 못하게 한다면 그런대로 백성들의 풍기가 안정될 것이다.18)

위정자의 바른 도리로는 이러한 유흥적 분위기를 경계하고 막아야 했는지 모르지만, '백성들이 거기에 빠지지 않는 자가 없이 들떠 방

---

18) 정약용, 다산연구회 역주, 『역주 목민심서』, 刑典 禁暴, 창작과비평사, 1979.

탕하여 절도가 없게' 되었다는 것은 놀음판에 등장하는 연회들이 광범한 인기를 누린 사실을 말해준다. 금기해야 할 놀이 중에 '배우의 익살(俳優滑詼之演－方言云德談)'이 있어 주목된다.

'俳優'란 명칭은 예능 자체를 가리키기도 하고 그것을 담당한 예능인을 가리키기도 한다. 예능으로서 '俳優'는 '諧戲'이며,[19] 諧戲란 앞서 언급되었던 滑稽나 俳諧와 마찬가지로 언어를 사용한 익살이라고 할 수 있다. 예능인으로서 '俳優'는 연기, 노래, 춤을 본업으로 삼는 사람들이다.[20]

중국 궁정공연예술의 절목을 보면 '設俳優'의 항목이 나타나 있어, '배우'의 예능이 전문적인 공연물로 확립되었음을 알 수 있다.[21] 한편, 徐居正은 「太平閑話滑稽傳」의 自序에서 '滑稽'가 '俳優의 장기'라고 하여,[22] '俳優'와 '滑稽'의 밀접한 관계를 보여주고 있다. 국내의 용례에서도 '배우'는 '골계'를 담당한 예능인을 가리키고 있는 것이다. '滑詼'는 (가)자료의 '滑稽'나 '詼調'와 유사한 용어로 역시 언어를 사용한 익살을 말한다.

이와 같이 조선 후기에 재담은 오락적인 공연물로서 존재하였다. 여가를 통하여 골계담을 주고받던 일상적인 오락의 양상을 넘어서서 전문성을 획득하였고, 여러 가지 기예에 곁들여 행해지던 형태를 극복하여 독립적인 공연물이 되었던 것이다. 따라서 재담의 공연은 歌舞 및 器樂, 판소리 등과 나란히 공연예술의 위치에 올랐다고 할 수 있다.

---

19) 『大漢和辭典』, 1권, 615면.
20) 사진실, 「조선시대 서울지역 연극의 공연상황 연구」, 서울대 박사학위논문, 1997.
21) 段玉明, 앞의 책, 83~84면.
22) "……徒屑屑焉 掇拾孟浪 爲好事者解頤 此則 俳優之雄長耳 何補於世敎乎"

2) 재담의 배우

재담 공연을 장기로 알려진 사람으로는 오물음, 김중진,[23] 김옹 등을 들 수 있다. 이들은 주로 18세기 전·중반에서 19세기 전반에 걸쳐 활동하였던 것으로 나타난다. 앞 절에서 재담 공연의 전문성을 논하며 제시한 자료와 거의 같은 시기이다. 그들의 장기는 '調謔, 俚語, 詼諧, 俚談, 古談' 등의 표현으로 나타나 있으며, 관중에게서 웃음을 유발한다는 공통점도 보이므로 바로 재담이라고 할 수 있다.

오물음과 김중진은 이른바 講談師로 알려져 왔다. 임형택은, 이들을 직업적인 강담사로 파악하여 큰 성과를 남겼지만 그들의 전문화 과정을 해명하는 데 있어서는 논의의 여지를 남겼다고 할 수 있다.

> 射場, 藥局, 客店 등소는 바로 市井의 周邊이다. 그런 곳에 모여서 이야기를 나누며 즐기는 사람들도 주로 閑良들이나 中人胥吏層, 商人層 내지 시정에 떠도는 룸펜 등의 市井人이었다. 여기서 의미하는 市井人은 실무나 전문적인 기술을 담당하는 中人胥吏層 및 商工人層을 중심으로 한 中間階級을 말한다. (…중략…) 이러한 市井人의 成長과 더불어 市井人의 世界에서 크게 환영을 받아 이야기小說이 가장 특징적인 발달을 보인 것이다. 즉 市民社會가 형성되어 가는 과정에서 나타난 현상이었다. 이러한 역사적 背景에서 전문적·직업적 이야기꾼이 활동할 수 있었다.[24]

'이야기', 즉 재담이 유행하게 된 전반적인 배경을 설명하고 있으나 구체적으로 어느 계층에서 어떠한 경로로 직업적인 '강담사'가 나타

---

23) 이우성·임형택, 앞의 책(중), 72면. 김중진의 별명인 '瓜濃'을 '오물음'으로 번역하고 오물음과 김중진이 동일인일 가능성을 밝혔다. 외무릅과 관련된 기록은 대체로 세가지이다. 『里鄕見聞錄』에서는 본명을 '金仲眞', 별명을 '瓜濃'이라고 하였고, 〈게우사〉에서는 '외무릅', 『靑邱野談』에서는 '吳物音'이라 하였다. 혹은 다른 두사람일 가능성도 있다. 둘 다 유명한 재담 배우이므로 어느 시점에서 김중진과 오물음의 일화가 혼성되었을 수 있다.

24) 임형택, 앞의 논문, 322~323면.

났는지 언급이 없다. 오히려 암시적으로, 중간계층에서 서로 이야기를 주고받는 가운데 그들 계층에서 강담사가 출현하였음을 보여준다고 하겠다. 그러나 강담사의 출신성분은 중간계급으로 볼 수 없다. 앞 절에서 제시한 자료에서, 오물음 등이 중간계급인 왈자들의 놀음판에 불려져 놀이채를 받고 활동하였다는 사실이 이를 증명한다. 강담사와 고객과의 관계는 여전히 上下의 관계로 맺어져 있었기 때문이다.

> 한 사람이 고담을 잘했다. 동네 양반이 매일 그를 불러다 이야기를 시키는데 혹시 하지 않으려 하면 당장 볼기에 불이 났다. 적잖이 괴로운 노릇이었다.
> 어느 날 양반이 또 그를 불렀다. 그는 민망히 여기어
> "오늘은 이야기가 다 벌어섰습니나."
> 고 빼어 보았으나 양반이 노발하여 볼기를 치려 하므로 얼른 이야기를 꺼내었다.[25]

이야기를 시키는데 하지 않으려 하는데 벌을 가했다는 것을 보면, '한 사람'은 천민 예능인일 가능성이 크다. 사랑방이나 약방 등에 모여앉아 우스운 이야기를 나누는 가운데 뛰어난 재능을 보였다고 해서 직업적인 '재담꾼'이 탄생하기는 어렵다. '재담꾼'은 애초부터 전문 예능인에서 출발했다고 보는 것이 타당하다 하겠다.

김중진, 오물음 등보다 한 세기 정도 앞서 활동한 廣文이라는 배우를 통하여, 천민 예능인 출신으로서 재담 배우로 전문화하는 과정을 추정할 수 있다. 광문은 朴趾源이 지은 「廣文者傳」의 주인공이다. 그는 실존인물로 당대에 꽤 이름을 날렸던 모양인데, 洪愼猷의 「達文歌」, 趙秀三의 「秋齋紀異」, 李鈺의 「張福先」에서도 그의 행적을 살필

---

25) 이우성·임형택 역편, 앞의 책(하), 229면. "一人善古談 同里有兩班 日日招致 使之古談 如或不肯 卽必輒打臀 古談者 甚苦之 一日 兩班者又招 古談者 悶之曰 今卽果乏矣 兩班者怒欲打臀 乃言曰……"

수 있다.26) 광문은 儺禮優人으로서 여러 가지 재능을 겸비하였다.

山臺의 좌우부에	鼇棚左右部
장안의 악소년 무리들	長安惡少年
그를 모셔다 상석에 앉히고서	延之坐上頭
귀신이나 모시듯 떠받드네	敬之若鬼神27)

입이 커서 두 주먹이 들랑거릴 정도였고 曼碩戲를 잘했으며 鐵拐舞도 할 줄 알았다. 당시 우리나라 아이들이 서로 야유하는 말로 '네 형이 달문이다'고 하였는데 달문이란 광문의 또 다른 이름인 것이다.28)

鼇棚이란 국가의 공식적인 연희행사에 쓰인 가설무대이다. 장안의 왈자들29)이 광문을 상석에 앉히고 떠받들었다는 것은 그만큼 그가 뛰어난 배우였음을 말해준다. 또한 「秋齋紀異」에 의하면 儺禮局의 邊 首인 卓文煥이 만석희에 뛰어났다고 하는데30) 이때의 만석희와 광문 의 만석희는 동일한 계통의 놀이라고 여겨진다. 또한 철괴무와 팔풍 무 역시 산대희의 종목이었던 것으로 여겨진다. 따라서 광문은 나례

---

26) 박지원은 1737년에서 1805년까지 살았고 어려서 광문을 보았다 하니, 광문은 18세기 전·중반의 예능인이라 하겠다. 또한 홍신유는 1722년에 태어났으므 로 박지원과 거의 동시대인이라 할 수 있다. 「달문가」에는 달문(광문의 다른 이름)의 행적과 공연장면이 자세히 묘사되어 있어, 홍신유가 달문의 공연장면 을 직접 보았다고 여겨진다. 두 작품의 내용이 거의 일치하고 있기 때문에 광 문에 대한 기록이 상당히 신빙성이 있음을 알 수 있다.
27) 임형택 편역, 『이조시대 서사시』(하), 창작과비평사, 1992, 285면.
28) 이우성·임형택 역편, 앞의 책(하), 271면의 번역에 의거하였으나 논의에 필요 한 경우 원문을 그대로 보였다.
29) 김창수, 「여대 악소고」, 『한국학보』 12, 1961, 114면에 의하면, 惡少란 고려 때 이미 존재하던 부류로서 권세무신의 子侄이 주류를 이루었는데, 왕의 측근으 로 사냥에 참가하기도 하였고 왕은 그들을 경호위병격으로 데리고 다녔다고 한다. 조선시대의 惡少는 그보다 신분이 떨어져, 武班계통의 하급관리 및 장안 의 유협자들을 가리키는데, 이들은 이른바 왈자이다. 조선 후기의 왈자들은 연예오락 부문을 장악했던 것으로 여겨진다.
30) 이우성·임형택 역편, 앞의 책(중), 344면.

때 山臺戱에 불려진 배우라고 할 수 있다.

　예능인들이 민간에서의 흥행 활동을 강화하게 되는 것과 맞물려, 1754년 국가적인 연희행사로서의 나례가 폐지된다. 役에서 풀려나게 된 예능인들의 존재양상에는 많은 변화가 있었을 것으로 짐작된다. 광문 역시 이러한 전환기의 예능인으로서, 흥행 활동을 더욱 활발히 벌이게 되며 민간에서도 상당히 이름을 날렸던 것으로 나타난다.[31]

　　광문은 남으로 전라도·경상도의 여러 고을로 다니며 놀았는데 그가 가는 곳마다 소문이 높았다. 그 후 다시 서울에 돌아오지 않은 것이 수 십 년이었다.[32]

―(〈광문자전〉)

인편으로 노정을 잡아 주류하는데	周流路左전
호남으로 호서로 두루두루 노닐어	遍遊湖南西
……	……
다시 길 떠나 이리저리 발길 닿는대로	復路步蹣跚
동쪽으로 금강산 비로봉	東上毗盧峰
서쪽으론 백두산 꼭대기	西登白頭전
가는 곳마다 사람들 그의 얼굴 알아보고	到處人識面
구경 나온 사람들로 담장을 둘러친다.	觀如堵墻環 [33]

―(「달문가」)

　서울에 다시 돌아오지 않은 것이 수십년이었다고 하니, 광문의 유랑연예활동은 나례가 폐지되어 役을 살지 않게 된 이후의 일이라고 할 수 있다. 민간에서 광문은 재담으로 이름을 날렸다.

---

31) 사진실, 「조선시대 서울지역 연극의 공연상황 연구」, 104·113면.
32) 이우성·임형택 역편, 앞의 책(하), 273면. "時已南遊湖嶺諸郡 所至有聲 不復至京師數十年"
33) 임형택 편역, 앞의 책(하), 288면.

바로 보지 않고 눈을 흘기더니   側目無正視
비뚤어진 입에 나오는 대로 떠드는구나   와口無完言
……   ……
익살에다 속담을 섞어서   調諧雜俚語
이러구러 반년을 놀다 보니   半年成留連
……   ……
시속에 헛소리 하는 아이 꾸짖을 때   諺數童子謾
달문이 닮았다 하는데   必稱類達文
……   ……
별난 재주 익살스런 소리   恢詭更謠怪
이름이 벌써 온 나라를 들썩이다가   名旣一國喧[34]

—(「달문가」)

그는 익살과 신소리의 대명사처럼 불려지게 되었던 것이다. 광문
은 재담을 전담한 것이 아니라 여러 가지 예능의 하나로 갖추고 있
었기 때문에, 그의 재담은 익살스러운 행동이나 춤 등과 결부되었을
가능성이 크다.

광문이 여러 가지 재주를 동시에 팔았던 배우라면, 오물음과 허재
순, 김중진, 김옹 등은 재담 전문 배우라고 할 수 있다. 그러나, 오물
음과 허재순이 왈자들의 유흥적인 놀음판에 불려갔다는 사실을 염두
에 둘 때, 그들의 재담이 평면적인 구연에 그쳤으리라고는 볼 수 없
다. 귀로 들리는 우스갯소리가 중심이었다고 해도 눈으로 보이는 우
스갯짓 역시 큰 몫을 하였을 것이다.

정조(正祖) 때 김중진(金仲眞)이란 이는 나이가 늙기도 전에 이빨이 죄다
빠져서 사람들이 놀리느라 별명을 '오물음'이라 붙여 주었다. 익살과 이야기
(詼諧俚談)를 잘하여 인정물태(人情物態)를 묘사함에 당해서 곡진하고 자상하
기 이를 데 없었다. 그 중 삼사발원설(三士發願說)을 들어 보면 대개 이런 이
야기였다.[35]

---

34) 임형택 편역, 앞의 책(하), 285~289면.

'오물음'이란 이름으로 유명해진 것을 보면 이빨이 빠져서 활동을 했다는 것인데, 이야기로 이름났다는 사실이 모순인 것처럼 여겨진다. 광문 역시 외모가 극히 추했으며, 말주변이 뛰어났던 것도 아니었다고 한다.

벌인 입 사발만하여	閈口大如鉢
주먹이 입 속에 들랑날랑	拳入恢恢焉
……	……
바로 보지 않고 눈을 흘기더니	側目無正視
비뚫어진 입에 나오는 대로 떠드누나	와口無完言36)

—(「달문가」)

　광문은 됨됨이가 외양은 극히 추하게 생겼고 말도 누구를 움직일 만하지 못했다. 입이 커서 두 주먹이 들랑달랑 할 정도였고……

—(〈광문자전〉)

이야기를 잘하는 것으로만 따지자면, 이빨이 온전하고 입이 바르게 생긴 사람이 더 유리하다. 그런데 하필 열악한 여건을 지닌 사람이 인기를 끌었다는 것은 시사하는 바가 크다. 젊은 나이에 이빨이 모두 빠진 사람이나 입이 비뚤어지고 눌변인 사람이나, 그들이 인정물태를 묘사한다는 것 자체가 익살이다. 익살 배우는 본래 비정상적인 외모를 지닌 경우가 많았으며 우스갯짓과 우스갯소리를 본업으로 삼았다. 비정상적인 외모가 연출하는 이야기와 흉내 내기는 웃음을 배가시키게 된다. 이른바 '강담사'라는 부류가 '이야기 잘하는 보통사람'에서 출발한 것이 아니라, 배우의 전통을 이었다는 사실을 말해준다고 하겠다.

---

35) 이우성·임형택 역편, 앞의 책(중), 72면. "正廟時有金仲眞者 年未老而 齒牙盡落 故人嘲號曰 瓜濃 善詼 諧俚談 其於物態人情 曲盡纖悉 往往有可聽者 其三士發願 說曰"
36) 임형택, 앞의 책(하), 284~285면.

이들 배우에게 있어서, 유료 관객은 주로 양반과 중간계층이었다
고 할 수 있다.

서울에 오(吳)가 성을 가진 사람이 있었다. 그는 고담을 잘하기로 두루 재
상가의 집에 드나들었다. 그는 식성이 오이와 나물을 즐기는 때문에, 사람들
이 그를 오물음(吳物音)이라 불렀다. 대개 〈물음〉이란 익힌 나물을 이름이요,
吳씨와 오이(瓜)가 음이 비슷한 때문인 것이다.37)

광문도 역시 부자집 문하에서 재주를 팔면서 기숙하였던 것으로
나타난다. 그는 羽林兒와 각전의 別監, 駙馬都尉의 兼人들과 교류하
였다.

서울의 名妓로 인물이 아무리 곱고 아리따와도 광문이 이름을 내주지 않
으면 일전의 값도 없었다. 언젠가 羽林兒와 각전의 別監, 駙馬都尉의 兼人들이
소매를 떨치고 雲心의 집에 들렀다. 운심은 이름난 계집이었던 것이다. 마루
에 술상을 벌이고 가얏고를 퉁기면서 운심에게 춤을 청했다. 운심은 짐짓 지
체하고 좀처럼 춤을 추려 안했다. 광문이 밤에 운심의 집에 들러 대청 밑에서
서성거리다가 곧 자리에 나아가 서슴없이 상석(上席)에 앉는 것이었다. (…중
략…) 이에 운심은 곧 일어나서 옷을 갈아입고 광문을 위하여 칼춤을 추는
것이었다.
모두 아주 즐겁게 놀았다. 광문과 서로 친교를 맺고 헤어졌다.38)

이들 왈자들은 광문의 고객이면서 후원자였다. 이미 언급한 〈게우
사〉, 〈유우춘전〉 등의 자료에서 왈자들의 놀음판에서 '이야기 일수'와
'滑稽之客'이 활동한 사실과 일치한다.

---

37) 이우성·임형택 역편, 앞의 책(상), 189면.
38) 이우성·임형택 역편, 앞의 책(하), 272면. "漢陽名妓窈窕都雅 然非廣文聲之 不
能直一錢 初羽林兒 各殿別監 駙馬都尉겸從 垂袂過雲心 心名姬也 堂上置酒 鼓瑟
屬雲心舞 心故遲不肯舞也 文夜往彷徨堂下 遂入座 自坐上坐……心卽起更衣 爲文
劒舞 一座盡歡 更結友而去"

서울을 중심으로 활동한 재담 배우들은 당시 시정의 유흥과 오락
을 장악한 중간층과 밀접한 관계를 유지하고 있었을 뿐만 아니라, 같
은 예능인에 속하는 기생들과도 교류하고 있었다. 광문은 기생의 기
둥서방, 곧 妓夫이기도 하였던 것이다. 조선 전기의 妓夫는 주로 왕족
이나 양반사대부였는데, 기생들의 市井 활동이 활발해지면서 기부의
신분이 낮아졌다. 하급 武班을 중심으로 구성된 왈자들은 군악대의
조직을 장악하거나 妓夫가 됨으로써 당대의 연예계에 큰 권력을 행
사하였고 유흥적인 분위기를 확산하는 데 주도권을 행사하였다.39)
광문은 당대의 游俠으로 알려진 인물로서, 왈자 집단과 교류하고 妓
夫가 될 수 있었던 것이다.

3) 재담의 창작과 전승

재담은 내용상 서사문학으로서의 笑話이면서 총체적으로는 공연예
술의 한 종류이다. 바꾸어 말하면, 笑話는 언제든지 재담으로 재구성
될 수 있다는 것이다. 다음의 기록을 통하여, 재담의 대본이 소화와
관련되어 있다는 사실을 알 수 있다.

> 지혜가 구슬처럼 둥글어 힐중(詰中)에 비할 만 한데
> 〈禦眠楯〉 그것은 골계의 으뜸이라.
> 산꾀꼬리 들따오기가 서로 송사를 하니
> 늙은 황새나라 판결은 공정도 하다.40)

조수삼이 김옹을 소개하면서 詩를 덧붙인 것이데, '어면순은 골계

---

39) 강명관, 「조선 후기 서울의 중간계층과 유흥의 발달」, 『민족문학사연구』 2집,
1992.
40) 이우성·임형택 역편, 앞의 책(중), 342면. "智慧珠圓比詰中 禦眠楯是滑稽雄 山
鶯野?紛相訟 老관官司判至公"

의 으뜸'이라고 노래하고 있다. 이것은 익살꾼 김옹의 레퍼토리가 어면순의 골계담과 관련이 있음을 시사한다. 어면순은 중종 11년에 지어진 笑話集으로 笑話 중에서도 음담패설류가 많이 수록되어 있다. 김옹이나 광문, 김중진의 예능은 원문에 '俚語·俚談'이라고 표현되었는데, '俚'는 비속하고 상스럽다는 의미를 지니므로 '俚語·俚談'은 여항에 떠도는 음담패설류 등 자극적인 이야기라고 할 수 있다.

재담 배우의 레퍼토리와 笑話集의 관계는 두 방향에서 추정할 수 있다. 먼저 재담 배우 등이 창작한 재담이 소화집에 수록되는 경우이다. 笑話는 에피소드 중심의 짤막한 서사물로서 사건의 반전이 핵심이 되는데, 민간에서 구전되는 우스운 이야기를 기록해 놓은 것으로 알려졌다.41) 그러나 이야기 구조의 절묘함이나 소재 선택의 치밀함 등으로 미루어 민중의 집단적인 창조물로 보기는 어렵다. 곧, 발생 단계에서 골계담에 재능 있는 개인의 창작이 선행되었던 것으로 보인다. 전통적으로 '배우'가 갖추어야 할 제일의 예능은 '滑稽'였으므로 배우 집단은 골계담을 만들어낼 수 있는 최적의 조건을 지니고 있었다고 할 수 있다.

둘째, 재담 배우들은 이미 만들어져 있는 골계담을 기초로 하여 자신의 레퍼토리를 만들어내는 경우이다. 기록된 골계담을 그대로 구연한 것이 아니라 재구성의 과정을 거쳤다고 할 수 있다. 그렇다면 각종 소화집에 수록된 내용들은 '공연물인 재담'의 대본이었다고 할 수 있다.42)

---

41) 장덕순은 소화의 개념을 밝히는 한편 문헌소재 한문소화의 내용을 분류하고 등장인물의 분석을 통해 웃음의 본질을 파악하고자 하였다. 김현룡은 徐居正의 「太平閑話滑稽傳」을 개괄적으로 고찰하였다. 장덕순, 「한국의 해학-문헌소재 한문소화를 중심으로」, 『동양학』 4, 단국대 동양학연구소, 1974; 金鉉龍, 「徐居正의 '太平閑話滑稽傳'에 대하여-安鼎福의 小說 '月團團傳'도 아울러 밝힘」 참조.
42) 이 논문은 재담의 연행자를 전문적인 '배우'로 파악하고 있고 재담이 평면적인 서사물이 아니라 입체적인 공연물이라는 점을 강조하고 있으며 재담은 손쉽

이야기 주머니 김옹은 이야기를 아주 잘하여 듣는 사람들이 다 포복절도하지 않을 수 없었다. 김옹이 바야흐로 이야기의 실마리를 잡아 살을 붙이고 양념을 치며 착착 자유자재로 끌어가는 재간은 참으로 귀신이 돕는 듯하였다. 가위 익살의 제일인자(滑稽之雄)이라 할 것이다.[43]

이야기의 실마리를 잡아서 살을 붙이고 양념을 친다는 것은 기왕에 알고 있던 이야기를 윤색하고 풍부하게 한다는 것 이상의 의미를 던져준다.

다음의 대본은, 기존의 이야기가 극적으로 재구성되는 모습을 보여준다.[44]

옛적 삼국시절에 한나라 장수 장비가 마초와 싸우는데, 장비가 말을 타고 달려나와 고함처 마초를 부릅니다. "이놈 마초야. 탁군의 장비를 모르는다." 마초도 말이 떨어지기가 바쁘게 말을 달려나와 "나는 당대의 양반이다. (…중략…) 장바닥의 백정놈이 아니냐? 내 어찌 네깟놈을 알겠느냐?"고 외쳤습니다. 이에 장비는 분노가 탱천해서 고리눈을 부릅뜨고 수염을 거스르고 연방 삿대질에 주먹을 내지르며 욕을 해댑니다. "너희 양반 에미 x을 가지고 하면 천생 좀양반이 나온다." 이렇게 그 사람은 장비 모양으로 연방 두 주먹을 들었다 놓았다 하며 면전에서 양반을 무한히 능욕하는 것이었다. 양반은 난처함을 견디지 못하여 머리를 절레절레 흔들고 손을 내저으며 "그만둬라, 그만둬." 하였다.[45]

게 재담극으로 편성될 수 있다고 보는 입장에 있다. 각종 골계집이 재담의 대본이었을 가능성을 보완할 수 있다면, 풍부한 연극 대본 곧, 戱曲의 유산을 발굴하는 성과를 이룰 수 있지 않을까 하는 기대를 갖고 있다.

43) 이우성·임형택 역편, 앞의 책(중), 342면. "說囊金翁 善俚語 聽者無不絶倒 方其逐句增衍 鑿鑿中款 橫說堅說 捷如神助 亦可謂滑稽之雄"

44) 물론 본고에서 재담의 대본으로 제시되는 자료는 통상 한문단편으로 취급되어, 기록자는 수집자가 아닌 작가로 인식되었다. 따라서 재담을 기록하는 과정에서 또 한 번의 윤색이 있었을 것이다. 그러나 기록자가 서두에서 누구의 이야기인가를 명시해 놓은 이상 윤색의 폭은 최소한으로 줄였으리라 여겨진다. 재담 내용에 욕설 등 구어적이며 저속한 표현이 속출하는 것을 보아도 그러한 사실을 확인할 수 있다.

45) 이우성·임형택, 앞의 책(하), 229~230면.

일반적인 설화를 구연할 때도 장면화의 경향이 나타난다. 그것은
전체의 서사문맥 속에서 부분적으로 나타나는 현상이다. 그러나 위
재담의 경우 서사적인 설명은 서두 부분에 제한되며 중심 장면을 집
약적으로 劇化하고 있는 것이다. 밑줄 그은 부분은 극적 장면을 준비
하기 위한 서두 부분으로 매우 간략하고 절제되어 있다. 이후의 극화
된 부분은 주로 장비와 마초의 대화로 구성되었는데 욕설에 가까운
대사로 열띤 공방을 벌이고 있다. 또한 마초를 향한 장비의 삿대질
은, 바로 관객인 양반에 대한 삿대질이다. 관객을 극 속으로 끌어들
이거나 배우가 관객에게 다가가 짓궂은 행위를 하는 것은 현대의 희
곡에서도 자주 보이는 수법이다.

다음은 설화를 재구성한 것이 아니라, 배우의 창작에 의해서 재담
이 이루어지는 경우이다.

> 그때 한 종실이 연로하고 네 아들이 있었는데, 물건을 사고 팔기로 큰 부
> 자가 되었지만, 천성이 인색하여 추호도 남주기를 싫어할 뿐더러, 여러 아들
> 들에게조차 분재를 않고 있었다. 더러 친한 벗이 권하면, "내게도 생각이 있
> 노라."고 대답하고 밍기적밍기적 천연 세월하여 차마 나누어주지 못하였다.
> 하루는 그가 오 물음을 불러 이야기를 시켰다. 오 물음이 마음 속에 한 꾀
> 를 내어 古談을 지어서 했다. (…중략…)
> 그 종실 노인이 듣고 보니 은연중 자기를 두고 한 이야기가 아닌가. 조롱
> 하는 뜻이 들어 있었지만, 말인즉은 이치에 타당하였다. 즉석에서 깨닫기는
> 바가 있어 오 물음에게 상을 후하게 주어 보냈다.
> 그 이튿날 아침에 드디어 여러 자식 앞으로 분재하고 일가 친구에게도 보
> 화를 흩어주었다.[46]

'古談'이라고는 하였지만 時事的인 일을 소재로 하여 즉흥적인 창작
이 이루어진 것이다. 부자 종실노인의 인색함은 당시 사람이면 누구
나 아는 가십(gossip)거리였던 모양이다. 자칫하면 종실노인의 분노를

---

46) 이우성·임형택 역편, 앞의 책(상), 189~190면.

사게 될 일인데, 오물음은 이를 무릅쓰고 풍자를 감행하였던 것이다. 시사적이고 즉흥적인 이야기는 통상적인 우스갯소리에서 그치지 않고 고의적인 풍자를 담는 경우가 많다. 장비와 마초의 이야기를 윤색한 이야기 역시 고의적인 목적을 지닌 사례라고 하겠다.

김중진의 경우는 시사적인 일이 아닌 근원설화를 바탕으로 재담을 창작하였다. 한편의 완성된 설화를 극적으로 재구성하는 것과는 다르므로 분명히 창작이라고 할 수 있다. 다음은 그의 재담인 〈三士發願說〉의 圖解이다.

〈1〉	서사적인 설명 : 세 선비의 승천
〈2〉	선비 1의 臺詞 : 官職을 원함 옥황상제의 대사 : 文昌星에게 맡김 문창성의 대사 : 소원을 들어줌
〈3〉	선비 2의 대사 : 富를 원함 옥황상제의 대사 : 司祿에게 맡김 사록의 대사 : 소원을 들어줌
〈4〉	선비 3의 대사 : 淸福을 원함 옥황상제의 대사 : 歎息

〈1〉을 제외하고는 모두 등장인물의 대사로 처리되어 있다. 〈1〉은 도입부로서 서사적인 설명을 간략히 하여 극적인 장면을 준비하는 부분이다. 〈2〉와 〈3〉에서 '선비의 소원-옥황상제의 응답-실무자의 해결'로 이어지는 구조가 반복되다가 〈4〉에서는 그러한 반복이 깨지면서 끝을 맺는다. 반복이 깨진 이유는 선비 3의 지나친 욕심에 옥황상제가 말을 가로 막고 탄식했기 때문이다. 그가 바란 것은 이른바 '淸福'이다.

말이 미처 끝나기도 전에 옥황상제가 얼굴을 어루만지며 탄식하는 것이었다.

"어허! 그것이 이른바 淸福이라 하느니라. 청복이라 하는 것은 세상 사람이 모두 바라는 바요, 하늘이 가장 아끼는 것이니라. 만약 저마다 구하고, 구하여 얻을 수 있다면 어찌 유독 너뿐이겠느냐? 우선 내가 남 먼저 차지하여 누렸을 것이니라. 무슨 맛에 괴로이 이런 옥황상제 노릇을 하고 있겠느냐?"[47]

천하를 다스리는 옥황상제도 淸福을 얻지 못해 탄식한다는 설정이 매우 절묘하다고 하겠다. 笑謔之戲 자료 중, 배우 貴石이 연출한 〈進上놀이〉의 구조와 유사하다. 마지막 부분의 반전을 통하여 웃음을 불러일으키는 것은 단막 喜劇의 특성인 것이다.

〈三士發願說〉은 『三說記』 중의 한글단편인 「三士橫入黃泉記」와 줄거리가 거의 같다. 기존 연구에서는, 김중진 등과 같은 강담사들이 설화를 재구성하여 이야기를 만들고 그 이야기가 〈三士發願說〉과 한글단편 「三士橫入黃泉記」의 성립에 영향을 주었다고 하였다.[48] 한문단편은 김중진의 재담을 소개한다고 전제하였으므로, 작가적 개입보다는 충실한 기록 쪽에 비중을 두었다고 볼 수 있다. 반면 한글소설은 독서물이라는 성격이 강화되면서 재담의 대본에서 비교적 멀어진 것으로 보인다.

두 작품은 도입 부분에서 가장 큰 차이가 나타난다. 〈三士發願說〉의 도입부는 "예전에 세 선비가 하늘로 올라가서 옥황상제님께 제각기 소원을 말하게 되었다."고 하였는데, 한문기록의 축약성을 고려한다고 해도, 매우 절제된 설정이 아닐 수 없다. 반면, 「三士橫入黃泉記」는 세 선비가 염라대왕을 만나게 되는 과정을 상세히 서술하였다.[49]

---

47) 이우성·임형택, 앞의 책(중), 74~75면.
48) 崔雲植, 「『三說記』의 說話的 背景과 漢文短篇과의 關係」, 『국제대학 논문집』 제7집.
49) 단락을 보면 다음과 같다.
　① 洛陽 東村의 세 선비가 白岳山에 올랐다 만취하여 인사불성이 되었다.
　② 閻羅大王의 差使가 경과거리로 세 선비를 잡아갔다.
　③ 세 선비가 억울함을 호소하자 최판관이 生死置簿冊을 보고 실수를 확인하였다.
　④ 염왕이 세 선비를 돌려보내라고 명하였다.

앞서 언급하였듯이, 재담의 경우 서두의 서사적인 설명은 부차적인 것이며 중심 부분은 등장인물이 벌이는 사건 자체에 있다. 그러므로 어떠한 경위로 하늘에 올라갔는지, 또는 세 선비가 어떤 사람들인지는 알릴 필요가 없는 것이다. 그러나 소설은 본격적인 서사문학으로서 순서에 따라 사건의 발단을 제시하는 것이 당연하다.

지금까지 살펴본 바에 의하면, 서사문학인 설화를 기초로 하여 재구성된 재담이든 창작된 재담이든 공연물에 적합하도록 집약적인 장면이 劇化되어 있음을 볼 수 있다. 재담의 공연에서 배우가 극중인물로 전환되면, 그것은 바로 연극이고 그 대본은 희곡이 된다고 할 수 있다. 물론 모든 재담이 희곡적인 특성을 지니는 것은 아니다. 그러나 재담이 전문 배우에 의하여 공연되었다는 사실을 전제할 때, 연극으로의 열려진 가능성을 무시할 수 없는 것이다.

4. 결론 - 연극사적 의의

조선 후기에 재담은 오락적인 공연물로서 존재하였다. 아마추어로서 笑話를 주고받던 양상을 넘어서서 전문성을 획득하였고, 여러 가지 기예에 곁들여 행해지던 형태를 극복하여 독립적인 공연물이 되었던 것이다. 따라서 재담의 공연은 歌舞 및 器樂, 판소리 등과 나란히 공연예술의 위치에 올랐다고 할 수 있다.

재담은 말과 행동의 익살을 모두 포함하는 총체적인 공연물이라고 하겠다. 기원적으로 이러한 예능을 담당한 부류가 존재하였는데, 그

---

⑤ 세 선비는, 돌아가 의탁할 육신이 없음을 들어 항의하고 소원대로 환생시켜 줄 것을 요구하였다.

들이 바로 '俳優'이다. 따라서 조선 후기 재담의 배우는, 아마추어로서의 설화 구연자가 직업화한 것이 아니라 근본적으로 예능인 출신이었다고 할 수 있다. 배우 광문의 행적을 통해서 볼 때, 본래 여러 가지 재능을 겸비한 배우에서 재담 배우로 전문화되었을 가능성이 있다. 재담의 공연은 주로 양반부호나 중간계층의 놀음판에서 이루어졌다. 재담 배우 중에는 이들 고객과 동등한 교류를 한 경우도 있지만, 여전히 배우는 천한 신분에 속해 있었으며 예능의 상품화가 이루어진 것도 아니었다.

재담의 대본은, 서사문학인 설화를 기초로 하여 재구성되기도 하였고 배우가 창작하기도 하였다. 어느 경우든 공연에 적합한 집약적인 장면을 추출하여 劇化하고 있음을 알 수 있다. 본고는 서두에서, 서사에서 극으로, 극에서 서사로 전환하는 가능성을 전제하였다. 재담 대본은 서사적인 바탕을 이루고 있으나 극적인 발전이 두드러지므로 이것을 희곡적 특성이라고 불렀던 것이다.

서론에서 언급했던 것처럼 재담의 전통은 한국연극의 話劇的 전개라는 맥락 속에서 파악해야 한다. 17세기 중반 이후 서울을 중심으로 활동한 배우들은 재담을 전문 오락물로 부상시키면서 궁정 소학지희의 뒤를 이었던 것이다.[50]

소학지희는 궁정의 다른 공연 종목에 비하면 무대 설비가 필요 없었고, 규모가 작은 연극이었다. 그러나 소학지희는 즉흥적인 연극이 아니었고 미리 예행연습까지 거치는 정제된 연극이었고 매번 공연 때마다 새로운 대본을 만들어내야 한다는 원칙이 있었다. 시장성을 고려할 필요가 없이 고정된 관객 집단의 필요에 의하여 공연이 이루

---

50) 소학지희의 행방에 대해서는, 판소리나 탈춤으로 계승되어 그 형성에 기여했다는 견해(김동욱, 이두현)가 있었는데, 소학지희의 연극적인 면모를 과소평가하여 단순한 雜戲로 파악했다는 데에 오류가 있다고 본다. 결국 소학지희는 儒戲나 줄타기 재담, 무당굿놀이 등 축소된 모습으로 이어졌으리라고 추측할 수밖에 없었는데(조동일, 사진실) 그렇다고 문제가 해결된 것은 아니었다.

어지는 폐쇄공간에 적합하게 발달하였기 때문이다.

그러나 폐쇄공간이 사라지고 난 뒤, 소학지희를 맡아했던 배우들이 서울의 시정에서 그런 공연방식으로 일회적인 유통 방식을 고수할 수는 없었다. 또한 일회적인 대본을 반복적으로 공연하는 데도 한계가 있다. 때와 장소를 잃은 時事之事는 의미를 주지 못하기 때문이다. 오히려 소학지희 배우들은 일회성을 살리는 대신 단조로운 공연방식을 채택하였다고 하겠다.

조선 후기 재담은 그러한 공연상황을 받아들여 성행하게 되었다고 할 수 있다. 궁정의 소학지희는 정치적인 목적과 명분으로 치장되어 있었지만 실상은 배우들의 우스갯짓과 우스갯소리를 감상하는 공연 종목이었다. 조선 후기의 재담은 우스갯짓의 측면이 약화되어 우스갯소리가 중심이 된 공연 종목이라고 할 수 있다.

따라서, 재담 배우로 전문화한 부류는 주로 서울을 중심으로 활동한 京中優人이 중심이었던 것으로 보인다. 궁정배우의 위상을 지니고 있었던 그들은 궁정의 나례가 폐지된 이후에도 서울 및 경기도 지역 내에 거주하면서 민간의 오락적 요구에 부응하여 흥행 활동을 계속하였다.

그러나 재담 배우로 이름을 낼 수 있는 부류는 경중우인의 후예뿐 만이 아니었다. 外方才人 출신인 판소리 광대 가운데서도 唱보다는 재담을 장기로 특화할 가능성이 있었다. 판소리 광대들은 지방에서 성장한 俳優 집단이라고 할 수 있다.51)

巫系에 속한 화랭이도 재담 배우로 성장할 가능성이 있었다. 무당굿의 여흥으로 이루어지는 뒷전거리의 내용은 일상생활의 모습들을 우스갯소리와 우스갯짓으로 표현하게 되는데 공연물로서의 재담과 유사한 측면이 있다. 무당이나 화랭이는 司祭 집단에 속해 있지만, 전

---

51) 당대 관객들은, 골계 중심의 演技를 장기로 하는 '俳優'와 곡예를 중심으로 하는 '窟儡'를 구분하고 있었다. 이에 관해서는 사진실, 앞의 논문(1997), 111~113면 참조.

통적으로 巫系는 예능인 집단과 친연 관계를 유지하고 있었으므로
화랭이가 배우로 전환하는 길이 넓게 열려 있었다고 할 수 있다. 또
한 무당굿놀이 자체가 지닌 오락적인 요소는 손쉽게 시정의 오락물
로 전환될 수 있었다.

화극의 전통이 재담 위주로 축소된 것은 작품 생산 과정에 드는
비용을 최소화하기 위한 자연스런 흐름이었다고 생각한다. 시사적인
일을 소재로 일회성 공연을 목적으로 만들어진 소학지희는 궁정처럼
꾸준하고 막강한 관객의 후원에서만 가능한 연극양식이었다. 시정의
개방공간에서 흥행을 벌이는 배우들은 구비공식구를 활용할 수 있는
재담 위주의 즉흥극은 연출하거나 고정된 대본을 반복하여 공연하게
되었던 것이다.

화극의 전통은 소학지희에서 재담으로 이어지면서 통속화하는 측
면을 보이고 있지만 오히려 급속도로 민간에 퍼져 성행하는 결과를
가져왔다고 할 수 있다. 이는 개화기 이래 재담이 무대에 올려져 흥
행하는 데 기반이 되었다고 할 수 있다.

1910년대 박춘재의 재담극 가운데 무당의 행위나 무당굿놀이에서
소재를 차용한 작품이 제법 눈에 띤다. 조선 후기 시정의 상황이 개
화기 극장 무대의 공연 상황으로 이어진 것이라 할 수 있다.

박춘재는 그 신분적 위상에 있어서도 조선 후기 배우인 광문과 비
슷하다. 그는 연예인이면서 妓夫였다. 안종화나 고설봉의 증언에 의
하면 그는 별감이라는 직책을 지녔다고 하는데, 조선 후기 왈자 집단
을 구성한 부류 가운데 많은 사람들이 별감이라는 직책을 갖고 있었
던 사실과도 관련된다. 조선 후기 배우와 개화기 배우의 위상을 비교
하는 데 좋은 실마리가 될 것으로 여겨진다. 서울 시정의 연예계 및
주변 집단의 상관관계는 개화기의 상황으로 이어졌다고 생각된다.

VI. 〈달아 달아 밝은 달아〉의 구조와 의미
-패러디의 구조와 '희생양'의 의미

1. 서론

최인훈은 1970년 〈어디서 무엇이 되어 만나랴〉를 발표한 이래 소설에서 희곡으로의 이행을 시도하였다. 이는 긍정 또는 부정적인 평가를 두루 거치겠지만, 희곡의 분야에서는 "비로소 우리 문단에 '劇詩人'이 탄생했다"[1]거나 "뛰어난 극작가가 드문 한국 연극계에 활력을 불어 넣었다"[2]는 좋은 평가를 받아 왔다. 그의 희곡은, 설화적 소재를 채택하였다는 사실과 詩와 같은 지문과 대사 등으로 인하여 '읽히는 희곡'으로서 그 위치를 확고히 하고 있다.

최인훈 희곡의 연구는 개별작품으로 다루기보다는 설화 소재의 희곡을 종합적으로 다룬 경우가 많다.[3] 대체로 설화의 변용방법이나

---

1) 이상일, 「극시인의 탄생」, 『옛날 옛적에 훠이 훠어이』(최인훈 전집 10), 문학과 지성사, 1979, 289면.
2) 김병익 · 김현, 『우리시대의 작가총서－최인훈』, 은애, 1979, 5~6면.
3) 권오만, 「최인훈 희곡의 특질」, 『국제어문』 1, 1979.
   유제철, 「희곡의 의미 구조 연구」, 서강대 석사학위논문, 1981.

제의적인 측면, 연극적인 측면 등을 다루었는데 각 희곡의 개별성보
다는 공통·성을 중시하였기 때문에 개별작품으로는 깊이 있는 분석
이 이루어질 수 없었다.

〈달아 달아 밝은 달아〉에 대한 개별적인 논의는 고전작품의 현대
적 수용이라는 측면에서 많이 이루어졌다. 오경복은 보편적 상징의
하나인 재생원형(rebirth archetype)의 개념을 적용하여 「심청전」과
〈달아 달아 밝은 달아〉의 동질성을 찾아내고자 하였다.4) 유인순은
문학사회학적 입장에서 채만식의 〈심봉사〉와 최인훈의 〈달아 달아
밝은 달아〉에 나타난 소재의 변용과정에 대해 논하였다.5) 김유미는
채만식의 〈심봉사〉와 최인훈의 〈달아 달아 밝은 달아〉의 희곡적 특
성을 강조하여 판소리 「심청가」의 극적 요소들이 어떻게 변화하고
있는지 고찰하고 있다.6) 한편, 김치수와 김방옥은 평론을 통해 〈달아
달아 밝은 달아〉의 현실적 의미를 집약적으로 분석하였다.7)

최인훈의 희곡 작품 다섯 편은, 넓게 보아서 '설화 소재 희곡'으로
함께 불려지지만 좁게는 각기 다른 양상의 설화를 채택하고 있다. 즉
역사적인 인물전설, 민간설화, 또는 설화에서 더 나아간 고전소설 등

장혜전, 「설화 소재 희곡의 특성 연구」, 이화여대 석사학위논문, 1981.
강경채, 「한국 희곡의 비극성 연구」, 부산대 석사학위논문, 1983.
남진우, 「최인훈 희곡 연구」, 중앙대 문예창작과 석사학위논문, 1985.
유진월, 「최인훈 희곡 연구」, 경희대 석사학위논문, 1988.
김성수, 「최인훈 희곡의 연극성에 관한 연구」, 연세대 석사학위논문, 1990.
양승국, 「최인훈 희곡의 독창성」, 『작가세계』 4(1990년 봄호), 1990.
4) 오경복, 「심청전」과 '달아 달아 밝은 달아'에 나타난 再生 原型 硏究」, 이화여대
석사학위논문, 1980.
5) 유인순, 「채만식 최인훈의 희곡 작품에 나타난 '심청전'의 수용」, 『비교문학』
11집, 1986.
6) 김유미, 「판소리 '심청가'의 현대적 계승에 관한 일고찰」, 고려대 석사학위논문,
1991.
7) 김치수, 「작가의 변모-최인훈의 '달아 달아 밝은 달아'」, 『문학과 비평의 구조』,
문학과지성사, 1984.
김방옥, 「탁월한 극적 고안과 아이러니의 효과」, 『객석』 1985년 8월호.

을 자유롭게 선택하고 있다.

〈달아 달아 밝은 달아〉는 희곡으로의 이행이 시작된 한참 뒤인 1978년에 발표되었는데, 설화를 직접 차용한 것이 아니라 판소리계 소설을 패러디화하여 재해석하였다는 측면에서 다른 희곡들과 변별된다. 판소리계 소설은 양면성을 가진 것으로 파악되었고 이에 따라 주제 역시 표면과 이면의 이원적 양태를 띤다고 알려졌다. 이는 고전적인 세계관, 이른바 초월주의적 세계관과 현실주의적 세계관이 공존한 결과이며 판소리 수용층의 이원성에 따른 결과이다. 판소리계 소설이 드러내는 현실주의적 세계관과 裏面的 주제는 이미 현대적 재해석의 길을 보여주고 있다고 할 수 있다. 이러한 점에서 판소리계 소설은 현대적 재해석의 보고[8]라고 할 만하다. 실제로 최인훈은 〈달이 달아 밝은 달아〉말고도 소설 「춘향면」과 「놀부면」을 통하여, 판소리계 소설을 재해석하는 기발함을 보여 주었다.

역사적 사실, 신화, 전설이나 널리 읽혀진 고전작품에서 소재를 차용하여 작품을 창작할 경우, 그 작품은 많은 장점을 가지게 된다. 먼저 원전이 갖고 있는 구조적 안정성을 바탕으로 새 작품의 예술성을 향상시키는 데 힘을 기울일 수 있게 된다. 또한 작가의 주제의식을 강하게 전달시키는 데서도 효과적이다. 잘 알려진 이야기를 소재로 빌면서도 그 중 어느 특정한 일면을 부각시킬 때 그리고 그것이 독자의 입장에서 자신이 알고 있는 내용과 다른 차이점으로 드러나게 될 때 작가의 의도가 더욱 명확해지기 때문이다.[9] 고전의 소재를 차용하는 여러 가지 방식 중에서도 특히 패러디의 방식은 작가의 고의적인 목적성이 두드러진다고 할 수 있다. 그러므로 〈달아 달아 밝은 달아〉에 있어서 그 패러디의 의도를 밝히는 것은 작품 이해에 중요한 관건이 되리라 생각한다.

---

8) 김방옥, 앞의 글 169면.
9) 오세영, 「춘향전의 봉건성과 현대극화」, 『상상력과 논리』, 민음사, 228면.

본고에서는, 먼저 판소리계 소설 「심청전」과 〈달아 달아 밝은 달아〉를 비교하여 패러디의 구조를 살펴보고, 두 작품의 거리를 통해 얻어지는 의미를 파악하고자 한다.

2. 패러디의 구조

패러디는 '차이를 내포한 반복'10)이다. 즉 지속성과 변화를 동시에 추구한다고 할 수 있다. 항상 앞선 전통을 염두에 두고 있으므로 보수적이면서 지속적이라면, 그 전통에 거리를 두고 새로워짐으로써 변화를 추구한다는 것이다. 이는 패러디가 '명백히 합성물이며 이중의 목소리를 지닌다'11)는 말과도 통한다. 따라서 원텍스트와 패러디화한 텍스트는 상호텍스트적(intertextual)인 특성을 지니며 원 텍스트에 비추어 새로운 텍스트를 해독할 수 있다.12)

이러한 관점으로 보자면, 〈달아 달아 밝은 달아〉의 배후에는 원 텍스트인 소설 「심청전」이 있어서 그것과 대비하여 새로운 텍스트를 분석하고 이해할 수 있다. 본고에서는 반복과 차이, 혹은 지속성과

---

10) 린다 허천, 김상구 · 윤여복 옮김, 『패러디 이론』, 문예출판사, 1992, 192면.
   린다 허천은 패러디에 관한 한 역사를 초월한 정의는 없으며 패러디의 의미는 변한다고 말한다. 이전에 패러디는, 조롱하거나 우습게 만들려는 의도를 지니고서 원 텍스트와의 대조나 대비의 의미를 강조했으나, 그녀는 'para-'의 무시되어 온 뜻인 일치와 친밀성의 의미를 부가시키고 있다. 그러므로 패러디의 대상이 된 작품과 패러디화한 작품 사이에는 지속성과 변화가 모두 존재한다는 것이다. 또한 패러디의 실용적 정신의 범주가, 경멸에 찬 조롱으로부터 경외심에 찬 경의에 이른다고 하여, 패러디가 희극적인 효과만을 주는 것이 아니라 보다 진지한 의미를 전달하고 있음을 암시하고 있다.
11) 린다 허천, 앞의 책, 198면.
12) 린다 허천, 앞의 책, 63면.

변화를 밝혀 내고자 우선 「심청전」과 〈달아 달아 밝은 달아〉의 구조
를 비교하고자 한다.
　「심청전」과 〈달아 달아 밝은 달아〉의 공통적인 서사구조를 추출하
고 그 반복과 변화의 측면을 나열하면 다음과 같다.

　　　[개] 심청이 공양미 삼백석에 몸을 팔다.
　　　　　〈심〉 인신공희의 제물이 되다.
　　　　　〈달〉 색주가의 창녀가 되다.
　　　[내] 심청이 용궁의 용(왕)에게 바쳐지다.
　　　　　〈심〉 초월세계인 용궁의 용왕의 제물이 되다.
　　　　　〈달-1〉 현실 속의 색주가 '용궁'의 손님의 제물이 되다.
　　　　　〈달-2〉 해적들의 제물이 되다.13)
　　　[대] 심청이 죽다.
　　　　　〈심〉 물에 빠져 죽다.
　　　　　〈달-1〉 성욕의 대상으로 몸이 팔려 정신적으로 죽다.
　　　　　〈달-2〉 성적 유린을 당하여 정신적으로 죽다.
　　　[래] 심청이 환생하다.
　　　　　〈심〉 용왕에 의해 환생되다.
　　　　　〈달-1〉 김서방에 의해 정신적으로 환생되다.
　　　[매] 심청이 고국으로 돌아오다.
　　　　　〈심〉 연꽃을 타고 돌아오다.
　　　　　〈달-2〉 해적선을 타고 돌아오다.
　　　　　　　　　　　　　　　　　　　　　　—(〈표 1〉)

　〔가〕에서 심봉사의 눈을 뜨게 하기 위한 공양미 삼백석에 몸을 판
다는 것은 같다. 「심청전」의 경우는 남경장사의 '용왕제[海神祭]'에 제
물이 되기 위하여 팔려가는 것이지만 〈달아 달아 밝은 달아〉의 경우
는 중국 색주가의 창녀로 팔려간다. 심청이 팔려가는 장소가 중국으
로 설정된 것은 「심청전」의 '남경장사'로부터 파생된 것이지만 국내

---

　13) 〈달-2〉는 순차적으로는 〈달-1〉의 후속이지만 반복되는 양상이라고 보아 같
　　　은 항목에 넣었다.

의 색주가가 아닌 외국의 색주가로 팔려가는 설정은 또 다른 현실적 의미를 지닌다.14)

〔나〕에서 심청이 용궁에서 용 또는 용왕에게 바쳐진다는 것이 동일하다. 심청은 「심청전」에서, 초월적인 존재로서 바다를 다스리는 사해용왕에게 바쳐진다. 그러나 초월주의적인 세계관이 개입되지 않은 〈달아 달아 밝은 달아〉에서 용왕에게 몸을 바친다는 설정은 불가능하다. 그런데 그것을 가능하게 하고 있다.

흐릿한 불빛
차츰 밝게
드러나는 龍宮의 한 방
산호빛 기둥
푸른 기와
구슬 발이 걸리고
산호나무가
여기저기 놓이고
산호발 속은 보이지 않는데
기둥에는
龍이 휘감고 올라간
장식이 새겨졌고15)

심청이 팔려간 색주가의 모습을 묘사한 설명 부분이다. 상상 속의 용궁처럼 화려한 장식을 해 놓은 이곳은, 이름이 '용궁'인 색주가인 것이다. 한편 색주가 '용궁'에서 심청의 몸을 사는 손님들과 심청을 유린하는 해적들은 모두 '용'으로 형상화된다.

발 속에 닫힌 둥근 창문에 갑자기 비치는 용의 그림자, 드높아지는 파도

---

14) 이에 관해서는 4장에서 언급될 것이다.
15) 최인훈, 『옛날 옛적에 훠어이 훠이』(최인훈 전집 10), 문학과지성사, 1992, 272면.

소리, 바위에 부딪히는 물결 소리, 그러자, 물결 사이로 들리는 여자의 신음 소리, 바닷물 소리는 점점 드높게, 거칠어지고, 신음 소리는 깊은 바다 밑에서 들려오듯, 흐느끼며, 끊어졌다 이어졌다 불빛이 어두워지고 창문에 비친 용의 그림자만 뚜렷이 아가리를 벌리고 뿔을 흔들며 꿈틀거린다.16)

심청의 손목을
잡아,
부엌간으로
들어간다
부엌 창호지에
비치는 그림자
큰 용의 그림자17)

용의 꿈틀거림이 어두운 무대 조명과 함께, 심한 번개, 바람 소리, 파도 소리와 어울려 性的 행위를 암시한다. 창호지 바른 창문의 불빛과 그림자로 어떤 행위를 드러내는 기법은 최인훈의 희곡 작품에서 종종 쓰이는 것으로서, 극의 연출상 사실적으로 나타내기 어려운 부분을 감당하려는 배려이다. 그러나 사람의 그림자가 아닌 용의 그림자로 표현된 것은 「심청전」의 '용왕'으로부터 의미의 지속성을 확보한다는 것을 말해준다. 「심청전」의 용왕은 심청을 환생시켜 운명을 바꾸어 놓는 선하고 정의로운 이미지로만 여겨질 수 있다. 그러나 실제로는 '옥황상제'의 명에 의해 행동하는 것으로 되어 있으며, 명령이 아니었다면 심청을 희생제물로 받아들였을 것이다. 용은 물에 사는 괴물, 원초적 밤의 양태이며 우주적인 물, 어둠, 밤, 죽음 등의 상징이다.18) 따라서 '용왕'과 '용(손님, 해적)'은 미지의 괴물이라는 점에서 동일한 의미가 반복된다고 하겠다. 한편 인간의 상상력 속에는 바다에 용궁 같은 낙원이 있다고 믿는 경지와 괴물이 있다고 두려워하는

---

16) 최인훈, 앞의 책, 277면.
17) 최인훈, 앞의 책, 296면.
18) M.엘리아데, 이동하 역, 『성과 속』, 학민사, 39면.

경지가 있다고 한다.19) '용왕'은 이러한 이중성을 모두 갖춘 것으로
보이며 절대적 존재인 옥황상제의 통제에 의하여 '낙원'의 수장으로
기능하게 되는 것이라 할 수 있다. 반면 '용(손님, 해적)'은 철저히 어
둠의 존재이며 만남이 거듭될수록 심청은 훼손당하는 것으로 되어
있다. 이때 색주가 '용궁'은 심청에게 있어 전락의 중심이며 바닷속
용궁이 구원의 중심인 것과 대비된다.

[다]에서 심청의 죽음이 나타나는 점이 동일하다. 「심청전」에서 심
청은 인당수에 빠지면서 물리적으로 죽게 된다. 용궁에서의 시간은
현실계와 이어지는 시간이 아니라 죽음의 단절을 통해 들어간 초월
계의 시간이다. 그녀는 죽은 생모의 前身인 옥진부인을 만나는 등 전
생의 인연을 알게 되는데, 인간적인 개념으로는 죽어 있었기 때문에
가능한 일이었다. 〈달아 달아 밝은 달아〉에서는 정신적인 죽음의 상
태를 경험한다고 할 수 있다.

    소리   악―!

    차츰 어두워지는 빛 속에 힘이 사그라지는 용, 비바람 소리와 바닷가 물결
    소리도 따라서 사그라지면서 마침내 아무 소리도 아무 빛도 없는 조용하고
    캄캄한 무대
    (…중략…)
    산호침대 위에
    짓밟힌 해당화 무더기처럼
    쓰러져 있는 심청
    (…중략…)
    긴, 오랜,
    사람이 죽었다
    깨어나는
    사이20)

19) 바슐라르, 이가림 역,『물과 꿈』, 문예출판사, 1978.
20) 최인훈, 앞의 책, 277~283면.

누워 있는 심청
이때 심청은 인형을 쓴다
해적 인형을 발로
걷어차고
일어선다
인형 벽에
부딪혔다가
바닥에 떨어진다[21]

'악—!' 하는 외마디 소리와 함께 심청의 정신은 죽음의 단계에 이르렀다고 할 수 있다. '손님'과의 性的 행위가 끝난 후 '아무 소리도 아무 빛도 없는 조용하고 캄캄한 무대'와 '짓밟힌 해당화 무더기처럼 쓰러져 있는' 몸은 바로 이러한 죽음을 형상화한 것이다. 실제로 성적 행위가 지속되는 시간을 '긴, 오랜, 사람이 죽었다 깨어나는 사이'로 설명하여 심청이 죽음을 경험하는 것으로 되어 있다. 해적에게 성적 유린을 당한 뒤에 나타나는 심청의 모습은 인형으로 표현됨으로써 마치 시체를 연상하게 한다.[22] 한편, 人身供犧의 흔적을 보여주는 설화에서도 性的 결합은 죽음과 등가의 의미를 지니는 것으로 나타난다. 대개는 뱀이나 지네 등 水神 계통의 괴물에게 처녀를 제물로 바치는 것으로 나타나는데, 괴물은 처녀를 잡아먹거나 신부로 맞이함으로써 제사를 받아들이게 된다.[23] 심청을 용왕에게 제물로 바친 것이 전자의 형태라면 용으로 표상된 손님이나 해적에게 제물로 바친 것은 후자의 형태라 할 수 있다. 후자의 경우, 물리적인 죽음을 당하지는 않지만, 괴물과의 성적 결합은 인간다운 삶의 종말이며 죽음과 다름없다고 할 수 있다.

---

21) 최인훈, 앞의 책, 297면.
22) 이 부분 역시 연출상의 편의와도 관련이 있지만 의지와 주체를 상실한 채 수동적으로 휘돌리는 심청의 모습을 나타낸다고 할 수 있다.
23) 蛇神설화와 蛇神제의를 연관시켜 그 형성과정을 밝힌 연구로, 박종성, 「蛇神설화의 형성과정과 변이」, 서울대 석사학위논문, 1991.

[라]에서는 심청이 환생한다는 면에서 동일하다. 「심청전」은 용왕이 심청을 환생시켜 연꽃에 태워 인간세상에 돌려 보낸다. 이는 물리적인 환생이다. 〈달아 달아 밝은 달아〉에서 심청의 정신적인 죽음은 김서방에 의해 다시 살아나는 것으로 나타난다. 김서방은 조선의 인삼장수로 중국을 왕래하다 심청을 만나 사랑하면서, 그녀를 구원할 뿐 아니라 그 자신도 타락에서 헤어나게 된다.

> 손을 잡는 두 사람의 그림자, 그림자 없어지고 무대 다른 곳의 조명이 꺼지면서 두 사람의 그림자 대신, 창문에 비치는 갈매기 두 마리의 그림자
> 먼데서
> 철썩
> 철썩
> 봄 바다
> 물결치는 소리
> 끼룩끼룩 갈매기 울음소리
> 갈매기가 날개를 치는
> 가볍고 부드러운 소리[24]

김서방과 심청이 사랑을 나누는 장면이다. 같은 행위를 표현하면서도 '용궁'의 손님과 상대했을 때와는 아주 다르다. 용과 갈매기로 대비될 뿐 아니라, 비바람과 물결이 세차게 몰아치던 바다는 '달빛이 번지는 가운데 물결소리 잔잔한 봄바다'로 바뀌어 버렸다. 이러한 변화는 우연한 것이 아니다. 물은 보편적인 상징으로서 죽음과 재생을 의미한다. 한편 용과 갈매기는 바다를 사이에 두고 아래와 위에 위치한다. 심청을 죽음으로 몰아넣었던 용은 바다 깊숙이 사는 괴물인데 비해 갈매기는 바다 위를 날아다니는 존재이다. 이들은 〈험난한 바다－용－아래〉와 〈평온한 바다－갈매기－위〉의 대조를 이루면서 각각 죽음과 재생을 표상하고 있는 것이다.[25]

---

24) 최인훈, 앞의 책, 290면.

〔마〕에서 심청이 조선 땅으로 돌아온다는 점에서 같다. 「심청전」에서는 연꽃을 타고 돌아온다. 연꽃은 萬德을 갖춘 '만다라'를 상징하며 심청이 자아로서의 빛 혹은 자기동일성의 획득과 회복에서 오는 기쁨을 표현한다고 한다.26) 심청이 황후가 되고 후일 승천하는 것과 아울러 생각할 때 이는 끊임없는 상승을 뜻한다고 할 수 있다. 〈달아 달아 밝은 달아〉에서는, 귀국할 기회가 두 번 주어진다. 첫 번째는 김서방에 의한 정신적 환생 이후인데 해적에게 잡히면서 좌절된다. 두 번째는 왜구의 해적선을 타고 돌아오게 되는데 해적에게 유린당한 죽음의 상태에서 그대로 귀국하는 것으로 나타난다. 이는 「심청전」과 대조적으로, 끊임없는 하강, 곧 추락을 뜻한다고 볼 수 있다. 희곡의 결말 부분에 늙고 눈먼 심청이 아이들의 놀림을 받는 장면은 바로 이러한 추락의 단면을 보여준다.

이상에서 살펴본 바에 의하면, 「심청전」과 〈달아 달아 밝은 달아〉에는 '①몸을 팔다─②용에게 바쳐지다─③죽다─④환생하다─⑤돌아오다'의 구조가 동일하게 나타난다. ①②③을 다시 말하면 '희생물 선정─제사의식─죽음'이며 이는 곧 '희생제의'의 구조와 같다. 〈달아 달아 밝은 달아〉는 「심청전」의 희생제의를 모방하고 있는 것으로, 이는 패러디의 '반복'의 측면이다. 반면 '차이'의 측면이 존재한다. 「심청전」에서는 한 번의 희생제의가 치러지지만 〈달아 달아 밝은 달아〉에서는 희생제의27)가 거듭되어 나타난다는 것이다. 〈표 1〉에서 〔나〕〔다〕의 〈달─2〉는 제2의 희생제의에 해당한다고 하겠다.

---

25) 갈매기가 표상하는 天空이 용으로 표상되는 악마적 세계의 상관물로 나타났다는 사실은 오경복의 논문에서 지적된 바 있다. 앞의 논문, 46~52면.
26) 성현경, 「성년식 소설로서의 심청전」, 『서강어문』 3, 1983, 18면.
경판 24장본을 중심으로 Joseph Campbel의 입사식의 개념을 도입하여 분석하였다. 심청의 일생을 〈적강─시련─입사─성취─승천〉의 구조로 보고 '우주내적 존재로서의 자아' 탐색의 과정으로 보았다.
27) 실제로는 '희생제의적인 것'이지만 편의상, 논의에 무리를 주지 않는 한 '희생제의'로 사용한다.

희생제의가 되풀이되는 것은 「심청전」과 〈달아 달아 밝은 달아〉의 차이를 내포하는 주요한 설정이라고 할 수 있다. 이를 도식화하면 다음과 같다.

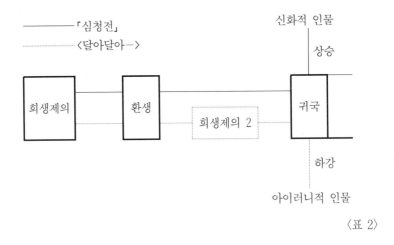

〈표 2〉

「심청전」의 심청은 '희생제의-환생-귀국'의 순조로운 과정을 통해 신화적 인물로까지 상승하고 있다. 심청은 원래 天上 선녀가 적강한 존재로서 '영웅의 일생'이라는 전승적 유형에 따라 죽음에 이르는 고난 끝에 다시 천상에 복귀하는 것이다. 〈달아 달아 밝은 달아〉의 심청은 '희생제의-환생-희생제의 2-귀국'의 과정을 거치게 된다. 김서방의 사랑으로 맞이한 정신적인 환생이 귀국으로 이어지지 못하고 다시 좌절하는 것은, 현실적으로 가능한 가장 소망스러운 구원의 손길이 떨어져 나간 것으로 심청의 비극적인 상황을 고조시킨다. 제2의 희생제의를 통하여 심청은 훼손당할 대로 훼손당하여 자아가 상실된 상태, 더 나아가 죽음의 상태로 나타나는데, 심청의 귀국은 바로 죽음의 단계에서 이루어진다. 이러한 과정을 통해 심청은 가장 비천하고 초라한 인물로 떨어지게 되는 것이다. 심청은 시종 나약한 인물로 나타나지만 결말 부분에서 늙고 눈먼 미치광이 노파로 나타난 심청은 아이러니적 인물의 극치를 보여준다.

희생제의는 「심청전」의 근원설화인 인신공희설화에서, 더 나아가 실제의 人身供犧儀式으로부터 반복되어 온 구조이다. 「심청전」은, 비극적인 인신공희가 심청이라는 인물의 일생을 통하여 희극적으로 변형된 예라고 하겠다. 꽃다운 나이의 처녀가 인신공희의 제물로 죽어버린다는 사실은 지극히 부당한 것이다. 이에 '옥황상제, 용왕, 연꽃' 등의 초월적이고 신성적인 존재의 등장은 민중들의 소박한 꿈이었다고 할 수 있다. 현실에서의 불행한 비극적 인물에게 허구 속에서나마 행복한 보상을 해 주었던 것이다.

그러나, 심청의 행복을 보장하는 초월적 장치들은 구전설화와 고전소설의 시대를 벗어난 지금 더 이상 효력을 발휘할 수 없게 되었다. 더구나 인신공희의 종교적 체험을 믿고 행하는 개인이나 집단은 존재하지 않는다. 따라서 그 시대의 문제를 현대의 합리적이고 현실적인 눈으로 바라볼 때, 인신공희 자체는 더 이상 문젯거리가 되지 못하는 대신, '인신공희적인 것'이 문젯거리로 부각된다. 아울러 문제의 해결장치로 등장했던 초월적인 존재 및 우연성 등은 현실적인 인과 관계로 대체되는 것이다. 바로 이 지점에서 「심청전」과 〈달아 달아 밝은 달아〉의 커다란 '차이'가 발생하는 것이며 그 '차이'에 작가의 의도가 개입되어 있다고 할 수 있다.

3. '폭력'과 '희생양'

작가는 「심청전」의 인신공희 자체를 〈달아 달아 밝은 달아〉의 '인신공희적인 것'으로 바꾸고 초월적인 우연성을 현실적 인과관계로 대체하면서, 〈달아 달아 밝은 달아〉의 심청을 더욱 철저한 희생제물이

자 '희생양'으로 만들어 놓았다.

'희생양'은 한 개인에게 희생을 강요하는 만인의 폭력과 관련되어 있다. 르네 지라르에 의하면, 집단적 폭력을 입증하는 텍스트들은 다음의 특성을 갖고 있다.28) ① 폭력이 실재하며, ② 위기도 실재하며, ③ 희생물은 죄 때문에 선택되는 것이 아니라 표지 때문에 쫓겨나며 ④ 희생물이 위기의 책임을 떠맡고 쫓겨난다29)는 것이다.

심청은 희생제의적인 사건을 두 번 경험하는 것으로 분석되었다. 그때 희생을 받는 대상은 용으로 표상된 '손님', 혹은 '해적'이며 이들은 성욕의 화신이라고 할 수 있다. 고전적인 초월주의적 세계관에서는 용과 같은 괴물, 또는 신적 존재가 인간을 전면적으로 통제하였기 때문에 그 위협은 절대적인 희생위기에 해당한다. 그러나 〈달아 달아 밝은 달아〉의 희생위기는, 性慾을 추구하는 용(손님)뿐 아니라 개개인이 가진 현실적인 욕망들이 분출되면서 만들어 내는 것이다. 즉 性이라는 상품과 수요자, 매파와 중간상인 등이 자신의 욕망을 채우지 못하고 서로 혼돈되어 있는 상태가 바로 희생위기인 것이다. 이러한 위기에서 서로에게 가해질 폭력을 방지하기 위하여 특정한 개인을 희생양으로 몰아붙이게 되는 것이며 이것이 바로 만인의 개인에 대한 폭력이 되는 것이다.

심봉사는 자신의 꿈속에서 희생위기를 경험한다.

> 심봉사 천만에, 천만에
> 어찌 감히

---

28) '희생양' 기제는 원래 신화 등의 설화를 분석하기 위해 마련된 틀이다. 〈달아 달아 밝은 달아〉는 현대희곡이지만 그 근원은 '인신공희설화'와 일치하며 희생제의적인 구조를 갖고 있다. 이러한 점에서 〈달아 달아 밝은 달아〉를 '희생양기제로 분석할 근거가 마련되었다고 할 수 있다.
29) 김현, 「폭력의 구조(르네 지라르론)」, 『시칠리아의 암소』, 문학과지성사, 1992, 67면.

```
             편한 잠을
             자겠읍니까?
             밤이나 낮이나
             그 생각만 하면서
             산목숨이
             산목숨이 아닌
             어제 오늘이올습니다
   사자      아무려나
             네가
             부처님 앞에
             말을 내고
             그 말을 어겼으니
             이제 잔말 말고
             나를 따라라30)
```

　심봉사가 공양미 삼백석의 시주를 약속하고 지키지 않자 죽음의
사자가 나타나 심봉사의 목숨을 거두어 가겠다고 위협하고 있다. 신
의 위협은 명백히 희생위기이다. 그러나 이는 꿈속의 내용이며 심봉
사의 불안정한 심리를 반영한 것이다. 그가 잠재의식 속에 '神'의 존
재를 끌어들인 것은 누군가에게 '폭력'을 행사할 준비가 되었음을 암
시한다. 神이란 바로 개인 저마다에 속한 '폭력의 환상적 육화'31)이기
때문이다. 심봉사가 공양미 삼백 석을 약속한 것은 실수라기보다 욕
망의 표출이라고 할 수 있다.

```
   심봉사    (머뭇거리며)
             왜, 네가 전날에
             하던 말 있잖나?
   심청      무슨 말 ?
   심봉사    그, 장부자네가
```

---

30) 최인훈, 앞의 책, 252면.
31) 김현, 앞의 책, 49면.

너를 수양딸로
삼겠다던 말
(…중략…)
심청   (말리며) 진정하세요…… 좋은 수가 있을지
심봉사 좋은 수라니? (한참 후에) 장부자네 소실 얘기 말이야?

심봉사의 속셈은, 심청이 장부자네 수양딸로 갈 것이고 그러면 돈
이 들어올 것이라는 데에 있었던 것이다. 그는, 심청을 수양딸이 아
니라 소실로 주어서라도 자신의 기대를 충족하려 한다. 그의 이기심
은 단순히 눈을 뜨고 싶은 욕망에서 비롯한 것이 아니다. 심청이 중
국으로 떠나가는 포구 근처에서 심봉사와 뺑덕어미가 나누는 대화는
판소리 소설의 문체를 그대로 가져온 것인데 서로 골계적인 대화를
주고 받는 사이에 심봉사의 태도는 애매모호해진다. 심청이 팔려가
는 것을 슬퍼하는 것이 아니라 뺑덕어미와 함께 색주가를 차리고 돈
을 벌 궁리에 들떠 있는 것이다. 둘의 대화에서 심봉사가 '용띠'라고
말한 것은, 심청을 훼손하는 장본인이 '용'으로 표상되는 것과 연관성
이 있다.32) 심봉사 역시 희생위기를 조장하는 욕망의 화신이라고 할
수 있겠다.

희생위기를 극복하기 위해 욕망의 화신들이 찾아낸 희생양이 바로
심청이다. 심청이 희생양으로 몰린 이유는 그녀가 죄를 지어서도 아
니고, 희생위기의 상황에 책임이 있어서도 아니다. 다만 희생양이 될
만한 표지가 있기 때문이다.33) 심청은, 타락한 세상과 타협하지 않았
다는 점에서, 욕망의 화신들과 공모하지 못했다는 점에서 희생의 표
지를 갖는다.

---

32) 김방옥의 앞의 글에서 심봉사가 부정적인 인물로 표상되었다는 것을 지적하
    였다. 170~171면.
33) N. 프라이, 임철규 역, 『비평의 해부』, 한길사, 1985. 62면.
    희생양이 되는 주인공은 비극적 과오도, 편벽된 고집도 갖고 있지 않은 자로
    서 다만 단순히 사회로부터 소외된 자에 불과하다는 것이다.

욕망의 화신들은 자신들의 필요에 의하여 서로 결합하고 있다. 즉, 손님은 성욕을 해소하기 위해 색주가를 찾고, 색주가의 매파는 손님을 끌기 위해 처녀를 사고자 하고, 뱃사람과 뺑덕어미는 돈을 벌고자 심청을 소개하고, 심봉사는 이기심과 물욕으로 심청의 희생을 방조 또는 강요하는 것이다. 따라서 '손님—매파—뱃사람—뺑덕어미—심봉사'로 이어진 욕망의 사슬에 의해 이들 모두는 심청을 희생양으로 만드는 데 합의한다. 즉 '폭력적 만장일치'[34]가 조장되었다고 할 수 있다.

자아를 둘러싼 세계가 서로 공모하였다는 점에서 그 폭력은 합법적인 것이 된다.[35] 폭력과 희생에 관한 텍스트에는 그것을 드러내는 것과 감추는 두 종류의 텍스트가 있다고 한다.[36] 「심청전」의 경우가 폭력을 은폐하였다면 <달아 달아 밝은 달아>는 폭력을 드러내고 있다. 이러한 차이는 '희생양'의 자기희생 논리와 관련되어 있다. 「심청전」의 심청은 시종일관 자발적인 희생의 경지를 강조하고 있다. 심청의 태도는 凡人의 경지를 초월했다는 점에서 영웅성을 띤다. 심청의 영웅성은 계속 이어져 일국의 왕비가 되고 심봉사의 눈을 뜨게 하는 힘이 된다. 심청이 거의 신화적인 인물로 상승됨으로써, 오히려 자아와 세계와의 대결에서 우위에 서 있는 것처럼 보인다. 심청의 영웅성은 집단의 폭력을 은폐하기 위하여 그 집단이 부여한 것이라고 할 수 있다.[37]

<달아 달아 밝은 달아>의 경우는 폭력이 그대로 노출되어 있다. 심청은 자발적으로 희생하는 것이 아니라 집단에 의한 강요 내지 권유에 의하여 희생하고 있는 것이다.

34) 르네 지라르, 김진식·박무호 역, 『폭력과 성스러움』, 125면.
35) 르네 지라르, 앞의 책, 민음사, 1993, 9~60면.
36) 김현, 앞의 책, 69면.
37) 박종성의 논문에서, 심청의 영웅성을 '집단의 폭력지우기'현상으로 파악하였다.

심청   아이구 아버지
        백미 삼백석을
        어디서 얻으려구
심봉사   그, 장부자네가
        너를 수양딸로
        삼겠다던 말
심청   (기가 질려 한참만에)
        ……그랬지요

　공양미 삼백석의 이야기를 들었을 때, 심청은 아비를 원망하는 반응을 보이며, 심봉사가 자꾸 책임을 떠 맡기려 하자 '기가 질려'하는 태도를 드러내고 있다. 심청이 인신매매꾼인 뱃사람을 만나게 되는 경위 역시 타의에 의한 것으로 되어 있다. 심청의 어려운 상황을 엿본 뺑덕어미의 권유에 의하여 그들을 만나게 되는 것이다. 뺑덕어미는 인신매매의 중개자로서 자신의 몫을 챙기기 위하여, 뱃사람과 심청을 만나게 한다. 「심청전」의 심청이 스스로 남경상인을 찾아가 제물이 되고자 자청하는 것과 대조적이다. 또한 심청에게는 어떤 영웅성도 부각되어 있지 않다. 오히려 그녀는 아이러니적 인물로서 그 열등하고 나약함이 도처에서 나타난다. 심청은 심봉사에서 뺑덕어미, 해적에 이르기까지 모든 인물들과의 관계에서 수동적이며 소극적이다. 그러므로 이러한 인물들은 모두 심청의 행동을 유도하고 강제하게 되는 것이다. 이것은 바로 희생을 강요하는 것이며 집단의 폭력이 노출된 것이다.
　〈달아 달아 밝은 달아〉는 폭력이 감추어지지 않음으로써 집단의 거대한 폭력에 희생당하는 개인의 왜소함을 그리고 있다. 개인이 무기력하게 나타나면 나타날수록 폭력은 위압적으로 나타나는 것이며 동시에 폭력의 부당성이 고발된다고 하겠다.
　심청은 소극적이며 왜소한 개인으로서 그 소망 역시 소박하다. '달아 달아 밝은 달아'라는 제목과 관련하여 알 수 있듯이 심청의 소망은 노래 가사인 "초가삼간 집을 짓고 양 친부모 모셔다가 천년만년 살고지고"이다. 이 노래는 전편을 통해 두번 나오는데 첫 번째는 김 서방과 사랑을 나누는 장면에서, 두 번째는 마지막 장면의 눈멀고 미친 심청이 놀림을 받는 장면에서 불려진다. 처음의 노래는 매우 희망적인 것이어서 심청의 행복한 순간과 순행하여 나아가고 있지만 마지막 장면의 노래는, 모든 소망이 좌절당했을 뿐만 아니라 몸과 마음이 철저히 훼손당한 심청의 모습과 역행하여 나타난다. 이러한 대비는 주인공이 소망했던 것과 정반대의 결말이 주어지고 있음을 드러낸 것이다. 이러한 비극적 아이러니는 집단적 폭력을 행사한 세계와 희생당한 자아 사이에 존재하는, 힘의 불균형에 의하여 생겨난 것이다. 이때 자아에게는 연민을, 세계에는 공포를 느끼게 된다. 세계, 곧 집단적 폭력에 대한 공포와 그 부당성을 지적하는 데에 「심청전」을 패러디화한 〈달아 달아 밝은 달아〉의 의도가 있다고 하겠다.

4. '희생양'의 현실적 의미

작품 속에 역사적인 인물을 등장시키는 것은 최인훈에게 있어 새삼스러운 일이 아니다. 소설 『서유기』에서, 주인공 독고준은 긴 여정을 통해 논개, 이순신, 이광수, 조봉암 등을 만나게 된다. 〈달아 달아 밝은 달아〉에서도 이순신이 등장한다. 해적선을 타고 조선에 돌아온 심청이, 나라의 죄인으로 끌려가는 이순신을 목격하는 것이다.

심청   저 어른이 누구예요
아낙네 이장군 아니우
심청   이장군이 누구예요?

아낙네	아니 이장군이 누구라니, 바다 건너온 도적들을 쳐서 이긴 분이시지 누군 누구야
심청	바다 건너온 도적들을
아낙네	그럼
심청	그런데 왜 저렇게 잡혀가요?
아낙네	그러니까 잡혀가는 게지[38]

이순신 역시 '희생양'이다. 모든 사람들이 피하고 몸을 사리는 동안에 적과 싸워 물리쳤다는 사실 때문에 그는 잡혀가고 있다. 다시 말하면, "그런데 왜 저렇게 잡혀가요?"라는 심청의 반문에 "그러니까 잡혀가는 게지"라고 하는 아낙네의 말은 이를 단적으로 표현해준다. 많은 민중들은 전혀 그가 죄인이라고 여기지 않지만 조정대신들에 의해 그는 죄인이 된 것이다. 외적의 압박과 침입, 조정에서의 분파 등 내외적인 혼란이 희생의 위기가 되었다면, 의롭지 못한 사람들 가운데 홀로 의롭다는 사실이 희생의 표지가 되었다고 할 수 있다. 심청은 군중 속의 한 개인으로서 이순신을 만나지만 다른 군중들과 분명히 구별되는 사실이 있다. 그것은 심청이 이순신에 대해 전혀 무지하다는 것이다.

가까운 사람부터
멀리 있는 사람까지
가까운 사람은
고개를 돌려
그 옆사람은 절반 일어나고
하는 식으로 피라미드처럼
차츰 키가 높아지며
멀리 있는 사람은
일어서서 심청이 앉은

38) 최인훈, 앞의 책, 307면.

이쪽을
쳐다본다
마치
난데없는 괴물을 주시하듯³⁹⁾

심청을 괴물 보듯이 하는 군중의 무리는 피라미드의 모습을 이룬
하나의 큰 덩어리로서, 오히려 심청에게 있어 공포의 괴물처럼 다가
서 있다. 이러한 과장적인 형상화는 심청의 無知를 예사롭지 않은 것
으로 만든다. '알고 있는' 많은 군중 속에서 '알지 못하는' 심청은 격
리되어 있다. 죄인으로 호송되는 이순신 역시 수레에 갇혀 군중과 격
리되어 있다. 둘은 모두 군중과 격리되어 있는 특별한 존재로서 통하
고 있으며, 폭력에 의한 희생양이란 측면에서 동질적이다.

한편, 이순신의 등장으로 인해 해석의 실제가 '왜구'로 드러나고,
그들의 전쟁은 임진왜란으로 구체화된다. 즉, 이순신의 출현은 〈달아
달아 밝은 달아〉에 역사성을 부여하는 장치가 되는 것이다. 개인적인
욕망의 화신에 불과했던 손님들과 해적들은 각기 중국과 일본이라는
거대한 국가적 실체로 전이된다.

이때 심청은 보편적인 욕망의 희생양이 아니라 특정한 시대 상황
이 파생한 희생양이 되는 것이다. 작품의 배경이 된 조선시대의 시대
적 상황만을 생각한다면, 이 작품에서는, 나라 전체가 중국, 일본 등
외적의 시달림을 받던 때에 가장 처절하게 고통당하는 한 조선여인
의 운명이 부각되었다고 할 수 있다.

그러나 작가가, 과거가 아닌 현재의 목소리를 내기 위하여 패러디
의 방식을 채택했다고 할 때, 〈달아 달아 밝은 달아〉는 작품이 쓰여
진 1970년대의 상황 및 그에 대한 작가의 인식과 깊은 관련이 있다
고 하겠다. 긴 세월의 격차에도 불구하고 작품의 배경인 조선시대와
작품이 쓰여진 1970년대는 유사한 역사적 질곡이 가로놓여 있었다고

---

39) 최인훈, 앞의 책, 308면.

하겠다. 당시는 독재정권 및 그와 결탁한 새로운 제국주의 세력의 한 가운데서 힘없는 자들이 가장 고통당하는 상황이었다고 할 수 있다. 특히 분단상황을 초래하고 계속 국내에 영향력을 행사하고 있는 미국의 존재와, 막강한 경제력을 무기로 한국의 시장을 잠식해가는 일본의 존재는 조선시대에 못지않은 위협적인 존재로 부각되어 있었다. 이른바 신식민지화의 도래가 우려되는 상황이었다고 할 수 있다.

이순신이 등장함으로써 밝혀진 임진왜란 당시라는 시간적 배경 역시 식민시대의 도래와 무관하지 않다. 물론 강대국에 시달리다가 일본의 식민지가 되는 조선말기와는 시간적인 격차가 있다. 그러나 이른 시기부터 거듭된 외국의 간섭과 침략이 결국 식민지라는 현실을 초래하게 된 것이므로 임진왜란 당시는 매우 문제적인 시기라고 할 수 있다. 더구나 외적의 압박과 침입, 조정에서의 분파 등 내외적인 위기에 명장 이순신을 희생양으로 만들어 버린 혼란의 시기였다고 하겠다.

한편, 신제국주의 세력으로서 미국은 이 땅에 그들의 군대를 남겨 놓고 있다. 이러한 상황에서, 심청은 다름 아닌 '기지촌의 아가씨'이거나 일본인의 돈에 팔린 여인으로 구체화된다. 기지촌의 아가씨인 심청도 여전히 희생양이다. 그녀는 강대국에 의한 신식민지라는 강요된 현실에 의해 희생당하고 있는 것이다. 그런데 문제는 심청의 희생이 외부로부터 강요된 것만이 아니라는 것이다. 심청의 첫 번째 희생 제의가 주변인물의 폭력적 만장일치에 의해 일어났다는 사실을 상기할 때, 심청의 희생에는 내부적인 힘도 작용하고 있다고 할 수 있다. 다시 말하면, 신식민지라는 걱정스러운 현실은 강대국의 압력뿐 아니라 집권층의 주체성 상실에 의해 유도되고 있었다고 하겠다. 작가는, 힘없이 파괴되는 여인의 모습을 통해, 신식민지의 도래를 경계하는 한편 인간 존엄을 무시하는 거대한 힘의 논리를 폭로하려 했다고 할 수 있다.

5. 결론

<달아 달아 밝은 달아>의 경우, 설화를 직접 차용한 것이 아니라 판소리계 소설을 패러디화하여 재해석하였다는 측면에서 다른 희곡들과 변별된다. 이러한 관점으로 보자면, <달아 달아 밝은 달아>의 배후에는 원 텍스트인 소설 「심청전」이 있어서 그것과 대비하여 새로운 텍스트를 분석하고 이해할 수 있다.

본고에서는 반복과 차이, 혹은 지속성과 변화를 밝혀내고자 우선 「심청전」과 <달아 달아 밝은 달아>의 구조를 비교하여 희생제의의 구조가 반복되고 있음을 살펴보았다. 차이의 측면으로는, <달아 달아 밝은 달아>에서 희생제의가 두 번 거듭된다는 사실을 들 수 있다. 이는 단순히 횟수를 더하는 것 이상의 효과를 지니는 것으로서 패러디의 의미를 강화시키려는 작가의 의도와 관련이 있다. 한편 「심청전」의 초월적인 해결장치나 비합리적인 사건의 전개 등이 현실적인 인과관계로 대체되면서 두 작품 사이의 차이가 발생한다. 이는 세계관의 변모에 따른 영향인 동시에 작가의 선택 내지 작가의식의 소산이라고 할 수 있다. 작가는 심청을 철저히 파멸시킴으로써 그녀가 시대의 '희생양'이라는 사실을 주지시키고 있다.

'손님－매파－뱃사람－뺑덕어미－심봉사'로 이어진 욕망의 사슬에 의해 심청을 둘러싼 세계 전체가 욕망의 화신으로 형상화 되어 있으며 이 상황이 바로 희생위기이다. 이들은 '폭력적 만장일치'를 이루어 심청을 희생물로 지목한다. 심청이 갖고 있는 희생의 표지는, 타락한 세상에서 타락한 사람들과 공모하지 못했다는 것이다. <달아 달아 밝은 달아>는 폭력이 감추어지지 않음으로써 집단의 거대한 폭력에 희생당하는 개인의 왜소함을 그리고 있다. 개인이 무기력하게 나타나면 나타날수록 폭력은 위압적으로 나타나는 것이며 동시에 폭력의 부당성이 고발된다고 하겠다.

한편, 이순신의 출현은 〈달아 달아 밝은 달아〉에 역사성을 부여하는 장치가 되어, 개인적인 욕망의 화신에 불과했던 집단의 폭력이 각기 중국과 일본이라는 거대한 국가의 실체로 전이된다. 이때 심청은 보편적인 욕망의 희생양이 아니라 특정한 시대 상황이 파생한 희생양이 되는 것이다.

과거가 아닌 현재의 목소리를 내기 위하여 패러디의 방식을 채택했다고 할 때, 〈달아 달아 밝은 달아〉는 작품이 쓰여진 1970년대의 상황과 관련되어 있다. 당시는 분단상황을 초래하고 계속 국내에 영향력을 행사하고 있는 미국과, 막강한 경제력을 무기로 한국의 경제를 잠식하려는 일본이 위협적인 존재로 부각되고 있었다. 이른바 신식민지화의 도래가 우려되는 상황이었다고 할 수 있다. 따라서 심청은, 강대국에 의한 신식민지라는 강요된 현실에 의해 희생당하고 있는 것이다. 작가는, 거대한 힘의 논리 속에 힘없이 파괴되는 여인의 모습을 통해 신제국주의의 부당성을 경계하려 한 것이라고 할 수 있다.

참고 자료 및 논저

(1) 자료

『高麗史』
『儺禮廳謄錄』, 규장각본
『史記』
『三國史記』
『水原陵行八曲屛』, 국립박물관 소장
『朝鮮王朝實錄』, 국사편찬위원회 영인본·CD롬
睦大欽, 『茶山集』
朴齊家, 『貞蕤集』
成 俔, 『虛白堂集』
＿＿＿, 『慵齋叢話』(大東野乘 1), 민족문화추진회.
송신용, 『한양가』, 정음사, 1949.
申 緯, 『申緯全集』, 태학사, 1983.
魚叔權, 『稗官雜記』(大東野乘 1), 민족문화추진회.
柳晚恭, 『歲時風謠』(이조후기여항문학총서 10), 여강출판사, 1991.
柳夢寅, 『於于野譚』, 萬宗齋本
李德懋, 『국역 청장관전서』 6, 민족문화추진회, 1980.
李 瀷, 『星湖僿說』(성호전서 5), 여강출판사, 1984.
丁若鏞, 譯註 『牧民心書』(茶山硏究會), 창작과비평사, 1979.
鄭顯奭, 『敎坊歌謠』, 국립중앙도서관본
許 筠, 『惺所覆瓿藁』
작자 미상, 『芝陽漫錄』, 규장각본

姜友邦·金承熙, 『甘露幀』, 藝耕, 1995.
강한영 교주, 『신재효 판소리사설집』, 민중서관, 1971.
김태곤, 『한국무가집』 4, 집문당, 1980.
심우성, 『한국의 민속극』, 창작과비평사, 1975.
이가원 편역, 『이조한문소설선』, 민중서관, 1961.
李佑成·林熒澤 譯編, 『李朝漢文短篇集』, 一潮閣, 1982.
임형택 편역, 『이조시대 서사시』(하), 창작과비평사, 1992.

전경욱, 『민속극』, 한샘출판사, 1993.
한국문화재보호협회, 『주요무형문화재 탈춤대사집』, 1980.

(2) 저서

강용권, 『오광대와 들놀음 연구』, 집문당, 1986.
고정옥, 『조선구전문학연구』, 과학원출판사, 1962.
金東旭, 『韓國歌謠의 硏究』, 乙酉文化社, 1961.
김병익·김현, 『우리시대의 작가총서-최인훈』, 은애, 1979.
김욱동, 『대화적 상상력』, 문학과지성사, 1994.
김일출, 『조선민속탈놀이연구』, 과학원출판사, 1958.
金在喆, 『朝鮮演劇史』, 學藝社, 1933.
김창남, 『대중문화와 문화실천』, 한울아카데미, 1995.
박진태, 『한국가면극연구』, 새문사, 1985.
_____, 『탈놀이의 기원과 구조』, 새문사, 1990.
徐大錫 編著, 『朝鮮朝文獻說話輯要』(1), 集文堂.
徐大錫·崔正如, 東海岸巫歌, 형설출판사, 1974.
서연호, 『山臺탈놀이』, 열화당, 1987.
_____, 『황해도탈놀이』, 열화당, 1988.
_____, 『서낭굿탈놀이』, 열화당, 1991.
宋錫夏, 『韓國民俗考』, 日新社, 1960.
심우성, 『남사당패연구』, 동화출판공사, 1974.
梁在淵, 『國文學硏究散稿』, 日新社, 1976.
柳敏榮, 『韓國劇場史』, 한길사, 1982.
_____, 『韓國近代演劇史』, 단국대학교출판부, 1996.
尹光鳳, 『韓國演戲詩硏究』, 이우출판사, 1985.
_____, 『韓國의 演戲』, 반도출판사, 1992.
_____, 『유랑예인과 꼭두각시놀음』, 밀알, 1994.
李杜鉉, 『韓國假面劇』, 文化公報部 文化財管理局, 1969.
_____, 『韓國演劇史』, 學硏社, 1987.
이상일, 『韓國人의 굿과 놀이』, 문음사, 1981.
林在海, 『민속문화론』, 文學과知性社, 1986.
조동일, 『탈춤의 역사와 원리』, 弘盛社, 1979.
_____, 『한국문학통사』 1~5(제3판), 지식산업사, 1994.
최인훈, 『옛날 옛적에 훠어이 훠이』(최인훈전집 10), 문학과지성사, 1992.

赤松智城・秋葉隆, 沈雨晟 옮김, 『朝鮮巫俗의 硏究』, 東文選, 1991.

平木實, 『朝鮮後期 奴婢制 硏究』, 知識産業社, 1982.

A. 하우저, 황지우 역, 『藝術史의 哲學』, 돌베개, 1983.

_____, 廉武雄・潘星完 共譯, 『文學과 藝術의 社會史−近世篇』(下), 創作과批評社, 1990.

앙리 베르그손, 김진성 옮김, 『웃음 : 희극의 의미에 관한 시론』, 종로서적, 1989.

Jessica Miller Davis, 홍기창 옮김, 『笑劇』, 서울대학교출판부, 1985.

린다 허천, 김상구・윤여복 옮김, 『패러디의 이론』, 문예출판사, 1992.

N. 프라이, 임철규 역, 『비평의 해부』, 한길사, 1985.

르네 지라르, 김진식・박무호 역, 『폭력과 성스러움』, 민음사, 1993.

段玉明, 『中國市井文化與傳統曲藝』, 吉林敎育出版社, 1992.

Bentley, Eric, *The Life of the Drama*, Atheneum, 1979.

Bowers, Faubion, *Japanese Theatre*, Hermitage House, 1952.

Burke, Peter, *Popular Culture in Early Modern Europe*, London; Temple Smith, 1978.

Bakhtin, Mikhail, Helene Iswolsky(trans.), *Rabelais and His World*, Indiana UP, 1984.

Ong, Walter J., *Orality and Literacy*, London and New York; Methuen, 1986.

Schechner, Richard and Willa Appel, *By means of Performance*, Cambridge; New York: Cambirdge University Press, 1990.

Thom, Paul, *For an Audience: A Philosophy of the Performing Arts*, Philadelphia: Temple, 1992.

(3) 논문

강명관, 「조선 후기 서울의 중간계층과 유흥의 발달」, 『민족문학사연구』 2집, 창작과비평사, 1992.

_____, 「조선 후기 서울과 한시의 변화」, 『문학 작품에 나타난 서울의 형상』(한국고전문학연구회 편), 한샘출판사, 1994.

강인숙, 「사자춤에 관한 연구」, 이화여대 석사학위논문, 1983.

고동환, 「18・19세기 서울 京江地域의 商業發達」, 서울대 국사학과 박사학위논문, 1993.

김방옥, 「탁월한 극적 고안과 아이러니의 효과」, 『객석』 1985년 8월호.

김재석, 「1930년대 留聲器音盤의 촌극 연구」, 『한국극예술연구』 2집, 1992.

金鍾澈, 「19~20세기 초 판소리 변모양상 연구」, 서울대 박사학위논문, 1993.2.

_____, 「게우사(資料紹介)」, 『한국학보』 65집, 1991.

_____, 「무숙이타령(왈자타령) 연구」, 『한국학보』 68집, 일지사, 1993.

김창수, 「麗代 惡少考」, 『한국학보』 12집, 일지사, 1961.

김 현, 「폭력의 구조(르네 지라르론)」, 『시칠리아의 암소』, 문학과지성사, 1992.

김현양, 「민중연희의 전통과 탈춤의 성장」, 『민족문학사 강좌』 상(민족문학사연구소 엮음), 창작과비평사, 1995.

金興圭, 「판소리의 사회적 성격과 그 변모」, 『세계의 문학』, 1978 겨울.

_____, 「조선 후기의 유랑예능인들」, 『고대문화』 20, 고려대학교, 1981.

_____, 「19세기 前期 판소리의 演行環境과 사회적 기반」, 『어문논집』 30, 고려대 국어국문학연구회, 1991.

박종성, 「蛇神說話의 형성과정과 변이」, 서울대 석사학위논문, 1991.

박희병, 「조선 후기 民間의 游俠崇尙과 游俠傳의 성립」, 『韓國漢文學研究』, 제9·10합집, 韓國漢文學研究會, 1987

백현미, 「창극의 역사적 전개과정 연구」, 이화여대 박사학위논문, 1996.

史眞實, 「笑謔之戲의 公演方式과 戲曲의 特性」, 서울대 석사학위논문, 1990.

_____, 「韓國演劇의 話劇的 傳統 考察」, 『한국극예술연구』 1집, 태학사, 1991.

_____, 「조선 후기 才談의 公演樣相과 戲曲的 特性」, 『敬山史在東博士華甲紀念論叢-韓國敍事文學史의 研究』, 중앙문화사, 1995.

_____, 「조선 전기 儺禮의 변별 양상과 공연의 특성」, 『구비문학연구』 3집, 구비문학연구회, 1996.

_____, 「조선시대 서울지역 연극의 공연상황 연구」, 서울대 박사학위논문, 1997.

성현경, 「성년식 소설로서의 심청전」, 『서강어문』 3집, 1983.

손태도, 「판소리 단가를 통한 광대의 가창 문화 연구」, 서울대 석사학위논문, 1996.

신은경, 「風流房藝術과 風流集團」, 『문학과 사회집단』(한국고전문학회 편), 집문당, 1995.

安祥馥, 「宋·金代 雜劇·院本 研究」, 서울대 중문과 박사학위논문, 1996.

오경복, 「'심청전'과 '달아 달아 밝은 달아'에 나타난 再生 原型 研究」, 이화여대 석사학위논문, 1980.

윤광봉, 「한국가면극의 형성과정」, 『비교민속학』 9, 1992.

_____, 「18세기 漢陽을 중심으로 한 산대놀이 양상」, 『문학 작품에 나타난

서울의 형상』(한국고전문학연구회 편), 한샘출판사, 1994.

이두현, 「북청사자놀음」, 『김재원박사 회갑논문집』, 1969.

＿＿＿, 「양주소놀이굿」, 『국어국문학』 39·40호.

이보형, 「창우집단의 광대소리 연구」, 『한국전통음악연구』(한명회 외), 고려대 민족문화연구소, 1990.

李相寔, 「義禁府考」, 『역사학연구』 6집, 1975년 12월.

이인성, 「연극학 서설」, 『연극의 이론』(이인성 엮음), 청하, 1992.

李惠求, 「宋晚載의 觀優戲」, 『중앙대 30주년기념 논문집』, 1955.

＿＿＿, 「牧隱先生의 驅儺行」, 『한국음악연구』, 국민음악연구회, 1957.

＿＿＿, 「李氏朝鮮 서울의 音樂文化」, 『鄕土서울』 4, 1958.

이훈상, 「조선 후기 鄕史集團과 탈춤의 演行-조선 후기 邑權의 운영원리와 읍의 祭儀」, 『역사 속의 민중과 민속』(한국역사민속학회 엮음), 이론과실천사, 1990.

임재해, 「민속극의 전승 집단과 영감·할미의 싸움」, 『한국의 민속예술』(임재해 編), 文學과知性社, 1988.

林熒澤, 「18·19世紀 이야기꾼과 소설의 발달」, 『古典文學을 찾아서』, 문학과지성사, 1976.

＿＿＿, 「18세기 藝術史의 視角」, 『李朝後期 漢文學의 再照明』, 창작과비평사, 1983.

장덕순, 「한국의 해학-문헌소재 한문소화를 중심으로」, 『동양학』 4집, 단국대 동양학연구소, 1974.

전경욱, 「북청사자놀음의 연회양상」, 『한국민속학』 18집, 민속학회, 1985.

＿＿＿, 「탈춤의 형성에 끼친 나례의 영향」, 『민족문화연구』 28, 고려대 민족문화연구소, 1995.

조동일, 「18·19世紀 國文學의 장르體系」, 『고전문학연구』 1집, 한국고전문학연구회, 1971.

＿＿＿, 「민속극의 전개와 발전 과정」, 『구비문학의 세계』, 새문사, 1980.

＿＿＿, 「민중, 민중의식, 민중예술」, 『韓國說話와 民衆意識』, 정음사, 1985.

조성윤, 「조선 후기 서울 주민의 신분 구조와 그 변화」, 연세대 사회학과 박사학위논문, 1992.

趙元庚, 「儺禮와 假面舞劇」, 『學林』 4, 연세대 사학과, 1955.

＿＿＿, 「仁祖時代의 儺禮謄錄」, 『鄕土서울』 4, 1958.

崔雲植, 「'三說記'의 說話的 背景과 漢文短篇과의 關係」, 『국제대학 논문집』 7집.

崔正如, 「山臺都監劇 成立의 諸問題」, 『한국학논집』 1, 계명대 한국학연구소, 1973.

韓㳓劤, 「麗末鮮初 巡軍硏究」, 『진단학보』 22, 1962.

Burson, Anne C., *Model and Text in Folk Drama*, Journal of American Folklore』 93, No 369, The American Folklore Society, 1980.

찾아보기

가

歌童 200
假面 317
假面劇 43, 83, 95, 96, 318, 328, 379, 384
價米 72
歌婢 217, 253
價布 72
「갑신완문」 322, 324, 326, 372, 373
講談師 408, 414, 415, 419
講唱師 408
거북놀이 21
거사 32, 381
乙糧 299, 301
兼司僕 238, 330
京江 336
경강상인 388
京江人 337
『經國大典』 256
「京畿道唱才都廳案」 326
『경도잡지』 199
경복궁 243
경아전층 342
京中優人 49, 212, 213, 214, 215, 216, 221, 222, 224, 226, 230, 231, 234, 240, 249, 253, 300, 302, 305, 314, 315, 328, 330, 333, 335, 429
京中倡優 306
季冬儺禮 130, 131, 134
契方 338
古談 424
高龍 47, 86
고설봉 430
滑稽 193, 194, 218, 219, 318, 335, 411, 422
「滑稽列傳」 193

孔潔 48, 71, 72, 85
孔吉 48, 71, 72, 85, 86, 107
公演 206, 207, 210
관객 82, 86, 104, 105, 109, 147, 148, 157, 207, 251, 265, 289, 302
「觀儺」 152, 155
觀儺 126, 127, 129, 130, 132, 133, 135, 136, 137, 140, 142, 143, 144, 145, 147, 148, 150, 151, 153, 157, 158, 214, 215, 217, 220, 225, 226, 228, 229, 231, 240, 241, 256, 258, 272, 284, 321, 359, 369, 371, 377
觀象監 135
觀火 128, 132, 151, 241
광대 191, 195, 384
광무대 396
廣文 306, 307, 308, 309, 311, 312, 416, 420, 421, 430
「廣文者傳」 306, 357, 415
狂言 56, 57, 193
광해군 125, 319, 371
광화문 149
傀儡 315, 316, 317
『敎坊歌謠』 55, 111, 317, 350, 360
구경거리 26, 27, 28, 39, 104
驅儺 133, 134, 135, 136
「驅儺行」 53, 151
『舊唐書』 25
구파발 389
군기감 280
軍器寺 225, 241, 243, 248
窟儡 315, 316, 317, 318, 329, 384
굿 113, 117
宮廷 178, 184, 185, 188, 210, 253, 260, 261, 265, 268, 305, 338, 375

궁정배우 194, 219, 232, 234, 429
궁정연극 168, 256, 264, 266, 289, 330
鬼面 275, 380
貴石 48, 71, 84, 212, 216, 263, 335
規式之戱 42, 53, 55, 68, 111, 112, 199
劇 43, 46
劇場 390
극적사건 83, 84, 85, 86, 88, 89, 117
극중인물 80, 82, 83, 84, 85, 86, 88, 89, 117, 280, 282
극중장소 83, 86
근정전 146
禁軍 239
禁衛營 321
妓 68
妓女 74, 199, 200, 229, 253, 333
妓夫 174, 217, 344, 421, 430
妓生 365, 366, 367, 411
伎樂 111
김옹 418, 421
김중진 418, 426
꼭두각시놀음 82, 95, 96, 104, 155
꼭쇠 15, 28, 29, 31, 32, 34

나

儺 47
儺禮 48, 52, 53, 54, 60, 66, 69, 71, 74, 103, 113, 118, 123, 124, 130, 136, 139, 152, 169, 170, 177, 178, 179, 181, 182, 229, 230, 240, 243, 249, 268, 269, 270, 272, 274, 290, 304, 307, 311, 325, 327, 338, 342, 370, 372, 385, 386
儺禮禁亂官 274
儺禮單字 62, 227, 258, 259, 265
儺禮都監 215, 226, 228, 241, 242, 244, 248, 251, 267, 268, 271,

320, 321, 323, 324, 325, 327, 332, 336, 373, 386
儺禮優人 214
儺禮廳 155, 244, 245, 247
『儺禮廳謄錄』 51, 66, 70, 76, 77, 78, 154, 171, 211, 212, 241, 242, 248, 250, 267, 313, 324, 337
羅將 308, 328
儺戱 53, 61, 99, 193, 232, 237, 254
儺戱單字 158, 226, 227
男巫 81
「南城觀戲子」 180, 345, 350, 356, 357, 360, 362, 364, 368, 395
內禁衛 330
內農作 61, 62
노량진 388
老釋 353, 354
노승 365, 367
<老儒戱> 48, 85, 86, 107, 157, 262
노장 20, 352, 367, 392
노장과장 350, 360, 364, 368
녹번 388
농촌탈춤 179, 354, 355, 360, 368, 394
能 56

다

多人多役 79
茶亭山臺 153
단성사 396
達文 310, 332, 357, 382
「達文歌」 306, 331, 332, 357, 382, 415
당나라 24
<堂上官놀이> 47, 77, 263
대방놀이 96, 104, 363, 368
大山臺 119, 153, 155, 272
德談 315, 317, 381
<都目政事놀이> 50, 59, 77, 83, 89, 90, 106, 196, 263

都山主 324, 325, 373
도시탈춤 360, 362, 363, 368, 386,
　　387, 388
<동래야류> 82, 385
董越 152
等狀八道才人 321, 324
땅재주 195, 199
떠돌이탈춤 179, 356, 359, 360, 364,
　　368, 385, 386, 388

마

마포 347
漫談 409
曼碩 356
曼碩戲 356
말뚝이 33, 34, 109, 356, 360, 361,
　　362, 368, 385
<盲人醉人之狀> 47, 86, 93
明政殿 71
明宗 116
모델 104, 109
모의제사의식 37
모화관 226
목중 356
巫家 67, 116
巫系 113, 429
무당 67, 107, 113, 114, 116, 429
무당굿놀이 79, 81, 82, 83, 96, 100,
　　102, 104, 112, 113, 114, 115,
　　116, 117, 277, 283
舞童 153, 200
舞童演戲場 390, 391, 392
무동춤 27
巫夫 113, 114, 353, 354, 355, 360,
　　362
<巫稅布놀이> 50, 85, 87, 107, 108,
　　115, 261
「무숙이타령」 340, 341, 343, 363
舞踊劇 96
聞喜宴 300, 302, 304, 335

미얄할멈 100
민속극 80, 95, 101, 104, 177
민속탈놀이 178, 179

바

朴男 313, 315, 335
朴趾源 306
박첨지 82
박춘재 430
발림 110
방상씨 131, 134
방자형 33
俳優 63, 82, 93, 99, 102, 103, 104,
　　105, 109, 112, 135, 143, 147,
　　148, 157, 194, 197, 199, 207,
　　218, 229, 231, 234, 252, 265,
　　289, 302, 315, 316, 318, 411
俳優戲 168, 196, 281, 282
俳戲 49
백정 221, 236, 239, 299, 355, 368
범굿 30
「변강쇠가」 380
별산대놀이 350
보여주기 36, 57
본산대탈춤 168, 169, 180, 182, 329,
　　349, 351, 353, 354, 355, 356,
　　357, 359, 363, 368, 388, 390,
　　392, 394, 395
본산대패 350, 354, 357, 358, 389
<봉산탈춤> 34, 362, 368, 385
奉足 333
부네 355
祠廟 54, 56, 273, 371, 372, 386
<북청사자놀이> 14, 18, 20, 21, 22,
　　23, 26, 27, 28, 30, 32, 35, 36,
　　37, 39
不顯閣 192
「豳風七月」 70, 158, 257
「豳風七月圖」 61, 62, 70, 257

■ 사

史官 229
사당 316, 381, 384
사자놀이 14, 23, 25
獅子神 19, 22, 36
사자춤 19, 22, 24
사자탈 24
思政殿 158, 254
사직골 388
山車 158
산대 54, 73, 147, 179, 243, 249,
　267, 307, 308, 311, 315, 317,
　321, 324, 325, 358, 372, 373,
　386, 387
山臺劇 178, 327
山臺都監系統劇 178
山臺都監劇 41, 42, 111, 112, 169,
　353, 360, 361, 362, 366, 368,
　392
<山臺都監劇脚本> 338, 350, 365
「山臺雜劇」 75, 178
山臺戱 42, 55, 177, 325
산받이 82
山棚 146, 150, 357
山神祭 22
山主才人 323, 324
山車 154
<三士發願說> 425
上色才人 269, 270, 279, 323, 324
상인 375
샌님 353, 360, 362, 368
샌님과장 360
생원 392
西江 347, 388, 390, 391
서낭제 탈놀이 178, 179
서사적 자아 80, 85
서울지역 170, 176, 180, 184, 328,
　387
『서유기』 449
선비 355

善神 37, 39
設儺 130, 135, 136, 137, 139, 140,
　142, 145, 146, 147, 149, 150,
　153, 155, 156, 157, 158
成俔 128, 129, 152, 221
歲時 133, 225, 231
세조 47, 218
笑劇 56, 92, 93, 396
소놀이굿 21
少妹 353
小巫 100, 360, 361, 362, 365, 367,
　369, 392
소학지희 41, 42, 43, 44, 46, 52, 55,
　59, 60, 61, 62, 68, 73, 78, 83,
　92, 93, 100, 102, 103, 104, 105,
　108, 110, 111, 112, 113, 115,
　116, 118, 156, 158, 168, 169,
　182, 193, 196, 199, 229, 256,
　260, 261, 263, 264, 265, 266,
　279, 281, 282, 289, 394, 396,
　426, 430
笑話 422
俗樂歌詞 204
俗樂呈才 204, 261, 266
숫대놀이 380
宋璟 264
<수영야류> 22, 23, 385
「水原陵幸圖」 74
水尺 191
숙종 375
巡軍 230, 233
巡衛府 231, 232
스님 31
習儀 63, 229, 264
<僧舞> 350, 353, 360, 364, 366,
　368
時事之事 87, 89, 114, 256, 263, 289,
　314, 394
侍衛牌 235
市井 184, 185, 188, 189, 210, 299,
　338, 359, 375, 377

市井人　337
時調　204
新羅　25
<新羅狛>　24, 25, 26, 27
신명풀이　368
신장수　365, 367
「심청가」　432
「심청전」　435

아

樂工　68, 136, 200, 229, 253, 333
惡少　332
惡神　37, 39
안효례　218
애오개　388, 390, 391
애원성　18, 19
액정서　345, 346
양녕대군　222, 236, 237
양반　16, 28, 29, 31, 32, 34, 355,
　　362, 368
양반과장　350
<양주별산대>　34, 368
<魚龍曼衍之戱>　153, 155
『於于野談』　49
女妓　146
연산군　48, 222
臙脂　76
演行　201, 208, 210
영감　100
英祖　118, 332, 372
영태　219, 237
曳山臺　153, 154, 155
「五禮儀」　139
吾麻智　223
吳物音　334, 335, 418, 419
오방사자　24
오방사자무　25, 26
鰲棚　307, 416
鰲山　370
옥내극장　393

왈자　174, 335, 339, 363, 411, 415
외무릅　412
外方　184, 185, 188, 189, 190, 210
外方才人　198, 212, 213, 215, 221,
　　222, 234, 235, 238, 240, 244,
　　248, 249, 251, 267, 269, 270,
　　272, 273, 300, 301, 302, 305,
　　312, 313, 314, 315, 319, 328,
　　330, 335, 373, 377, 385, 387,
　　429
外術前層　342
용산　347, 387, 391
『慵齋叢話』　128, 136
龍虎營　239, 330, 331, 332
羽林衛　239, 330
優孟　194, 216
우변나례도감　241, 246
優人　47, 48, 50, 61, 70, 79, 97,
　　132, 144, 192, 194, 196, 213,
　　256, 275, 277
優施　216
優婆　316, 384
優戱　114, 144, 182, 299
원양반　82
遊街　196, 230, 302, 304
儒生　353, 354, 360, 363
柳遇春　411
輪車　267, 273
輪木戱　145
銀孫　70, 254
義禁府　48, 70, 224, 226, 227, 228,
　　229, 231, 232, 234, 240, 243,
　　246, 250, 251, 264, 265, 274,
　　280, 289, 319, 320, 323, 329,
　　330, 345, 346
의막사령놀이　360
의원　31
이매　368
이면적 주제　105
李法華　223
이오방　223

里巷語 97, 99
人身供犧 17, 20, 22, 36, 37, 439, 443
仁陽殿 48, 141, 151
인조 320, 323, 372, 386
인형 95, 104, 317, 318
인형극 43, 155, 316, 379, 384
一人多役 79, 112

자

잡상 243, 249
雜像 76, 78, 155, 244, 247, 267, 271, 273, 279
雜色才人 269
雜戲 47, 55, 79, 149, 151, 230, 376
掌樂院 68
蔣生 281
「장생전」 281
掌樂院 217, 229, 253
장안사 396
匠人 72, 244
재담 32, 80, 86, 95, 101, 381, 394, 396, 407, 408, 410, 422, 424, 425, 427, 429
재담극 409
才人 66, 67, 69, 72, 77, 113, 118, 140, 182, 191, 195, 198, 199, 221, 235, 236, 237, 239, 244, 245, 246, 247, 319, 383
才人都廳 322
재인청 322, 326, 328, 336, 338
전통극 177
折要馬 78
呈才 74, 139, 153, 168, 396
呈才女伶 200
정재인 61, 67, 71, 199, 200, 225, 248, 299
正祖 320, 372, 386
定平府使 50, 86, 107
助巫 82

「朝鮮賦」 152
調戲 42
<宗室兩班놀이> 49, 77, 78, 84, 87, 89, 108, 229, 263
좌변나례도감 241, 246, 248, 269, 319
左右儺師廳 241
줄타기 195, 199, 380, 396
仲山 70, 254
中宗 116
卽興劇 42, 46, 55
卽興劇 69
『芝陽漫錄』 51, 59
<進上놀이> 48, 77, 80, 84, 89, 90, 105, 229, 426
進宴 370
進豊呈 48, 58, 214, 215, 217, 220, 229, 231, 257

차

倡夫 196
倡師 134
倡優 50, 51, 53, 66, 151, 154, 195, 196, 306, 323, 329, 376
綵棚 73, 146, 147, 149, 300
綵棚山 272
處容舞 55, 151
處容戲 55, 151
鐵拐舞 356
초라니 317, 378, 379, 380, 384
焦爛 317
焦蘭伊 315
崔乙松 213, 218, 253
최인훈 431
「秋齋紀異」 306, 415
忠順堂 143
충혜왕 219, 237
취발이 354, 356, 366, 369

카

칼춤 27

타

탈놀이 178
탈춤 17, 44, 82, 94, 101, 104, 109,
  111, 123, 169, 177, 178, 350,
  354, 362, 392
<貪官汚吏놀이> 50, 85, 86, 87, 107,
  108, 262
텍스트 104, 109, 261, 434, 447
퇴계원 388

파

파르스 56
판소리 44, 105, 110, 175, 343, 349,
  381, 396, 429
『稗官雜記』 50, 84
패로디 279, 433, 434, 449
포도부장 329, 353, 360, 362, 363,
  368
포도부장놀이 360, 361
捕盜廳 328, 329, 331, 344, 345, 363
표면적주제 105
풍농굿 179

하

<하회별신굿놀이> 355, 356, 368
韓洞良 254
한복련 238
할미 368
할미과장 385
함경도 21
咸北間 66, 71, 93, 220, 221
허균 281
허재순 418
軒架 267, 269, 271, 273
현존 148, 157
<刑曹郞廳놀이> 47, 263
호랑이 30
호랑이춤 21, 22
話劇 42, 43, 92, 111, 115, 169, 430
화랭이 430
火山臺 128
禾尺 191, 235
『皇城新聞』 390, 391, 392
訓長거리 81
흉내 내기 93, 102, 112, 282
興行 209, 210
희생양 444
희생제의 441, 444
戲子 199, 247, 267, 269